WEINGARDT
FEHLER ZEICHNEN UNS AUS

FEHLER ZEICHNEN UNS AUS

Transdisziplinäre Grundlagen zur Theorie und Produktivität
des Fehlers in Schule und Arbeitswelt

von

Martin Weingardt

2004

VERLAG JULIUS KLINKHARDT • BAD HEILBRUNN/OBB.

In Dankbarkeit
meinen Eltern und meiner Frau Claudia
gewidmet

Die Deutsche Bibliothek – CIP-Einheitsaufnahme

Ein Titelsatz für diese Publikation ist bei
der Deutschen Bibliothek
erhältlich.

Abbildung Umschlagseite 1:
Ausschnitt aus „Gehversuch" (2000)
Flammruß auf Papier, 2m x 3 m
Rolf Nickel, Bühlerzell.
Abdruck mit freundlicher Genehmigung des Künstlers.

Druck und Bindung: AZ Druck und Datentechnik, Kempten
Printed in Germany 2004.
Gedruckt auf chlorfrei gebleichtem alterungsbeständigem Papier
ISBN 3-7815-1276-2

Vorwort

„Wer nicht kleine Fehler vermeidet, verfällt allgemach in größere", schrieb Thomas von Kempen am Ausgang des Mittelalters. Wie eine Selbstverständlichkeit durchzieht diese eindeutige Bewertung der Fehler noch heute unser Denken. Die hoch differenzierte Technologie, die unsere gegenwärtige westliche Gesellschaft maßgeblich prägt, basiert auf höchster Präzision und penibelster Fehlervermeidung, Voraussetzungen, denen auch unsere Schulen in hohem Maß zuarbeiten.

In der Arbeitswelt wie auch der Schulpädagogik werden jedoch mittlerweile vermehrt Zweifel angemeldet, ob diese einseitige Form der Bewertung und des Umgangs mit Fehlern tatsächlich in der Sache begründet ist und den Menschen wirklich stets dient. Diese analytische Arbeit nimmt deshalb die Spur der Fehlerforscherinnen und -forscher auf, die seit rund hundert Jahren verstreut in unterschiedlichen wissenschaftlichen Disziplinen arbeiteten, oft etwas vereinzelt und mit geringer Resonanz, als halte man ihr wissenschaftliches Thema für so wenig ergiebig wie den ungeliebten Fehler selbst.

Genau das Gegenteil erweist sich aber in der Zusammenschau von deren Ergebnissen und besonders der Forschungen aus jüngster Zeit: Fehler aller Art können als Impuls unentbehrlich, lernwirksam, erhellend, produktiv, eben ergiebig sein. Sie ermöglichen dem Menschen in seinem Dazu- und Umlernen Fortschritte und in seiner biographischen Entwicklung Neuorientierung, in seinem schöpferischen Tun Durchbrüche und in seinen soziokulturellen Prozessen wichtige Anstöße. Bereits Horaz mahnte in seiner Ars Poetica: „In Fehler führt uns Flucht vor Fehlern."

Diese Arbeit will zur Weitung des Blicks hinsichtlich der polyvalenten Bedeutung von Fehlern und eines differenzierteren Umgangs mit ihnen beitragen. Zu diesem Zweck klärt sie den bislang unzureichend reflektierten Fehlerbegriff grundlegend. Weiter kann sie den überraschender Weise quer durch die verschiedenen Fehlerforschungen aufscheinenden Zusammenhang herausarbeiten, dass in komplex-dynamischen Kontexten die prozessuale Fehleroffenheit eine unabdingbare Voraussetzung dafür ist, dass das im Zentrum einer Aktivität stehende Interesse – etwa das primäre Ziel eines Unternehmens, einer Person oder eines Systems – erreicht werden kann. Dass im Rahmen relativ statischer Gesellschaften und Denksysteme diese zunächst paradox wirkende Korrelation von Fehleroffenheit und Fehlervermeidung lange nicht erkennbar wurde, mag nachvollziehbar sein, aber in unserer heutigen gesellschaftlichen Lage, die nahezu allseitig von

Komplexitäten und Dynamiken gekennzeichnet ist, dürfte sie von theoretischer und praktischer Relevanz sein.

So lässt sich am Ende anhand weniger Elemente, die transdisziplinär breit abgesichert werden können, eine ‚Rahmentheorie des Fehlers' umreißen. Sie soll zum einen den interdisziplinären Austausch zu disparaten Fehlerforschungsansätzen und -ergebnissen erleichtern. Sie könnte zum anderen intradisziplinären Teiltheorien zu spezifischen Fehlerkategorien teilweise als Basis dienen. Besonders die Fehlerforschung und Fehlertheoriebildung der Erziehungswissenschaft, die seit den dreißiger Jahren nicht mehr nachhaltig betrieben wurde, sowie ein anwendungsorientiertes Interesse in der Schule wie in der Arbeitswelt mögen dadurch Impulse und klarere Ansatzpunkte erhalten.

Der vorliegende Text wurde von der Fakultät für Sozial- und Verhaltenswissenschaften der Eberhard-Karls-Universität in Tübingen 2002 als Dissertation angenommen. Mein herzlicher Dank gebührt zunächst Herrn Professor Hans-Ulrich Grunder, der diese durch ihre transdisziplinäre Weite in manchem auch riskante analytische Forschungsarbeit von Anbeginn klar unterstützte und mit seinem Rat begleitete. Sehr herzlich danken möchte ich weiter Frau Professor Doris Knab, die ebenfalls stets zum Gespräch bereit war und mir so manchen wichtigen Hinweis in der Sache gab, sowie meiner Frau Claudia und all jenen, die mich besonders in der Schlussphase der Erstellung dieser Arbeit in unterschiedlichster Weise unterstützten.

Besonders erwähnen möchte ich auch die vielfache Bereitschaft von Fachleuten aus anderen Disziplinen, sich mit mir in der Sache zu unterhalten, denn diese Gespräche waren für das angemessene Erfassen von Fehlerforschungen anderer Wissenschaftsbereiche unabdingbar.

Altdorf b. Nürtingen im Herbst 2002

Martin Weingardt

1 Einleitung

Im Eingangskapitel werden Gegenstandsbereich, Fragestellung und Verfahren dieser Forschung dargestellt und begründet. Üblicherweise würde man erwarten, dass hier der Forschungsgegenstand unter Bezugnahme auf den Forschungs- und Theoriekontext der eigenen Disziplin vorgestellt wird sowie anschließend der Gang und die Ergebnisse der Forschungsarbeit umrisshaft verdeutlicht werden. Doch bereits die Beantwortung der Frage nach theoretischen Grundlagen und Forschungen zur Fehlerfrage in der Erziehungswissenschaft erweist sich als Ding der Unmöglichkeit, weil diese kaum vorliegen. In der Erziehungswissenschaft zeigt sich vielmehr eine bis zum Basisbegriff ‚Fehler' reichende Unerschlossenheit des Fehlerthemas, das dort seit den dreißiger Jahren nicht mehr in gründlichen Darstellungen erörtert oder beforscht wurde. Daraus ergibt sich die Notwendigkeit, zunächst eine die Grundlagen erarbeitende Forschung zu betreiben.

Dieser gedankliche Weg hin zur Forschungsfrage wird nachvollziehbar, wenn in einem Vorgriff bereits Sondierungsergebnisse zu den Fehlerforschungen anderer Disziplinen angedeutet werden. So gewinnt diese Einleitung zwangsläufig einen anderen Charakter. Sie will verdeutlichen, wie sich letztlich die Zuspitzung der Fragestellung und eines möglichen Verfahrens zu deren Beantwortung beinahe zwingend aus einer Sichtung der wenigen innerdisziplinären und der deutlich reichhaltigeren außerdisziplinären Fehlerforschungsresultate ergab.

Dann wird deutlich werden, dass diese Forschungsergebnisse und Theorieansätze fremder Disziplinen durchaus auch für die Erziehungswissenschaft hilfreich sein könnten. Ein interdisziplinärer Fehlerdiskurs erscheint also naheliegend, allerdings wurden verbindende wissenschaftliche Grundlagen hierfür bislang nicht systematisch erarbeitet. Bei den Vorsondierungen zeichnete sich die Möglichkeit ab, im Abgleich der Ansätze und Ergebnisse der verschiedenen disziplinären Fehlerforschungen zwei verbindende Elemente isolieren zu können – eine klarere Bestimmung des Fehlerbegriffs und eine Korrelationsaussage –, die es erlauben, einen transdisziplinären theoretische Rahmen für künftige Fehlerforschungen zu formieren. Diese Vermutung präzisierte die Fragestellung der Forschungsarbeit, während das Forschungsverfahren auch durch die besagten Lücken im Bereich der Fehlertheorie bestimmt wurde.

Das weitergehende Interesse dieser Forschung besteht also zum einen darin, durch diese Rahmentheorie eine Grundlage für künftige erziehungswissenschaftliche Fehlerforschungen zu schaffen. Zum zweiten dürfte sie mit den anderen an der Fehlerforschung beteiligten Disziplinen hinsichtlich ihrer Tauglichkeit für die Gestaltung eines Dialogs

13

diskutiert werden. Zunächst soll aber zur hinreichenden Begründung dieser auf Grund-
sätzliches zielenden Bemühungen im Eingangskapitel die potenzielle Bedeutung des Feh-
lerthemas für Schule und Erziehungswissenschaft verdeutlicht werden.

1.1 Problemdarstellung zum Forschungsgegenstand

1.1.1 Reichweite des Fehlerthemas

Ich möchte mit einem provokanten Gedankenspiel die Thematik eröffnen:

> Die Fehler der Schülerinnen und Schüler[1] sind für unsere Schulen kein wirkliches
> Problem. Ein solches hätten sie jedoch, wenn die Lernenden keine Fehler machen
> würden. Die Fehler der Schülerinnen und Schüler, also ihre Mängel bei der Repro-
> duktion von staatlich festgelegten Wissensbeständen und Fertigkeiten, garantieren
> den Fortbestand der Schulen. In regelmäßigen Abständen werden die Fehlerquoten
> in Klausuren und Zeugnissen amtlich festgestellt und spiegeln so den Jugendlichen
> und ihren Eltern, dass noch nicht genügend gelernt wurde, wodurch plausibel be-
> gründet ist, weshalb man sie aus dieser Anstalt noch nicht entlassen kann. Doch
> was wäre, wenn das nicht Vorstellbare nun doch geschehen würde, wenn die
> scheinbar unerschöpfliche Quelle der Schülerfehler doch überraschend versiegen
> würde? Wäre nicht unsere Schule in einer existenziellen Krise, wenn keine Fehler
> mehr festgestellt werden könnten? Würden Schülerinnen und Schüler keine Fehler
> machen, hätte der Staat Mühe, eine jahrelange Schulpflicht zu begründen. Mit
> Mühe nur ließe sich erklären, warum einem Menschen viele Jahre der vielleicht vi-
> talsten Phase seines Leben genommen werden und er verpflichtet wird, sie weitge-
> hend mit Sitzen, Zuhören, Mitschreiben und regelmäßigem Reproduzieren auszu-
> füllen. Die Schule müsste sich anders legitimieren. Lehrkräfte müssten mit völlig
> anderen Zielen und Methoden für ihre Lernveranstaltungen werben und den Inte-
> ressenten breitere Tätigkeitsfelder anbieten. Das Ende der Fehler wäre wohl das
> Ende der Schulbildung unseres Typs. Aber die Quelle der Fehler wird nicht ver-
> siegen. Denn dies lässt sich nicht zuletzt durch die angedeuteten normativen Fest-
> legungen steuern.

Die Sätze werden zum Widerspruch reizen. Die Annahme von fehlerfreien Lernern ist
völlig unrealistisch. Unsere Erfahrung sagt uns: Solange es Menschen gibt, gibt es deren
Lernen, und solange es Lernen gibt, geschehen Fehler. Was also soll diese Gedanken-
spielerei, die zudem in weiteren Details etwas polemisch wirken mag? Sie ist provokativ

---

[1] Im Text wird nach Möglichkeit die weibliche und männliche Form verwendet, sofern es sich nicht um
zusammengesetzte Begriffe handelt. Aus Gründen der besseren Lesbarkeit wird bei illustrierenden Beispielen
und bei drohendem Wortüberhang teilweise nur eine der beiden Geschlechtsformen verwendet.

an den Beginn eines Themas gesetzt, das der Erziehungswissenschaft offenbar so sperrig oder unergiebig erscheint, dass sie es seit vielen Jahrzehnten nicht mehr wirklich bearbeitet. Allein deshalb sollten wir das Gedankenspiel nicht sogleich zur Seite stellen: Ist es tatsächlich so absurd? Steckt nicht auch ein Stück Wahrheit in dem ketzerischen Gedanken, dass die Schule von der Existenz der Leistungsfehler lebt, die sie teilweise mit definiert und sich so selbst den Bedarf schafft, der sie als Institution unentbehrlich macht? Ist also diese Imagination ‚Was wäre ohne Fehler' wirklich völlig unnütz?

Neben dieser auf die Institution der Schule zielenden Anfrage deutet der Imaginationsversuch weiter an, wie sich das Charakteristische des Fehlers möglicherweise in gedankliche Verfahren umsetzen lässt, wenn wir die Arbeit in der Schule betrachten, indem wir einen Fehler *setzen*, von einer Fehlannahme ausgehen. In diesem Fall wird sogar das Gegenteil als Annahme eingesetzt: das anvisierte Ziel des Lernens, nämlich weitgehende Fehlerfreiheit in den angestrebten Lernprozessen, bestehe bereits von Anbeginn! Eine solche utopische Was-wäre-wenn-Konstruktion produziert eine Verkehrung der Sicht, die ein ungewohntes Licht auf das scheinbar Selbstverständliche wirft und so zu neuen Einsichten führen kann.

Die Perspektive ändert sich des Weiteren, wenn wir beschließen, den Vorgang des Lernens nicht von seinem positiven Ziel, der möglichst perfekten Leistungsdarstellung, sondern vom mitlaufenden negativen Äquivalent, dem permanenten Aufstöbern, Markieren und Ausmerzen der fehlerhaften Schülerleistungen her zu betrachten. In der Pädagogik sind wir es lange schon gewöhnt, die Dinge eher von ihrer positiven Seite her zu beschreiben, also beispielsweise nicht von den Fehlleistungen, sondern von ihrem Gegenstück, den bereits feststellbaren konstruktiven Schülerleistungen zu sprechen. Dadurch aber übersehen wir möglicherweise wichtige Zusammenhänge, die in der Schulpraxis und aus der Schülerperspektive dennoch nach wie vor gegeben sein können. Das durch die Imagination entstehende Bild wirkt u.U. wie das Negativ eines Schwarzweißfotos, das unserer Wahrnehmung ebenfalls ein völlig anderes befremdliches Bild darstellt, obgleich es doch nur die Kontrastumkehr des vertrauten Positivbildes ist. Das Positivbild gefällt uns, weil es mit dem Wiedererkennen erwünschter Einzelheiten verbunden ist, das Negativbild ist unseren Augen eher unangenehm, weil es Unerwünschtes in den Vordergrund drängt und unsere gewohnte Perspektive verfremdet.

Damit ist nun bereits eine dritte kognitive Fehler-Strategie angedeutet. So wie ich in der Imagination die Metapher der ‚Quelle' einbaute, wurde nun mit dem ‚Fotonegativ' eine weitere benutzt. Solche metaphorischen Elemente treten allzu leicht an die Stelle der begrifflichen Schärfe, lassen das Phänomen subjektiv verschwimmen, manipulieren gar die Rezeption des Lesers. Einerseits war die unbekümmerte Metapherverwendung also ein Fehler, der in der Wissenschaft möglichst vermieden oder zumindest sorgfältig begründet werden muss, wenn eine klare Verständigung möglich sein soll. Andererseits aber darf der metaphorische Ausdruck und dessen Transfer als Versuch gelegentlich gewagt werden, wenn es darum geht, grundlegende Wahrnehmungs- und Denkmuster anzufragen. Gerade unstatthafte Metapherverwendungen oder Analogiebildungen können, das zeigt nicht zuletzt die Wissenschaftsgeschichte, einen notwendigen Perspektiv- und Paradigmenwechsel auslösen. Auch dazu mögen ‚fehlerhafte' Verwendungen von Bildern und Begriffen folglich dienen: alte Irrtümer zu entlarven und aktuell nützlichere zu schaffen.

Aber die Imagination hat noch eine weitere Spitze. Vielleicht bietet ja die dort be- hauptete konstitutive Funktion des Fehlermachens und -markierens für den Schulbetrieb sogar ein Stück Erklärung für eine recht seltsame Diskrepanz. Da ist auf der einen Seite die gigantische, global ausgebreitete Institution der Schule, die den Fehler und das ‚Feh- lende' täglich Unterrichtsstunde für Unterrichtsstunde mit ihren Schülerinnen und Schü- lern explizit oder implizit verhandelt, und auf der anderen Seite ein ihr zugeordneter Wissenschaftsbereich, die Schulpädagogik bzw. Erziehungswissenschaft, die den Fehler nunmehr seit Jahrhunderten weder gründlich noch kritisch reflektiert, also eher ignoriert – das Phänomen der Schülerfehler und des Umgangs mit ihnen scheint hier kein gewich- tiges Problem darzustellen.

Die auffällige Divergenz einer Schulpraxis mit reichlich Fehlern und einer Erzie- hungswissenschaft ohne Fehlerthema muss jedenfalls befremden. Sie weckt gewisser- maßen ‚investigative Neugier' und verführt zu Vermutungen: Wurde vielleicht die Be- deutung der Fehler für Denk- und Lernprozesse bislang einfach unterschätzt? Waren die begriffliche Unschärfe und ausufernde Breite des Fehlerbegriffs abschreckend? Oder schützt sich hier gar eine gesellschaftliche Institution und mit ihr ein Wissenschaftsbe- reich vor einem Umdenken, das eigene Grundlagen beträfe? Denn der Grundsatz der bestmöglichen Vermeidung des Fehlers ist unangefochtenes Prinzip einer seriösen wis- senschaftlichen Tätigkeit und dieser Grundsatz wird, wie sich noch zeigen wird, von den Erziehungswissenschaftlern und -wissenschaftlerinnen fast ausnahmslos auch dann ein- gefordert, wenn es um den schulischen Ernstfall von richtig und falsch geht: um die Frage der Feststellung und Beurteilung von Schülerleistungen. Wurde also deshalb von der Erziehungswissenschaft die Angemessenheit eines durchgängigen Fehlervermei- dungsdenkens auch für schulische Denk- und Lernprozesse zu selbstverständlich an- und hingenommen?

Eines deutet sich also bereits an: Wenn das grundlegende Nachdenken über den Feh- ler und seine Wirkungen verstärkt dessen Nützlichkeit herausarbeiten sollte, dann stellt dies die Zielrichtung vieler schulischer Lernverfahren sowie anderer gesellschaftlich anerkannter Verfahren zur ‚Erzeugung' von Erkenntnis deutlich in Frage. Nützliche Fehler sollte man wohl kaum immer und überall ausmerzen, denn solche Fehler indizie- ren dann kein geringeres Lern- und Leistungspotenzial, sondern teilweise ein höheres. Das Quellwasser der Schülerfehler – um das probeweise gewählte Bild noch einmal bis an seine Grenze zu treiben – würde nur noch bedingt die alten Mühlen der bisherigen schulischen Lern- und Arbeitsverfahren antreiben, sondern müsste teilweise abgezweigt und nützlicheren, noch zu konstruierenden alternativen Prozessen der ‚Gewinnung von Energien', sprich von neuen Einsichten und Wegen der Kompetenzbildung zugeführt werden.

Dieser ausschnitthafte Blick auf die mögliche Tiefe und Reichweite des Fehlerthemas am Beispiel des schulischen Handlungsfeldes war bildreich, ‚fehlerfreudig', teilweise riskant. Er sollte verdeutlichen, welche tiefgreifende Relevanz dem Thema zu eigen sein könnte. Ein weiterer Anlauf soll aufzeigen, an welchen sachlichen Stellen die Fehlerthematik mittlerweile in der pädagogischen Praxis virulent zu werden beginnt.

1.1.2   Fehleraspekte der pädagogischen Praxis

Seit einigen Jahren spiegeln insbesondere Beiträge in pädagogischen Zeitschriften, dass der Fehler in verschiedenen schulischen Arbeitszusammenhängen gegenwärtig zum Nachdenken darüber veranlasst, ob die bisherige eindimensionale Fehlersicht und -praxis nicht erweitert und differenziert werden müsse.[2] Die Unterschiedlichkeit der Anlässe möchte ich anhand einiger Situationen und Wahrnehmungen, die mein persönliches Interesse an der Fehlerthematik verstärkten, verdeutlichen:

Momentaufnahme 1: Wieder einmal hat Rico[3] sein Heft vergessen, leider so ziemlich den Rest seines Schulranzens auch, so dass er sich ein Blatt und einen Stift zum Mitschreiben ausleihen muss. Keiner will etwas geben, die anderen murren, es ist nicht das erste Mal, dass er alles vergisst, er nervt den Rest der 26-köpfigen Hauptschulklasse bereits. Rico sitzt ganz außen in seiner Reihe und vom nächsten Mitschüler trennen ihn zwei leere Stühle. Als alle ihren Hefteintrag abgeschlossen haben, ist Rico noch leicht verträumt bei den ersten Sätzen. Etwas verlegen mit den Achseln zuckend lächelt er mich an. Dann kommt die Rückgabe der Geschichteklassenarbeit. Viel gelernt hatte er wohl nicht, da sein Heft in regelmäßigen Abständen verschwindet, so dass ihm stets gerade mal 4–5 Seiten aus eigenen Beständen zur Verfügung stehen. Rico nimmt die üble Zensur hin und als er mich anblickt, habe ich den Eindruck, es tut ihm für mich als Lehrer mehr Leid als für ihn selbst. „Wie eigentlich schafft es ein Schüler wie Rico, mental und emotional damit klar zu kommen, dass er Stunde um Stunde in den Augen der anderen einen Fehler nach dem anderen produziert?" frage ich mich. Oder schafft es Rico überhaupt? Andere in ähnlicher Lage werden aggressiv, er eher eskapistisch-verträumt. Können Lehrkräfte – die ja in aller Regel ihre eigene Schulzeit immerhin so passabel hinter sich brachten, dass sie an der Hochschule studieren konnten – sich denn annäherungsweise vorstellen, welche eigenwilligen Strategien der Psychohygiene ein mehrfach schwacher Schüler wie Rico entwickeln muss, um das vielschichtige tägliche Fehler-Feedback – ein Geflecht aus Ordnungsdefiziten, Verhaltensfehlern, Lernfehlern, Leistungsversagen, Zurückweisungen durch Mitschüler und Mitschülerinnen, Sanktionen oder inneres Abwinken durch die Lehrkräfte, Schimpfen des Busfahrers, Enttäuschung

---

[2] Vgl. in jüngerer Zeit etwa Baruk 1989, Althof 1999, Adrion 1999, Chott 1999, Weinert 1999, Edelstein 1999, Brügelmann 2001, Spitta 2001, Hammerer 2001.

[3] Name geändert.

und Disziplinierungen seitens der Eltern, Isolation im Freizeitbereich u.a.m. – zu verarbeiten, ohne in seinem Selbstbild und Selbstwertgefühl zu zerbrechen?

Momentaufnahme 2: Es ist große Pause während eines Unterrichtsvormittags und gut zwanzig Lehrerinnen und Lehrer tummeln sich im Lehrerzimmer. Eine ältere Kollegin kommt aus der Teeküche gelaufen, schwenkt eine Kaffeekanne und ruft in die Runde: „Ja wer hat denn schon wieder diese leere Kanne einfach in die Kaffeemaschine gestellt ohne die dann auszuschalten?" Diese Schule war gerade dabei, einen gemeinsamen mehrjährigen Prozess zur inneren Schulentwicklung zu starten. Als Moderator dieses Prozesses fragte ich mich: Wie sollten Lehrkräfte es wagen, Neues im Unterricht oder Schulleben zu erproben, wenn bereits solche kleinen Patzer und Fehler Anlass für eine Fahndung nach dem Verursacher sind? Welche Fehlertoleranz, ja Fehlerfreundlichkeit muss die Schulatmosphäre kennzeichnen, wenn Lehrkräfte und Jugendliche Unbekanntes wagen und– in natürlich zunächst fehlerhaften Schritten! – gemeinsam erlernen sollen?

Momentaufnahme 3: Eine größere Gruppe von Jugendlichen und jungen Erwachsenen sitzt um einen Tisch. Für eine Tagung mit über hundert Schülerinnen und Schülern, die von der außerschulischen Jugendbildung organisiert wurde, soll ein Abschlussabend als ‚ultimatives Highlight' organisiert werden. Niemand kommt auf eine zündende neue Idee, man bewegt sich im Dunstkreis des Gewohnten. „Ach, das kennt doch schon jeder" ist der Kommentar bei fast jedem geäußerten Vorschlag. Wir brechen diese Runde ab und unternehmen etwas, das ich in der Jugendarbeit gelegentlich schon als kreativen Durchbruch erlebte. Nach einer Pause wird eine sogenannte ‚Spinnerrunde' veranstaltet. Zunächst in kleinen Teams soll mit völlig ‚abgefahrenen', also verrückt-unrealistischen Spiel- und Festideen herumgesponnen werden, die auf ein in der Mitte jeden Teams liegendes Papier geschrieben oder gemalt werden. In der großen Runde werden die ‚spinnerten Ideen' anschließend vorgestellt oder vorgespielt. Lachen liegt in der Luft, verrückte Impulse werden wie zugeworfene Bälle aufgenommen und zu weiteren Ideen verknüpft. Und plötzlich hatten wir – aus völlig realitätsfern-fehlerhaften Impulsen – die neue geniale Spielidee entwickelt, die alle begeisterte.

Momentaufnahme 4: Im Internet besuche ich die Homepage zur Shell-Jugendstudie „Jugend 2000". Dort gibt es eine Meinungsseite, auf der sich vor allem Jugendliche zu Wort melden. Am 16. März 2000 hinterließ Katharina (17 Jahre) folgenden Eintrag:

> „Hallo! Ich finde unsere Gesellschaft rennt in die falsche Richtung. Sie sucht nur noch nach Perfektionismus und nur noch die besten unter uns haben noch eine Chance. Das ist nicht natürlich – Fehler zeichnen uns aus. Ich glaube wir Jugedmlcihen müßen den anfangen entweder mit zu helfen die Zukunft zu verändern oder mitschwimmen in der Woge des Perfektionismus. Ich für meinen Teil werde versu-

chen zwar meinen Weg zu machen, aber dennoch meinen Teil zur Veränderung beitragen. Vielen Dank fürs zuhören.""[4]

Kaum schreibt Katharina von Fehlern, unterlaufen ihr beim Tippen jede Menge davon.
Und die korrigiert sie konsequenterweise auch nicht. Denn das hieße „mitschwimmen in
der Woge des Perfektionismus" und außerdem: „Fehler zeichnen uns aus" – eine vermutlich spontane Formulierung, die mir in ihrer schönen Doppeldeutigkeit nicht mehr aus
dem Kopf will. Genau das gegenteilige Problem mit den Fehlern beschreibt bei einem
späteren Besuch auf der gleichen Web-Site am 18. August 2001 eine andere Kathrina
(16 Jahre):

> „Hallo! Ich finde diese ganze Sache etwas lang. Wieso kann sich Shell nicht aufs
> Wesentliche konzentrieren??? Außerdem fehlen genaue Statistiken mit Prozentan-
> gaben. Wer genau war denn nun für was genau? Trotz der Fehler ist die Seite recht
> gut gelungen, aber es wird wohl drei Jahre dauern, bis ich für meinen Vortrag in
> Psychologie das Wesentliche über diese Studie auseinander gewurschtelt habe. Au-
> ßerdem darf ich ja jetzt alles rausschreiben weil der Scheiss-Download nicht funkti-
> oniert. DANKE Shell, DANKE Frau Bock."[5]

Nach dieser drastischen Meinungsäußerung bin ich neugierig und durchkämme zum
Stichwort Fehler die weiteren Einträge seit 1998. Ergebnis: Einer beklagt sich über die
vielen Rechtschreibfehler auf der Web-Site, ein anderer entschuldigt sich für seine eigenen, ein Mädchen räsoniert über einen Fehler im Schulsystem, eine 19-Jährige entschuldigt sich prophylaktisch für einen eventuellen „Denkfehler" und ein 54-jähriger Jugend-
arbeiter meint, „Ziellosigkeit, Zukunftsangst, Ausländerfeindlichkeit, soziale Ausgren-
zung, Menschenverachtung, Kriegführen gegen wen auch immer, Gewalt, Kriminalität,
Geringschätzung einer intakten Umwelt und andere schwere Fehler entstehen nicht in
und durch den Jugendlichen, sondern in und durch die Gesellschaft, die ihn prägt".

Bereits in diesen vier Momentaufnahmen werden bei genauer Betrachtung zahlreiche
Fehler von völlig unterschiedlicher Art benannt:

- Fehler von Schülerinnen und Schülern: in der Alltagsbewältigung, im Unterrichts-
  verhalten, in Lernprozessen, in Leistungssituationen, im Sozialverhalten gegenüber
  Mitschülerinnen und -schülern;

- Fehlentwicklungen: Aufbau komplexer Fehlersyndrome bei einzelnen Jugendlichen
  im Laufe von Jahren;

- Fehler der Eltern, die beispielsweise ihr Kind nicht beim Entwickeln einer täglichen
  Ordnungsleistung, dem Richten des Schulranzens, unterstützen;

- Lehrerfehler: didaktische, pädagogische oder disziplinarische Fehler der Lehrerinnen und Lehrer;

---

[4] Quelle: http://www.shell-jugend2000.de/html/meinung04.htm. (Stand: September 2001)
[5] Ebd.

- Fehler der Institution Schule, die es u.U. strukturell nicht ermöglicht, dass die Kumulation von Fehlern bei einzelnen Kindern und Jugendlichen so bearbeitet wird, dass sich eine deutliche Verbesserung ergibt;

- Fehler der Schulleitung hinsichtlich Arbeitsatmosphäre und Fehlertoleranz;

- Fehler des Schulsystems, das etwa nach Meinung jenes Mädchens im Internet Übergänge falsch gestaltet und Abschlüsse entwertet;

- Fehler der Denk- und Lernverfahren: das gewohnte und erlernte Reproduzieren von Vorgegebenem blockiert das kreative Finden von gänzlich Neuem;

- Fehler der Darstellung: Tipp- und Rechtschreibfehler, unklare statistische Angaben;

- Fehler der Technik: Internetpräsentationen, die nutzer-unfreundlich gestaltet sind;

- Fehler eines Verhaltens, das deviant, ignorant, gewalttätig, kriminell, ziellos scheint;

- Fehler unserer westlichen Kultur, die Perfektion belohnt und Fehler sanktioniert.

Diese Aufstellung schulischer Fehlerkategorien bleibt unvollständig und die Konkretionen sind nur eben jene Exempel, die sich aus den Momentaufnahmen ergaben. Die noch wenig dargestellten und untersuchten Fehler im kollegialen Miteinander etwa fehlen oder die Kategorie des Fehlers als Hinweis und Schlüssel für individuelle kognitive Muster. Aber bereits die fragmentarische Übersicht zeigt, dass jene Fehler, die in den Leistungsfeststellungen zu Buche schlagen und bislang den schulischen Fehlerbegriff dominieren, nur einen Bruchteil der diversen Kategorien von Fehlverhalten darstellen, die in der Schule wirksam werden.

1.1.3   Probleme der erziehungswissenschaftlichen Fehlerforschung

Angesichts dieser Breite von Fehlerkategorien sollte man eine Fülle *erziehungswissenschaftlicher Forschungen* und Darstellungen zum Fehler im Schulbereich erwarten. Wie bereits angedeutet ist jedoch das Gegenteil der Fall. In den letzten 250 Jahren pädagogischer Forschung und Lehre ergaben sich zunächst vereinzelte Darstellungen zu den Fehlern der Kinder und der Kindheit, die aber fast stets nicht Lern-, sondern Verhaltens- und Entwicklungsfehler bezeichneten. Sie schlugen sich nieder in verschiedenen meist kleineren Texten des 19. Jahrhunderts. Im 20. Jahrhundert und besonders seit den grundlegenden Arbeiten von Weimer in den zwanziger Jahren rückten dann die Lernfehler im Unterricht in den Vordergrund der Betrachtung. In den ersten Jahren nach 1945 erschienen noch einige kleine praxisorientierte Schriften, dann verschwand das Thema im deutschsprachigen Raum aus der Erziehungswissenschaft. Seit den achtziger Jahren lassen sich zunehmend Randbemerkungen zur Fehlerthematik, einzelne Praxishinweise und teilweise auch etwas effekthascherische Überschriften feststellen, denen aber keine gründlichere Fehlerforschung oder -theoriebildung speziell in der Erziehungswissenschaft folgte. Dies ist erstaunlich, da in unmittelbarer disziplinärerer Nachbarschaft, in den Fachwissenschaften und -didaktiken der Sprachen und der Mathematik, seit Beginn des 20. Jahrhunderts Fehlerforschungen stets betrieben wurden und in den siebziger Jahren sogar einen kurzzeitigen Boom erfuhren.

1.1.3.1 Generelle Schwierigkeiten des wissenschaftlichen Zugriffs

Die eingangs formulierte Vermutung, dass sich die Pädagogik möglicherweise zu unreflektiert in der Selbstverständlichkeit der Fehlervermeidung eingerichtet habe, deutet allenfalls *einen* Grund für diese wissenschaftliche Abstinenz an. Sie hängt vermutlich auch mit stillschweigend angenommenen disziplinären *Zuständigkeiten* für Fehlerforschungen innerhalb der Verhaltens- und Sozialwissenschaften sowie mit *methodischen* Erschwernissen zusammen. Letzteres sollen die drei folgenden Aspekte verdeutlichen:

(1) Je gründlicher über den Fehler nachgedacht wird, desto schwerer ist er als Gegenstand zu bestimmen.

Auf den ersten Blick scheint es sich bei Fehlern um ein konkretes, leicht einzukreisendes Phänomen zu handeln, etwa nach der Devise: ein Fehler ist das, was eine Lehrkraft im Heft rot anstreicht. Und das scheint recht eindeutig zu sein, solange man sich im Bereich der eindeutigen Verletzung von Sprach- oder Rechenregeln und der falschen Wiedergabe von fachlichen Wissensbeständen bewegt. Und weil dies so einfach und naheliegend erscheint, verlegten sich viele der mathematischen und sprachlichen Fehlerforscher darauf, entlang der Systematik der Regelverletzungen ihre Fehlertypologien und Fehlertaxonomien anzulegen.

Freilich half der Umstand, dass man die Fehler systematisch sortierte, noch nicht viel für deren Erklärung oder gar eine pädagogische Bearbeitung, die über ein stereotypes Regel-Pauken entlang der Fehlerschwerpunkte hinausgehen sollte. Jüngste internationale Studien wie PISA 2000 zeigen vielmehr, dass fehlerfreies Lesen-Können noch lange nicht Lese*kompetenz* bedeutet. Die Fehler, die den deutschen Schülerinnen und Schülern hier die schlechten Bewertungen einbrachten, sind als komplexere Verständnis-, Kombinations- und Interpretationsfehler mit den am Sprachregel-Lernen ausgerichteten Übungsmaterialien und Fehlertypologien, an denen möglicherweise noch zu viele Lehrkräfte und -werke die schulische Arbeit ausrichten, nicht wirksam zu bearbeiten.

Wer gründlicher nachdenkt, stellt rasch fest, dass ein falscher mündlicher oder schriftlicher Ausdruck stets nicht der Fehler selbst, sondern nur dessen *Abbild* ist, während die dem zugrundeliegenden Aufmerksamkeits-, Denk- oder Handlungsfehler u.a.m. als die eigentlichen Fehlleistungen zu begreifen sind. Doch an diesem Punkt der Erkenntnis angelangt, endete die erziehungswissenschaftliche Forschung dann meist wieder abrupt, da hier die Zuständigkeit der Psychologie zu beginnen schien. Wer sich aber als erziehungswissenschaftlicher Fehlerforscher in ‚psychologisches Gelände' vorwagen oder gar wie der Schulmann Weimer (1924) eigenständig eine „Fehlerpsychologie" entwerfen würde, hätte vermutlich ähnliche Mühe wie dieser, seitens der Psychologie die

nötige Akzeptanz zu finden. Auch aus diesem Grund mag bislang mancher Erziehungswissenschaftler wieder Abstand vom Fehlerthema genommen haben.

(2) Der Gegenstand vieler Fehlerforschungsbereiche ist letztlich nicht zu fixieren oder
ontologisch beschreibbar, sondern erweist sich als Ergebnis von subjektiv variie-
renden Urteilsprozessen.

Nur teilweise legen normierte Handlungsabläufe – etwa bei kodifizierten Fertigkeiten
wie Lesen, Schreiben und Rechnen – eindeutig fest, welcher Fall als Fehler gilt. In der
Mehrzahl der folgenreicheren und für die Forschung mittlerweile interessanteren Fälle
individueller Fehlhandlungen dagegen ist ein komplexer Handlungskontext mit einem
‚situativen Mix' von vieldimensionalen Merkmalen wie etwa verschiedenen Wert- und
Erwartungshaltungen, externalen und internalen Rahmenbedingungen und vielen weiteren Faktoren des individuellen Handelns bestimmend. In solchen Fällen ist kaum noch
eindeutig auszumachen, ob und vor allem in welchem Maß (!) ein bestimmtes Verhalten
als Fehlverhalten bzw. -handlung zu kennzeichnen ist. Die Einschätzungen verschiedener Beobachter derselben Handlungssituation beginnen deutlich zu differieren. Der Fehler erweist sich spätestens hier als ein letztlich subjektiv gefälltes Urteil – ein Umstand,
der in der Fehlerforschung bislang kaum diskutiert wurde, in dieser Arbeit aber bei der
Formierung des Fehlerbegriffs berücksichtigt werden sollte.

Recht oft differiert deshalb bereits die Sicht des Beurteilenden, der – meist einem anderen – einen Fehler attestiert oder vorwirft, und die Sicht des Beurteilten, der von einem
eigenen Fehler nichts wissen möchte bzw. die Ursächlichkeit oder Relevanz der bezeichneten ‚Fehlhandlung' völlig anders beurteilt. Wenn nun ein *subjektiv geprägtes*
Urteil den Gegenstand der Fehlerforschung umreißt, so sind etwa in unterrichtlichen
oder anderen sozialen Zusammenhängen Fehler doppelt schwierig zu fassen, da stets
mindestens zwei Komplexe im Auge behalten werden müssen:

- auf der einen Seite müssen die Haltungen und Handlungen, Sensibilitäten und
  Wahrnehmungen des *Urteilenden* – beispielsweise einer Lehrkraft oder eines Vorgesetzten – erfasst werden, der *ab einem gewissen Maß* bestimmter Merkmalsausprägungen ein Fehlverhalten bzw. -handeln seiner Schülerinnen und Schüler meint
  markieren zu können;
- auf der anderen Seite die – von verschiedenen Beobachtern gleichermaßen – feststellbare Ausprägung gewisser Merkmale im Handeln des *Beurteilten* und in dessen
  situativen Kontext, die das Urteil, er begehe einen Fehler, sachlich begründen.

Zuletzt müssen auch die Festlegungen des Forschers, in welchen Fällen er sachlich einen
Fehler für gegeben hält, der Kritik zugänglich sein. Die mehrschichtigen subjektiven
Anteile erschweren also eine klare Beschreibung und Abgrenzung verschiedener Intensi-
täten, Merkmalsausprägungen und Kategorien von Fehlhandlungen erheblich.

(3) Der Fehler als ein meist unerwartetes und unbeabsichtigtes Handlungselement oder -ergebnis ist methodisch schwierig zu beobachten und kontextuell kaum isolierbar.

Das methodische Problem einer wissenschaftlichen Fehlerforschung verschärft sich dadurch, dass die *eigentlichen* Fehlleistungen weitgehend verborgen sind. Wir können wohl die Fehlerfolgen wahrnehmen, doch die unsichtbar ablaufenden mentalen Fehlleistungen, die meist dazu führten, entziehen sich einer unmittelbaren Beobachtung oder Messung.

Das Problem der methodischen Erfassung verstärkt sich durch ein weiteres Charakteristikum der Fehler. Da die Fehler einen Ausdruck *ungewollter* Handlungen darstellen, kann man allenfalls *einfach* strukturierte Fehlleistungen etwa im Rahmen einer stereotypen Aufgabenabfolge experimentell evozieren und somit im äußeren Entstehen beobachten.

Die Fehlhandlungen mit *gravierenden* Fehlerfolgen, deren Bearbeitung uns drängend in den Blick rückt und die auch für die Wissenschaft besonders interessant erscheinen, sind jedoch meist eingebettet in ein sehr komplexes Geflecht von Rahmenbedingungen, Einflussgrößen und Teilprozessen. Dieses komplexe Geflecht lässt sich schwerlich umfassend-exakt beobachten, geschweige denn experimentell erzeugen. Denn reduziert man um der Beobachtungsgenauigkeit willen die möglichen Einflussfaktoren, so reduziert man auch die Komplexität und hat dann unversehens wieder zu einfach strukturierte Fehlerfälle. Die sozialen und unterrichtlichen Prozesse in einer Klasse im Verlauf eines Vormittags etwa stellen eine solche recht komplexe, deshalb selten mit hoher Beobachtungssicherheit analysierbare Situation der Fehlerentstehung dar. Aussagen etwa zu ursächlichen Zusammenhängen zwischen der Entstehung einer beobachteten Fehlhandlung einer Schülerin und einzelnen Kontextfaktoren bleiben häufig spekulativ, da der ebenfalls denkbare Zusammenhang mit weiteren Einflussgrößen des Unterrichts-Settings nicht systematisch ausgeschlossen werden kann. Denn würde man diesen Ausschluss versuchen, so müsste man die für die Fehlerentstehung oft konstitutive Komplexität schrittweise reduzieren und würde so das Ergebnis manipulieren. Ähnlich verhält es sich bei anderen Gegenstandsbereichen.

Ein weitere Konsequenz der bisherigen Ausführungen zum Fehler ist, dass man komplexer strukturierte Fehler zumeist erst *nach* dem überraschenden Vorliegen der unerwünschten Fehlhandlungsfolgen feststellen und analysieren kann und nun *retrospektiv* zu rekonstruieren versucht, welche Einflüsse und Interferenzen möglicherweise die Ursache dafür waren. Hierbei aber entsteht eine deutliche Unschärfe und Fragwürdigkeit der vermuteten Korrelationen. Folgt man psychologischen Erkenntnissen, so sind es oft subtile Ablenkungen, unbewusste Einflussfaktoren oder durch neurologische Abläufe erzeugte Störungen der Aufmerksamkeit und Handlungssteuerung, welche die Fehlleistungen auslösen. Unbewusste bzw. nicht beobachtbare internale Einflussfaktoren aber sind schwerlich fassbar, einkreisbar und beobachtbar als Forschungsgegenstand.

Es lässt sich also resümierend zunächst feststellen, dass bereits der Untersuchungsgegenstand einer anwendungsorientierten Fehlerforschung – etwa in der Arbeitswelt oder im Bildungsbereich – als Klasse von Fällen oft kaum exakt zu umreißen ist. Des weiteren stößt eine empirische Fehlerforschung auf deutliche Methodenprobleme, die sich etwa durch kluge Experimente, Beobachtungen oder Fragebogenerhebungen nur bedingt aufheben lassen.

Noch schwieriger wird es bei der Formulierung allgemeiner Aussagen über Zusammenhänge einzelner Merkmale der Fehlerentstehung oder -bearbeitung, die hypothesengeleitete empirische Untersuchungen begründen können. In komplexeren Handlungssituationen wie etwa einem Schulvormittag lässt sich ein Bündel von Einflüssen vermuten, die an der Entstehung oder am Verlauf eines unerwünschten fehlerhaften Phänomens beteiligt sind. Es sind aber gerade die Fehlleistungen in den komplexen Lern- und Arbeitssituationen, wie sie für die Lebens- und Berufspraxis typisch sind, die am meisten interessieren. Deren fehlerrelevante Zusammenhänge aber in experimentellen Vereinfachungen abzubilden, die den Einfluss anderer Faktoren ausschließen, ist sowohl im Ansatz bedenklich als auch methodisch kaum machbar. Besonders schwierig messbar oder ausgrenzbar sind in einer empirischen Überprüfung ‚weiche' Einflussfaktoren wie etwa die unterschwelligen Konfliktpotenziale in einer Schulklasse oder die schlechte Arbeitsatmosphäre in der Abteilung eines Betriebs, welche aber für das verstärkte Auftreten von Lern-, Verhaltens- oder Ausführungsfehlern nicht unerheblich zu sein scheinen.

1.1.3.2 Hemmnisse in der Pädagogik

Diese zwar nicht stets unlösbaren, aber auch nicht zu unterschätzenden verfahrenstechnischen Schwierigkeiten einer empirischen Fehlerforschung erklären möglicherweise, warum diese sich in der Erziehungswissenschaft bis heute nicht etablierte und auch entsprechende Einzelstudien bislang kaum vorgelegt wurden. Selbst der einzige umfänglichere Versuch zur Begründung einer psychologisch-pädagogischen Fehlerkunde und -theorie durch Weimer und Kießling in den zwanziger und dreißiger Jahren des vergangenen Jahrhunderts war nicht durch empirische Forschungen der beiden Wissenschaftler abgedeckt.

Je intensiver man auf die Untersuchung und Darstellung einzelner Fehlerfälle und -kategorien im Zusammenhang etwa mit Lern- und Verhaltensweisen der Lernenden zugeht, desto deutlicher zeigt die Forschung Umrisse, die sie – wie bereits angedeutet – eigentlich als Aufgabe der Psychologie kennzeichnet. In der Zeit nach Kießling entwickelte die schulnahe Psychologie aber jahrzehntelang nur noch wenig Interesse an entsprechenden Fragestellungen. Fehlerforschungen kaprizierten sich weitgehend auf einfache testpsychologische Untersuchungen, bei denen man Typen von Schülerfehlern diskriminierte und deren Häufigkeit feststellte.

Freilich kann auch diese Ansiedlung der Fehlerthematik bei der Psychologie die erziehungswissenschaftliche Zurückhaltung nur teilweise erklären. Andere schulische Fehlerkategorien etwa im Bereich der Unterrichtsdidaktik, Mitarbeiterführung oder Schulentwicklung wären durchaus originäre Gegenstände der Erziehungswissenschaft, die aber ebenfalls kaum erforscht wurden. Zudem wäre seitens der hermeneutischen Tradition in der Pädagogik die Entwicklung einer Fehlertheorie durchaus denkbar gewesen, da die skizzierten Methodenprobleme einer empirischen Wissenschaft hier weniger zu Buche schlagen.

Mit dem Mangel an empirischer und hermeneutischer Forschungsarbeit geht in den letzten fünfzig Jahren das Fehlen weiterer Anläufe zu einer pädagogischen Fehlertheorie einher. In pädagogischen Standard- und Nachschlagewerken wurden eine Zeitlang noch Weimers Ergebnisse referiert, doch seit dreißig Jahren ist das Schlagwort ‚Fehler' hier völlig verschwunden.

Nun wurde in den letzten fünfzehn Jahren in pädagogischen Zeitschriftenbeiträgen und Monographien wieder verstärkt ein differenzierter und offenerer Umgang mit Fehlern in Lernprozessen gefordert. Allerdings gehen auch die meisten der Beiträge über diese Forderung, die Beschreibung einzelner misslungener oder gelungener Beispiele zum Fehlerumgang im Unterricht und gelegentliche generalisierte Praxisvorschläge kaum hinaus. Selbst der Begriff des Fehlers wird unscharf verwendet und fast nie in klarer und begründeter Weise definiert.

Kurz gesagt: Es gibt in der wissenschaftlichen Pädagogik keine empirische Fehlerforschung, keine historische Aufarbeitung der Fehlerthematik, keine profunde Theoriebildung, nicht einmal klar gefasste Begriffe, auf die man diesbezüglich bauen könnte. Mit dem erziehungswissenschaftlichen Vorlauf lässt sich also derzeit kaum eine fundierte Fehlerforschung und keinesfalls eine Fehlerkonzeption oder gar -theorie der Schule stringent begründen. Dadurch richtet sich beinahe zwangsläufig der Blick auf mögliche Anhaltspunkte und Grundlagen in den Fehlerforschungen anderer wissenschaftlicher Disziplinen.

1.1.4 Der Auftakt interdisziplinärer Fehlerforschung

Wenn Fachleute der Geistes- oder Sozialwissenschaft einer bedeutsam scheinenden Fragestellung auf den Grund zu gehen versuchen, forschen sie häufig auch nach den in der Geschichte der Menschheit frühesten nachweisbaren Äußerungen dazu. Diese werden dann als erste Zeugnisse oder gar Ausgangspunkte der entsprechenden Fragen- und Theoriebildung besonders hervorgehoben. Der für eine solche Genese möglicherweise entscheidendere und für die wissenschaftliche Forschung interessantere Zeitpunkt scheint aber jener Moment, wo eine bislang marginale, nur von wenigen beachtete Fragestellung plötzlich bei einer breiteren und vor allem heterogenen Gruppe von Menschen Neugier, Interesse und forschende Bearbeitung auslöst, kurz: Wenn die Frage oder Thematik in einer Gesellschaft ‚virulent' zu werden beginnt. Hinsichtlich der wissenschaftlichen Fehlerforschung war eine solche ‚Geburtsstunde' vermutlich der 7. Juli 1980.

An jenem Tag versammelte sich in Columbia Falls im US-Bundesstaat Maine eine internationale Gruppe von achtzehn Wissenschaftlern aus Bereichen der Ingenieurwissenschaften, der Neurologie, der Sozialwissenschaften und vor allem der Psychologie. Anlass dieser Konferenz war der am 28. März desselben Jahres geschehene Reaktorunfall in Block 2 des Kernkraftwerks Three Miles Island bei Harrisburg. Eine Verkettung vieler kleiner Fehler der Technik, der Betreiber und des Bedienungspersonals hatte zu einem Störfall geführt, der beinahe in einer Katastrophe endete.[6] Die daraufhin eingeladenen Wissenschaftlerinnen und Wissenschaftler wurden gebeten, sich im Vorfeld der Konferenz auf folgende Fragen vorzubereiten (Senders/Moray 1991, 8):

1. What is an error?

2. Are errors caused?

3. If so, are there 1, 2, 3 or an infinity of causes?

4. Is there a recognizable state of the central nervous system (CNS) of the actor prior to the emission of an error?

5. Do errors occur randomly? Or can the time of an error be predicted?

6. Can the form of an error be predicted?

7. Would it be desirable to eliminate all human error or is error related to creativity?

Die Konferenz konnte keine dieser Fragen abschließend klären, was auch nicht erwartet worden war. Doch stand am Ende die Einsicht: „In general the participants were more than ever convinced oft the necessity for scientific study of error as an behavioural phenomenon in its own right rather than simply as an index of performance" (ebd., 9). Allerdings zeigte sich unter den Teilnehmern auch eine auffällige Abwehr gegenüber dem Diskutieren von Theoriefragen etwa zur grundsätzlichen Struktur von Fehler produzierenden Mechanismen in der Natur und noch mehr gegenüber den ins Philosophische reichenden Fragen. John Senders als damaliger Gastgeber vermutet: Die Expertenrunde nahm wahr, dass die vorliegenden Forschungen und Daten nicht ausreichend waren, um allein auch nur die Frage nach Ursache und Vorhersagbarkeit bestimmter Verhaltensfehler befriedigend zu beantworten.

Dennoch wirkte das Treffen in mehrfacher Weise produktiv. Arbeitskontakte zwischen Wissenschaftlerinnen und Wissenschaftlern verschiedener Disziplinen entstanden und führten in mehreren Fällen zu kooperativer Forschung in den Folgejahren. Als direkte Folge der Konferenz war in den folgenden Jahren ein gewisser Aufschwung an wissenschaftlichem und öffentlichem Interesse an der Fehlerthematik feststellbar, allerdings begrenzt auf den anglo-amerikanischen Raum, aus dem diese Fachleute der ersten Konferenz ausnahmslos kamen.

Auf einer Folgekonferenz, die auf Einladung der NATO in Bellagio/Italien vom 5.–10. September 1983 abgehalten wurde – und bei der neben zwölf nordamerikanischen

---

[6] Vgl. Reason 1994, 234–236.

Wissenschaftlern nun auch zehn Europäer teilnahmen –, konnte bereits mit einer ganzen Reihe von Forschungsergebnissen aufgewartet werden, die dazu beitrugen, dass die grundlegenden Fragen bereits etwas profunder diskutiert wurden. Allein, die Distanzen zwischen Denk- und Begriffswelten, Theorie- und Forschungsansätzen der disparaten Disziplinen blieben erheblich, so dass es nur zu wenigen konsensartigen Annährungen etwa bei den Grundbegriffen ‚mistake' und ‚slip'[7] kommen konnte.

Dennoch bestand seit dieser Zeit besonders in den technischen und psychologischen Disziplinen ein gewisses Interesse an Fragen der Fehlerforschung, während es in anderen beteiligten Wissenschaftsbereichen eher wieder verflachte. Senders und Moray dokumentieren zehn Jahre später das damalige Diskussionsgeschehen, da sie meinten, die Folgejahre hätten eine Initialzündung dieser Konferenzen erwiesen: „As far as we know, it was the first to concern itself entirely with fundamental questions relating to human errors" (Senders/Moray 1991, 7). Diese beiden Zusammenkünfte hatten „den ‚Fehlerball' ins Rollen" gebracht und „spielten eine wichtige Rolle dabei, der Forschung zum menschlichen Versagen eine Identität zu verleihen und dabei persönliche Kontakte zu stiften zwischen den Forschenden" meint auch Reason (1994, 15f).

Was diesen Anspruch wohl rechtfertigt, war die Interdisziplinarität des gemeinsamen Nachdenkens, die anschließende vielschichtige Forschungsaktivität und die Plötzlichkeit, mit der die Frage nach dem Fehler damals auf die Tagesordnung wissenschaftlicher Forschung gehoben wurde. Ein einschneidendes Fehlerereignis, nämlich ein hochbedrohlicher und nicht für möglich gehaltener exponentieller Fehlverlauf in den so sicher scheinenden Techniksystemen und gesteuerten Mensch-Technik-Interaktionen war es, der besonders die technischen Wissenschaften in ihrer ‚Selbstsicherheit' in Frage stellte. Das vom Beherrschbarkeitsdenken der Moderne zur Seite gedrückte Phänomen des Fehlers war wieder zum Thema geworden. Man sah nun besonders in der Psychologie ein deutliches „Anwachsen von dem, was man (...) ‚Untersuchungen von Fehlern um ihrer selbst willen' nennen konnte" (Reason 1994, 19).

Allerdings mussten die Wissenschaftlerinnen und Wissenschaftler 1980 nicht am Nullpunkt beginnen. In der nun einsetzenden Forschungstätigkeit stellten Einzelne bald schon fest, dass sich bereits Jahrzehnte zuvor Einzeldisziplinen und -wissenschaftler durchaus mit den Fehlern im menschlichen Handeln befasst hatten. Wehner etwa gibt einen Überblick zu den unterschiedlichen psychologischen Ansätzen. Allerdings wurden wissenschaftliche Anläufe zur Fehlerthematik, die vor 1880 zurück reichen, i.d.R. nicht erwähnt und bislang auch von keiner Seite eine transdisziplinäre historische oder systematische Darstellung der diversen Teilforschungen und Ansatzpunkte zur Fehlerthematik vorgelegt.

---

[7] Vgl. dazu Kap. 3.3.2.

1.1.5   Fehlerforschungen verschiedener Disziplinen

Bis heute existiert keine mehrere Disziplinen übergreifende und gründliche Darstellung zu Ansatzpunkten und Ergebnissen der Fehlerforschung. Selbst innerhalb der Einzeldisziplinen ist die Fehlerforschung in aller Regel ähnlich wie in der Pädagogik als Randthema weder in Handbüchern klar fassbar noch bibliographisch hinreichend erschlossen.[8] Hinsichtlich der vorliegenden Arbeit waren breit angelegte eigene Literaturrecherchen nötig, um auch nur einen groben transdisziplinären Überblick zu den einschlägigen Forschungsbeiträgen der letzten Jahrzehnte zu gewinnen:

- In der Psychoanalyse werden seit Freud für Fehlleistungen bzw. -handlungen meist in Form von sprachlichen Schnitzern tiefenpsychologische Erklärungen gegeben. Die Gestaltpsychologie weist den Fehlern als Feldkräfte Bedeutung bei.

- Die Sprachwissenschaft ist hinsichtlich des Fehlerthemas seit den sechziger Jahren gekennzeichnet von der Polarität einerseits einer normativ orientierten Fehlerklassifizierung und -bearbeitung, andererseits einer kommunikativ ausgerichteten eher fehlertoleranten Haltung. Die Spracherwerbsforschung untersuchte die Potenziale der Fehler für individuelle Diagnostik und Lernprozessunterstützung.

- Sprachdidaktiker suchen einen pragmatischen Umgang mit Fehlern zwischen den Polen Fehlertoleranz und Fehlerausmerzung. Projektorientierung und Selbstkorrektur, Lebensnähe und Kontextbezug des Lernens sind hierbei wichtige Ausgangspunkte der Überlegungen. Fremdsprachliche Fehlertaxonomien stießen eine Zeitlang auf Interesse, der Umgang mit Rechtschreibfehlern ist seit langem ein Standardthema der fachdidaktischen Diskussion.

- Mathematikdidaktiker sortierten und analysierten lange die diversen Rechenfehler, die es zu bearbeiten galt. Seit der TIMS-Studie Ende der neunziger Jahre betonen sie eher die Vielfalt der Wege, eine Lösung zu finden und dementsprechend eine größere Varianz und Fehlertoleranz im Zuge mathematischer Lernprozesse, nicht aber in der Leistungsmessungssituation.

- Testpsychologie, Schulrecht und Erziehungswissenschaft beschäftigt der Fehler im Zusammenhang mit Verfahren zur Leistungsfeststellung und -beurteilung, dem Zeugnis- und Prüfungsrecht und der Selektionsfunktion der Schule. Sonder- bzw. Heilpädagogen bevorzugen eine Erziehung nicht gegen den Fehler, sondern für das Fehlende. In den Erziehungs- und Sozialwissenschaften befasste man sich teilweise mit den individuellen ‚Fehlleistungen', die zum Scheitern an den Anforderungen einer zunehmend komplexer und riskanter werdenden Realität der westlichen Gesellschaft – insbesondere hinsichtlich von Bildungsprozessen, Erwerbsarbeit und Alltagsbewältigung – führen.

---

[8] Eine Ausnahme stellen einzelne Forscher im psychologischen Bereich, insbesondere in der Arbeits- und Organisationspsychologie, dar. Reason, Wehner und Greif etwa verdeutlichen explizit eine gewisse Wahrnehmung der Fehlerforschungen in *anderen* Disziplinen.

- Die Ingenieurwissenschaften kennen den Fehler lange schon etwa in Form von Messfehlern, Sollbruchstellen und definierten Fehlertoleranzen bei der industriellen Produktion. Unfälle und Störungen in Arbeitsabläufen sowie bei Reaktor- und Flugzeugunglücken motivierten hier zur Erforschung von sicherheitsrelevanten Fehlerereignissen und Schwachstellen in der Mensch-Technik-Interaktion, häufig im Verbund mit naturwissenschaftlichen oder psychologischen Disziplinen.

- Die Kognitionspsychologie befasst sich mit Fehlern als kognitive Muster und insbesondere mit ‚slips', also Versprechern und kleineren Patzern aller Art, die Aufschlüsse über neurologische Verarbeitungs- und Steuerungsprozesse geben. Fehler und Versagen bei Problemlöseverhalten und strategischem Vorgehen von Individuen werden untersucht.

- Die Arbeits- und Organisationspsychologie befasst sich mit Fehlern im Zusammenhang von Sicherheitsfragen und an der Schnittstelle Mensch/Computer. Fehleroffenexplorative Verfahren erweisen sich als geeignete Lernzugänge zu neuer Computersoftware.

- In einigen naturwissenschaftliche Forschungen wird Fehlerfreundlichkeit als ein Grundprinzip der Natur bzw. der Evolution beschrieben. Die Chaosforschung betont den Fehler als konstitutive Größe bei der Bildung von Fraktalen, in der theoretischen Mathematik bekommt er so neues Gewicht.

- Kreativitätsforscher und Unternehmensberater sehen Fehler als gewichtige Faktoren insbesondere in innovativen Prozessen. Die Wirtschaftswissenschaften betonen einerseits seit langem eine konsequente Fehlerausmerzung bis hin zur Null-Fehler-Toleranz, andererseits in jüngster Zeit aber auch Fehleroffenheit und Fehlermanagement partiell als Erfolgsrezepte.

- Im Rahmen der Moralpsychologie wird die Rolle des Fehlers für die individuellen Prozesse des moralischen Lernens untersucht sowie in der pädagogischen Psychologie neuerdings auch die Bedeutung emotionaler Faktoren des Fehlerumgangs für das Ge- oder Misslingen von Lernprozessen.

- Einzelne Philosophen und Kulturwissenschaftler reflektieren die erkenntnistheoretische Rolle der Irrtümer bis hin zur grundlegenden Bedeutung der Irrtums- und Fehleroffenheit für unsere westliche Zivilisation.

Die Literaturrecherche, deren wichtigste Ergebnisse in den folgenden Kapiteln näher dargestellt werden, verdeutlichte sechs Aspekte, die das weitere Vorgehen bestimmten:

Erstens ist das Fehlerthema längst *keine Domäne des Schul- oder Lernbereichs* mehr. Es tritt in einer erstaunlichen Breite in den Fragestellungen verschiedener gesellschaftlicher Handlungsfelder und wissenschaftlicher Disziplinen auf, die es häufig etwas gründlicher bearbeiten als die Erziehungswissenschaft.

Zweitens lässt sich eine schulbezogene Fehlerforschung, die angesichts der eigenen Fehlerforschungsdefizite nicht zunächst die umfangreichen Ergebnisse der anderen Disziplinen betrachtet, kaum rechtfertigen. Die Erziehungswissenschaft sollte bezüglich der Fehlerfrage zunächst *interdisziplinär ausgreifen* und sondieren.

Allerdings ergibt sich zum Dritten bei näherer Betrachtung der Ansätze anderer Disziplinen oft ein *ähnlich unbefriedigender Befund* wie in der Erziehungswissenschaft: Selten klar definierte Begriffe, keine Forschungsgeschichte, kaum Theorieansätze und nur gelegentlich Querverbindungen zu den Fehlerforschungen fremder Disziplinen. Viele Disziplinen müssten deshalb im Grunde ein ähnliches Interesse an interdisziplinärer Verständigung zeigen. Eine klare Tradition der Fehlerforschung ist in der Arbeits- und Organisationspsychologie der letzten zwei Jahrzehnte im Zusammenhang mit Fragen des Technikumgangs und des Managements in Wirtschaftsunternehmen feststellbar; allein hier werden gelegentlich auch explizit interdisziplinäre Ausgriffe unternommen. Ein ähnlicher Fehlerforschungsstrang ist in Sprachwissenschaft und -didaktik bereits seit langem, in der Mathematikdidaktik nur mit gewissen Unterbrechungen erkennbar.

Viertens resultierten bislang die meisten Fehlerforschungen nicht aus Diskussionen und Fortschreibungen im wissenschaftlichen Diskurs der einzelnen Disziplinen. Vielmehr waren es einschneidende Ereignisse und dringliche Rückkopplungen aus der Praxis bestimmter *Handlungsfelder,* die die Fehlerforschungen veranlassten. Fehlerereignisse etwa in industriellen Arbeitsabläufen und Techniksystemen oder in der Unterrichts- und Erziehungspraxis lösten Fehlerforschungen aus. Diese wurden dann vor allem von anwendungsorientierten Teildisziplinen wie etwa der Sprachdidaktik, der Arbeits- und Organisationspsychologie oder den Wirtschaftswissenschaften vorgenommen.

Fünftens sind es eher die grundsätzlichen, *überfachlichen* Charakteristika von Fehlern, die das aktuell feststellbare Interesse von Praktikern wie auch Wissenschaftlerinnen und Wissenschaftlern finden. Fach- und artspezifische Fehlermerkmale hingegen, wie sie bislang beispielsweise in Fehlertypologien der Fremdsprachen und des Mathematikunterrichts systematisiert oder in Taxonomien der psychologischen Forschung beachtet wurden, stoßen auf weniger Interesse.

Nach den ersten *interdisziplinären Verständigungen* Anfang der achtziger Jahre in den USA und in Italien führte 1997 eine Tagung in der Schweiz vor allem Fachleute der Psychologie und Erziehungswissenschaft unter dem Thema ‚Fehlerwelten' zusammen. Bis heute behindern jedoch disparate Begriffsbildungen und Theoriebezüge sowie stark spezialisierte Forschungsrichtungen die Verständigung. Bereits beim Fehlerbegriff wurde noch keine konsensfähige Formulierung gefunden. Das bedeutet sechstens, dass der Nachweis noch aussteht, dass die vielfältigen unter dem Stichwort ‚Fehler' verhandelten Forschungsgegenstände tatsächlich *gemeinsame Merkmale* aufweisen, die über den vordergründig verbindenden, der Alltagssprache entnommenen Begriff ‚Fehler' hinausgehen. Dies aber ist die sachliche Voraussetzung dafür, dass eine fortgesetzte interdisziplinäre Verständigung und Kooperation in der Fehlerfrage sinnvoll erscheinen kann.

1.1.6   Die Begriffsfrage als Dreh- und Angelpunkt

Die Möglichkeit einer gemeinsamen Antwort auf die Frage nach dem Fehlerbegriff erweist sich als entscheidend für Sinn oder Unsinn einer Verständigung von Fehlerforschern unterschiedlicher disziplinärer Provenienz. Selbst innerhalb der einzelnen Disziplinen ist es im Grunde nicht möglich, Forschungen oder gar theoretische Vorschläge zu entwickeln ohne grundlegende Begriffe einzuführen, die den sachlichen Gegenstand mit Merkmalen klar bezeichnen, umreißen und abgrenzen. Diese Aufgabe markiert folglich auch den Anfang einer erziehungswissenschaftlichen Fehlerforschung.

Die Unterschiedlichkeit der Fälle, auf die der Begriff des Fehlers im heutigen *Sprachgebrauch* angewendet wird, ist von kaum überbietbarer sachlicher Breite. In jedem Gegenstandsbereich oder Wissensgebiet wird Richtiges von Falschem unterschieden, jede Handlungsweise lässt sich kontrastieren mit entsprechenden Fehlhandlungen, jede Überlegung lässt sich abklopfen auf ihre Denkfehler, selbst bei physikalischen Eigenschaften wird von (Material-) Fehlern gesprochen. Weitere Disziplinen befassen sich mit Phänomenen, die in diesen Zusammenhang zu gehören scheinen, nennen sie aber nicht Fehler, sondern reden etwa von Devianz oder Delikt, Versagen oder Sünde, Irrtum oder Dysfunktion.

Von welchen Fehlern also ist zu sprechen? Eine klare phänomenologische Beschreibung, was ein Fehler, ganz allgemein betrachtet, sei, ist nach einigen unbefriedigenden, weil zu bereichsspezifischen Definitionsversuchen etwa der Psychologie nicht in Sicht, allenfalls spartenspezifische Merkmalszuweisungen wie „unabsichtlich" oder „abweichend" sind zu nennen. Die Problematik, dass unterschiedliche Gegenstandsbereiche recht spezifische Fehlerbegriffe, -aussagen und -systematiken der jeweiligen wissenschaftlichen Disziplinen evozieren, für die dennoch oft eine breitere Gültigkeit beansprucht wird, deutet auch Weinert (1999, 101) auf einer interdisziplinären Tagung an.

Selbst wenn wir den Fehlerbegriff nur auf ein *Handlungsfeld* beziehen, entschärft dies die Problematik kaum. Wie die bereits genannten Beispiele und Aspekte etwa zum schulischen Bereich zeigen, erweist allein dieses eine Handlungsfeld bereits höchst disparate Anwendungen des Fehlerbegriffs, vielerlei Fälle, die sachlich zur Fehlerthematik dazugerechnet werden können und jeweils eine ganze Reihe von möglichen Fragestellungen etwa nach dem sachlichen Gehalt, den Entstehungsbedingungen und Wirkungen der jeweiligen Fehlerkategorie. Diese Breite erschwerte es bislang selbst innerhalb des einen Praxisfelds Schule, einen Fehlerbegriff klar zu fassen, der auf didaktische und erzieherische Lehrerfehler, Schülerfehler im Sozial-, Unterrichts- und Lernverhalten, Leistungsfehler aller Arten und Personengruppen, Fehlplanung und Systemfehler, Fehlentwicklungen und Fehlerkultur u.a.m. gemeinsam anwendbar wäre.

Zugleich verweisen die diversen schulbezogenen Fehlerarten auf die Notwendigkeit der Verständigung mit den jeweils angrenzenden fachwissenschaftlichen Disziplinen außerhalb der Pädagogik. Selbst wenn es möglich erschiene, einen schulspezifischen Fehlerbegriff zu definieren, wäre dies nur bedingt sinnvoll hinsichtlich künftiger Diskurse und Forschungen. Günstiger wäre, einen auch für interdisziplinäre Anschlüsse tauglichen Fehlerbegriff zu entwickeln. Denn solche externen Querverbindungen können die spezifisch innerschulischen Fehlerforschungen durch Verständigungsmöglichkeiten und Impulse nach und von außen dauerhaft vitalisieren. Ein gemeinsamer Fehlerbegriff wäre dann zwar keine hinreichende, aber doch eine notwendige Bedingung für eine solche fachliche Vernetzung. Die Frage nach einem interdisziplinär kompatiblen Fehlerbegriff wird folglich zu einem Schlüssel auch für die schulbezogene Fehlerforschung.

1.2 Ziel und Verfahren

1.2.1 Fragestellung

Ich fasse das bislang Erörterte zusammen: Mein Interesse an der Erforschung des Umgangs mit Fehlern zielt letzten Endes auf jene qualifizierten Fehlerpotenziale für Lernprozesse, die auf den ersten Seiten angedeutet wurden. Die Ergebnisse der Sondierung des Forschungsgegenstands und -felds verdeutlichen jedoch, dass eine in diese Richtung weisende schulbezogene Fehlerforschung nur dann stringent zu leisten ist, wenn zuvor theoretische Ausgangspunkte klar bezeichnet werden. Insbesondere die Notwendigkeit eines klaren Fehlerbegriffs und weiterer verbindender Momente, die einer interdisziplinären Verständigung in der Fehlerforschung und insbesondere einer erziehungswissenschaftlichen Fehlerkonzeption zugrundegelegt werden können, wurde deutlich. Anhalts- und Ansatzpunkte sind auch bei den Fehlerforschungen anderer Disziplinen zu suchen. Diese Arbeit wird deshalb der Frage nachgehen:

Lassen sich begriffliche und theoretische Grundlagen ermitteln, die eine interdisziplinäre Verständigung über Fehler stringent begründen und einer (auch) schulbezogenen Fehlerforschung und -theorie zu Grunde gelegt werden können?

Die Fragestellung lässt sich konkreter zuspitzen in zwei Teilfragen:

1. Lässt sich eine Fehlerdefinition und -theorie formulieren, die transdisziplinär anwendbar erscheint?

2. Finden sich Hinweise auf Teilkonzepte der Produktivität von Fehlern, die in wissenschaftlicher und pragmatischer Hinsicht relevant werden könnten?

Die erste Teilfrage ist für die Wahl des weiteren Verfahrens dieser Forschungsarbeit, die sich auf die Klärung von begrifflichen und theoretischen Grundlagen konzentriert, maßgeblich.

Die zweite Teilfrage verweist auf das weitergehende wissenschaftliche und pragmatische Interesse unseres Fragens. Mit pragmatisch ist die Umsetzung in Handlungsformen innerhalb eines Praxisfeldes gemeint. Denn letztlich geht es darum, durch diese Grundlegung die Produktivität[9] des Fehlers für die verschiedensten Wirkungs- und Handlungs-zusammenhänge systematischer erschließen zu können, besonders in schulischen und beruflichen Handlungsfeldern. Die Frage nach der möglichen Fehlerproduktivität bildete den Ausgangspunkt der Überlegungen, die zu dieser Forschungsarbeit führten. Sie bleibt in der zweiten Forschungsteilfrage und somit auch im Titel der Arbeit enthalten und wird deshalb bei den einzelnen Fehlerforschungsbeiträgen, die im Folgenden dargestellt werden, beständig am Rande mitverfolgt.

In der weiter ausgreifenden Perspektive dieser Forschungsarbeit soll es also darum gehen, durch die Arbeit theoretische Grundlagen bereitzustellen *zu einer besseren Er-schließung der Produktivität des Fehlers*, die dann in intra- oder interdisziplinären An-schlussforschungen künftig geleistet werden könnte.

1.2.2 Forschungsverfahren

Wie deutlich wurde, geht es im Kern um die Ermittlung transdisziplinärer Ansatzpunkte zu einem begrifflichen und theoretischen Konstrukt. Diese Ansatzpunkte finden sich in den Texten, die Grundlagen und Ergebnisse von fehlerbezogenen Forschungen und Ana-lysen beschreiben. Ein hermeneutisches Verfahren legt sich also nahe, bei dem auf eine Analyse der vorliegenden Texte der Versuch einer Synthese der Befunde zu einer trans-disziplinär verbindenden theoretischen Basis folgt.[10]

Das Verfahren lässt sich folgendermaßen umreißen:

I.   Darstellung des Ertrags bereits vorliegender Fehlerforschungen hinsichtlich unserer Forschungsfrage: Begriffliche und theoretische Grundlagen sowie eventuelle Teil-konzepte der Produktivität von Fehlern (Kapitel 2 und 3)

II. Analytische Zusammenschau: Gibt es sich wiederholende, transdisziplinär akzeptable Merkmale des Fehlerbegriffs? (Kapitel 4)

III. Synthese: Formulierung eines transdisziplinär möglichst breit anwendbaren und dennoch praktikablen Fehlerbegriffs sowie weiterer Elemente zu einem fehlertheo-retischen Rahmenkonstrukt (Kapitel 5).

Dazu bedarf es noch einiger Erläuterungen. Die Darstellungsaufgabe im Schritt I muss mehrfach eingegrenzt werden. Zunächst kann nicht jede Randbemerkung und Ausfüh-rung zum Fehler, die sich in der Literatur findet, erwähnt werden. Die Darstellung wird vielmehr die wichtigen Beiträge und Linien der Fehlerforschung berücksichtigen. Im Fokus des Interesses steht die Frage nach Fehlerbegriff und -merkmalen, nach theoreti-schen Ansätzen und nach Teilkonzepten der Fehlerproduktivität. Allerdings finden sich

---

[9] Zum Verständnis des Begriffs Produktivität vgl. Kap. 5.3.2.
[10] Zu wissenschaftstheoretischen Fragen der Vermittelbarkeit verschiedener Ergebnisse vgl. Kap. 6.2.

bei vielen Fehlerforschungen hierzu nur wenige Angaben – gerade deshalb ist diese Arbeit ja erforderlich geworden! –, dagegen Ergebnisse zu anderen relevanten Fehleraspekten, die dann nicht unterschlagen werden sollen. So entsteht ein skizzenhaftes aber doch relativ umfassendes Bild dessen, was bislang an Fehlerforschung im deutschsprachigen Raum geleistet wurde, wobei einzelne wichtige Beiträge aus dem französischen und angelsächsischen Bereich ebenfalls berücksichtigt werden.

Eine zweite Eingrenzung bezieht sich auf die Gegenstände und Disziplinen von Fehlerforschung, die betrachtet werden sollen. Die Vorsondierungen ergaben, dass sich rund 80-90% der vorgefundenen wissenschaftlichen Fehlerforschungen und Fehlerdarstellungen der diversen Disziplinen unmittelbar oder mittelbar auf zwei Handlungsfelder beziehen lassen: *auf den Schulunterricht und die Arbeitswelt* mit ihren verschiedenen Dimensionen. In diesen beiden findet sich der pragmatische Ausgangs- bzw. Zielpunkt der allermeisten wissenschaftlichen Fehlerforschungen.[11]

Diese Fokussierung ist nur auf den ersten Blick überraschend. Spätestens wenn im vierten Kapitel die Merkmale des Fehlers diskutiert werden, wird dies verständlich. Denn im 19. und 20. Jahrhundert wurde mit dem Begriff ‚Fehler' zum einen fast ausschließlich *menschliches Handeln* bezeichnet und dies zum anderen vor allem dann, wenn neben dem, der den Fehler beging, eine *Instanz* auf den Plan trat, die das Fehlverhalten feststellte und ggf. sanktionierte. Ein nicht nur gelegentliches, sondern *beständiges* Kontrollieren des Handelns der einzelnen Akteure hinsichtlich seiner Korrektheit oder Fehlerhaftigkeit sowie ein *unmittelbares und in der Sache unerbittliches* Feststellen und Sanktionieren von Fehlleistungen tritt uns seit dem 19. Jahrhundert vor allem in der Schule und in der Arbeitswelt durchgängig entgegen. Unternehmen und andere Großorganisationen haben zudem ein vitales Interesse, die durch Fehlleistungen entstehenden Folgeschäden zu vermeiden, und zugleich die Mittel, um die genaue Erforschung von Fehlleistungen und ihren Ursachen finanzieren zu können. Auch die Schule, in der das Markieren von Fehlern eine zentrale Rolle in Lernprozessen und bei der Leistungsbeurteilung spielt, erweist sich durch ihre schiere Größe bereits als ein wesentlicher Impulsgeber für Fehlerforschungen und Abnehmer möglicher Forschungsergebnisse.

So erscheint es schlüssig, dass in diesen beiden Bereichen der Fehler und seine Thematisierung besondere Bedeutung erlangte. Zwar werden in anderen Handlungsbereichen etwa des Privatlebens möglicherweise zahlreichere oder noch gravierendere Fehlhandlungen begangen. Doch fehlt hier in der Regel die Instanz, die wie die Lehrperson in der Schule oder der Vorgesetzte im Betrieb einen ‚Fehler' gewissermaßen offiziös feststellen und dessen Bearbeitung einfordern kann, weshalb die Wissenschaften sich dieser ‚Fehler' nur bedingt annahmen. Es werden weiter in der Justiz, Theologie oder

---

[11] Dies widerspricht nicht der obigen Feststellung, dass die erziehungswissenschaftliche und allgemeindidaktische Forschung und Theoriebildung sich des Fehlerthemas bislang kaum angenommen hat. Denn es sind, wie sich noch zeigen wird, vor allem psychologische sowie fachwissenschaftliche und -didaktische Disziplinen, die Fehlerforschungen betreiben. Diese zielten auf die Unterrichtspraxis, lösten aber keine erziehungswissenschaftliche Theoriebildung und Forschung zum Fehler aus.

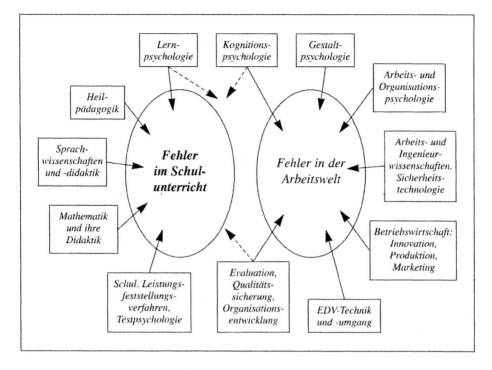

Grafik 1: Bezug disziplinärer Fehlerforschungen zu Schule und Arbeitswelt

Philosophie andere fachspezifische Begrifflichkeiten für Fehlverhalten verwendet, weshalb die dazu gehörigen disziplinären Arbeiten bislang kaum als Teil der wissenschaftlichen Fehlerforschung und -theorie in Betracht gezogen werden. Diese fachlichen Beiträge wird auch die vorliegende Arbeit unberücksichtigt lassen, da eine sachliche Beschränkung unumgänglich ist, und in Schule und Arbeitswelt, wie bereits angedeutet, die relevantesten Forschungsergebnisse vorliegen.

Ergo: Diese Forschungsarbeit konzentriert sich folglich auf den Schulunterricht und die Arbeitswelt. Bereits in diesen beiden zentralen Bezugsfeldern der bisherigen Fehlerforschung werden von völlig unterschiedlichen Disziplinen Forschungsergebnisse eingebracht. Besonders seitens der verschiedenen psychologischen Teildisziplinen ergaben sich gewichtige Beiträge zum Fehlerthema, die aber aus den bezeichneten Gründen fast stets ebenfalls im Unterricht und Berufsleben ihren wesentlichen Ausgangs- und Zielpunkt hatten. Diese Beiträge lassen sich meist einem der beiden Felder zuordnen, wenn wir fragen, wo die Ergebnisse bislang erkennbar adaptiert wurden (siehe Grafik 1).

Ein weiterer Umstand veranlasst dazu, die Fehlerforschungsbeiträge nicht nur nach Disziplinen zu unterscheiden, sondern sie unter den überspannenden Begriffen von Schulunterricht und Arbeitswelt – beides als Handlungsfeld verstanden – zu bündeln.

Wie bereits oben angedeutet[12] wurden in den letzten zwei Jahrzehnten etliche maßgebliche Fehlerforschungen nicht durch intradisziplinäre Entwicklungen ausgelöst, sondern durch gesellschaftliche Ereignisse oder Prozesse innerhalb bestimmter Praxisfelder. Diese führten dann parallel zu Reaktionen und Forschungen in mehreren Disziplinen. Dazu drei Beispiele:

- In den achtziger Jahren lösten Sicherheitsprobleme und einige hochriskante Ereignisse in Kernkraftwerken Fehlerforschungen in Kognitionspsychologie, Ingenieurwissenschaften, Biologie und anderen Naturwissenschaften aus. Man erforschte vor allem das Zusammenspiel von Mensch und Technik bei der Eskalation von Fehlern in Handlungsketten und die ungewollten Folgen rigider Fehlervermeidungsstrategien.

- Seit Mitte der achtziger Jahre bewirkte die rapide informationstechnische Umgestaltung der Büroarbeit ein vermehrtes fehlerbezogenes Forschen an der Schnittstelle Mensch/Computer seitens der Informationstechnik, der Arbeitswissenschaft und -psychologie und der theoretischen Mathematik.

- Anfang der neunziger Jahre wurde die hohe Bedeutung der Produktinnovation, die sich u.a. aus fehleroffener Kreativität und Risikobereitschaft speiste, für das Überleben von Wirtschaftsunternehmen in einem dynamisierten und globalisierten Marktgeschehen deutlich. Expertinnen und Experten der Wirtschaftswissenschaft, der Kreativitätsforschung und des Bildungsbereichs befassten sich u.a. mit den produktiven Potenzialen von Fehlern innerhalb innovativer Prozesse.

Solche gemeinsamen Forschungsanlässe führten teilweise zu sich berührenden Ausgangsbeobachtungen und -fragestellungen in der Fehlerforschung der involvierten Disziplinen. Es ist also in der Sache begründet, wenn die Fehlerforschungsbeiträge nicht nur nach Disziplinen, sondern zusätzlich noch nach Praxis- bzw. Handlungsbereichen gebündelt werden. Dies verdeutlicht dann Interdependenzen der Forschungsfragen und -ergebnisse und die Disziplinen übergreifende Entwicklungsstränge in der Bearbeitung der Fehlerfrage über längere Zeiträume hinweg.

Die Abfolge der disziplinären Teile in den Kapiteln 2 und 3 ist so gewählt, dass dieses Voranschreiten des Erkenntnisprozesses erkennbar wird. Zwar greift beispielsweise die Darstellung der Fehlerforschung in der Mathematikdidaktik ebenfalls bis zu den Anfängen um 1900 zurück, aber wirklich virulent wurde das Fehlerthema in der Mathematik durch die Chaosforschung und die TIMS-Studie Mitte der neunziger Jahre, weshalb die mathematische Fehlerforschung eher am Ende des zweiten Kapitels platziert wurde. Die Sprachwissenschaft und -didaktik hingegen erlebten bereits in den siebziger und achtziger Jahren einen Höhepunkt ihrer Fehlerforschung; die Lerntheorien, die hinsichtlich der Fehlerfrage erwähnenswert erscheinen, entstanden meist noch früher.

---

[12] Vgl. Kap. 1.1.4.

Das zweite Kapitel stellt Forschungsergebnisse dar, die zu Fehlern im Schulunterricht Aussagen machen bzw. erlauben. Von Interesse sind hier also nur die Fehler, die im Zusammenhang mit den *fachlich-inhaltlichen Lernvorgängen* des Unterrichts stehen. Dadurch entfallen etliche der in der Einleitung summarisch erwähnten Fehlerkategorien, auf die wir im Handlungsfeld Schule ebenfalls stoßen. Im 18. und 19. Jahrhundert bezeichneten die Pädagogen mit dem Begriff ‚Fehler' nur selten die unerwünschten Ergebnisse fachlich-unterrichtlicher Lernprozesse – wie heutzutage gebräuchlich –, sondern Verhaltensauffälligkeiten und Entwicklungsstörungen. Diese Fehlerkategorie und somit auch diese frühen Beiträge bleiben im zweiten Kapitel ebenfalls unberücksichtigt.[13] Dasselbe gilt für die ‚Erzieherfehler', die sich in aller Regel nicht auf die fachlichen Lernvorgänge, sondern Fragen der Erziehung und der persönlichen Vorbildwirkung bezogen. Weiter gehören auch die Ausführungen zu Fehlern im Zuge von Schulentwicklungsprozessen nicht in diesen Zusammenhang, sondern sind ein Aspekt von Schule als einem Segment der Arbeitswelt.[14]

Der Begriff Arbeitswelt, der das dritte Kapitel überspannt, ist relativ weit gefasst. Er umgreift prinzipiell alle Sektoren des Wirtschaftslebens. Freilich werden nur jene Teilbereiche und Problemstellungen angesprochen, bei denen es zu nennenswerten Fehlerforschungen kam. Diese arbeitsweltlichen Fehlerthemen verbinden sich oft unmittelbar mit *psychologischen* Fehlerforschungsbeiträgen, die deshalb weithin in diesem Kapitel dargestellt werden. Auch hierbei soll es jedoch weniger um die diversen fachspezifischen Detailergebnisse dieser Fehlerforschungen gehen, sondern um *grundlegende* Ansätze und Erkenntnisse zu Begriff, Theorie und Produktivität des Fehlers. Guggenbergers eher kulturkritische Auseinandersetzung mit der Fehlerfeindlichkeit unserer technisierten westlichen Zivilisation wird am Ende dieses Kapitels erörtert, nachdem in dessen Verlauf deutlich wurde, dass die bisherigen Fehlerforschungen in erheblichem Umfang von Problemen an der Schnittstelle Mensch/Technik ausgelöst wurden.

Im anschließenden Schritt II werden die von verschiedener Seite vorgeschlagenen Merkmale zur näheren Bestimmung des Fehlerbegriffs auf ihre innere Konsistenz und vor allem ihre allgemeinere Tauglichkeit im Rahmen eines transdisziplinären Fehlerbegriffs hin überprüft. Um dieser möglichst breiten Anwendbarkeit willen werden auch einzelne Erwägungen zum Fehlerbegriff, die von philosophischer Seite vorgenommen wurden, mit berücksichtigt.

Das Ergebnis dieser Zusammenschau bildet die Grundlage für die Neufassung eines transdisziplinär tauglichen Fehlerbegriffs im Schritt III. Als weiterer Ertrag der breit angelegten Analyse, die über zweihundert wissenschaftliche Beiträge zur Fehlerforschung und -frage wahrnimmt, lässt sich ein korrelativer Zusammenhang zwischen Fehleroffenheit und Fehlervermeidung bei komplex-dynamischen Gegenstandsbereichen

---

[13] In der Heilpädagogik findet sich diese Verwendung des Fehlerbegriffs noch nach 1945 (vgl. Kap. 2.3.2).
[14] Deshalb finden sich diese schulbezogenen Ausführungen im darauf folgenden Kapitel (vgl. Kap. 3.5.5) .

feststellen. Er wird Fehlerparadoxon genannt und soll im Verbund mit dem Fehlerbegriff eine Rahmentheorie des Fehlers formieren.

Die Teilkonzepte zur Produktivität des Fehlers, die sich im Zusammenhang mit der zweiten Forschungsteilfrage ermitteln lassen, werden anschließend dem Begriff der Fehleroffenheit zugeordnet, der sich in drei Teildimensionen gliedern lässt. Im dritten Verfahrensschritt werden also synthetische Vorgänge, terminologische Bestimmungen und Neubildungen sowie deren logische Verknüpfung zu einem theoretischen Konstrukt im Vordergrund stehen.

Für den Philosophen Popper[15] war Nützlichkeit ein maßgebliches Kriterium für eine gute Theorie, d.h. sie sollte Aussagen und Ableitungen erlauben, die sich in pragmatischer Hinsicht als sachlich zutreffend und gut anwendbar erweisen. Dieser Aspekt der Qualität der Rahmentheorie kann im Rahmen dieser Arbeit allenfalls ansatzweise verdeutlicht werden. Denn am Ende werden die Begriffe und Teilkonzepte der vorgelegten Theorie als Wahrnehmungs- und Diagnoseraster verwendet und auf das Fallbeispiel der Schule angewendet, von der unser Forschungsinteresse ursprünglich ausging.

Im Schlusskapitel soll diskutiert werden, inwieweit die vorgelegte Theoriebildung wissenschaftlich überprüft und damit bestätigt oder widerlegt werden kann. Weiter werden einige Anschlussfragen formuliert, die sich aus dem Gesamtbild zur Fehlerforschung in Schule und Arbeitswelt ergeben. Weiterreichende Perspektiven für die wissenschaftliche Arbeit bilden den Schluss dieser Forschungsarbeit.

1.3   Schwierigkeiten und Grenzen der Vorgehensweise

Einige Problemstellen werden erkennbar, wenn wir den Weg noch einmal betrachten, der ausgehend vom konkret schulbezogenen Interesse zu diesem nun analytisch-theoretisch angelegten und disziplinär weit ausgreifenden Arbeitsvorhaben führte. Am Anfang stand die Frage nach den zu überdenkenden und zu erweiternden Formen des Umgangs mit Fehlern in der Schule. Dabei zeigte sich rasch die Schwierigkeit, dass die pädagogische Praxisliteratur zwar mittlerweile gerne über Fehler räsoniert, aber zugleich die Erziehungswissenschaft seit mehr als einem halben Jahrhundert nicht mehr versuchte, hierzu taugliche theoretische Grundlagen zu entwickeln. Zugleich wurde deutlich, dass im Gegensatz dazu verschiedene andere wissenschaftliche Disziplinen etwa in der Psychologie eigene Fehlerforschungen unternommen hatten, die interessante Einsichten über die Fehler offerierten. Es wäre ignorant und töricht, würde man diese Forschungsergebnisse nicht gründlich wahrnehmen und prüfen, ehe man im fehlertheoretischen Niemandsland der Erziehungswissenschaft erste fundierende Schritte unternimmt. Doch nun trat ein sehr uneinheitlicher Fehlerbegriff zu Tage, den jede Disziplin anders gebraucht und der selten präzise definiert wird. Ohne einen kompatiblen Fehlerbegriff aber

---

[15] Vgl. Popper 1973 und 1984.

lassen sich die diversen Fehlerforschungserträge für die Erziehungswissenschaft nicht stringent erschließen. Ein solch klarer und kompatibler Fehlerbegriff ist also der Schlüssel, der aber wiederum nur anhand einer breiten analytischen Gesamtschau zu den maßgeblichen Fehlerforschungs- und Theoriebeiträgen in einer *trans*disziplinären Perspektive plausibel behauptet werden kann. Aber diese mehrere Disziplinen übergreifende Gesamtschau zur Fehlerforschung liegt bis heute ebenfalls nicht vor, nicht einmal ansatzweise.

Ergo: Wenn das Ziel einer fundierten schulischen Fehlertheorie oder -konzeption erreicht werden soll, müssen zuerst relativ aufwendig Grundlagen geschaffen werden. Werden diese Fundierungsaufgaben aber in der wünschenswerten theoretischen Gründlichkeit erledigt, rückt der konkrete schulpraktische Bezug innerhalb einer solchen Arbeit eher in weite Ferne. Würde ich wie andere auf eine plausible Grundlegung des umgangs- und fachsprachlich schillernden Fehlerbegriffs verzichten oder mit einem definitorischen Provisorium arbeiten, so verlängert dies abermals den höchst unbefriedigenden Tatbestand erstens einer theoretisch schlecht fundierten Fehlerthematisierung in der Erziehungswissenschaft und zweitens einer prinzipiell sehr erschwerten interdisziplinären Verständigung. Die jedoch wäre angesichts der disziplinär breit verstreuten Fehlerforschungen längst stärker geboten.

Aus diesen Gründen habe ich mich für die beschriebene Zielsetzung und Verfahrensweise entschieden. Die Arbeit wird versuchen, die Grundlegung des Fehlerbegriffs im Sinne einer transdisziplinären Rahmendefinition vorzunehmen. Auf diesem Weg soll sie nach Möglichkeit so weit vordringen, dass erste Umrisse einer praktischen Anwendbarkeit durch technologische Ableitungen aus der Theorie oder anderweitige Ergebnisse der Analyse erkennbar werden. Diese Umrisse bleiben notgedrungen in manchem unscharf. Aber diese Anwendbarkeit ist die Voraussetzung dafür, dass die Plausibilität und Nützlichkeit der ermittelten Grundlegung erhärtet werden kann, was freilich weitgehend künftigen Anschlussarbeiten vorbehalten bleiben muss.

Der Preis des interdisziplinär weit ausgreifenden Verfahrens ist, dass Abstriche hinsichtlich der Detailliertheit und Vollständigkeit gemacht werden müssen. Es gibt Forschungsbeiträge zur Fehlerthematik etwa im Bereich der Biologie, Psychoanalyse, Linguistik und Technik, die allenfalls erwähnt werden können. Es finden sich Theorieansätze etwa zum Problemlöseverhalten, die zwar selten vom Fehler reden, aber doch sachlich gesehen einbeziehbar wären. Es gibt an der Peripherie dieses Themengebiets Handlungsfelder und Disziplinen, die vielleicht Fehler verhandeln aber davon als Devianz, Delikt oder Schuld reden, und hier ebenfalls nicht erschlossen werden.

Zwar wird sich die vorzunehmende Grundlegung bemühen, unausgesprochen auch diese Bereiche praktischen Handelns und wissenschaftlichen Denkens am Rande im Blick zu behalten, da es um eine möglichst breite transdisziplinäre Anwendbarkeit der gesuchten Grundlagen geht. Aber sie kann den Abgleich damit nicht garantieren und vor allem aus Gründen des Umfangs nicht schriftlich darstellen.

Die Termini der Fachsprachen füreinander kompatibel zu machen, bleibt schließlich eine an jeder Kontaktlinie zwischen zwei Disziplinen künftig zu leistende Aufgabe. Dies kann nur von den jeweiligen Fachleuten vorgenommen werden, sofern die vorgeschlagenen transdisziplinären Grundlagen von jenen für sinnvoll erachtet werden. Denn das Ergebnis dieser Arbeit wird sein: ein theoretischer Versuch, dessen intradisziplinäre und interdisziplinäre Anwendbarkeit von anderen Fachleuten zu prüfen sein wird.[16]

Um diese interdisziplinäre Verständigung zu erleichtern, fasse ich in den Analysen des zweiten und dritten Kapitels die Ergebnisse der diversen Fehlerforscherinnen und -forscher nicht nur in eigenen Worten zusammen, sondern werde diese – häufiger als es im Rahmen solcher Arbeiten üblich ist – mit kürzeren Passagen zitieren. Zugleich soll dadurch die Vielstimmigkeit und Vielgestaltigkeit der Denkansätze in der Fehlerforschung noch klarer zu Tage treten.

Eine weitere Schwierigkeit besteht in der Vereinbarkeit von Forschungsansätzen und Ergebnissen aus unterschiedlichen wissenschaftstheoretischen Begründungszusammenhängen. Diese Problematik wird im sechsten Kapitel angesprochen und ist nicht grundsätzlich auflösbar. Um die Schwierigkeiten zu verkleinern, versucht die hier neuformierte Rahmentheorie des Fehlers zum einen auf Begriffe zu verzichten, die disziplinär und erkenntnistheoretisch bereits stark besetzt sind und sich zum anderen auf einem Abstraktionsniveau zu halten, das eine prinzipielle Nutzbarkeit der Rahmenkonstruktion für viele disziplinäre ‚Füllungen' ermöglicht. Die Schwierigkeiten der Kompatibilität werden deshalb vermutlich erst mit zunehmender Konkretisierung der Fehlerkategorien und -teilaspekte und der Methoden der Untersuchung und Beschreibung von Fehlern zunehmen, und müssen dann im interdisziplinären Dialog jeweils neu besprochen werden.

Zu den strukturellen Problemstellen tritt zu guter Letzt die individuelle Schwierigkeit des Erziehungswissenschaftlers hinzu, der sich mit Fehlerforschungsbeiträgen teilweise fremder Disziplinen befassen muss, nicht zuletzt um deren Ergebnisse der eigenen Disziplin zugänglich zu machen. Trotz aller Einarbeitung und angestrebten Gründlichkeit und der unternommenen Gespräche mit Fachleuten anderer Disziplinen könnte hie und da ein begrifflicher Mangel oder sachlicher Fehler feststellbar bleiben. Es scheint beinahe so, als wäre in der Erziehungswissenschaft momentan eine weiterführende Arbeit, die den bislang bestehenden Kardinalfehler einer höchst mangelhaften *Grundlegung* der Fehlerforschung und eines Ignorierens der zahlreichen Fehlerforschungsergebnisse anderer Disziplinen vermeiden möchte, nur möglich, indem mit einer gewissen Fehleroffenheit das Risiko eventueller Fehler beim Wahrnehmen und Wiedergeben fremder Erkenntnisse in Kauf genommen wird.

---

[16] Zur wissenschaftstheoretischen Problematik einer inter- bzw. transdisziplinären Theoriebildung vgl. auch Mittelstraß 1986, Marquard 1998 sowie die Kap. 5.3.2 und 6.

2 Der Fehler im Schulunterricht

Das zweite Kapitel befasst sich mit den Fehlern in fachunterrichtlichen Lernprozessen. Ausgenommen sind also Charakter- und Verhaltensfehler der Schüler und ebenso die Erzieherfehler, die im 18. und 19.Jahrhundert als Fehlerkategorien im Vordergrund der pädagogischen Betrachtungen standen; sie werden hier nur kurz angedeutet. Ausführlich dargestellt wird hingegen die erste gründlichere Untersuchung und Darstellung zu Lernfehlern durch Weimer und Kießling in den zwanziger Jahren. Beide beleuchten interessante Aspekte des Fehlerthemas, das in der Reformpädagogik zwar gelegentlich angeschnitten, aber nicht systematisch erschlossen wurde, weshalb zu den Reformpädagoginnen und -pädagogen keine gesonderte Darstellung erfolgt. Ähnlich zurückhaltend verhielt sich die Erziehungswissenschaft wieder nach 1945 gegenüber der Fehlerthematik. Eher knapp wird die Position der Heilpädagogik skizziert, die sich recht früh gegen das strikte Fehlervermeidungsprinzip der Schule wandte, allerdings das Fehlerthema insgesamt ebenfalls lange Zeit aus dem Blick verlor.

Bei den seit Thorndike entwickelten Lerntheorien haben Fehler teilweise implizit eine Funktion in Lernprozessen, die dargestellt wird. In neueren Ansätze von Bruner, Aebli und zuletzt Oser wird die Rolle von Fehlern in wirkungsvollen Lernprozessen bereits deutlicher benannt. Im anschließenden Kapitel zur Bedeutung und Bewertung von Fehlern innerhalb der schulischen Leistungsfeststellung nähern wir uns dem Thema bewusst mit einer veränderten Perspektive. Nicht die Unterschiede nach Art und Gewichtung der Fehler in verschiedenen Verfahren der Leistungsfeststellung steht im Vordergrund, zumal diese bislang kaum dargestellt wurden in der Fachliteratur. Im Zentrum steht vielmehr die Frage nach der Auswirkung rechtlicher und systemischer Hintergründe auf den Leistungs- und Fehlerbegriff der Schule, auf diese Verfahren der Leistungsmessung und das Gewicht der Fehlerfeststellung in denselben sowie generell in der Schule als gesellschaftlicher Institution.

In den diversen Fachdidaktiken etwa des Primarschulbereichs finden sich immer wieder Anmerkungen zum Fehlerthema. Die Darstellung wird sich jedoch auf zwei Bereiche konzentrieren, die Sprach- und Mathematikdidaktik, da nur hier eine differenzierte Thematisierung und Erforschung des Fehlers feststellbar ist. Nur knapp dargestellt wird die in regelmäßigen Abständen wiederkehrende Debatte zu den Rechtschreibfehlern bzw. -leistungen der Jugendlichen. Auch die diversen Taxonomien zu Fehlerarten und -typen in der Mathematik und in den Sprachen erwiesen sich als wenig ergiebig für unsere Forschungsfrage nach Fehlerbegriff und -produktivität; sie werden deshalb nicht entfaltet. Vielmehr liegt in der Sprachdidaktik der Schwerpunkt bei den Didaktiken des Fremdspracherwerbs, die u.a. diskutieren, was denn nun als Fehler zu verstehen und zu werten sei sowie welche Definitionsmacht Lehrkräften hierbei zukommt. In der Mathematikdidaktik der letzten Jahre führt die Betonung von variierenden Lösungs- und Lernwegen zu einer Neubewertung des Fehlers im Lernprozess.

Noch grundlegender erörterte bereits 1985 Baruk und danach Kahl die produktive Rolle von Fehlern für das prozessuale Voranschreiten unserer Erkenntnis. Mit einer komprimierten Wiedergabe einiger aktueller Anregungen von Pädagogen zur Lern-, Leistungs- und Fehlerkultur der Schule schließt das Kapitel. Die Schlusszusammenfassung bündelt die wichtigsten Entwicklungslinien und Ergebnisse und fokussiert so die Grundlagen einer möglichen Fehlertheoriebildung.

2.1   Der erzieherische Fehlerbegriff vor 1900

Eine historische oder umfassende systematische Darstellung zur Fehlerthematik wurde in der Erziehungswissenschaft bislang nicht vorgelegt. Ein Blick in die Geschichte der Pädagogik zeigte jedoch, dass seit der Aufklärung der Begriff Fehler auf höchst disparate Kategorien angewandt wurde, oft sogar von ein und demselben Autor. Kinder-, Erzieher- und Elternfehler, erlernte und ererbte Fehler, Charakter- und Verhaltensfehler, Fehlentwicklungen und -leistungen kommen in solchen Texten häufig vermischt daher. Insgesamt zeichnete sich rasch ab, dass bis ins 20. Jahrhundert hinein von ‚Fehlern' weitgehend im Sinne des heutigen Begriffs ‚Fehlverhalten' gesprochen wurde, während der Terminus Fehler in der heutigen Pädagogik vor allem auf Schülerfehler angewendet wird, die im Zusammenhang mit unterrichtlichen Lernprozessen und Leistungsfeststellungen stehen. Verhaltensfehler, die sich nicht auf die fachunterrichtlichen Lernprozesse beziehen, sollen jedoch nicht Gegenstand dieses Kapitels sein.

Dasselbe gilt für die Fehler der Erzieher und Lehrkräfte, die im 18. und 19. Jahrhundert immer wieder erörtert wurden. Denn fast ausschließlich wurden hierbei nur erzieherische Versäumnisse sowie eine mangelnde Vorbildlichkeit der Pädagogen angesprochen und nur ausnahmsweise auch didaktische Fehler, die sich auf die fachlichen Lernprozesse im Unterricht bezogen. Zudem verlor sich im 20. Jahrhundert das explizite Nachdenken über die erzieherischen ‚Fehler' der Lehrkräfte und Eltern weitgehend. Der Fehler geriet einseitig zum Phänomen nur des Lernenden. Moor (1974) thematisiert als einer der letzten noch Erzieherfehler, die er als eine Ursache nicht weniger Verhaltensfehler von Kindern sieht.

Balhorn, Rossa und Brügelmann diskutieren 1995 wieder hinsichtlich des Schriftspracherwerbs den Begriff und die Sache des ‚Kunstfehlers' der Lehrkräfte bzw. die ‚Kunst des Fehlers'. Im Sammelband von Schwarz/Prange (1997) zu schlechten Lehrkräften als „einem vernachlässigten Aspekt des Lehrerberufs" erörtert Memmert in seinem Aufsatz die Kunstfehler der Lehrenden. Er kategorisiert sie als Inhalts-, Methoden-,

Motivierungs-, Darstellungsfehler u.a.m., kann sie allerdings angesichts der notwendigen Kürze seines Beitrags nicht sehr vertiefen. Besonders belastend für das Lehrer-Schüler-Verhältnis wirken seiner Ansicht nach Organisations- und Führungsfehler, zumal dann wenn die Lehrkraft die dadurch entstehende Unruhe und Desorganisation der Lernprozesse durch noch mehr Hausaufgaben, Disziplinarmaßnahmen und andere Sanktionen einseitig auf die Schülerinnen und Schüler abwälzt (Memmert 1997, 260 u. 274).[17]

Somit setzt unsere Betrachtung der Fehler in den unterrichtlichen Lernprozessen erst in den dreißiger Jahren mit Weimers Fehlerkunde und -psychologie ein, die sich weitgehend auf fachliches Lernen im Sprachunterricht bezieht. Noch über vierzig Jahre später werden Weimers Ansätze in den erziehungswissenschaftlichen Nachschlagewerken repetiert. Sie dürften den prinzipiellen Bedeutungswandel beim schulischen Fehlerbegriff – vom Verhaltens- hin zum Lernfehler – deutlich mit befördert haben.

2.2 Bedingungen der Fehlsamkeit und Entstehung einer ‚Fehlerkunde'

2.2.1 Fehlerentstehung

Hermann Weimer und Arthur Kießling verfassten wohl als erste deutsche Pädagogen Darstellungen zu den Fehlern in den *unterrichtlichen* Lernprozessen, die sowohl eine große sachliche Breite etwa der Lernfelder umfassen als auch einen wissenschaftlichen Charakter beanspruchen können. Beide befassten sich in den zwanziger und dreißiger Jahren mit Fragen der Fehlerentstehung und -behandlung. Sie interessierten sich vor allem für deren psychologische Seite, wobei Weimer der erste war, der eine wertneutrale „Psychologie der Fehler" (1925) zu begründen versuchte, nachdem in der Zeit vor ihm meist nur normative, kasuistische ‚Psychopathologien' verfasst worden waren. In den Folgejahren konzentrierte sich Weimer dann auf die „Fehlerbehandlung und Fehlerbewertung" (1926), die „Fehlerbekämpfung" (1930) und die „Fehlerverhütung" (1939) in der Schule. Weimer fasste all diese Kategorien unter dem Oberbegriff der schulpädagogischen „Fehlerkunde" zusammen. Kießling versuchte in einer grundsätzlichen Darstellung die „Bedingungen der Fehlsamkeit" (1925) systematisch zu betrachten. Die Ansätze beider Forscher wurden in der Psychologie kaum aufgenommen, blieben aber in der Erziehungswissenschaft – zumindest in den wenigen Sachzusammenhängen, wo diese sich noch mit der Fehlerthematik befasste – bis in die siebziger Jahre wirksam.[18]

---

[17] Weitere Randbemerkungen in der Literatur zu den Lehrerfehlern etwa im Rahmen der Typologie von ‚acht Todsünden im Lehrerberuf' durch Rainer Winkel erwähnt Grunder (1999, 242ff) in seiner Darstellung zum Bild des Lehrers und der Lehrerin in der Literatur und Pädagogik.

[18] Noch 1970 referiert ein Lexikonartikel „Fehler und Irrtum" im Pädagogischen Lexikon des Bertelsmann Fachverlags (Gütersloh, Bd.1, 878) einzig den tradierten Definitions- und Begründungsversuch von Weimer und Kießling.

Kießling schließt ausdrücklich an Weimers psychologische Grundlegung an. Dieser wiederum macht Kießlings Fehlsamkeitsbedingungen zu einem Ausgangspunkt in seinen späteren Ausführungen zur Fehlerbewertung und -behandlung. In späteren Jahren zeigten beide zwar unterschiedliche wissenschaftliche Interessen, ihre in den zwanziger Jahren vorgelegten Hauptarbeiten jedoch sind als eine sachlich stark verbundene Leistung zu betrachten.[19]

In seinem Fehlerbegriff unterscheidet Weimer (1925, 1) zunächst Fehler, die man *hat* (Charakter-, Organ- oder Schönheitsfehler) von solchen, die man *macht*. Einzig die zweitgenannte Kategorie, die in den Bereich der Handlungen gehört, interessiert ihn: er nennt diese „Handlungsfehler oder Fehlhandlungen" (ebd.). Dabei verbindet er des weiteren den Handlungs- mit dem Leistungsbegriff:

> „Unterliegt die Handlung einer Beurteilung oder Bewertung, wie das im Bereich des Unterrichts fast regelmäßig der Fall ist, so nimmt sie das Gepräge der Leistung an. Wir können daher die Fehler, mit denen wir es in unserer Untersuchung zu tun haben, auch als Leistungsfehler oder Fehlleistungen bezeichnen" (Weimer 1925, 1).

Weimer und Kießling prägten also bewusst einen sehr weiten Begriff von „Fehlleistung", während Sigmund Freud diesen 1901 in seiner „Psychopathologie des Alltagslebens" deutlich enger gefasst hatte.

2.2.1.1 Fehler und ihre Ursachen

Bereits bei der von Weimer weiter vorgenommenen Unterscheidung von Täuschung, Irrtum und Fehler wird die Ursachenfrage berührt. Zunächst unterscheidet er Täuschungen und Fälschungen, die *bewusst* ausgeführt werden, von den Fehlern und Irrtümern, die *unwillentlich* ‚passieren'. Alle gemeinsam werden summiert als ‚das Falsche' (Weimer 1926; Kießling 1930). Zur Unterscheidung zwischen Fehler und Irrtum meint Weimer dann, die Wendungen der Umgangssprache, wonach man sich in einem Irrtum *befindet*, während man einen Fehler begeht bzw. *macht*, „zeigen deutlich, dass der Irrtum einen Zustand, etwas Verharrendes bezeichnet, der Fehler aber ein Gebilde des Augen-

---

[19] *Hermann Weimer* (1872–1942) war Neuphilologe, der in Marburg promovierte und sich anschließend als Oberstudiendirektor und Schulleiter, seit 1927 als Gründungsdirektor einer Akademie für Lehrerbildung in Frankfurt am Main betätigte. 1915 begann er mit der Sammlung und psychologischen Bewertung von Schülerfehlern und Lehrerreaktionen darauf: Deren Ergebnis trug er erstmals 1921 in der Öffentlichkeit vor und beschrieb dann 1922/23 in vier Teilen in der Zeitschrift für Pädagogische Psychologie „Wesen und Arten der Fehler". Bis 1942 arbeitet und veröffentlicht er zur Fehlerthematik, bereits seit 1907 auch allgemein zur Erziehungspraxis in Familie und Schule. Bekannt ist Weimer bis heute zudem durch eine zuletzt 1992 von Jacobi überarbeitete „Geschichte der Pädagogik". – *Arthur Kießling* nennt sich einen Schüler Külpes und Karl Bühlers. Er war 1914–27 an höheren Schulen tätig und arbeitete in den Zwanziger Jahren mit Weimer zusammen. Seit 1927 vertrat er an der Frankfurter Pädagogischen Akademie das Fach Psychologie. Nach 1945 zeichnet er für Artikel zur Fehlerkunde in Nachschlagewerken verantwortlich und wird 1964 als verstorben erwähnt (weitere biographische Angaben zu Weimer und Kießling bei Glück 1999, 169ff).

blicks ist" (Weimer 1925, 3). Irrtümer kämen zustande durch eine Unkenntnis von wichtigen Tatsachen, Fehler dagegen durch das Versagen psychischer Funktionen (ebd., 5).[20]

So betrachtet Weimer – und im Anschluss an ihn auch Kießling – den Fehler als „eine Handlung, die gegen den Willen ihres Urhebers vom Richtigen abweicht" (Kießling 1930, Sp.756), wobei die Abweichung eben bedingt sei durch ein Versagen psychischer Funktionen. Zwei weitere Annahmen sind für Weimer wichtig, eine psychologische und eine pädagogische:

- zum einen sei wichtig, die Regelhaftigkeit im Auftreten bestimmter Fehler wahrzunehmen: „Fehler sind keine Zufallserscheinungen; sie sind Äußerungen und Kennzeichen tiefer liegender Schäden" (Weimer 1926, 7);

- zum anderen sind Fehler für ihn solche Abweichungen von einem erwünschten Verhalten, die bei entsprechenden erzieherisch-unterrichtlichen Maßnahmen durchaus *vermeidbar* sind (siehe Weimer 1930 und 1939).

So muss es für Weimer in einer pragmatischen Perspektive, die bei ihm stets deutlich wird, vor allem darum gehen, die Stelle der jeweiligen Funktionsstörung genau zu erkennen und in geeigneter Weise zu beheben. Weimer kommt zu dem Schluss, dass alle Fehlleistungen, die in der Schulpraxis beobachtbar sind, letzten Endes auf das Versagen von drei Leistungsfunktionen zurück zu führen seien: Aufmerksamkeit, Gedächtnis und Denken (Weimer 1925, 6ff).[21]

Weimer belegt außerdem die Begriffe Fehlerformen und -arten, die bei Wundt noch weitgehend synonym gebraucht werden, unterschiedlich. Die Gruppierung von Fehlerformen ergibt sich aus der *äußeren* Ähnlichkeit der falschen Form – etwa Rechenfehler oder spezifische Fehlleistungen beim Lesen und Schreiben. Kategorien von Fehlerarten dagegen ergeben sich aus der gleichen *inneren* Ursache für falsche Handlungsformen (Weimer 1925, 9). Ein und dieselbe Fehlerform – etwa eine Lautvertauschung beim Lesen – kann durch unterschiedliche Fehlerarten ausgelöst werden, und ein und dieselbe Fehlerart kann sich in unterschiedlichsten Fehlerformen ausdrücken.

Da es ihm darum geht, dass die schulpraktische Fehlerbearbeitung bei den kognitiven[22] Ursachen ansetzt, konzentriert sich Weimer (1925, 8ff) auf die Differenzierung und Darstellung von folgenden Fehlerarten:[23]

---

[20] Vgl. dazu die kritischen Ausführungen und Überlegungen zum Verständnis von Fehler und Irrtum in Kap. 4.2, besonders im dort eingebrachten Exkurs.

[21] Carl Born (1912, 34) fokussierte dies bereits dreizehn Jahre zuvor in vergleichbarer Weise: „Stellen wir uns noch einmal kurz die Hauptfehlerquellen zusammen! Es waren: ein Mangel an Aufmerksamkeit, ein Versagen des Gedächtnisses und im Gefolge davon das Bemühen, phonetisch zu schreiben, und schließlich der Dialekt."

[22] Weimer spricht häufig von „seelischen" Ursachen und Vorgängen, um seine psychologische Betrachtungsweise zu unterstreichen und sich von den eher dem Philosophischen zugeordneten „geistigen" Kategorien abzusetzen.

[23] Vgl. auch Kießling 1929, Sp.757.

1. Geläufigkeitsfehler, die darauf beruhen, dass die meistwiederholten d.h. gewohn-heitsmäßigen Vorstellungen am leichtesten wieder ins Bewusstsein treten.

2. Perseverationsfehler, die auf der psychologischen Erscheinung der Perseverations-tendenz gründen und in Nachwirkungs-, Vorwirkungs- und Einstellungsfehler zer-fallen.

3. Ähnlichkeitsfehler, für deren Eintreten die Ähnlichkeit von ausschlaggebender Be-deutung ist, und bei denen sich eine andere Entstehungsursache nicht nachweisen lässt (Ranschburgsche Hemmung).

4. Mischfehler, bei denen Vorstellungen im Bewusstsein zusammentreffen, die durch Ähnlichkeit, Bedeutungsverwandtschaft oder ein häufiges Nebeneinander in gegen-seitiger Beziehung stehen.

5. Gefühls- und willensbedingte Fehler, unter denen die suggerierten Fehler und die Fehler infolge Verdrängung, also die sogenannten Freudschen Fehlhandlungen und Fehlleistungen, eine besondere Rolle spielen.

Diese Klassifizierung verdeutlicht bereits auch den Einfluss des hauptsächlichen schul-pädagogischen Anwendungsbereichs, von dem her der Philologe Weimer letztes Endes denkt: dem Sprachunterricht. Sein Anliegen ist, entsprechend der eingekreisten Ursache eine ‚Fehlerbehandlung' insbesondere für wiederkehrende Fehler zu entwickeln, die mehr sein muss als die übliche Lehrerpraxis der Fehlermarkierung und -korrektur. Aufmerksamkeits-, Gedächtnis- und Denkfunktionen müssten vielmehr ge-stärkt werden. Zu diesem Zweck versucht er in eher punktuell entwickelten, wenig sys-tematischen Praxisratschlägen die Ergebnisse vereinzelter sprachpsychologischer Unter-suchungen mit einfachen Unterrichtstechniken – z.B. Nutzung der Wandtafel statt lau-tem Korrigieren! – oder pädagogischen Maximen wie etwa der Selbsttätigkeit und Selbstkorrektur oder der gemeinsamen Fehlersuche im Klassenverband zu verbinden.

2.2.1.2 Kießling: Fehlerbedingungen

Kießling weitet den Blick, indem er Weimers Fehlerarten und -ursachen nur als *eine* Sorte von Bedingungen dafür sieht, warum es zu Fehlern im Handeln bei Schülerinnen und Schülern kommt. Er sieht den gesamten situativen Kontext einer gelungenen oder misslungenen Leistung mit den vielfältigen Verkettungen und Korrelationen zwischen einzelnen Bedingungen als wirksam an. „Diese Gesamtheit der Leistungsbedingungen ist unbegrenzt", aber „um dieser verwirrenden Fülle zu begegnen, löst man Hauptbedingun-gen heraus und beschränkt sich auf diese" (1925, 1f).

Dazu entwirft Kießling das folgende theoretische Konstrukt. Zunächst nimmt er Vir-chows medizinische Unterscheidung von äußeren Krankheitsursachen (Ereignis, Auslö-

A. Objektive Bedingungen der Fehlsamkeit

    1. Natürliche Umwelt

    2. Künstliche Umwelt

    3. Soziale Umwelt

B. Subjektive Bedingungen

    1. Erblich bedingte Fehlsamkeit

    2. Körperlich bedingte Fehlsamkeit

    Anatomie – Entwicklungsschwankungen – Ermüdung – Ernährung/Verdauung – Organempfinden – Sexualleben – Sinnesempfindungen – Krankheiten/Gebrechen

    3. Geistig bedingte Fehlsamkeit

    Emotionale Fehlsamkeit – Willensschwäche – Dummheit – Unaufmerksamkeit

C. Unterrichtliche Bedingungen der Fehlsamkeit

    1. Subjektspsychotechnische Bedingungen

    a) Der Schüler: Kindliche Arbeitsweise – Technik des Lernens – Grad der Aneignung

    b) Der Lehrer: Die Lehrmethode – Persönlichkeit des Lehrers

    c) Die Organisation des Unterrichts

    2. Objektspsychotechnische Bedingungen

Abb. 1: Bedingungen der Fehlsamkeit nach Kießling (1925) [24]

ser) und inneren (pathologische Disposition) auf, die William Stern[25] in die Psychologie eingeführt hatte. „Die Disposition, d.h. die Geneigtheit zu Fehlern bezeichne ich mit Weimer als Fehlsamkeit. Wir verstehen unter Fehlsamkeit[26] innerlich angelegte Wirkungsfähigkeiten, welche das Zustandekommen der Fehlleistungen erleichtern" (Kießling 1925, 4). So sind etwa manche Kinder und Jugendliche leichter als andere ablenkbar und an diesem Punkt fehlsamer im Unterricht. Dazu kommt nun als auslösende äußere

---

[24] Damit sind beispielsweise technische Geräte, Lernmaterialien und andere Unterrichtsmittel gemeint.

[25] Vgl. Stern 1924, 24.

[26] Weimer unterschied: „Fehlbar d.h. zum Fehlen befähigt sind alle Menschen und zwar jederzeit, fehlsam aber, d.h. zur Entgleisung geneigt, sind sie nur unter gewissen Bedingungen" (1926, 92). Weimer behauptet hier übrigens, den Begriff ‚fehlsam' habe es bislang nicht gegeben, er habe ihn als Ergebnis langjähriger Beobachtung gewonnen und als Neologismus sprachlich geformt. Tatsächlich verwendet bereits Goethe in den naturwissenschaftlichen Schriften ‚fehlsam' als Synonym für „die Unzulänglichkeit der Individuen" (Goethe 1990, 2. Abt., Bd. 9, 194).

Fehlerursache die Leistungsanforderung. Ihre erste Eigenschaft ist potenziell „das Inslebenrufen des Fehlers" (ebd.), denn ohne die Leistungsanforderung, die man verfehlen kann, gibt es ihn nicht. Die individuelle Leistungsfähigkeit enthält die Möglichkeit des Richtigmachens oder des Falschmachens, des Fehlers.

Das Fehlermachen zeigt sich also für Kießling eingebettet in ein multifaktorielles Feld und „Fehler sind keine Zufallserscheinungen. Ihre Entstehung ist vielmehr an bestimmte Voraussetzungen gebunden. Dispositionelle Fehlerursachen (Fehlsamkeit) und auslösende Fehlerursachen (Leistungsanforderung) müssen in der geschilderten Weise zusammenwirken" (ebd., 8). Will man nun die Entstehung von Fehlleistungen verstehen und „mit Aussicht auf Erfolg bekämpfen" (ebd.), so muss man sich insbesondere den *Bedingungen der Fehlsamkeit*, also der jeweiligen Disposition zuwenden. Die Hauptbedingungen kategorisiert Kießling wie in Abb. 1 dargestellt.

Kießling, der die einzelnen Bedingungen in seiner siebzigseitigen Schrift nur knapp erläutert, macht damit erstmals die Komplexität der Fehlerentstehung eindrücklich deutlich. Sein Verdienst ist, dass er systematisch nicht nur die internalen subjektiven Ursachen beschreibt, sondern zeigt, wie externale, soziale und unterrichtliche Rahmenbedingungen bei der Entstehung von Fehlleistungen wesentlich mitwirken. Fehlsamkeit, also die Neigung eines Lernenden zum Fehlermachen, wird oft durch Umwelt und Unterrichtssituation, Lehrerverhalten und -didaktik stark begünstigt.[27]

Wir sehen hier die Gelenkstelle eines Perspektivenwechsels in der Fehlerthematik. Der Fehler, der als ‚Spiegel' bislang stets dem Fehlenden – den Schülerinnen und Schülern, den Eltern oder Lehrkräften – vorgehalten wurde, wird nun auch dem entgegengehalten, der für die äußeren Bedingungen des Handelns und Lernens verantwortlich ist. Bedauerlicherweise hat Kießling sich in der Folgezeit als Psychologe doch wieder eher auf die Erforschung internaler Faktoren konzentriert. Die pädagogische Wirksamkeit seines im Ansatz komplexen systematischen Entwurfs zur Fehlergenese blieb so recht begrenzt.

2.2.2 Weimer: Fehler in der Unterrichtspraxis

2.2.2.1 Leistungsforderung und Fehlerbeurteilung

Weimer ist stark an der Anwendbarkeit seiner Fehlerkunde im Schulunterricht interessiert und stellt dazu ausführliche Überlegungen und Vorschläge in seinem Werk zur „Fehlerbehandlung und Fehlerbewertung" vor. Der Zusammenhang zur Leistungsfeststellung ist für ihn dabei wesentlich.[28] Die Fehler, mit denen wir es im Unterricht zu tun haben, sind nach ihm allesamt als Leistungsfehler zu betrachten. Er definiert als Leistung

---

[27] Vgl. dazu auch die Systematik der Fehlerursachen und -bedingungen später bei Wieland 1944 (Kap. 2.3.1).
[28] Weimer 1926, 51–69: Fehlerbewertung und Leistungsbewertung.

„eine menschliche Handlung, die der Beurteilung oder Bewertung unterliegt" und der in der Regel eine Leistungsforderung durch die Lehrkraft gegenübersteht und stellt fest, „wie die Dinge heute liegen, wird das Schaffen des Jugendlichen fast durchgängig als Leistung betrachtet und als Leistung gewertet. Der Lehrer *muß* es so ansehen, weil er von Zeit zu Zeit amtliche Urteile über die Leistung seiner Schüler abgeben soll" (Weimer 1926, 51f).

Weimers kursive Hervorhebung macht deutlich, dass er dieses System der Leistungsforderung und -beurteilung in der Schule nicht grundsätzlich in Frage stellt. Er teilt zwar ausdrücklich Gurlitts Bewertung, dass dadurch die Schülerinnen und Schüler bedauerlicherweise die ganze Zeit „unter der Zensur" stünden, meint aber, dass auch der Arbeitsunterricht an dieser Tatsache nicht viel ändern könne. Allenfalls die Beurteilungsformen würden sich teilweise wandeln, das Urteilen, Werten, Scheiden und Auslesen bleibe aber auch hier erhalten, „solange es eine menschliche Gemeinschaft gibt, deren Gedeihen von der größeren oder geringeren Leistungsfähigkeit ihrer Glieder abhängt" (ebd., 52). Es wird also dabei bleiben, dass das Lehrerurteil sich „in einem Endurteil und damit einer Schicksalsentscheidung" (ebd.) auswirkt. Doch gerade deshalb – so seine Schlussfolgerung – ist das Fehlerurteil, auf das sich eine Lehrkraft stützt, sehr sorgfältig zu durchdenken. Denn „freilich wird heute kein Schulmann mehr zu behaupten wagen: Fehler ist Fehler, da gibt es keinen Unterschied" (ebd., 53). Bereits Gurlitt, so Weimer, habe es im Anschluss an Rhenius und Anthes zu Recht als nichts Stumpfsinnigeres und Bequemeres dargestellt, wenn man einfach die Fehler zählt und „dadurch die geistige Leistungsfähigkeit der Schüler, wenn nötig, bis auf drei Dezimalstellen genau berechnen"[29] will.

Folgende Aspekte für eine Differenzierung im Fehlerurteil werden von Weimer angesprochen:

1. Fehler haben innerhalb einer Leistung *verschiedenes Gewicht*: es gibt schwere und leichte, grobe und geringe; dem muss auch die Korrektur Rechnung tragen.

2. Das Gewicht eines bestimmten Fehlers ist *nichts Feststehendes*: Beispielsweise sind grammatische Fehler eben nicht grundsätzlich schwerwiegender wie Schreibfehler zu bewerten.

3. Das Gewicht des Fehlers hängt auch von dem *Entstehungsprozess* ab, in den er eingebettet ist: So sei die Auslassung eines Wortes in einem Satz bei der Hinübersetzung in eine Fremdsprache gravierender zu bewerten – da schwieriger – als bei der Rückübersetzung desselben in die Muttersprache.

4. Wenn sich ein Fehler *wiederholt,* ist er gravierender zu bewerten wie wenn er nur einmal vorkommt, was etwa durch eine Leistungsschwäche in einem Moment erklärbar ist.

---

[29] Weimer (1926, 53) bezieht sich hier auf ein Zitat von Rhenius, das Gurlitt (1906, 107) wiedergibt.

5. Die Wahrscheinlichkeit des Auftretens und damit das Gewicht eines Fehlers ist in hohem Maß abhängig von weiteren *situativen Faktoren* wie etwa der Vertrautheit mit der ganzen Materie, dem Grad der vorangegangenen Einübung, dem Alter der Kinder, der Komplexität der konkreten Leistungsanforderung und von *individuellen* Bedingungen wie körperliche und seelische Reife, Ermüdung, Nervosität, Angst, Eile u.a.m.

Beim Verweis auf diese situativen und individuellen Gegebenheiten nimmt Weimer ausdrücklich Bezug auf die von Kießling dargestellten Bedingungen der Fehlsamkeit. Er kommt angesichts der Komplexität der Faktoren zu dem Schluss, dass feste Maßstäbe für die Praxis der Fehlerbeurteilung kaum angebbar sind: „Da muß alles der Erfahrung, dem Scharfblick und dem Takt des einzelnen Lehrers überlassen bleiben" (ebd., 54). Diese gälte es allerdings zu schulen.

2.2.2.2 Der schriftliche Fehler als erstarrter Abdruck

Leider vertieft Weimer seine daran anschließende weitreichende Feststellung, dass der auf Papier schriftlich festgehaltene Fehler nicht den Fehlvorgang selbst, sondern nur dessen „erstarrten Abdruck" (Weimer 1926, 55) darstellt, nicht weiter. Er weist jedoch auf einen wichtigen Gesichtspunkt hin. Bis die Lehrkraft eine schriftliche Schülerklausur korrigiert, vergehen oft viele Tage. Sie kann dann meist nicht mehr vergegenwärtigen, was im Einzelfall bei der Entstehung etwa eines groben Fehlers oder Leistungsversagens des Schülers mitwirkte. Ob dies etwa „als Augenblicksentgleisung oder Zeugnis ernster Unwissenheit" (ebd.) zu beurteilen ist, ist für Sie nicht mehr sicher rekonstruierbar. In diesem Fall entfällt die Basis für eine differenzierte Fehlergewichtung, die sich an unterschiedlichen Entstehungsbedingungen orientiert.

Im Grunde macht Weimer damit deutlich, dass die *schriftliche* Form der Leistungserhebung zwei für die Leistungs- und Fehlerbewertung erhebliche Mängel aufweist: erstens die inhaltlichen Verluste beim Übertrag des dynamischen Denkvorgangs in die starrere Form schriftlicher Zeichen und zweitens die hierbei konstitutive Ungleichzeitigkeit von Fehlerentstehung und Leistungsbeurteilung, was die Berücksichtigung situativer Bedingungen weitgehend verunmöglicht und deshalb scheinbar ‚objektive' vereinheitlichende Fehlermaßstäbe favorisiert. Beides entzieht einer Fehlergewichtung, die der konkreten Anforderungssituation und dem Individuum Rechnung trägt, letztlich die Grundlage. Diese weitreichende Schlussfolgerung formuliert Weimer jedoch nicht.

Er empfiehlt allerdings mehr *mündliche* Leistungsfeststellungen, da hier die situativen Umstände besser erfasst und durch direktes Nachfragen die tatsächliche Gravität des Fehlers beim Lernenden rasch geklärt werden kann. Außerdem entwickelt die mündliche Verständigung folgenden positiven Nebeneffekt:

> „Im lebendigen Fluß mündlicher Erörterungen erscheint der Fehler in gesünderem und natürlicherem Verhältnis zur Gesamtleistung. Er wird als Teilleistung gefühlt,

die, wenn sie sich nicht allzu sehr häuft, den positiven Werten der Leistung gegenüber zurücktritt. Besonders im Kreuzfeuer von Rede und Gegenrede, wie es im entwickelnden und im Arbeitsunterricht so oft vorkommt, geht man durch unmittelbare Richtigstellung in der Regel rasch über das falsche hinweg. Die Aufmerksamkeit der Klassengemeinschaft ist so sehr auf das Erarbeiten der neuen positiven Werte gerichtet" (ebd., 55f).

2.2.2.3 Falsches und Richtiges in Relation

Weimer betont, dass die Relation von Falschem und Richtigem pädagogisch zu beachten und im pädagogischen Verhältnis das bereits fehlerlos Beherrschte und weniger das Misslungene herauszustellen sei. Hierbei nimmt er den reformpädagogischen Ansatz der Konzentration auf das bereits Gekonnte, das Positive beim Kind auf. Kritisch berichtet er von einem Lehrerkollegen, der fortgesetzt und undifferenziert lateinische und griechische Klausuren mit mehr als hundert Wörtern ab vier Fehlern stets als mangelhaft oder ungenügend abqualifizierte. Er selbst habe stattdessen gelegentlich in Schülerheften nicht nur die Fehler rot, sondern die richtigen Worte mit Bleistift unterstrichen, denn dies verdeutliche „in grobanschaulicher Weise, wie klein wirklich die Zahl der Fehler im Verhältnis zur Masse des Richtigen ist" (Weimer 1926, 57).

Weimer bezieht sich hier auf ein Relationsverfahren, das zur Errechnung eines ‚Fehlerquotienten' noch heute in verschiedenen Varianten empfohlen und etwa bei den Nachschriften im Sprachunterricht teilweise als Beurteilungsgrundlage generell festgelegt wird, etwa mit der Formel: Wenn 10% der Wörter falsch geschrieben sind, wird die Arbeit mit mangelhaft bewertet. Genau das wollte Weimer aber tendenziell nicht. Ihm ging es bei der Relation allein um den stärkeren Eindruck des bereits Gekonnten, aber ansonsten um eine differenzierende und eben nicht arithmetisch vereinfachende Fehlerbewertung. Er verwahrt sich etwa gegen die althergebrachte Praxis, die durchschnittliche Fehlerzahl der Schüler in einer Klassenarbeit stereotyp als Maß für die Note „genügend" zu nehmen (ebd., 59).

Weimer wirft ein Licht auf die *Fehlerpraxis der Lehrkräfte*, wenn er eine solche Gegenüberstellung von Gekonntem und noch Fehlerhaftem als gelegentliche erhellende Übung den jungen Lehrern empfiehlt, denen man nachsage, dass sie zu einer negativen Beurteilungsweise neigen, und die seiner Beobachtung nach die jugendliche Leistungsfähigkeit überschätzen und die „mannigfaltigen Hemmungen", denen Jugendliche unterworfen sind, unterschätzen. Sie gehen „mit allzu hohen Begriffen von menschlicher Vollkommenheit ans Werk und laufen dadurch Gefahr, den Bogen zu überspannen" (ebd., 57). Weimer hingegen möchte die Jugendlichen stärken durch eine Fehlerbearbeitung, die deren Vertrauen in die eigenen Möglichkeiten der Leistungssteigerung steigern und damit dem bereits gegebenen Positiven in ihrer Arbeit noch mehr Raum schaffen soll.

Deshalb sollten in freien Schülerarbeiten nicht nur Fehler angestrichen, sondern ebenso besonders gelungene Stellen in Randbemerkungen und einem ausführlichen Schlusskommentar gelobt werden. Die Notenprädikate seien „starre Schemata, behördlich festgelegte Wertstufen, in die jede Arbeit mit mehr oder weniger Glück eingeordnet wird" (Weimer 1926, 64). Besser sei es, darauf öfters zu verzichten und die schriftlichen Arbeiten der Schülerinnen und Schüler als Einzelleistungen eigener Art und mit je besonderem Gepräge zu sehen, in deren Gehalt man wie bei der Besprechung eines literarischen Werkes verstehend eindringen muss; und dies dann am Ende mit einem begründenden Urteil zu würdigen an Stelle einer auf dem Fehlerzählen basierenden Notenziffer (ebd., 63f).

2.2.2.4 Wozu Fehler gut sind

Weimer (1926, 8ff) machte sich weiter Gedanken über „die erzieherische Bedeutung des Falschen". Folgende positiven Wirkungen der Fehler spricht er – freilich oft nur beiläufig in seine Ausführungen eingestreut – an:

- Schülerinnen und Schüler besser verstehen: „Durch den Fehler erfahren wir erst, wo es hapert und wo der Hebel anzusetzen ist" (ebd., 10).

- Schülerinnen und Schüler besser verstehen lassen: Wer dem Lernenden bei einem Fehler sofort dazwischenredet und ihn das Richtige einfach nachsprechen lässt, verhindert gedankliche Arbeit und damit Lernen, welches die gemeinsame Fehlerbetrachtung auslösen könnte (ebd., 15). „Das Richtige kann der Verfehler mechanisch von anderen übernehmen, ohne einen bleibenden Gewinn davonzutragen. Es haftet so nicht fester in seiner Seele als ein angeklebter Zweig am Baum" (ebd., 7).

- Selbsteinschätzung: Fehler dienen sowohl Schülerinnen und Schülern als auch den Lehrpersonen zur Prüfung der eigenen Leistung (Weimer 1939, 259f).

- Selbstkritisches Handeln der Schülerinnen und Schüler stärken: Indem man Jugendliche auf Fehler aufmerksam macht, lernen sie, „sich selbst gegenüber kritisch werden, das Falsche beachten, das Richtige suchen, prüfend und bessernd ihre Leistungen mustern" (ebd., 12). Das eigenständige Suchen des Fehlers zwingt „zum Aufmerken, zum Vergleichen und Überlegen" (Weimer 1926, 37).

- Selbstkritisches Handeln der Lehrenden verstärken: „Vom Meister erwartet man nicht nur, dass seine Leistungen möglichst wenig Fehler aufweisen, sondern dass er selber Fehler finden kann, sei es bei sich, sei es bei andern" (Weimer 1926, 77; vgl. auch Weimer 1939, 99).

- Entlastung des Lehrer-Schüler-Verhältnisses: Fehler führen bislang oft zu einer Distanzierung der Lehrkräfte gegenüber den Schülern, weil im gängigen Vorurteil z.B. Faulheit, Dummheit, Nachlässigkeit als Ursache dafür gesehen werden. Indem psychische und kognitive Funktionsstörungen festgestellt und bearbeitet werden, wird das Lehrer-Schüler-Verhältnis in der Fehlerfrage entlastet (Weimer 1926, 5ff).

- Didaktik verbessern: Lehrkräfte „lernen beim Lehren besonders aus den Fehlern" ihrer Schülerinnen und Schüler. Wenn sich ein Fehler bei mehreren Lernenden wiederholt, ist das für den Lehrenden ein Anlass „zur Selbstprüfung und zu tieferem Eingehen auf die kritische Stelle" (ebd., 9).

- Fortschrittsimpulse: „Der Fortschritt der Menschheit geht nie einen geradlinigen Gang; er bewegt sich in Wellenlinien auf und nieder (...) er biegt manchmal zurück, statt weiterzuführen. Wertlos sind solche Um- und Abwege nicht, wertlos auch nicht die Fehler. Sie sind, am Ideal gemessen, Mängel; aber sie regen gerade wegen ihrer Mangelhaftigkeit den vorwärtsstrebenden Menschengeist zu aufbauender Arbeit an" (ebd., 9).

Weimer führt diese Denkansätze nicht weiter aus. Eine wesentliche Absicht dieser Hinweise scheint zu sein, dass er das Image der Fehlerthematik verbessern möchte, da die Wissenschaft „sich am negativen Wesen der Fehler stößt und ihnen darum keine wissenschaftliche Behandlung gönnt" (1926, 2).

2.2.2.5 Fehlerbekämpfungslehre

Da Weimer tieferliegende Funktionsstörungen bei vielen schulischen Fehlleistungen als Ursache ansieht, genügt ihm freilich die Betonung des Positiven nicht. Er führte in der Pädagogik den Begriff der ‚Fehlerkunde' ein, die sich aus Fehlerpsychologie, -bewertung und -bekämpfung zusammensetze. Dabei „zerfiele die Lehre von der Fehlerbekämpfung in zwei Hauptteile: die Lehre von der Fehlerverhütung und diejenige von Fehlerverbesserung besser gesagt Fehlerbehandlung" (Weimer 1926, 3). Hier bei der Fehlerbehandlung liegt der Zielpunkt der Ausführungen des Schulmanns Weimer (1926; 1930; 1939). Er nimmt hier reformpädagogische Anstöße auf, indem er die Selbsttätigkeit und das Nachdenken in der Klassengemeinschaft betont: „Was irgendwie durch die Schüler gefunden werden kann, das lasse man sie selber suchen und selber finden. Man mache, wo immer es geht, die Klassengemeinschaft zur Trägerin der Fehlerbehandlung" (Weimer 1926, 13).

Bei der Umsetzung der psychologischen Grundlagen für die schulpraktische Arbeit – 1926 von ihm erstmals versucht – entsteht ein offensichtlicher Bruch im Versuch der stringenten wissenschaftlich begründeten Fehlerkunde. Weimers Handlungsempfehlungen bezüglich der Fehlerbearbeitung sind stark dominiert von – teilweise durchaus sinnvollen – schulpraktischen Erfahrungswerten des Lehrers Weimer. Sie geraten zu einer präskriptiven Pädagogik, zu gelegentlichen Appellen in Du-Anrede an die Schulpraktiker und erinnern im Stil an pädagogische Ratgeberliteratur. Vor allem weisen sie kaum mehr stringente Verbindungen mit den in seiner Psychologie beschriebenen Fehlerarten und Funktionsstörungen auf.

Selbstkritisch merkt Kießling 1930 für sich und zugleich Weimer an: „Die Lehre von der Fehlerverhütung und Fehlervermeidung steht noch aus. Sie bildet den schwierigsten Teil der Fehlerkunde, da in ihr letzten Endes die ganze Didaktik und Methodik unterrichtlicher Tätigkeit ausmündet" (1930, 758). Auch die 1939 vorgelegte letzte größere Arbeit Weimers zur Fehlerthematik löste diesen Anspruch nicht wirklich überzeugend ein.

2.2.3   Kritik der Ansätze von Weimer und Kießling

Die benannten Schwächen bei der stringenten Umsetzung der Theoriebildung in pädagogisches Handeln behinderte deren Adaption in der Schulpraxis, aber langfristig auch die Etablierung der Fehlerkunde in der Erziehungswissenschaft. Wissenschaftliche Kritik machte sich zunächst an Weimers wissenschaftlicher Vorgehensweise fest. Er gewinnt seine Fehlerarten „aus der Beobachtung des Vorstellungsverlaufs", eine Methode, die er nicht näher darstellt oder begründet; Experimente stellen Weimer wie Kießling fast keine an. Außerdem vermischt Weimer die weitgehend assoziationspsychologisch ermittelten Ergebnisse mit den psychoanalytischen Freudschen Fehlleistungen und vor allem mit unvermittelt eingespielten normativen pädagogischen Zielsetzungen. Weimer tendiert hierbei zu Scheindeduktionen, während Johann Seemann, der anknüpfend an Weimers Fehlerarten die Rechenfehler untersuchte, klar unterschied: „Die vorausgehende Frage allerdings, ob und inwieweit die Fehlerbekämpfung aufgenommen werden soll, kann von der Psychologie allein nicht beantwortet werden; ihre Lösung ist von der jeweiligen pädagogischen Grundeinstellung abhängig" (Seemann 1931, 106). Auch Weimers Begrenzung sämtlicher schulischer Fehlerursachen auf drei Funktionsstörungen und fünf Fehlerarten war keinesfalls in seiner Arbeit von 1924 ‚nachgewiesen', wie er meinte, sondern von ihm mit Verweis auf diverse Einzelforschungen anderer postuliert worden. Bereits Kießlings Darstellung der vielfältigen internalen und externalen Kausalitäten für Fehler ein Jahr später untergrub im Grunde diesen Anspruch, auch wenn dieser sich nicht dementsprechend äußerte.

Diese methodischen und systematischen Schwächen verhinderten eine nachhaltige Aufnahme der Ansätze dieser Fehlerforschung in der Psychologie, die sich offenbar auch mit dem Anspruch eines Philologen, eine Psychologie der Fehler begründen zu wollen, nicht leicht tat. Die benannten Schwachstellen seiner Arbeit wollte Weimer aber so wenig wahrhaben wie andere innere Widersprüche. Etwa wenn er einerseits die oben aufgeführten konstruktiven Wirkungen der Fehler im Unterrichtsgeschehen zu Recht herausstellt, andererseits deren Vermeidung zum obersten Ziel erklärt, und dies teilweise mit einer höchst oberflächlich-raschen Argumentation: „Wenn uns aber die Erzielung positiver Werte die Hauptsache ist, so ergibt sich daraus als erste Folge, dass wir Negatives, d.h. das Eintreten von Fehlern möglichst vermeiden müssen" (Weimer 1926, 76). Weimer war nicht in der Lage, fachliche Kritik produktiv aufzunehmen, sondern verteidigte mit zunehmender Verbissenheit seine Ansätze (Glück 1999, 181). Er, der Fehlerforscher und -bekämpfer, zeigte sich so bis zum Schluss (siehe Weimer 1942) kaum in der Lage, eigene Denkfehler einzugestehen und kritisch-konstruktiv mit Korrekturen und Anstößen anderer wie etwa Fischer oder Hylla[30] umzugehen – so wie er es Lernenden und Lehrenden stets empfohlen hatte. Damit spiegelt Weimer den tradierten einförmigen Geist, der alles außer der einen richtigen Lösung als Fehler negiert und ausmerzen möchte, bereits schon in seiner wissenschaftlichen Arbeitsweise.

Immer wieder schimmert bei Weimer eine sehr strukturkonservative und zuweilen auch autoritäre Grundhaltung durch, die sich bereits früh so äußerte: „Achtung vor Gesetz und Recht kann allein die Zucht der Schule dem Kinde einprägen. Im Hause lernt es nur die Unterwerfung unter den persönlichen Willen des Erziehers" (Weimer 1919, 160). Damals distanziert er sich ausdrücklich von Rousseau, Gurlitt, Key und Tolstoi, die seiner Meinung nach den Standpunkt vertreten, „man möge nur alle Schranken beiseite schieben, die den Eigenwillen des Kindes hemmen könnten, so werde sich das jugendliche Sonderwesen zu schöner Blüte entfalten (...) Die Mehrzahl der Erzieher aller Zeiten und aller Völker stimmt ihnen aber durchaus nicht zu" (ebd., 164). Ihm dagegen ging es um die Hinführung zu Selbstzucht und gestärktem Eigenwillen „gegen die Macht der Triebe, Übung in der Tugend der Selbstbeherrschung (...) Abscheu gegen das Niedrige und Gemeine" (ebd., 167). In den zwanziger Jahren scheint er sich reformpädagogischem Denken etwas geöffnet zu haben. Die meisten der oben zitierten interessanteren Aussagen zu Phänomen und Nützlichkeit des Fehlers stammen aus jener Zeit. In den dreißiger Jahren aber zeigt sich seine Pädagogik erneut von deutschnationalem, später auch rassistisch-nationalsozialistischem Denken geprägt.[31] Er will nun den Fehler als auch den Irrtum rigoros bekämpfen und kommt zu Aussagen wie etwa jene: „Wo Gelegenheitsfehler sich häufen, wird man unter Umständen auf Oberflächlichkeit und Primitivität des Denkens und Handelns schließen können. Gegenüber solchen Menschen ist die größte Vorsicht geboten" (1939, 126). Fehlerausmerzung und Zuchtgedanke gewinnen zunehmend die Oberhand in seinen fehlerkundlichen Darstellungen.

Was bleibt sind besonders in der Darstellung zur Fehlerbehandlung von 1926 eine Reihe bemerkenswerter Denkansätze, die bedauerlicherweise oft nur angerissen und nicht wirklich vertieft oder konsequent zu Ende gedacht wurden. Dann nämlich hätten derer etliche wohl unweigerlich zu einer grundlegenden Infragestellung althergebrachter schulischer Lernprozesse geführt, was mit der durch und durch staatstragenden und

---

[30] Der Testforscher E.Hylla bemängelt 1928 (Besprechung zu H.Weimer ‚Fehlerbehandlung und Fehlerbewertung'. Die deutsche Schule, 32, 495) die geringe Berücksichtigung der Rechenfehler in Weimers Fehlerkunde, Fischer kritisierte 1926 (Zeitschrift für Pädag. Psychologie, 27, 301–303) die Unvereinbarkeit mancher von Weimer herangezogenen Theoriehintergründe etwa der experimentellen und der psychoanalytischen Tradition.

[31] In der 1941 erschienenen zehnten und überarbeiteten Auflage seiner Geschichte der Pädagogik lauten die drei Schlusskapitel: Vorverkünder der neuen Zeit – Völkisch-politische Erziehungswissenschaft – Adolf Hitler und sein Volksbildungswerk (Glück 1999, 170. 178f).

konservativen Grundhaltung, die Weimer klar erkennen lässt, unausweichlich in Konflikt geraten wäre.

Kießlings Arbeit erscheint auch ohne Bezugnahme auf Weimers Psychologie sinnvoll. Die von ihm dargestellten Bedingungen für erhöhte Fehlsamkeit wirken plausibel und öffnen die Wahrnehmung, doch Glück (1999, 183) kritisiert, dass bislang nur die Wirkung der Ermüdung auf die Abnahme von fehlerhaften und richtigen Lösungen wirklich empirisch untersucht worden sei. Eine Validierung und Gewichtung verschiedener Bedingungen steht also noch aus. Fischer würdigt 1926 die Breite von Kießlings Theorieansatz, lehnt aber dessen zweiten theoretischen Leitsatz, wonach synchron mit dem Schwierigkeitsgrad der Leistungsanforderung auch die Fehlsamkeit *stets* wachse oder sinke, ab.[32] Kießling selbst tat sich nach 1925 nicht mehr durch nennenswerte neue Beiträge zur Fehlerforschung hervor.

2.3   Der Fehler in der Pädagogik nach 1945

2.3.1   Abwendung der Erziehungswissenschaft von der Fehlerthematik

Die Schilderung der fachlichen, menschlichen und nicht zuletzt politischen Aspekte in Weimers Schaffen wurde bewusst ausführlich gehalten. Denn so nur wird verständlich, weshalb die in vielem durchaus interessanten Ansätze von Weimer und Kießling zu einer grundlegend neuen Betrachtung des Fehlers nach 1945 nicht weitergeführt wurden. Weimer war verstorben und an seine fehlerkundlichen Arbeiten konnte auch aufgrund der nationalsozialistisch-autoritären Einfärbung in den dreißiger Jahren kaum angeknüpft werden. Kießling nahm lange schon keine neueren Fehlerforschungen mehr vor, sondern referierte in Lexikonartikeln der fünfziger Jahre nur den alten Stand der dreißiger Jahre.

Johann Seemann, seit 1938 Emeritus, erstellte 1949 eine letzte für die Hand der Lehrerinnen und Lehrer gedachte „Psychologie der Fehler und ihre Bekämpfung im Unterricht". Darin formuliert er als Handreichung für den Unterricht in Kurzform Weimers fünf Fehlerarten und wichtigste Ratschläge zur Fehlerbehandlung. Den Geist der Fehlerbekämpfung siedelt er bei den „maßvollen Arbeitsschulmethodikern unter der Führung Kerschensteiners" (Seemann 1949, 38) an. Zwar habe die „souveräne Verachtung der Fehlerkorrektur" etwa bei Scharrelmann, Gurlitt und anderen diesen eine große Anhängerschaft zugeführt, da keine Lehrkraft gern korrigiere; allerdings mit dem Ergebnis, „dass die frei abgefassten Schüleraufsätze eine Wirrnis und Wildnis von Gedanken in zum Teil schauderbarem Deutsch darstellten" (ebd.). Für die Arbeitsschule dagegen gilt: „Die Genauigkeit und Treue im kleinen zeigt sich dann in der Werkvollendung, deren

---

[32] Aloys Fischer: Besprechung zu A.Kießling ‚Die Bedingungen der Fehlsamkeit', in: Zeitschrift für Pädagogische Psychologie, 27 (1926), 252–254. Fischer fungierte lange Jahre als Mitherausgeber dieser Zeitschrift.

Ziel die Vollkommenheit und damit die Fehlerlosigkeit der Arbeit ist" (ebd., 38). Seemann vertritt in Begriffen, Systematik und ‚Geist' die Ansätze von Weimers zwischen 1924 und 1930 erschienenen Arbeiten.

Nach 1945 wurde die Frage nach dem Fehlerumgang in der Schulpraxis auf diese Weise am Rande der wissenschaftlichen Pädagogik noch eine Zeit lang ‚mitgeschleppt'.[33] Die letzten Artikel pädagogischer Enzyklopädien zur Fehlerpsychologie oder Fehlerkunde, wie sie nun meist genannt wird, finden sich um 1970. Hier werden fast ausschließlich Weimers und Kießlings Darstellungen und damit der Vorkriegsstand referiert.[34] Auffällig ist, wie unkritisch dabei meist auf Weimers Unterscheidung von Irrtum und Fehler rekurriert wird, obgleich diese bei näherer Betrachtung nicht tauglich erscheinen kann.[35] Danach verschwindet das Stichwort Fehler völlig aus den erziehungswissenschaftlichen Nachschlagewerken und ist bis heute nicht wieder als eigener Artikel aufgenommen worden.

Dieser Tatbestand ist erstaunlich, da die Lern- und Leistungsmessungsverfahren der Schulpraxis bis heute stark auf die Darstellung fehlerfreier Antworten und Lösungswege durch die Schülerinnen und Schüler zielen und daher mit der Fragen des Fehlerumgangs, -bewertens und -bearbeitens zentral verbunden geblieben sind. Eben dieser Umstand spiegelt sich darin, dass im Bereich der Unterrichtsfächer, nämlich bei den Sprachen und in der Mathematik, regelmäßig Fehlertaxonomien und -analysen als Handreichung für die Schulpraxis vorgelegt wurden (siehe Radatz 1980; Gerster 1982; Jost 1992; Menzel 1992; Thomé 1999; Heringer 2001). Außerdem findet sich auf dem Buchmarkt für Schüler und Eltern beständig eine erkleckliche Zahl von Übungsmaterialien zur gezielten Fehlervermeidung.

Speziell in der Erziehungswissenschaft jedoch wurde die Fehlerthematik als Forschungsfeld seit 1945 nicht mehr wahrgenommen, wenn man die Fachdidaktiken einmal ausnimmt. Weimers unklare wissenschaftliche Methodik sowie seine politischen und pädagogischen Standpunkte in der Zeit des Nationalsozialismus machten es zudem kaum möglich, mit seinen Ansätzen, die die Fehlerthematik mittlerweile stark geprägt hatten, weiterzuarbeiten.[36] Nach dem Krieg wurden vielmehr die Ansätze der großen Reformpädagogen neu aufgenommen[37], die ihrerseits aber dem Fehlerthema – wohl auch aufgrund ihrer tendenziell dem Positiven zu und dem ‚Negativen' eher abgewandten Haltung – meist nicht viel abgewinnen konnten.

---

[33] Vgl. Josef Dolch: Grundbegriffe der pädagogischen Fachsprache, München, 1965, 63.

[34] Siehe Otto Engelmayer: Fehlerkunde, Fehlerverhütung. In Lexikon der Pädagogik, hg. v. H.Rombach, Bd.1, Freiburg, Herder, 1970, 456f; Otto Engelmayer: Fehlerkunde. Pädagogisches Lexikon, hg. v. W.Horney/J.P. Ruppert/W.Schultze, Bd.1, Gütersloh, Bertelsmann Fachverlag, 1970, Sp. 878–879.

[35] Vgl. Kap. 2.2.1 und 4.2.3.

[36] Auch Kießling erweist sich 1942 in einer Laudatio auf den 70-jährigen Weimer im Vokabular und einzelnen Aussagen tendenziell als Mitläufer des Nationalsozialismus, erschien also nach 1945 ebenfalls nicht völlig unbelastet.

[37] Weimer wurde zu diesen nicht dazugezählt, vgl. W.Flitner/G. Kudritzki (Hrsg.): Die deutsche Reformpädagogik. Die Pioniere der Pädagogischen Bewegung, Düsseldorf/München 1961, 299ff.

Zu den wenigen, die den Fehler früh schon mehrdimensionaler zu betrachten begannen, zählt Maria Montessori. So stellt sie in einem in den Nachkriegsjahren publizierten Aufsatz über die Fehlerkontrolle zunächst fest, dass es eine der größten Errungenschaften psychischer Freiheit sei, einen Fehler begehen und erkennen zu können (Montessori 2001, 62). Einmal mehr ganz vom Kinde her denkend meint sie weiter:

„Die von den Erwachsenen begangenen Fehler haben etwas Interessantes an sich, und die Kinder nehmen daran Anteil, aber mit vollkommenem Abstand. Es wird für sie ein Aspekt der Natur, und die Tatsache, dass alle irren können, erweckt in ihrem Herzen eine große Zuneigung: es ist eine neue Ursache für die Einheit zwischen Mutter und Kind" (ebd.).

Doch auch Montessori sieht den Fehler letztlich vor allem als Anlass zu dessen Korrektur und meint am Ende ihrer Ausführungen:

„Wenn wir in der Praxis des Schullebens diese Fehlerkontrolle immer ermöglichen, sind wir auf dem Weg der Vervollkommnung. Das Interesse für das Sich-Verbessern und die ständigen Überprüfungen und Kontrollen sind so wichtig für das Kind, dass sie geradezu den Fortschritt sicherstellen" (ebd., 64).

Es bleibt auch bei Montessori der Eindruck einer nicht überzeugend zu Ende gedachten Grundspannung in ihrer Betrachtung des Fehlers. Da ist einerseits der vorurteilsfreie Blick der Forscherin und Pädagogin auf den kindlichen Umgang mit Fehlleistungen und die sensible Wahrnehmung einer auch Verbundenheit stiftenden Wirkung des Blickens auf unsere Fehler. Andererseits begegnen wir aber selbst bei Montessori dem für die damalige Zeit typischen, bei ihr möglicherweise auch religiös gestützten Verständnis des Fehlers als einem Tatbestand, der im Interesse des individuellen Voranschreitens zu mehr Vollkommenheit stets überwunden werden müsse.[38]

In den sechziger und siebziger Jahren blieb es dabei, dass Fehler schlicht als eine unangenehme, aber doch eben unvermeidliche Begleiterscheinung des Unterrichts betrachtet wurden. Der Fehler kam zuweilen auch in den Ruche, ein subtiles Instrument der Repression in der bürgerlich-kapitalistischen Gesellschaftsordnung zu sein, die beispielsweise im Zusammenhang mit emanzipatorischen oder anti-autoritären pädagogischen Konzeptionsbildungen kritisch analysiert wurde. Zudem wurde Norbert Elias' Deutung des Prozesses der Zivilisation – bereits 1939 veröffentlicht, aber erst Ende der sechziger Jahre breiter wahrgenommen – rezipiert, wonach in diesem Prozess u.a. über die Durchsetzung von Verhaltensstandards in der Erziehung spontan ausgelebte Affekte zunehmend zurückgedrängt und die individuelle Selbstkontrolle verstärkt werden.[39]

---

[38] Vgl. dazu auch Berg 2001, 73-75.

[39] Diesen Bezug unterstreicht 1977 Katharina Rutschky: Schwarze Pädagogik. Quellen zur Naturgeschichte der bürgerlichen Erziehung, Berlin 1997, S. XXXII ff ; vgl. Auch Ansätze einer „Antipädagogik" bei G.Mendel, v.Braunmühl, Mannoni sowie die Schulkritik von Ivan Illich: Schulen helfen nicht: über das mythenbildende Ritual der Industriegesellschaft, Reinbek bei Hamburg,, 1972.

Fehlverhalten wäre demzufolge Ausdruck von natürlichen affektiven Regungen beziehungsweise systemischen Unangepasstheiten. Das Verfahren der fehlerorientierten Leistungsfeststellung wäre folglich fragwürdig. Und: es „kann zusätzlich dadurch korrumpiert werden, dass die Fehlererhebung zugleich als Machtinstrument gegenüber renitenten Schülern gebraucht wird" (Zifreund 1970, 877).

Fehler wurden in einer solchen Perspektive eher als Hinweis auf eine Fehlfunktion der Institution Schule und weniger als Ausdruck des Versagens des jeweiligen Lerners gesehen. Fehler indizieren mangelhaft gesteuerte Lernprozesse, Misserfolg beim angestrebten Gesinnungsaufbau oder unzureichende Lernmotivation, meint Zifreund, vor allem aber Überforderung, denn:

> „Fehler treten beim Lernen gehäuft auf, wo die verlangte Leistung jenseits des Könnens und des subjektiven Könnensbewusstseins liegen. Als pädagogische Anstalt wäre die Schule verpflichtet, Fehlerhäufungen primär als Symptom für eine unzulängliche Unterrichtsorganisation anzusehen, statt sie in eine Pression gegenüber Schüler und Elternhaus umzusetzen" (ebd., 877f).

Der unangemessene Umgang mit Fehlern wird als Resultat und nicht als Ursache schulischer Dysfunktionen gesehen. Deshalb betrachteten auch Erziehungswissenschaftler und -wissenschaftlerinnen mit gesellschafts- und systemkritischen Ansätzen den Fehler i.d.R. nicht als originären Forschungsgegenstand, sondern nur als Hinweis darauf, dass die Institution Schule zu verändern sei beziehungsweise Lernprozesse durch eine der jeweiligen Adressatengruppe angemessenere Aufgabenstrukturierung oder durch besser gesteuerte unterrichtlicher Verfahren etwa im Sinne eines ‚programmierten Lernens' optimiert werden müssten. Nur selten finden sich wie etwa bei von Hentig (1976, 34) Hinweise darauf, dass es „die Fehlerquellen, Zufälle, Besonderheiten, die List der Vernunft" seien, die eine Einrichtung wie die Schule „im anderen Sinne ‚menschlich' sein lassen".

2.3.2 Heilpädagogik: Nicht gegen den Fehler, sondern für Fehlendes erziehen

Eine kritische Haltung gegenüber dem Identifizieren und Bewerten von Fehlern, welches stets auch als Selektions- oder gar Stigmatisierungsmittel der Institution Schule benutzt werden kann, zeichnet sich in den siebziger Jahren auch in der Heil- und Sonderpädagogik ab. In den fünfziger Jahren noch schrieb man recht unerschrocken und gelegentlich auch etwas unbedarft über die Verhaltensfehler der Kinder. Der Schweizer Heilpädagoge Arthur Wieland gab Empfehlungen, wie man sich pädagogisch verhalten solle, wenn „Kinder Fehler machen" (1944), die ausschließlich auf die Weimerschen Kategorien der Fehlervermeidung und -verhütung abhoben. Allerdings beschrieb Wieland hier (1944, 17f) die näheren Umstände und Bedingungen, die das Entstehen von Schülerfehlern begünstigen, in etwas anderer Differenzierung als Weimer (vgl. Abbildung 2).

1. Umwelt:

   a) Wetter, Jahreszeit, Tageszeit;

   b) Kleidung, Schulweg, Anlage und Ausstattung des Schulzimmers;

   c) Wohnverhältnisse, Stellung der Eltern, Verhältnis der Eltern zueinander, Arbeitsort.

2. Die Anlagen und die Eigenart des Kindes:

   a) die ererbte Arbeitsanlage;

   b) Entwicklungsschwankungen, Ermüdung, Ernährung und Verdauung, Schmerzen, Organschwächen, Krankheiten und Gebrechen;

   c) Die Schwankungen im Gefühlsleben, Stärke der Phantasie, Stärke des Willens, Intelligenzgrad, Stärke der Aufmerksamkeit.

3. Der Unterricht in seiner Art und das Verhältnis des Lehrers und des Kindes zu ihm:

   a) die Arbeitsweise und Lerntechnik des Kindes;

   b) die Lehrmethode und die Persönlichkeit des Lehrers;

   c) die Organisation des Unterrichts: Stoffanhäufung, Fach- oder Klassenlehrersystem, Stundenplan, Klassenzusammensetzung.

Abb. 2: Bedingungen des Entstehens von Fehlern bei Kindern nach Wieland (1944)

Der Basler Ernst Schneider[40] verlieh 1948 seiner Jugendpsychologie den Titel „Seelische Entwicklung der Kinder und Jugendlichen – Charakterzüge und Fehler". Als Fehler beschreibt er darin die im Struwelpeter (!) aufgeführten Typen (der Lutscher – der Gierige – Stehlzwang – Lausbub – Hans-Guck-in-die-Luft) sowie Bettnässer, Stotterer, Lügner, Angsthase u.a.m. (Schneider 1948, 305–342). Außerdem äußert er sich kurz zu diversen „Elternfehlern" (ebd., 318). Die Tradition des 19. Jahrhunderts, relativ beliebig ausgewählte Verhaltensabweichungen als Charakter- oder Kinderfehler zu bezeichnen und abzuhandeln, scheint hier noch einmal auf. In entwicklungspsychologischen und heilpädagogischen Darstellungen Anfang der siebziger Jahre werden dann ‚Fehlverhalten' und ‚Fehlentwicklung' bereits differenzierter als verschiedene Kategorien angesprochen (vgl. Werner 1972).

Anfang der siebziger Jahre fundierte der Heilpädagoge Paul Moor gemeinsam mit Heinrich Hanselmann ein Selbstverständnis von Heilpädagogik, welches jede verkürzte ‚Fehlerheilpädagogik' ablehnt und sich vom medizinisch-psychiatrischen Denken in dieser Frage endgültig löst.[41] Heilpädagogik sei schlicht ‚Pädagogik unter erschwerten

---

[40] Schneider war u.a. 1926–37 Mitherausgeber der Zeitschrift für psychoanalytische Pädagogik in Wien.
[41] Moor 1974; vgl. dazu auch Haeberlin 1999, 89.

Bedingungen'. Was dies für den pädagogischen Fehlerumgang bedeutet, verdeutlicht Moor in seiner 1969 erschienen Schrift „Kinderfehler – Erzieherfehler", in der er einen *pädagogischen* Zugriff auf Kinderfehler versucht, der sich von der rein psychologischen oder therapeutischen Betrachtungsweise unterscheidet. „Psychologisches Verstehen ist notwendige Voraussetzung, aber nur Voraussetzung des pädagogischen Handelns. Und Therapie ist dort, wo es etwas zu heilen gibt, eine notwendige Zutat, aber – soweit sie nicht selber Erziehung wird – nur eine Zutat zu solchem helfen" (Moor 1974, 9). Deshalb könnten in der Fehlerbetrachtung Psychologie und Therapie ebenso wenig genügen wie rezeptbuchartige Anweisungen, wie mit dem einen oder anderen Kinderfehler zu verfahren sei. Neben dem Verstehen von Zusammenhängen und dem Heilen von Störungen gehe es beim Erziehen vielmehr um ein Weiterhelfen „in demjenigen inneren Werden, das im Bereich der gegebenen Möglichkeiten auf etwas erst noch Aufgegebenes und zugleich Verheißenes hinstrebt" (ebd., 9). Diese veränderte Zielbestimmung des Erziehens schlägt sich u.a. darin nieder, dass Moor als „eine der wichtigsten Regeln aller Erziehung" einfordert, dass man „nicht bloß etwas *gegen* den Fehler, sondern vor allem etwas *für* das Fehlende zu tun habe" (ebd., 141).

„Nicht gegen den Fehler, sondern für Fehlendes erziehen" (Haeberlin 1999, 92) scheint bis heute ein Leitsatz der Heilpädagogik in der Fehlerfrage zu sein.[42] Der Verhaltensfehler verweist auf einen Mangel, der mit behoben werden muss, damit das erwünschte Verhalten praktiziert werden kann. Wichtiger als der Kampf gegen die Auswirkungen ist der gegen die Ursachen. Diese aber sind schließlich oft an Stellen zu finden, auf die der Verhaltensfehler nicht direkt hinweist. Als Beispiele dafür erörtert Moor (1974) starke Auffälligkeiten im Bereich von Ungehorsam, Nägelkauen, Lutschen, Stehlen, Lügen, suchtartige Onanie, Faulheit, Trotz, Angst und Konzentrationsstörungen.

Die Suche nach ‚dem Fehlenden' führt zu einer wesentlich breiteren Wahrnehmung des Kindes als es eine auf Unterdrückung ‚des Fehlers' ausgerichtet Strategie ermöglicht. Dies wird deutlich beim Beispiel der Konzentrationsstörungen, die laut Moor (1974, 166) bereits in den siebziger Jahren zu den „häufigsten Klagen, welche der Erziehungsberater zu hören bekommt", zählten. Hake man dann aber nach, so werde einem beschrieben, dass „Kinder sich nicht zusammennehmen und nicht bei der Sache bleiben können, dass sie ungesammelt und verträumt seien" (ebd.). Damit sind dann bereits recht unterschiedliche Verhaltenssymptome unter der einen Bezeichnung „Konzentrationsstörung" versammelt. Noch breiter gestreut sind die möglichen Ursachen, von denen Moor berichtet: Schwerhörigkeit; Schlafmangel etwa durch eine behinderte Nasenatmung; geistige Schwachheit; Antriebsarmut; Indifferenz; affektive Leere oder Überfülle; niedrige Reizschwelle; Phantasie- und Assoziationsreichtum; Unaufmerksamkeit; innere Konflikte; eine erschwerte Erziehungsarbeit, die nicht bewältigt wurde; Zerwürfnisse der Eltern; Arbeitslosigkeit; die Tatsache, dass das Kind „überhaupt keine Pflichten" im häuslichen Bereich hat; keine innere Bindung an Sachen und Aufgaben u.a.m. (ebd.,

---

[42] Siehe auch Kobi 1994, 10.

166–182). Oft sind solche Ursachen miteinander verknüpft. Je nachdem, wo das Fehlende hauptsächlich zu suchen sei, würden die von Eltern und Lehrkräften für das jeweilige Kind entworfenen „Konzentrationsübungen" sehr unterschiedlich anzugeben und in eine „Gesamtheit der pädagogischen Notwendigkeiten" einzubinden sein (ebd., 179).[43]

Fehler sind anzusehen als Handlungsergebnisse, die „einer mehr oder weniger objektiven Richtigkeitsnorm, oder einer mehr oder weniger subjektiven Erwartung von Erziehenden" widersprechen, definiert der Heilpädagoge Haeberlin (1999, 92). Eine hohe Bewertung der Bedeutsamkeit von Fehlern werde deshalb von der Heilpädagogik skeptisch betrachtet, ihre ‚Bekämpfung' als eine in die völlig falsche Richtung zielende Maßnahme abgelehnt und auch die von Oser (1994ff) eingebrachte Rede von der „Fehlerkulturschule" sei eher vorsichtig-kritisch zu reflektieren (Haeberlin 1999, 94f).[44]

Bereits 1994 hatte der Schweizer Heilpädagoge Emil *Kobi* einen Aufsatz zum Fehlerbegriff und Fehlerumgang in der Schule veröffentlicht. Nachdem seit den siebziger Jahren im deutschsprachigen Raum innerhalb der Pädagogik nur noch von einzelnen Fachdidaktikern und -wissenschaftlern über die Fehler in Lernprozessen gründlicher nachgedacht worden war, stellte dies nach langer Zeit wieder den ersten nennenswerten Zugriff eines Erziehungswissenschaftlers dar. Durchaus ungewöhnlich ist, dass Kobi nicht nur über die Fehler schreibt, sondern sie zunächst phänomenologisch und *definitorisch* etwas genauer zu fassen versucht. Dieser Versuch war in der Schulpädagogik zuletzt siebzig Jahre zuvor von Weimer unternommen worden, auch viele Fachdidaktiker verzichteten unverständlicher Weise darauf. Allerdings beharrt hierbei auch Kobi (1994, 6) auf der von Weimer formulierten Grundannahme, Fehler gebe es nur da, „wo etwas genormt ist", weshalb sie „dem gemäß eine unerwünschte Normabweichung" darstellen. Allerdings fügt er anders als Weimer zur näheren Bestimmung das Merkmal der Unerwünschtheit hinzu. Während Weimer tendenziell jede Normabweichung für unerwünscht hielt, sind für Kobi auch Fehlertoleranzen wichtig. Außerdem hebt er darauf ab, dass eine Instanz nötig sei, die die Norm, also das Richtige und den Fehler, bestimmt und kontrolliert: „In einem ziel- und kontextlosen ‚Driften' kann ich mich nicht mehr (...) richtig oder falsch verhalten" (ebd., 6). Diese Instanz wiederum müsse sich auf ein Bezugssystem, einen Referenzrahmen hinordnen, da der Fehler als Abweichung ein Relations- und Relativitätsbegriff sei.

Weiter nimmt Kobi die in psychologischen Handlungstheorien betonten Merkmale auf, wonach Fehler stets erstens intentionswidrig und zweitens folglich unbeabsichtigt seien. Man müsse davon ausgehen, wer einen Fehler begeht, habe sich eigentlich um

---

[43] Vgl. dazu auch Grunder 1998.
[44] Im Zusammenhang mit neueren Theorien abweichenden Verhaltens weist Lamnek (1994, 76ff) auf die Bedeutung der Normsetzung für das Festmachen von Abweichungen und ‚Fehlern' hin. Für ihn ist diese Normsetzung auch als Prozess der Machtausübung und Herrschaftsstabilisierung etwa seitens privilegierter Bevölkerungsgruppen zu betrachten. Dementsprechend kritisch betrachtet er die gesellschaftliche Sanktionierung etwa von Verhaltensfehlern benachteiligter oder soziokulturell anders ausgerichteter Bevölkerungsgruppen.

eine „situations- und systemgerechte Lösung" bemüht: „Fehler sind demnach sowohl in systemischer als auch personaler Hinsicht stets Lösungen: wenngleich unangemessene, unökonomische, ineffiziente", was lediglich in jenem Moment, da man den Fehler begeht, dem Handelnden nicht bewusst wird (ebd., 6). Hierin wurzelt für Kobi die lernpsychologisch-didaktische Bedeutung von Fehlern. „Fehler mögen im Nachhinein zwar als Abfallprodukte positiver Lern- und Erkenntnisprozesse betrachtet werden; ihr Durchgangswert – oft auch Wiederverwertungs- und Aufbereitungswert – ist darob aber nicht zu unterschätzen", denn „Fehler können sich nämlich manchmal auch als neue Lösungen entpuppen, wie sie durch Änderungen der Einflussfaktoren erforderlich werden" (ebd., 6 f u. 9).

Mit dem Kriterium der Kontextualität und dieser letztgenannten Schlussfolgerung, die vor allem auf das Lernen in Problemlöseprozessen abhebt, relativiert Kobi wieder ein wenig seine Ausgangsfeststellung, dass der Fehler stets eine Normabweichung darstelle. Das Bezugssystem selbst und damit das Fehlerurteil kann sich im Lernprozess durch neue Faktoren und Einsichten verändern. In diesen Fällen mutiert der Fehler tendenziell von der fest definierten zur relativen Größe in einem bewegten Feld.[45] Kobi wirbt also letztlich dafür, die Unvermeidbarkeit des Fehlermachens in den Lernprozessen umzusetzen in sachliche Fehlertoleranzen, in pädagogische Gelassenheit, entspannte gemeinsame Fehlerreflexion von Lehrkräften und Schülerinnen und Schülern und in experimentelle (Fehler-) Offenheit. Denn „Fehler sind, wie Dissonanzen überhaupt, ebenso Ausdruck des Lebendigen wie richtige und passende Lösungen" (ebd., 9).

2.3.3 Lerntheorien

2.3.3.1 Versuch und Irrtum

Am ehesten entdeckt man den Faktor des Fehlers in den frühen behavioristischen Lerntheorien, die ausgehend von Iwan Pawlows Tierversuchen ein halbes Jahrhundert lang besonders im angelsächsischen Raum beherrschend waren, und in der ersten Hälfte des 20. Jahrhunderts in pädagogischer Hinsicht besonders von Thorndike (1913/14) geprägt wurden. Grundlage des Lernens waren für Thorndike die Assoziationen zwischen Sinneseindrücken und Handlungsimpulsen. Wiederholen sich solche Verknüpfungen oft, so verfestigen sie sich zu Handlungsgewohnheiten, werden sie seltener, bauen sie jene eher ab. Konditionierungen des Verhaltens werden so möglich.

Dabei ereignet sich demnach das Lernen, also der Aufbau solcher Bestätigungen und Gewohnheiten, bei Tieren wie Menschen grundsätzlich nach einem Trial-and-error-Verfahren. Das Individuum sieht sich einem Reiz beziehungsweise einer Problemsituation gegenüber. Es versucht diese zu lösen, indem es aus einer Anzahl möglicher Reaktio-

---

[45] Vgl. dazu Kap. 2.5.

nen eine geeignet scheinende Verhaltensweise auswählt und diese probeweise durchführt. Bei Erfolg wird das Verhalten verstärkt, abgespeichert und wiederholt, bei Misserfolg durch die Erprobung einer anderen Reaktion ersetzt.

Der ‚error', also der Irrtum oder Fehler, besteht hier in der Wahl der unangemessenen Reaktion bzw. Handlungsweise. Diese Fehler der Lernenden sind unvermeidlich auf dem Weg zum Aufbau des passenden Verhaltens durch Probehandeln. Paradebeispiel eines solchen Verhaltens ist der Erfinder Thomas Edison, von dem tradiert wird, er habe rund tausend Fehlversuche mit verschiedenen Materialien unternommen, ehe er mit Molybdän das richtige Metall für eine Glühwendel entdeckte und das elektrische Licht in einer gut anwendbaren technischen Form verfügbar machen konnte. Ein solches problemlösendes Lernen über eine Reihe von Fehlversuchen in einem Versuch-und-Irrtum-Verfahren scheint angebracht oder auch unumgänglich bei komplexen, kaum durchschaubaren Problemstellungen oder bei einer erheblichen Bandbreite möglicher Verfahrensvarianten, deren Tauglichkeit unerprobt nur schwer absehbar ist.

2.3.3.2   Fehler als Fehlsteuerung

Bei Skinner (1974) und anderen Lernforschern richtet sich die weitere Aufmerksamkeit auf die verschiedenen Möglichkeiten, dem Lernenden Erfolg oder Misserfolg in seiner Wahl der Verhaltensweise zu verdeutlichen. Das Verhalten baut sich demnach als instrumentelles Lernen über positive (Lob, Zustimmung) und negative (Warnung, Missbilligung) Verstärker auf, über Löschung (Entzug der auslösenden Stimuli) und Bestrafung ab. Handlungsfehler sind hier Verhaltensvarianten, die noch ungenügend durch Verstärker gefestigt oder durch Sanktionen korrigiert wurden. Die Verantwortung für den Abbau des Fehlers liegt also im Grunde nicht beim Lernenden, sondern bei der ihn steuernden Umgebung etwa bei einer Erziehungs- oder Lehrperson.

Außerdem, so Bandura (1976), eignet sich der Mensch auch durch Beobachten, Bedenken und Imitieren eines Modells neue Verhaltensweisen an beziehungsweise durch das Symbolisieren eines Vorbilds oder die Formierung eines kontrastiven Gegenmusters. Banduras sozial-kognitive Theorie zum Verhaltenslernen verknüpft die sozialen Lernprozesse mit kompetenter kognitiver Eigenaktivität, welche sich in Aufmerksamkeits-, Gedächtnis- und Ausführungsleistungen verbinden. Hier verschwindet sowohl die Fassbarkeit des Fehlers als Kategorie als auch die klare Beschreibung von Eingriffsmöglichkeiten etwa zur Korrektur ungünstiger Verhaltensimitationen vollends in den komplexen Korrelationsgeflechten zwischen der kognitiven Aktivität des Lernenden und den ihn umgebenden Modell- und Erziehungseinwirkungen.[46]

---

[46] Vgl. Edelmann 1996, 285ff.

2.3.3.3 Fehler als Akkomodationshilfe

Jean Piaget führte 1919–21 mit Pariser Kindern ‚Denk-Tests' durch. Er erkannte in seinen Gesprächen mit den Kindern, dass die Misserfolge und deren Erklärung wesentlich aufschlussreicher waren als die Erfolge: „So begann ich mit meinen Versuchspersonen Gespräche in der Art klinischer Befragungen zu führen mit dem Ziel, etwas über die Denkprozesse zu erfahren, die hinter ihren richtigen Antworten lagen, und mit besonderer Aufmerksamkeit auf diejenigen, die sich hinter den falschen Antworten verbargen" (Piaget 1976, 26). Er entdeckte, dass sich „eine Theorie der Beziehungen zwischen dem Teil und dem Ganzen"[47] experimentell untersuchen ließ durch eine Analyse der psychologischen Vorgänge, die den logischen Operationen zugrunde liegen, und meint: „Endlich hatte ich mein Untersuchungsfeld entdeckt" (ebd.).

Die von ihm Jahre später vorgelegte kognitive Entwicklungstheorie wurde lange Zeit auch in lerntheoretischer Hinsicht maßgeblich. Neben der mentalen Motivierung, Dinge zu tun, die wir bereits können (Äquilibration), folgen wir demnach auch dem Bestreben, unser Verhalten an Umweltveränderungen anzupassen und hierbei unsere kognitiven Fähigkeiten zu erhöhen (Adaption). Dabei versuchen wir vor allem das aufzunehmen, was uns zuträglich ist (Assimilation), und unterdrücken tendenziell, was zum Bisherigen schlecht zu passen scheint, also auch Fehlerereignisse oder Problemstellungen, die quer liegen zu unseren gewohnten Denkstrukturen. Dadurch droht ein Entwicklungsstillstand, den der Organismus aber verhindert, indem eine Akkomodation der Denkstrukturen einsetzt, wenn sperrige neue Reize allzu hartnäckig in Erscheinung treten als dass er sie kontinuierlich ignorieren könnte. Als ein solcher Reiz kann auch ein gewichtiger und sich wiederholender Fehler in einem Lernprozess angesehen werden, der sich unserer Wahrnehmung aufdrängt. Wenn Sensitivität und neugierige Offenheit für solche Fehlerereignisse stark ausgeprägt sind, erhöht sich demnach die Chance, dass ein Fehler produktiv aufgenommen und zum Anlass einer notwendigen Akkomodation des Denkens wird: man lernt um.

Doch für Piaget selbst war der Fehler vor allem eine Hilfe zur wissenschaftlichen Klärung kognitiver Vorgänge, als Entwicklungs- und Lernpotenzial etwa des lernenden Kindes markiert er ihn weniger. Einzelne der an ihn anschließenden Forschungen beachten diesen Aspekt jedoch stärker, Brügelmann (2001, 57) etwa hebt ihn hervor:

„Viele Studien im Anschluss an Piagets Untersuchungen zur Entwicklung des kindlichen Denkens haben gezeigt, dass Lernen ein Prozess ist, in dem das (je vorläufige) Wissen und Können schrittweise umorganisiert wird. Lernen heißt nicht, dass ein Verhalten von ‚falsch' zu ‚richtig' wechselt, sondern dass es besser ‚passt'. Da-

---

[47] Möglicherweise war Piaget durch die damals bereits veröffentlichten sprach- und gestaltpsychologischen Untersuchungen (Meringer/Meyer 1895; Bawden 1900; Stoll 1913; Köhler 1913) für den Fehler als Mittel der Erkenntnisgewinnung sensibilisiert.

bei sind fehlerhafte Aufgabenlösungen nicht nur unvermeidlich, sie sind produktive Zwischenformen auf dem Weg zur Leistung und insofern lernförderlich."

2.3.3.4   Entdeckendes Lernen und intuitive Fehler

Am ehesten findet sich eine Kompatibilität für solche fehlerbezogenen Lernprozesse in der von Jerome Bruner (1970) voran gebrachten Theoriebildung zu einem „Entdecken-den Lernen". Da es unmöglich ist, Heranwachsende auf alle künftig denkbaren Lebenssi-tuationen und -anforderungen fachlich und erzieherisch vorzubereiten, geht es Bruner um die Entwicklung einer generellen und flexiblen Problemlösefähigkeit des Einzelnen. Neben der Förderung von intrinsischer Motivation und Transferfähigkeit sowie den kognitiven Fähigkeiten zur Problemanalyse und Hypothesenbildung spielen für deren Heranbildung auch Formen des intuitiven Denkens und heuristische Verfahren eine Rolle, also „nicht-exakte Methoden, zu Lösungen von Problemen zu gelangen" (Bruner 1970, 71). Heuristisch-intuitive Vorgehensweisen bedürfen aber der Offenheit für Fehl-anläufe und damit des Selbstvertrauens:

> „Wer intuitiv denkt, mag oft zu richtigen Lösungen gelangen, er kann sich aber auch im Irrtum befinden, wie eigene oder anderer Leute Nachprüfungen ergeben mögen. Solches Denken erfordert daher eine Bereitwilligkeit, im Bemühen um Lö-sungen von Aufgaben, ehrliche Fehler zu machen. Jemand der unsicher ist, der kein Selbstvertrauen hat, ist vielleicht nicht bereit, solche Risiken einzugehen [und wird][48] sich vielleicht in analytischen Verfahren einfrieren lassen, obgleich diese gar nicht angebracht sein mögen" (Bruner 1970, 75).

Bruner schließt weiter, dass das schulische System, welches von den Schülerinnen und Schülern als eines „von Belohnungen und Bestrafungen" angesehen werde, dieses Selbstvertrauen und diesen Mut zu risikobereitem intuitivem Denken blockiert. Außer-dem sei der Fehlerumgang der Lehrerinnen und Lehrer maßgebend:

> „Die intuitive Methode führt, wie bereits bemerkt, oft zu einer falschen Antwort. Es gehört ein sensitiver Lehrer dazu, um einen intuitiven Fehler – einen interessanten falschen Intuitionssprung – von einem Fehler aus Dummheit oder Ignoranz zu un-terscheiden, und es bedarf eines Lehrers, der dem intuitiven Schüler gleichzeitig Anerkennung und Richtigstellung bieten kann" (ebd., 75).

Hier scheint die bereits von Köhler (1913)[49] vorgenommene Unterscheidung von guten und schlechten Fehlern wieder auf. Intuitive Fehler sind unvermeidbar, u.U. sogar inte-ressant. Aber auch bei Bruner scheint der Fehler deshalb noch keine Größe zu sein, die eine konstitutive tragende Funktion im Lernprozess gewinnt. Fehler sind kein explizit produktiver Faktor – wie es in jenen Jahren von Levine (1966) angedeutet wurde –,

---

[48] Ergänzung M.W.
[49] Vgl. Kap. 3.2.1.

sondern eher eine Begleiterscheinung auf dem Weg zur Entdeckung der richtigen Strukturen und angemessenen Lösungen. Und zu diesen soll die – auch um ‚Richtigstellung' der Fehler bemühte – Lehrkraft die Schülerinnen und Schüler hinführen.

2.3.3.5   Die Theorie des negativen Wissens

In der Pädagogischen Psychologie wird das Thema des Fehlers erst viele Jahrzehnte nach Weimer und Kießling wieder mit Nachdruck in der Schweiz aufgenommen. Aebli (1994) empfiehlt schon früh, in Lernprozessen auch fehlerhafte ‚Umwege' und ‚Holzwege' zuzulassen und didaktisch zu berücksichtigen.[50] In den achtziger Jahren gingen in der Schweiz von Mathematikern ähnliche Impulse aus.[51] Anfang 1994 veröffentlichte der Basler Heilpädagoge Kobi einen Zeitschriftenbeitrag, in welchem er das Feld der schulischen Fehlerthematik in einem vergleichsweise gründlichen Anlauf historisch, begrifflich und systematisch zu umreißen versuchte. Sein Kollege Oser in Freiburg (CH) präsentierte im selben Jahr einen Entwurf zu einer „Theorie des gesteuerten Irrtums". Er führte in den Folgejahren mit einem Mitarbeiterteam verschiedene Fehlerforschungen durch.[52] Ergebnisse dazu wurden teilweise bereits veröffentlicht, eine abschließende Gesamtdarstellung, die auch die theoretische Seite noch klarer darstellt, steht noch aus.

Grundlage ist eine von Oser 1994 der Öffentlichkeit vorgestellte „Theorie des negativen Wissens". Deren zentrale These besagt, dass sich erwünschte Lerneffekte klarer und nachhaltiger ergeben können, wenn im Lernprozess auch ein Durchgang durch die entgegengesetzten falschen Denk- bzw. Verhaltensoptionen ermöglicht wird. Das dabei erzeugte ‚negative Wissen', wie etwas nicht ist oder nicht funktioniert, stütze und stabilisiere das erwünschte positive Wissen kognitiv, so Osers Postulat. Das negative Wissen lege sich wie „eine Art Schutzgürtel" um das positive Wissen und könne deshalb auch als „Schutzwissen" bezeichnet werden, beschreibt er metaphorisch (Oser et al. 1999, 18 u. 23).[53] Für Meier-Rust (2002, 97) begibt sich Oser damit „in bewussten Gegensatz zu behavioristischen Vorstellungen, die das fehlerlose Lernen in kleinsten Lernschritten

---

[50] Vgl. Kap. 2.4.2.

[51] In Basel erscheint 1989 in deutscher Sprache das bereits 1985 auf Französisch vorgelegte Buch der Mathematikerin Stella Baruk, in dem sie die Fehler- und Irrtumsfeindlichkeit des Mathematikunterrichts beschreibt und dies als eine kontraproduktive Lernveranstaltung und pädagogischen Unfug geradezu brandmarkt. In Zürich publizieren seit 1990 Gallin und Ruf Vorschläge und Erfahrungsberichte zu einem anderen, auch fehleroffenen Unterrichten in der Primarstufe. Auf ihrem 13. Mathematikforum befasst sich 1990 die Schweizerische Konferenz der Kantonalen Erziehungsdirektoren mit dem Fehler.

[52] Das Forschungsprojekt ‚Lernen Menschen aus Fehlern? Zur Entwicklung einer Fehlerkultur in der Schule' untersuchte 1996–99 in fünf Teilstudien die folgenden Aspekte: 1. Die Fehlerkultur in 35 Schulklassen der Ober- und Mittelstufe (Fragebogen/quantitative Analyse); 2. Untersuchung der Emotionen in Fehlersituationen (facial feedback; loglineare Modelle); 3. Veränderung der Fehlerkultur in Schulklassen (Interventionsstudie); 4. Untersuchung einzelner Erwachsener bezüglich Fehler in ihrem Leben (Interviews/qualitative Analyse); 5. Entwicklung des ‚negativen' Wissens im moralischen Bereich; (Quelle: Informationszentrum Sozialwissenschaften Bonn, Datenbank FORIS, Auskunft 6.11.1999).

[53] Baruk (1989, 90) gebraucht ein ähnliches Bild: Man könne das Wahre nicht erkennen, wenn man nicht wüsste, woraus das Falsche besteht, das den Umriss bildet (vgl. Kap. 2.7.3).

zum Prinzip erheben, und auch zur kognitiven Psychologie, die möglichst wenig Energie auf das Falsche verwendet sehen möchte."

In diese Theorie wird nun auch der Begriff des Fehlers eingebracht. In explizitem Anschluss an Kobi (1994) und Mehl (1993) wird „der Fehler als ein von der Norm abweichender Sachverhalt (oder ein von der Norm abweichender Prozeß) definiert" (Oser et al. 1999, 17). Fehler und negatives Wissen werden zwar nicht explizit als identische Begriffe bezeichnet, aber doch faktisch nahezu gleich definiert. Auch im weiteren Sprachgebrauch verschiedener Texte von Oser und seinen Mitarbeiterinnen fällt die meist synonyme Verwendung beider Begriffe auf. Der Terminus ‚negatives Wissen' wird dabei weithin – aber nicht ausschließlich – im Zusammenhang mit Fragen der moralischen Entwicklung gebraucht, der Begriff Fehler eher bei unterrichtsbezogenen Erörterungen.

Es wird eingeräumt, dass das Fehlermachen *nicht zwingend* zu negativem Wissen und zum Lernen aus Fehlern führt und deshalb zwischen sinnvollem und unsinnigem Fehlermachen unterschieden.[54] Unsinniges Fehlermachen bestünde darin, „dass die gleichen Fehler immer und immer wieder gemacht werden, ohne dass durch solches Fehlermachen gelernt würde, diese Fehler zu vermeiden" (Oser et al. 1999, 20). Ein solches unsinniges Fehlermachen, wird weiter behauptet, sei so häufig wie der Versuch der Lehrenden, ein Fehlermachen überhaupt verhindern zu wollen, was nicht weniger sinnlos sei. Lernende müssten vielmehr konstruktiv mit eigenen Fehlern umgehen können. Dies äußere sich konkret in drei Schritten:

1. Die Person, die den Fehler beging, muss *erkennen*, dass sie etwas falsch dachte oder machte.

2. Sie muss den Fehler verstehen, d.h. *erklären* können, wie es dazu kam.

3. Sie muss die Möglichkeit haben, ihn zu *korrigieren* im eigenen Denken oder Handeln.

Solche Schritte im Umgang mit Fehlern werden insbesondere für den Umgang mit *schulischen* Lerngegenständen vorgeschlagen. Im Unterricht soll man Fehler nicht krampfhaft vermeiden, sondern geschehen lassen, um sie dann als produktive Lernanlässe zu nutzen. Entscheidend sei hierbei das Lernklima. Im erwähnten Forschungsprojekt „Lernen Menschen aus Fehlern?" unterstreichen die Forscher in ihrem Abschlussbericht, dass einerseits negative Emotionen wie Scham oder Ärger über sich selbst für den Aufbau von negativem Wissen und Lernen von großer Bedeutung seien. „Es gibt heute viele Kinder, die selbstbewusst darauf bestehen, sie hätten recht, auch wenn sie einen Fehler machen", meint Maria Spychiger (zit. n. Meier-Rust 2002, 97). Andererseits sei entscheidend, dass diese Gefühle vom Individuum selbst initiiert werden, weil durch eine

---

[54] Die differenzierende Rede vom ‚guten' bzw. ‚produktiven' Fehler wurde bereits von den gestaltpsychologischen Theoretikern Köhler (1913), Selz (1922) und Duncker (1935) eingeführt (vgl. Kap. 3.2).

beschämende Bloßstellung von außen etwa im Unterricht die Abwehrhaltung so groß werde, dass der Lerninhalt aus dem Blick gerät und die Lernwirkung darunter leidet (ebd.).

Als ausgewiesener Experte im Bereich der Moralpsychologie widmet sich Oser besonders auch der Anwendbarkeit dieses Verfahrens bei *ethisch-moralischen Lernprozessen* und spricht von „sozio-moralischem Fehlerwissen" (Oser 1997, 491). Er bezeichnet dies näher als den geheimen Gehalt, mit dem Menschen ihre Normen von der Rückseite her ausfüllen (Oser 1998, 599) und argumentiert mit pointierten Einzelbeispielen:

> „Warum haben Kinder das pädagogisch gesehen skandalöse Buch ‚Struwelpeter' so gern? Vermutlich, weil eindeutig negatives moralisches Wissen vorgestellt wird, so dass keine Ambiguitäten auftreten. Die Regel wird stets in ihrem Gegenteil, in ihrer Übertretung gezeigt. Jedes Kind erfährt so instinktiv, dass die Welt besser funktioniert, wenn Regeln eingehalten werden; aber das eigentlich Spannende besteht in den durch die Nichteinhaltung gegebenen unglaublich schmerzhaften Folgen" (Oser 1998, 599).

Oser sieht solche Darstellungen, die weithin als Inbegriff einer „schwarzen Pädagogik" (Rutschky 1997) gelten, hier eher positiv als „Modelle des Schreckens" (Oser 1998, 598), die bereits im gedanklichen Durchspielen advokatorisch erfahrbar machen, wie die Wirkungen des negativen Verhaltens ausfallen. Noch nachhaltiger, so Osers Behauptung, führen negative Erfahrungen am eigenen Leibe zur Entstehung einer Gesinnung, „die auch unter Extremsituationen darauf verzichtet, Unrechtes zu tun, andere zu schädigen, und *aus Zwang den Respekt vor der Regel aufzugeben*. Die innere moralische Gesinnung, entstanden aus den Narben eigenen oder fremden Versagens, ist jener Schutz, von dem hier gesprochen wird. Sie ist nicht vorstellbar ohne Erfahrung" (Oser 1998, 600).

Die im Zitat kursiv gesetzten Worte werden von Oser (1998) als einzige Stelle in einem elfseitigen Aufsatz, der seine Theorie darstellt, durch Unterstreichung hervorgehoben. Damit weist er darauf hin, dass für ihn ein zentraler Zielpunkt seiner Überlegungen zu negativer Moralität ist, wie es gelingen kann, dass ein Individuum seine (positive) moralische Position auch dann handelnd durchhält, wenn es vom sozialen Umfeld etwa in einer totalitären oder extrem fremdenfeindlichen Gesellschaft zu einem gegenteiligen (negativen) Handeln gedrängt wird. Das episodisch erinnerte Wissen um die Folgen des negativen Handelns und die damit einhergehende moralische Entrüstung sieht er als entscheidende Faktoren.

Was also will die Theorie des negativen Wissens insgesamt darstellen? Sie will zunächst „die Frage beantworten, wie sich Wissen darüber konstituiert, was nicht zu einer Sache gehört (Abgrenzungswissen) oder nicht getan werden darf (Fehlerwissen). Zugleich wird untersucht, in welchem Verhältnis dieses Wissen zu positivem Wissen steht, also zu jenem Wissen, das richtige Abläufe und richtige Resultate zum Inhalt hat" (Oser et al. 1999, 17).

Oser (1998; 1998a) stellte in einer wissenschaftlichen Diskussionseinheit seinen Theorieansatz interdisziplinär zur Diskussion. Er erfuhr neben manchem interessierten Zuspruch auch fundierte Einwände gegen die Stimmigkeit bzw. sachliche Reichweite seiner Kernthese. So lasse sich etwa den von ihm präsentierten Exempeln eines gelingenden moralischen Handelns aus dem erfahrungsgespeisten negativen Wissen heraus eine nicht minder überzeugende Fülle von Beispielen entgegenhalten, die dem widersprechen, dass Menschen aus einem ‚am eigenen Leib' erfahrenen Unrecht und Leid unmittelbar lernen würden, dasselbe Fehlverhalten nun bei anderen konsequent zu vermeiden. Allzu oft wird vielmehr das negative Verhaltensmuster, unter dem man etwa seitens eines Erziehungsberechtigten oder Vorgesetzten selbst zu leiden hat, bei anderen (etwa gegenüber Untergebenen) genauso reproduziert und ausgelebt.

Zu fragen wäre weiter, ob sich Emotionen wie Scham und Ärger über eigene Fehler, die nach der Auffassung von Oser durchaus auch als Antrieb zur Verhaltensänderung lernwirksam werden können, in einer *selbstinitiierten* Weise wirkungsvoll einstellen können. Eine auch *außengesteuerte* Markierung begangener Fehler und ihrer Gewichtigkeit im Zuge erzieherischer oder auch biografischer Vorgänge dürfte bei nicht wenigen erforderlich sein, wenn sich eine hinreichende Sensibilisierung der Heranwachsenden für das Unterscheiden von falsch und richtig und der Wille zu einem an persönlich gewählten Werten orientierten Handeln einstellen soll.

Sollten sich künftig Osers Thesen theoretisch schärfen und vertiefen beziehungsweise in empirischen Untersuchungen oder Experimenten – möglicherweise bezogen auf begrenzte (Lern-) Gegenstandsbereiche – noch deutlicher erhärten lassen, so wäre diese Theorie als interessanter lerntheoretischer Beitrag zu begreifen, der dem Fehler eine maßgebliche Funktion beim Aufbau von Wissen und Fertigkeiten, Normen und Haltungen zuweist.

2.3.4   Lernverfahren

Lerntheorien gewinnen u.a. dort eine pragmatische Bedeutung, wo sie in konkreten Lern- und Lehrverfahren des Schulunterrichts umgesetzt werden können. Aebli etwa versucht lernpsychologische und didaktische Überlegungen zu verbinden. Er beschreibt bereits Ende der fünfziger Jahre Grundformen des Lehrens und Lernens, die ein breites Spektrum lerntheoretischer Ansätze integrieren. Er nennt dabei vier Grundfunktionen des Lernprozesses, die er als „moderne Version der Formalstufen des Lernens" vorstellt (Aebli 1994, 275). Zwei dieser vier sollen beschrieben werden, bei denen deutlicher aufscheint, dass der Fehler nicht stets eine zu vernachlässigende oder zu vermeidende Erscheinung ist, sondern wichtig und fruchtbar für Lehr- und Lernprozesse werden kann. Anschließend spreche ich einige in der Praxis geläufige Ansätze der Deutung und des Umgangs mit Fehlleistungen im Unterricht an, die sich auf die didaktische Planung der Lehrkräfte und die Gestaltung der unterrichtlichen Lernverfahren auswirken.

2.3.4.1 Problemlösen mit „Holzwegen"

Als erste Funktion oder Formalstufe des Lernens beschreibt Aebli (1994, 279ff) das „problemlösende Aufbauen". Er unterscheidet „Probleme mit Lücke"[55], „Probleme mit Widerspruch" und „Probleme mit unnötiger Komplikation". Die Lücke im Handlungsplan oder der Widerspruch in der Deutung eines Wirklichkeitsausschnittes ist für ihn „der Pfahl im Fleisch des handelnden Menschen (...) der zum Denken und Lernen antreibt" (ebd., 280). „Nun vollziehen sich die Problemlösevorgänge in der Wirklichkeit natürlich nicht so geradlinig, wie diese in der idealtypischen Darstellung" (ebd., 287) etwa des Fachunterrichts erscheinen:

> „Der Problemlösende dringt immer wieder in falsche Richtungen vor und gerät dabei auf Holzwege. In einem gewissen Moment erkennt er, dass er auf dem gewählten Weg nicht weiterkommt und kehrt zu einem Punkt zurück, von dem aus er einen neuen Konstruktionsversuch ansetzt" (ebd.).

Mit dem Begriff des „Holzwegs" knüpft Aebli an ein Bild von Dörner (1974) an. Demnach lassen sich interpolative Problemlöseprozesse als ein verzweigter Ast veranschaulichen. Die Kunst des Problemlösens besteht nun darin, dass bei der Umkehr auf einem „Holzweg" gewissermaßen nicht zu wenige aber auch nicht zu viele ,Blattachseln' zurückgegangen wird, um einen neuen Ansatzpunkt auf dem Weg zur Astspitze zu suchen: „Schüler mit geringem Selbstvertrauen haben die Tendenz, ganze Lösungsversuche aufzugeben und immer wieder beim Nullpunkt zu beginnen" (Aebli 1994, 287).

Aebli empfiehlt dazu einen ,fragend-entwickelnden Unterricht', der von der Lehrperson gesteuert wird. Zur Entwicklung von gänzlich neuen Lösungsideen empfiehlt er etwa Brainstorming und heuristische Verfahren, bei denen das kritische Prüfen zunächst zurückgestellt wird.

> „Bei alledem gilt das Grundprinzip, dass der Lehrer dem selbständigen Nachdenken der Schüler solange seinen Lauf lässt, als sie auf dem Wege der Lösung des Problems weiterkommen (...). Es wäre ein Fehler, wenn er die Führung sogleich mittels eng gefasster Fragen und Aufforderungen übernähme" (ebd., 300).

Doch er muss auch eingreifen, etwa um Widersprüche zwischen konkurrierenden Handlungsabsichten aufzudecken oder „eine schiefe Sicht der Situation oder eine untaugliche Lösungsabsicht" (ebd., 288) umzustrukturieren. Denn letztlich sei es ja doch so, dass „das Problemlösen in der Optik des Lehrers einem Puzzle-Spiel gleicht" (ebd., 302), bei dem er i.d.R. wisse, wie die Bausteine am Ende zusammengesetzt werden:

> „Bei der Behandlung der Antworten unterscheidet der Lehrer nicht einfach richtige und falsche Antworten. Vielmehr löst er das Gute aus einer jeden Antwort heraus und wiederholt es zum Teil. (...) Falsche Antworten, die unwichtig sind, übergeht

---

[55] Diesen Begriff entlehnt er von Wertheimer (1964).

er einfach oder korrigiert sie en passant. Gravierende Fehler und verbreitete Missverständnisse gibt er der Klasse zur Stellungnahme zurück und stellt sie mit ihr zusammen richtig" (ebd.).

In der uneindeutigen Empfehlung Aeblis zum Umgang mit „falschen Antworten" innerhalb dieses Absatzes kristallisiert sich die innere Spannung im Lehrerverhalten heraus. Einerseits soll ein allseitig – also auch für Fehlerhaftes – offenes Problemlöseverhalten der Schülerinnen und Schüler evoziert werden, andererseits weiß der Lehrende von Anbeginn, in welche Richtung schlussendlich die Lösung zu suchen sei. Die Offenheit für andere Lösungswege und das praktische ‚Durchprobieren' von Fehlervarianten ist also wieder erkennbar eingeschränkt.

Ein weiteres Defizit schulischer Problemlösevorgänge ist, dass das Problem stets bereits gestellt oder angedeutet wird. Der erste Schritt des Problemlösens, nämlich einen Fehler oder ein Problem auch ohne Fremdhinweis überhaupt erst wahrzunehmen, wird nicht gelernt. Auch auf der Ebene der Wissenschaftsentwicklung entsteht die Blindheit für völlig neue Probleme dadurch, dass man nur das als Problem wahrnimmt, was man im Rahmen herrschender Paradigma für lösbar hält (Kuhn 1999, 51f). Im Alltag führen Verdrängungsvorgänge oder andere Wahrnehmungsverengungen hierzu: „Tausend andere Fehler werden nicht als solche erkannt und führen zu einer bestimmten Art von Problemblindheit" (Benesch 1999, 397).

2.3.4.2   Durcharbeiten von „Umwegen"

Die an das Problemlösen anschließende zweite Funktion oder Phase des Lernprozesses nennt Aebli (1994, 310ff) „Durcharbeiten". Sie zielt auf die Beweglichkeit des Denkens und Handelns, etwa die Fähigkeit Wissen umzustrukturieren und auf neue Ziele hin einzusetzen, ja selbst Ziele und Handlungspläne zu modifizieren. Dabei knüpft er u.a. an die 1941 vorgelegten Arbeiten von Piaget/Szeminska (1972) an, die u.a. den Zusammenhang von Beweglichkeit und Systemhaftigkeit im Denken des Kindes herausstellen. Aebli fasst den Begriff der Beweglichkeit noch deutlich weiter, betont sie als eine lebenslang wichtige Lernstruktur. Er rekurriert zudem auf Köhlers (1913) und Wertheimers (1964) gestaltpsychologische Ansätze zum guten, produktiven Fehler[56], wenn er die Kompetenz, Umwege zu beschreiten und dadurch beweglich Umstrukturierungen zu leisten, betont:

> „Die Welt, in der wir handeln, ist selber in ständigem Fluß. Unser Gegenüber handelt in der Regel selbst, auch sachliche Situationen haben in der Regel ihre eigene Dynamik. In dieser Situation muß der Handelnde sein Tun (...) als Teil einer Wechselwirkung verstehen. Es ist wie im Schachspiel: Auf meinen Zug folgt der Zug des Gegners. Ich kann meinen Plan nicht einfach abwickeln, wie ich ihn mir gedacht

---

[56] Vgl. Kap. 3.2.

habe. Ich muß in meinem Plan laufend die Reaktionen des Partners einbeziehen. Das ist keine bloße Anpassung, das ist die Verfolgung der eigenen Ziele unter Einbezug der Reaktionen des Partners. (...) Der Handelnde sollte seine Handlungspläne den sich wandelnden Bedingungen anpassen, wenn nötig die Zwischenziele verändern können, um auf einem neuen Weg zum Ziel zu gelangen. Wir treffen hier wieder auf die Fähigkeit, Umwege zu beschreiten, wie von den Gestaltpsychologen betont worden ist. Umwege zu beschreiten, heißt auch, die Mittel zur Verwirklichung von Zielen zu variieren (...) und andere, besser durchführbare oder allgemeiner akzeptable Formen zu finden" (Aebli 1994, 318).

Das „Durcharbeiten" von solchen komplexen Szenarien ist für Aebli die geeignete Lernform, um diese Kompetenz zu erwerben. Allerdings meint er (ebd., 320): „Wenn unsere Schulen nicht weithin Buchschulen wären, so fiele es uns leichter, zu erklären, was das Durcharbeiten von Handlungsplänen konkret bedeutet. (...) Es bedeutet, dass verschiedene Variationen des Vorgehens erwogen werden, ihr mutmaßliches Ergebnis, der Aufwand und der Ertrag abgeschätzt und verglichen werden (...), so dass man von der ‚Tücke des Objektes' (oder des Gegners) auf keinen Fall überrumpelt wird."

„Umwege kann aber nur jemand beschreiten, der über der Situation steht, der nicht auf einen einzigen Weg festgelegt ist, sondern aus der Einsicht in die Zusammenhänge die verschiedenen möglichen Wege zum Ziel sieht. Auch die Fähigkeit zur Umstrukturierung ist ein Zeichen der Beweglichkeit" (Aebli 1994, 312).

Beiden von Aebli empfohlenen Lernformen, die zumindest ansatzweise fehleroffen zu gestalten sind, stellt sich die schulische Wirklichkeit eher behindernd entgegen. Die Schule erschwert die Offenheit für das Durchprobieren von möglicherweise untauglichen fehlerhaften Lösungsansätzen und das zeitaufwendige Durcharbeiten von diversen Umwegen.

Dabei zeichnen sich heute zugleich im Bereich der Arbeitswissenschaft und besonders in der Arbeitspsychologie durchaus beachtliche Neuansätze zur maßgeblichen Rolle des Fehlers in Lernprozessen der Arbeitswelt ab.[57] Insbesondere

- bei Verhaltensanpassungen an neue situative Anforderungen in Arbeitsabläufen,

- beim explorativen Erschließen neuer Wissens- und Fertigkeitsbereiche,

- beim Trainieren und Aufrechterhalten von Kompetenzen und

- beim kreativen Hervorbringen von Innovationen

werden Fehler als indizierende, stimulierende, trainierende und produktive Faktoren betont. Von fehleroffenem Lernen und Fehlertraining ist die Rede. Auch in den Fachdidaktiken der Mathematik und der Sprachen zeigt sich ein neuer Umgang mit Fehlern, der nicht nur auf Vermeidung zielt. Bei den in der Schule angewendeten Lerntheorien und

---

[57] Vgl. Kap. 3.5.

-konzepten dagegen sind zwar teilweise Ansätze hierzu feststellbar, allerdings kaum entfaltet. In Lernverfahren tritt der Fehler selten als eine polyvalente oder gar produktive Größe in Erscheinung.[58]

2.3.4.3 Sofortige Schülerkorrektur und andere didaktische Kunstfehler

Bereits im 19. Jahrhundert wurde gefordert, jede unrichtige mündliche Äußerung eines Schulkinds sofort zu korrigieren, vor allem den schriftlichen Fehler an der Tafel sofort auszuwischen oder im Heft durchzustreichen (vgl. Weimer 1926, 13). Solche Empfehlungen finden sich bis heute in Handreichungen zum Unterricht. Die lerntheoretische bzw. mnemotechnische Begründung wird etwa bei Frost und Maslow verdeutlicht:

> „Um Fortschritte sicher zu erreichen und um die Methoden gleich verändern zu können, wenn ein Kind versagen sollte, muß dauernd beobachtet werden, ob alle Antworten korrekt sind. (...) Es ist wichtig, Kindern sofort mitzuteilen, ob ihre Reaktionen richtig sind. Wird ein Fehler nicht gleich verbessert, bleibt er in der Erinnerung haften und wird gelernt" (Frost/Maslow 1978, 58.60).

Dieses im letzten Satz genannte Hauptargument ist nie hinreichend gründlich empirisch fundiert worden, was erst eine solche *generalisierende* Handlungsanweisung rechtfertigen würde. Vielmehr stellte man bereits im 19. Jahrhundert fest, dass ein solches rigides Lehrerverhalten gegenüber jedem Fehler erzieherischer und didaktischer Unfug ist, weil an die Stelle von Lernfreude die Fehlerangst tritt (Gurlitt 1906, 174), weil die Bereitschaft der Schüler zu freiwilligen Äußerungen drastisch zurückgeht und weil der Lernprozess unzählige Male unterbrochen wird. Bereits 1889 forderte so die Direktorenversammlung der Provinz Sachsen in einem „Pädagogischen Kanon" für Lehrkräfte:

> „Unterbrich den Schüler nicht beim ersten halben oder schiefen Ausdruck, sondern laß ihn seinen Satz beenden, und wenn er mehrere Sätze zu sagen hat, so laß ihn diese alle beenden, ehe du verbessern oder ergänzen lässt" (Killmann 1890, 62).

Der Grundsatz, Schülerfehler sofort zu verbessern, ist dennoch bis heute zu vernehmen. So sieht sich Spitta (2001, 6) unlängst veranlasst, noch einmal sehr deutlich alte und neue Maximen des Fehlerumgangs in der Primardidaktik gegeneinander abzuheben (siehe Tabelle 1).

Ein produktiver Umgang mit Fehlern, der diese nicht nur ignoriert oder rasch verbessert, sondern sorgfältig betrachtet, wird in Lernprozessen der Sekundarstufe auch durch den ‚Stoffdruck' der noch nicht durchgenommenen Lehrplaneinheiten verhindert. Dies lässt die Lehrkräfte vorandrängen und für eine intensive Fehlererörterung und Fehlerbe-

---

[58] Bei Hilbert Meyer (1990, 81), der als ein „Inszenierungsmuster" von Unterricht die „Expedition ins Ungewisse" empfiehlt. Bei dieser gelte dann: „Versuch und Irrtum, Verfremdung von Liebgewordenem, Spurensicherung und Selbsttätigkeit der Schüler sind unverzichtbar. Lernirrwege werden begrüßt – Lernumwege führen zum Erfolg" (ebd.) und wie Kahl (1993/1994) vom „Lob des Fehlers" (Meyer 1994, 117) spricht.

Alte Maximen	Neue Maximen
Jedes falsch geschriebene Wort, das nicht sofort verbessert wird, prägt sich unweigerlich als Fehler ein!	⇔ Auf dem Weg zur Normorthographie erproben Kinder zahllose ‚Eigenschreibungen', ohne dass sich diese Eigenschreibungen automatisch einprägen.
Jeder entstandene Fehler muss sofort verbessert werden!	⇔ Fehler sind notwendige Zwischenstationen auf dem Weg zum Erfolg!
Im Schulheft eines Kindes darf kein fehlerhaftes Wort unkorrigiert stehen bleiben!	⇔ Ohne Fehler kein Lernen!
In der Grundschule gilt das Primat des Abschreibens, damit Fehler von vornherein vermieden werden.	⇔ Fehler gehören zum Schreibenlernen wie das Hinfallen zum Laufen lernen! ⇔ Mut zum Fehler – Fehler sind Lernchancen!

Tab. 1: Alte und neue Maximen zum Fehlerumgang in Lernprozessen (Spitta 2001)

arbeitung mit der Klasse oder gar mit einzelnen Schülern bleibt keine Zeit. Wagenschein forderte bereits 1949 den „Mut zur Stoffbeschränkung". Anstelle des oberflächlichzügigen Durchnehmens von allzu umfangreichen Stoffmassen plädiert er für ein mit tiefergreifenden individuellen Verstehensprozessen verbundenes exemplarisches Lernen, bei dem Fehlversuche wichtige Lernanlässe und Hinweise für das gemeinsame Nachdenken sein können.

Fehlleistungen der Schüler und Schülerinnen können aber nicht nur durch ein solches ‚Voranhasten im Stoff', sondern nach Memmert (1997) auch durch andere „Kunstfehler" der Lehrkräfte verursacht sein, von denen er vor allem folgende unterstreicht:

1. Inhaltsfehler (fachlich);

2. Organisationsfehler;

3. Führungsfehler (Aufforderungs-, Kontroll-, Sanktionierungsfehler);

4. Methodenfehler (Motivierungs-, Darstellungs-, Frage-, Aufgabefehler und Fehler beim Einsatz von Unterrichtsmitteln).

Organisations- und Führungsfehler wirken sich laut Memmert besonders nachteilig aus, da sie disziplinarische Folgeprobleme erzeugen und die Lernbedingungen von Schülerinnen und Schülern deutlich verschlechtern (ebd., 274).[59]

Den einzelnen Lerner kennzeichnen darüber hinaus individuelle Lernstörungen, die ebenfalls Fehlleistungen verursachen. Neben globalen Lernstörungen wie Schulversagen

---

[59] Weitere Hinweise zu ‚schlechten Lehrern' in Schwarz/Prange 1997.

Körperliche Gebrechen	Motivationsmängel	Entwicklungsinkongruenzen
Konzentrationsschwächen	Interesseneinengungen	Verhaltenskrisen
Merkstörungen	Kenntnislücken	
Mentalstörungen	Fertigkeitseinengungen	

Tab. 2: Teilleistungsschwächen als Ursachen von Fehlleistungen (nach Benesch 1999)

oder -phobie werden partielle Teilleistungsschwächen unterschieden, von denen gemäß Benesch (1999, 380) die mitteleuropäische Forschung zehn hervorhebt (siehe Tabelle 2). Mehrere dieser Störungsmerkmale können sich dabei überschneiden und wie etwa bei der Legasthenie spezifische Fehlerbilder auslösen. Laut Benesch (ebd.) beruhen hierbei typische Fehler wie Buchstabenumstellungen, -auslassungen, -hinzufügungen und -umkehrungen insbesondere auf Schwächen in der rechtsgerichteten Verarbeitung bei Texten und auf optischen und akustischen Fehlsteuerungen.

2.4 Fehler in der Leistungsfeststellung, -beurteilung und -bewertung

Der Fehler wird in der Schulpädagogik weithin in einer Weise verhandelt, die ihn als das Komplement oder ‚negative Gegenstück' zur Leistung erscheinen lässt. Als Fehler oder Fehlleistung[60] wird bereits bei Kießling (1925, 4) das bezeichnet, was durch einen Beurteiler von einem Schüler oder einer Schülerin an Leistung erwartet aber nicht erbracht wird. Aussagen zur Leistung sind deshalb auch dort aufschlussreich, wo sie die Fehlleistung nicht explizit ansprechen, aber – gewissermaßen als ihr komplementäres Gegenstück – implizit doch mit erhellen.

Diese Situation finden wir in der erziehungswissenschaftlichen Literatur zur Leistungsfeststellung, -beurteilung und -bewertung vor. Sie befasst sich – anders als die fachdidaktische – eher am Rande mit dem Phänomen des Lernerfehlers, obgleich Fehler gerade in Leistungssituationen für die Lerner die nachhaltigsten Folgen zeigen. Die Diskussion wird hier eher bestimmt von Fragestellungen wie jenen:[61] Ist Leistungs-

---

[60] Der Begriff Fehlleistung wird in dieser Arbeit mit dem seit Kießling und Weimer nachweisbaren allgemeineren Gehalt verwendet. Er bezeichnet also nicht die von Freud in einem engeren Sinne begriffene ‚Freudsche Fehlleistung', sondern im weiteren Sinn Leistungsfehler und -defizite (vgl. auch Kap. 2.2.1 und 3.1).

[61] Aktuelle Diskussionsthemen bildet der Band von Beutel/Vollstädt (2000) ab, der weitgehend Beiträge versammelt, die in der Zeitschrift „Pädagogik" im ersten Halbjahr 1999 als Folgen der Serie „Leistung ermitteln

messung konstitutiver Bestandteil pädagogischen Arbeitens oder vor allem Instrument der Selektionsfunktion der Schule? Ist individuelle Förderung nicht wichtiger als rangierende Leistungsvergleiche? Welche alternative Formen der Leistungsstandfeststellung und -dokumentation sollten, etwa im Zusammenhang offener Unterrichtsformen, eingeführt werden? Geht es um eine Selektions- oder Förderdiagnostik bei Schülerleistungen? Wie erwerben Lehrerinnen und Lehrer die Fähigkeit, Schülerleistungen diagnostisch zu analysieren und ihre Tests entsprechend zu gestalten? Einige für unser Thema besonders wesentliche Aspekte dieser Forschungen sollen skizziert werden: die Frage nach den Bezugsnormen der (Fehl-) Leistungen, die Funktionen der Leistungsfeststellung, einige Methodenfragen und die Bedeutung der subjektiven Beurteilungsfehler der Lehrkräfte.

2.4.1 Fehler in Prüfungen: die rechtliche Dimension

Die Schulkritik der siebziger Jahre richtete den Fokus auf die institutionellen Aspekte des Fehlermachens. Sie sah die Schule nicht nur verantwortlich für falsch gestaltete und gesteuerte Lernprozesse, die ein Übermaß an Schülerfehlern produzierten. Es wurde auch ein mit der Selektionsfunktion einhergehendes Interesse der Schule am Fehlermachen oder zumindest -markieren unterstellt, da sich über diese quantifizierbare Defizitanzeige ein scheinbar objektives Kriterium der Schülerbeurteilung ergibt.

Über die Selektions- und Berechtigungsfunktion hängen die Tendenzen zur Defizit- und Fehlerbetonung möglicherweise noch stärker als bislang bedacht mit rechtlichen Rahmenbedingungen der schulischen Arbeit zusammen. Die Leistungsfeststellung in Klausuren und Prüfungen dient ja nicht nur der Rückmeldung für den Lernenden, sondern in einer Leistungsgesellschaft vor allem der Zuteilung eines individuellen Maßes an möglichen Berufszugängen und Lebenschancen – ein Vorgang, der in einem Rechtsstaat wiederum der Einklagbarkeit unterworfen sein muss und deshalb überprüfbaren, objektivierten Kriterien. Diesem wesentlichen Aspekt wurde in erziehungswissenschaftlichen Texten zum Fehlerthema bislang kaum Rechnung getragen, am ehesten noch von schulisch orientierten Juristen; er soll deshalb hier noch etwas entfaltet werden.[62]

Durch die grundlegende Bedeutung des Berechtigungswesens im deutschen Bildungssystem geraten Prüfungen zum dominierenden Ziel- und Endpunkt der schulischen Bildungsgänge. Sie sollen feststellen, inwieweit die Lernprozesse erfolgreich waren und das Ergebnis dieser Leistungsüberprüfung in gesellschaftlich verwertbarer Weise für die Probanden festhalten. Die Prüfungsergebnisse begründen dann die Ausstellung von Zeugnissen und Zertifikaten, die den Zugang zu weiteren Bildungsinstitutionen und Berufsfeldern regeln. In der Bundesrepublik Deutschland tangieren Prüfungen so prinzi-

---

und bewerten" erschienen waren. Zu Auseinandersetzungen in der pädagogischen Diagnostik: Ingenkamp 1985a, 245ff.

[62] Ich konzentriere die Darstellung auf die wichtigsten gesetzlichen Rahmenbedingungen. Rechtliche Einzelheiten zu Prüfungsrecht, Leistungsbewertung, Notenbildung, Zeugnissen, Klagebefugnissen und Verfahrensregelungen finden sich bei N.Niehues, Schul- und Prüfungsrecht, Band 1, München 2000.

piell das in Artikel 12, Absatz 1 des Grundgesetzes verbürgte Grundrecht auf freie Berufswahl und -ausübung. Dies begründet einerseits die Pflicht der Rechtsprechung und der öffentlichen Verwaltung, Prüfungsverfahren dementsprechend zu gestalten beziehungsweise zu kontrollieren, und andererseits, dass der einzelne Bürger Beschwerde führen kann, wo er sein Grundrecht durch eine falsche Prüfungsentscheidung, die ihm etwa einen beruflichen Weg versperrt, deutlich eingeschränkt sieht.

Bei gerichtlichen Entscheidungen zu solchen Beschwerden von Bürgern wurde nun deutlich, dass sich deren Erfolg oder Misserfolg in hohem Maß an der Fehlerfrage festmacht. Dies zum einen, weil sehr schlechte Prüfungsbewertungen in aller Regel mit erheblichen Fehlern im Sinne von fachlichen Kompetenzdefiziten des Prüflings begründet werden. Deshalb beklagen Beschwerdeführer meist, dass die schlechte Bewertung auf einer falschen *Beurteilung* der sachlichen Angemessenheit einer erbrachten Leistung oder einer unangemessenen *Gewichtung* des Fehlers beruhe.[63]

In zwei grundsätzlichen Urteilen zu Klagen betreffend medizinische und juristische Prüfungen bestätigte 1991 das Bundesverfassungsgericht, dass selbst „fachliche Meinungsverschiedenheiten zwischen Prüfer und Prüfling der gerichtlichen Kontrolle nicht generell entzogen" seien und dass Gerichte wie Verwaltungsbehörden zu kontrollieren hätten, ob Leistungsfeststellungsinstrumente „zuverlässige Prüfungsergebnisse ermöglichen"[64] würden. Nachgehen müssen Gerichte auch „fachlichen Differenzen zwischen Prüfer und Prüfling, soweit der Prüfling die Vertretbarkeit hinreichend substantiiert dargelegt hat, notfalls mit Hilfe von Sachverständigen" (Niehues 2000, 321).

Allerdings seien Gerichte und Behörden fachlich nicht in der Lage, die inhaltlich-sachliche Leistung der jeweiligen Prüfung und Prüfungsinstanz ihrerseits zu bewerten. Es bleibe ein Spielraum „prüfungsspezifischer Wertungen"[65], in welchen das Urteil der prüfenden Experten letztgültig sei, wenn diese etwa nach erhobenem Einspruch dessen zustande kommen einem Gericht in begründeter Weise darlegen. Eine „summarische Fehlerkontrolle" der Prüfungsbehörden genüge deshalb meist, die „Eröffnung einer zweiten Verwaltungsinstanz mit einer vollständige Neubewertung der erbrachten Prüfungsleistungen" sei nicht geboten.[66] Justiziabel sind in Prüfungsunterlagen und -vermerken *dokumentierte* Fehler der Leistungserhebung oder Leistungsbeurteilung, letztere allerdings nur dann, „wenn eine Beurteilung auf einer derart eklatanten Fehleinschätzung wissenschaftlich-fachlicher Gesichtspunkte beruht, daß sich ihr Ergebnis dem

---

[63] Vgl. etwa die Begründung in drei Klagen zur Prüfung im ersten und zweiten juristischen Staatsexamen, die Ausgangspunkt einer Entscheidung des Bundesverfassungsgerichts am 17. 4.1991 betreffend die „Gerichtliche Kontrolle von berufsbezogenen Prüfungen" waren. Neue juristische Wochenschrift. München/Frankfurt, 1991, Heft 32, 2005.

[64] Neue juristische Wochenschrift. München/Frankfurt, Beck, 1991, Heft 32, 2005–2011.

[65] Ebd., 2005 (vgl auch den Beschluss des BVG vom 10.10.1991, In: Neue Zeitschrift für Verwaltungsrecht, München-Frankfurt/M., Beck, 1992, 657f).

[66] Ebd. (vgl. auch Wimmer 1993, 532).

Richter als gänzlich unhaltbar aufdrängen muss".[67] Die eigentliche Gewichtung und Bewertung der (Fehl-) Leistung jedoch bleibt weithin den Prüfern überlassen.[68]

Das Verhältnis von Recht und Schule, Pädagogik und (justiziabler) Leistung war bereits seit den siebziger Jahren etwa durch den „Entwurf für ein Landesschulgesetz" (1976) seitens des Schulrechtsausschusses des Deutschen Juristentages[69] Gegenstand vieler Erörterungen, die hier nicht vertieft werden können. Besonders im Bereich der Leistungsbeurteilung war in der dadurch angeregten Diskussion jedoch eine "Spannung zwischen rechtlicher Regelung und Gerechtigkeit für die Pädagogen besonders fühlbar" und es entstanden „vielfältige Initiativen in Wissenschaft und Praxis, Alternativen zu den herkömmlichen Beurteilungs- und Bewertungsverfahren und zu deren Kontrolle zu entwickeln" (Knab 1988, 27)

Die Beschlüsse des Bundesverfassungsgerichts verstärkten im Bildungsbereich nun das Recht des Prüflings, bei nicht akzeptierten Fehler- und Leistungs*beurteilungen* eine sachliche Kontrolle einzufordern, andererseits verstärkten sie das Recht der Prüfer, die prüfungsspezifischen Kriterien der Leistungs*bewertung* dieser Kontrolle zu entziehen. Hinsichtlich der Fehlerfrage förderte dies die folgenden, bis heute teilweise spürbaren Tendenzen:

1. *Fehlerverschleierung*: Schriftlich fixierte Beurteilungs*details* und -begründungen werden in Prüfungsunterlagen u.U. möglichst vermieden, um bei Einwänden einer Prüfungskontrolle keine Anhaltspunkte für eine Fehlbewertung zu bieten (Niehues 1991, 3006; Wimmer 1993, 540). Diese Tendenz zur Fehlerverschleierung wird zusätzlich gefördert durch die Tendenz zur Leistungsverschleierung durch eine „große Koalition" (Richter 1999, 123) von Kultusministern, Professoren, Lehrkräften und Eltern, die gleichermaßen ein Interesse daran haben, einen Leistungsvergleich ihres Landes, ihrer Hochschule, ihrer Schulen, Klassen oder Kinder zu vermeiden.

2. *Abbau von Prüfungsverfahren mit hoher Fehlertransparenz*: Einsprüche und Klagen sind am ehesten erfolgversprechend bei jenen Prüfungsverfahren, die sich in besonderem Maß um eine Fehlervermeidung durch Segmentierung und Objektivierung der Leistungsfeststellung bemühen wie etwa ‚Multiple-Choice'-Prüfungen.[70] Hier kann gegebenenfalls durch Sachverständigengutachten eine Fragestellung als missverständlich oder eine unzutreffender Weise als falsch definierte Antwortalternative als sachlich durchaus denkbar qualifiziert werden. Als Ganztext bewertete Darstel-

---

[67] Neue juristische Wochenschrift. München/Frankfurt, Beck, 1991, Heft 32, 2008.

[68] Niehues 1991, 3005.

[69] Die Schulrechtskommission hatte u.a. vorgeschlagen, die in Schulgesetzen der Bundesländer verbal gewährte pädagogische Freiheit und Eigenverantwortung der Lehrkräfte „durch ein Begrenzung der Schulaufsicht auf eine Rechtsaufsicht und durch eine Begrenzung der rechtlichen Regelung auf das Notwendige und Zumutbare" (Richter 1988, 18) auch rechtswirksam zu schützen.

[70] Vgl. das Urteil des Bundesverfassungsgericht betreffend die „Gerichtliche Kontrolle von Multiple-Choice-Prüfungen" in: Neue juristische Wochenschrift. München/Frankfurt, Beck, 1991, Heft 32, 2008–2011.

lungen, mündliche Prüfungen und Präsentationen dagegen machen den Nachweis eines Beurteilungs- und Bewertungsfehlers oft unmöglich. Durch die Vermeidung der objektivierenden Verfahren verstärkt sich aber die Gefahr der subjektbedingten Fehlbewertung seitens der Prüfer.

3. *Leistungs- und Fehlervermischung:* Klagen von Prüflingen haben dort die geringste Aussicht auf Erfolg, wo in *einer* Bewertung völlig unterschiedliche Aspekte wie etwa Faktenwissen, überzeugende Darlegung, Aufgeschlossenheit und Gesamtpersönlichkeit verschmolzen werden.[71] Es ist also für Institutionen und Prüfer von Vorteil, wenn durch eine gezielte Vermischung nicht nachprüfbar wird, welcher Prüfungsanteil welches Gewicht in der Wertung hatte. Die Prüfpraxis verliert dadurch an Objektivität und Klarheit.

4. *Konzentration auf eventuelle Form- und Verfahrensfehler:* Klagen vor Gericht konzentrieren sich nun auf die Beanstandung von formalen Fehlern, weil hier noch am ehesten eine Aussicht auf Erfolg gegeben ist, da Formfehler auch von einem Gericht oft eindeutig festgestellt werden können. Der inhaltliche Fehler verliert tendenziell die Beachtung, die der formale nun auf sich zieht. Auch in der Schule beklagen sich Eltern massiv bei formalen Fehlern – zwei Klassenarbeiten an einem Tag; unangekündigtes Abfragen von Stoff aus früheren Lerneinheiten –, während sie inhaltlich-methodische Fehler (überhöhte Schwierigkeit der Aufgabe; ungenügende Vorbereitung im Unterricht) seltener monieren.

5. *Reduzierte Fehlergerechtigkeit:* Da die Kriterien der Fehler*bewertung* letztendlich nicht rechtswirksam in Frage gestellt werden können, wird in Klausuren und Prüfungen noch weniger Nachdruck darauf verwendet, die Erkenntnisse der pädagogisch-psychologischen Diagnostik im Sinne höherer Leistungs- und Fehlergerechtigkeit beim Zustandekommen der Bewertung zu berücksichtigen. Insbesondere eine willkürliche Vermischung von sachlichen und sozialen Bezugsnormen ist hierbei möglich: Offiziell geht es um die Überprüfung eines ‚absoluten' Standes von Sachkenntnissen, gleichzeitig wird die Bewertung in der Prüflingsgruppe aber relativierend gerne so gestaltet, dass ein bestimmter Anteil von Prüflingen (nicht) besteht, wenn dies für das Reduzieren des Studentenkontingents etwa beim Übergang vom Grund- zum Hauptstudium oder für das Renommee der Bildungsinstitution („Bei uns wird Höchstleistung gefordert!") nützlich erscheint. Um Einwände von Eltern zu verhindern, richten auch in der Schule nicht wenige Lehrkräfte nach Feststellung der Fehler- oder Punktezahlen in einer Klausur den Schlüssel ihrer letztendlichen Notenvergabe an einem Klassenschnitt aus, der ‚im üblichen Rahmen' bleiben sollte, oder am Vergleich mit der Parallelklasse. In beiden Fällen überformen sie so in

---

[71] Dies ist etwa bei der zweiten juristischen Staatsprüfung der Fall (Wimmer 1993, 537).

einer sachlich wenig nachvollziehbaren Weise mit einer relativen Norm das absolute Leistungsbild.

Richter, Direktor des Deutschen Jugendinstituts in München, ergänzt diese Einzelbefunde mit folgender Feststellung (1999, 134f):

> „Die Prüfungsforschung hat darüber hinaus auf breiter Basis die Unzuverlässigkeit der Leistungsbewertung nachgewiesen, nicht nur die Fehlerhaftigkeit in Einzelfällen, sondern die Unzuverlässigkeit im allgemeinen, insbesondere aufgrund unterschiedlicher Maßstäbe unterschiedlicher Prüfer, und die Unzuverlässigkeit von Prüfungsurteilen ist vielfach belegt worden. Sie wird auch gar nicht bestritten. Verschiedene Prüfer beurteilen gleiche Arbeiten häufig unterschiedlich; ein einzelner Prüfer kann für gleiche Arbeiten zu unterschiedlichen Zeitpunkten unterschiedliche Zensuren geben; Die Prüfungsforschung hat eine Fülle von Fehlerquellen entdeckt (...)."

2.4.2 Bezugsnormen der Fehlerbestimmung

Leistung wie Fehlleistung sind nur in Abhängigkeit von einer jeweils angewendeten Bezugsnorm bestimmbar (Rheinberg 1982; Ingenkamp 1974). „Unter Bezugsnorm (engl. reference norm) versteht man einen Standard, mit dem ein Resultat verglichen wird, wenn man es als Leistung wahrnehmen und bewerten will" (Rheinberg 2001, 55). Drei Kategorien werden allgemein unterschieden:[72]

1. Individuelle Bezugsnorm: In welchem Maß ist ein Fortschritt gegenüber früheren Lern- und Leistungsniveaus des einzelnen Lernenden feststellbar? Richter (1999, 121) unterscheidet einen individuell-retrospektiven Bezugspunkt (Veränderung gegenüber zurückliegenden Leistungserhebungen) von einem individuell-prognostischen (Maß des Erreichens eines angestrebten individuellen Zielpunkts).

2. Soziale Bezugsnorm: Wie verhält sich die Leistung des Einzelnen im Vergleich zu einer bestimmten Bezugsgruppe (z.Bsp. die Klasse; die Parallelklasse; ein Prüfungsjahrgang; bei Teamarbeit: die anderen Gruppenmitglieder)?

3. Sachliche Bezugsnorm: Inwieweit genügt die Leistung den Anforderungen, die sich aus einem definierten Lehr- und Lernziel (Unterrichtseinheit, Curriculum, Studiengebiet, Prüfungskatalog) ableiten? Teilweise wird hier synonym auch von absoluter (Richter 2001) Bezugsnorm gesprochen. Unterschieden wird dabei auch die absolu-

---

[72] Teilweise wird auch von einer norm- und einer kriterienorientierten Leistungsfeststellung bzw. Bezugsgröße gesprochen. Normorientiert zielt dann auf die (soziale) Bezugsnorm der jeweiligen Gruppe der Leistungsfeststellung, kriterienorientiert dagegen auf „von außen gesetzte Kriterien (Lehrziele)" (Bausch/Christ/ Krumm 1995, 273).

te Bezugsnorm eines allgemeinen Sachgebietes oder die curriulare Bezugsnorm etwa eines Bildungsplans oder einer Lernzielbeschreibung (Wimmer 1993, 534).

Bereits Herbart 1831 war sich bewusst, dass sich je nach angewendeter Bezugsnorm eine unterschiedliche Leistungs- und Fehlleistungsfestsstellung ergibt und meint: „Der Erzieher vergleicht seinen Zögling nicht mit anderen, er vergleicht ihn mit sich selbst."[73] Deimel (1961, 3) unterstreicht: „Es gibt keine ‚absolute' Fehlerbewertung. Alle Maßstäbe sind relativ und hängen von pädagogischen, psychologischen und unterrichtlichen Bedingungen ab."

Wird die Aufgabe der Schule hauptsächlich in der Entfaltung und Förderung individueller Potenziale gesehen, wie später von reformpädagogischer Seite häufig gefordert, so wird die *individuelle* Bezugsnorm favorisiert. Die Fehlleistung besteht in diesem Fall in einem zu geringen Lernzuwachs oder einem Rückfall hinter ein bereits erreichtes Niveau. Besonders im Anfangsunterricht der Primarstufe spielt die individuelle Bezugsnorm die entscheidende Rolle. Dies wird auch dadurch begünstigt, dass hier die verbale Beurteilung in Textform im Vordergrund steht, während Notenwerte bei Tests und in Zeugnissen generell oder zumindest tendenziell noch vermieden werden.

Die pädagogische Psychologie bzw. Diagnostik richtet seit den sechziger Jahren ihr Interesse verstärkt auf die *sachlichen, lehr- und lernzielorientierten* Bezugsnormen (vgl. Heckhausen 1974). Sie gelten vielen als objektiver, neutraler, leistungsgerechter. Was richtig und was ein Fehler sei, wird curricular möglichst genau bestimmt. Offen bleibt aber hierbei, welches *Gewicht* die einzelnen Fehlleistungen und ihre Summe haben sollen. Während im Bereich der Nachschriften bereits die schlechteste Note gegeben wird, wenn 10–20% der Wörter falsch geschrieben sind, wird in Geschichte, Sozialkunde oder Mathematik bei ähnlicher Fehlerquote eine wesentlich bessere Zensur erteilt. Zur unterschiedlichen Gewichtung von Leistungs- und Fehlerquoten in verschiedenen Fächern meint Ziegenspeck (1999, 141): „Diese unterschiedlichen Beurteilungsmaßstäbe sind sachlich nicht einsehbar, denn es gibt keinen objektiven Maßstab zur Messung der Schweregrade von Schulfächern, so dass die These, es gäbe Unterschiede dieser Art, nicht zu beweisen ist."

Verständlicherweise sind Lehrkräfte oft dementsprechend unsicher, wie sie erhobene Leistungs- und Fehlerquoten mit Zensuren belegen sollen. Häufig wird deshalb die *soziale* Bezugsnorm als entscheidendes Korrektiv mit einbezogen. Man versucht durchschnittliche Bewertungen zu erzeugen in dem man die durchschnittliche Zahl der erzielten Rohwerte (Fehler oder Punkte) mit einer ‚üblichen' Klassendurchschnittsnote gleichsetzt und von diesem Fixpunkt aus die Stufen der Skala zur Umrechung der Rohwerte in Zensuren nach oben und unten aufbaut. Dadurch erzeugt man jedoch permanent eine weitgehende Normalverteilung der Noten (vgl. Ingenkamp 1985a, 48/Abb. 6). Besonders gute Klassen werden durch diese Nivellierung ständig unterbewertet, besonders schlech-

---

[73] Zit. n. Rheinberg 2001, 56.

te Klassen überbewertet. Diese Nivellierung stellt also eine zwar verständliche aber sachlich zweifelhafte Manipulation des Gewichts von Schülerfehlern und -leistungen dar. Zudem können Lehrkräfte dadurch sich selbst, die Schülerinnen und Schüler und die Eltern über den tatsächlichen Leistungsstand einer Klasse hinweg täuschen.[74]

Eine sorgfältige Trennung der Bewertungsvorgänge und damit auch der Fehlerbewertung nach verschiedenen Bezugsnormen wird in der Literatur oft gefordert. Welche pädagogische Wirkung dies hätte, lässt sich an einem Beispiel verdeutlichen. Eine extrem rechtschreibschwache Hauptschülerin, die sich in einem halben Jahr von 30 orthographischen Fehlern je Nachschrift auf nur 20 verbessert, hat – bezogen auf die individuelle Bezugsnorm – einen enormen Leistungsfortschritt erzielt. Auch in der sozialen Bezugsgruppe der Klasse hat sie sich dadurch von der schlechtesten Rechtschreiberin zur nur noch viertschlechtesten hochgearbeitet. In der absoluten, sachlichen Bezugsnorm aber ist für diese Leistung nach wie vor nur die schlechteste Note vorgesehen. Wird also wie üblich allein die sachliche Bezugsnorm angewendet, steht die Bewertung in keinem Verhältnis zum erzielten Kompetenzzuwachs. Würde sich die Endnote dagegen aus einer kombinierten Verrechnung des individuellen, relativen und absoluten Leistungsbildes zusammensetzen, könnte dieser Schülerin am Ende des Halbjahres eine besser Note erteilt werden, die ihr und den Eltern verdeutlicht, dass sich die Leistungsfähigkeit erhöhte – und dass sich selbst bei solch großen Defiziten eine erhöhte Lernbereitschaft und -anstrengung lohnen.

Eine solche differenzierte Anwendung unterschiedlicher Bezugsnormen für Fehlleistungen ist in der staatlichen Schule kaum feststellbar. Zum einen, weil ein diesbezügliches Problembewusstsein wenig ausgeprägt ist. Zum anderen, weil solche differenzierte Verfahren der mehrschrittigen Leistungsbewertung sehr zeitaufwendig werden können. Vor allem aber erzeugt ein weiterer Aspekt der Leistungsbewertung, nämlich die Funktionalität der Zensurenvergabe, vielfältige Rückwirkungen, die selbst willigen Lehrkräften die Spielräume für solche differenzierende Verfahren der Leistungsfeststellung und Fehlerbewertung bislang oft begrenzen.

---

[74] Besonders Schulen mit zahlenmäßig kleinen Kollegien und wenig Außenkontakten – etwa kleine ländliche Schulen im Primarbereich – stehen bei einem Mangel an objektiven Maßstäben der Leistungsbewertung in der Gefahr, *als Institution eine gemeinsame Notendynamik* zu entwickeln. Die wechselseitige Orientierung am Notenniveau der Kollegen, welches man als Grundschullehrkraft möglicherweise aus Gründen des eigenen Images bei Kollegen und Eltern tendenziell eher ein wenig über- als unterschreiten möchte, kann im gemeinsamen ‚Hochschaukeln‘ nach einigen Jahren zu einer insgesamt geschönten Bewertung von (Fehl-) Leistungen führen, die dann erst beim Schulwechsel erkennbar wird. Zu Fehlbewertungen führt eine soziale Bezugsnorm auch in jenen Fällen, wo der Selektionsgedanke in den Vordergrund tritt, etwa wenn in Klassenstufe 4 gewisse Übergangsquoten in die verschiedenen weiterführenden Schularten eingehalten werden sollen. Noch krasser findet sich diese Tendenz teilweise im Universitätsbereich, etwa wenn in einem Studiengang für nur 60% der Prüflinge anschließend Laborplätze geboten werden können, so dass 40% nicht bestehen ‚dürfen‘ und diesen deshalb ein hartes „Nicht-Bestehen“ jener Prüfung zugemutet wird, die zum Zugang zu einem solchen Platz berechtigt. Der Maßstab der Bewertung von Fehlleistungen entzieht sich hier sachlich begründeten Bezugsnormen fast völlig. Die Fehlerbewertung gerät zur manipulierten Größe.

1.	Für die Lernenden	*Sachliche Rückmeldung* zum eigenen Leistungsstand
2.	Für die Lernenden	*Training* der eigenen Ausdrucksmöglichkeiten im Zuge der Leistungsdarstellung: etwa bei der Gestaltung einer Präsentation von Gruppenarbeitsergebnissen in einem Projekt oder bei einem Referat vor der Klasse
3.	Für die Lernenden	*Belohnung/Motivation* durch Erfolgserlebnisse sowie Ansporn sich zu verbessern oder Leistungsniveaus zu halten
4.	Für die Lernenden	*Disziplinierung*/Handlungsfolgen klar machen ('Wer zu wenig lernt, erzielt keine guten Ergebnisse.')
5.	Für die Eltern	*Berichtsfunktion*; ggf. stärkere Elternunterstützung auslösen
6.	Für die Lehrkraft	*Diagnoseinstrument* hinsichtlich des Lern- und Leistungsstandes einzelner Schülerinnen und Schüler bzw. der zugrundeliegenden Lernprozesse und möglicher Förderungsmaßnahmen
7.	Für die Lehrkraft	*Rückmeldung zur Wirksamkeit* des eigenen Unterrichts, didaktisch-methodische Verbesserungen auslösen
8.	Für die Lehrkraft	Erfüllung der *gesetzlichen und schulinternen Vorgaben* hinsichtlich der Zahl und Art der Leistungserhebungen.
9.	Für die Lehrkraft	*Einpassung in den innerschulischen Mainstream und dadurch soziale Bestätigung*: Vermeiden, dass man durch zu gute oder zu schlechte Klassendurchschnitte Kolleginnen und Kollegen oder Eltern vor den Kopf stößt.
10.	Für die Schule	Nach innen: *Regelmäßige indirekte Kontrolle* der Qualität der Lehrerarbeit: starke Leistungseinbrüche der Klasse werden auffällig bei Tests und Prüfungen.
11.	Für die Schule	Nach außen: Regelmäßige Leistungserhebungen unterstreichen die *Berechtigungs- und Selektionsfunktion* der Schule und legitimieren ihre Ansprüche gegenüber Schüler- und Elternschaft.
12.	Für die Gesellschaft	*Selektion, Steuerung der Schülerströme*; *Leistungserziehung*; Leistungsbereitschaft internalisieren.

Tab. 3: Zwölf Funktionen der Leistungsfeststellung[75]

---

[75] Bezugspunkte für diese Übersicht finden sich u.a. bei: Ziegenspeck 1999, 173f–208; Tillman/Vollstädt 2000, 27ff; Jürgens/Sacher 2000, 12–37. Ziegenspeck stellte bereits 1973 (Zensur und Zeugnis in der Schule, Schroedel) diese Funktionen teilweise dar, Jürgens rekurriert u.a. ebenfalls auf vielfältige Forschungen seit den sechziger und siebziger Jahren, Tillmann/Vollstädt beziehen die Funktionen auf Personengruppen und kritisieren die funktionale Überfrachtung der Zensuren. Die Angaben dieser Autoren werden durch die unter den

2.4.3 Funktionen der schulischen Feststellung von Fehlleistungen

Vorgängen der schulischen Leistungsfeststellung können – in Ausrichtung an den verschiedenen beteiligten Personengruppen – vielfältige Funktionen zugeschrieben werden (siehe Tabelle 3). Tillman/Vollstädt (2000, 30f) kritisieren, dass eine solche Multifunktionalität die Instrumente und den Bewertungsvorgang einer Leistungserhebung völlig überfordern. Die bemängelte bereits Ingenkamp (1985, 177), der meint: „Manche dieser Funktionen sind kaum miteinander vereinbar, und es ist schwer verständlich, wie man glauben konnte, die Zensur[76] könnte so unterschiedliche Aufgaben gleichzeitig erfüllen. Tatsächlich konnte die Zensur keiner dieser Aufgaben gerecht werden." Eine Lehrkraft, die wie in dem oben angeführten Beispiel eine rechtschreibschwache Hauptschülerin durch eine kombinierte Verrechnung verschiedener Bezugsnormen der Leistungsbeurteilung fördern würde, liefe angesichts der Selektionsfunktion schulischer Zensuren Gefahr, mit Beschwerden von Mitschülern und deren Eltern konfrontiert zu werden, die – wenn ihr Kind mit ‚gleich vielen Fehlern' in der Nachschrift eine schlechtere Note erhält – dies für eine ungerechte ‚Bevorzugung' halten und gleiches Maß für alle fordern.

Je nachdem, welche der Funktionen in den Vordergrund rücken, werden das Erhebungsinstrument, der Beurteilungsmaßstab und die Umsetzung der Beurteilung in eine Bewertung unterschiedlich ausfallen. Am Aspekt der Fehlerbewertung kann dies beispielhaft verdeutlicht werden. Ein Lehrerin, die beispielsweise eine entmutigte Schülerin motivieren möchte, wird dazu tendieren, nicht die Fehler sondern die gelungene Leistung in den Vordergrund einer möglichst auch verbalisierten Bewertung zu stellen. Will dieselbe Lehrerin dagegen einem Schüler und dessen Eltern signalisieren, dass Lernhaltung und Leistung stark einzubrechen drohen, wird sie die einzelnen Fehlleistungen und deren Aussagekraft u.U. etwas deutlicher herausstellen. Steht für einen Lehrer dagegen die Rückmeldung zum eigenen Unterricht im Zentrum einer bestimmten Leistungserhebung, wird er möglicherweise die Schülerfehler ignorieren und auf andere Aspekte der Schülerleistung achten. Es lässt sich festhalten:

> „Die zentrale Frage nach den Maßstäben der Leistungsbeurteilung ist theoretisch ungeklärt und praktisch ungelöst. Im Schulalltag werden wohl alle genannten Maßstäbe nebeneinander zur Anwendung kommen, d.h., die Lehrenden gehen vom absoluten Maßstab aus, den sie jedoch durch relative und individuelle Gesichtspunkte korrigieren. Das klingt pragmatisch vernünftig, ist aber keine Lösung, denn die ein-

---

Punkten 2. und 9.–11. ausgeführten weiteren Funktionen ergänzt, die meines Erachtens ebenfalls recht maßgeblich sind in der aktuellen schulischen Praxis der Leistungsdarstellung und -bewertung.

[76] Ingenkamp (1985, 175) definiert den hier gebrauchten Begriff folgendermaßen: „Zensur ist ein in Kurzform (Ziffer, Buchstabe, Adjektiv) gefasstes Urteil des Lehrenden über ein Verhalten des Lernenden. Der Begriff Note wird synonym benutzt."

zelnen Maßstäbe eignen sich in unterschiedlicher Weise, um die verschiedenen Zielsetzungen der Leistungsbewertung zu erfüllen" (Richter 1999, 134).[77]

Selektions- und Förderfunktion der Leistungsdiagnostik erweisen sich oft als einander entgegenstehende Anliegen. In der Psychologie finden sie ihre Entsprechung in der Diskussion über Status- oder Prozessdiagnostik (Ingenkamp1985a, 249). Hinsichtlich der Fehlleistungen beantwortet die Prozessdiagnostik die Frage, wie erzieherische Abläufe oder unterrichtliche Lernprozesse, die dazu führten, zu verstehen und in fördernder Absicht am besten zu beeinflussen sind. Die *Status- oder Ergebnisdiagnostik* dagegen will über den momentanen Lernerfolg oder Kompetenzstand bei einem Lerner informieren. Durch ihre Verbindung mit der schulischen Selektionsfunktion wird sie im sonder- beziehungsweise heilpädagogischen Bereich als „Auslesediagnostik" (Kautter 1975) kritisch betrachtet, denn Bildungsinstitution und -kontext werden meist nicht mit untersucht, die Verantwortung für Fehlleistungen folglich einseitig dem untersuchten Proband zugeschoben. Eine solche „Einweisungsdiagnostik sieht auch im Falle eines Schulversagens primär ein Zuordnungs- und Platzierungsproblem. Personale Kompetenz des Schülers und schulimmanente Anforderungsprofile entsprechen einander nicht. In dem dadurch bedingten Interessenkonflikt hat praktisch ausnahmslos der Schüler sich anzupassen oder zu weichen" (Kobi 1977).[78]

Die jüngst vorgestellten Ergebnisse der ersten Welle der internationalen Vergleichsuntersuchung PISA (Baumert et al. 2001) belegen dabei deutliche Unterschiede zwischen den Nationen. Im dreigliederigen deutschen System löst die Diagnostizierung sehr schlechter Leistungsstände deutlicher stärker als in den meisten anderen OECD-Ländern eine Auslese durch Nichtversetzung oder ,Abschieben' der Problemschülerinnen und -schüler an andere Schularten aus. In den skandinavischen Bildungssystemen führt der gleiche diagnostische Befund dagegen eher zu einer verstärkten Förderung der betreffenden Kinder und Jugendlichen, die man in den dortigen Einheitschulen eben nicht einfach anderen Schulen zuschieben kann.

2.4.4   Fehlerquellen im Bereich der Verfahren

Die seit den sechziger Jahren sehr reichhaltige Literatur zu Methoden der Leistungsmessung und ihren möglichen Konstruktions-, Verfahrens- und Messfehlern spielt für unser Thema keine zentrale Rolle, da es sich hier um technologische Details handelt, die zu Fragen des pädagogischen Fehlerumgangs wenig beitragen. Einige für unsere Fragestellung interessante Teilaspekte sollen jedoch kurz angesprochen werden:

---

[77] Richters Vorschlag, dort wo bislang eine Zensur erteilt wurde, künftig vier Zensuren (mit absoluter, relativer, individuell-retrospektiv und individuell-prognostischer Bezugsnorm) zu vergeben, würde freilich die Arbeitszeit der Lehrkräfte deutlich belasten, etwa wenn keine Reduzierung der Zahl der Leistungsfeststellungen erfolgt.

[78] Kobi (1977) stellt in 28 Thesen Einweisungs- und Förderdiagnostik einander gegenüber. Vgl. auch Ingenkamp 1985, 251–256.

1. *Fehler verursachende Situationen*: Von lernpsychologischer Seite wurde kritisiert, dass in der affektiv angespannten Testsituation die Furcht vor der schlechten Zensur die Fehler – besonders in den stark auf Fehlervermeidung hin angelegten Formen der Leistungserhebung wie Diktat, Wörtertest oder die Abfrage von Einzelfakten in Nebenfächern – regelrecht mit produziert (Metzger 1967). Die Angst vor dem Fehler verunsichert manche Kinder so sehr, dass sie in der Leistungserhebung plötzlich Fehler machen, die sie sonst problemlos vermeiden können. Die noch anzutreffende Rede von ‚Leichtsinnsfehler' indiziert in diesem Fall eine Fehldiagnose des Beurteilenden. Doch der Kreis ist noch weiter zu ziehen. Jede schulische Leistungsfeststellung ist durch situative Faktoren wie beispielsweise die Qualität der Lernprozesse im Vorfeld, Stress in der unmittelbar vorangegangenen Unterrichtsstunde, Platzierung am Vormittag, Ermüdung, Klassenkonflikte, individuelle Tagesnöte u.a.m. beeinflusst, die Leistungen und Fehlleistungen mit bestimmen.[79]

2. *Fehlerverfestigung durch Verschriftlichung*: Im 18. Jahrhundert noch empfahl der schlesische Schulreformer Ignaz v. Felbinger, man möge im Unterricht das Falsche etwa durch Tafelanschrieb und Erörterung hervorheben um dann das Richtige umso klarer davon abzuheben, eine Praxis die sich dann auch bei Baumgarten und Diesterweg wieder findet.[80] Von psychologischer und sprachdidaktischer Seite wird diese Form eher für kontraproduktiv gehalten: Durch Wiederholen der falschen Form vor der Klasse präge das Falsche sich erst recht ein. Deshalb solle der Fehler möglichst sofort verbal korrigiert und keinesfalls schriftlich hervorgehoben werden. Deshalb, so Zifreund (1970, 878), sei auch die schriftliche Form der Leistungserhebung nicht sehr geeignet, weil der Fehler hier festgehalten wird, eine sofortige Korrektur unterbleibt, der Fehler sich also zunächst noch einprägt und kognitiv im Lernenden verfestigt. Er folgert: „Klassenarbeiten im herkömmlichen Rahmen sind – so betrachtet – ein typisches Beispiel einer institutionellen Fehlentwicklung" (ebd.).

3. *Der Transfer von Qualität in Quantität*: Der prekäre Punkt des Übergangs von der Beurteilung zur Bewertung, also der Umsetzung von Rohwerten wie Punkte oder Fehler in Zensuren enthält weitere Tücken. „Bei der Transformation von Fehlern in Punktwerte und Zensuren werden (..) unexakte qualitative Daten in exakte quantitative Messwerte verfälscht. Dennoch wird auf ihre Ermittlung und Verrechnung ein Übermaß an Aufwand verwendet" (Zifreund 1970, 877). Dieser fordert deshalb eine Individualisierung des Lernens, bei der es möglich wird, „die Jagd auf Fehler durch die Förderung der Leistungsfähigkeit des einzelnen Schülers" zu ersetzen (ebd.). Die Konsequenz wäre dann eine *individualisierte Bewertung* auftretender Fehler.

---

[79] Vgl. dazu Kießling und Wieland (Kap. 2.2 und 2.3 bzw. Abbildung 1 und 2).
[80] Vgl. Weimer 1926, 19f.

4. *Messfehler bei kleiner Punkte- oder Fehlerbasis*: Je kleiner die Zahl der Rohwerte ist, die ins Notenspektrum umgesetzt werden, desto ungleicher und unschärfer werden sie – statistisch-messtechnisch gesehen – gewichtet und in Bewertung transferiert. Die bereits erwähnte strenge Bewertung von Nachschriften, bei denen mit ca. 15–25 Fehlern das gesamte Notenspektrum von 1–6 definiert wird, führt laut Jürgens (2000, 81) zu einem durchschnittlichen Messfehler von bis zu 2,8 Notenstufen, insbesondere im Mittelbereich der Notenskala. Diese Tatsache wird i.d.R. in der Praxis wenig berücksichtigt. Im Gegenteil: Unangesagte Kurztests, die ebenfalls meist wenige Rohwerte aufweisen, werden sinnwidriger Weise sogar oft noch strenger bewertet als ausführliche Klassenarbeiten.

5. *Differenzierte Fehlergewichtung*: Fehler müssen je nach Schwere der Fehlleistung, unterschiedliches Gewicht in der Bewertung bekommen. So ist etwa die einheitliche Verrechnung aller Rechen- oder Rechtschreibfehler nicht sachgemäß. Jürgens (2000, 82f) schlägt bei Diktaten vor, zwei unterschiedlich bewertete Klassen von Fehlern zu bilden: den „lernzielrelevanten Wortschatz" (etwa spezielle Lernwörter) und „Füll- und Trivialwörter" (angenommener Grundwortschatz), woraus dann zwei Wertungen resultieren, aus denen anschließend die Gesamtzensur ermittelt wird.

Als Kriterium bei der Gestaltung objektiver Instrumente zur Leistungsfeststellung wird dem technologischen Konstruktions- oder Messfehler heute insgesamt nicht mehr eine dominierende Bedeutung beigemessen. Bereits in den siebziger Jahren setzte sich die Erkenntnis durch: „Während wir einerseits eine Objektivierung der Leistungsmessung anstreben, um damit Grundlage für überregionale und supranationale (vgl. u.a. die Bemühungen der Volkshochschulen und des Europarates) Bewertungen zu schaffen, sind wir uns doch alle von der Praxis her der Relativität der Fehlerbewertung bewußt" (Nickel 1972, 15).

Betont werden in jüngeren Darstellungen eher die menschlichen Fehlerquellen. Ingenkamp (1985a, 43) meint: „Die wichtigsten methodischen Kriterien, die für Messverfahren im sozialwissenschaftlichen Bereich gefordert werden, sind Objektivität, Zuverlässigkeit und Gültigkeit. Objektivität im messmethodischen Sinn bedeutet die Ausschaltung subjektiver Einflüsse auf der Seite der Prüfenden." Dem folgen auch Jürgens und Sacher (2000, 38), die die jeweils urteilende Lehrkraft als „das eigentliche Messinstrument in der Zensurengebung" betrachten. Wichtiger als etwa eine Änderung der Zensurenskala sei deshalb eine individuelle Bewusstmachung wiederkehrender Beurteilungsfehler, die durch Persönlichkeitsmerkmale und Grundhaltungen der einzelnen Lehrerinnen und Lehrer bedingt sind.

Als solche *subjektiven* Beurteilungsfehler von Lehrkräften werden angesprochen (Jürgens/Sacher 2000, 38ff; Ziegenspeck 1999, 173ff) etwa der Fehler genereller Milde oder Strenge, der Halo-Effekt, Perseverationstendenzen, Reihungs- und Kontrasteffekte, Pygmalioneffekt und Vorurteile, Projektionsfehler, die Tendenz zur Polarisierung (‚gute' werden von ‚schlechten' Schülerinnen und Schüler abgesetzt), die gegenteilige ‚Tendenz zur Mitte' oder logische Fehlschlüsse (ein Schüler, der ein gutes Gedächtnis für Unterrichtsdetails zeigt, wird für intelligent gehalten; ,wer in Mathematik gut ist, der packt auch Physik gut!') u.a.m. Dazu kommt bei sehr leistungsschwachen Jugendlichen der „Wissen-um-die-Folgen-Fehler" (Ziegenspeck 1999, 179f): man beurteilt die Fehlleistungen eines Schülers milder, um ihm eine Versetzung oder ein auf dem Ausbildungsmarkt verwertbares Zeugnis zu ermöglichen, gelegentlich auch strenger, etwa um falsche Selbsteinschätzungen von Schülern zu korrigieren.[81]

Gerade ein auffällig starkes Fehlermachen in einem Fach kann durch implizite Persönlichkeitstheorien etwa bei frustrierten Lehrkräften (,In der Hauptschule gibt es viele dumme und faule Schüler'; ,Wer einfaches Bruchrechnen nicht kapiert, dem ist nicht mehr zu helfen') zu unbewussten und unangemessenen Verallgemeinerungen hinsichtlich der generellen Intelligenz oder Leistungsfähigkeit eines solchen Lerners führen, die jede weitere Leistung in ein schlechtes Licht rückt. Dies wirkt sich auf die Benotung sowie das Selbstbild und die Leistungsmotivation der Schülerinnen und Schüler aus (Jürgens/Sacher 2000, 42ff).

2.4.5 Bündelung der Ergebnisse

Hinsichtlich der Fragestellung dieser Arbeit enthalten die dargestellten Aspekte der Leistungsmessung und -beurteilung[82] einige wichtige Ergebnisse:

a) Die tradierte Meinung, was ein Fehler sei und was nicht, lasse sich in der schulischen Leistungsbewertung allgemein und eindeutig bestimmen, erweist sich als theoretisch nicht haltbar. *Was als Fehler zu betrachten und wie er zu gewichten und in eine Zensur zu transferieren sei, steht nicht unverrückbar fest, sondern stellt sich als eine äußerst flexible Größe dar.* Darüber entscheiden insbesondere
   - die Bezugsnormen, die in der jeweiligen Leistungserhebung angewendet werden;
   - die Funktionen der jeweiligen Leistungserhebung;
   - die Art der Leistungserhebung (Beispiel: In einem Aufsatz werden Rechtschreibfehler bei der Bewertung nicht berücksichtigt);
   - die Höhe des Erwartungsniveaus des Beurteilenden (Beispiel: Wie detailliert und in welcher Exaktheit der sprachlichen Darstellungsform wird die Reproduktion von erlernten Inhalten und Fertigkeiten erwartet?);
   - persönlichkeitsbedingte Beurteilerfehler.

---

[81] Solche Bewertungsmanipulationen lassen sich etwa im beruflichen Schulwesen beobachten, wenn Zwischenprüfungen mit äußerst hohen Anforderungen und strengen Maßstäben beurteilt werden, um die Lernbereitschaft von Auszubildenden zu erhöhen und so ein Absacken der Leistung bei der entscheidenden Abschlussprüfung zu verhindern.

[82] Hinsichtlich weiterer Aspekte wie etwa der möglichen Fehlerquellen und -aspekte bei der Anlage und Analyse von Aufgaben, Tests und Prüfungen, ihrer Rolle bei Diagnosebögen, Zensuren und Verbalbeurteilungen etc. sei verwiesen auf Jürgens/Sacher (2000, 72ff), Ziegenspeck (1999, 267ff) und Ingenkamp (1985, 95 ff).

b) Es wird deutlich, dass durch die Wechselwirkungen zwischen diesen Faktoren *in der Schulpraxis* die Grundlagen der schulischen Feststellung, Beurteilung und Bewertung von Leistungen wie auch ihres Äquivalents, der Fehlleistungen, zunehmend *selbst ,im Fehlerverdacht' stehen*. Die Interferenzen allein schon verschiedener Bezugsnormen, Funktionen und subjektiver Beurteilerfehler führen in der Praxis der einzelnen Lehrkraft und Bildungsinstitution zu einer schwerlich auflösbaren komplexen Gemengelage. Eine wirkliche Objektivität oder gar Gerechtigkeit der individuellen Leistungsbewertung in der Schule ist kaum annehmbar. Zensuren sind bestenfalls ungefähre Aussagen zur individuellen Leistungsfähigkeit.

c) Es ist weiter fraglich, ob insbesondere die auf die *Markierung von Defiziten und Fehlleistungen abhebenden Verfahren* der Leistungsfeststellung in Schulen in der Lage sind, die *wesentlichen* (Fehl-) Leistungen von Schülerinnen und Schülern zu erheben, diese *sachlich richtig* zu beurteilen, individuell und sozial *angemessen zu gewichten* und schließlich in Zensuren messtechnisch valide bzw. pädagogisch wirksam abzubilden.

d) Der *Transfer* von qualitativ erhobenen und beurteilten Fehlleistungen in quantitativ vorgestellte Noten ist methodisch schwierig. Schülersituation, Messinstrumente und subjektive Beurteilungstendenzen der Lehrkraft sind bei der Leistungsfeststellung nicht unerhebliche *Fehlerquellen*.

e) Die schulischen Verfahren zur Leistungserhebung und -diagnostik sind weithin noch so angelegt, dass sie Defizite und Fehlleistungen des Schülers oder der Schülerin markieren ohne zu erhellen, inwieweit dies auf einem Versagen des Lerners oder der Bildungsinstitution beruht. Die *Verantwortung für festgestellte Fehlleistungen* wird letztlich oft einseitig dem Probanden zugewiesen: er soll sich ändern oder weichen, eventuelle Fehlleistungen der Institution und ihrer Lehrkräfte bleiben unreflektiert.

f) Insgesamt scheint im schulischen Leistungsbereich – trotz partiell gegenläufiger Tendenzen, die etwa durch internationale Vergleichsstudien wie TIMSS[83] oder PISA ausgelöst wurden – der Weg der letzten Jahrzehnte vom lehrzielorientierten Unterricht über die Versuche einer sachbezogenen objektiven Leistungsbeschreibung hin zu neuen Formen einer *„schülergerechten Beurteilung"* (Ziegenspeck 1999, 309f) zu führen. Diese versuchen den (Fehl-) Leistungsstand des einzelnen Lerners auf dem Hintergrund seines individuellen Bildungswegs und den ,Wert' des einzelnen Fehlers im jeweiligen Lernkontext immer spezifischer zu betrachten und zu bewerten sowie die diagnostische Eigenaktivität der Schülerinnen und Schüler bei der Fehlererkennung zu integrieren.

---

[83] Vgl. Baumert et al. 1997, 2000 und 2001.

2.5 Fehler und Sprachunterricht

2.5.1 „Wüten mit dem roten Saft" – die Fehlerverbesserung der alten Schule

Die Fehlerthematik zeigt sich innerhalb der Fachdaktiken und der Fachwissenschaften, die sich schulischen Fächern zuordnen lassen, am nachhaltigsten und differenziertesten im Bereich der Sprachen entwickelt. Im Zusammenhang mit der Sprachkompetenzbildung wird das Nachdenken über den pädagogischen Fehlerumgang historisch am frühesten greifbar, was hier nur mit knappen Worten umrissen werden soll.

Die Reformation in der Kirche des 16. Jahrhunderts betonte die Mündigkeit des Laien, die sich auch darin niederschlagen sollte, dass er die von Luther ins Deutsche übersetzten biblischen Texte lesen können sollte. Die Volksbildung und besonders die Schriftsprachkultur wurden durch die Einrichtung deutscher Schulen gefördert. Rechtschreibung und Fehlervermeidung wurden dabei zunehmend wichtig genommen.

Die vom Reformator Johannes Brenz entworfene Ordnung für „Teutsche Schulen" in Württembergs Großer Kirchenordnung von 1559 etwa rät hinsichtlich der Fehler, man solle beim Schreibunterricht der Kinder „Mängel an der Form der Buchstaben, Zusammensetzung und Anhängung derselben und dergleichen ihnen tugendlich untersagen und freundlich desselben berichten und wie es sich darin bessern soll und solchem Unterweisen die Hand führen."(Adrion/Schneider 1991, 39). Der hier spürbare erstaunlich kindorientierte und milde pädagogische Zungenschlag verlor sich allerdings rasch wieder und wich nicht selten einer pedantischen Fehlerverfolgung durch die Lehrkräfte. Diese machte selbst vor aufklärerischen, reformorientierten Schulen wie etwa dem berühmten Dessauer Philantropinum nicht Halt, dessen zeitweiliger Schulleiter Campe 1788 bedauert:

> „Es herrschte durch das ganze Institut eine Fehlerjagd, wenn ich so sagen darf; und wenn die gewünschte Beute sich nicht von selbst darbieten wollte: so wurde sie mit Argusaugen aufgesucht und wohl gar herbeigelockt" (Campe 1998, 59).

Ein verbreitetes Grundprinzip formulierte Bormann 1840 so: „Behüte das Kind mit aller Sorgfalt, dass es kein falsches Wort sehe und präge ihm die richtigen Wortbilder mit allem Fleiße ein."[84] Aber – wie bereits erwähnt – erkannten noch im Zuge des 19. Jahrhunderts andere, dass es den didaktisch geplanten Unterrichtsgang stark behindert und die Spannung des Lernbogens bricht, wenn der Lehrende bei jedem Fehler in mündlichen Äußerungen von Schülerinnen und Schülern verbessernd nachsetzt, was bislang für sinnvoll gehalten wurde (vgl. dazu Weimer 1926, 13f). Selbst schulische Verwaltungsvorschriften versuchten diese Praxis bei Lehrerinnen und Lehrern teilweise zu unterbinden (Killmann 1890, 62.311).

---

[84] Zit. n. Adrion 1999, 152.

Besonders hinsichtlich der schriftlichen Arbeiten wurde die pedantische Fehlersucherei und -korrektur bereits damals heftig kritisiert, weil sie in der Praxis als ebenso aufwendig wie ineffizient erfahren wurde. Die im 19. Jahrhundert vorgelegten Berichte zur Gestaltung des Sprachunterrichts klagen fast durchgängig über die Beschwernis und zugleich relative Wirkungslosigkeit der Fehlerkorrektur im Sprachunterricht. Das Korrigieren sei ein „Kreuz des Lehrers", da die Durchsicht der Schüleraufsätze und das rot Anstreichen der Fehler den Geist ermüde und der geringe Effekt den Aufwand in keiner Weise rechtfertige (Ehrlich 1839, 101).

Dennoch folgte die Praxis der Schule noch viele Jahrzehnte später dem Grundsatz, dass viel Korrigieren das probateste Mittel zur Senkung der Fehlerquote sei. Der Gymnasiallehrer Gurlitt (1906, 173ff) schreibt: „Um ihre Gewissenhaftigkeit dem Direktor und Schulrate zu dokumentieren, wüten die Lehrer mehr und immer mehr mit dem roten Safte", meint jedoch differenzierend, „die Schulverwaltung ist jetzt für das Übermaß der schriftlichen Arbeiten weniger verantwortlich zu machen als manche Schulleiter". So rechnet im „Korrespondenzblatt für den akademisch gebildeten Lehrerstand" ein mit 23 Deutschstunden in drei Realschulklassen zu je 43–52 Schülern beschäftigter Lehrer vor, dass er im laufenden Schuljahr vorschriftsmäßig 2112 Diktate und 1352 Aufsätze zu korrigieren habe, womit auf jede der 32 Arbeitswochen im Schnitt 42 Aufsätze und 66 Diktate entfielen; seine Schüler hatten im Durchschnitt 21 Diktate und 9 Aufsätze zuzüglich der entsprechenden Nachschriften zu fertigen (Gurlitt 1906, 176). Die Bremer Volksschulreformer Scharrelmann und Gansberg verlangten auf dem Hintergrund dieser ‚korrekturlastigen' Unterrichtspraxis vehement eine vereinfachte Korrektur von Schülerarbeiten und den freien Erlebnisaufsatz statt des bislang praktizierten ‚gebundenen', auf die fehlerfreie Reinschrift zielenden Idealaufsatzes (Gansberg 1909, 97).

Die Methoden der Fehlerbearbeitung mit den Schülerinnen und Schülern blieben angesichts der – auch durch die Korrekturlast – überforderten Lehrkräfte rudimentär und undifferenziert. Resigniert meint Lüttge, „Fehler, die zehnmal verbessert wurden, kommen aufs neue vor, und Wörter, die zehnmal richtig geschrieben wurden, werden das elfte Mal falsch geschrieben" (Lüttge 1909, 60). Neben dem mündlichen Wiederholen einer korrigierenden Lehrerformulierung, dem stereotypen Memorieren von Regeln und ihren vielen Ausnahmen und dem mehrfachen Abschreiben der Fehlerwörter wurde im Kaiserreich zuweilen auch zur „Anwendung des Stocks auf grammatikalische Verfehlungen" (Schmid 1876, IX, 301) geraten, da so mancher sich das Fehlermachen seiner Schüler schlicht mit Faulheit oder einem Mangel an gutem Willen erklärte. Ein verständnisvolleres Vorgehen und angemessenere Maßnahmen beschreibt dann 1926 Weimer, der seine psychologisch begründete Fehlerkunde und -behandlung vor allem am Sprachunterricht konkretisiert.[85] Weimer sieht die Ursache auch der sprachlichen Fehler

---

[85] Vgl. Kap. 2.2. Weimer war ein Philologe, der über ein historisch-germanistisches Thema promoviert hatte. Er fundierte seine psychologische Fehlertheorie besonders mit der bezugnahme auf Untersuchungen zu Fehlern in der Sprachanwendung und im Prozess des Spracherwerbs. Seine praxisbezogenen Arbeiten konzentrieren sich ebenfalls auf die „Behandlung schriftlicher Fehlleistungen" (vgl. Weimer 1926, 28ff).

im Unterricht – sofern sie nicht pathologischer Art sind – in dauerhaften oder situativen Schwächen von drei kognitiven Leistungsbereichen: der Aufmerksamkeit, dem einsichtigen Denken und dem Gedächtnis.

2.5.2 Impulse der Sprachwissenschaft des 20. Jahrhunderts

2.5.2.1 Fehlertoleranz als Konsequenz aufgeblähter und ausdifferenzierter Sprachsysteme

Nachdem eine einheitliche Schreibweise der deutschen Sprache 1901 festgelegt worden war, begnügte sich die Sprachwissenschaft lange damit, den Fehler als Abweichung von der allgemeinen Sprachnorm zu begreifen, deren jeweiliger Stand in offiziellen lexikalischen Werken wie dem Duden festgelegt wurde. Sie beschäftigte sich wohl mit den psychologischen bzw. kognitiven Hintergründen von Fehlern bei der Sprachanwendung und Sprechstörungen.[86] Aber die Ansicht darüber, was als Fehler galt und was nicht, wurde davon zunächst wenig berührt. Lange ging man wie der Fehlerforscher Weimer von den lexikalischen Sprachnormen als absolutem Fehlermaßstab und unverrückbarer Grundlage der Fehlerbestimmung aus.

Auf diesen Punkt nahmen dann Untersuchungen und Studien der Sprachwissenschaft Bezug, die bereits Ausgang der zwanziger Jahre, verstärkt aber seit den sechziger Jahren vorgelegt wurden. Das Ergebnis war eine neue Sichtweise, die auch ‚Funktionalismus' genannt und einem angestammten ‚Konkretismus' gegenübergestellt wurde (Leisi 1972, 27). Als grundlegender Antagonismus sowohl in der Systematik der Linguistik als auch in der sprachdidaktischen Literatur prägen beide Ansätze bis heute die Diskussion, teilweise auch mit anderen Leitbegriffen wie etwa Kommunikationsorientierung und Strukturalismus.

Ein Ausgangspunkt der neuen Betrachtungsweise war, dass sich die Linguistik stärker den konkreten Sprachschichten zuwandte. Sie untersuchte Sprache in einer bestimmten Zeit, Schicht, Region und Anwendungssituation. Zugleich konzentrierte sich die Linguistik auf das gesprochene statt auf das geschriebene Wort, beobachtete „die Sprache gleichsam bei der Arbeit und bei ihrer Funktion" (Leisi 1972, 27) und begriff sie als Zeichensystem zu Verständigungszwecken. In diesem Zusammenhang schloss sie insbesondere in den USA seit den sechziger Jahren auch an der neuen mathematisch fundierten Kommunikations- und Informationstheorie tendenziell an.

Für die Fehlerlinguistik ergaben sich aus diesem Blickwechsel mehrere Konsequenzen:

1. Zunächst wurde dem Fakt Rechenschaft getragen, dass eine *unüberschaubare Fülle des Sprachmaterials* durch die Ausweitung von fachsprachlichen Terminologien

---

[86] Vgl. Kap. 2.4 und 3.3.

entstand. So stellen beispielsweise die – einschließlich aller Wortverbände – bereits in den sechziger Jahren rund 415.000 Einzelwörter des 21-bändigen „Oxford English Dictionary" ein Sprachvolumen dar, von dem Durchschnittsbürger ein Fünfzigstel und selbst Hochgebildete maximal ein Zehntel kennen (Leisi 1972, 27).

2. Es macht deshalb keinen Sinn mehr, bei einem Lernenden jedes falsch geschriebene Wort gleichermaßen mit einer einheitlichen Fehlermarkierung zu sanktionieren. Es muss vielmehr zwischen *gewichtigen, weniger wichtigen und unwichtigen Fehlern* unterschieden werden. Tendenziell ähnlich verhält es sich bei der Gewichtung von Zeichensetzungs- und Satzbaufehlern.

3. Das existierende ‚Riesenarsenal' der geregelten Schreibweisen und Sprachformen einer bestimmten Sprache muss auf den Umfang *verkürzt* werden, der für die jeweilige Grundsituation der Sprachanwendung relevant erscheint, etwa indem man einen situations- und adressatenspezifischen Grundwortschatz definiert. Innerhalb dieses begrenzten Bereichs macht dann die sprachdidaktische Bemühung um Formverbesserung und somit auch die Fehlerfestlegung und -bearbeitung Sinn. Als hauptsächliche *Kriterien dieser Reduktion* erwiesen sich:

   a. die Zeit: die heutige Sprache in Abgrenzung zu früher angewendeten Sprachformen;

   b. der Raum: etwa die Unterscheidung zwischen britischem und amerikanischem Englisch;

   c. die vorherrschende Ebene der Sprachverwendung: die umgangssprachliche Verständigung oder Politikerreden beispielsweise folgen u.U. anderen syntaktischen Regeln als die geschriebene Sprache bzw. die der Literaten;

   d. Schicht- und Zielgruppenunterschiede: milieuspezifische Sprachen; berufsspezifische Fachsprachen: die Sprachverwendungen und -stile in Handwerk oder Industrie unterscheiden sich etwa von jenen im Bereich der Wissenschaft.

Aus der Verknüpfung allein schon dieser vier Faktoren ergeben sich eine Reihe sprachlicher *Subsysteme*, die jeweils mit einer eigenen Fehlerlinguistik zu korrespondieren hätten. Grundwortschatz und Fehlerklassifizierung sind letztlich auf spezifische Zielgruppen und Anwendungssituationen auszulegen.

4. Weitere Forschungen untermauern, dass die von einer allgemeinen Norm abweichende und dadurch ‚fehlerhaft' scheinende Sprachverwendung *nicht grundsätzlich als restringiert oder defizitär* betrachtet werden darf, da sie häufig gar nicht weniger regelhaft verläuft. So zeigte etwa Labov (1971), dass die Sprecher des Nonstandard-Negro-English nicht regelloser, sondern mit veränderten, aber konsequent benutzten Sprachregeln ihr Sprechen gestalten, also nicht 'defizitär', sondern 'different' seien in ihrem Sprachgebrauch. Die unterschiedlichen Ausprägungen des Sprachgebrauchs von Subgruppen fordern folglich z.T. eine differenzierende Fehlerdefintion heraus.

Um etwas sprachlich auszudrücken, ist sowohl mündlich als auch schriftlich fast immer eine erhebliche Bandbreite wählbarer Begriffe und syntaktischer Varianten denkbar. „Nur in ganz seltenen Situationen, z.b. am Traualtar, ist der Mensch gezwungen, eine ganz bestimmte sprachliche Äußerung zu tun. Überall sonst im sprachlichen Leben hat er die Wahl zwischen mehreren möglichen Varianten", meint Leisi (1972, 30). Er stellt in seiner Untersuchung zu den Sprach- und damit auch den Fehlernormen zusammenfassend fest:

> „1. Die sprachliche Norm liegt nicht in der Sprache als Ganzem, sondern im praktisch gebräuchlichen Untersystem begründet. Richtig und falsch gelten darum praktisch nur für einen bestimmten Text.
> 2. Die sprachliche Norm besteht nicht in einem Gebot, sondern in Verboten und Erlaubnissen." (Leisi 1972, 36)

2.5.2.2 Fehler als Verfehlen einer Kommunikationsabsicht

Dass es mit einer Verfeinerung des strukturalistischen Ansatzes jedoch nicht getan sein konnte, verdeutlichten die Ergebnisse von kommunikationstheoretisch und funktionalistisch orientierten Sprachforschern. Entscheidend ist für sie nicht die Formerfüllung, sondern das Erreichen der kommunikativen Absicht zwischen einem Sender und Empfänger beziehungsweise in komplexeren Gesprächssituationen etwa von Gruppen. Die Verfehlung der Sprechabsicht bzw. der Informationsübermittlung im Sinne der jeweiligen Kommunikationsteilnehmer wurde für diese sprachwissenschaftliche Richtung zum obersten Kriterium der Fehlerfeststellung, nicht die Formverletzung.

Die Fehlerfeststellung kann demnach recht konträr ausfallen. Während die ältere Schule in dem Satz „I am waiting her since three o'clock" einen Verstoß gegen die Formenlehre der Verben erkannte und diesen prinzipiell als schwerwiegend ansah, hielt ihn die jüngere Forschung für eher unbedenklich, da die richtige Information dennoch beim Adressaten ankam. Wenn allerdings ein Schüler seinen Englischlehrer frühmorgens mit dem grammatikalisch korrekten Satz „Well, how are we today, old man?" begrüßt, dann wird der sprachlich korrekte Satz wiederum von den Funktionalisten als ein Fehler zurückgewiesen, da sich vermutlich umgehend herausstellen wird, dass dieser Satz in der Interaktion mit einem Lehrer eher ungeeignet erscheint. Begrüßt derselbe Jugendliche fast analog nachmittags einen Freund in der Clique mit „Na, wie geht's, Alter?" und gegenseitigem Abklatschen der Hände so halten die Funktionalisten dies – als Gruppenidiom und Begrüßungsritual – nun für sozial angebracht und jede andere ‚korrekte' Form wäre hier möglicherweise ein ‚Fehler' in Sprache und Gestus.[87]

Die Beispiele verdeutlichen, wie sich Sprachwissenschaft, Sprachdidaktik und damit auch die Fehlerthematik *pragmatisch* an einen Tatbestand annäherten, der die mündliche Alltagskommunikation aller Menschen bestimmt: Nämlich dass je nach Gesprächspart-

---

[87] Vgl. dazu auch Corder 1972, 44.

ner, -situation und -inhalt die geeignete (bzw. die ungeeignete und damit fehlerhafte) Form sehr spezifisch erspürt und (nicht) realisiert werden muss. In der offenen, multikulturellen Gesellschaft weitet sich für jeden die Bandbreite potenziell möglicher Gesprächspartner und -situationen und damit die Bandbreite möglicher Varianten eines geeigneten bzw. fehlerhaften Sprachverhaltens stark aus. Über kommunikativen und damit auch beruflichen und gesellschaftlichen Erfolg entscheidet hier weniger die fehlerfreie Beherrschung *einer* standardisierten Sprech- oder Schreibweise, sondern Partner- und Sprachsensibilität sowie ein möglichst breites Repertoire von Sprachstilen einschließlich nonverbaler Ausdrucksmittel, die i.d.R. höchst widersprüchlichen Regeln gehorchen. „Dire ton erreur, c'est d'abord dire mon point de référence pour mesurer ton ecart à la norme", beginnt etwa Descomps (1999, 7) seine Ausführungen zum Fehler im Fremdsprachunterricht. Koll-Stobbe (1993, 182) stellt fest:

> „Der Komplex von Varietäten, der meistens einfach ‚Englisch' genannt wird, ist ein heterogener Schmelztiegel von Wortschätzen und Grammatiken, die dem Sprachbenutzer als Reservoir dienen können, wenn er Englisch sprechen oder schreiben möchte. Wissen davon und darüber eröffnet dem Sprachbenutzer und fortgeschrittenen Sprachenlerner eine Vielzahl von Wahlmöglichkeiten, wenn er bestimmte Sachverhalte auf Englisch versprachlichen will."

Solche Impulse vornehmlich der angewandten Sprachwissenschaft im Bereich des Fremdsprachunterrichts wurden 1980 in einem Sammelband von Cherubim (1980)[88] allgemeiner auf die ‚Fehlerlinguistik' übertragen. Keller (1980, 41) bringt es dort in seinem Beitrag folgendermaßen auf den Punkt:

> „Wer dazu neigt, die Sprache im Lichte ihres Systemcharakters (...) zu betrachten, der versucht, Fehler als Verstöße gegen Regeln (...) zu charakterisieren. Wer eher geneigt ist, die Sprache im Lichte ihres Werkzeugcharakters zu sehen, als Instrument um Intentionen zu verwirklichen, der versucht, Fehler als kommunikative Mißerfolge zu charakterisieren."

Bereits früh gaben psychologisch-sprachwissenschaftliche Studien Hinweise auf einen weiteren bislang nicht erkannten Aspekt des sprachlichen Fehlers: sein erkenntnisförderndes, produktives Potenzial. Anhand der analytischen Untersuchung von Rechen-, Sprech-, Lese- und Schreibfehlern konnte die Bedeutung von assoziativen Verknüpfungen, Wort- und Lautinterferenzen, Aufmerksamkeitsdefiziten oder syntagmatischer Vorgänge im Gehirn beschrieben werden. Meringer untersuchte als einer der ersten das individuelle Versprechen und Verlesen, welches er als eine gewöhnliche, unbedenkliche Fehlleistung ansah, die bei regelhaftem Auftreten aber interessante sprachpsychologische Erkenntnisse verschafft: „Wir können in einen Sprechmechanismus hineinblicken,

---

[88] Vgl. auch Janos Juhasz: Problem der Interferenz, München, Huber, 1970.

der uns ohne das Versprechen vollkommen geheimnisvoll geblieben wäre" (Meringer 1908, 3).[89]

Sigmund Freud kritisierte 1901 in seiner Psychopathologie des Alltagslebens diese mechanistische und allein auf kognitive Strukturen ausgerichtete Sichtweise. Er betonte vielmehr, dass bei Fehlleistungen wie Vergessen, Verschreiben, Versprechen oder Sich-Irren „die betreffende seelische Tätigkeit mit irgendeinem störenden Einfluß zu kämpfen hatte" (Freud 1922, 266), insbesondere mit unbewussten Motiven und Affekten und damit „dass ein unterdrücktes Element allemal bestrebt ist, sich irgendwo anders zur Geltung zu bringen" (ebd., 7). Gestaltpsychologische Theoretiker wie Köhler (1913) und Selz (1922) und Koffka befassten sich ebenfalls mit den Handlungsfehlern und wiesen auf deren produktive Potenziale hin.[90]

Angeregt durch psychologische Forschungen erkannten auch Sprachwissenschaftler das Fehlerphänomen zunehmend als Quelle des Erkenntnisgewinns (vgl. Fromkin 1973, 13; Mackay 1973, 785f). Besonders die Regelhaftigkeit der Sprachfehler wurde dabei untersucht. Auf die ‚Regeln' der Sprechfehler hatte früh schon Meringer (1908, 3) – „Der Zufall ist beim Versprechen vollkommen ausgeschlossen, das Versprechen ist geregelt" – hingewiesen, auf die der Schreibfehler Stoll (1913, 2) als er feststellte, „...daß die als fehlerhaft aufzufassenden Leistungen nicht sinn- und regellos als beliebige Abweichungen vom normalen Bild des Wortes vorkommen, sondern mit einer gewissen Regelmäßigkeit auftreten."

Diesen Ansätzen folgten weitere Sprachforschungen, die zunehmend auf die Bewertung des Fehlers als einem – zumindest für die Wissenschaft – äußerst produktiven erkenntnisfördernden Phänomen abhoben.[91] Rossipal (1973, 63) gar meinte, wenn eine regelhafte Sprachstruktur auch die Grundstruktur des Sprachfehlers sei, „so müßte man die *Fehleranalyse als linguistische heuristische Methode* verwenden können, und durch das Studium der Struktur der Fehler zu einer größeren Gewißheit über den sprachlichen Produktionsprozess überhaupt gelangen."

Der Ertrag des Fehlers vor allem für den von außen kommenden Beobachter, etwa eine Wissenschaftlerin, wurde nun dargestellt. Corder (1967, 168) richtete den Blick nun auch darauf, dass Fehler Aussagen über die *individuellen* Lernstrategien erlauben: „It will be evident that the position taken here is that the learner's possession of his native language is facilitative and that errors are not to be regarded as signs of inhibition, but simply as evidence of his strategies of learning." Wie nun der einzelne Lerner introspektiv seine eigenen Fehler analysieren und erkenntnistheoretisch ‚ausbeuten' kann, dürfte allerdings von linguistischer Seite noch klarer zu erforschen sein.

---

[89] Vgl. auch Meringer/Mayer 1895.
[90] Vgl. Kap. 3.2.
[91] Vgl. auch die Fehlerbewertung Piagets in seinen Forschungen der zwanziger Jahre (Kap. 2.4).

2.5.2.3 Der sprachwissenschaftliche Fehlerbegriff

Bei den meisten Beiträgen zu sprachlichen Fehlern wird eine definitorische Bestimmung des Fehlers nicht vorgenommen. Oft wird der Fehlerbegriff wie selbstverständlich eingesetzt ohne ihn genauer zu definieren. Manche folgen der Begriffsbildung von Weimer.[92] Viele verwenden ihn in dem Sinne, dass er eine Abweichung von der zielsprachlichen Norm darstellt, wie sie in Regelwerken festgelegt ist. Weimers grundlegende Unterscheidung von Irrtum und Fehler findet in der Linguistik eine gewisse Parallele in Chomskys Unterscheidung von Kompetenz- und Performanzfehlern, die bedingt bis heute nachwirkt. Kompetenzfehler sind demnach nicht vermeidbar, da das nötige Wissen über die richtige Struktur fehlt. Performanzfehler dagegen zeigen ein Scheitern an Umsetzungsschwierigkeiten, die angefangen bei Fehlwahrnehmungen und Konzentrationsmangel höchst unterschiedlichste Ursachen haben können.[93] Die Fehler-Irrtum- bzw. Kompetenz-Performanz-Unterscheidung entspricht aber weder dem Stand kognitionspsychologischer noch sprachwissenschaftlicher Erkenntnis (vgl. Timm 1989, 186; Glück 1999). Kordes (1993, 16) etwa spricht bewusst in entgegengesetzter Weise von „Kompetenzfehlern" und „Performanzirrtümern", da die Analyse des Fehlers in Sprachhandlungen auf die Irrtümer verweist, die beim jeweiligen Lerner durch Transferenzen aus anderen Bezugssprachen und idiosynkratische Sprachintuitionen vorliegen, und seine Ausführungsfehler begründen.

Der sprachliche Fehler, so wurde lange angenommen, sei „eine Abweichung von der in der Zielsprache geltenden Norm"[94], die wiederum auf gesamtgesellschaftlichen Vereinbarungen beruht. Dieser gesamtgesellschaftliche Normenkonsens ist aber in der modernen, pluralisierten Gesellschaft auch im Bereich sprachlicher Regeln immer schwerer herstellbar. Unter Berücksichtigung der sich zunehmend auffächernden Sprachgruppen und -varietäten wird von Gloy (1987, 195) der Normbegriff relativierend als Willensausdruck eines bestimmten Personenkreises unter bestimmten Bedingungen mit einem bestimmten Zweck und entsprechender Begründung definiert. Steinig (1980, 123) meint deshalb, „'fehlerhaft' und 'falsch' ist ein soziales und kein linguistisches Urteil."

Edmondson (1986; 1993) gibt den normativen Anspruch der Sprachlehre nicht völlig auf. Er unterscheidet zwischen fremdsprachlichen ‚Fehlern' und ‚Verstößen' und schlägt ‚Abweichungen' als gemeinsamen Oberbegriff vor. Nach seiner Unterscheidung sind Fehler Lernerhandlungen, die von Lehrenden als sprachlich falsch, unangebracht oder unerwünscht behandelt werden, während Verstöße Abweichungen von allgemein gültigen zielsprachlichen Normen darstellen. Ein Fehler wird also durch die Lehrkraft in der

---

[92] Vgl. Kap. 2.2.

[93] Für den Fremdsprachunterricht analogisiert Edge (1990, 9f) Kompetenzfehler mit „error" und Performanzfehler mit „slip". Das Unterscheidungsmerkmal sei, dass der Lernende einen „slip" eigenständig verbessern könne, wenn er darauf aufmerksam gemacht werde, während er bei einem „error" dazu nicht in der Lage sei. Als dritte Kategorie hebt Edge davon noch die „attempts" ab , die tastenden Fehlversuche, etwa wenn bei Anfängern im Fremdsprachunterricht viele Sprachregeln noch gar nicht eingeführt und bekannt sind.

[94] So H.Stammerjohann, zit. n. Timm 1989, 164

Interaktion des Unterrichts festgelegt. Fehler können folglich zugleich Verstöße darstellen, müssen es aber nicht zwingend. Letzterem entspricht tendenziell auch Keller (1980, 40), für den Fehler „nicht in erster Linie Abweichungen von Regeln (...), sondern Frustrationen von Erwartungen" sind.

Die Fehlerdefinition folgt somit der vielen Schülerinnen und Schülern wohlvertrauten Tatsache, dass eine Sprachform, die etwa von dem einen Englischlehrer als Fehler angestrichen wird, bei der Kollegin in der Parallelklasse als mögliche Form verwendet werden darf. Die Lehrkraft, dies wurde immer deutlicher erkennbar, spiegelt in ihren Maßstäben nur sehr bedingt generell geltende zielsprachliche Normen, mit denen sie ihr Korrekturverhalten jedoch legitimiert (vgl. Timm 1989, 164).

Edmondson (1986) verdeutlicht auf diesem Weg, dass ein Fehler im schulischen Geschehen zunächst eine Festlegung seitens der *Lehrperson* ist, die oft zu Unrecht als ‚objektiver' Verstoß ausgegeben wird. Denn insbesondere Lehrerinnen und Lehrer, die keine ‚native speaker' sind, verfügen auch nur über ein begrenztes und individuell unterschiedlich profiliertes Fremdsprachwissen und -gefühl. Englischlehrkräfte verhalten sich also präskriptiv, „da sie eine Norm der Zielsprache als Bewertungsgrundlage annehmen müssen" (Bosenius/Meyer 2001, 47). So kann es geschehen, dass Lernende, um den Erwartungen der Lehrperson Genüge zu tun und einen ‚Fehler' zu vermeiden, einen sprachlichen Verstoß produzieren, obwohl sie dies vielleicht sogar ahnen.

Die kommunikative Didaktik schließlich löst sich völlig davon, die Sprachnormverletzung als Anlass für das Urteil ‚Fehler' oder auch ‚Verstoß' zu nehmen. Ein Fehler ist jede sprachliche Handlung, die den Kommunikationserfolg gefährdet. Sie sieht den Fehler rein als situative Wertung im Rahmen einer spezifischen Kommunikationssituation. Corder (1972, 48) bringt deshalb das Ergebnis seiner fehleranalytischen Studien definitorisch so auf den Punkt:

„Jede Äußerung eines Lernenden, sei sie nun wohlgeformt oder nicht, ist potentiell falsch. Nur eine sorgfältige Untersuchung der von ihm beabsichtigten Bedeutung gibt uns die Möglichkeit zu entscheiden, ob tatsächlich ein Fehler vorliegt oder nicht."

2.5.3 „Fluency before accuracy"
– Neubewertung der Fehler im Sprachlernprozess

Die geschilderten kommunikations- und funktionsorientierten Ansätze in der Sprachwissenschaft der sechziger Jahre brachten auch in die Sprachdidaktik Bewegung, u.a. hinsichtlich der Fehleranalyse und -bearbeitung. Eine neue, am Individuum und der Sprechsituation orientierte Sicht des Fehlers rüttelte an den Grundfesten auch des schulischen Sprachunterrichts und seiner Fehlerpraxis und führten zu einer pragmatischen Wende:

„Spätestens seit dem Ende der sechziger Jahre hat sich jedoch die Einsicht durchgesetzt, dass man eine Sprache, auch eine Fremdsprache, nicht über die möglichst fehlerfreie Imitation von Vorbildern – die reibungslose Anpassung an vorgegebene Normen – lernt. Die geschieht vielmehr in einem Prozeß der aktiven Auseinandersetzung, der *kognitiven Aneignung*, in dem gerade Fehler eine zentrale Rolle spielen. Der (...) Richtungswechsel zeigt sich vor allem darin, dass bei der Fehlererklärung nicht mehr von einer unbewusst-imitativen Übernahme fehlerhafter, meist muttersprachlich geprägter *Strukturen* in die Fremdsprache ausgeht, sondern von Fehlleistungen bestimmter *Lernstrategien* in Bezug auf den Erwerb neuer Kategorien und Regeln" (Timm 1989, 166).[95]

Die Widerstände gegen dieses neue Lern- und Fehlerverständnis waren allerdings beträchtlich. Für Nickel (1972, 8) zeigte die Fremdsprachdidaktik Anfang der siebziger Jahre „deutlich eine Aufspaltung in *zwei Lager*", die bereits oben umrissen wurden. Eine Zeit lang versuchten einzelne Lehrwerke beide Ansätze zu kombinieren. Fehlervermeidende Drill- und Übungsphasen sollten mit Phasen des fehlertoleranten Kommunizierens wechseln. Damals aber konnte sich die neuere Form etwa eines zyklisch-produktiven Umgangs mit Fehlern in der Breite der Schulpraxis nicht durchsetzen.

Auf theoretischer Ebene jedoch blieben die neuen Erkenntnisse deutlich erkennbar und wirksam. Timm (1989, 165) spricht von der sprachwissenschaftlichen Position des „fluency before accuracy", die er in die didaktische Forderung „message before accuracy" umsetzt. Die antagonistischen Prinzipien – Erreichen der situativen Kommunikationsabsichten versus Erreichen einer regelgerechten Fremdsprachbeherrschung – sind als grundsätzlicher Spannungsbogen nach wie vor erkennbar in der Diskussion um den Umgang mit Fehlern. Heute spiegeln Wissenschaftlerinnen und Wissenschaftler in der Sprachdidaktik des Primar- und Sekundarbereichs weithin folgende Betrachtungsweisen hinsichtlich der Fehler:[96]

1. Sprachfehler sind *notwendige Zwischenstadien* des regelgerechten Spracherwerbs.

   Lernende bilden Interimsprachen, die eigene, ‚fehlerhafte' Gesetzmäßigkeiten aufweisen und schrittweise kognitiv umgebaut werden bei der Annäherung an die Zielsprache (Selinker 1972). Beim Erstspracherwerb von Kleinkindern oder beim natürlichen Zweitspracherwerb außerhalb des organisierten Lernens stößt sich niemand an solchen Durchgangsfehlern – im Gegenteil, man lächelt sogar, wenn spontane Fehlanwendungen einen komisch-verfremdenden Sinn ergeben, man korrigiert sie gelassen. Fehler in der Übergangssprache von Lernern sind also *außerschulisch* selbstverständlich – während sie im innerschulischen Lernen als gewichtig und vermeidbar erscheinen in den Augen der Lehrkräfte sowie ihrer Schüler, die in der

---

[95] Hervorhebungen durch Timm.

[96] Die in didaktischen Zeitschriften vorgestellten Praxiskonzepte versuchen allerdings häufig eine Art ‚pragmatisch ausbalancierte' Position darzustellen, die sowohl den Gefühls-, Lern-, Denk- und Fehlerstrukturen des einzelnen Kindes und einem produktiven Fehleransatz gerecht wird will, sich gleichzeitig aber bemüht, die Vorbereitung auf die bislang über kurz oder lang doch unvermeidbaren, stark fehlerorientierten Leistungsmessungssituationen der Institution Schule nicht aus dem Auge zu verlieren.

Klasse ihre Fehler oft als peinlich und bloßstellend empfinden. In der Schule verhindert u.a. die Angst der Lehrkräfte vor einer schwer korrigierbaren ‚Fossilierung' interimssprachlicher Ausdrucksweisen einen gelassenen Umgang mit vorübergehenden Fehlformen (vgl. Vigil/Oller 1976; Spitta 2001).

2. Sprachliche Fehler sind *Hinweise auf Denkprozesse* des jeweiligen Lerners.

Als „Fenster ins Bewußtsein des Lernenden" bezeichnet Goodman (1976) die Fehler (siehe auch Nübel 1998). Sie gelten heute als Ausdruck von Enkodierungsstrategien der Schülerinnen und Schüler (Macht 1992). Sie folgen oft individuellen kognitiven Regeln. Ferreiro und Teberosky fanden 1982 heraus, dass bereits Vorschulkinder Theorien über den Aufbau der Schrift und ihre Beziehungen zur gesprochenen Sprache entwickeln (Brügelmann/Balhorn/Füssenich 1995, 52; Brügelmann 2001). So manchen Sprachwissenschaftlerinnen und -wissenschaftlern gelten Rechtschreibfehler als „dieselben kognitiven Leistungen, denen sich auch richtige Schreibungen verdanken" (Balhorn 1985, 218).

3. Fehler sind *kaum noch allgemein und eindeutig zu klassifizieren.*

„Da eine Sprachgemeinschaft kein homogenes Gebilde ist, gelten Normen allerdings nur innerhalb bestimmter regionaler und sozialer Bereiche" (Timm 1989, 164), man müsse deshalb in Richtlinien und Lehrwerken selbst „die Standards für den Fremdsprachenunterricht selektiv festlegen" – und damit auch die Fehler. Die Zuordnung von Schülerfehlern zu linguistischen Klassen und daran orientierten spezifischen Maßnahmen werde allerdings zunehmend sinnlos, da sich „konkrete Fehler als mehrdeutig (mehrquellig) erweisen" (Balhorn 1985, 216). Fehler seien eher wie Eisberge zu sehen, aus deren Oberflächenstruktur nicht so ohne weiteres „auf eine bestimmte erwerbsprozessuale Tiefenstruktur geschlossen werden" kann (Raabe 1980, 89). Deshalb müsse bei der Fehlerbearbeitung das Prinzip der *individuellen* Analyse und Therapie streng beachtet werden. Bereits beim selben Kind kann dessen fehlerhafte Vertauschung von ‚ä' und ‚e' und von ‚ch' und ‚r' völlig unterschiedlichen mentalen Konzepten folgen (Kochan 1995, 52).

4. Fehler sind ‚*Verführer' der Aufmerksamkeit* im Lernprozess.

Fehler lenken den Blick des Lehrenden und des Lernenden zu stark hin auf das, was noch nicht beherrscht wird und weg von dem, was man bereits kann. Sie wecken in unserer Kultur noch immer „Lehrerinstinkte" und „besitzen einen Aufforderungscharakter, den Richtigschreibungen nicht an sich haben" (Erichson 1987, 153). Fehler werden noch immer von vielen Schülerinnen und Schülern (und ihren Eltern) als rein negatives Faktum betrachtet. Die Gefahr eines gut gemeinten ‚Lernens aus Fehlern' besteht in der Fokussierung auf die Aspekte der Inkompetenz. Deshalb wirkt auch ein reproduktiv ausgerichteter, fehlerzentrierter Sprachunterricht allzu leicht frustrierend und demotivierend für die Lernenden. Die gilt besonders für sprachschwache Kinder und Jugendliche, die gerade wegen ihrer sprachlichen Fehlleistungen oft allzurasch ausselektiert und in Haupt- und Sonderschulbildungsgängen als ‚Restschüler' versammelt und beschult werden.

2.5.4   Offenes und selbstorganisiertes Lernen aus Fehlern

Die Fehleranalysen und -bewertungen in der Fremdsprachdidaktik orientierten sich jahrzehntelang an Systematiken von Regeln und Anwendungsmöglichkeiten, wie sie in jeweils aktuellen Grammatiken und Sprachlehren kategorisiert und geordnet wurde (vgl. Nickel 1972). Immer bewusster wurde nun nach den oben beschriebenen linguistischen Studien zum einen, dass die jeweilige Kategorisierung nur eine Variante von vielen systematischen Zugriffsmöglichkeiten auf den Gegenstand der Sprache darstellt. Zum anderen wurde fraglich, ob sich der tatsächliche Spracherwerb und -gebrauch nicht von völlig anderen, möglicherweise individuell unterschiedlichen Sprachmustern und kognitiven Ordnungsstrukturen her sortiert und organisiert. Dies führte zu der Tendenz, die dem Sprachunterricht zugrunde gelegten Standards zu relativieren:

> „Standards sind Abstraktionen von Sprachgebrauchsmöglichkeiten einer Sprache auf dem Hintergrund systematischer, konstitutiver Regelmäßigkeiten und als solche lernbar und als Werkzeugkasten für den Fremdsprachenlehrer und -lerner der ersten Jahre der Fremdsprache unerlässlich. Inwieweit Standards aber den tatsächlichen Sprachgebrauch widerspiegeln, bleibt eine offene Frage" (Koll-Stobbe 1993, 179).

Damit veränderte sich auch die Methode der Fehlerermittlung. Anstelle einer normenorientierten, linearen Fehlerermittlung und -bearbeitung – etwa durch Regelerkenntnis und wiederholendes Üben – wurde nun etwa ein *zyklischer Rotationsvorgang* empfohlen. Dieser sollte es dem Lernenden „erlauben, in einem Trial-and-error-Verfahren immer weiter voranzuschreiten und sich dabei selbst an Fehlern zu orientieren. Hier hat der Fehler korrigierende Funktion und ist dadurch Ausgangspunkt eines neuen Fortschrittszyklus. Nur so erklärt sich der relativ schnelle Fortschritt beim Fremdsprachenlernprozess. Bei dieser Auffassung wird der Fehler als notwendiges Zwischenstadium betrachtet, in dem positive Keime für einen Fortschritt stecken" (Nickel 1972, 9).

Die *Handlungs- und Projektorientierung,* erweist sich heute als wesentliches Merkmal der Theorie des Fremdspracherwerbs, nachdem diese von den oben beschriebenen linguistischen Entwicklungen sowie von konstruktivistischen Grundannahmen zunehmend geprägt wurde (Bosenius/Meyer 2001, 47). Kommunikativ-fehlertolerante Verfahren scheinen immer deutlicher Beachtung zu finden. Lernende sollen anhand realer Vorhaben wie etwa einem Schüleraustausch, einer Schulpartnerschaft im Rahmen des Comenius-Programms der Europäischen Union oder einem E-mail-Projekt mit einer Schule in Indiana[97] ihr Sprachlernen entfalten und so Passungen zwischen sich und der jeweili-

---

[97] Uwe Klemm: Thüringen meets Indiana: Ein E-Mail-Projekt über die Wende, in: R. Donath/I. Vollmer (Hrsg.), Das transatlantische Klassenzimmer: Tipps und Ideen für Online-Projekte in der Schule, Hamburg 1997, 243–255.

gen fremden Sprachrealität herstellen. Diese ,echten' Kommunikationssituationen und -bedürfnisse wirken auf Jugendliche motivierender als Simulationen und Rollenspiele im Unterricht, lassen auch die Fehlerbearbeitung plausibler erscheinen, da Jugendliche bei den ausländischen Partnerschülern ja ,sprachlich gut rüberkommen' bzw. verstanden werden möchten. Gleichzeitig machen diese offenen Methoden die unterrichtliche Fehlerbearbeitung für die Lehrkräfte jedoch weniger plan- und steuerbar. Nicht zuletzt aus diesem Grund ist ein wesentliches weiteres didaktisches Instrument, das mit konstruktivistischen und handlungsorientierten Ansätzen einher geht, die Anleitung der Schülerinnen und Schüler zur *Selbstanalyse und Selbstkorrektur der Fehler* (Timm 1992). Sie sollen befähigt werden, ihre Fehler selbständig und systematisch wahrzunehmen, ihre individuellen Fehlerschwerpunkte feststellen, und die beispielsweise in spezifischen Interferenzen von Dialekt, Mutter- und Fremdsprache bestehenden Ursachen[98] erkennen und systematisch bearbeiten. Ein Ausgangspunkt ist dabei das von Hawkins 1984 vorgestellte Konzept der „Awareness of Language", des Sprachbewusstseins und -wissens der Lerner (Gnutzmann 1992). Kordes entwickelte mit Budde 1985 ein schulpraktisches Konzept des selbstorganisierten Lernens aus Fehlern, das ein Vorgehen in fünf Schritten empfiehlt (siehe Tabelle 4).

Eine noch nicht bewältigte Konfliktlinie im Fehlerumgang besteht beim Übergang dieser offenen und von Selbstevaluation und -korrektur gekennzeichneten Lernformen in die Leistungsmessung. Nicht wenige Sprachdidaktiker halten trotz einer relativen Fehleroffenheit in den Lernprozessen dann in der Leistungsmessung dennoch am generellen

1. Schritt	Wir markieren Lernerprobleme, statt in den Lerneräußerungen nur Fehler zu fixieren.
2. Schritt	Wir unterscheiden Kompetenz- und Performanzprobleme, statt nur Leistungsfehler zu erfassen.
3. Schritt	Wir identifizieren die Lernerstrategien, statt nur Abweichungen von der Zielgrammatik zu konstatieren.
4. Schritt	Wir charakterisieren die Lernersprache, statt nur Teilaspekte einer unzureichenden Zielsprache zu erfassen.
5. Schritt	Wir identifizieren Plateaus lernersprachlicher Kompetenzbildung, statt sprachliche Fähigkeiten nur über eine Fehlerauszählung zu beurteilen.

Tab. 4: Konzept des selbstorganisierten Lernens aus Fehlern (nach Kordes 1993)

---

[98] Vgl. dazu die Untersuchung von 999 Schülerarbeiten durch Hecht/Green 1993.

Prinzip der Fehlermarkierung und -sanktionierung fest.[99] Je gewichtiger die Leistungsmessungen werden, desto ausgeprägter scheint auch in der Schulpraxis die Lehrertendenz, wieder nach dem quantifizierbaren Kriterium des „Fehlerquotienten" zu benoten. Ulm (1993) stellt diese Praxis bei Oberstufen- und Abiturprüfungen in den Fremdsprachen fest. Eine solche Bewertung verschiebe die Balance der Bewertung wieder in Richtung sprachlicher Defizite und führe zu einer Verzerrung der Schülerleistung, bei der die positive Einschätzung des beherrschten Stoffes und die Würdigung des sprachlichen und inhaltlichen Engagements zu kurz komme. Dem gegenüber habe die deutsche Kultusministerkonferenz ein sinnvolles Bewertungsmodell beschlossen, das weitgehend auf quantifizierende Methoden verzichtet und dazu anhält, die Komplexität der Schülerleistung wahrzunehmen.

2.5.5 Lehrerrolle und Konfliktlinien der Fehlerkorrektur

Den Umstand, dass Lehrerinnen und Lehrer in der Unterrichtssituation die präskriptive Verfügungsgewalt darüber haben, was als Fehler gilt und was nicht, nutzen diese teilweise zu didaktischen Strategien wie der folgenden: „Im Fremdsprachunterricht hat der Lehrer die soziale Autorität, Fehler zu erzwingen, indem eine Antwort auf eine Frage verlangt wird, die der betroffene Lerner offensichtlich nicht (adäquat) geben kann" (Edmondson 1993, 65). Die – wie erwartet defizitäre – Schülerantwort wird dann von der Lehrkraft als Anlass für gemeinsame Reflexionen und Lernprozesse in der Klasse benutzt. Edmondson bezeichnet dies kritisch als „taktische Fehlererzeugung". Wo dies tatsächlich aus didaktischen Gründen inszeniert wird, mag es den anderen Lernern der Klasse als kontrastiver Lernanlass dienen, doch den betroffenen Schüler stellt es allemal vor der Klasse bloß und behindert so dessen Lernprozess emotional. „Dadurch werden die Wahrnehmung und die interne Verarbeitung der kognitiven Informationen verhindert" (ebd., 72). Insofern erscheint diese didaktische Vorgehensweise pädagogisch höchst fraglich. Edmondson (1993, 70)[100] stellt insgesamt Folgendes fest:

- „- Die Fehlerproduktion (mit darauf folgender Fehlerbehandlung) kann vom Lehrer als didaktische Strategie gesteuert werden.
- Weitere Fehler können durch Fehlerbehandlung zustande gebracht werden.
- Das Verlangen nach einer Wiederholung der gewünschten Äußerung innerhalb einer Fehlerbehandlung kann u.U. ‚kontraproduktiv' sein, in dem Sinne, daß erstens die flüssige Sprachproduktion gehemmt wird, daß sich zweitens negative affektive Konsequenzen daraus ergeben und daß drittens dadurch ein potentieller Gewinn an lernrelevantem Wissen reduziert wird.

---

[99] Vgl. Kap. 2.8.4.

[100] Statt dem in der Fachliteratur gängigen Begriff „Lehrerkorrektur" bevorzugt Edmondson den Begriff „Fehlerbehandlung", der bei ihm sowohl direkte Lehrerkorrekturen als auch Anleitungen zur Selbstkorrektur der Schüler umfassen soll (Edmondson 1993, 59).

- Fehlerbehandlungen können unterschiedliche Rezeptionen bei unterschiedlichen Lernern erfahren, insbesondere können die direkten Adressaten potentiell mehr daraus lernen als die direkten Adressaten."

Daran anschließend entwickelt Edmondson (1993) Ansätze zu einer „Theorie der Rezeption von Fehlerkorrekturen", indem er drei Spannungslinien der Fehlerbehandlung im Unterricht beschreibt:

1. Aus der *Lehrerperspektive*: Die Spannung zwischen didaktischem Vorgehen und eventueller negativer Lerneffekte für jene Lerner, deren Fehler dabei manifest werden.

2. Aus der Perspektive der *Lernergruppe*: Die Spannung zwischen jenem Individuum, das Fehler produziert und sich dadurch bloßstellt und anderen Lernern, die daraus positive Lerneffekte ziehen.

3. Aus der Perspektive des *einzelnen Lerners*: eine Spannung zwischen passivem Sprachverstehen und aktiver Sprachproduktion, da insbesondere das Sprechen im Unterricht nachweislich deutlich mehr Angst verursacht als alle anderen Faktoren (was wiederum durch die stets drohende Lehrerkorrektur und Bloßstellung vor der Gruppe bedingt sei).

Dieses durchaus interessante Modell von Edmondson steht und fällt mit einer Grundvoraussetzung: dass der Fehler eines Individuums eine ‚gesichtsbedrohende, soziale Perspektive' (Edmondson 1993) hat. Wo das Fehlermachen des Einzelnen nicht mehr mit be- und entwertenden Konnotationen verbunden wird, wo ein Kind etwa wie in der Basler Schulklasse von Jürgen Reichen überrascht und beinahe entzückt in die Runde der Klassenkameraden ruft: ‚Uiih – ich hab einen Fehler gemacht!!' und dabei offensichtlich keinerlei Gesichtsverlust befürchtet,[101] da lösen sich diese drei Spannungslinien im Nu auf und damit auch dieser Theorieansatz.

Die *Haltung der Lernenden* zu Fehlern und deren Korrektur wird widersprüchlich beschrieben. Laut Kleppin wünschen die allermeisten Lerner Korrekturen, fordern es sogar explizit ein, weil sie dadurch Hinweise für ihre Lernprozesse erhalten, wobei freilich die Hinweise zur Selbstkorrektur gegenüber einer direkten Lehrerkorrektur bevorzugt würden (Kleppin/Königs 1993, 83f).[102] Timms (1992, 6) dagegen meint, dass nur einzelne Schülerinnen und Schüler diesen Korrekturwunsch zeigen; vielmehr „fühlt sich das Gros der Schüler durch direkte Fehlerhinweise (...) und Korrekturen eher verunsichert – besonders, wenn sie auch noch mit Tadel daher kommen. Viele Schüler geben dann nicht nur ihre aktuellen Kommunikationsbemühungen auf, sondern werden darüber hinaus versuchen, fehlerträchtige Situationen grundsätzlich zu vermeiden, und begeben

---

[101] Szene in dem Film „Ein Coach und 23 Spieler" von Kahl 1993 (Filmreihe „Lob des Fehlers", Film 1).
[102] Karin Kleppin führte über mehrere Jahre hinweg mehrere, vornehmlich durch Fragebögen gestützte Untersuchungen in China, Marokko, Brasilien und Deutschland durch, allerdings vor allem unter Studierenden.

sich so der Möglichkeit, aus Fehlern zu lernen." Legenhausen unterstreicht, dass „direkte und offene, an einzelne Schüler gerichtete Sofortkorrekturen nicht nur generell unwirksam, sondern ausgesprochen lernschädlich seien" (zit. n.Timm 1992, 9).

2.5.6 Sprachumwelten und ausdifferenzierte Fehlertoleranz der Kommunikationsmittel

Dass Jugendliche, die eine Fremdsprache erlernen, Fehlerkorrekturen wünschen, ist letzten Endes kein starkes didaktisches Argument. In der Regel reproduzieren sie ja hierbei die von der Eltern- und Lehrergeneration vermittelte und verinnerlichte Sichtweise, dass die angestrebte Zielsprache nur dann richtig angewendet wird, wenn man einer exakt bestimmten, eindeutigen Norm folgt. In diesem Fall kultivieren sie möglicherweise ein Sprachbewusstsein, das der gesellschaftlichen Realität nicht mehr angemessenen ist. Deshalb meint Nickel (1972, 18): „Früh schon muss dem Schüler klar gemacht werden, dass es sich bei einer Sprache um ein Inventar von 'Anzügen' handelt, die verschiedenen Zwecken und Situationen gerecht werden sollen. Dabei gibt es sowohl gesellschaftliche als auch funktionale intentionsabhängige Varianten."

Größere Fehlertoleranz wird im Fremdsprachunterricht auch deshalb gefordert, weil sich etwa die englische Gegenwartssprache sehr *dynamisch* entwickelt. Was gestern noch als Fehler galt, ist heute teilweise eine akzeptierte Kommunikationsform. So kommen Untersuchungen zu dem erstaunlichen Befund, dass muttersprachliche ‚native speaker' die ‚Fehler' von deutschen Sekundarschülerinnen und -schülern als denkbare Sprachvariante weit großzügiger beurteilen als deren Englischlehrkräfte, die einen deutlich strengeren Maßstab meinten anlegen zu müssen (vgl. Gnutzmann/Kiffe 1993). Fremdsprachlehrkräfte tendieren demnach zu einer Fehlerintoleranz, die die reale Sprachsituation verzerrt abbildet. Durch die Globalisierung der Kommunikation überlagern sich vielerlei Sprach- und Codesysteme, die verwendeten Sprachregeln werden flexibler und die generell geltenden Fehlerfälle dadurch weniger. Die Weltsprache der Zukunft, meint Barber, wird nicht Englisch sein, sondern „bad English".[103] Der bei der Europäischen Union tätige Übersetzer Diego Marani plädierte für die kreative Anwendung eines ‚Europanto' genannten Sprach-Mixes. Es zeige sich selbst in Brüssel, dass man sich auf einem einfachen Niveau gut verständigen können, wenn man aus den verschiedenen europäischen Sprachen die Sprachbausteine verwendet, die einen hohen Grad der allgemeinen Bekanntheit oder Wiedererkennbarkeit aufweisen.[104] Im Internet kommunizieren Europäer aller Sprachen bereits in wildem Europanto:

---

[103] Benjamin Barber, Politologe/New Jersey, auf dem Kongress „Solidarität und Selbstverantwortung. Von der Risiko- zur Chancengesellschaft" am 16. 3.2000 in Mannheim.

[104] In der Genfer Zeitung ‚Le Temps' schreibt Marani seit fünf Jahren Europanto-Kolumnen etwa über den „Swissair catastrofische banqueroute", die „Tremendeous Septembre terroriste attaques contra America" oder „Las portable telefones, die can esse mucho dangerose por gesundheit" (vgl. Sonja Volkmann-Schluck, Talken mit mucho amusemento, in: FAZ, Sonntagsausgabe, Nr. 1, 6.1.2002).

"Que would happen if, wenn Du open your computero, finde eine message in esta lingua? No est Englando, no est Germano, no est Espano, no est Franzo, no est keine known lingua aber Du understande! Wat happen zo! Habe your computero eine virus catched? Habe Du sudden BSE gedeveloped? No, Du esse lezendo la neue europese lingua: de Europanto! Europanto ist uno melangio van de meer importantes Europese linguas mit also eine poquito van andere europese linguas, sommige Latinus, sommige old grec."[105]

Eine fehlertolerante Tendenz zeigt sich weiter beim *tatsächlichen* Sprachgebrauch in der Arbeits- und Medienwelt. Fernmündliche Kontakte und elektronische Kurzbotschaften gewinnen Bedeutung, die formbetonende regelgerechte schriftliche Verständigung verliert sie zugleich. Auf Satzbau-, Rechtschreib- und Tippfehler wird bei e-mails weithin nicht mehr geachtet. Werbespots arbeiten mit bewusst dysgrammatikalischen Konstrukten wie „König Pilsener – das König der Biere"[106]. Die Moderatorin Verona Feldbusch gar machte jüngst ihre sprachlichen Patzer bereits zum ‚persönlichen Markenzeichen' in der Show- und Werbebranche. Selbst Bankdirektoren können sich teilweise wieder vorstellen, Hauptschülerinnen und -schüler mit gewissen orthografischen Schwächen als Auszubildende anzunehmen, da – so die Begründung in einem Gespräch[107] – heute die Formatvorlagen und Rechtschreibprogramme der Computer im Kundenverkehr diese Schwäche in großem Umfang kompensieren könnten.

Durch diese Entwicklungen verliert die Kompetenz zur korrekten Anwendung von Sprachregeln und der orthografische Fehler außerhalb der Schule an Bedeutung. Wenn jedoch im beruflichen und privaten Alltag sprachliche Regelbeachtung und Rechtschreibung zusehends unwichtiger werden, lässt sich ein in der Praxis der Schulen nach wie vor verbreiteter Mutter- und Fremdsprachunterricht, der sich auf regelgenauen Ausdruck sowie Fehlervermeidung und -korrektur konzentriert, immer schwieriger legitimieren. Koll-Stobbe (1993, 186f) meint:

> „In multikulturellen und multilingualen Klassenzimmern und einer vom Englischen als funktionaler Weltsprache der Wirtschaft und Unterhaltungskultur durchdrungenen Spracherfahrung hat sich das Sprachbewusstsein der Schülergeneration verändert: Sie erfahren täglich in den Medien, dass Sprachen *offene* Systeme sind und müssten im Sprachunterricht lernen, damit kognitiv und interaktiv bewusst umzugehen."

Erichson stellt heute fest, dass sich das Verständnis vom Fehler im Schriftspracherwerb radikal verändert hat. In der Fachliteratur sei das Dogma der Fehlervermeidung dem Verständnis des Fehlers als einer entwicklungsspezifischen Notwendigkeit gewichen

---

[105] Quelle: http://www.neuropeans.com/topic/europanto/ (11.3.2002).
[106] Werbesendung SAT 1, 25.8.2001.
[107] Gespräch des Verfassers am 22.3.1999 mit einem Mitarbeiter der Kreissparkasse Reutlingen, der u.a. auch in Hauptschulen Maßnahmen zur Berufsorientierung durchführt.

(Erichson 1999, 45f). Tatsächlich enthalten seit Mitte der neunziger Jahre fast alle Handbücher und Themenhefte zu Spracherwerb, Rechtschreib- und Grammatiklernen Beiträge, die mit unterschiedlichem Akzent betonen, dass der Fehler im Primar- und Sekundarbereich auch als Positivum und produktiver Lernanlass zu behandeln sei.

Dieser fachwissenschaftliche Stand schlägt sich in der Schulrealität jedoch bislang nur ungenügend nieder. Folgte man verschiedenen Hinweisen in der Literatur, so gilt in der Breite der tatsächlichen Unterrichtspraxis wohl noch immer, was Legenhausen (1975, 285) bereits vor einem Vierteljahrhundert bemängelte:

> „Die gegenwärtige fremdsprachliche Unterrichtspraxis ist immer noch in hohem Maße von Zielvorstellungen wie Sprachrichtigkeit, Fehlervermeidung, Regellernen und Regelanwendung in Übungsabläufen bestimmt, obwohl seit Jahrzehnten im Rahmen der kommunikativen Didaktik – sowie neuerdings verstärkt innerhalb prozeßorientierter Unterrichtskonzeptionen – der Versuch unternommen wird, die Gültigkeit dieser Prinzipien zu relativieren."

Unlängst bestätigt dies Adrion (1999, 152) auch für die Gegenwart, als er mit Bedauern feststellt, das von Erichson und anderen vertretene neue Fehlerverständnis „zählt zwar inzwischen schon zu den fachdidaktischen Binsenweisheiten, hat sich in Lehrerköpfe aber längst noch nicht allgemein einpflanzen lassen, weil aus diesen die sogenannte Wortbildtheorie[108] zunächst einmal ausgetrieben werden muss, die eher zum didaktischen Imperativ ‚Schreib richtig oder gar nicht!' anhält."

Dieses Festhalten der Praxis am alten Prinzip der Fehlervermeidung und -jagd wird darüber hinaus auch mit institutionellen Verfestigungen und der Leistungsmessungspraxis der Schule sowie mit „dem harten und überlasteten Alltag des Lehrers" (Timm 1992, 5) erklärt. Außerdem scheint auch die universitäre Ausbildung nicht unbeteiligt zu sein. So zeigen Untersuchungen, dass Studierende der Fremdsprachen die Korrekturen ihrer Fehler durch Dozentinnen und Dozenten nach dem gleichen undifferenziert-unerbittlichen Prinzip erleben und dies als höchst unangenehm und in affektiver Hinsicht ausgesprochen negativ weil bloßstellend empfinden (vgl. Kleppin/Königs 1993, 87; Gnutzmann/Kiffe 1993). Wer von diesen jedoch später als Lehrkraft vor der Klasse steht, reproduziert dennoch meist diese negative Fehlerjagd und -besetzung, weil sie in der eigenen Schul- und Studienzeit alternativlos als die einzige Form erlebt wurde – es sei denn, man hätte im Studium Gelegenheit gehabt, sich damit auseinanderzusetzen und davon zu lösen. Da die Fehlerthematik im Hochschulbereich insgesamt eher marginal behandelt wird, ist diese Chance bis heute allerdings gering.

---

[108] Adrion weist an dieser Stelle darauf hin, dass der oben von Bormann zitierte Grundsatz „1935 von Arthur Kern in seinem ‚Neuen Weg zum Rechtschreiben' vollends zum Glaubenssatz erhoben" wurde, der als eine Ursache der „unter Lehrern noch sehr verbreiteten Fehlerphobie" anzusehen sei (vgl. dazu auch Kern 1954).

2.6 Fehler in der Mathematik

2.6.1 Frühe Forschungen im deutschsprachigen und angelsächsischen Raum

In der Mathematik setzte die wissenschaftliche Beschäftigung mit Fehlern Anfang des 20. Jahrhunderts ein. Nach ersten Ansätzen bei Ranschburg (1904) berichtet Hylla 1916 in einem Aufsatz von einer kleinen stichprobenartigen Untersuchung in einer Sexta des Realgymnasiums zu Rechenfehlern beim Subtrahieren und Addieren vier- bis achtstelliger Zahlen. Die methodischen Mängel waren erheblich, die Ergebnisse deshalb wenig aussagekräftig. Aufschlussreich jedoch sind die Ausgangs- und Zielpunkte seines Forschungsinteresses:

> „So ist auch auf dem Gebiet der Rechenpsychologie die Fehleranalyse eines der wertvollsten Forschungsmittel; durch psychologische Betrachtung der fehlerhaften Abläufe wird es möglich sein, zu einem völligen Verständnis der psychologischen Vorgänge, die sich beim Rechnen vollziehen, zu gelangen. Auf Grund der so gewonnenen Einsicht in das Wesen dieser Vorgänge überhaupt und in die Natur und Herkunft der Fehler aber wird dann – und hier münden die psychologische und die pädagogische Betrachtungsweise wieder ineinander ein – eine wirksame Fehlerbekämpfung erst möglich werden" (Hylla 1916, 320).

Damit zeichnen sich bereits in dieser frühen Studie die drei Erkenntnisinteressen ab, die bis in die jüngste Zeit bei der Mehrzahl der mathematischen Fehlerforscher im Vordergrund stehen: die Einsicht in die Struktur der fehlerhaften Rechenprozesse, in deren Ursachen und das Gewinnen von Anhaltspunkten für die pädagogische Verhütung oder Bearbeitung der einzelnen Rechenfehler. Diese drei Zielpunkte gibt etwa auch Radatz (1980, 4) wieder an, der einen weiteren Aspekt hinzufügt: Rechenfehler sind z.T. auch Unterrichtseffekte und damit eine wichtige Feedback-Struktur für Lehrkräfte.

Die deutschsprachige mathematische Fehlerforschung weist 1922–32 eine erste intensivere Phase auf. Sie zeigte sich damals geprägt von der experimentellen Psychologie und einer empirisch ausgerichteten Pädagogik (Hylla 1916; Korn 1926; Seemann 1929). Man konzentrierte sich weithin auf das psychologische Erklären von Fehlerursachen und -bedingungen, die systematisiert wurden.

Seemann (1929; 1931) veröffentlichte die erste systematische Analyse von Rechenfehlern im deutschsprachigen Raum. Er ging wie in der sprachpsychologischen Fehlerforschung (Meringer/Meyer 1895; Ranschburg 1904 u. 1928) von der These aus, dass Rechenfehler nicht zufällig entstehen, sondern durch ein sich fast gesetzmäßig wiederholendes, falsches Zusammenwirken oder Versagen von Determinanten des Reproduzierens und Denkens. Er unterscheidet:

- mechanische Fehler (vergleichbar dem Verlesen und Versprechen);

- assoziative Fehler (Ähnlichkeit, Verwechslung, Überlagerung);

- funktionale Fehler (logische Fehler, Regelfehler, Lokalisierungsfehler).

Seemann zeigt in diesen Texten und noch deutlicher 1949 eine feste Orientierung an der Fehlerpsychologie von Weimer (1924). Er berücksichtigt wie zuvor Hylla zudem die in sprachpsychologischen Untersuchungen bereits ermittelten Fehlerarten wie Perseveration oder Ranschburg'sche Hemmung, die in Weimers Fehlerkunde ebenfalls eingeflossen sind.[109]

Seemann bemüht sich allerdings als einer der wenigen Fehlerforscher zunächst um eine Klärung des Fehlerbegriffs, denn der sei „heute noch nicht scharf abgegrenzt" (1949, 7). Nicht als Fehler zu benennen seien demnach (ebd., 8):

- „Mängel und Unvollkommenheiten im äußeren oder inneren Bild eines Menschen", die bislang auch als Schönheits- oder Charakterfehler bezeichnet wurden;
- Sinnestäuschungen wie etwa Hör- oder Beobachtungsfehler;
- Irrtümer, die „unbewusst auf unzureichenden oder falschen Voraussetzungen" basieren, die nur mühsam erkannt werden können, während Fehler „Ereignisse leichter Art sind, die bei kurzer Überlegung als falsch erkannt und verbessert werden".

Er definiert den Fehler dann „als eine psychische Fehlleistung, die in passiven Bewußtseinsanlagen bei angenähert mechanisiertem Verlauf durch die Wirksamkeit falscher aber leichter ausführbarer Tendenzen verursacht wird" (ebd., 8). Seemann begrenzt den Fehlerbegriff so auf unerwünschte Verläufe von Handlungsroutinen. Dabei bindet er das Fehlerurteil nicht an praktische Handlungen und Handlungsresultate, sondern an die spekulativ dahinter vermuteten psychischen Fehlleistungen wie Perseverations-, Anschluss- oder Auslassungsfehler. Diese erläutert er anhand beispielhafter Sprach- und Rechenfehler.

Während in Deutschland also psychologische, introspektive Erklärungsversuche dominierten, steht die amerikanische Erforschung der Rechenfehler seit den dreißiger Jahren unter dem Einfluss der Behavioristen und besonders der Psychologie von Thorndike, der sich u.a. auch mit dem Arithmetiklernen befasste. Man konzentrierte sich auf die Unterscheidung und Beschreibung der *beobachtbaren* Komponenten bei fehlerhaften Rechenoperationen. Daraus resultierten dann Beschreibungen zu Häufigkeit und Persistenz des Auftretens von Fehlerformen sowie Klassifizierungen mit teilweise katalogartigen Auflistungen (vgl. dazu Radatz 1980, 89ff). Burge (1932) etwa unterscheidet allein für die schriftliche Multiplikation 68 verschiedenen Fehlerformen bei Dritt- und Viertklässlern.

---

[109] Weimers starker Einfluss auf Seemann wird deutlich in der 1949 von Seemann verfassten „Psychologie der Fehler", in der er vor allem Kießlings und Weimers psychologische Ansätze in Kurzform wiedergibt und die wie bei Weimer auf die „Bekämpfung" der Fehler im Unterricht abhebt.

Im angloamerikanischen Raum lässt allein Brueckner eine gewisse Kontinuität der auf mathematische Aspekte bezogenen Fehlerforschung erkennen. Er publiziert 1930–55 mehrfach zur Diagnostik von Schülerfehlern und zu verschiedenen Fehlertypen, ohne jedoch neue Aspekte einzubringen, die für unsere Fragestellung nennenswert wären.

Im Zeitraum 1972–78 dann erscheint im englischsprachigen Raum eine ganze Reihe von Beiträgen zu mathematischen Fehlleistungen. Inhaltlich befassten sich die meisten dieser Untersuchungen mit Fehlerarten bei den vier schriftlichen Rechenverfahren zwischen dem dritten und achten Schuljahr.[110] Erwähnenswert erscheinen die Ergebnisse folgender Untersuchungen:

- Hutcherson wiederholt 1975 eine 1927 erstmals durchgeführte Untersuchung und stellt im Ergebnisvergleich fest, dass sich weder die Fehlermuster noch die Anzahl der fehlerhaft gelösten Aufgaben bei schlechten und guten Lernern nennenswert unterscheiden; die Schülerinnen und Schüler von 1975 schneiden allerdings ein wenig schlechter ab.

- 1977 analysiert Ginsburg diagnostische Gespräche mit Schülerinnen und Schülern über Schwierigkeiten und Fehler bei rechnerischen Problemlösungen. Er stellt erstens fest, dass die mathematischen Regelwerke generell von vielen der Befragten als eine Art Zufallsspiel ohne Bezug zur Realität angesehen werden, und zweitens: „Children's mistakes are often organized and rule-governed, and have sensible origins. It does not seem heplful to characterize mistakes as capricious, and it is not helpful to attribute them too much as low intelligence, learning disabilities, or the like" (Ginsburg 1977a, 86).

Doch selbst dieser Untersuchungsboom begründete keine durchgängige und disziplinär gesicherte Fehlerforschung oder Fehlerkunde im Mathematikbereich. In Deutschland untersuchte Glück Anfang der siebziger Jahre erneut die Rechenleistungen und -fehler im zweiten Grundschuljahr, wobei er ähnlich wie zuvor Seemann davon ausging, „daß ‚hinter' den beobachtbaren *echten* Fehlern eine identifizierbare Disposition, gerade diesen Fehler zu machen, steckt" (Glück 1971, 179). Er identifiziert einige häufige Fehlertypen. In seiner Darstellung versuchte er die Schwächen näher zu bestimmen, die als Ursachen der jeweiligen Rechenfehler angesehen werden könnten.[111]

2.6.2 Schulbezogene Ergebnisse der Fehlerforschungen

Die Ausdifferenzierung der kognitionspsychologischen Forschungsmethoden und Modellbildungen, die wissenschaftliche Grundlegung der Curricula und das wachsende Interesse an Diagnosekriterien und -hilfen förderte bis Mitte der achtziger Jahre auch die

---

[110] Eine Übersicht dazu gibt Radatz (1980, 17).
[111] Dabei geht Glück weit gründlicher und systematischer vor als etwa Schlaak, dessen Schrift „Fehler im Rechenunterricht" (Hannover 1969) ausgesprochen oberflächlich bleibt.

mathematischen Fehleranalysen. Das führte dazu, dass mittlerweile Hunderte von Varianten falscher Rechenoperationen und deren Kombination in Rechenprozessen beschrieben wurden.

Hendrik Radatz, einer der wenigen Experten zur internationalen mathematischen Fehlerforschung, analysiert und subsumiert 1980 die bis zum damaligen Zeitpunkt vorliegenden über achtzig Publikationen zu Rechenfehlern mit ihren unterschiedlichen Klassifizierungs-, Erklärungs- und Systematisierungsversuchen. Einige allgemeinere Erkenntnisse zum Fehlerverständnis werden dabei deutlich:[112]

1. Die mathematische Fehlerforschung befasste sich fast ausschließlich mit Fehlern in der *Algebra und der Arithmetik*, insbesondere bei den vier schriftlichen Rechenverfahren. Die jeweils vorgeschlagenen Fehlertaxonomien sind oft an spezifische psychologische und pädagogische Theorieansätze gebunden.

2. Fehlertypen und -häufigkeit bei Grundrechenarten scheinen *keinen nennenswerten historischen Veränderungen* unterworfen zu sein.

3. Die Fehler der Schülerinnen und Schüler sind *fast nie zufälliger Natur*. Sie entspringen seltener als angenommen der Unwissenheit, Unsicherheit oder Sorglosigkeit der Schüler, sondern sind oft das Ergebnis vorheriger ungünstiger (Lern-) Erfahrungen im Unterricht.

4. Fehler verweisen auf sehr individuelle *Lösungsstrategien* (Ginsburg 1977), die allerdings nicht so verlaufen, wie die Erwachsenen es sich wünschen. Solche Strategien können aber gemäß Piaget/Szeminska (1972) vor dem Alter von acht Jahren *nicht* introspektiv bewusst gemacht und authentisch verbalisiert werden. Deshalb bleiben die Angaben zu kognitiven Fehlerprozessen und -ursachen bei Kindern mit einer gewissen Unsicherheit behaftet.

5. Die *Dauerhaftigkeit und Stabilität* der individuellen Fehlermuster ist, wenn sie nicht rechtzeitig und wirkungsvoll bearbeitet werden, erheblich.

6. Die *Fülle* möglicher Fehlerkategorien und -typen ist enorm: „Kaum ein Lehrer wäre in der Lage, die derzeit bekannten dreihundert bis vierhundert verschiedenen systematischen Fehler allein bei den vier schriftlichen Rechenverfahren in der Menge der natürlichen Zahlen zu ‚erlernen' und dann zu diagnostizieren" (Radatz 1980, 27).

7. Es ist kaum möglich, die „sehr komplexen und diffizilen Erklärungsversuche bzw. Theorien aus der grundlagenwissenschaftlichen Forschung zur Erklärung von Lernschwierigkeiten in der *Unterrichtspraxis anzuwenden*" (ebd.). Für Lehrkräfte aufbereitete Unterrichts-, Diagnose-, Präventiv- und Therapiehilfen zum Umgang mit

---

[112] Vgl. Radatz 1980, 27ff und 71ff.

Fehlern sind aber für einen schülergerechten Mathematikunterricht eigentlich unabdingbar.

Neben falsch ausgeprägten kognitiven Strategien benennen Radatz/Schipper (1983, 212) für die Mathematik im Primarbereich folgende Fehlerquellen:[113]

1. Entwicklungsbedingte Fehler z.B. kognitive Überforderung

2. Fehler bei der Aufnahme und Verarbeitung der Informationen:
   - Lehrersprache/Textverständnis
   - Verständnis von Darstellungen/Veranschaulichungen
   - Falsche Assoziationen und Einstellungen
   - Nichtberücksichtigung einzelner wichtiger Informationen
   - Vorzeitiges Abbrechen der Aufgabenbearbeitung
   - Gedächtnisschwächen
   - Falsches oder einseitiges Verständnis eines mathematischen Begriffs

3. Fehler aufgrund von Teilleistungsschwächen im auditiven oder visuellen Bereich.

Radatz selbst entwickelte eine Kategorisierung von Fehlern in Anlehnung an Aspekte der Informationsaufnahme und -verarbeitung: Fehler im Textverständnis, beim Aufnehmen von Veranschaulichungen, beim Assoziieren, Fehler durch Bindung an spezifische innere Repräsentationen, Fehler durch Nichtberücksichtigung relevanter Bedingungen und Regeln. Radatz (1980, 34f) hält bei der Fehleranalyse zudem die Orientierung an den von Kagan/Kogan (1970) beschriebenen fünf Sequenzen eines Problemlöseprozesses für hilfreich:

(1) Einsicht in das Problem: Entschlüsselung vorliegender Informationen

(2) Gedächtnisprozesse: Anknüpfen an Vorerfahrungen, Vorkenntnisse und Fertigkeiten

(3) Bilden von Hypothesen zur Lösung des Problems

(4) Abwägen der Hypothesen, Auswahl/Reflexion einer favorisierten Hypothese

(5) Schlussfolgerungen und technologische Ableitungen aus den Hypothesen

Hinsichtlich der Regelhaftigkeit der Fehlerstrategien von Schülern zeigen sich kontroverse Standpunkte. Von nicht wenigen Wissenschaftlern, die sich mit Rechenfehlern befassen, wird bis heute die seit Seemann feststellbare Position vertreten, dass die meisten Rechenfehler regelgesteuert ablaufen, also ‚falsch' ausgeprägten kognitiven Mustern folgen. Sommer (1985, 40) etwa stellt fest, bei der Interpretation von Einzelfehlern würden in Untersuchungen mit erstaunlicher Übereinstimmung ca. 70% der Fehler als regel-

---

[113] Nicht enthalten ist in dieser knappen Aufstellung das nicht immer leicht verständliche Regelwerk der Mathematik als eigene mögliche Fehlerquelle. Beispielsweise ist es Kindern schwer verständlich zu machen, dass die Null eine Zahl ist, mit der man rechnen kann, wo sie doch ‚nichts' ist (vgl. Gerster 1989).

haft und nicht zufällig erkannt. Lorenz (1985) unterstreicht deren teilweise hartnäckige Persistenz.[114]

Dem widersprach bereits früh Sigmund Freud. 1901 wandte er sich in seiner „Psychopathologie des Alltagslebens" entschieden dagegen, dass gesetzartige geistige Mechanismen (vgl. Meringer/Meyer 1895) einen Lapsus auslösen und bestimmen. Eher bewirken situative Unterdrückungsvorgänge und unbewusste Motive unsere Fehlleistungen besonders im Sprachbereich wie etwa Versprechen, Verlesen oder plötzliches Vergessen (Freud 1922, 5ff u. 63ff).[115] Jahnke et al. (1974, 34) lehnen ähnlich bei mathematischen Fehlleistungen eine eindeutige Fehler-Ursachen-Zuordnung ab und meinen, „daß fehlerhaftes Handeln niemals einheitlich ist, weder in seinen Ursachen noch in seinen Ausprägungen oder Erscheinungsformen. Fehlerhaftes Verhalten ist immer eklektisch und widersprüchlich". Analog stellt Radatz (1980) bereits im Vorwort fest, dass identische Fehlerergebnisse aus sehr unterschiedlichen Lösungsprozessen und damit Fehlerquellen resultieren können, die Ursachenzuschreibung also auf den ersten Blick oft unsicher bleibt. Radatz/Schipper (1983, 211) lenken den Blick noch stärker auf die individuell gesteuerten Denkprozesse:

> „Schülerfehler sind die Bilder individueller Schwierigkeiten; sie zeigen, dass der Schüler bestimmte mathematische Begriffe, Techniken oder Zusammenhänge nicht ‚wissenschaftlich' oder ‚erwachsenengemäß' verstanden hat. Eigene Lösungen bzw. Fehlstrategien werden entwickelt, da in Mathematik zu einer Aufgabe immer etwas ‚herauskommt'. Mathematik wird von vielen Grundschülern als eine Art Regelspiel[116] aufgefasst: Ein Problem wird gestellt – man muß eine Regel kennen und anwenden – das Problem ist irgendwie lösbar."

Selbst Radatz unterlässt es jedoch, den Fehler als Gegenstand seiner Untersuchung wirklich exakt zu bestimmen – als sei völlig klar, was ein Fehler sei, etwa das falsche Rechenverfahren und -ergebnis. Radatz' Vorgehensweise entspricht also nicht ganz seiner eben zitierten Einsicht, wonach die kindlichen Lösungsstrategien zunächst nur insofern ‚fehlerhaft' sind, als sie nicht den Verfahrensformen und Erwartungen der Erwachsenen bzw. der Wissenschaft entsprechen und dass Schülerinnen und Schüler die Mathematik mit einer gewissen Berechtigung als eine Art Regelspiel auffassen. Demnach beruht richtig und falsch und damit auch der Fehlerfall auf gesellschaftlichen bzw. kulturellen Festlegungen. Dann kann Radatz aber im Grunde nicht so verfahren, als sei der Fehlerfall etwas unstrittig Gegebenes, sondern müsste ihn zunächst präziser fassen.

---

[114] Allerdings meint Gerster (1982, 203f), dass zumindest bei schriftlichen Rechenverfahren „nach gezielten Therapiemaßnahmen aufgrund diagnostischer Tests Fehlergewohnheiten von Schülern in Klassen schnell behoben werden können"; wie lange freilich der Erfolg – etwa bei Formen von Dyskalkulie – nach einer Maßnahme anhält, ist für den Therapeuten oft nicht beobachtbar.

[115] Mathematische Fehlerforschungen zeigen sich allerdings eher noch von der Gestalttheorie (Selz 1922; Duncker 1935), die in Kap. 3.2 näher dargestellt wird, beeinflusst als von der psychoanalytischen Theorie.

[116] Vgl. Ginsburg 1977 und Radatz 1980, 27.

2.6.3 Öffnung des Umgangs mit Fehlern im Mathematikunterricht

In den achtziger und neunziger Jahren wurde die Herangehensweise Martin Wagenscheins (1968), sich mit dem Denken der Kinder zu verbünden und *mit* dem Kind, *an* der Sache und *für* das Kind didaktisch vorzugehen, auch im Mathematikunterricht zunehmend zur Anwendung gebracht (Hagstedt 1994; Gallin/Ruf 1995). Zwar spielte der Fehler in Wagenscheins Schriften und Lernverfahren keine explizite Rolle, denn es gab für ihn allenfalls misslungene Anläufe und Versuche auf dem Weg, gemeinsam ein Problem zu lösen, und die waren dann notwendig. Aber gerade durch diese offenen Verfahren praktizierte er wie selbstverständlich einen völlig anderen Umgang mit Fehlleistungen.[117]

Als Beispiel für den Einfluss von Wagenscheins Denken auch in der Frage des Umgangs mit Rechenfehlern sei eine Mathematiklehrerin genannt (Glänzel/Schütte 1994, 42f), die ihre unterrichtliche Arbeit an seinem Grundsatz ausrichtet, sich „mit dem Denken der Kinder zu verbünden" (Wagenschein 1983). Dabei machte sie dann die Erfahrung:

> „Fehler sind absolut notwendige Schritte auf dem Wege des selbständigen Denkens und nicht nur in dem Sinne, dass man aus Fehlern lernen soll. Kinder, die ihren eigenen Erfahrungen, ihrem Wissen und ihrer Logik folgen, kommen zu anderen Erkenntnissen als wir Erwachsenen, aber diese Erkenntnisse sind wirklich verwurzelt" (Glänzel/Schütte 1994, 43).

Strategische Offenheit, spielerische Energie und Individualität der Vorstellungswelt von Kindern (Gropengießer 1996) wurden so zunehmend als Potenzial auch des Mathematikunterrichts ernst genommen:

- Fehler wurden nun als „*notwendige Stationen* auf dem Weg zu einer Lösung" erkannt, und im eigenständigen „Erkennen von Fehlern und Forschen nach ihrer Ursache liegt für Schüler/innen ein wichtiger Schritt zum Verständnis der Sache" (Schütte 1989, 25).

- Formen offenen Unterrichts, bei denen das *Experimentieren mit Lösungswegen* und Erfindungen eine große Rolle spielen, wurden in der Mathematik und im (natur-) wissenschaftspropädeutischen Unterricht der Grundschule verstärkt (Hagstedt 1994).

- Das „traditionelle Frage-Antwort-Spiel", bei dem die Lehrperson die Lernenden zum fertig vorliegenden Lösungsweg hindirigiert, wird in Frage gestellt; denn hier „werden nur künstliche Regeln der mathematischen Modellbildung geschaffen. Es

---

[117] Freilich scheint Wagenschein nicht bewusst gewesen zu sein, dass der freie Umgang mit eigenem Nichtwissen und Fehlern, wie es Schüler bei ihm erlebten, in der damaligen Schulpraxis ungewöhnlich war (vgl. Wagenschein 1983, 127).

wird nicht erreicht, dass Schülerinnen und Schüler problembewusst und flexibel Sachsituationen mathematisieren" (Voigt 1994, 12). Schütz schlägt deshalb *„mathematische Konferenzen"* vor. Bei diesen lässt er die Kinder in langen Gesprächen eigenständig Lösungsstrategien entwickeln ohne einzugreifen: „Besonders schwer fiel es mir, Irrtümer nicht sofort aufzudecken, sondern ggf. stehen zu lassen, und zu warten, bis die Schülerinnen und Schüler die notwendigen Vorkenntnisse und die Aufnahmebereitschaft besitzen, den Fehler zu erkennen" (Schütz 1989, 21).

- Statt Schulbuchunterricht wird empfohlen, dass Kinder individuelle *Forscherhefte oder Lerntagebücher* führen sollen, in denen sie über ihre persönliche Auseinandersetzung mit dem Lerngegenstand berichten, beispielsweise über ihre Lösungsstrategien und Fehlschläge (Schütz 1989; Gallin/Ruf 1990; Heske 2001).

Auf einen anderen Begründungszusammenhang für diese Methoden verweist Herget (1996, 53), der meint, im Zeitalter der allgegenwärtigen Hochleistungsrechner könne der Schwerpunkt der Mathematik nicht mehr beim Einüben von Rechentechniken und Kurvendiskussion liegen. Ein „stärkeres Betonen eher schöpferischer, beschreibender, begründender und beurteilender Fähigkeiten" sei nötig; unsere konvergenten Aufgaben, die in der Regel nur ein einziges richtiges Lösungsverfahren kennen, sollten zunehmend divergenten Aufgaben weichen, die „der Lösungsvielfalt gerecht werden" (ebd.). Gallin/Ruf (1995) zeigen in ihrem Schulbuch konkret, wie dies schon im Primarbereich umgesetzt werden kann, indem sie beispielsweise die 24 Rechenwege abbilden, die die Schulänfängerin Regula gefunden hat um zum Ergebnis 6 zu kommen (ebd., 148).

Wenn auch der Mathematikunterricht der Sekundarstufe „über das erfolgreiche Abarbeiten von Algorithmen" hinausgehen soll, dann müsse er – so meint der Mathematikdidaktiker Winter (2001, 50) – durch Aufgabenstellung und Gestaltung der Schüleraktivitäten die Möglichkeit bieten, „Strategien kennen zu lernen und zu erproben, Fehler selbst einzuschätzen und konstruktiv zu nutzen, Prozesse kritisch zu reflektieren und Ergebnisse und Zusammenhänge zu interpretieren." Teil des mathematischen Beurteilungsverfahren könnten deshalb neben der Prozessbeobachtung durch den Lehrer mündliche und schriftliche Leistungssituationen sein, bei denen der Umgang mit Fehlern in Form einer „Two-Stage-Task" konstruktiv einbezogen wird: bei der Erstbearbeitung wird auf Fehler hingewiesen und deren Überarbeitung angeregt, erst bei der Zweitvorlage erfolgt eine Leistungsbewertung, die den Fehler negativ verbucht (ebd.).

2.6.4   Die Rehabilitierung des Fehlers als Lerngelegenheit

In den letzten Jahren mehren sich die Stimmen, die wie Herget und Winter im mathematisch-naturwissenschaftlichen Unterricht eine deutliche Schwerpunktverlagerung weg von der Routinisierung definierter Aufgabentypen und Rechenverfahren und hin zu den offenen Problemlöseaufgaben mit Lebensbezug fordern. Wesentlicher Verstärker für diese didaktischen Tendenzen waren die Ergebnisse der Third International Mathematics and Science Study (TIMSS), der zufolge die deutschen Schülerinnen und Schüler in ihren mathematischen Leistungen deutlich hinter dem Niveau etwa der japanischen Gleichaltrigen zurückbleiben (vgl. Baumert et al.1997, 225ff). Dieser Befund wurde drei Jahre später in der ersten Erhebungswelle der OECD-Studie „Programme for International Student Assessment" (PISA) tendenziell bekräftigt (Baumert et al. 2001).[118]

In Japan wurden in den siebziger Jahre die Denkwege der Schüler untersucht, um diese zu einem besseren mathematischen Verständnis zu führen. Ergebnis war die verstärkte Ausrichtung des schulischen Lernens an offenen Unterrichtssituationen und Aufgabenstellungen. Diese Methode ist heute in Japan gängig und wird unter der Bezeichnung Open-ended-Approach mittlerweile international diskutiert und adaptiert (vgl. Becker/Shimada 1997). Demnach wird ein Problem zunächst von der Lehrkraft den Schülerinnen und Schülern klar vor Augen geführt. Dann suchen diese in Kleingruppen nach möglichst vielen denkbaren Lösungsansätzen. Diese werden anschließend in der Klasse vorgestellt, verglichen, kritisch diskutiert, argumentativ gegeneinander abgewogen. In einer weiteren Gruppenphase oder im Plenum werden die favorisierten Lösungen nun gegebenenfalls erprobt oder vertieft.[119]

Diese Vorgehensweise wirkt sich auch auf den Umgang mit Fehlern unmittelbar aus. Der Fehler wird von einer feststehenden zu einer eher beweglichen Größe und der gedankliche Durchgang durch den Fehlversuch zur selbstverständlichen Vorgehensweise. Im traditionellen amerikanischen und europäischen Mathematikunterricht hingegen führt die Lehrkraft – oder eine durch Lernmaterialien gesteuerte Schüleraktivität – meist unmittelbar an den ‚richtigen' Verfahrensweg heran, der anschließend nur noch geübt wird (vgl. Baumert et al. 1997; Wiederrecht 1999). Die falschen, suboptimalen oder fehlerhaften Alternativverfahren werden nach Möglichkeit gar nicht angesprochen. Dadurch wird Schülerinnen und Schülern suggeriert:

1. Der Fehler steht ebenso wie das Richtige immer schon unverrückbar fest.

2. Alternative Verfahrenswege brauchen nicht gedanklich durchgespielt zu werden.

3. Fehlerhaft Scheinendes soll stets vermieden und umgangen werden.

Im Anschluss an TIMSS initiierte in Deutschland die Bund-Länder-Kommission (BLK) ein Programm zur ‚Steigerung der Effizienz des mathematisch-naturwissenschaftlichen Unterrichts'. Einen von elf inhaltlichen Schwerpunkten zur Entwicklung der Unterrichtsqualität beschreibt das „Modul 3: Aus Fehlern lernen". Dort heißt es:

„Mathematische und naturwissenschaftliche Alltagsvorstellungen von Schülern, die sich durch eine gemeinsame Fehlerlogik auszeichnen, sind für eine produktive Nut-

---

[118] Vgl. auch den Text „ Schülerleistungen im internationalen Vergleich", S.18ff, eingestellt in: http://www. mpib-berlin. mpg.de/pisa/ (Homepage des Max-Planck-Instituts Berlin; 7.12.2001).

[119] Vgl. Landesinstitut für Erziehung und Unterricht Stuttgart, 2000, 24ff. Das japanische Verfahren weist Parallelen zu Bruners Vorschlägen (1970) zu einem Entdeckenden Lernen auf (vgl. Kap. 2.4.1).

zung im Unterricht besonders geeignet. Dies setzt jedoch voraus, dass Fehlermachen im Unterricht ohne Bewertung und Beschämung erlaubt ist und adäquate Handlungsroutinen verfügbar sind, mit Fehlern lernfördernd umzugehen. Die Rehabilitierung des Fehlers als Lerngelegenheit sollte ein unterrichtsbezogener Schwerpunkt des Förderprogramms sein."[120]

Dieser Modul-Schwerpunkt findet sich wieder in den regionalen Umsetzungen und Erprobungen des BLK-Programms in fünfzehn Bundesländern. Baden-Württemberg etwa befasst sich im Rahmen eines Projekts zur „Weiterentwicklung der Unterrichtskultur im Fach Mathematik"(WUM) mit vier der elf Module, darunter das Modul 3.[121] Dies schlägt sich etwa in der folgenden didaktischen Empfehlung nieder:

„Der Lehrer wird phasenweise den Schülern ‚das Feld überlassen', für dialogische Offenheit sorgen, wobei der Unterricht durch gegenseitiges Erklären, Begründen und Zuhören gekennzeichnet ist. Die Schüler müssen gezielte aber möglichst minimale Hilfen erhalten, ermutigt werden, eigenen Ideen und Ansätzen nachzugehen. Der Lehrer muss sich dabei auf Schülerlösungswege einlassen, genügend Zeit geben auch für Umwege, Achtsamkeit und Offenheit für das Andere unterstützen und für einen angemessenen Umgang mit Fehlern sorgen. Damit wird er auch stärker zum Helfer des Lernens."[122]

Die eigene Unterrichtskultur soll demnach von den Lehrkräften anhand folgender Fragen „auf ihre ‚Fehlerfreundlichkeit' hin überprüft werden":[123]

- Sind Fehler zugelassen?
- Erhalten die Schüler genügend Zeit, um einer Idee nachzugehen, Fehler zu entdecken und darüber reflektierend zu mehr Sicherheit und Verständnis zu gelangen?
- Werden die Fehler im Unterricht angesprochen oder totgeschwiegen?
- Werden die Fehler nur dann angesprochen, wenn ein Schüler ‚vorgeführt' werden soll oder um gegenseitiges Verständnis zu erreichen?
- Werden die Schüler zu Toleranz gegenüber den Fehlern anderer erzogen?
- Wird den Schülern nur der Fehler vor Augen geführt oder werden sie auch angeregt zum Nachdenken darüber, warum sie diesen Fehler gemacht haben?

---

[120] Quelle: http://blk.mat.uni-bayreuth.de/programm/organisation.html am 20.10.2001. Dies ist der bundesweite Server des BLK-Projekts, der Informationen und Materialien zum Mathematikunterricht offeriert. Vgl. auch: Baumert 1997; Bund-Länder-Kommission, Gutachten zur Vorbereitung des Programms 'Steigerung der Effizienz des mathematisch-naturwissenschaftlichen Unterrichts', 1997; Tiefenbacher 1999.

[121] Vgl. Ministerium für Kultus, Jugend und Sport Baden-Württemberg: Weiterentwicklung des mathematisch-naturwissenschaftlichen Unterrichts, 1999.

[122] Landesinstitut für Erziehung und Unterricht, Stuttgart 2000, 14 (vgl. http://lfb.lbs.bw.schule.de/wum/uebers.html).

[123] Ebd., 15. Vgl. auch Henn 1999 und Dreher 1999.

Auffallend ist jedoch, dass bei den Konkretisierungen der unterrichtlichen Abläufe und Instrumente der Schülerfehler dann doch wieder eher als ein Ausgangspunkt zur (vom Schüler selbstgesteuerten) Fehleranalyse, -bearbeitung und -vermeidung didaktisch in Erscheinung tritt. Nur selten wird er als Kristallisationspunkt der Entwicklung neuer, kreativer und alternativer Denk- und Rechenwege für möglich gehalten. Außerdem ist eine gewisse Neigung der Lehrer zum geplanten Einbau „künstlicher Fehler" in Aufgaben oder Klassenarbeitsverbesserungen feststellbar.[124] Selbst in der Aus- und Fortbildung tätige Lehrkräfte scheinen sich mit der produktiven Nutzung *unkontrolliert* auftretender Fehler im Lerngang einer Klasse noch immer schwer zu tun. Ein Hauptgrund dafür könnte sein, dass der in Deutschland bevorzugte fragend-entwickelnde Unterricht, bei welchem die Lehrperson meist ihr Unterrichtsergebnis und den Denk-Rechen-Weg zu diesem Ziel bereits fest im Auge hat, mit fehlerhaften Schülerantworten oder unerwartet-genialen Verfahrensvorschlägen kaum in Einklang zu bringen ist (vgl. Wiederrecht 1999).

Ein Grundproblem dieser fehlerfreundlichen Anläufe wird bei Strecker (1999, 2) deutlich. Für ihn ist das Prinzip der Rehabilitierung des Fehlers als Lerngelegenheit ein „unterrichtsbezogener Schwerpunkt des Förderprogramms", denn: „Echte Fehler sind fast immer das Ergebnis eines eigenständigen (kreativen) Denkprozesses. Deshalb sind Korrekturen fast nie erfolgreich, wenn sie nicht am Denkvorgang des Schülers ansetzen, sondern nur das Ergebnis desselben berücksichtigen." Offenbar betrachtet also Strecker Fehlleistungen der Schüler, die etwa auf Leichtsinnigkeit, Flüchtigkeit oder anderen nicht-kreativen Vorgängen beruhen, als ‚unechte Fehler'. Ebenfalls keine echten Fehler wären demnach alle *regelhaft* falsch ablaufenden Rechenoperationen, mit denen beispielsweise rechenschwache Schüler beim Zehnerübergang in der Primarstufe oder beim Einführen des Bruchrechnens zu kämpfen haben.

Für den Praktiker erschweren aber gerade diese anderen Fehler die unterrichtliche Arbeit und die produktive Nutzung wirklich kreativer ‚Fehler'. Denn es ist für die Lehrkraft ja im Unterrichtsverlauf nicht stets ohne weiteres zu erkennen, ob ein ‚fehlerhaft' scheinender Beitrag eines Schülers nun auf Flüchtigkeit, Unkonzentriertheit oder individueller Rechenschwäche beruht – was für den Prozess des gemeinsamen Nachdenkens nicht viel erbringen würde, sondern den Lernprozess der Klasse eher behindert – oder ob er etwa auf echter denkerischer Kreativität beruht, die es zu würdigen und zu nutzen gilt.

Ein Kollidieren des neuen offenen Fehlerumgangs mit tradierten Rahmenbedingungen, Methoden und anderen Parametern des Mathematikunterrichts zeigt sich auch in der Frage der Leistungsfeststellung. Baumert (1997), der die neue Fehleroffenheit fordert, rät, dies nicht in den Bereich der Leistungssituationen hineinzutragen. Gute Mathematikzensuren können Jugendliche dann aber nach wie vor nur durch striktes Praktizieren des Prinzips der Fehlervermeidung erlangen, die Leistung des kreativen ‚Fehlers' bleibt

---

[124] Landesinstitut für Erziehung und Unterricht Stuttgart 2000, 83; vgl. auch Walter/Kromer 1999.

unberücksichtigt.[125] Auch deshalb wird von Fachdidaktikern die Leistungsfeststellungssituation als ,letzte Bastion des Beharrens auf dem Prinzip der absoluten Fehlervermeidung' besonders in den letzten drei Jahren verstärkt in Frage gestellt.[126]

2.6.5   Fehler als Ausgangspunkte in der Chaos- oder Fraktaleforschung

Abschließend soll auf eine weitere Entwicklung hingewiesen werden, die in der theoretischen Mathematik stattfand und unter der Bezeichnung Chaostheorie geläufig wurde. War von der Mathematikdidaktik die wichtige Rolle der ,fehlerhaften' Lösungsvariante für individuelle und gemeinsame Erkenntnis- und Lernvorgänge erkannt worden, so entdeckte die Fraktaleforschung nun die Bedeutung der geringfügigen Abweichungsfehler für langkettige iterative Rechenvorgänge und hierbei die Grenzen des Anspruchs, anhand theoretischer Rechenformeln stets exakte mathematische Vorhersagen zu den Rechenergebnissen leisten zu können.

Diese Erkenntnis setzte ein, als nach der Einführung der ersten Computer bestimmte Daten in langen Reihen hochgerechnet wurden. Dabei ließ sich empirisch immer öfters beobachten, dass bei nicht-linear rückgekoppelten Rechenprozessen kleinste Abweichungen oder Fehler größte Divergenzen nach sich ziehen. Bei solchen Rückkopplungs- oder Iterationsprozessen wird das Rechenergebnis eines Schrittes zum Ausgangswert für die nächste gleichartige Operation. Durch die bei Messungen unvermeidlichen kleinsten Ungenauigkeiten oder allein schon durch Rundungsunterschiede von Rechnern unterschiedlicher Bauart beispielsweise bei der sechzehnten Stelle hinter dem Komma ergeben sich geringfügigste Differenzen der Ausgangsgrößen. Diese schaukeln sich aber u.U. so stark hoch, dass bei der hundersten Iteration höchst unterschiedliche Endresultate vorliegen, wenn man etwa zwei verschiedene Rechner verwendet. Diese Unterschiede sind aber oft anhand der Formel kaum vorhersagbar, sondern überraschen den Mathematiker am Ende der langen Rechenvorgänge. Sehr eindrücklich veranschaulichen diesen Effekt die Iterationen bei der sogenannten Mandelbrot-Menge.[127]

---

[125] Daran ändert auch die im Gefolge von TIMSS und WUM vorgeschlagen „Praxisnote" nichts, der u.a. die individuelle *Nach*bearbeitung der angestrichenen Fehler zu Grunde gelegt werden soll (Landesinstitut für Erziehung und Unterricht Stuttgart 2000, 87f), den diese Fehleranalyse hat recht wenig mit der produktiven Fehlernutzung im vorangegangenen Prozess der *primären* Erkenntnisgewinnung gemein.

[126] Näheres dazu in Kap. 2.8.3 und 2.8.4.

[127] Die Mandelbrot-Menge gehört zu den sogenannten Fliehzeit-Fraktalen (escape-time fractals). Jeder Punkt c= (x, y) der Bildebene (genauer: komplexen Zahlenebene) wird in die Iterationsformel $z_{n+1} = z_n^2 + c$ eingesetzt, wobei anfänglich $c = z_0 = 0$ gesetzt wird. Die Berechnung nach dieser Formel wird nun für jedes c beliebig oft durchgeführt, es entsteht für jedes c eine Zahlenfolge z_0, z_1, z_2, usw. Nach jeder Iteration wird geprüft, ob sich z_{n+1} innerhalb eines bestimmten Radius um den Ursprung befindet, der Radius wird dabei definiert. Aus geringfügigsten Differenzen der jeweils eingesetzten c- und z-Werte resultieren frappierende Unterschiede der Rechenergebnisse bzw. ihrer grafischen Darstellung. Zu der 1985 von Benoit Mandelbrot dargestellten Formel und ihren ästhetischen Figurationen siehe Peak/Frame 1995, 9 u. 229ff. Vgl. auch: http://www.math.utsa.edu/ mirrors/maple/mfrmandd.htm und Timothy Wegner et al., Fractals for Windows, Corte Madera 1992.

Die praktische Relevanz dieser Feststellung erkannte Edward Lorenz, als er 1963 bei einer Computersimulation von Wetterformationen entdeckte, wie geringfügigste Abweichungen bezüglich der Ausgangsgröße höchst konträre Endresultate für die Wetterprognose zur Folge hatten. Er stellte die Frage „Can the flap of a butterflys wing stir up a tornado in Texas?" und bejahte sie (Lorenz 1963). Dieses als Schmetterlingseffekt (vgl. Peak/Frame 1995, 143ff) bezeichnete Phänomen bezeichnet also die plötzlich bewusst gewordene Bedeutung der bislang tendenziell vernachlässigten und gerundeten kleinsten Abweichungen und Fehlergrößen. J.Gleick (1987) kam zu dem Schluss: Selbst wenn man die ganze Erdoberfläche und Atmosphäre im 1-Fuß-Abstand mit einem Gitternetz von Sensoren für minütlich neue Wetterdaten ausstatten könnte, und Computer diese perfekt verarbeiten könnten, wäre man aufgrund des nicht kalkulierbaren Hochschaukelns winzigster Änderungen nicht in der Lage, zu errechnen, wie in einem Monat das Wetter etwa in Princeton wäre.

Man stieß hier an die Grenze der Berechenbarkeit und Erkenntnisfähigkeit durch den Mensch, sah eine ‚chaotische' Eigendynamik am Wirken. Diese chaotische Dynamik erzeugte aber zugleich erstaunlich klar geordnete Strukturen, wie sie sich etwa in regelmäßigen Wolkenformationen oder in der grafischen Umsetzung der Zyklen der Mandelbrot-Menge abzeichnen: „In vielerlei Hinsicht ist die Mandelbrot-Menge der Urtyp eines Fraktals: Sie ist einfach zu erzeugen und hat doch eine sehr komplexe Struktur. Und obwohl ihre algorithmische Struktur einfach ist, hat die Erforschung ihrer regelmäßigen Unregelmäßigkeit zu einer grundlegend neuen Mathematik geführt" (Peak/Frame 1995, 229).

Diese Erkenntnis bezüglich der Iterationsvorgänge war in der Geschichte der Mathematik nicht neu. Die Folgen geringster Fehler für die Dynamik nicht-linearer Operationen wurde bereits im 19. Jahrhundert von Mathematikern erkannt. Sie bildet nun aber gestützt durch die immer leistungsfähigeren Rechen- und Darstellungsmöglichkeiten der elektronischen Datenverarbeitung einen maßgeblichen Ausgangspunkt für die unter ‚Chaosforschung' subsumierten Arbeiten. In dem so regelgenau und berechenbar gedachten mathematischen Wirklichkeitsverständnis erlebte man diese schlecht vorhersagbaren Auswirkungen kleinster Abweichungen als potenziell „chaotisch"[128] wirkende Elemente. Sie erzeugen aber nicht eine Unordnung, sondern eher eine unerwartete Ordnung, weshalb der Terminus Chaosforschung tendenziell irreführend ist und mittlerweile auch weithin durch ‚Fraktaleforschung' ersetzt wird.

Dies regte dazu an, die Bedeutung solcher Iterationsprozesse für weitere Prozesse etwa im Bereich der organischen und anorganischen Natur sowie der menschlichen Gesellschaft zu überprüfen. Immer mehr dynamische Verläufe entdeckte man, die sich dem (be-) rechnenden Zugriff des Menschen und seiner Formeln letztlich entzogen: „More an

---

[128] Der Begriff ‚Chaos' wurde laut Peak/Frame (1995, 143) erstmals 1975 von T.Y.Li und James Yorke in diesen sachlichen Zusammenhängen verwendet. Zu den Gegenständen und Erkenntnissen dieses Spezialgebiets siehe auch Peitgen/Richter 1986 und Peitgen/Jürgens/Saupe 1992 und 1998.

more decisions in the development of science and technology, but also in economy and politics, are based on large scale computations and simulations. Unfortunately, we cannot always take for granted, that an honest error propagation analysis has been carried out to evaluate the results" (Peitgen et al. 1992, 49).

Der Physiknobelpreisträger Binnig (ebd., VII) gar erwartet von der Chaosforschung eine ähnliche Revolution in den Naturwissenschaften wie einst durch die Quantenphysik. Dies mag auch mit der mathematischen Definition von Chaos zusammenhängen: „Von Chaos sprechen wir bei Systemen, die sich weit von ihrem (stabilen oder instabilen) Gleichgewicht entfernen – bei Systemen, die mit ihrer Umgebung Energie und Materie austauschen können. Durch dieses Wechselspiel mit der Umwelt finden dieses Systeme keine Ruhe" (Peak/Frame 1995, 154).

Solche offenen und stark kontextualisierten Systeme, die einerseits festen inneren Strukturen gehorchen und andererseits durch Fehlerereignisse in eine überraschende Dynamik mit unerwartetem Ausgang gebracht werden können, scheinen demnach auch für soziale und gesellschaftliche Prozesse in zunehmendem Maße charakteristisch zu sein. Ein aktuelles Beispiel dafür sind die Ereignisse seit dem 11. September 2001: eine relativ kleine Gruppe von Menschen schaffte es, durch einen gezielten mörderischen Anschlag auf einen sensiblen Punkt einer Großmacht – World Trade Center und Pentagon – weltweit Konfliktstellen und Bewegungen auszulösen, deren globale Langzeitauswirkungen noch nicht in den letzten Konsequenzen absehbar sind.

Die Fehlerlinguistik und Sprachdidaktik war mit ihrer Forderung nach einem anderen Verständnis und Umgang bezüglich der Fehler weithin ungehört geblieben in der Schulpraxis. Sowohl die wegweisende mathematische Fraktaleforschung als auch internationale Vergleichsstudien im Bildungssektor, die besonders auf die mathematischen und naturwissenschaftlichen Lernergebnisse und -prozesse abhoben,[129] führten jedoch dazu, dass der Fehler heute in Wissenschaft, Schule und Gesellschaft breiter diskutiert und differenzierter betrachtet wird.

2.7 Fehlervermeidungsschule und -kultur?

2.7.1 „Automath" und Fehleraustreibung als Leitbilder

Der Journalist Reinhard Kahl[130] präsentiert seit 1993 unter dem Motto „Lob des Fehlers" ein Reihe von Filmen und Textbeiträgen. Er möchte ganz eindeutig die Schule gründlich umkrempeln und der von ihm propagierte neuartige Fehlerumgang scheint ihm dabei in medias res zu zielen. Er provoziert: „Das Vorhaben klingt frivol. Es riecht schweflig.

---

[129] Vgl. die TIMS- und die PISA-Studie (Baumert et al. 1997 und 2001).
[130] Kahl ist Rundfunk- und Fernsehjournalist, u.a. arbeitet er als Kolumnist für die Zeitschrift ‚Pädagogik'.

122

Zumal für Pädagogen muß sich das Lob des Fehlers nach Teufelsanbetung anhören. Schließlich sitzen uns Fehlerangst und Fehlervermeidung tief in den Knochen. In der Schule haben wir den Fehler als Pseudonym für den Leibhaftigen kennen gelernt. (...) Noch immer ist die Suche nach dem Fehler in vielen Schulen die bevorzugte Übung der pädagogischen Inquisition. (...) Die Suche nach Fehlern schafft die Atmosphäre braver Planerfüllung, aber sie schafft kein Klima, das dazu stimuliert, Neues zu wagen" (Kahl 1995, 14f).

Ähnlich scharfzüngig fällt ein anderer interessanter Anlauf von Kahl aus. Er schlüpft fiktiv in die Haut eines ,außerirdischen Ethnologen'. Wenn ein solcher unsere Zivilisation betrachten würde, dann käme der kulturelle Code der westlichen Gesellschaft im Schulunterricht und hier wieder besonders in der Mathematik konzentriert zum Ausdruck:

> „Ihm bietet sich eine Kultur dar, die Perfektion anstrebt. Der Gott, den sie verehrt, ist der Automath.[131] Der Mathematikunterricht ist das Initiationsritual der diesen Gott verehrenden Kultur. Seine kultischen Übungen spuren Bahnen für das Entweder-Oder-Denken. (...) Ihr erstes Gebot heißt, ,Habe keine andere Lösung neben mir'. Lehrer-Priester kleiden ihr Wissen über die eine richtige Lösung zwar in immer neue Textaufgaben, aber sie behandeln nur längst erprobte Probleme. Sie stellen keine Aufgabe, deren Lösung sie nicht längst kennen. Das weite Meer des Nichtwissens meiden sie. Was noch nicht trocken gelegt worden ist, betreten sie nicht. (...) Auch der Umgang der Priester mit den zu Initiierenden folgt ihrer ehernen Entweder-Oder-Regel: ,ich oder du'. Sie dulden keinen Widerspruch. (...) Im Mathematikunterricht gehen alle Aufgaben auf. Vom sonstigen Leben kann man das nicht sagen. Die Missionare des *Automath* versuchten das Leben zu bekehren. Aber auf Dauer ist das Leben stärker. In ihm geht nichts völlig auf und nur deshalb geht es weiter. Die perfekte Lösung erweist sich als Sackgasse der Evolution. Die Perfektion des Automath wird als Todeschiffre entschlüsselt" (Kahl 1993c, 44f).

Kahl sieht die Fixierung auf die Fehlervermeidung als Grund dafür, dass unsere schulischen Bildungsbemühungen und in deren Folge die verschiedenen gesellschaftlichen Kräfte nicht im erforderlichen Maß in der Lage sind, wirklich neue Wege und Lösungen zu denken. Ein fatales ,Entweder-oder-Denken', das eindeutig und unwandelbar das Richtige vom Falschen, vom Fehler, scheidet und deshalb meint den Fehler unterdrücken zu dürfen, ist für Kahl der Kern einer falsch angelegten Schulbildung, die nur reproduziert. Er fordert deshalb ein „Neues Testament" der Pädagogik mit dem Leitsatz „Am

---

[131] Das als Zusammenziehung von Automat und Mathematik zu verstehende Kunstwort „Automath" findet sich bereits bei Baruk (1989, 18 u. 343). Sie schreibt: Das Kind, das bereits nach einigen Schuljahren in der Mathematik den Gebrauch seiner Sinne und das Fragen nach dem Sinn gründlich verlernt habe, „wird zum *Automath*, wie ich das genannt habe. Damals war das ein Neologismus, eine Wortneubildung (...) seither ist dieser Terminus in die alltägliche Sprache des Mathematikunterrichts eingegangen" (Baruk 1989, 18; Hervorhebung durch die Verfasserin).

Umgang mit den Fehlern sollt ihr sie erkennen" (Kahl 1995, 15) und stellt fest: „Die Fehleraustreibung ist in Schulen längst noch nicht abgeblasen. Der Fehler ist der Feind. Lehrer sind Fehlerjäger. Zwar geben sie neuerdings häufiger zu, dass Schüler auch aus Fehlern lernen sollen, weil die Begegnung mit ihnen ja läutert. Dann aber ist Schluß. Richtig sollen wir es machen. Wie denn sonst?" (ebd., 14). Struck (1997, 66), der sich auf Kahl bezieht, pflichtet bei: „Die Schule hat sich bislang vornehmlich für den Weg des Bestrafens von Fehlern als wichtigstem Lernmotor entschieden". Er sieht die falschen Reaktionen auf das Fehlermachen als einen maßgeblichen Grund für Entmutigung und Schweigsamkeit von Schülerinnen und Schülern im Unterricht, für Desintegration in koedukativen Klassen und für Vermeidungsverhalten.

Hinter der bewusst aufrüttelnd-polemischen Sprache des Journalisten Kahl wird erkennbar, dass es ihm nicht um eine billige Schulschelte geht, sondern um ein grundlegendes Umdenken, um eine nachwachsende Generation, die dank ihrer geistigen Fähigkeiten die Gesellschaft aus eingefahrenen Bahnen herausführen und die globale Zukunft meistern kann. „Keine Fehler machen zu dürfen verlängert die Herrschaft der Vergangenheit über die Zukunft" meint er und fragt: „Wie können Schüler in die bewegende Dialektik von Wahr und Falsch hineingezogen werden, wenn die Fehler schon ausgebürstet sind und wenn jeder, der Fehler macht, der Schmach preisgegeben wird?" (Kahl 1993c, 45f). Es geht also auch um die Wiedergewinnung verschütteter kreativer Möglichkeiten im Menschen einfach um des Menschen willen, der durch die Schule unterfordert und verbogen wird.

Es zeigt sich hier eine dem konstruktivistischen Denken nahe stehende Position. In einem Gespräch mit Kahl meint Heinz von Foerster, einer der Väter konstruktivistischer Denkansätze: „Eine Frage ist illegitim, wenn ihre Antwort bereits bekannt ist. (...) Legitime Fragen sind hingegen solche, auf die es noch kein fertige Antwort gibt. Wäre es nicht schön, wenn sich eine Institution wie die Schule vorrangig mit legitimen Fragen abgeben würde?" (Kahl 1998, 68). Eine Grundstruktur fehleroffener schulischer Vorgehensweisen wird hier verdeutlicht. In der konstruktivistischen Pädagogik kann der Fehler kein ‚objektiv' unrichtiger Tatbestand sein, denn Objektivität gibt es für sie nicht.[132] Im Prozess der subjektiven Aneignung von Wirklichkeit ist er als Verfahrens- oder Passungsfehler denkbar. Falsch und richtig wird dann sinnvoller durch wirksam und unwirksam ersetzt (Wildt 1998, 50). Fehler sind bei subjektiven Konstruktionsversuchen unabdingbar als Durchgangsstation und damit als Impulsgeber und Helfer in individuellen oder gemeinsamen Suchbewegungen.

Im ersten seiner vier Filme unter dem gemeinsamen Titel „Lob des Fehlers" (Kahl 1993/1994) porträtiert Kahl die Methode von Ursula Müssle und Jürgen Reichen, die ‚Fehler als Verbündete des Lernenden' im Grundschulunterricht zu integrieren versucht. Eine hohe Fehlertoleranz ist als Teil von deren Methode ‚Lesen durch Schreiben' unabdingbar. Bereits fünf Wochen nach der Einschulung beginnen die Kinder anhand einer

---

[132] Vgl. Reich 1997.

Lautier-Tabelle Worte und kleine Texte zu schreiben, die natürlich voller orthografischer Fehler sind. Die Kinder sollen sich ähnlich wie das Kleinkind beim Sprechen-Lernen entlang eigener Lernwege und -geschwindigkeiten das neue Zeichensystem möglichst eigenständig erschließen. Auch das Kleinkind spricht zunächst äußerst rudimentär und fehlerhaft, verbessert sich aber in der Verständigung mit anderen und im Zuhören ständig selbst. Die Funktion der kontinuierlichen Senkung der Fehlerquote durch ein gegenseitiges Korrigieren und ‚beieinander Abgucken‘ übernimmt beim Schriftspracherwerb in diesen Klassen die Lerngemeinschaft der Mitschüler. Sie sind die Mannschaft, die das Spiel gestalten, die Lehrerinnen und Lehrer rücken als „Coach", so Reichen, in den Hintergrund, sie „ermuntern die Kinder zum Selbermachen, sogar zum Fehlermachen" (Kahl 1993b, 52f). Kahl umschreibt es metaphorisch so:

> „In dieser Klasse ist der Fehler nicht mehr Feind, sondern Verbündeter der Lernenden. Der Fehler ist Durchgangsstadium in Prozessen. Der Fehler ist ein Engpaß, auf den neue Weite folgt – pulsierender Rhythmus, kein militärischer Gleichschritt. Poesie und Nützlichkeit verbünden sich in dieser Schule: ein faszinierendes Bündnis, das allemal durch hohe Leistung besticht."[133]

Kahls Sprache wirkt durch ihre Metaphorik. Umso schärfer gilt es in sachlicher Hinsicht hinzusehen, was er über Fehler sagt und was nicht. Er betrachtet Fehler nur von ihrer positiven Seite und kann sich nicht unterwinden, das weitgehend fehlerfreie Beherrschen etwa von grundlegenden Kulturtechniken – worauf ein großer Teil der schulischen Anstrengungen zielt – als zumindest bedingt sinnvolles Ziel zu bezeichnen. Fehlervermeidung, so könnte man meinen, zielt für ihn prinzipiell in die falsche Richtung. Seine eher wissenschaftsjournalistischen Texte wollen offensichtlich verkürzen, polemisieren und provozieren, um eine verkrustete pädagogische Fehlerpraxis (endlich) aufzubrechen. So setzt er sich auch wenig mit bereits vorliegenden fachwissenschaftlichen Anregungen zu einer anderen Fehlerbetrachtung auseinander.[134]

Mit den fehlerbezogenen Arbeiten von Wissenschaftlern wie Baruk 1985 und Guggenberger 1987, die noch dargestellt werden,[135] verbindet Kahl das grundsätzliche Nachdenken über die Bedeutung des Fehlers für unsere Kultur. Wie sie kommt er zu dem Schluss, dass Fehler für Verstehens-, Lern- und kreative Entwicklungsprozesse des Einzelnen wie der Gesellschaft absolut unabdingbar sind. Kahl richtet wie Baruk seinen Blick auf die Schule: Bereitet die Schule auf diese Prozesse vor? Kahls Urteil fällt ver-

---

[133] Kahl 1993/1994, Textbuch Folge 1, 39.

[134] Bei Kahl finden sich fast keine Bezugnahmen zu den in der Sprach- und Mathematikdidaktik seit den siebziger Jahren erfolgten Weiterungen des Fehlerverständnisses, wonach etwa Fehler als Fenster zum besseren Verständnis der kognitiven Prozesse und Strukturen sowie als notwendige Durchgangsstationen in Lernprozessen positiv gewürdigt werden. Auf Baruk und Binnig bezieht sich Kahl (1993c, 44) explizit, während die in der Heil- und Sonderpädagogik deutlich gewordene Abkehr von der Fehlerjagd und -ausmerzung oder der anregende Essay zum ‚Menschenrecht auf Irrtum‘ von Guggenberger (1987) von ihm nicht diskutiert oder erwähnt werden.

[135] Vgl. Kap. 2.8.3 und Kap. 3.7.

nichtend aus. Es scheint vor allem geprägt vom Blick auf die bestehende Praxis der Sekundarstufe I. Diese dürfte tatsächlich noch am deutlichsten dem Muster einer ‚Fehlervermeidungsschule' entsprechen, wenngleich auch hier saubere empirische Nachweise ausstehen.

2.7.2 Folgen der Fehlerjagd

Für Kahls Einschätzung, dass sich die Schule weithin der Fehleraustreibung verschrieben habe, spricht allerdings der Tatbestand, dass die Fachliteratur zur Leistungsfeststellung bis heute nahezu einstimmig auf dem Prinzip der Fehlervermeidung beharrt. Wenn es für die Kinder und Jugendlichen ‚ernst wird' in der Schule, also in Klausuren und Prüfungen, erleben sie diese noch immer weithin und quer durch beinahe alle Schulfächer[136] als eine „Fehlervermeidungsschule": wer keine oder kaum Fehler – im Sinne von Defiziten des unterrichtlich Erarbeiteten – aufweist, bekommt die gute Zensur. Dass Schülerinnen und Schüler die Leistungsfeststellung oft so erfahren, spiegelt auch der Umstand, dass Übungsmaterialien und Lernhilfen, die der Buchhandel speziell zum Aufholen von Lerndefiziten für den Hausgebrauch durch Schüler und Eltern anbietet, noch auffallend oft mit Titeln wie „Keine Fehler mehr" oder „Null Fehler im Rechnen" (LÜK-Set), „Englisch – Vorsicht Fehler" (Freese 1992) oder gar „Fehler-Beschwörer" (Furdek 2001) werben.[137]

Es finden sich erstaunlicherweise kaum Forschungen oder auch nur Hinweise in der pädagogischen Fachliteratur zur Frage nach den Wirkungen des alltäglichen angstbesetzten Fehlervermeidens und -machens etwa auf die Ausprägung von kognitiven Strategien und Selbstbildern von Schülerinnen und Schülern, auf ihre psychische Verfassung in der Schule sowie deren Lernfolgen.

Weinert (1999, 105) beschreibt im Anschluss an Heckhausen (1989) die Bedeutung von Fehlern in Leistungssituationen, die für alle verbindliche Anforderungen stellen, so: „Fehler sind unter diesen situativen Bedingungen sichtbare Indikatoren des persönlichen Mißerfolgs mit entsprechenden Frustrationserlebnissen, mit Gefühlen subjektiver Beschämung, mit Zweifeln an der eigenen Tüchtigkeit und mit wachsender Furcht vor langfristigem Versagen – vor allem dann, wenn sich die Fehler, auch und gerade im Vergleich zu anderen, häufen." Bedauerlicherweise sieht sich Weinert aber dadurch nicht veranlasst, den Fehler im Rahmen der Leistungsfeststellung anders zu gewichten oder näher zu betrachten, wie auch sein Sammelband zu „Leistungsmessungen in Schulen" (Weinert 2001) zuletzt zeigt.[138]

---

[136] Im Fach Kunst, teilweise auch in Deutsch, Musik oder Religion, werden auch Leistungsfeststellungsverfahren angewandt, die nicht „das Fehlende" in den Vordergrund rücken, sondern das eigenständig und individuell Hervorgebrachte.

[137] Ergebnis einer Recherche im Verzeichnis lieferbarer Bücher (VLB) und bei Lernmittel-Verlagen.

[138] Der Band versammelt namhafte Experten der Bildungsforschung und Leistungsfeststellung, die teilweise wie etwa Baumert oder Brügelmann in anderem Zusammenhang bereits Anregungen zu einem modifizierten

Nach Schätzungen erlebt ein Viertel bis ein Drittel der Schülerinnen und Schüler „die Schule als ständige Quelle der des Misserfolgs und der Unzufriedenheit" (Lange 1997, 147f). Folgt man Vester, dann ist die Fokussierung auf Fehlersuche und -angst eine Ursache dieser bedenklichen Werte. Vester (1998, 171) betrachtet die Fehlerangst in der Schule als einen sehr maßgeblichen Stress auslösenden Faktor. Er unterscheidet einerseits einen „gesunden Leistungsstress" (Vester 1995, 322f), Eu-Stress genannt, der in unbedrohlichen Situationen durch Neugier und herausfordernde Aufgaben- oder Problemstellungen entsteht und bereits bei Kindern Lerneifer auslöst, und andererseits einen negativ empfundenen, durch äußeren Druck und innere Konflikte gekennzeichneten Di-Stress. In Bedrohungs- oder Belastungssituationen äußere jener sich in Anspannungen und Verzerrungen, bei denen man seelisch und körperlich unter Druck gerät (Vester 1995, 15). Di-Stress deutet Vester als evolutionär erhalten gebliebenen natürlichen Stressmechanismus, da er physiologische Reaktionen auslöst, die Fluchtverhalten und reflexartiges Reagieren gegen Angreifer begünstigen: in individuell und situativ unterschiedlichem Maß, so Vester, würden nun Verbindungen zwischen Nervenzellen unterbrochen, Denkfunktionen gedrosselt, Sinneswahrnehmungen fokusartig eingeschränkt, Gedächtnisleistungen zurückgefahren, Adrenalinausstoß und Muskelspannung erhöht. Die Zahl richtiger Antworten sank bei experimentell ausgelösten Angstsituationen um fast die Hälfte (Vester 1998, 94ff).

Fehler sind für Vester, der u.a. auf Forschungen zum Problemlösen (Dörner 1974ff) zurückgreift, ein notwendiges Durchgangsstadium zur Erkenntnis, damit eine wichtige Handlungsorientierung und „nichts anderes als das Tasten eines Lebewesens in seiner Umwelt"; er meint deshalb, „den Fehler vom Frustrationserlebnis zum Erfolgserlebnis umzuwandeln, wäre eine der wichtigsten Aufgaben der Schulerneuerung" (Vester 1998, 171).

Analog stellte Leitner (1993, 52) fest, dass Fehlerverbote große Ängste vor dem Fehler und affektive Hemmungen in Lernprozessen und Leistungssituationen verursachen. *Fehlerängste* erhöhen folglich den Schülerstress und verringern Lern- und Leistungsfähigkeit. Allerdings wurde noch nicht vergleichend untersucht, ob sich bei weniger ‚fehlerorientierten' Formen des Leistungsversagens die Ängste und Hemmungen auf Dauer signifikant unterscheiden.

Morawietz (1997, 235f) führte im Anschluss an Vesters Annahme, dass Fehlerangst ein Stressor sei, eine 15-wöchige Untersuchung mit einer Schulklasse durch. Er konnte nachweisen, dass durch fehlertolerante und -produktive offene Unterrichtsverfahren nach einer kurzzeitig stresserhöhenden Einführungs- und Umstellungsphase von 4–5 Wochen bei den Schülerinnen und Schülern das Maß negativen Di-Stresses dauerhaft halbiert werden konnte (ebd., 243).

Umgang mit Fehlern gaben. Weder in den Themen der Kapitel noch im Sachindex dieses Kompendiums wird der Fehler jedoch aufgenommen, allenfalls marginal (etwa S. 98 u. 166) kurz erwähnt.

Die Fokussierung der Schüleraufmerksamkeit auf Fehlervermeidung scheint zudem negative Auswirkungen auf die gegenseitige soziale Wahrnehmung und Toleranz der Schülerinnen und Schüler zu haben. So sprach sich bereits Weimer dafür aus, die Fehlerbearbeitung zum Thema von Klassengesprächen zu machen, bemerkte aber auch schon bald: „Kinder flicken anderen gern am Zeug, besonders wenn sie dadurch zeigen können, dass sie die Sache besser wissen. Die Klassenkritik birgt also die Gefahr in sich, dass die Schüler durch sie lernen, nur auf die Fehler anderer zu achten" (Weimer 1926, 18). Von deutlich weniger Problembewusstsein zeugt heute so mancher Unterrichtsexperte wie beispielsweise Kieweg (1999, 22), der fast euphorisch die Methode des „error spotting" als Form der Lernzielkontrolle empfiehlt:

> „Nichts erfreut sich bei den Schülern größerer Beliebtheit als das Aufsuchen von Fehlern im Elaborat des Nachbarn. Mit einer unglaublichen Akribie versuchen sie, die Fehler des Partners zu finden und diese rigoros zu ahnden. Diese Begeisterung sollte man auch für die Lernzielkontrollen nutzen, indem man entsprechende Aufgaben konzipiert."

Insgesamt wurden die Wirkungen von Fehlervermeidungsdenken und -angst bislang kaum untersucht, während es zu den Folgen von Leistungsdruck und Versagensängsten reichlich Literatur gibt. Möglicherweise sah man Leistungsdruck und Fehlermachen so unmittelbar miteinander verknüpft, dass gezielte Untersuchungen des Fehleraspekts scheinbar überflüssig erschienen.

2.7.3 Fehler und Irrtümer als produktive Faktoren

Nachdenklich stimmt der von Kahl nebenbei postulierte unmittelbare Zusammenhang des verbreiteten Fehlervermeidungsdenkens mit der Mathematik als dem zentralen kulturellen Code der modernen, der technologisierten Gesellschaft und dem ‚Automath' als deren – bei ihm götzenhaft erscheinenden – Leitbild. Ohne Zweifel hat die exakte Mathematik mit den Naturwissenschaften seit der Aufklärung schrittweise unsere technologische ‚Hochkultur' herbeigeführt, welche etwa bei der Chip-Produktion bereits auf kleinste Abweichungsfehler von Materialeigenschaften oder Abläufen oft äußerst störanfällig reagiert und dementsprechend auf akribische Fehlervermeidung bedacht ist. Überraschenderweise ist es, wie wir sahen, ebenfalls die Mathematik, die im Zuge der Forschung zu Fraktalen[139] den bislang eher vernachlässigten Fehler auch als produktive Größe wiederentdeckt.

Mit der Fraktale- oder Chaosforschung rückt ein *produktives* Potenzial des Fehlers in den Mittelpunkt des mathematischen Interesses. Peitgen meint, der Fehlerversuch bzw. der nicht genügende Versuch, das Erkennen des Fehlers und das Verfolgen des Laufs, den er in einem komplexen Prozess etwa im Bereich von Fraktalen nimmt, sei die entde-

---

[139] Vgl. Kap. 5.6.3.

ckende mathematische Leistung. Er hält den Fehler überhaupt für „eigentlich das Typische" an der mathematischen Arbeit, denn ein mathematisches Problem zu lösen brauche mal hundert, mal tausend oder zehntausend Fehlversuche. Die Schulmathematik dagegen blockiere den Fehler. „Erkundendes und entdeckendes Lernen findet überhaupt nicht statt. Fertiger Stoff wird festgezurrt und dogmatisch angeboten."[140]

Mit einer Kritik der Schulpraxis setzen Stella Baruks grundsätzliche Ausführungen (auch) zur Bedeutung von Fehlern und Irrtümern für Lehre und Unterricht der Mathematik an, die 1985 zunächst auf Französisch erschienen, und auf die hierzulande erstaunlicher Weise eher selten explizit Bezug genommen wird.[141] Was Baruk zur Rolle von Fehlern in den Erkenntnisprozessen am Beispiel der Mathematik mitteilt, ist in vielem von grundlegender Bedeutung auch für andere Gegenstandsbereiche der Schule. Deshalb stelle ich ihre Überlegungen an dieser hervorgehobenen Stelle und nicht etwa im Rahmen der Mathematikdidaktik dar. Baruk vertritt die These: Ein Kind, das in Mathematik versagt, ist ein Kind, dem man Mathematik im eigentlichen Sinn versagt. Die u.a. mit Lehrerfortbildung befasste Mathematikerin berichtet etwa von einer Lehrkraft, die den Kindern ihrer Klasse die Frage vorlegte: „Auf einem Schiff befinden sich 26 Schafe und 10 Ziegen. Wie alt ist der Kapitän?"[142] Von 97 Dritt- und Viertklässlern begannen daraufhin 76 fieberhaft, die Zahlen irgendwie zu kombinieren – für Baruk das typische fatale Resultat eines grundlegend falsch ausgerichteten Mathematikunterrichts, der nicht zum Sinngehalt mathematischen Denkens vorstößt, sondern beim Abarbeiten von Algorithmen stehen bleibt.

Nach Baruks Erfahrung werden die Kinder in der Schule formiert zu „Automathen mit begrenzter Leistung, bedroht durch jegliche Form und jegliche Formulierung, die nicht genau passt. So was nennt sich ‚wissen wie's geht'" (Baruk 1989, 343). Der Mathematikunterricht erschöpfe sich gemeinhin in Lehrerausführungen, was richtig sei, und anschließenden Übungsroutinen der Schülerinnen und Schüler. Durch diese Verabreichung der ‚Fertigprodukte' wird die individuelle Entwicklung mathematischer Denkansätze deutlich behindert, zugleich aber der Leistungsdruck enorm erhöht. Nicht wenige Schülerinnen und Schüler würden durch diese belastende Doppelstrategie des Unterrichts ein Leben lang belastet „von der Hypothek, dass man in Mathematik ein Versager ist" und „verstümmelt durch ein Versagen, das nicht das ihre ist" (ebd., 11).

Unter Verweis auf Lecat, der die Irrtümer der Mathematiker in der Wissenschaftsgeschichte zusammentrug, stellt sie zunächst fest, dass sich die Mathematik historisch gesehen von Irrtum zu Irrtum vorantastet: „Das Normale, das ist der Denkfehler" (ebd.,

---

[140] Kahl 1993c, 45f. Peitgen lehrt Mathematik an der Universität Bremen. Er erstellte u.a. Materialien für den Umgang mit Ansätzen der Chaosforschung im Unterricht.

[141] Kahl (1993c) und Voigt (1994) nennen Baruk explizit, auch Guggenberger (1987), Ruf/Gallin (1993) und Oser (1999) scheinen Baruk gelesen zu haben, die bereits 1977 in „Fabrice ou l'ecole des mathematiques" den gymnasialen Fehlerumgang problematisierte.

[142] Baruk 1989, 30; auf diese Situation bezieht sich offenbar der Titel ihres Buches „Wie alt ist der Kapitän?". Die Rede von ‚Kapitänsaufgaben' ist mittlerweile in der Mathamatikdidaktik geläufig, die literarische Herkunft des Begriffs aber selten bekannt.

43).[143] Sie hält es zwar für Unfug, von einem generellen „Recht auf Irrtum" oder Fehler zu sprechen, denn etwa ein Justizirrtum oder ein ärztlicher Kunstfehler sind mit enormen Konsequenzen für andere verbunden. In einer hypothetisch-deduktiven Wissenschaft wie der Mathematik jedoch „sind Denkfehler sogar unerlässlich, weil erst mit ihrer Hilfe das Gebäude des mathematischen Wissens errichtet werden kann; und bei jedem, der sich mit Mathematik beschäftigt, sind Denkfehler konstitutiv für sein Wissen über dieses Wissen" (ebd., 49). Denn die Mathematik sei ein Wissensgebäude aus Wahr und Falsch, in dem „nicht recht zu sehen ist, wie man das Wahre von innen erkennen könnte, wenn man nicht wüsste, woraus das Falsche besteht, das den Umriß des Wahren bildet" (ebd., 90). Die Irrtümer wirken in diesem Prozess wie Antwortversuche und Anfragen zugleich:

„Seit Jahrhunderten sieht man den Denkfehler als etwas Anormales an und nicht als das, was er ist, als normale Denkbewegung. Der Denkfehler ist die Bewegungsform des Denkens, er ist die Antwort des Denkens auf ein Wissen, das ihm in einer bestimmten Weise entgegengebracht wird: das Denken antwortet, indem es eine Frage an dieses Wissen stellt. Aber diese Antworten werden stigmatisiert. Dass jeder Denkfehler eine Frage ist, darüber geht der Unterricht in strahlender Ignoranz hinweg und verfolgt weiter sein Ziel, das er niemals erreicht. Und es hat seinen Grund, dass der Unterricht sein Ziel nicht erreicht: Er richtet sich an niemanden, er hört niemandem zu – und so gibt es auch fast niemanden, der ihm folgt. Der Unterricht hat das lernende Subjekt radikal und endgültig eliminiert" (ebd., 45f).

„Um den Reichtum an Informationen und Bedeutungen, die der Denkfehler mit sich führt, würdigen zu können, muss man jedes negative und einschränkende Urteil aufgeben" (ebd., 90) meint Baruk und appelliert an die Lehrerinnen und Lehrer, diesen Weg des Fragens und gemeinsamen Vorantastens entlang der Irrtümer und Fehler zu beschreiten – damit Schülerinnen und Schüler wirklich fragen, durchdenken und verstehen lernen sowie Freude am Entwickeln neuer Denkmöglichkeiten. Damit formuliert Baruk eine fehleroffene Grundform von Unterrichten, die bei den Materien anderer Schulfächer mit ähnlicher Plausibilität eingefordert werden kann.[144]

---

[143] Franz. ‚faute' und ‚défaut' bezeichnen den Fehler im Sinne eines Mangels, der *Abwesenheit* von etwas, also ‚das Fehlen von...', während ‚erreur' tendenziell einen falschen *Vorgang* etwa des Denkens und dessen Ergebnis bezeichnet, also eher ‚das Verfehlen von etwas'. Der Übersetzer Herrgott (1989) ersetzt in Baruks Text ‚erreur' konstant mit dem deutschen Wort Irrtum. Im Deutschen wird mit Irrtum jedoch gemeinhin ein *Zustand* bezeichnet, der auf einem Mangel an richtiger Information oder Informationsverarbeitung beruht: man sagt „ich *bin* im Irrtum", jedoch „ich *mache* einen Fehler." Baruk hingegen betont, dass man auch einen ‚erreur' aktiv begehen kann (S.49). So wie sie den Begriff verwendet ist ein „erreur" für sie häufig eine gedankliche Operation und nicht ein Informationsdefizit. Ich ersetzte deshalb in den Zitaten aus Herrgotts Übersetzung das *stereotyp* verwendete Wort ‚Irrtum' gelegentlich durch die Begriffe ‚Denkfehler' oder ‚Fehler', sofern es dann sachlich angemessener übersetzt erscheint.

[144] Dieser Denkansatz kehrt wieder bei Descomps (1999, 18), der in seinem fehlerbezogenen Fremdsprachunterricht von dem Grundsatz ausgeht: „L'erreur est un processus non conforme au contrat".

Dabei gewinnt dieses Ansinnen eine (schul-) kulturkritische Stoßrichtung. Es geht zunächst um nichts weniger als ein grundlegendes ‚Umpolen' vieler Lehrerköpfe. Baruk selbst erlebte, wie Lehrkräfte begeistert Fortbildungsseminare über den Irrtum besuchten, „doch wenn sie dann die Irrtümer und Denkfehler leibhaftig vor Augen hatten, dann fanden sie sie anormal oder – entsetzlich" (ebd., 67). Sie schildert ihre „gewaltige Unterschätzung dessen, was die zweieinhalb Jahrtausende, die wir nun schon im Irrtum über den Irrtum in der Mathematik verbringen, an Steifheit und Verknöcherung der Verhaltensweisen hinterlassen haben" (ebd.). Der Philosoph Gadamer (2000, 37f) berichtet gleichlautend, dass ihm in vielen Gesprächen mit Mathematikern „allerersten Ranges, Nobelpreisträger und dergleichen" bedeutet wurde, die besten Mathematiker „seien immer die Humanisten, denn sie hätten besser arbeiten gelernt, und sie hätten keine falsche Mathematik gelernt (...) wir müssen uns dessen bewusst sein, dass es keine Auszeichnung für späteres Mathematikstudium ist, wenn man (in der Schule; M.W.) gute Noten hatte. Da muss man vollkommen umlernen."

Mit der jeweils bestehenden Kultur war und ist selbst die Lehre der Mathematik, die vielen so transkulturell gültig zu sein scheint, auf engste verbunden. Eine mathematische Formel ist nur deshalb ‚lesbar' weil für die einzelnen Zeichen Wörter unserer Sprache stehen. Diese „verweisen jedoch – ohne es sich anmerken zu lassen – auf präzise Definitionen, auf ineinander geschachtelte Erklärungen. Menge, Element, Bild: das sind Wörter, die die Mathematik aus der Umgangsprache entliehen und dann in einer spezifischen Gebrauchsweise spezialisiert hat" (Baruk 1989, 31f) in ihren Zeichensystemen und Korrelationsformulierungen. Entwickelt sich die zugrundeliegende Sprache etwa in ihren semantischen Zuschreibungen, so stimmt auch die Mathematik nicht mehr. Baruk zitiert G. Bachelard: „Für den wissenschaftlichen Geist ist jede Erkenntnis die Antwort auf eine Frage. Wenn es keine Fragen mehr gibt, kann es keine wissenschaftliche Erkenntnis geben. Nichts versteht sich von selbst. Nichts ist gegeben. Alles ist konstruiert"; sie schließt an, gedankliche Irritationen und Fehler seien daher „Fragen über die Gründe und Modalitäten der Existenz eines *neuen* Systems, welches das alte verdoppelt, ohne mit ihm übereinzustimmen: ein zweites System, ein sekundäres System" (ebd., 300f).

Weil aber die Bildungsinstitution Schule mit einem zweiten parallel laufenden System, also mit dem gleichzeitigen Denken in alternativen Bahnen von richtig und falsch, nicht zurechtkomme, wehre sie bei den Lernenden jede irritierende Frage und Aktivität, die das bestehende System hinterfragt, ab, indem sie „mit weiteren Irrtümern antwortet und weiteren Verrücktheiten" (ebd., 301). Dadurch behindern Schulen und Hochschulen nicht nur die Innovation der gedanklichen Systeme. Vor allem verderben sie in den Köpfen der Heranwachsenden die Fähigkeit, durch das bewusste Aufnehmen von Fehlern, Irrtümer, irritierenden Antworten, Einwänden oder Fragen wichtige Impulse zu gewinnen und ihr Denken mit einer hoch veränderlichen Wirklichkeit und ihrer Versprachlichung Schritt halten zu lassen. Und hier liegt zugleich der uneinholbare Vorsprung des

Menschen vor der Maschine: *"Niemals* wird ein Computer imstande sein, auf die *Fragen* zu antworten, die in den Irrtümern enthalten sind."[145]

Diese Sicht der Produktivität von Fehlern und Irrtums ist nicht völlig neu. Voltaire (1982) etwa kritisiert bereits 1767 Rousseaus Erziehungskonzept mit einer ähnlichen Argumentation. Er meint: Wenn man Erziehung erstens einschränkt auf die Kindheit und zweitens völlig konzentriert auf die Selbstentfaltung der Natur, nimmt man ihr ein entscheidendes Potenzial: den Irrtum. Denn die Natur ist statisch, der Mensch aber irrt. Einen „progrès de l'esprit" gibt es nur, weil diese menschlichen Irrtümer geschehen und weiterwirken dürfen.[146] Weil Rousseaus Emile vor allen Irrtümern etwa der Schulbildung alten Schlages bewahrt wird, so Voltaire, kann er auch nicht wirklich lernen. Mit diesem Denkansatz beschreibt der Philosoph den Zugang zu einem gänzlich anderen Verständnis der Funktion von Denkfehlern.

Diese Position blieb jedoch in der deutschen Pädagogik, in der etwa das Denken Fichtes im 19. Jahrhundert einflussreich wurde, weitgehend unbeachtet. Während Fichte in seiner Wissenschaftslehre den Anspruch erhob, „das System des menschlichen Geistes (..) irret nie", war für Hegel die „Furcht zu irren schon der Irrtum selbst" (zit. n. Mittelstraß 1989, 97). Denn Irrtümer, so Hegel, seien unserer menschlichen Natur unvermeidlich, und zudem gelte: „Der Irrtum ist etwas Positives, als eine Meinung des nicht an und für sich Seienden, die sich weiß und behauptet" (ebd., 94). 1981 erörterte Prange das Verhältnis und die Vertauschung von Bild und Begriff, von Schein und Sache in ihrer Bedeutung für die Pädagogik als einem „Erfahrungsprozess". In dieser Vertauschung bestehe „der Irrtum, der seine Kraft darin hat, dass er funktioniert", denn „der Irrtum, in dem die Menschen sich bewegen, erscheint hier nachgerade als der Motor, dessen die Geschichte bedarf, um voranzukommen. (...) Dass wir unsere Fehler erkennen und unser Grenzen sehen, dass wir enttäuscht und durch Unerwartetes überrascht werden, setzt eben diese Befangenheit im Irrtum voraus" (Prange 1981, 140f). In Bildaufbau und Bildzerstörung bewege sich das Lernen und deshalb sei „Widerstand gegen die Auflösung des Irrtums" als Denkvoraussetzung zu begrüßen (ebd.).

Ähnlich wie bei den von Czeschlik (1987) zusammengetragenen Überlegungen zum „Irrtum in den Wissenschaften" fragt sich Hahl (2001, 9) als ein Verantwortlicher in der Schulverwaltung[147]:

> „Muss man denn etwa in der Physik auf dem kürzesten Weg von einem Gesetz zum nächsten eilen und dabei eine zeitgeraffte Abbildung linearer Wissenschaftsgeschichte suggerieren? Wie wäre es, Schüler vor einseitig idealistischen Vorstellungen über die Wissenschaftspraxis zu bewahren, indem man die wissenschaftsgeschichtlich ‚erfolgreichen' Erkenntnisse und Theorien durch Hinweise auf – mögli-

---

[145] Baruk 1989, 273 (Hervorhebungen der Verfasserin).
[146] Voltaire 1982, 124ff; vgl. auch Oelkers 1990, 38f.
[147] Manfred Hahl war 2001 Präsident des Oberschulamts Stuttgart.

cherweise intelligente – Irrwege ergänzt (...) nach dem Motto: Umwege erhöhen die Ortskenntnis."

In völlig unterschiedlichen psychologischen, pädagogischen und fachdidaktischen Forschungszusammenhängen beziehungsweise disziplinären Feldern entwickelten sich somit seit den achtziger Jahren Impulse zu einer grundlegend anderen Betrachtung des Fehlers. Ein Teil der deutschsprachigen Wissenschaftler und Wissenschaftlerinnen, die sich in diesen Feldern zu dem Thema geäußert hatten, fand 1997 in einer anlässlich des sechzigsten Geburtstags von Fritz Oser stattfindenden Tagung unter dem Thema „Fehlerwelten" zusammen. Die Tagungsbeiträge (Althof 1999) verdeutlichen unterschiedliche disziplinäre Zugriffe auf das Thema am Ende des 20. Jahrhunderts.[148] Wie bei den internationalen Konferenzen von 1980 und 1983[149] wurde zwar auch 1997 keine einheitliche Begriffs- oder Strukturbildung im Feld der Fehlerforschung erkennbar. Aber die Disziplinen übergreifende Virulenz des Themas und das zunehmende Ungenügen am bisherigen Umgang mit der Fehlerthematik in Forschung, Theorie und pädagogischer Praxis wird deutlich belegt. Die von Oser und seinen Mitarbeiterinnen und Mitarbeitern entwickelte und auf der Tagung vorgestellte „Theorie des negativen Wissens" (Oser et al. 1999)[150] stellt dabei einen weiteren Versuch dar, neue Wege der Fehlerbetrachtung und des Fehlerumgangs zu beschreiten.

2.7.4   Lernen mit Fehlern – Leistungen ohne Fehler?

Überlegungen wie die von Baruk oder jene von Baumert et al. (1997) zu der in TIMSS deutlich gewordenen höheren Wirksamkeit des japanischen diskursiven, alternativen- und fehleroffenen Unterrichts haben hierzulande die Fachdidaktiker dem Fehler teilweise etwas gewogener gemacht. Die dargestellten Weiterungen in der Mathematik- und Sprachdidaktik rücken die Vielzahl der Handlungsstrategien und Lösungswege stärker ins Blickfeld. Das Denken der Kinder und Jugendlichen soll nicht eng geführt, sondern eher freigesetzt werden. Wo ein solcher Lernansatz realisiert wird, stellen Fehler in Lernprozessen eine zunächst relative Wertung dar, etwa wenn Schülerinnen und Schüler sich gegenseitig auf die Annahme falscher Tatsachen, fehlerhafter Schlussfolgerungen oder Nichtanwendungen selbst gewählter Regeln in einer Strategie aufmerksam machen.[151]

---

[148] Bedauerlich ist, dass einige der in der jüngsten Fehlerforschung wegweisenden Wissenschaftler und Wissenschaftlerinnen wie etwa Reason, Baruk oder Guggenberger nicht zu den Teilnehmern dieser internationalen Tagung zählten und dementsprechend ihre wichtigen Beiträge in dieser Zusammenschau, auf die sich seither so manche deutschsprachige Veröffentlichung (vgl. etwa Chott 1999; Berg 2001) zentral bezieht, fehlen.

[149] Vgl. Kap. 1.1.4.

[150] Vgl. Kap. 2.4.1.5.

[151] Entsprechende Szenen aus dem Unterricht von Jürgen Reichen/Basel finden sich im erstem Film der Reihe „Lob des Fehlers" (Kahl 1993/1994).

Doch kann diese kognitive, sprachliche und soziale Leistung der Schülerinnen und Schüler im Zuge des Lernprozesses nun auch Teil der notenrelevanten Leistungsfeststellung sein? Jürgens und Sacher bejahen dies und kritisieren, dass noch zu oft die in einer Klausur am Ende erbrachte Leistung völlig dominierend im Vordergrund der Benotung steht, obwohl vom einzelnen Lernenden fortlaufend im Lernprozess bereits Leistung gezeigt wird. „Der Lernoutput wird dann oft ungerechtfertiger Weise für das Lernen selbst gehalten. Lernen als Auseinandersetzungsprozess mit Alternativen, mit eingeschlagenen Umwegen und mit gemachten Fehlern ist nicht nur Anstrengung, sondern an die Anwendung von Methoden, Instrumenten und Strategien gebunden und findet in (mannigfaltigen) Überlegungen seinen Ausdruck, die für sich selbst wiederum Leistungen darstellen" (Jürgens/Sacher 2000, 14).

Die beiden Wissenschaftler weiten bewusst den Leistungsbegriff aus und plädieren dafür, auch „problemmotiviertes und vielfältiges Lernen" als Leistung zu verstehen (ebd.). Die Aufgabenstellungen in Verfahren des Lernens und der Leistungsfeststellung sollen „dem Lernenden Planungs- und Handlungsspielräume zugestehen, (...) die sich weniger durch stringente Vorgaben und stattdessen durch die Zulassung divergenter Lösungswege auszeichnen" (Jürgens/Sacher 2000, 15). Damit schließen sie an die oben[152] ausgeführten durchaus aktuellen Bemühungen an, beim Beurteilen den Widerspruch zwischen der Würdigung von Individualitätsdarstellungen einerseits und der sozialen oder sachlichen Bezugsnorm andererseits aufzuheben sowie Lern-, Leistungsfeststellungs- und Bewertungsformen konsistenter zu verbinden.[153]

Erstaunlicherweise fordern Jürgens und Sacher dann jedoch zwei Seiten weiter die Lehrkräfte hinsichtlich des konkreten Unterrichtsgestaltung tendenziell zum Gegenteil auf: „Lern- und Leistungssituationen sind voneinander zu unterscheiden". Ihre Begründung lautet: „Denn zum Lernen gehört der Fehler. Lernen selbst kann fehlerbehaftet sein und aus Fehlern kann gelernt werden. Leistungsüberprüfungen haben zum Grundsatz, Fehler zu vermeiden" (ebd.). Sie befürchten, dass es die gewünschte Fehleroffenheit der Lernprozesse unterläuft, wenn die Schülerinnen und Schüler sich bewusst sind, dass Lernprozessbeiträge ebenfalls bewertet werden. Denn dann würden sie sehr vorsichtig werden mit Äußerungen und „nur dann antworten, wenn sie sich ziemlich sicher sind, richtig zu liegen. Eigene Gedanken sind unter diesen Bedingungen nicht nur überflüssig und dysfunktional, sondern mitunter geradezu kontraproduktiv, weil der Lernende damit Gefahr läuft, nicht das zu antworten, was erwartet wird und dementsprechend negativ beurteilt zu werden" (ebd., 17f). Jürgens/Sacher wollen also *zunächst*, dass Lernprozesse erstens Fehler enthalten dürfen und zweitens dass Schülerbeiträge während der Lernprozesse in die Leistungsfeststellung integriert werden. Doch dann relativieren sie das Zwei-

---

[152] Vgl. Kap. 2.4 und 2.6.

[153] Namentlich Jürgens (1999, 51) geht es um „die Postulierung eines pädagogisches Leistungsverständnisses" und dies „stellt eine generelle Absage an alle Versuche dar, das gesellschaftlich bedingte Leistungsprinzip auf die Schule zu übertragen".

tere doch wieder, weil in der Leistungsfeststellung auch für sie *unumstößlich* das Fehlervermeidungsprinzip zu gelten hat. Wenn aber auch Lernprozesse mitbewertet werden, können diese aufgrund dieses Prinzips nicht mehr fehleroffen sein.[154]

Es wird offenbar nicht für möglich gehalten, dass man den Kindern und Jugendlichen vermitteln könnte, dass zwar in der Klassenarbeit Fehlervermeidung gefordert ist, aber dennoch in den gemeinsamen Problemlöse- und Lernprozessen zuvor ein Fehler keinesfalls negativ bewertet wird. Und noch undenkbarer scheint, dass in Klassenarbeiten kreativ-intelligente, aber eben doch fehlerhafte Lösungsversuche gelegentlich auch positive Wertungen zur Folge haben könnten. Kurz: Das *nicht hinterfragte oder relativierte* Prinzip der diametral entgegengesetzten Wertigkeit des Fehlers im Lernprozess einerseits und bei der Leistungsdarstellung andererseits erweist sich nicht nur bei Jürgens und Sacher als Crux für die angestrebte Vermittlung zwischen beiden Bereichen. Dieser ‚Knackpunkt' und ein dadurch teilweise verursachtes uneindeutiges Votieren und Lavieren hinsichtlich des Fehlerumgangs scheint vielmehr für Didaktik und Schulpädagogik in den letzten Jahren nicht untypisch zu sein:

- In der Fremdsprachdidaktik setzt sich Timm (1992, 9) stark für fehleroffene Lernverfahren ein, um dann unvermittelt festzustellen: „Einen Sonderfall stellen Klassenarbeiten und Tests dar. Hier sind natürlich alle Fehler zu korrigieren. Ob sie sich allerdings in jedem Fall auf die Note auswirken müssen, sei dahin gestellt."[155]

- Morawietz (1997, 233ff) konstatiert, dass die Fehlervermeidungserwartung in Leistungssituationen besonders stark Ängste, affektive und kognitive Blockaden und „unsinnigen" Stress unter Schülerinnen und Schülern erzeugt, um dann aber ohne nähere Begründung daran festzuhalten, dass Fehler beim Lernen und in Klassenarbeiten selbstverständlich unterschiedlich zu betrachten seien.

- Baumert (1997) formuliert thesenhaft Ansprüche an den Unterricht in heutiger Zeit und meint u.a., es gäbe eine Reihe von Hinweisen darauf, dass die systematische Aufnahme von (fehlerhaften) Schülervorstellungen und deren produktive Nutzung bei der Erarbeitung des Gegenstandes lernfördernd seien. Der produktive Umgang mit ‚Fehlern' setze jedoch ein sorgfältige Trennung von Lern- und Leistungssituationen im Unterricht voraus. Denn Leistungssituationen, in denen man einem Gütemaßstab zu genügen habe, hätten in Schule und Unterricht auch ihr Recht.

- Für das Fach Deutsch postuliert Dehn (2001, 78) die klare Trennung von Lern- und Leistungssituationen und bezieht sich dabei auf Weinert.

---

[154] Ähnlich äußert sich auch Timm (1989).

[155] Auch im Handbuch zur Fremdsprachuntereicht von Bausch/Christ/Krumm (1995, 268ff) finden sich in den vier Beiträgen zur Leistungsmessung und jenem von F.Königs zur Fehlerkorrektur keine Hinweise, die das Prinzip der Fehlervermeidung und -sanktionierung in Leistungssituationen auch nur ansatzweise relativieren würden.

- Weinert als anerkannter Experte in Fragen der Leistungsfeststellung plädiert für eine organisatorische Entkoppelung von Lern- und Leistungssituationen im Unterricht. Denn „entspannte Lernepisoden" bedürften – im Gegensatz zu Leistungssituationen einer „Atmosphäre des Lernens, in der alle das sichere Gefühl haben, etwas Schwieriges ohne Risiko ausprobieren zu dürfen, aus Fehlern lernen zu können und mit anderen zusammenzuarbeiten" (Weinert 1998, 16). Lernsituationen zeichnen sich „durch ihre Offenheit, ihren Probiercharakter, die Suche nach Neuem und den Umgang mit noch nicht ganz Verstandenem aus. Fehler und ihre erlebte Überwindung durch das Entdecken des Richtigen, Besseren und Angemesseneren sind subjektiv erlebte Indikatoren des individuellen Lernfortschritts" (Weinert 1999, 105). Der Lernende erlebt durch den Fehlerdurchgang verbesserte Einsicht, vertieftes Verstehen. Allerdings zeigt sich Weinert skeptisch gegenüber Tendenzen, die Lernprozesse sehr stark der Selbststeuerung und -verantwortung von Schülerinnen und Schülern zu überlassen. Denn bei radikal praktizierten Formen der Selbstinstruktion erhöhe sich „ohne hinreichende kognitive Voraussetzungen auf Seiten der Schüler die Wahrscheinlichkeit, dass Fehler systematisch gelernt werden" (ebd., 106).[156] Selbstgenerierte Fehler erweisen sich aber als resistenter gegenüber Korrekturen als rezeptiv aufgenommene, stören also den weiteren Wissenserwerb nachhaltig. Weinert tendiert deshalb bei der Leistungsmessung dazu, als Korrektiv die lehrergesteuerte Leistungssituationen beizubehalten „als in sich gespannte Felder, in denen verbindliche Anforderungen gestellt werden und generelle Bewertungsmaßstäbe gelten" (ebd., 105) und eben auch Fehler zu vermeiden sind.

Es besteht also ein relativ breiter Konsens, den Fehlerumgang in den Lern- und Leistungsphasen konträr zu gestalten. Dies unterstreicht überdies die Deutsche Bund-Länder-Kommission (1997, 27):[157]

> „Lernsituationen unterscheiden sich deutlich von Leistungssituationen. Während für gelingende Lernprozesse ein explorativer Umgang mit eigenen Fehlern charakteristisch ist, versucht man in Leistungssituationen einem subjektiv anerkannten Gütemaßstab zu genügen und Fehler nach Möglichkeit zu vermeiden. In Lernsituationen werden Fehler als Herausforderung und Grenzerfahrung gleichzeitig erlebt, in Leistungssituationen sind sie persönliches Versagen. Prüfungen – Tests, (Schul-) Klassenarbeiten und Übergangs- oder Abschlußprüfungen – sind typische Leistungssituationen, die für den Lernprozess steuernde Wirkung haben, da sie Art und Umfang des erwarteten Wissens und die gültigen Gütemaßstäbe verdeutlichen. Der Unterricht sollte demgegenüber primär ein Ort des Lernens sein."

---

[156] Weinert unterstreicht, dass er sich in seiner Argumentation vor allem auf die Befunde von Helmke und ihm in den Untersuchungen der Münchner Hauptschulstudie (1987) und des Scholastikprojekts (1997) bezieht.

[157] Diese Unterscheidung schlägt sich teilweise bereits in Vorgaben der Kultusministerien einzelner Länder nieder wie etwa die nordrhein-westfälischen Richtlinien für die gymnasiale Oberstufe zeigen (vgl. Ministerium für Schule und Weiterbildung, Wissenschaft und Forschung des Landes Nordrhein Westfalen 1999, 53f.).

Solche Tendenzen scheinen Kahl (1995, 14) recht zu geben, der meint, Fehlertoleranz und -offenheit würde zwar von Pädagogen im Munde geführt, aber wenn es ernst wird – nämlich in der Leistungsfrage –, dominiere dann wieder der alte Geist der Fehlerjagd und -vermeidung. Bereits 1987 distanzierte sich Erichson von dieser auch in der didaktischen Literatur zum Spracherwerb schon früh empfohlenen geteilten Vorgehensweise, die sie das *„toll-aber-Ritual"* (1987, 157) nennt. Erst lobt man das Kind, weil es sich etwa bei seiner abweichenden fehlerhaften Schreibweise ja was gedacht hat und die Idee möglicherweise sehr kreativ sei. Dann aber folgt der unerbittliche Hinweis auf die ‚richtige' lexikalische Schreibweise oder Rechenart, weil letzten Endes in den Leistungserhebungen nur diese zu guten Noten führt, die ‚tollen' anderen Varianten jedoch nicht. Bereits Kinder durchschauen diese Zusammenhänge rasch und tun sich schwer, das vorangegangene Lob ihrer kreativen Fehler dann wirklich ernst zu nehmen. So meint auch Ute Rampillon (1999, 35) bezüglich des Englischunterrichts, „es kann jedoch nicht die Norm sein, dass wir *offen unterrichten und geschlossen prüfen"*.

Vor allem aber sind es Mathematikdidaktikerinnen und -didaktiker, die sich in allerjüngster Zeit gegen diese scharfe Trennung von Lernen und Leisten, von Fehlererwünschtheit und Fehlervermeidung wenden. Denn es fällt auf, dass die Befürworter dieser tradierten doppelten Trennlinie – von Weinert abgesehen – erstaunlich wenig gute Argumente dafür vorbringen, sondern sie wie eine bare Selbstverständlichkeit postulieren. Die Kritiker der scharfen Trennung ‚Lernen mit Fehler' versus ‚Leisten ohne Fehler' hingegen führen folgende Argumente ins Feld:

- Durch die *Omnipräsenz der Computertechnik* verliert das Einüben komplexerer Rechenfertigkeiten deutlich an Bedeutung und dies zwingt zu Schwerpunktverschiebungen bei Lernen und Leistungsmessung in der Mathematik (Herget 1996; Bruder/Weigand 2001, 6).

- Es kann auch deshalb *nicht länger nur um das Reproduzieren* von „tausendfach geübten, eingeschliffenen, standardisierten Aufgabentypen" gehen, weil dieser Ansatz wegen seiner schlechten mittelfristigen Lernresultate „spätestens seit dem Erscheinen der TIMS-Studie massiv in die Kritik geraten" ist (Wurz 2000, 265f).

- Neben der summativen ist auch eine formative Evaluation nötig (Waterkamp 2000, 79ff) bzw. eine *prozessorientierte Leistungsfeststellung*, die „das Lernverhalten beim Umgang mit Problemen, der Nutzung von Strategien, die kritische Bewertung des eigenen Produkts, des Umgangs mit erkannten Fehlern" bewertet (Winter 2001, 48; vgl. auch Wurz 2000, 265, Arvold 2001, Bruder/Weigand 2001).

- Besonders häufig wird das produktive *Erarbeiten von Varianten* sowohl der Aufgabenstellung als auch der Lösungswege (vgl. Herget/Jahnke/Kroll 2000; Böhmer 2000; Henn 2001; Bruder/Weigand 2001) gefordert, statt dem „eintönigen Abweiden von Aufgabenplantagen" (Schupp 2000, 14) zu frönen.[158] Beim unterrichtlichen Entwickeln und Durchspielen von Varianten stellen jedoch die Fehlversuche das zentrale Element dar – also sollten sie auch bei der Leistungsfeststellung positiv bewertet werden.

- Solche Kompetenzen sind mit *individuell* variierenden Aktivitäts- und Ausdrucksformen verbunden, die sich *standardisierten Verfahren weitgehend entziehen.* Beim Lernen ohne Zeitdruck können solche „individuellen Stärken, Möglichkeiten und Strategien eher gezeigt werden als in einer begrenzten Leistungssituation" mit Zeit- und Erfolgsdruck (Winter 2001, 48). Es müssen aber „auch in Klassenarbeiten offenere, eigene Entscheidungen fordernde Aufgabenstellungen eingebaut werden" (Henn 2001, 17).

- Das Prüfen dient dem Erfassen und Rückmelden von Kompetenzzuwachs. Wenn das Entwickeln von Hypothesen, Strategien und Fehlversuchen eine zentrale *Kompetenz* darstellt, dann muss eine solche Kompetenz auch dargestellt und bewertet werden können (Arvold 2001; Bruder 2000). In diesem Fall ist der riskierte Fehler, die durchgeführte und als *fehlerhaft oder untauglich erwiesene Lösungsvariante eine positiv zu wertende Leistung.*

- Die scheinbare *Objektivität* der normierten Aufgabenstellung, die meist auf Fehlervermeidung abhebt, „muss allerdings bei näherem Hinsehen etwas in Frage gestellt werden", denn allein schon die sehr notenrelevante *Verteilung* der Verrechnungspunkte auf die einzelnen Aufgaben unterliegt subjektiven Gewichtungen durch die jeweilige Lehrkraft, die diese festlegt (Wurz 2000, 265). Dasselbe gilt für das je nach Lehrkraft stark variierende Maß des *Punktabzugs* bei den unterschiedlichen Arten von denkbaren Fehlleistungen in einer Klassenarbeit.

- Schüler zeigen sich pragmatisch: „In einem System, wo bei *allen* Beteiligten sich alles immer wieder um Noten und Bewertung, um Leistung und Erfolg dreht", wird die Frage „Kommt das auch in der Arbeit dran?" entscheidend (Herget 2000, 6). Fehleroffenes Denken lässt sich kaum nachhaltig fördern, wenn es aus der Leistungsbewertung konsequent ausgenommen wird. Eine nicht notenrelevante, lediglich im Unterricht eingeforderte Fehleroffenheit gerät in der Schülersicht leicht zur unwichtigen Spielerei. Offene Aufgaben werden von ihnen „*auf Dauer nur ernst genommen,* wenn die neuen Aspekte auch in Klassenarbeiten und Klausuren eine größere Rolle spielen als bisher" (Althoff 2001, 51).

- Die *Lehrkräfte* zögern, die (fehler-) offenen divergenten Aufgaben in den Klausuren aufzunehmen, weil dies in der Bewertung völlig *andere Anforderungen* stellt als

---

[158] Schupp legt das Variieren als den Regel- und nicht nur den Ausnahmefall im Unterricht nahe; es sei „das Variieren nicht an einige wenige besonders geeignete Aufgaben gebunden. Tatsächlich kann jede Aufgabe, auch jede ‚Plantagenaufgabe', mehr oder minder ergiebig abgeändert werden" (Schupp 2000, 13).

beim üblichen ‚Abhaken' und Punkte-Vergeben oder -Abziehen für richtige Lösungsanteile oder Fehler. Dann müssten sie etwa Art und Systematik der Darstellung, Ideenreichtum, Logik der Argumentation beurteilen (Trunk/Weth 1999, 165; Arvold 2001, 20f). Sie scheuen davor zurück, eine Schülerleistung zu bewerten, „ohne sich auf einen vorgegebenen Notenschlüssel stützen oder verlassen zu können" (Wurz 2000, 269). Aber dies ist kein Argument gegen notwendige Umstrukturierungen.

Die genannten Autorinnen und Autoren betonen zumeist, dass sie die prozess- und produktionsorientierten, variations- und fehleroffenen Verfahren nicht anstelle, sondern neben der bisherigen reproduktiven Leistungsfeststellung etablieren wollen. Es soll die „bisherige ausschließliche Produktorientiertheit bei Leistungsbeurteilungen zugunsten der Prozessorientiertheit (etwas) zurücktreten" (Wurz 2000, 265). In den vorangehenden Lernprozessen könnten sie, so Bruder (2000, 17), „gut ein Drittel der zur Verfügung stehenden Unterrichtszeit beanspruchen", ein entsprechender Anteil wäre auch bei der Leistungsmessung vorstellbar.[159]

Betrachtet man diese Vielfalt der Argumente, so drängt sich die Frage auf: Wurde bei der bisherigen strikten Abwehr von Fehleroffenheit innerhalb der Leistungsfeststellungsverfahren vielleicht zu rasch Fehleroffenheit mit einer laxen Leistungserhebung identifiziert, die nur ‚den Druck herausnehmen' möchte? Angesichts der derzeitigen Bemühungen, die Leistungsfähigkeit des deutschen Schulsystems zu steigern, würde diese Assoziation die rigide Abwehr erklären. Doch lässt sich dieser Zusammenhang auch empirisch belegen? Folgt man den Befürwortern der neuen Aufgabenstellungen, so geht es ja nicht um Toleranz gegenüber *jedem* Fehler gleich welcher Art, sondern um je sehr *spezifische* Fehler: Etwa um Fehlannahmen und strategische Fehlerversuche, die sich beim Entdecken, prozeduralen Entwickeln und Erproben neuer Aufgaben- und Lösungswege oft *am Ende* erst als Erfolg oder Fehlversuch erweisen können. Dann aber ist der zurückgelegte Weg, wenn systematisch dargelegt, eine hervorragende Leistung. Herauszubringen, wie etwas nicht geht, ist ja kein geringer Zuwachs an Erkenntnis, der die gesuchten Lösungswege einzukreisen hilft.

Der Weg dieser fehleroffenen Verfahren scheint – folgt man den publizierten Unterrichtsbeispielen – auch weniger zur isolierten Selbstinstruktion zu führen, die die Gefahr

---

[159] Ähnlich rät im Rahmen des Projekts „Weiterentwicklung der Unterrichtskultur im Fach Mathematik" in Baden-Württemberg die Expertengruppe Gymnasien, in Klassenarbeiten neben 60% tradierten Aufgabenstellungen und 20% Aufgaben zu länger zurückliegendem relevantem Stoff künftig auch 20% offene Aufgaben einzubauen, die „Problemlösefähigkeit, Kreativität, Originalität" erfordern (http://lfb.lbs.bw.schule.de /wum/uebers.html; Kap. 4.9; 5/2002). Die in Lehrerfortbildungen verwendeten offiziellen Musteraufgaben zur neuen Abiturprüfung ab 2004 enthalten bereits offenere Aufgabentypen (vgl. Ministerium für Kultus, Jugend und Sport Baden-Württemberg 2001). Allerdings wird die Offenheit hier nur halb gewagt, indem nun zwei oder drei denkbare Lösungswege erfragt werden, wo es bislang einen gab – aber diese weiteren Verfahrensmöglichkeiten sind ebenfalls im Lösungsteil für den Korrektor bereits klar umrissen. Dies ist aber noch keine wirkliche Offenheit dafür, dass die Produktivität von Fehlern wirklich unerwartetes Neues hervorbringt, wie es etwa Baruk (1989) einfordert.

der Verfestigung fehlerhafter Denk- und Lösungsverfahren oder des Nachlassens der Leistungsbereitschaft durchaus erhöhen kann. Vielmehr nehmen gerade die auf die alternative Entwicklung und Überprüfung von Fehlvarianten angelegten Verfahren ihren Ausgangs- und Zielpunkt in einer sozialen Situation. I.d.R. beginnen und enden sie im problembezogenen Gespräch in der Klasse, die erste Ideen generiert und – etwa nach deren Ausarbeitung in Einzel- oder Gruppenarbeit – wieder zur gemeinsamen Bewertung vorgelegt bekommt. Das aber spornt die Leistungsbereitschaft eher an: die Aussicht, der Klasse eine findige und konsequent durchgespielte Verfahrensvariante präsentieren zu können – auch wenn sie sich am Ende als fehlerhaft und nicht tauglich erweisen sollte! Auch die Aufmerksamkeit und damit Lerneffektivität bezüglich der ebenfalls vorgestellten *gelingenden* Variante wird nach einer solchen selbstproduktiven Phase vermutlich eher höher als geringer ausfallen.

Möglicherweise müssen die Gründe für eine Zurückhaltung gegenüber der Einbeziehung von fehleroffenen Lernprozessen in die Leistungsmessung weniger im prinzipiellen als im instrumentellen Bereich gesucht werden. So meint Klafki bereits 1974:

„Es bedarf der Entwicklung von Leistungskriterien, die sich auf geistige *Prozesse* beziehen, z.B. den Vollzug von Kommunikation im Unterricht, die Entwicklung einer Kritik – z.B. an einer Argumentation eines Mitschülers oder des Lehrers –, den Vorgang einer mathematischen oder naturwissenschaftlichen Problemlösung usf. Kein Zweifel, dass es weitaus schwieriger ist, dafür objektivierbare Kriterien zu entwickeln und allen Beteiligten – Lehrern, Schülern, Eltern und Öffentlichkeit – verständlich zu machen als z.B. für Fehlerzählungen bei Diktaten, die Feststellung richtiger, im wesentlichen normierter Lösungen in Mathematikarbeiten oder Übersetzungen aus Fremdsprachen usw. Eben diese Schematisierbarkeit der Beurteilung wirkt bisher weithin zurück auf Zielsetzungen und Vollzug des Unterrichts in der Schule. Als Hauptziele gelten Lehrern, Schülern und Eltern weithin jene, die eine leichte und vermeintlich objektive Beurteilung ermöglichen, und der Unterrichtsprozeß orientiert sich vielfach an dem expliziten und impliziten Ziel, dass die Schüler letzten Endes solche leicht beurteilbaren Leistungen produzieren können."[160]

Insgesamt wird erkennbar, dass sich kaum noch begründen lässt, weshalb einseitig die Fehleroffenheit dem Lernprozess und die Fehlervermeidung der Leistungsüberprüfung zugewiesen werden sollte. Denn wenn eine Kompetenz wie etwa die Problemlösefähigkeit *sowohl* im Generieren potenzieller Fehlleistungen (,verrückte' Ideen, denkerische Anläufe, Fehlversuche) *als auch* im gleichzeitigen Vermeiden anderer Fehler (etwa beim Bedienen eines Computers, beim Lesen, beim Berechnen) besteht, dann ist sowohl beim Lernprozess (dem Kompetenzaufbau) als auch bei der Leistungsüberprüfung (der Kompetenzdarstellung) *beides* unabdingbar. Eine *einseitige* Betonung von Fehlertoleranz

---

[160] Klafki 1974, 91 (kursive Hervorhebung durch Klafki).

oder Fehlervermeidung ist also in beiden Phasen unsachgemäß und damit kontraproduktiv. Die Zeit der allzu einfachen Formel ‚Lernen bitte mit Fehlern – Leistung aber stets ohne Fehler', die nicht konsequent zu Ende gedacht war, dürfte abgelaufen sein.

2.8   Zusammenfassung

Seit dem 18. Jahrhundert beschäftigen sich einzelne Pädagogen etwas gründlicher mit dem Phänomen des Fehlers. Bis zum Ersten Weltkrieg wurden darunter meist Verhaltensfehler verstanden. Ungezogenheiten, Verhaltensauffälligkeiten und Fehlentwicklungen von Kindern und Jugendlichen standen im Vordergrund, gelegentlich war auch von Erzieherfehlern seitens der Eltern und Lehrkräfte die Rede. Die Ende des 19. Jahrhunderts einsetzende psychologisch-experimentelle Forschung verschob den Schwerpunkt des Fehlerbegriffs vom Verhaltens- hin zum Unterrichtsbereich und somit von Erziehungs- hin zu Lernfragen. So werden mit Fehler im schulischen Sprachgebrauch heute gemeinhin falsche Handlungen und Ergebnisse bezüglich der fachunterrichtlichen Lernprozesse bezeichnet und nur noch selten anderweitige falsche oder unangemessene Verhaltensweisen. Auch das Nachdenken über Eltern- und Erzieherfehler verlor sich nach den dreißiger Jahren weitgehend.

In den zwanziger Jahren begründete Weimer erstmals eine psychologisch ausgerichtete wissenschaftliche *Fehlerkunde*, die die im Unterricht wahrnehmbaren Fehlerformen beschrieb, klassifizierte und ursächlich auf introspektiv gedachte kognitive Fehlerarten zurückführte. Diese Doppelstruktur ist bis heute in psychologischen Untersuchungen und fachdidaktischen Fehleranalysen aufweisbar. Bis heute nachwirkend erweist sich die ebenfalls von Weimer vorgeschlagene Unterscheidung zwischen dem Irrtum, in dem man sich befindet, und Fehlern, die man begeht, sowie das von Weimer mit vertretene Verständnis, Fehler seien stets Abweichungen von einer feststehenden Norm.

In der *Zeit nach 1945* verschwand das Fehlerthema fast gänzlich aus dem Blickfeld der Erziehungswissenschaft. Eine Ausnahme bildete die Sprach- und die Mathematikdidaktik. Eine Distanz zur nach wie vor bestehenden Fehlerzentriertheit des Schulunterrichts entwickelte sich seit den sechziger Jahren im Zusammenhang mit der Kritik des Schulsystems. Die Fehlerfeststellung wurde als repressives Instrument gesehen, das der Selektionsfunktion der Schule dient. Viele Heil- und Sonderpädagogen vertreten bis heute, man soll nicht gegen den Fehler, sondern für das Fehlende pädagogisch arbeiten, denn Schule dürfe nicht stigmatisieren und entwerten, sondern müsse fördern und Positives verstärken. Die Auswirkungen speziell von Fehlerängsten und stereotypem Fehlervermeidungsdenken auf die psychische und kognitive Entwicklung von Kindern und Jugendlichen wurden bislang noch wenig erforscht.

Die *Lerntheorien* enthalten bereits bei Skinner, Thorndike und Piaget implizit Hinweise auf die Bedeutung von Fehlversuchen für das Finden der Lösung und von Fehlergebnissen für die Verstärkung des passenderen Verhaltens. Bruner, der eher vom Ansatz der Informationsverarbeitung her reflektiert, unterstreicht ausdrücklich die Notwendigkeit von guten Fehlern, die weiterhelfen im Denk- und Problemlöseprozess. Aebli hebt darauf ab, dass Lehr- und Lernverfahren auch der Umwege und Holzwege bedürfen. In der Unterrichtspraxis scheint aber bis heute eher die Angst vorzuherrschen, der Fehler könnte sich einprägen, wenn man sich zu sehr damit befasst. Schülerfehler haben nur begrenzt eine sachlich angemessene Rückwirkung auf die Gestaltung der unterrichtlichen Lernprozesse, weil sie von den Lehrkräften meist als Ausdruck von Schülerproblemen und -defiziten gedeutet werden und nur selten als die Folge eigener didaktischer Planungs- und Ausführungsfehler.

Die Analyse von *Verfahren der Leistungsfeststellung und -beurteilung* verdeutlichte in den siebziger Jahren, dass die Bezugsnorm ganz unterschiedlich in individueller, sozialer oder sachlicher Perspektive gesucht werden kann. Je nach Bezugspunkt fällt das Fehlerurteil anders aus. Dem Verständnis, ein Fehler sei stets die Abweichung von einer festen allgemeinen Norm, wird dadurch die Basis entzogen. Zunehmend bewusst wurden auch die Verfahrens- und Lehrerfehler bei der Leistungsfeststellung und -beurteilung, die die ,Objektivität' der abschließenden Bewertung fraglich erscheinen lässt. Daran festgehalten wird nicht zuletzt aus Gründen der Vergleichbarkeit von Ergebnissen verschiedener Schülerformationen und wegen der rechtlichen Absicherung der schulischen Leistungsbewertung gegenüber immer öfter klagenden Eltern oder Schülern. Diese standardisierten Verfahren der Leistungsfeststellung heben häufig auf eine Defizit- bzw. Fehlerfeststellung ab: wer keine Fehler macht, bekommt die beste Zensur.

Die *Sprachwissenschaft* erkannte früh die Unmöglichkeit, die in der arbeitsteiligen Gesellschaft durch Fachsprachen enorm anschwellende Menge der Wortbildungen fehlerfrei zu beherrschen. Grundwortschätze und Fehlertoleranzen mussten definiert werden. Die informations- und kommunikationstheoretischen Ansätze betonten seit den sechziger Jahren zudem den Primat der Funktion von Sprachanwendung gegenüber der Normerfüllung: nicht Normabweichung, sondern kommunikative Zielverfehlung entscheide, was als Fehler zu gelten habe. Situative Kontexte und Absichten, sprachliche Subkulturen und neue Kommunikationsmittel legten zunehmend einen differenzierenden Fehlerbegriff und -umgang in der Sprachwissenschaft, -didaktik und -anwendung nahe.

In der *Sprachdidaktik* herrschte über lange Zeiträume hinweg eine von den Sprachnormen bestimmte Fehlermarkierung und der Ansatz, durch reines ,Pauken' und Wiederholen der richtigen Schreibweisen Fehler auszumerzen. Häufige Lehrerkorrektur der Fehler wurde aber bereits im 19. Jahrhundert als kontraproduktiv für den Fluss des Unterrichtsprozesses, für die Lernermotivation und die Artikulationsbereitschaft in der Klasse erkannt. Fehler wurden im 20. Jahrhundert auch als Hinweise auf individuelle kognitive Muster und Strategien des jeweiligen Lerners und teilweise als eine interimssprachliche Notwendigkeit betrachtet. Formen der individualisierten Selbstevaluation und -korrektur von Fehlern oder Wechsel von Phasen der Fehlertoleranz und Fehlerbearbeitung in projektartigen Verfahren wurden vorgeschlagen. Die präskriptive, fehlerdefinierende und -gewichtende Rolle der Sprachlehrkraft wurde transparent. Der bisherige hohe Stellenwert der Fehlermarkierung und -quantifizierung als Basis von Leistungsfeststellungsverfahren wird auch deshalb zunehmend kritisch diskutiert, weil dies der ganzheitlichen sprachlichen Leistung der Lernenden nicht gerecht wird.

Die Pluralisierung und Spezifizierung der *Kommunikationskontexte* beförderte seit geraumer Zeit jedoch wieder eine Auflösung des im Sprachbereich lange wirksamen Verständnisses, dass ein Fehler die Abweichung von einer generellen und eindeutigen Norm darstelle. In der gesellschaftlichen Kommunikation wird vielmehr ein Fehler besonders dann moniert, wenn eine (oft mehrdimensionale) Kommunikationsabsicht in einem bestimmten Kontext verfehlt wird. Außerdem wird das Feststellen und Beanstanden eines Fehlers davon abhängig gemacht, welche spezifische Sprachform und welches Maß der Fehlerfreiheit hinsichtlich der Sprachnormen beim jeweiligen Kommunikationsmittel (Buchbeitrag, Kaufvertrag, Brief, e-mail, Fax-Notiz) funktional angemessen erscheint und erwartet werden kann.

In der *Mathematikdidaktik* wurde wie in der Sprachdidaktik zunächst jahrzehntelang vor allem auf das Kategorisieren, Verstehen und Bearbeiten wiederkehrender Schülerfehler abgehoben. Seit einigen Jahren werden jedoch verstärkt Unterrichtsverfahren gefordert und gefördert, die – wie in Japan – dem Denken in Lösungsalternativen und dem produktiven Operieren mit Fehlervarianten mehr Raum geben. Dies soll die Denkfähigkeit und -flexibilität, die Transfer- und Problemlösekompetenz der Heranwachsenden stärken. In der Fraktale- oder Chaosforschung erkannte man die Auswirkung kleinster Abweichungsfehler bezüglich iterativer Rechenprozesse und der Grundlagen mathematischen Arbeitens.

Eine prinzipielle Fehlervermeidungstendenz der Schulpraxis wird noch immer konstatiert und seit einigen Jahren als kontraproduktives Merkmal schulischer Arbeit zunehmend kritisiert. Die Folgen von Fehlerjagd und Fehlerängsten sind kaum untersucht worden. Bei einem ausschließlich fehlervermeidendem Reproduzieren werden nicht nur kreative und innovative Fähigkeiten behindert. Auch *das individuelle Wirklichkeitsverständnis und die Weiterentwicklung unserer intellektuellen und kulturellen Strukturen* leben demnach von der Bereitschaft und Fähigkeit, irritierende Beobachtungen und Fragen, fremde Elemente, ungewöhnliche Ideen und Lösungsvorschläge zu äußern und fehlerhaft scheinende Prozessverläufe achtsam aufzunehmen und von den bereit bestehenden ‚Richtigkeiten' des schulischen Fachunterrichts nicht unterdrücken zu lassen. Diese fehleroffenen neuen Kompetenzen dürften in Lern- und möglicherweise auch in Leistungsfeststellungsprozessen der Schule künftig deutlich mehr Gewicht erhalten als es bislang der Fall ist. Das Beharren der Schule auf dem *generell* anzuwendenden Fehlervermeidungsprinzip in Leistungsmessungsvorgängen erweist sich in seiner Absolutheit mittlerweile mehr und mehr als Anachronismus.

In den in diesem Kapitel dargestellten schulbezogenen Forschungen wurde der *Fehlerbegriff*, der im Zusammenhang dieser Forschungsarbeit von besonderem Interesse ist, nur von wenigen wie etwa Weimer und Kobi etwas gründlicher reflektiert. Mehrheitlich findet sich das tradierte Grundverständnis, wonach ein Fehler in der Abweichung von einer definierten Sprach- oder Rechennorm bzw. anderweitigen (scheinbar) generell feststehenden sachlichen Richtigkeiten besteht. An dieser Perspektive ändert auch die Mathematikdidaktik lange Zeit grundsätzlich nichts, da sie den fehlerhaften Lösungsversuch nur als vorübergehend nützliches Vehikel eines nachhaltigeren Lernprozesses ansieht, der letzlich richtige Lösungsweg und das Lernziel davon aber nicht wirklich beeinflusst wird. Allein die Sprachwissenschaft und beonders die kommunikative Didaktik lösten sich teilweise recht deutlich von diesem Verständnis des Fehlers als Normabweichung. Fehler sind demnach eher kontext- und situationsgebunden zu definieren, nämlich als jene sprachlichen Anteile, die dazu führen, dass eine Kommunikationsabsicht ganz oder teilweise verfehlt wird.

3   Der Fehler in der Arbeitswelt

Im 20. Jahrhundert zeigte neben der Sprachwissenschaft vor allem die psychologische Forschung Interesse an der Fehlerthematik. Insbesondere die Arbeits- und Organisationspsychologie entwickelte einen Schwerpunkt bei der anwendungsorientierten Fehlerforschung, der in engem Zusammenhang mit Unfällen, der Mensch-Technik-Interaktion und anderen Fehlerphänomenen der Arbeitswelt steht. Diese Forschungen verbanden sich teilweise mit jenen Ansätzen der Kognitionspsychologie, die den Fehler als Hinweis auf Verarbeitungsmuster des menschlichen Gehirns betrachten, und mit der Gestalttheorie, die ihn u.a. als produktive Feldkraft ansieht.[161] Daneben finden sich seit den achtziger Jahren in Teilbereichen der Ingenieur- und Wirtschaftswissenschaften Fehlerforschungen etwa im Zusammenhang von Produktionsabläufen, Marketingstrategien oder Unternehmensentwicklungen. Als Schrittmacher für Fehlertoleranzverfahren erwies sich die Informationstechnik. Von ihr gingen zudem Impulse für explorativ-fehleroffene Lernverfahren aus.

Das Kapitel versucht die wichtigsten Entwicklungsstränge von Fehlerforschungen mit Arbeitsweltbezug nachzuzeichnen. Ausgewählt sind zunächst einige psychologische Forschungsbeiträge, die für unsere Fragestellung besonders ertragreich erscheinen. Den Zusammenhang der gestalt- und kognitionspsychologischen Forschungsergebnisse mit der Arbeitswelt verdeutlichen besonders Wehner und Reason. Knapp werden Ergebnisse der Fehlerforschung in Unfall- und Sicherheitsfragen und im Produktionsbereich dargestellt, die weithin noch auf Fehlervermeidung abheben.

Von dort führt der Gedankengang zu neueren anwendungsorientierten Konzepten, die die Notwendigkeit – und damit eine neue Sichtweise – des Fehlers etwa bei der Produktinnovation sowie der Organisations- und Unternehmensentwicklung beschreiben. Auch hier soll die Exemplarität wichtiger als Vollständigkeit sein. Abschließend werden die Annäherungen der Informatik an Strukturen der Fehlertoleranz und -nutzung sowie neue Formen des technikbezogenen Fehlertrainings erörtert. Den Abschluss bildet die Frage nach der Rolle des fehleroffenen Menschen in einer hoch technisierten, fehlerfeindlichen Arbeitswelt und Zivilisation.

---

[161] Diese Beiträge der Gestalt- und der Kognitionspsychologie hätten eventuell auch bereits im zweiten Kapitel im Zusammenhang mit den Lerntheorien und -verfahren dargestellt werden können. Die gestalt- und kognitionspsychologische Herangehensweisen wurde aber bislang weit häufiger im Zusammenhang mit Anforderungen der Arbeitswelt als mit Fragen des Schulunterrichts diskutiert und produktiv aufgenommen.

Bei diesen Darstellungen der disziplinären Fehlerforschungen wird erstens bewusst versucht, die Forschungsergebnisse und Sachzusammenhänge nicht stets bis ins Detail, sondern nur in ihren wesentlichen Gehalten darzustellen und zweitens die spezifische Fachterminologie nach Möglichkeit durch eine allgemein verständliche Ausdrucksweise zu ersetzen. Denn die sprachliche Annäherung ist eine nicht unerhebliche Voraussetzung für die interdisziplinäre Wahrnehmung von Ergebnissen und Verständigung in der Fehlerforschung.

3.1 Fehlerforschung in der Arbeits- und Organisationspsychologie

Ein großer Teil der Fehlerforschungsergebnisse der vergangenen zwei Jahrzehnte geht zurück auf Experten und Expertinnen der Arbeits- und Organisationspsychologie, einem vergleichsweise jungen Anwendungsfach der Psychologie.[162] Die Beschreibung und Erklärung, Prognose und Gestaltung menschlicher Tätigkeiten in Arbeitszusammenhängen und Organisationen ist ihr Gegenstand. Dabei werden zumeist drei Hauptgebiete unterschieden: a) Arbeitsplatz und Arbeitstätigkeit, b) personelle Entscheidungen und Personalentwicklung und c) Interaktion und Organisationen (Greif/Holling/Nicholson 1989).

Seit Ende der siebziger Jahre erfuhr dieses Fachgebiet ein steigendes Interesse. In Industrie und Verwaltung wurden Fragen der Personalentwicklung, der Nutzung menschlicher Ressourcen und der humaneren sowie effizienteren Arbeitsorganisation maßgeblich, die sich u.a. an entsprechende Psychologen richteten. Aus diesem Zusammenhang entwickelte sich seit den achtziger Jahren u.a. ein Forschungsgebiet, das heute durch die Begriffe ‚Fehlerforschung', ‚Fehlermanagement' und ‚Fehlertraining' umrissen wird. Die wachsende Bedeutsamkeit der Fehlerthematik bildete sich u.a. darin ab, dass seit Mitte der neunziger Jahre in fast allen neu erscheinenden Handbüchern der Arbeits- und Organisationspsychologie nun einschlägige Kapitel zu Fehlerforschung und Fehlermanagement aufgenommen wurden.[163]

Folgende Methoden der Fehlerforschung lassen sich in dieser und anderen psychologischen Teildisziplinen teilweise bereits früh feststellen:

- Selbstbeobachtung z.B. Freud

- Fremdbeobachtung und Korpussammlungen (Beobachtung, Beschreibung, Kategorisierung) z.B. Meringer, Bawden, Weimer, Norman.

---

[162] Anfang des 20. Jahrhunderts war bereits begonnen worden, psychologische Theorien und Methoden auf Fragen und Probleme der Wirtschaft anzuwenden. Doch noch vor zwanzig Jahren befand sich die Arbeits- und Organisationspsychologie im deutschsprachigen Raum in einer wenig gesicherten Lage. An zwei Drittel der Universitäten wurde dieser Anwendungsbereich lange Zeit nicht oder nur marginal in Einführungsveranstaltungen gelehrt. 1985 dann konstituierte sich eine Fachgruppe Arbeits- und Organisationspsychologie innerhalb der Deutschen Gesellschaft für Psychologie (Hoyos 1994, 12).

[163] Vgl. dazu Greif 1994a, 55.

- Fragebogenerhebungen z.B. Reason
- Laboruntersuchungen z.B. Fromkin
- Simulationsstudien z.B. Dörner
- Fallstudien z.B. Norman, Reason

Die Ausgangspunkte der an der Arbeitswelt orientierten Fehlerforschung lassen sich folgendermaßen gruppieren:[164]

1. Umgang mit Fragen des *Unfallschutzes* und der *Arbeitssicherheit* von Arbeitnehmern z.B. im Verkehr oder in der Bedienung von Maschinen und Geräten mit hohem Gefährdungspotenzial (Davis 1958; Hoyos 1980; Perrow 1984);

2. Umgang mit *qualitätsmindernden* Handlungsfehlern in der industriellen *Produktion* z.B. im Fahrzeug- und Maschinenbau (Rasmussen et al. 1987; Westkämper 1996);

3. Umgang mit *Störfällen und menschlichem Versagen* in hochtechnisierten und -riskanten Bereichen z.B. bei der Überwachung von Kraftwerken, Produktionsanlagen mit gefährlichen Stoffen, Ver- und Entsorgungssystemen (Rasmussen 1982ff; Reason 1987, 1994; Wehner 1992);

4. Umgang mit störenden, effizienzschwächenden Fehlerereignissen bei der Einführung *neuer Techniken* z.B. bei der Einarbeitung in neue Computer-Software (Dutke 1987; Greif/Janikowski 1987; Frese/Zapf 1991; Greif 1994; Prümper 1994);

5. Umgang mit *Entscheidungs- und Organisationsfehlern* und mit dem Faktor Risikobereitschaft im Zuge neuer *Management- und Marketingkonzepte* z.B. bei der Entwicklung und Markteinführung neuer Produkte (Peters 1988, 1995; Senge 1996; Peters/Waterman 2000; Frey/Schulz-Hardt 1996; Schulz-Hardt 1997).

Ein Schwerpunkt der Fehlerforschungen lag zunächst bei den ersteren Bereichen, in den vergangenen Jahren verstärkt auch bei den letztgenannten. Die Forschungen hatten – entsprechend dem jeweiligen Gegenstandsbereich und Interesse der Auftraggeber – unterschiedliche Zielrichtungen. Zunächst wurden Fehler häufig nur beobachtet, als situationsunabhängige Singularität beschrieben und teilweise in umfangreichen Fehlersammlungen geordnet. Dann differenzierten sich die Methoden, Ziele und theoretischen Konstrukte in der Fehlerforschung zunehemend aus.

Als grundlegender Fehlerbegriff bildete sich in der deutschsprachigen psychologischen Fehlerforschung mittlerweile der Terminus des ‚Handlungsfehlers' heraus. Darunter werden in der Regel „sämtliche Handlungen oder Bewegungen einer Person, die (in bestimmter Hinsicht) inadäquat oder erfolglos sind" verstanden (Städtler 1998, 430). Mit einem ähnlich breit angelegten Verständnis werden heute auch der 1901 durch Sigmund

---

[164] Angeführt sind nur einige ausgewählte Literaturhinweise, auf die z.T. nachfolgend Bezug genommen wird.

Freud in seiner Alltagspsychologie eingeführte Begriff ‚Fehlleistung' (ebd.; vgl. auch Weimer) als auch der Begriff ‚Fehlverhalten' (Reason u.a.) verwendet. In manchen Teilgebieten erlauben die spezifischen Gegenstände weitere Fehlermerkmale, die dann in den Begriff des (Handlungs-) Fehlers mit eingebunden werden.[165] Abweichend davon meint in der Arbeits- und Organisationspsychologie teilweise der Begriff der ‚Fehlhandlung' die oben definierten prozeduralen Anteile, während ‚Handlungsfehler' als deren Resultate davon abgesetzt werden (vgl. Hacker 1998). Im englischsprachigen Bereich zeigt sich die Begriffslage dagegen etwas differenzierter.[166]

3.2   Gestalttheoretische Ansätze

3.2.1   ‚Gute Fehler' als Mittel der Problemlösung

Im Bereich der Gestalttheorie und -psychologie stammen erste wichtige Erkenntnisse von Wolfgang Köhler, der auf Teneriffa das Lernverhalten von Affen untersuchte. Er beobachtete Schimpansen beim Problemlösen wie etwa dem Versuch, eine hoch über ihnen hängende Banane mit Hilfe von Kisten und anderen Gegenständen zu erreichen, und erkannte, dass „geradezu notwendig ‚gute Fehler' vorkommen" (Köhler 1913, 113), wenn man eine völlig neue schwierige Aufgabe zu bewältigen hat. Köhler unterscheidet schlechte und gute Fehler, die man dabei macht (ebd.):

- Ein „schlechter Fehler" besteht im Wiederholen von bereits geläufigen Handlungen bei vollkommenem Nichtverstehen gegenüber den Bedingungen der konkreten Aufgabe. Bloßes Herumhantieren ist eine typische Erscheinung.

- Der „gute Fehler" dagegen ist eine gezielte Reaktion auf eine wahrgenommene Bedingung des gestellten Problems. Selbst eine Aktion, die mit einer Fehlannahme unternommen wird und deshalb nicht zum erwarteten Erfolg führt, kann dennoch ein Handlungsresultat erzeugen, das weitere Anschlussideen und Erkenntnisse freisetzt. Insofern war sie dann doch ein guter, ein produktiver Fehler.[167]

Karl Duncker (1935) überträgt das Konzept der guten Fehler auf das menschliche Problemlösen etwa im Bereich kindlichen Verhaltens oder mathematischer Aufgaben. Gute Fehler dokumentieren hier, dass der Funktionswert einer Aufgabe erkannt wurde und nur eine der Situation angemessene gedankliche Umsetzung der Lösungsideen noch nicht erreicht wurde. Gute Fehler helfen, die endgültige Problemlösung zu finden:

---

[165] Vgl. Kap. 3.3.
[166] Vgl. Kap. 3.3.2.
[167] Bühler u.a. kritisieren, dass bei den Schimpansenexperimenten die ‚Einsichtigkeit' der Handlungen nicht erwiesen, sondern anhand gewisser Indizien vermutet sei (vgl. Koffka 1925, 155).

„Solches Lernen aus begangenen Fehlern spielt im Lösungsprozeß eine ebenso gro-ße Rolle wie im Leben. Während die bloße Erkenntnis, *daß* es so nicht geht, nur zu einer unbestimmten Variation des alten Verfahrens führen kann, hat die Erkenntnis, *warum* es nicht geht, die Erkenntnis der *Konfliktgründe*, eine entsprechende be-stimmte, den erkannten Mangel *korrigierende Variation* zur Folge."[168]

Wo zu unerwarteten Problemen möglichst entwicklungsoffen und ‚reaktionsstark' Lö-sungen gefunden werden müssen, bedarf es demnach einer Umwelt, die auch Fehlversu-che ermöglicht, weil sich mit ihnen die Antwortstruktur oft schneller und besser erruie-ren lässt. Koffka (1935, 640) fordert deshalb: „Man sollte Bedingungen kreieren, aus deren Dynamik die richtige Lösung nicht die einzig mögliche ist, sondern unter denen falsche Lösungen durch die Verteilung der involvierten Kräfte bevorzugt werden."[169] Koffka dachte dabei u.a. an Konstellationen und Experimente, die bewusst falsches Denken hervorrufen. Die frühen Gestalttheoretiker haben damit dem Fehler beim Prob-lemlösen eine entscheidende Rolle beigemessen, was bei Polya eher wieder zurücktritt.

3.2.2 Der Fehler als Feldkraft

Die Gestaltpsychologie hat ihre Wurzeln in Deutschland und fand während der Zeit des Nationalsozialismus in Amerika eine Fortsetzung. Ihre Begründer (Wertheimer, Köhler, Koffka, Lewin) wandten sich gegen die Ansätze der Wundtschen Elementarpsychologie. Dort erhoffte man sich größere Klarheit, indem man die Gegenstände zergliederte und als isolierte Phänomene experimentell untersuchte, um dann die Einzelbefunde ggf. wieder synthetisch zu Gesamtheiten und Theorien zusammenzusetzen. Der Kernsatz der Gestaltpsychologen dagegen lautet: Das Ganze ist mehr als die Summe seiner Teile. Ganzheiten beziehungsweise ganze Gestalten können Eigenschaften zeigen, die in kei-nem der einzelnen Teileelemente gegeben sind, sondern sich aus dem Beziehungsgefüge der Einzelteile und aus den zwischen ihnen wirkenden Kräften als neues Gemeinsames ergeben.

Die konstitutive Größe etwa hinsichtlich der Psyche des Menschen oder eines sozia-len Beziehungsgefüges sind für die Gestalttheoretiker also ganze Gestalten, sind ‚Felder' und ihre ‚Feldkräfte'. Eine Kategorie solcher Kräfte sind wieder die Fehler, also uner-wartete und unerwünschte Ereignisse, Eigenschaften oder Handlungen, die das Gesamt-gefüge in eine neue Konstellation bringen. Diese Störung kann destruktiv aber auch produktiv werden für das Geschehen innerhalb des Feldes beziehungsweise der Ganz-heit. Methodisch resultierte daraus, dass über die phänomenologische Analyse der ‚ganzheitlichen' Erscheinungen, welche auch die Fehleranteile umfassen, auf das Wesen der Gegenstände zu schließen sei.

---

[168] Duncker 1935, 16 (mit dessen Hervorhebungen).
[169] Übersetzung von Wehner/Stadler 1996, 803.

Mit dem Kernsatz korrespondiert als weiterer Grundsatz, dass die subjektive Wahrnehmung der Welt sowie die Ausformung unseres Verhaltens nicht nur durch die Natur der äußeren Objekte, sondern vor allem durch im Subjekt liegende Organisationsprozesse bestimmt werden. Die Wahrnehmung unterliege dem ‚Prägnanzgesetz' beziehungsweise dem Gesetz der guten Gestalt: die Einfachheit, Geschlossenheit, Regelmäßigkeit der wahrgenommenen Gestalt bestimmt, was wir zu sehen meinen. Sogenannte ‚Kippbilder' demonstrieren, wie verschiedene Personen im selben Bild zunächst Unterschiedliches wahrnehmen, je nach dem welche Gestalt ihren kognitiven Strukturen zugänglicher zu sein scheint.[170]

Dieser Denkansatz blieb neben dem dominierenden Behaviorismus, der von elementarisierenden Reiz-Reaktions-Mechanismen her dachte, wenig beachtet. „Erst in den letzten Jahren ist in der Psychologie die Ansicht aufgekommen, dass das kognitive System nicht seine Umwelt möglichst getreu abbildet, sondern dass es eine seiner wichtigsten Funktionen ist, Instabilitäten zu brechen und damit konsistente Interpretationen der Umwelt selbst zu erzeugen" (Wehner/Stadler 1996, 808). Einzelne Forscher hatten diesen Denkansatz seit Beginn des Jahrhunderts weiterverfolgt.

Selz legt 1922 den Entwurf zu einer „Psychologie des produktiven Denkens und des Irrtums" vor. Bei der Lösung von Aufgaben unterscheidet er die routinemäßige Aktualisierung von Mitteln, das abstrahierende Abwägen von Mitteln und die Entdeckung völlig neuer Mittel, welches wiederum neue Ziele ermöglicht. Bei letzterem sind Irrtümer und Fehlhandlungen gewichtige Anteile der kognitiven Produktivität, die nicht aus den Reizen, sondern aus intellektuellen Operationen hervorgehen. Er meint in seiner experimentellen Untersuchung nachweisen zu können, dass Fehlreaktionen nicht auf Reproduktionstendenzen der Reizwörter zurückgehen, sondern sie „pflegen vielmehr ganz ebenso wie die richtigen Reaktionen aus determinierten intellektuellen Operationen hervorzugehen, die als Lösungsmethoden der Gesamtaufgabe dienen" (Selz 1922, 1).

Koffka (1935) unterscheidet die geographische (physische) Welt von der „Verhaltensumwelt", d.h. denjenigen wahrgenommenen Anteilen der Umwelt, die unser Verhalten bestimmen. Lewin (1926; 1951) spricht in ähnlicher Weise von „Lebensraum", entwickelt jedoch in sozialpsychologischer Perspektive die Feldtheorie in seiner Theorie der Gruppendynamik weiter. Verhalten (V) war für ihn eine Funktion von Person (P) und Umwelt (U), also: $V = f(P, U)$. In einem Feld spannen Attraktoren ein Kraftfeld auf, das die Motivation und Lokomotion der Person bestimmt; in der Nähe der Attraktoren werden Handlungsfehler besonders wahrscheinlich. Vertreten wird weiter die Ansicht, dass ein Fehlerszenario immer zugleich Einblick in den emotionalen Status des Handelnden gibt. Da „in der Fehlerforschung eine fast vollständige Vernachlässigung emotionaler Qualitäten beobachtet werden" kann (Wehner/Stadler 1996, 800), erscheint dieser letztgenannte Ansatz der Arbeitsgruppe um Lewin besonders interessant.[171]

---

[170] Beispiele von Kippbildern Internet: http://www.hvolz.de/kipp.htm; http://www.onlinewahn.de/kipp-r.htm.

[171] Zu den emotionalen Aspekte des Fehlermachens in der Schule vgl. Spychiger et al. 1998 und 1999.

3.2.3 Fehler brechen inadäquate Stabilitäten in Arbeitsabläufen auf

Köhler (1920) formierte bereits eine psychophysische Feldtheorie, in der er im Anschluss an die damals aktuellen Sätze der Thermodynamik eine Strukturgleichheit von
psychischen Prozessen und Prozessen im Gehirn (Isomorphismus-Hypothese) behauptet.
Nach dieser Theorie tendieren Menschen kognitiv beziehungsweise neurologisch dazu,
geordnete Strukturen gegenüber chaotischen zu bevorzugen. Sie unterliegen einer Tendenz zur Konsistenz des Denkens und Verhaltens. Neuere Forscher (Kruse/Stadler 1990)
präzisieren dies: Menschen tendieren nicht zu Ordnung, sondern zu Stabilität. Das heißt,
dass gegebene Handlungsstrukturen beibehalten werden, auch wenn diese längst durch
adäquatere Handlungen ersetzt werden könnten. Der Fehler spielt nun die entscheidende
Rolle beim Sprung von einer Ordnung oder Stabilität in eine andere, wenn dieser Wechsel durch die Begleitumstände unausweichlich wird. Wehner/Stadler (1996, 808) subsumieren dies so:

> „Man kann sagen, dass einmal erfolgreiche Handlungen auch unter sich verändern-
> den Bedingungen solange aufrechterhalten werden, bis dieses Handlungsschema
> zum Fehler führt. Der Fehler indiziert gewissermaßen den Punkt, an dem das kogni-
> tive System einen stabilen Zustand verlassen muß, um einen anderen adäquateren zu
> finden."

Schwarz (1927, 101ff) konnte zeigen, dass Umlern- und Umgewöhnungsprozesse wirklich erst einsetzen, wenn deutliche Handlungsfehler begangen werden. Totalrückfälle in
alte Ausführungsgewohnheiten stellen dabei als sogenannte „Ganzheitsfehler" typische
Erscheinungen in einer ersten Anpassungsphase dar. Der Fehler ist zudem nicht nur
Auslöser der Umgewöhnung, sondern auch ein permanenter Indikator im Umlernpro-
zess: „Es bedarf des auftretenden Fehlers um sich über Erfolg und Misserfolg der inten-
dierten Umgewöhnung zu ‚informieren'" (Mehl 1996, 393). Ähnliche Stabilitätstenden-
zen wies Luchins (1942) bei den Strategien zur Problemlösung und Festinger[172] als Neigung zur Vermeidung kognitiver Dissonanzen nach.[173]

Mehl bringt hinsichtlich der Sicherheits- und Unfallforschung die konträren Positionen auf den Punkt. Die tradierte technisch-ingenieurwissenschaftliche Argumentation
hat folgende Logik: „Sicherheit entsteht durch Zuverlässigkeit, Zuverlässigkeit durch
keine oder nur seltene Abweichungen von der geforderten Handlungsweise, keine oder
nur sehr geringe Fehler sind somit Indikatoren für Sicherheit und Zuverlässigkeit"; die
Folgen dieses Denkens seien einmal das „Bewußtsein der Fehlerlosigkeit gegenüber dem
eigenen Tun" und zum anderen wenige, aber schwere weil unerwartete Unfälle (Mehl
1996, 394). Im Anschluss an Schwarz (1927) und eigene Forschungen (Mehl 1993)
vertritt Mehl (1996, 392f) hingegen: „Die kontinuierliche, mit Aufmerksamkeit begleite-

---

[172] Vgl. Festinger 1957.
[173] Vgl. dazu auch die bei Rasmussen (1987) beschriebene Kontrollebene des Gewohnheitshandelns.

te Beherrschung einer Handlungsausführung stellt eher die Ausnahme als die Regel dar"
und Fehler sind unabdingbar, wenn Sicherheit und Zuverlässigkeit erhalten bleiben sollen, denn:

> „Fehler und kritische Ereignisse dienen (auch) der Anpassung individueller Hand-
> lungskompetenz an sich verändernde situative Anforderungen. Sie sind damit ein als
> funktional zu betrachtendes Element, bewahren in dieser Funktion den Handelnden
> vor ‚Erstarrung', helfen ihm seine Fertigkeiten geschmeidig zu erhalten, was der Er-
> höhung der Handlungszuverlässigkeit dient" (Mehl 1996, 295).

In Konsequenz dieser anders gelagerten Denkansätze zur Bedeutung des Fehlers fordert
Wehner stärker „nach der potentiellen Vitalität fehlerhaften Handelns zu forschen"
(Wehner 1994, 413). Unter Einbeziehung des Weizsäckerschen Begriffs der Fehlerfreundlichkeit, der 1984 in die Evolutionstheorie und Technologiedebatte eingebracht
wurde[174], formuliert er als programmatischen Ausblick:

> „Fehlerfreundlichkeit und eine positiv konnotierte Fehlerethik bedeuten in erster Li-
> nie eine optimistisch aufklärerische Haltung, nämlich die der bewussten Hinwen-
> dung zum und nicht der Abwendung vom Fehler und in zweiter Linie die Wirksam-
> keit eines Prinzips, das vor allem der aktiven Handlungskontrolle von Fehlerkonse-
> quenzen dient und nicht der Fehlervermeidung oder deren ausschließlicher Korrek-
> tur" (Wehner 1994, 413f).

Konkret bedeutet das: Ein fehlerfreundliches System muss Aneignungschancen bieten,

- indem eventuelle Fehlerfolgen durch Harmlosigkeit und Korrigierbarkeit unbedroh-
  lich gehalten werden,
- die individuelle Handlungsautonomie gestärkt wird,
- die Entwicklung von Handlungsalternativen angeregt wird und so
- Denk- und Handlungsgewohnheiten auch durch Fehler weiterentwickelt werden.

3.3   Kognitionspsychologische Ansatzpunkte

3.3.1   Kognitive Theorien und Fehler

In den siebziger Jahren wurde der von Bartlett (1932, 201ff) bereits früh definierte
Schema-Begriff in der psychologischen Theoriebildung verstärkt aufgenommen.[175] Mit
ihm ließen sich höhere generische kognitive Strukturen, die menschlichem Wissen und

---

[174] Vgl. Kap. 4.2.7 und 5.3.2.
[175] Schemata sind sensumotorische Wissensstrukturen, die unterschiedlich aktiviert und ausgelöst werden
können.

Können zugrunde liegen, treffend beschreiben. Dabei hatte die Verkettung von Schemata beziehungsweise Elementen von Reaktionsabläufen und deren nicht aufmerksamkeitsgesteuerte Kontrolle bereits William James (1891, I/416ff) im Ansatz scharfsichtig erkannt.

Der Amerikaner Donald Norman, der im Anschluss an diese und andere Vorarbeiten an verbesserten Modellen der Aufmerksamkeit, des Gedächtnisses und Wissens arbeitete, widmete sich früh schon Fehlerphänomenen. So fragte er nach der Art der logischen Organisation von Speicherungen im Langzeitgedächtnis und meinte, „der erfolgversprechendste Weg ist vielleicht das Studium der Arten von Fehlern, die bei der Wiedergewinnung von Information aus dem Gedächtnis gemacht werden", denn die Beschreibung der verlorenen oder dem momentanen Zugriff entzogenen Informationsanteile ebenso wie „der erinnerte Rest kann uns einiges über die Organisation des Gedächtnisses sagen" (Norman 1973, 165).[176]

Damit nimmt Norman einen Forschungsansatz auf, mit dem bereits frühe Sprachforscher wie Paul, Meringer oder Ranschburg arbeiteten, der auch bei Piaget (1976) anklingt, und als „pathologische Methode" bei Rubinstein (1958) bereits zum allgemeinen methodischen Repertoire der Psychologie gehört. Diesen Ansatz, über Fehlleistungen Aufschlüsse zu kognitiven beziehungsweise psychischen Strukturen zu erhalten, wendete Norman nicht nur auf Aufmerksamkeits- und Erinnerungsprozesse an, sondern auch auf kognitive Steuerung von Handlungsabläufe. Er begann insgesamt fast tausend alltägliche Fehlleistungen und Patzer wie die folgenden zu analysieren (Norman 1980; 1981; 1993):[177]

-   Ein Mann kommt von der Arbeit nach Hause und geht in sein Schlafzimmer, um sich für das Dinner am Abend umzuziehen. Er legt ein Kleidungsstück nach dem anderen ab – und findet sich plötzlich in seinem Pyjama im Bett wieder![178]

-   Eine Frau möchte ihr Telefongespräch kurz unterbrechen, will deshalb rasch „Sekunde" oder „Moment" sagen – und heraus kommt der Zwischenruf „Sekment!"

-   „Ich hatte gerade meine letzte Zigarette verschenkt. Ein Raucher kann aber nicht leben mit dem Wissen, dass er keine Zigarette greifbar hat. Doch nun hatte ich nicht genug Kleingeld, um mir eine Packung aus dem Automaten zu holen. Also ging ich in den Schlafraum meines Freundes und holte die exakt benötigte Anzahl von Münzen. Ich ging zum Automaten, warf das Geld rein und drückte den Wahlknopf. Der Automat gab jedoch das Päckchen nicht frei und meine Münzen auch nicht. Also eilte ich ins Laboratorium um mir rasch weitere Münzen zu borgen, dann rasch zurück zum Automaten und dort drückte ich einen anderen Wahlknopf in der Hoffnung, dass diesmal die Maschine funktioniert. Doch ich musste feststellen, dass ich

---

[176] Vgl. auch Norman 1978, 234 u. 389f; Bobrow/Norman 1975; Kebeck 1991.
[177] Vgl. auch Reason/Mycielska 1982.
[178] Dieses Beispiel beschrieb bereits William James (1890).

nun die Münzen in den Kaffeeautomaten geworfen hatte. Obwohl ich eigentlich Zigaretten wollte, stand ich nun mit einem Kaffee in der Hand da."[179]

Solche Schnitzer deutet Norman als ungewollte Derivate (child scheme) von grundlegenden psychischen beziehungsweise kognitiven Schemata (parent scheme) im Sinne von Intentionen, welche uns normalerweise die Ableitung diverser Handlungsschemata erlauben, darunter aber eben auch fehlerhafte beziehungsweise in einer bestimmten Situation deplazierte. Fehlerursache kann zudem sein, dass ein Glied in einer gewollten Handlungskette gleichzeitig der Auslöser einer völlig anderen, im Moment nicht gewollten Handlungskette sein kann, so dass bei geschwächter kognitiver Kontrolle sozusagen der Funke überspringt und plötzlich der falsche Denk- oder Handlungsstrang weiterläuft. Norman verbindet also Schemata, Aktivationswerte und Auslösebedingungen in seinen Theoriebildungen (vgl. Norman 1973; Norman/Rumelhart 1978).

Gemeinsam mit Shallice (1980) formulierte Norman die Prämisse, dass eine Theorie des menschlichen Handelns neben der korrekten Handlungsausführung auch die am ehesten vorhersagbaren Fehlleistungen im Sinne einer Abweichung davon erklären können muss, da systematische Fehlerformen und korrekter Handlungsablauf als zwei Seiten derselben (theoretischen) Münze zu sehen seien.[180] „Wenn wir wissen, wie es zu Fehlern kommt, könnten wir sie möglicherweise auch verhindern" (Norman 1980, 66). Im Gegenzug ermöglichen Fehler Aussagen über die Struktur und Interdependenz verketteter Abläufen von kognitiven Mustern und deren Störbarkeit – etwa durch falsche Auslöser und Handlungsüberlagerungen. Norman (1981) unterscheidet drei Hauptkategorien von ‚slips', die dann wiederum Subkategorien aufweisen (siehe Tabelle 5).

Während die im Alltag eher harmlosen, allenfalls störenden Patzer und Schnitzer als Handlungsfehler diese Fehlertaxonomie strukturieren, sind die im Lebensvollzug gewichtigen Planbildungs- und Urteilsfehler lediglich in der ersten Subkategorie 1986 hinzugenommen worden.[181] Fehler bei der Aktivierung von Schemata beziehungsweise automatisierten Handlungsabläufen werden mit der Taxonomie also gut erfasst, für andere Fehlerkategorien aber erscheint sie nur begrenzt sinnvoll.

Reason, der 1979 ebenfalls Alltagspatzer und Schnitzer, dann aber auch komplexe technische Fehlereignisse auswertete, schlägt im Anschluss daran vor, als Rahmen zur Fehlerklassifizierung von fünf prinzipiellen fehlererzeugenden Faktoren auszugehen, die er „basic error tendencies" nennt (1987a, 6):

1. Prägung und Engführung des Denkens durch Umwelten („ecological constraint")

2. Bestimmende kognitive Schemata („scheme properties")

---

[179] Norman 1981, 9 (übersetzt aus dem Englischen; M.W.).

[180] Vgl. dazu auch Reason 1994, 60.

[181] Die ‚Denkfehler' wurden von Norman erst 1986 als weitere Subkategorie mit aufgenommen (Zimolong 1990, 320).

Hauptkategorie	Subkategorie
Fehler in der Zielbildung	Wissensbasierte Fehler, die bei der Planung, Entscheidung und Problemlösung entstehen: aufgrund von Irrtümern, mangelnder Kenntnis
	Verwechslungsfehler: durch falsche Klassifikation einer Situation
	Beschreibungsfehler: Verwechslung von Bewegungsprogrammen durch ähnliche Situationsmerkmale
Aktivierungsfehler	Unabsichtliche Aktivierung: a) Stereotypisierungsfehler: bei ähnlichen Situationsmerkmalen gewinnt das geläufigere Merkmal die Oberhand im Handlungsablauf b) Externe Aktivierung: Änderung der Handlungsausführung durch äußere Situationsmerkmale c) Assoziationsfehler: verknüpfte Schemata werden gemeinsam realisiert, auch wenn nur eines Sinn macht
	Aktivierungsverlust: Vergessen von Handlungsziel oder Auslassen von Schritten in der Handlungsabfolge.
Falscher Aufruf aktiver Schemata	Falsche Auslösebedingungen: falscher Zeitpunkt der Aktivierung
	Fehlende Auslösebedingungen: Schema wird gar nicht aufgerufen

Tab. 5: Klassifikation von Handlungsfehlern („action slips") nach Norman (1981)[182]

3. Beschränkungen der Ressourcen etwa an Aufmerksamkeit oder Rationalität („resource limitations")

4. Änderungsorientierte Neigungen des neurologischen System („change-enhancing biases")

5. Heuristische und andere Strategien ("the use of particular strategies or heuristics")

Meringer, Bawden, Jastrow, Weimer, Norman und viele andere formierten Fehlertaxonomien und -sammlungen. Doch die Bemühungen zur Erstellung solcher Fehlerkataloge gingen zurück, als man begann Zwischenfälle in Kernkraftwerken und Flugzeugunglücke genauer zu analysieren. Man stellte dabei fest, dass es zu den schwerwiegenden Ereignissen oft deshalb kam, weil recht unscheinbare Fehlhandlungen oder nicht vorhersehbare singuläre Ereignisse, welche die allgemein gehaltenen Fehlerkataloge nicht abbilden konnten, durch eine komplexe Korrelationen mit *spezifischen Kontexten und situativen Konstellationen* sich zur einer Verkettung unglücklicher Umstände hoch-

---

[182] Die Tabellendarstellung orientiert sich an der Abbildung bei Zimolong (1990, 321).

schaukelten. So stellte 1987 eine internationale Arbeitstagung von Fehlerforscherinnen und -forschern ernüchtert fest: „Existing human error data banks are seen to be little help to those who have tried to use them" (Rasmussen et al. 1987, 3).

Auch normative Theorien verloren dadurch in der Fehlerforschung an Einfluss und der Bezug zum jeweiligen *Handlungskontext* rückte deutlich in den Vordergrund. In den achtziger Jahren befassten sich neue Forschungsansätze nun mehrperspektivisch sowohl mit Fragen der *situationsspezifischen* Fehlerentdeckung und Fehlereinkreisung, der Bewertung der Fehlerfolgen, der Erhebung von Fehlerursachen und der Entwicklung von Lösungsansätzen sowie mit Vorschlägen zu einem angemessenen Umgang mit all diesen Faktoren in der jeweiligen *spezifischen* Arbeitsumgebung, etwa im Cockpit eines Flugzeugs.

So stellt beispielsweise Norman (1993) dar, wie bereits beim industriellen Design die Belange des Menschen nicht berücksichtigt werden und dadurch die Fehleranfälligkeit des Handelns erhöht wird. Gestaltung und Anordnung von Überwachungsinstrumenten etwa kann die Arbeit der Kontrolleure in Kraftwerken erschweren, Eingriffs- und Schaltinstrumente, aber selbst Kaffeekannen und andere Alltagsgegenstände, sind oft ergonomisch ungünstig und deshalb fehleranfällig. Er plädiert zudem für eine menschzentrierte und deshalb auch fehlertolerante Technikgestaltung:

> „When technology is not designed from a human-centered point of view, it doesn't reduce the incidence of human error nor minimize the impact when errors do occur. Yes, people do indeed err. Therefore the technology should be designed to take this wellknown fact into account. Instead, the tendency is to blame the person who errs, even though the fault might lie with the technology, even though to err is indeed very human" (Norman 1993, 11)

3.3.2 Die Fehlerbegriffe ‚slip' und ‚mistake'

Laut Senders und Moray (1991, 26ff) etablierten sich ausgehend von Norman und Reason tendenzielle Gemeinsamkeiten in der Benutzung verschiedener *Fehlerbezeichnungen* der englischen Sprache als technische Begriffe.[183] ‚Error' ist demnach der Oberbegriff, der ‚mistake' und ‚slip' (auch als ‚action slip'), aber auch ‚lapse', ‚failure' ‚fault' und ‚accident' umfasst. Demnach ist ein ‚slip' ein ‚unintentional error', der auch als Dysfunktion der Erinnerungs- und Kontrollleistung des Gehirns bezeichnet werden kann; teilweise wird auch ‚lapse' in diesem Sinne benutzt. Dagegen gilt: „Mistakes are planning failures: errors of judgement, inference or the like, when actions go as planned – but the plan is bad" (ebd., 27). ‚Accidents' wiederum ‚happen to us', d.h. der Begriff bezeichnet Unfälle und Fehlerereignisse, die wir nicht veranlassen, sondern die uns wi-

---

[183] Senders und Moray versuchen mit ihrer Begriffsbeschreibungen gewisse Konsensansätze wiederzugeben, die sich ihrer Meinung nach bei zwei internationalen Tagungen von Fehlerforschern 1980 und 1982 (siehe Kap. 1.1.4) und in der Folgezeit abzeichneten.

derfahren. ‚Fault' und ‚failure' schließlich bleiben als Terminus technicus unscharf und werden alternierend synonym mit ‚mistake', ‚error' oder ‚slip' verwendet.

Diese Begriffsdifferenzierung ist nicht unumstritten, zumal die der Definition zugrundeliegende Taxonomie von Norman erstens eng an die Schematheorie der Bewegungsausführung gebunden ist und zweitens oft keine eindeutige Zuweisung von Fehlerfällen zu nur einer Kategorie erlaubt (vgl. Zimolong 1990, 320). „A slip is a form of human error defined to be the performance of an action that was not what was intended", definiert Norman (1981, 1)[184] diese Klasse von Handlungsfehlern, doch darunter lassen sich, wie Heckhausen (1987, 172) feststellt, bereits manche Handlungsfehler wie etwa ein fehlspezifizierter Initiierungsakt oder die zu späte Desaktivierung einer Initiierungsvornahme nicht subsumieren. Die von Norman und Reason vorgenommene Unterscheidung von ‚slip' versus ‚mistake' wurde allerdings häufig übernommen, teilweise auch etwas vereinfacht als Zielbildungs- und Mittelwahlfehler versus Ausführungsfehler: „Mistakes are errors in choosing an objective or in specifying a means of achieving it; slips are errors in carrying out an intended means for reaching an objective" (Sternberg 1999, 76).

3.3.3   Fähigkeits-, regel- und wissensbasierte Fehlleistungen in Arbeitsprozessen

Jens Rasmussen entwickelte seit 1982 auf der Basis einer Untersuchung bei Technikern, die als elektronische Störungssucher arbeiteten, ein Modell zur Erhöhung der (fehlerfreien) Zuverlässigkeit durch Kontrollvorgänge. Dabei sollen Fehler auf drei Ausführungsebenen (Rasmussen/Jensen 1974; Rasmussen et al. 1987, 293ff) angegangen werden (siehe Tabelle 6).

Die drei Ebenen verdeutlichen den oft hierarchischen Aufbau der kognitiven Kontrollvorgänge. Zunächst wird das Handeln des Menschen weithin durch Routinewahrnehmungen und -kontrollen auf der Ebene von Gewohnheitshandlungen und mit automatisierten Fähigkeiten gesteuert, wobei vertraute Signale die Reaktionen und Handlungsfolgen auslösen. Wo dies nicht störungsfrei funktioniert, wird nun auf einer zweiten Ebene bewusster wahrgenommen, dass ein Problem vorliegt. Dieses versucht man dann anhand bewusst gesuchter weiterer Hinweise und des eigenen Erfahrungsschatzes, welche Fälle denkbar sein könnten, rasch einzuordnen und mit den dementsprechenden Regelanwendungen unkompliziert zu beheben. Erst wenn einige fehlerhafte Fall-Regel-Anwendungsversuche misslingen, aktiviert man die am wenigsten ‚bequeme' dritte Ebene. Anhand der eigenen Wissens- und Rationalitätsressourcen versucht man sich zu

---

[184] Später von Norman (1993, 131) bestätigt; dort definiert er weiter ‚mistake' als etwas, das geschieht, „when the action that is intended is wrong".

Fertigkeits-/ Gewohnheits-ebene	*Psychische Prozesse*: Automatisierte Reiz-Reaktions-Abläufe	Die *Leistungen* bestehen im stereotypen Abrufen und Reproduzieren gespeicherter Muster, etwa Reiz-Reaktionsmuster.
	Fehlertyp: Ausrutscher, Versehen, Fehlgriff	Durch Veränderungen der Kraft-, Raum- und Zeitkoordination können dabei Störungen entstehen, die Fehler (action slips) auslösen.
Regelbasierte Ebene	*Psychische Prozesse*: Wiedererkennen, Wenn-Dann-Regeln anwenden	Entstehende *Probleme* werden angegangen, indem man sein klassifikatorisches Wissen zu diversen möglichen Fällen (z.B. wenn – dann – Zusammenhänge) aktiviert.
	Fehlertyp: Beschreibungs- und Verwechslungsfehler	Der Fehler besteht in der Anwendung einer für den betreffenden Fall unangemessenen Regel (simplifierte Problembeschreibung, Verwechslung der Kategorie).
Wissensbasierte Ebene	*Psychische Prozesse*: Gründliche Analyse und Synthese der Handlungsschritte	*Neuartige Situationen* müssen durch Aktivierung von gespeichertem Wissen und durch analytische Prozesse erst neu erfasst und gedanklich strukturiert werden, ehe sie geplant und handelnd angegangen werden.
	Fehlertyp: Irrtümer, begrenzte Rationalität	Fehlleistungen entstehen durch die Beschränkungen von Wissen und Rationalität (Begrenzung der Aufmerksamkeit, des Arbeitsgedächtnisses, der angewendeten Entscheidungsregeln).

Tab. 6: Fehler im Rahmenmodell Fähigkeit – Regel – Wissen (nach Rasmussen 1982ff)[185]

der offensichtlich spezifischen und völlig neuen Situation nun auch ein ganz neues spezifisches Bild zu machen, anhand dessen man dann eine ebenfalls neuartige Problemlösestrategie entwerfen kann, die dann hoffentlich erfolgreicher sein kann.

Die drei Ebenen erwiesen sich als geeignete Struktur, um Ursachen der Fehlerentstehung insbesondere bei kontrollierender menschlicher Tätigkeit rascher einkreisen und prophylaktisch angehen zu können (vgl. Zimolong 1990). Das Rahmenmodell der drei Ebenen Gewohnheit/Fähigkeit – Regel – Wissen „wurde zu recht weltweit zu einem ‚Marktstandard' für die Beschäftigung mit der menschlichen Zuverlässigkeit in Arbeits-

---

[185] Vgl. Zimolong 1990, 322f.

abläufen" (Reason 1994, 15). Die Frage nach der fehlerfreien oder -bewältigenden „*Zuverlässigkeit*" ist dabei seit langem ein zentraler Ausgangs- und Zielpunkt der Fehlerforschungen in Arbeitsprozessen und besonders bedeutsam bei Mensch-Technik-Interaktionen in sensiblen Bereichen der Industrieproduktion, bei der Kernkraftnutzung oder Luft- und Raumfahrt. Die Zuverlässigkeit[186] eines Vorgangs oder Sachverhalts, Werkzeugs oder Menschen, ist im technischen Bereich gewissermaßen der Gegenbegriff zu dessen Fehlerhaftigkeit.

Mit ähnlichen Ausgangspunkten wie Rasmussen arbeitete Rouse (1981), der in seinem „fuzzy-set"-Problemlösemodell den Fokus ebenfalls auf die regelbasierte Ebene richtete. Er ging davon aus, dass Menschen in den meisten Situationen eben nicht sofort kontextspezifisch ihr Handeln *optimieren*, sondern es bevorzugen, zunächst anhand von Symptomen einfache regelhaft bekannte Muster wiederzuerkennen und nach Möglichkeit solche zu reproduzieren. Beim Problemlösen – etwa wenn ein Auto auf der Fahrt stehen bleibt und nicht mehr anspringt – tendieren viele Menschen anfänglich gerne zu Fehlleistungen, weil sie insbesondere solche Regeln aktivieren, die *vier Kriterien* erfüllen: Sie müssen erstens sehr leicht abrufbar, zweitens einfach, drittens gut anwendbar sein und viertens müssen sie einen deutlichen und raschen Nutzen erwarten lassen. Wenn die internalen ‚fuzzy sets' solcher simpler und deshalb zur Lösung neuer Situationen oft nicht tauglicher Regeln erschöpft sind, wird resigniert, ein Fachmann gerufen oder u.U. noch eine zweite, nun kontext- und fallspezifischere Analyse und Lösungssuche schrittweise durchgeführt. Die hohe Fehlerwahrscheinlichkeit im Problemlöseverhalten wird also durch den bequemen Hang zur simplifizierenden Muster- und Regelreproduktion weiter erhöht. Genau diese Neigung zur Regelreproduktion wird aber in stark prägenden Lebensbereichen – Familie, Schule, Arbeitsplatz – vielfach gefördert. Dadurch aber wird im künftigen individuellen Problemlöseverhalten bei neuartigen Problemkonstellationen die Fehlerquote und die Wahrscheinlichkeit des Scheiterns nicht reduziert, sondern eher noch erhöht.

3.4   Betriebliche Abläufe und Fehler

3.4.1   Fehler in planmäßigen Handlungsverläufen

An der Universität Manchester forschte seit Ende der siebziger Jahre James Reason zu Fehlern insbesondere im Zusammenhang mit Automatisierungen (1979), rationalen

---

[186] Gemäß DIN 55350 wird unter technischer Zuverlässigkeit „die Fähigkeit eines Erzeugnisses verstanden, den Verwendungszweck während einer gegebenen Zeitdauer unter festgelegten Bedingungen zu erfüllen, d.h. eine geforderte Qualität zu erfüllen" (vgl. Zimolong 1990, 315). Bezüglich des Menschen wird dann Zuverlässigkeit als die angemessene Erfüllung einer Arbeitsaufgabe unter bestimmten Bedingungen und in einer bestimmten Zeiteinheit verstanden.

Planbildungen (1987b) und risikoreichen technologischen Systemen (1994). Ähnlich wie Norman geht Reason (1994, 20) davon aus: „Korrekte Ausführung und systematische Fehler sind zwei Seiten derselben Medaille. Oder, vielleicht passender, sie sind zwei Seiten derselben kognitiven ‚Bilanz'."

Der Arbeitspsychologe Reason betrachtet u.a. „planning failures" und unterscheidet bei deren Ursachen drei Klassen von fehlerhafter Rationalität: gebundene, unvollkommene und widerwillige Rationalität. Denkbegrenzungen und zu kurzschlüssiges Planungs- und Ausarbeitungshandeln hängen für ihn oft mit Bindungen an alte Denkmuster, Verweigerung gegenüber neuem Denken und unvollständiger Wahrnehmung beziehungsweise Berücksichtigung von Tatbeständen zusammen (Reason 1987b, 15ff; 1987c).

Reason (1994, 38) hält den Oberbegriff ‚error' beziehungsweise Fehlverhalten nur für sinnvoll im Zusammenhang mit intentionalen, geplanten Handlungen und definiert:

> „Fehlverhalten wird als Oberbegriff verwendet, der all die Ereignisse umfasst, bei denen eine geplante Abfolge geistiger oder körperlicher Tätigkeiten nicht zu dem beabsichtigten Resultat führt, sofern diese Misserfolge nicht fremdem Einwirken zugeschrieben werden."

Er arbeitet in den achtziger Jahren an einer Theoriebildung nicht für beliebige („variable"), sondern „konstante Fehler", also solche die bei näherer Betrachtung ein wiederkehrendes Muster erkennen lassen, insofern „vorhersagbar" und durch gezieltes Vorgehen bei den Einflussgrößen vermeidbar erscheinen (Reason 1994, 21ff). Er beschreibt dort als die drei Hauptelemente bei der Produktion eines Fehlers:

- die Art der Aufgabe und die situativen Umstände;

- die Mechanismen, die ihre Ausführung leiten;

- das Wesen der jeweiligen Person.

Er differenziert weiter zwischen Fehlertypen und -formen. „Fehlertypen sind konzeptuell an die zugrunde liegenden kognitiven Stadien oder Mechanismen gebunden, während es sich bei Fehlerformen um die wiederkehrende Vielfalt der Unzulänglichkeiten handelt";[187] als die drei kognitiven Stadien bezeichnet er Planung, Speicherung und Ausführung, denen er als jeweilige Kategorie des Versagens die Begriffe Fehler, Schnitzer und Patzer zuordnet (Reason 1994, 28 u. 33):

- *„Fehler* kann man als Mängel oder Mißerfolge bei den Beurteilungs- und/oder Schlussfolgerungsprozessen definieren, die bei der Auswahl eines Zieles oder bei der Spezifikation der Mittel, um dieses Ziel zu erreichen, eine Rolle spielen, unab-

---

[187] Dies erinnert in der Systematik deutlich an die frühe „Fehlerpsychologie" von Weimer (1924), der recht ähnlich nach Fehlerarten und -formen unterscheidet. Auch Weimer unterschied nach Denk-, Erinnerungs- und Ausführungsfehlern. Reason bezieht sich allerdings nicht auf ihn.

hängig davon, ob die von diesem Entscheidungsprogramm geleiteten Handlungen plangemäß ablaufen."

- „*Schnitzer und Patzer* sind Arten des Fehlverhaltens, die sich aus einem Misserfolg im Stadium der Ausführung und/oder der Speicherung einer Handlungsfolge ergeben, ungeachtet der Frage, ob der Plan, dem sie folgen, angemessen war, um das gesetzte Ziel zu erreichen. Patzer sind potenziell beobachtbar als nach außen gekehrte, nicht plangemäße Handlungen (...); der Ausdruck Schnitzer bleibt im allgemeinen mehr verborgenen Fehlerformen vorbehalten, die zum größten Teil mit Gedächtnisfehlern einhergehen (...)."

Im Anschluss an Rasmussens Rahmenmodell und Ausführungsebenen spricht Reason (1994, 90) sodann von drei prinzipiellen Fehlertypen: den fähigkeits-, regel- und wissensbasierten Fehlhandlungen. Im Zusammenhang mit automatisierten Prozessen benennt er sieben weitere ‚types of error'.[188] Anhand seines gesamten theoretischen Konstrukts versucht Reason schließlich systematische Fehlerentdeckungs- und Fehlervermeidungsstrategien hinsichtlich der Unfallgefahr bei riskanten Technologien zu entwickeln (1994, 266ff). Neben der sehr gründlichen Darstellung bleibt bei Reason, der noch weitere Fehlerkategorien wie etwa ‚Versagen' und ‚Verstoß' einführt, allerdings eine gewisse Unschärfe der diversen Fehlerbegriffe.[189]

Hacker, einer der Begründer der Handlungstheorie[190] in der Arbeitspsychologie, plädierte 1986 für eine Unterscheidung zwischen Fehlhandlungen und Handlungsfehlern, die im Bereich der Forschungen zu Sicherheit und Zuverlässigkeit in Arbeitsprozessen dann teilweise übernommen wurde. Fehlhandlung beschreibt danach den *prozessualen* Anteil, also die fehlerhafte, falsche Handlung etwa in der Ausführungsregulation von Tätigkeiten, während deren unerwünschtes *Ergebnis* mit „Handlungsfehler" bezeichnet wird, eben weil es aus der fehlerhaften Handlung hervorging (vgl. Hacker 1998, 665f).

Heckhausen und Gollwitzer (1987) betonen die Bedeutung des Willensentschlusses für die Durchführung von Handlungen, die eben oft nicht rein schematagesteuert ausge-

---

[188] Die sieben hier genannten Fehlertypen sind: capture errors; omissions; perseverations; description errors; data-driven errors; associative-activation errors; loss-of-activation errors (Reason 1990, zit. n. Sternberg 1999, 77).

[189] Die von J.Grabowski geleistete Übersetzung (Spektrum-Verlag, 1994) der englischen Begriffe (failure, error, lapse, slip, mistake u.a.m.) ins Deutsche verschärft diese Problematik noch. So ist es etwa vom deutschen Sprachgebrauch her wenig nachvollziehbar, wenn mit Patzer ‚äußerlich wahrnehmbare' und mit Schnitzer hingegen ‚gedankliche, verborgene' Fehler bezeichnet werden. Auch die Übersetzung des Originaltitels „Human errors" (Cambridge Univ.Press, 1992) in „Menschliches Versagen" erscheint eher irre- weil engführend. Zwar wird der stehende Begriff ‚menschliches Versagen" mit „human error" richtig in Englische übersetzt, aber dieser englische Begriff umfasst dann bei Reason deutlich mehr als der deutsche Terminus nahelegt, nämlich auch Irrtümer und Fehler von Menschen in einem weiteren Sinn.

[190] Zur Abgrenzung gegenüber anderen in der Psychologie seit Ende der siebziger Jahre entwickelten Handlungstheorien schlug Volpert speziell für den Bereich der Arbeitspsychologie den Begriff der „Handlungsregulationstheorie" vor (vgl. Volpert 1980 u. 1994).

löst werden und automatisiert ablaufen. Ehe es zu praktischem Handeln kommt, laufen vielmehr gerade bei komplexeren Handlungsvorhaben folgende Phasen ab:[191]

(1) die prädezisionale Phase des Abwägens

(2) die Ziel- und Intentionsbildung

(3) die postdezisionale Phase des Planens

(4) die immer noch präaktionale Phase des endgültigen ‚Ausführungsvorsatzes'

(5) die aktionale Phase des ‚Handelns'

(6) die postaktionale Phase des Bewertens

Herausgestellt wird die zweimalige Entschlussbildung, wobei der erst nach der Planherstellung vollzogene endgültige Willensentschluss wirklich zum Überschreiten des inneren „Rubikons" (Heckhausen et al. 1987, 86ff)[192] und zu praktischem Handeln führt, während es ohne diesen Willensakt u.U. bei den denkerischen Plänen bleibt. Heckhausen (1987, 171) klassifiziert mögliche Fehler auf drei Ebenen:

1. Initiierungsfehler, z.B. verpasster Abstecher auf dem Nachhauseweg, um etwas zu besorgen; Vergessen eines Vorhabens; beim Klingeln des Telefons „Herein!" rufen, nachdem man unmittelbar zuvor viele Besucher empfangen hat.

2. Desaktivierungsfehler, z.B. unnötiger Gang zum Fleischerladen; mehrfache Kontrolle des zugedrehten Gashahns.

3. Ausführungsfehler, z.B. zweimaliges Aufgießen des Tees; Deckel der Zuckerdose auf Kaffeetasse setzen; mechanisches Lesen ohne anschließend zu wissen, was man eigentlich gelesen hat; nicht mehr wissen, weshalb man in den Keller gegangen ist.

Durch die Separierung des Planens und Entscheidens vom Handeln werden als konkrete ‚Handlungsfehler' also nur Fehlerkonkretionen aufgeführt, wie sie bereits von Norman und Reason unter der Kategorie ‚slips' analysiert wurden. Bedauerlich ist, dass dagegen Wahrnehmungs-, Analyse- oder Einschätzungsfehler nicht erörtert werden, die doch für die Planbildungsphase und den in diesem Handlungsmodell in den Mittelpunkt gerückten Willensentschluss zum Überschreiten des Rubikons häufig entscheidend sind. Fehler scheinen des Weiteren prinzipiell als unerwünschte Ereignisse zu gelten, Heckhausen (1987, 148) empfiehlt, die konkreten Vornahmen sollen „Fehlern, vorzeitigen Abbrüchen oder Misserfolgen vorbeugen." Eine recht differenzierte Taxonomie von Fehlern

---

[191] Vgl. Gollwitzer 1991 und Grewe 1994, 145.

[192] Der Rubikon war einst der Grenzfluss zwischen der Provinz Gallia cisalpina und dem römischen Staatsgebiet. Dort stand 49 v. Chr. Gaius Julius Caeser mit seine Truppen, zögernd in dem Wissen, dass dessen Überschreiten einen Bürgerkrieg zur Folge hätte. Mit den Worten "Alea iacta est" – „Der Würfel ist gefallen" – soll er den Marschbefehl gegeben haben und zog am Ende siegreich in Rom ein.

	Schritte im Handlungsprozess					
Regulations- **ebenen** ↓	*Zielentwick-* *lung und* *-entscheidung*	*Informations-* *aufnahme und* *-integration*	*Prog-* *nose*	*Planent-* *wicklung und* *-entscheidung*	*Monitoring* *(Gedächtnis)*	*Feed-* *back*
Intellektuelle Regulations-ebene	Zielsetzungs-fehler	Zuordnungs-fehler	Prog-nose-fehler	Denkfehler	Merk- und Vergessens-fehler	Urteils-fehler
Ebene der flexiblen Hand-lungsmuster	Gewohnheitsfehler				Unterlassens-fehler	Erken-nens-fehler
Sensumotorische Regulations-ebene	Bewegungsfehler					

Tab. 7: Die Fehlertaxonomie von Zapf/Frese/Brodbeck (1999)[193]

mit handlungstheoretischem Bezug[194] legten Zapf, Frese und Brodbeck 1999 vor.[195] Sie orientiert sich an Regulationsebenen und Phasen im Handlungsprozess (siehe Tabelle 7).

3.4.2 Fehler in der Mensch-Maschine-Interaktion

Noch ehe die bereits beschriebenen kognitionspsychologischen Studien den Fehler wieder ins Auge fasten, „wurde die nach den zwanziger Jahren in der behavioristischen Periode abgebrochene systematische Fehlerforschung zuerst wieder von ingenieurwissenschaftlichen Forschern initiiert" (Städtler 1998, 430). Den Ausgangspunkt der Forschung bildeten häufig Unfälle in der Arbeitswelt. Dementsprechend stellt Zimolong noch 1990 (316ff) zum Fehler im Bereich der Ingenieurpsychologie fest: „Die vielfältigen Ansätze zur Klassifizierung fehlerauslösender Bedingungen und Ursachen treffen keine Unterscheidung zwischen Fehler und Unfall. Der Unterschied liegt nur in den Folgen: Ein Fehler kann unentdeckt bleiben oder keine Konsequenzen haben, während der Unfall oder die Betriebsunterbrechung den Fehler voraussetzt"; er meint weiter: „Die Fehlerklassifikation in der betrieblichen Praxis ist zumeist verrichtungsorientiert und weniger an psychologischen Ursachen ausgerichtet."

Man interessierte sich also zunächst für die menschlichen und finanziellen Folgen von Fehlern und untersuchte deshalb vor allem zwei Merkmale: die Häufigkeit von Feh-

---

[193] Siehe Zapf/Frese/Brodbeck 1999, 402.

[194] In Anlehnung an handlungstheoretische Entwürfe von Hacker, von Miller/Galanter/Pribram und von Volpert.

[195] Ausgangspunkt war ein Erstentwurf von Frese/Zapf (1991, 21 u. 36).

lern, da damit die Höhe des Schadens und die Effektivität eventueller Vorbeugungsmaß-
nahmen zusammenhängt, und die Ursachen, da sie Verantwortlichkeiten und Ansatzpunkte zur Fehlervermeidung indizieren. Letzteres führte u.a. lange zu einem individualistischen Ansatz, das heißt es „wird bei Fehlern sofort nach ‚Schuldigen' gesucht. Wir
finden ‚den Verantwortlichen' selbst dann, wenn eine komplexe, unzuverlässige Technologie oder mehrere Personen eindeutig mitverantwortlich waren" (Greif 1996, 322).

Diese Personalisierungstendenz bei der Einkreisung von Fehlerursachen gründet
nicht nur in der Individualisierung von Leistung und Fehlleistung im kapitalistischen
Wirtschaftssystem. Sie hat im betrieblichen Wesen im Zusammenhang der Unfall- und
Sicherheitsforschung eine lange Tradition. Seit Marbe 1926 den Begriff der ‚Unfällerpersönlichkeit' eingeführt hatte, war man bestrebt, die Arbeitssicherheit zu steigern,
indem man die Fehler- und Unfallneigung mit bestimmten Persönlichkeitsmerkmalen
von Unfällern zu verbinden versuchte. So stellte man etwa 1960 im Bergbau fest, dass
bei 30–70% der Unfälle in einem Kollektiv immer die gleichen 10% seiner Mitglieder
beteiligt waren (Mehl 1996, 389). In den siebziger Jahren jedoch zeigten dann Untersuchungen: „Wenn man aus einer Gruppe all jene herausnimmt, die in einem bestimmten
Jahr einen Unfall hatten, dann verändert sich im folgenden Jahr die Unfallquote für diese
Gruppe nicht im geringsten" (Senders 1980, 76). Man hatte durch die voreilige Festlegung auf die Hypothese der Unfällerpersönlichkeit übersehen, „dass der überwiegende
Teil der sogenannten menschlichen Fehler durch inadäquate Arbeitsbedingungen verursacht wird" (Ulich 1998, 333) und diese konzentrierten sich bei bestimmten Arbeitsplätzen.

Nun wurde verstärkt untersucht, inwieweit sich bei bestimmten Arbeitsplätzen und
-konstellationen Fehler häuften oder welche Tätigkeiten und Rahmenbedingungen zum
Zeitpunkt eines Unfalls bestimmend waren. Man fand so „von der personenorientierten
zur bedingungs- und prozessorientierten Betrachtungsweise" und darüber hinaus zu der
„Einsicht, dass der Erwerb von Fertigkeiten ohne die Möglichkeit, Fehler zu machen,
nur begrenzt möglich ist" (Ulich 1998, 332 u. 337). Allerdings, so Ulich, könne von
einer sehr weiten Verbreitung der letztgenannten Einsicht leider noch nicht die Rede
sein.

Insbesondere in hochkomplexen technischen Systemen mit hohem Gefährdungspotenzial sah man lange den Mensch mit seiner Fehleranfälligkeit als eigentlichen Prob-
lemfaktor, während die Technik in ihren Abläufen ja perfektionierbar sei. Also bestand
lange die Strategie der Ingenieure und Planer darin, den Faktor Mensch so weit als möglich auszuklammern (Senders 1980; Norman 1980). Am Ende hatte der Mensch etwa in
einem Kernkraftwerk oder einer hochautomatisierten Industrieanlage nur noch geringfü-
gige Kontrollaufgaben, kaum Eingriffsmöglichkeiten und verstand immer weniger von
den technisch gesteuerten Abläufen.

Die Folge war, dass der zum ‚Beinahe-Statist' degradierte Mensch kaum Handlungskompetenz aufwies, wenn wie in Tschernobyl oder Three Miles Island die Technik eine
unerwartete Störungsabfolge produzierte und die Kontrolleure nun rasch und gezielt

164

überprüfen, analysieren und entscheiden mussten, welche Maßnahmen zu ergreifen waren – und dies auf einer so hohen Komplexitäts- und Schwierigkeitsebene, wie sie von den Programmierern der Steuerungsprogramme nicht mehr vorgesehen war, denn nur *deshalb* konnten die technischen Systeme diese Problematik ja nicht mehr alleine und ohne menschliche Hilfe bewältigen!

Besonders drastisch bemerkte man solche Negativeffekte in der zivilen Luftfahrt. In einem hochautomatisierten Cockpit ist der Pilot selbst bei Start- und Landevorgängen nur noch am Rande beteiligt. In Notfällen muss er aber mit deutlich geringerer technischer Unterstützung genau diese besonders schwierigen Situationen bewältigen, für die er aber kaum mehr geläufige Handlungsroutinen einsetzen kann. Er muss nun zeitgleich a) umfassend beobachten, b) auf der rationalen Ebene präzise analysieren, abwägen und entscheiden und c) operativ handeln – und all dies mit einer routinierten Schnelligkeit. Genau diese Routine der Komplexitätsbewältigung aber verliert ein Pilot, wenn die Vorgänge normalerweise automatisiert ohne viel Zutun seinerseits ablaufen. Die Erhöhung der technischen Zuverlässigkeit erzeugte also eine Paradoxie: „Je zuverlässiger die Maschine, um so unzuverlässiger der Mensch" (Senders 1980, 77). Den Notfall, den das Überwachungspersonal beherrschen soll, kann es nicht üben, weil die Autonomie der Techniksysteme es davon abhält. Bainbridge (1983) bezeichnete dies als die „Ironie der Automatisierung".

Frese formuliert diesen Zusammenhang folgendermaßen: „Mit dem Grad der versuchten Fehlervermeidung beschleunigt sich die Kurve der negativen Konsequenzen eines Fehlers." Er veranschaulicht dies bildlich (siehe Abbildung 3). Demnach vermindern sich bis zu einem gewissen Maß präventiver Fehlervermeidungsstrategien tatsächlich die negativen Fehlerfolgen. Doch dann wird ein Umschlagpunkt erreicht. Bei weiterer Steigerung der prophylaktischen Fehlervermeidung wachsen die Negativfolgen einzelner Fehler, die sich dennoch immer wieder ereignen, exponentiell an, weil der kontrollierende Mensch sie nicht mehr zufriedenstellend erfassen und ‚managen' kann, da er durch die Dominanz der Technik bereits zu stark ausgegliedert wurde aus dem Kontroll- und Steuerungsprozess. Denn „Fehlervermeidung ist immer verbunden mit einer Verringerung der aktiven Handlungen und damit mit

- einer Atropie des Handlungswissens des Menschen,
- einer Verringerung des Lernens aus Fehlern,
- einer Verringerung der Erwartung, dass Fehler auftauchen und damit der Wachsamkeit,
- einer Komplizierung des Gesamtsystems" (Frese 1991, 141).

Die Strategie einer möglichst umfassenden Ausschaltung des ‚fehlerhaften' Menschen ist aber nicht nur deshalb ab einem gewissen Punkt ineffektiv, weil der in eine passive Rolle gedrängte Mensch seine Kompetenz zum (seltenen) Krisen- oder Fehlermanagement deutlich abbaut. Vielmehr enthält sie auch einen grundsätzlichen logischen Fehler.

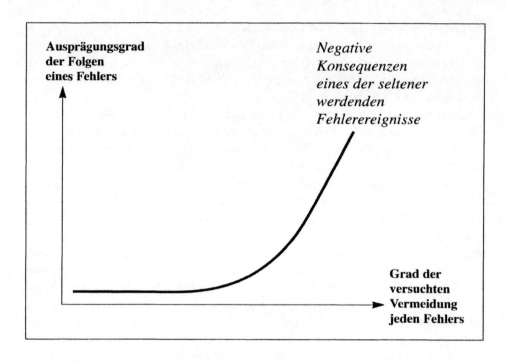

Abb. 3: Dilemma der Fehlervermeidungsstrategie nach Frese (1991)[196]

Fehler sind insbesondere in technischen Abläufen ungeplante Ereignisse oder zumindest unerwartete Auswirkungen von Ereignissen. Sowohl der Fehlervermeidung als auch dem Fehlermanagement geht aber eines voraus: Fehlerentdeckung beziehungsweise Fehlererkennung. Eben dies jedoch, eine *bislang nicht erwartete* Störgröße erfassen oder ein als Fehler nicht erkanntes oder nicht für möglich gehaltenes Ereignis als solches diagnostizieren, das kann ein programmiertes technisches System in vielen Fällen nicht. Diese Metaebene ist der Technik kaum zugänglich. Technische Fehlervermeidungsstrategien können i.d.R. nur ‚alte' Fehler vermeiden, neuartige entgehen ihnen tendenziell. Der Mensch jedoch kann neue Fehlerqualitäten identifizieren *und* definieren, allerdings nur dann, wenn er im Geschehen noch so stark involviert ist, dass er in genügendem Maße den Zugang zu eigenen Wahrnehmungen hat und sich zu eigenständiger Urteilsbildung und eigener Fehlererkennung beständig angehalten sieht.

Die Ergebnisse zur Mensch-Technik-Interaktion erlauben folgende Schlussziehung:

1. Wenn sich sehr wenige Fehler ereignen, sinkt die individuelle Fähigkeit der Fehlererkennung.

---

[196] Frese 1991, 142.

1. Wenn sich sehr wenige Fehler ereignen, sinkt die Fähigkeit des Fehlermanagements also der reaktionsschnellen Vermeidung oder Bewältigung der Fehlerfolgen.

2. Wenn sich – etwa in der Mensch-Technik-Interaktion – sehr wenige Fehler ereignen, sind die Folgen der wenigen geschehenden Fehler meist umso gravierender.

An dieser Stelle möchte ich meinen Forschungsbericht durch eine persönliche Zusatzbemerkung ergänzen: Die Kennzeichnung ‚*sehr* wenige Fehler' erscheint mir entscheidend für den von Frese beschriebenen Zusammenhang mit den erhöhten Fehlerfolgen. Denn wenn sich *sehr viele* Fehler ereignen, dürfte die Fähigkeit zum Fehlermanagement ähnlich reduziert sein und der Negativeffekt ähnlich gravierend ausfallen.[197] Ich wage deshalb die hier bereits vorweggenommene These: *Ein Mensch bedarf eines mittleren Maßes von Fehlereignissen und laufenden Eingriffserfordernissen, das je nach Gegenstand und Person spezifisch zu bestimmen ist, wenn er in einem bestimmten Handlungsfeld seine Reaktions- und Handlungsfähigkeit im Umgang mit Fehlereignissen geschmeidig halten will.* Mit einem Vergleich aus dem Bereich des Sports lässt sich die enthaltene Aussage veranschaulichen: Ein im System der Mensch-Technik-Interaktion gezielt zugelassenes und richtig dosiertes Maß an Fehlereignissen wirkt für unsere Wahrnehmungs-, Diagnose-, Bearbeitungs-, Steuerungs- und Kontrollkompetenz wie ein ‚Sparring-Partner': Die Fehler trainieren uns und halten unsere Kondition der Fehlerbearbeitung auf dem erforderlichen Leistungsniveau. Zuwenig ebenso wie deutlich zuviel (Fehler-) Anforderung jedoch mindert den ‚Trainingseffekt'.

3.4.3 Fehlerbearbeitung in Arbeitsprozessen

Die Fehlerforschung zu Arbeitsprozessen und insbesondere zu solchen an der Schnittstelle Mensch-Technik hebt mittlerweile auf folgende Teilkompetenzen verstärkt ab:

1. Fehlerentdeckung: gezielte Aufmerksamkeit, erkennen alter und neuer Fehler;

2. Fehleranalyse: Erfassen der Wirkungen und Korrelationen, erklären der Ursachen;

3. Fehlerbearbeitung: Maßnahmen zur Minimierung der Fehlerfolgen;

4. Fehlervermeidung: Verhüten des Wiederholungsfalles.

Auf dem Hintergrund der weiter oben bereits dargestellten Forschungsergebnisse dürfte allerdings eine mit der dritten zusammenhängende weitere Teilkompetenz noch deutlicher integriert werden:

5. Routinisierung des Fehlerumgangs: Entwickeln eines Repertoires spezifischer Strategien zur verbesserten – nämlich gezielten, aber dennoch offen angelegten – Reaktion bei Fehlereignissen.

---

[197] Leider erörtert die einschlägige Literatur diesen entgegengesetzten Fall nicht, Forschungen dazu fehlen.

Diese Fähigkeit erscheint dort wichtig, wo sich bestimmte Fehlerereignisse nicht vermeiden lassen, also immer wieder etwa in leicht variierender Form einstellen und dann möglichst versiert und zügig zu bearbeiten sind. In diesem Fall würden Strategien der Routinisierung jene der Fehlervermeidung und -bearbeitung ergänzen oder ersetzen und die Fehlerereignisse gewissermaßen ‚selbstverständlich' in die Arbeitsabläufe integrieren.

Mit dem neuen Begriff „Fehlermanagement" (Frese 1991; Hacker 1998) werden in unterschiedlicher Breite entweder nur Fehleranalyse und -bearbeitung oder auch Fehlererkennung und -vermeidung umfasst. Frese entfaltet den Begriff breit, Hacker unterstreicht die Abgrenzung gegenüber der Fehlervermeidung beziehungsweise -verhütung:

> „Während die Fehlerverhütung keine Fehlhandlungen entstehen lassen will, versucht das Fehlermanagement die negativen Folgen von Fehlhandlungen zu unterbinden, aber die positiven, lernbegünstigenden zu nutzen. Das erfolgt durch explorierendes (erkundendes) Erlernen eines künftigen Vermeidens oder eines schadensminimierenden Umgangs mit unterlaufenen Fehlern. Das setzt allerdings Technologien mit harmlosen Fehlhandlungsfolgen (‚Fehlerfreundlichkeit') voraus, die mit der Automatisierung jedoch eher seltener werden" (Hacker 1998, 670).

Im deutschsprachigen Raum ist es der Arbeitspsychologe Theo Wehner, der in noch größerer Breite als Reason, welcher gelegentlich die psychologische Fehlerforschung umreißt (1994), die Fehlerforschungen selbst außerhalb der Psychologie wahrnimmt und teilweise aufnimmt (Ohrmann/Wehner 1989; Wehner 1992). Speziell innerhalb der *psychologischen* Fehlerforschung stellt Wehner (1994, 409f) zusammenfassend bislang vier Zugriffsweisen und Zielbereiche fest:

> „1. Die Analyse von Fehlleistungen mit dem Ziel, unbewusste beziehungsweise verdrängte Bedürfnisse aufzudecken und tiefenpsychologische Theoriebildung zu betreiben.
>
> 2. Die Analyse fehlerhafter Resultate mit dem Ziele, an ihnen produktive Leistungen und Systemeigenschaften des Gedächtnisses oder des Denkens aufzuzeigen.
>
> 3. Die Analyse von Fehlhandlungen mit dem Ziel, die nicht äußerlich beobachtbaren Regulationsgrundlagen zu erkennen und Modelle zu entwickeln beziehungsweise vorhandene Modelle zu validieren.
>
> 4. Die Klassifikation und Typenbildung von fehlerhaften Ereignissen, mit dem Ziel, die Forschung von Gesetzmäßigkeiten zu motivieren."

Die dritte Kategorie weist nicht nur die zahlreichsten, sondern auch die frühesten Arbeiten auf. Seit Offner (1896) zielten nicht wenige Untersuchungen zu den sprachlichen Fehlern in diese Erkenntnisrichtung. Seit Bawden (1900) erforschten diverse Arbeiten den Fehler im Zusammenhang mit der Aufmerksamkeits- und Automationsforschung. Die verschiedenen Klassifikationsversuche (Norman 1981; Rasmussen 1982, 1987; Dörner 1991; Prümper 1994) zielen, wie deutlich wurde, vor allem auf den Bereich von ‚slips' (Patzer, Ausrutscher) im Alltagshandeln und auf Fälle von relativ folgenreichen Fehlhandlungen in Abläufen mit Mensch-Technik-Interaktionen. Insgesamt wird dabei freilich „zu wenig berücksichtigt, daß (i) noch nicht auf eine konsensfähige Definition zurückgegriffen werden kann und damit (ii) keine Verbindung zwischen den verschiedenen Klassifikationen herzustellen ist", meint Wehner (1994, 410), der weiter resümiert:

> „An sämtlichen Forschungsintentionen jedoch lässt sich leicht ablesen, dass über allem der Wunsch nach Prognostizierbarkeit und weniger nach Verstehbarkeit des Fehlens steht. Diese Dominanz des dualistischen Weltbildes und des positivistischen Forschungsstils führt nicht nur dazu, dass hermeneutische Positionen in der psychologischen Fehlerforschung fehlen beziehungsweise ausgegrenzt sind,[198] sondern in der Praxis auch die Suche nach Fehlervermeidungsstrategien überwiegt" (ebd., 411).

Wehner bedauert, dass eine Folge dieser Grundausrichtungen ist, dass etwa die fehlerbezogenen Arbeiten Freuds von der wissenschaftliche Psychologie ausgegrenzt werden. Dabei war Freud der späteren Kognitionspsychologie in manchem durchaus nahe, etwa wenn er in einer Vorlesung meinte: „Wir haben bisher immer von Fehlhandlungen gesprochen, aber jetzt scheint es, als ob manchmal die Fehlhandlung selbst eine ganz ordentliche Handlung wäre, die sich nur an Stelle der anderen, erwarteten oder beabsichtigten Handlung gesetzt hat" (zit. n. Mehl 1996, 391). Außerdem verweist Wehner darauf, dass die Denkansätze der Gestaltpsychologie zu wenig Berücksichtigung finden, die bereits früh wichtige Beiträge zur produktiven Funktion des Fehlers erbracht hätten.

3.5 Konträre Fehlerkonzeptionen in der Arbeitswelt

3.5.1 DIN-ISO-Fehlerbegriff und Evaluation

In der Arbeitswelt führte die Mechanisierung seit dem 19. Jahrhundert zu einer Ausweitung des Fehlerbegriffs, der sich nicht länger nur auf menschliche Handlungsweisen und Eigenschaften bezog. Neue Begriffsbildungen wie Materialfehler, Produktionsfehler, Messfehler, Fehlertoleranz u.a.m. dokumentieren dabei fast durchweg, dass der Fehler zunehmend als Abweichung von einer vorgegebenen Zielgröße oder Produkt- oder Verfahrensgestaltung verstanden wurde. Die tradierte Haltung gegenüber Fehlern in der Arbeitswelt war dabei schlicht die, dass Fehler eben prinzipiell zu vermeiden sind. Wenn Fehler dennoch geschehen, sind rasch die Ursachen auszumachen und besonders die für

---

[198] Mit Ausnahme von Taylor 1981 und Wehner 1988ff.

die Fehler Verantwortlichen, die dann gerügt werden und sie nach Möglichkeit wieder in Eigenleistung in Ordnung zu bringen haben.

Lange Zeit wurde Qualität als Konformität mit einer Norm und der Fehler dementsprechend als Nichtkonformität betrachtet. Der Ausgangspunkt der allgemeingültigen Norm wurde aber immer fraglicher, da die hochgradige Ausdifferenzierung der Produktanforderungen in Entsprechung zu den spezifischen Kundenerwartungen diese Normorientierung immer wenig hilfreich erscheinen ließ. Deshalb wird der Fehler innerhalb der Deutschen Industrie Norm mittlerweile definiert als „ein Merkmalswert, der die vorgegebenen Forderungen nicht erfüllt" (DIN 55350), oder noch kürzer als „Nichterfüllung einer Forderung" (DIN EN ISO 8402: 08.95).[199]

Ähnlich bestimmen die DIN-Maßstäbe zur Qualitätssicherung den Fehler als „Nichterfüllung der Qualitätsanforderung durch ein materielles oder immaterielles Produkt" (DIN ISO 9004, Pkt. 6.3.2/1987).[200] Der Fehler wird also immer weniger bezogen auf generell geltende Normen und immer stärker auf spezifische Anforderungen, die etwa ein Geschäftspartner als Erwartung bezüglich eines Produkts oder einer Dienstleistung sowie eine Firmenleitung bezüglich der betriebsinternen Arbeitsprozesse und Evaluationen aussprechen kann. Das regelmäßige Evaluieren von Strukturen, Prozessen und Arbeitsergebnissen wurde zum Standard. Nach dem Abschluss etwa eines Produktions- oder Unternehmensentwicklungsprozesses dienen Evaluationen der Kontrolle des Erfolgs und einer kontinuierlichen Qualitätssicherung.

Evaluation als Leitbegriff der in der Arbeitswelt mittlerweile verbreiteten Verfahren zur regelmäßigen Leistungs- bzw. Qualitätsfeststellung hat deutlich mehr mit Fehlern zu tun, als weithin bewusst ist. Vom Wortstamm her bedeutet Evaluation Wertfeststellung oder Bewertung.[201] Die American Evaluation Association definiert *Evaluation* allgemein als „Feststellung der Stärken und Schwächen von Programmen, Politik, Personal, Produkten und Organisationen, um deren Effektivität zu verbessern."[202] Unter dem Druck, knapp gewordene Ressourcen optimal einzusetzen, avancierte Evaluation zu einem Schlüsselbegriff in der Arbeitswelt einschließlich des Sozial- und Bildungssektors. Dies führte freilich auch zu einer Aufweichung des Begriffs, der mittlerweile häufig so beliebig verwendet wird, dass er allgemein nur noch aussagt, „dass irgendjemand irgendetwas in irgendeiner Weise bewertet" (Rolff et al. 1998, 216).

---

[199] DIN bezeichnet das Deutsche Institut für Normung, Berlin; ISO ist die Abkürzung für International Standard Organization. Beide Institutionen erarbeiten in Expertenkommissionen für die Arbeitswelt insbesondere Standards zu technischen Maßen, Arbeitsergebnissen, -abläufen und -strukturen. Diese Standards werden rund alle fünf Jahre überprüft (vgl. http://www.din.de/set/portrait/).

[200] Vgl. http://www.medizinfo.com/quality/html/defquali2.html (28.12.2001): „Die Abgrenzung zwischen Mangel und Fehler ist nicht immer scharf zu ziehen. Der Mangel bezieht sich auf eine beabsichtigte Anwendung, während der Fehler sich auf festgelegte Forderungen bezieht. Beides kann, muß jedoch nicht identisch sein" (nach DIN EN ISO 8402: 08.95).

[201] Vgl.: lat. valere = gesund sein; franz. valeur = Wert, Geltung; engl. value = Wert, Bewertung.

[202] Siehe http://www.eval.org. Diese Association in den USA ist mit 3000 Mitgliedern der derzeit der größte Berufsverband von Evaluatoren auch des Sozial-, Bildungs- und Gesundheitsbereich (vgl. Neue Zürcher Zeitung, Nr. 216, 16./17. 9.2000, S.102).

Eine qualifizierte Evaluation im Sinne einer kriteriengeleiteten und systematischen Überprüfung und Bewertung ermöglicht insbesondere, den Ist-Zustand der Arbeit eines Unternehmens oder einer Institution bzw. einzelner Teilbereiche derselben als Voraussetzung für zukunftsorientierte Zielbeschreibungen und Entscheidungen zu erheben. Zunehmend zielen Evaluationen aber nicht nur auf Zustandsbeschreibungen und damit auf die Resultate menschlichen Handelns und organisatorischer Strukturen, sondern auf die ablaufenden Prozesse und das Zusammenspiel der Akteure. Summative Evaluationen werden so durch wiederholte formative Überprüfungen ergänzt. Beide Formen dienen der Steigerung und Sicherung von Qualitäten. In Wirtschaftsunternehmen ist die Qualitätssicherung etwa anhand der DIN-ISO-Standardisierung von Produkten und Verfahren im Arbeitsablauf, die durch Zertifizierungen und anschließende regelmäßige Audits gewährleistet werden soll, stark verbreitet. Dies strahlt seit einiger Zeit auch auf den Sozial-, Gesundheits- und Bildungssektor aus.

Zwei Intentionen, die zugleich auch Teilschritte des Verfahrens darstellen, charakterisieren eine Evaluation: Erstens dient sie der Feststellung einer Sachlage, und zweitens zu deren Verbesserung etwa anhand eines Vergleichs des Ist-Zustands mit einem projizierten Soll-Zustand. Für den Entwurf des anzustrebenden Soll-Zustands bedarf es der Festlegung von Kriterien etwa in Form von Zielvorgaben. Dadurch entsteht erst die Voraussetzung für die Feststellung und Bewertung von Diskrepanzen. Heid weist darauf hin, dass im Brennpunkt der beiden Evaluationsschritte der Fehler in Form der negativen Abweichung von einem erwünschten oder angenommenen Zustand steht. Insbesondere die „Prozessevaluation hat hierbei die Aufgabe, den fehlerfreien Ablauf einer Handlungsfolge zu gewährleisten, angefangen bei der Handlungsplanung über verschiedene Stufen der Ausführung bis hin zur Ergebnisbewertung und -verwendung. Je früher im Ablauf der Handlung ein Fehler entdeckt wird, desto einfacher und billiger ist er in der Regel zu beheben" (Heid 2000, 101).[203] Die Kriterien für den ersten Schritt mag noch der Evaluator generieren, die für den zweiten Schritt der Beschreibung des Handlungsbedarfs legt in der Regel der Auftraggeber der Evaluation durch Zielformulierungen fest. Dadurch entsteht zugleich die Möglichkeit, dass Evaluationen spätestens im zweiten Schritt stark manipulierbar sind. Je nach Zielfestlegung – die u.U. erst nach Vorlage der Ergebnisse des erstens Schritts erfolgt – kann nun die Abweichung sprich Fehlergröße festgesetzt werden. Auf diese Weise kann die Evaluation instrumentalisiert werden zur Begründung drastischer Maßnahmen der Umstrukturierung etwa mit dem Ziel der deutlichen Kosteneinsparung oder Produktivitätserhöhung oder auch zur Selbstrechtfertigung von Verantwortungsträgern, indem der Erfolg des bisherigen Tuns unterstrichen wird durch ein Fazit nach der Art: „Die Evaluation zeigte, dass wir unsere Unternehmensziele weitestgehend erreichen".[204]

---

[203] Vgl. auch Christian Harteis/Helmut Heid/Susanne Kraft: Kompendium Weiterbildung. Aspekte und Perspektiven betrieblicher Personal- und Organisationsentwicklung, Opladen 2000.

[204] Vgl. dazu auch Mansaray 2000.

Mansaray (2000, 43ff) stellt fest, dass Fehler oft in einer „zelebrierten und ritualisierten Selbsttäuschung" verschoben werden. Demnach scheuen selbstgerechte Führungspersonen alten Schlags ebenso wie „fehlgeleitete Jungmanager keineswegs davor zurück, die Realität völlig zu verbiegen und dem Topmanagement mit immer raffinierteren Zahlenmachwerk und Pseudoanalysen vorzugaukeln, dass alles im Unternehmen zum Besten bestellt sei" (ebd., 48). Je gravierender die Folgen einer Fehlerfeststellung in einer Unternehmenskultur üblicherweise ausfallen, desto stärker ist besonders bei Selbstevaluationen die Neigung zu dieser ritualisierten Selbst- oder Fremdtäuschung. Heid (2000, 101) schlussfolgert deshalb:

> „Die wünschenswerte Offenheit aller an der Handlungsbewertung Beteiligten und aller von der Bewertung Betroffenen für eine kritische Qualitätskontrolle hängt zweifellos davon ab, wie Fehler – um deren Entdeckung es dabei geht – definiert werden und welche Konsequenzen aus der Festsstellung solcher Fehler gezogen werden"

Er fügt dem sofort hinzu, dass bislang jedoch in allen Bereichen gesellschaftlicher Praxis „der sanktionsfreie Umgang mit Fehlern oder gar die Entwicklung einer Fehlerkultur" völlig unzulänglich sei. Dabei könne man fast ausnahmslos Fehler als Anlässe des Lernens begreifen und nutzen. „Unverzeihlich ist eigentlich nur der Fehler, aus Fehlern nichts lernen zu wollen" (ebd.).

3.5.2 Fehlertoleranz in Innovationsbereichen und Marketing

Am weitesten fortgeschritten scheint ein grundlegendes Umdenken bezüglich des Fehlers in großen Wirtschaftsunternehmen, deren Erfolg in hohem Maß von marktrelevanten Innovationen abhängt. Jürgen Fuchs, leitend in einer Informatik- und Beratungsfirma tätig, beschreibt den tradierten Fehlerumgang in der Wirtschaft so:

> „In normalen Unternehmen ist es üblich, dass keiner Fehler machen darf, wenn er aufsteigen will. Nur keine Experimente! Mitarbeiter werden zum Wohlverhalten erzogen, damit nur ja keiner was anrichtet. Das Ergebnis: es richtet keiner mehr was an, aber es richtet auch keiner mehr was aus. Die Fähigkeit mit Unsicherheit umzugehen, sinkt. Weil sie aber in dieser Zeit keine Fehler gemacht haben, werden sie befördert."[205]

Diese Selbstbeschreibung zeigt, dass die massiven Schwierigkeiten von Wirtschaftsunternehmen beim Hervorbringen der notwendigen Innovationen mit hausgemachten Einstellungen, Hierarchien und Karrieremustern zusammenhängen und nicht nur daran,

---

[205] Zit. n. Kahl 1995, 20; vgl. Fuchs 1992.

172

„dass in Schulen und noch schlimmer in den Hochschulen Einzelkämpfer trainiert werden, die Gruppenarbeit kaum kennen gelernt haben".[206]

Stark beachtet wurden die Ergebnisse einer 1992 erschienen Kienbaum-Studie „The Return of Innovation", die ein Team um Rolf Berth in siebenjähriger Arbeit erstellt hatte.[207] Die Studie stellte u.a. fest:[208]

- Der Anteil der Innovation am Gesamtumsatz deutscher Firmen ist stark rückläufig.

- Zwei Drittel der vorgeschlagenen Neuerungen prallen bereits beim ersten Anlauf an vorgesetzten Experten und firmeninternen Hierarchien ab.

- Die wirklich nennenswerten durchschlagenden Neuerungen, also ‚Durchbruchsinnovationen' kommen vor allem (zu 37%) von einer Gruppe, die die Studie die ‚unwissenden Außenseiter' nennt, weitere 28% von ‚Quereinsteigern' und nur zu 35% tragen die jeweiligen branchentypischen Fachleute und Insider dazu bei.

- Letztere sind nur führend bei sogenannten ‚Verbesserungsinnovationen', d.h. Perfektionierungen des bereits Vorhandenen.

- Am kreativsten waren Mitarbeiter und Mitarbeiterinnen, die einer Job-Rotation ausgesetzt wurden, was aber nur in 7% der untersuchten Unternehmen üblich war.

- Den größten Nutzen bringt das Wissen der eigenen Fachleute, wenn sie mit Außenseitern in Gruppen zusammenarbeiten müssen.

- Berths Fazit: ‚Entscheidend ist die kreative Persönlichkeit, die Neues versucht und das Scheitern in Kauf nimmt.'

Die begrenzte Reichweite innovativen Denkens ist das Problem. „Unternehmen, die sich lediglich als Hersteller einer bestimmten Hardware statt einer *bestimmten Problemlösung* verstehen, optimieren bestenfalls ihre bestehenden Produkte, aber niemals die Situation ihrer Kunden" (Mansaray 2000, 16). Wie aber können Mitarbeiter/innen problemorientierter, grenzüberschreitender, interdisziplinärer, unkonventioneller, ideenreicher denken und zusammenarbeiten? Die Betriebe arbeiten an neuen Strukturen um den ‚Brain-Drain' und schlummernde kreative Ressourcen ihres Personals besser für die Betriebsziele nutzbar zu machen. Die Neubetonung der Humanressourcen ist freilich ambivalent. „'Der Mensch ist Mittelpunkt' rufen neuerdings die Manager. Tatsächlich denken viele dabei immer noch in ihrer alten Grammatik: ‚Der Mensch ist Mittel. Punkt. Basta.' Das war und ist die gnadenlose Moral der industriellen Moderne, die vernichtet, was nicht in die Rabatten ihres Nutzens passt. Wenn allerdings das Management fest-

---

[206] Peter Haase, Chef der Personalentwicklung bei Volkswagen; zit. n. Kahl 1993b, 51.

[207] Die Studie wurde für 3900 DM an interessierte Unternehmen verkauft; ein Teil ihrer Ergebnisse ist abgebildet in Rolf Berth: Erfolg, Düsseldorf, Econ-Verlag, 1993. Berth ist Wirtschaftswissenschaftler, Psychoanalytiker und Manager. Er untersuchte für den Unternehmensberater Kienbaum insgesamt 1919 Innovationen im Bereich der Wirtschaft.

[208] Zit. n.. Kahl 1993a, 51.53 und 1995, 22f.

stellt, die Technik sei ausgereizt, und sich aufmacht, die ‚Ressource Mensch' zu entdecken, dann beginnt eine Phase voller Dialektik", die darin besteht, dass die Unternehmen
die Kreativität ihrer Mitarbeiter/innen brauchen, aber nur bekommen, wenn sie diese
„endlich als Persönlichkeiten anerkennen." – Kahl (1995, 18f) beschreibt so einerseits
nüchtern die Hintergründe der Suchbewegungen bei Unternehmen, deren Ergebnisse ihn
hinsichtlich des Fehlerumgangs jedoch andererseits faszinieren:

So werden etwa bei Volkswagen „try-out-Räume" eingerichtet, in denen Gruppen
neue gemeinsam entwickelte Lösungen für ihre Arbeit durchprobieren und so die Fehler-
stellen erkennen und bearbeiten können (Kahl 1993b, 51). Der Nobelpreisträger Binnig
führt in München das Team seines IBM-Labors nach der Devise: „Alle Leute in unserem
Forschungsteam sind sehr unterschiedlich. Dadurch entstehen ungeahnte Möglichkeiten.
Der Fehlversuch des einen zündet beim anderen oft eine Idee, auf die er sonst nie ge-
kommen wäre" (Kahl 1995, 23). Jürgen Fuchs rät: „Wenn ein Mitarbeiter etwas Neues
zu denken oder zu probieren beginnt, kommt er in „Geburtskrisen". In dieser entscheidenden kreativen Phase „muß der einzelne Fehler machen dürfen"[209] und muss das ihn
umgebende Team höchste Fehlertoleranz zeigen. Ein anderer Unternehmensberater
meint: „Kreativität ist ohne Unsicherheit nicht zu haben. Wenn wir Lernprozesse wollen,
müssen wir Unsicherheit zulassen oder gezielt auslösen" (Kahl 1993a, 53).

Das ist eine ungewohnte Perspektive für Unternehmen, deren Geschäftspartner bzw.
Kunden bei Fehlleistungen nicht unbedingt verständnisvoll reagieren. Fehler bzw. Misserfolge scheinen eher den geschäftlichen Erfolg insgesamt zu gefährden. Genau dies
jedoch, mehr Offenheit für kleine Fehler und Misserfolge, forderte der Wirtschaftswissenschaftler Tom Peters bereits 1987 angesichts einer gesteigerten *Dynamik des Markt-
geschehens*, die fehlervermeidenden Unternehmensstrategien keine Chance mehr lasse:

> „Die Logik ist einfach: (1) Wir müssen in jeder Abteilung schneller zu Innovationen
> kommen. (2) Die Innovation heißt offensichtlich, sich mit dem Neuen – dem Unge-
> prüften – auseinander zusetzen. (3) Die Unsicherheit nimmt ständig zu. (4) Die
> Vielschichtigkeit nimmt ständig zu. (5) Unsicherheit und Vielschichtigkeit werden
> nur durch schnelles Handeln überwunden. (6) Wer angesichts der zunehmenden
> Vielschichtigkeit neue Ideen verwirklicht, wird auch Misserfolge haben. (7) Wer
> schnell handelt, wird schnell Misserfolg haben. (8) Dramatisch beschleunigte Inno-
> vationen: dramatisch gesteigerte Misserfolgsquoten" (Peters 1988, 289).

Erfolgsentscheidend ist freilich nicht, dass viele Misserfolge passieren, sondern dass
hierbei *auch* die eine von hundert Ideen entstehen kann, die auf dem Markt zu einem
durchschlagenden *Verkaufsschlager* wird und so den durch kleine Misserfolge entstandenen Schaden bei weitem ausgleicht. Peters zitiert Soichiro Honda, den Gründer der
gleichnamigen Motorenwerke: „Viele Menschen träumen vom Erfolg. Für mich besteht
Erfolg aus wiederholtem Misserfolg und Introspektion. Erfolg ist das eine Prozent ihrer

---

[209] Zit. n. Kahl 1993a, 53.

Arbeit, das aus 99 Prozent Misserfolg entsteht" (ebd., 288). Peters meint aufgrund seiner Analysen[210] sagen zu können, dass bei vielen Unternehmen das Problem gerade darin liege, dass sie auch kleine Misserfolge und Fehler nicht zulassen können:

„Ich kenne viele Firmen, in denen große Angst vor dem kleinsten Fehler herrscht. Dann entsteht folgende Situation:

(1) Kleine Fehler werden nicht erkannt und sind Sand im Getriebe, bis sie große Fehler an anderer Stelle verursachen;

(2) Kleine Fehler führen nicht zu schnellen Korrekturen – statt dessen wird gewissermaßen gewaltsam versucht, einen eckigen Pfahl in ein rundes Loch zu stecken;

(3) Daten werden gefälscht, so dass Misserfolge wie Erfolge aussehen oder (...)

(4) (...)vor Mitarbeitern in anderen Abteilungen geheimgehalten, weil der Chef sein Gesicht vor den anderen Abteilungsleitern nicht verlieren will;

(5) Die Vorgesetzten werden (...) falsch informiert, so dass sie sich immer mehr von falschen Informationen leiten lassen, die Fehler sind dann immer schwerer zu entdecken und entfalten eine immer größere Wirkung;

(6) Es entsteht kein Lernprozess (...), es zieht sich jeder auf eine verhärtete Position zurück;

(7) Tests laufen verzögert, weil jeder in Panik und mit viel Zeitaufwand versucht, Fehler zu vertuschen;

(8) Wahrheitsfindung, Spaß an der Sache und motivierendes Aktionstempo nähern sich bald gegen Null" (Peters 1988, 292).

Peters Empfehlung lautet deshalb, man müsse erstens kleine Fehler und Misserfolge äußerst tolerant behandeln um diese Effekte zu minimieren und zweitens aus Gründen der Innovation sogar den *„fast failure"*, den schnellen überschaubaren Fehler, sogar fördern, wenn man langfristig den großen Fehler, wirtschaftlich abgehängt zu werden, vermeiden möchte. „Wer schnell Fehler macht, kann daraus lernen und den nächsten Zug intelligenter vorbereiten" (Peters 1988, 290). Konsequenterweise müsse man dann wie L.Wexner, der Begründer des Textilunternehmens Limited, Einkäufer „nicht nur nach ihren Erfolgen, sondern auch nach ihren kreativen Irrtümern bewerten. Der zu erfolgreiche Einkäufer ist nicht risikofreudig genug" und erschien diesem deshalb auf die Dauer eher schlecht für sein Unternehmen (ebd., 286). Peters hält angesichts der obigen Logik das „thriving on the chaos" (Peters 1988), das Gedeihen und Kreieren aus dem Chaos heraus für die erfolgsprechendste Form des Managements, weil nur so das Leitziel einer enormen Handlungs- und Innovationsgeschwindigkeit erreicht wird. Dazu gehört eine Kultur der Fehleroffenheit im Unternehmen:

---

[210] 1981/82 analysierte Peters bei 62 US-Unternehmen, die sich über den Zeitraum 1961–80 als besonders erfolgreich am Markt erwiesen hatten, ihre Unternehmensstruktur und –kultur (vgl. Peters/Waterman 2000, 42ff).

„Das Ziel ist, Fehlern gegenüber mehr als tolerant zu sein. Wie Wexner müssen Sie aktiv bei Misserfolgen ermutigen. Reden Sie die Fehler herbei, lachen sie darüber. Die Sitzung einer Projektgruppe kann man mit dem interessantesten Misserfolg beginnen. Welche Fehler wurden diese Woche begangen? Wie können noch mehr Fehler noch schneller gemacht und damit überwunden werden? Für Mißerfolge können lustige Preise vergeben werden – ein verbogener Golfschläger, ein alter Tennisschuh oder ein durch Unfall beschädigtes Auto: Preise für die interessantesten, kreativsten, nützlichsten und am schnellsten begangenen Fehler" (Peters 1988, 290).

Ähnlich fordern Gomez/Probst (1997, 157) kreativitätsfördernde Fehlertoleranzen für Mitarbeiter/innen: „Es ist daher eine zentrale Aufgabe der Führung, im richtigen Moment ein Beispiel zu geben, dass auch Fehler um der Kreativität willen (...) akzeptiert und bewusst positiv interpretiert werden." Dem entspricht zumindest verbal der Schwede Ingvar Kamprad, Gründer des internationalen Unternehmens IKEA, der meint „The fear of making mistakes is the root of bureaucracy and the enemy of all evolution" (zit. n. Stüttgen 1999, 212).

Die Ansätze von Christine und Ernst von Weizsäcker (1984) zur Fehlerfreundlichkeit in der Evolutionsbiologie[211] versucht Baecker (1992, 60) analog auf komplexe Wirtschaftsunternehmen anzuwenden:

„Fehlerfreundlichkeit bedeutet, dass man auf das Ziel der Durchoptimierung der Zustände und Abläufe des Systems, der Einheitlichkeit der Zielsetzungen und einer reibungslos transparenten Kommunikation zu verzichten hat. Statt dessen pflege man Redundanzen, damit man, wenn bestimmte Funktionen gestört sind, auf Ersatz zurückgreifen kann. Man pflege Varietät, damit man, wenn das eine nicht mehr klappt, es vielleicht auf anderem Weg versuchen kann. Man sorge dafür, dass Barrieren innerhalb des Systems die einzelnen Teile voneinander trennen, damit nicht jede Störung sofort das ganze System ergreift."

Bei den Ergebnissen der Weizsäckers setzt auch der Wirtschaftswissenschaftler Stüttgen an, der einen transdisziplinären Bezugsrahmen für Strategien der Bewältigung von Komplexität in Wirtschaftsunternehmen entwickelt. Er hebt vor allem auf die Rolle erstens von Diversität etwa durch Randgruppen im Betrieb und zweitens von Fehlerfreundlichkeit ab:

„Fehlerfreundlichkeit kann als die notwendige Prädisposition für die Innovations-, Lern- und Entwicklungsfähigkeit einer Unternehmung und damit als Bedingung und Triebkraft der Systemevolutionen verstanden werden" (Stüttgen 1999, 213).

Allerdings unterscheidet er „freundliche Fehler", die die Evolution des Systems fördern, von unerwünschten „feindlichen Fehlern", welche „die Aufrechterhaltung wesentlicher

---

[211] Vgl. Kap. 5.3.2.

Systemfunktionen derart stören, dass ein System in seiner Existenz bedroht wird" (Stütt-gen 1999, 229). Entscheidend sei das drohende Schadenspotenzial eines Fehlers. Ein bestimmter Fehler kann also in einer Maschinenfabrik als produktiv und ‚freundlich' gelten, aber in einer Kernkraftanlage als riskant und deshalb ‚feindlich'. Das bedeutet, dass „die Struktur des vom Fehler betroffenen Systems, d.h. der Fehlerkontext, massiv beeinflusst, ob ein Fehler dem System auf eine feindliche oder auf eine freundliche Wei-se gegenübertritt" (ebd., 233). Weiter bemerkt er, dass Ausführungsfehler zu Unrecht wesentlich stärker bestraft werden als Unterlassungsfehler. Darauf wiesen bereits Ha-mel/Prahalad (1995, 362f) hin:

> „Fehler werden meist (...) nur anhand des verlorenen und nicht anhand des entgan-
> genen Geldes gemessen. Oder hat etwa ein Topmanager eines der eingeführten ame-
> rikanischen Computerunternehmen auf seinen Job, sein elegantes Büro oder seine
> Beförderung verzichten müssen, weil die Führerschaft im Labtop-Bereich anderen
> überlassen wurde? Die Manager werden selten bestraft, wenn sie Experimente un-
> terlassen, aber sie werden oft bestraft, wenn sie wagemutig sind und verlieren."

3.5.3 Total-Quality und Null-Fehler-Produktion

Der Manager Mansaray[212] sieht eine zunehmende ‚Fehlertoleranz' in Unternehmen eher kritisch. Im Bereich der Planung und Produktion führe diese Haltung zu Nachlässigkeit und offenkundige Fehlentwicklungen seien „bei der Einführung von solchen ‚Banana-Produkten' (Neuerungen, die erst beim Kunden richtig reifen) geradezu vorprogram-miert" (Mansaray 2000, 52). Er beschreibt als Folge dieser beschleunigt-fehlertoleranten Konzepte die verbreitete „Quick-and-Dirty-Finish"-Krankheit:

> „Kaum einer Branche ist die öffentliche Blamage bisher erspart geblieben, eingeste-
> hen zu müssen, dass irgendein zentraler Fehler während der Produktion gänzlich
> übersehen wurde (...). Der Imageverlust, der mit solchen Nachbesserungs-, also
> Rückrufaktionen einhergeht, ist in der Regel so beträchtlich, dass der vermeintliche
> Zeitvorsprung, den man vor den Wettbewerbern herauszuarbeiten glaubt, bei wei-
> tem nicht ausreicht, um diesen oft dauerhaften Schaden nur annähernd zu kompen-
> sieren – von den finanziellen Verlusten ganz zu schweigen. Mit anderen Worten:
> Wenn man vorschnell ein Leistungsprodukt herausbringt, bei dem Nachbesserungen
> unausweichlich werden, verliert man als Nachsitzer reichlich Geld, statt dass man es
> als vermeintlicher ‚First-Comer' verdient" (Mansaray 2000, 49ff).

Deutlich wird also ein innerer Konflikt zwischen zwei Grundvoraussetzungen für eine am Markt erfolgreiche Innovation, die auch Peters (1988, 293) sieht: einerseits hohe

---

[212] N. Mansaray sammelte als Manager in verschiedenen deutschen Unternehmen Erfahrungswerte zu den ‚gefährlichsten Manager-Fehlern'. Er koordiniert bei Siemens die bundesweiten Vertriebsaktivitäten (Stand 2000).

Kreativität und damit ein hoher Innovationsgrad und andererseits eine möglichst perfekte Qualität. Höchste Qualität nämlich fordert der Kunde ebenfalls und der Handel reicht diese Forderung an die Produzenten im Konsum- und Investitionsgütersektor weiter. Gewinnspannen werden hier schmäler, Regressforderungen massiver und finanzielle ‚Fehlerpuffer' dadurch zu einem Luxus, den sich in manchen Branchen Betriebe kaum leisten können.

Die Autohersteller und ihre Zulieferer etwa versuchen deshalb noch strikter als bisher auf eine *„Null-Fehler-Produktion"* zu achten, d.h. in jedem einzelnen Prozessschritt muss eine „fehlerfreie Produktion ohne Ausschuß und Nacharbeit" garantiert sein (Westkämper 1996, 9). „Total Quality Management" (TQM) ist dabei das bekannteste der begleitenden systematischen Qualitätsverbesserungskonzepte. Es wurde von der Graduate School of Business an der University of Chicago entwickelt und unterwirft in differenzierten Maßnahmen alle Phasen, Faktoren und Mitarbeiter/innen in der Wertschöpfungskette dem Diktum der kundenorientierten Qualitätskontrolle und -sicherung.[213] Ein Element von TQM ist die „Failure Mode and Effects Analysis" (FMEA) zur Erfassung potenzieller Fehlerursachen im Produkt und Prozess und zu deren systematischer Vermeidung (vgl. Kersten 1993 u.1994).

Ein erst am Ende einer Prozesskette offenkundig werdender kapitaler Fehler, wie er etwa bei der Konstruktion der neuen A-Klasse von Mercedes-Benz im viel diskutierten ‚Elch-Test' zu Tage kam,[214] können für Image und Finanzplanung eines Unternehmens zum Desaster werden. Ein Manager dieses Unternehmens beschrieb deshalb die in der Motorenproduktion erwünschte ‚*Fehlerkultur*' so: „Wir brauchen eine fehleroffene Atmosphäre, denn wir sind begierig darauf, frühzeitig von Fehlern zu erfahren, um so unser Ziel der Null-Fehler-Produktion erreichen zu können."[215] Diese scheinbar paradoxe Formulierung folgt der einfachen Logik, die T.Tagushi so beschreibt: „Ein Fehler, der in der Planungsphase beseitigt wird, kostet einen Dollar. Wird dieser Fehler nicht beseitigt, kostet er in der Produktionsphase bereits zehn Dollar und nach der Markteinführung des Produktes sogar 100 Dollar" (zit. n. Mansaray 2000, 52).

Diese betriebliche Fehlerkultur funktioniert jedoch aufgrund ihrer ambivalenten Fehlerbewertung vermutlich nur für frühzeitig erkannte Fehler. Der zu einem fortgeschrittenen Zeitpunkt entdeckte Fehler erzeugt dem Unternehmen bereits einen höheren Schaden – und hat deshalb Folgen für die Karriere der dafür Verantwortlichen, die ihn nicht früher erkannten. Mit der Höhe der Folgekosten steigt deshalb vermutlich die Tendenz, den Fehler zu verschleiern und, ehe der Fehler manifest wird, sich etwa durch einen Stellenwechsel rechtzeitig aus der Verantwortung dafür abzusetzen.

Peters (1995, 32) argumentiert, ohne Zweifel sei überlegene Qualität, wie sie TQM anstrebe, heute eine notwendige „Grundvoraussetzung für Markterfolge", aber sie sei

---

[213] Vgl. Hopfenbeck 1998, 570–575.

[214] Vgl. Frankf. Rundschau 20.12.1997: ‚Nachbesserung zeigt Wirkung. Die A-Klasse besteht den Elch-Test.'

[215] In einem Gespräch mit dem Verfasser am 3. März 2000 in Stuttgart-Untertürkheim

dafür nicht hinreichend, da hohe Ansprüche an Qualität mittlerweile von vielen Anbietern aus aller Welt erfüllt werden. Deshalb werde dann der Innovationsgrad entscheidend. Empirischen Untersuchungen zufolge gehen wie er 90% der führenden Manager davon aus, „dass Innovationen für ihr Unternehmen in den nächsten Jahren eine größere, beziehungsweise sehr viel größere Rolle spielen werden als bisher" (Macharzina 1999, 552) und setzen deshalb auf neue Formen des Innovationsmanagements. Die Marktdynamik erfordert also eine innovative Schnelligkeit, die ohne innerbetriebliche Fehlertoleranz nicht machbar ist, die mangelnde Fehlertoleranz des Kunden am Ende erfordert jedoch eine Fehlerfreiheit des Produkts, die mit der Forderung kurzer Entwicklungszeiten und kostengünstiger Produktionsprozesse nicht vereinbar ist.

3.5.4   Fehlerstress und Fehlerkultur

Greif erläutert als einer der wenigen Fehlerforscher, dass Fehler beim Fehlenden *Stress erzeugen*. Nach seinen Forschungen konfrontieren Fehler die handelnde Person „mit drei miteinander verbundenen Problemen, die sie bewältigen muss:

1) erhöhter *emotionaler Druck*, den Fehler so schnell wie möglich zu korrigieren,

2) *Schuldzuweisungen* und

3) *Erhöhung der Komplexität* der zu bewältigenden Aufgabe durch die Fehlersituation" (Greif 1996, 321).

Die Komplexität ist dabei weniger als objektive Größe zu verstehen: Wenn die fehlende Person „die einfache Lösung nicht kennt, ist für sie die Komplexität subjektiv sehr hoch, selbst wenn der Fehler für Experten objektiv leicht zu korrigieren wäre" (ebd., 324). Je nach Fehlerart, Persönlichkeit, Vorerfahrungen und Verhalten der Umgebung baut sich auch der emotionale Druck unterschiedlich stark auf. Ist er hoch, so führt er zu weiteren negativen Folgen beziehungsweise Folgefehlern (Greif 1996, 322f):

- Die *Aufmerksamkeitsleistung* wird eingeschränkt, da sich oft ein sogenanntes ‚Tunnelgefühl' (Rasmussen) aufbaut, das einen ‚Tunnelblick' zur Folge hat. Man ist auf den Fehler fixiert, und sucht gewissermaßen ohne nach rechts und links zu schauen einen Fluchtweg.

- Die Tendenz zu raschem, *undurchdachtem* Handeln mit Anschlussfehlern erhöht sich.

- *Vertuschungs-* und Selbstrechtfertigungsmaßnahmen werden eingeleitet, die eine Reduzierung der Fehlerfolgen und -ursachen behindern.

Gesteigert wird der emotionale Druck vor allem, „wenn eine handelnde Person nach einem Fehler persönliche Anschuldigungen befürchtet", was in der Industrie leider oft noch der Fall sei, meint Greif (ebd.). Allerdings vertieft er diesen Punkt nicht weiter. Ausgangspunkt des Stresses ist aber demnach, dass mit dem Fehlerurteil fast immer eine

Verantwortungszuschreibung enthalten ist. Der Fehlende empfängt die explizite oder implizite Botschaft „Das hätte nicht passieren sollen" oder „Das darf nicht mehr vorkommen" beziehungsweise „Das muss schnell wieder in Ordnung gebracht werden". Selbst wo man von anderen ohne jeden Vorwurf auf einen Fehler hingewiesen wird, empfindet der Fehlende seine Verantwortlichkeit und ist u.U. etwas geknickt bzw. beschämt. Greif (1996, 322 u. 326) empfiehlt statt der in der westlichen Gesellschaft verbreiteten individualistischen Fehlersuche die japanische Praxis einer eher ‚systemischen' Fehlerzuschreibung und -bearbeitung.

In Verbindung mit der Qualitätssicherung wird im Bereich der japanischen Wirtschaft ‚kaizen' (japan.: Streben nach ständiger Verbesserung) praktiziert, welches sich auf das gesamte Unternehmen und alle Lebensbereiche der Mitarbeiterinnen und Mitarbeiter bezieht. Das Prinzip der Poka yoke (japanisch: poka = unbeabsichtigter Fehler, yoke = Verminderung, Vermeidung) spielt eine besondere Rolle; es umfasst Grundsätze, Vorkehrungen und Einrichtungen zur Vermeidung von Fehlhandlungen in der Fertigung. In japanischen Prozessen zur Problemanalyse und -bearbeitung werde allerdings nicht gefragt ‚Wer ist schuld daran?', sondern ‚Was war falsch?', nicht ‚Wer bringt es wieder in Ordnung?', sondern ‚Wie können wir es in Zukunft besser machen?' Außerdem wird eine ständige offene Kommunikation über warusaga-kagen (japan.: ‚Problemchen') gesucht, ehe diese gewaltige Fehlerfolgen nach sich ziehen (Imai 1992).

Diese japanische Praxis, die eine Bloßstellung des einzelnen verhindert, hängt vermutlich auch damit zusammen, dass ein vor anderen eingestandener Fehler in der dortigen Kultur noch wesentlich gravierender das ‚Gesicht-Verlieren' zur Folge hat. In der westlichen Kultur erhält ein Manager oder Politiker, der einen Fehler einräumt, in der Regel noch einmal eine Chance, während er in Japan nach dem *öffentlichen* Eingestehen eines Fehlers meist persönlich erledigt und untragbar geworden ist. Es ist also möglicherweise nicht ein toleranterer, sondern in letzter Konsequenz eher noch unduldsamerer Umgang mit den Fehlern Einzelner in der fernöstlichen Kultur, der diese die einzelne Person ‚schonende' systemische Form der Fehlerbearbeitung in der Wirtschaft fördert. Allerdings spielt bei dieser ‚Wir'-Strategie der in der japanischen Gesellschaft und Wirtschaftskultur noch wesentlich stärker ausgeprägte Gemeinschaftsgedanke ebenfalls eine Rolle. Fehler und Probleme Einzelner sind immer auch gemeinsame Schwierigkeiten, die man deshalb im Verbund zu tragen, anzugehen und zu lösen hat.[216]

---

[216] Früher war es das Gruppenarbeits-, dann das Vorschlags- und Verbesserungswesen der japanischen Wirtschaft, das in Westeuropa Beachtung fand, derzeit nun ist es die japanische Unterrichtskultur, die laut TIMS-Studie etwa im Mathematikunterricht das gemeinsame Entwickeln und Diskutieren von alternativen Lösungsversuchen betont. Dies darf nicht darüber hinwegtäuschen, dass sich hinter der vordergründig fehleroffen, diskursiv und sozialverträglich wirkenden japanischen Unterrichtsform eine hohe Leistungserwartung und eine emotionale Angespanntheit verbergen können. Auf einen erheblichen Leistungsdruck verweist etwa der Tatbestand, dass laut PISA (Baumert et al. 2001, 417) rund zwei Drittel der japanischen Schüler einen Nachhilfe- oder Ergänzungsunterricht in privaten Zusatzschulen besuchen (müssen), der für diese oft unabdingbar ist, wenn sie mit dem Lernprogramm in der staatlichen Schule Schritt halten wollen.

Ein solches System wie das beschriebene japanische wird gelegentlich auch mit dem Terminus einer positiven „Fehlerkultur" bezeichnet. In den vergangenen Jahren wird der Begriff immer häufiger verwendet, allerdings in der Regel nicht genauer bestimmt und wegen seines euphemistischen Touchs gelegentlich auch kritisiert (Chott 1999). Deutlicher als die Termini ‚Fehlerprävention' oder ‚Fehlermanagement' will dieser Begriff jedoch darauf hinweisen, dass es auch um den zwischenmenschlichen Umgang, um Arbeitsatmosphäre und Betriebskultur geht, wenn mit Fehlern in einem Unternehmen konstruktiv umgegangen werden soll, wie es etwa bei Peters oben deutlich formuliert ist.

In Leitbildern von Großunternehmen finden sich Sequenzen zum Fehler, so etwa im Leitbild des Konzerns Sony ein ganzer Abschnitt „Einstellung zu Fehlern":

„Angst vor Fehlern ist der Hauptfeind jeder Kreativität. Wer sich verkrampft, kann sich nicht frei entfalten. Fehler macht jeder, auch die Konzernleitung. Wird aber ein Fehler gemacht, so ist die Suche nach der Ursache wichtiger als die nach dem Schuldigen. Aus Fehlern kann man lernen, man sollte nur nicht denselben Fehler zweimal machen" (Magyar/Prange 1993, 58).[217]

Fehlerkultur hat weiter darin zu bestehen, dass differenziert verschiedene Formen des Fehlerumgangs praktiziert werden. Die oben skizzierte Risiko-Fehler- und die Null-Fehler-Forderung scheinen sich auf den ersten Blick wechselseitig auszuschließen, zumal sie jeweils meist als prinzipiell anzuwendende Konzeptionen ‚verkauft' werden. Als sich komplementär ergänzende Konzepte erscheinen sie jedoch, wenn man die Dinge differenzierend betrachtet, etwa in folgender Weise:

– Produktunterschiede: Bei manchen Produkten wie etwa Textilien ist vielen Kunden modische Aktualität wichtiger als die Materialqualität: schnelle, fehlertolerante Prozesse sind denkbar. Kauft der Kunde sich jedoch ein Automobil oder eine Werkzeugmaschine bewusst bei einem teuren aber renommierten Hersteller, erwartet er dagegen höchste Qualität.

– Unterschiede der Formen von Arbeitsleistung: Fehlervermeidung und Fehlerkompensation sind in klassischen Bereichen der Arbeitswelt wie Verwaltung, Produktion, Produktoptimierung, Handwerk eine notwendige Primärtugend. Fehlerproduktion und -offenheit dagegen erweisen sich als eine streckenweise unentbehrliche Strategie in entwicklungs- und marktnahen Bereichen wie Forschung, Produktinnovation und -platzierung, Marketing, Werbung, PR-Arbeit.

Dies stellt zudem nur eine tendenzielle Zuweisung der Fehlerstrategien dar. Neuere Dienstleistungsberufe etwa bedürfen oft beider Fehlerstrategien zugleich. In vielen Unternehmen und Berufen treffen die verschiedenen Leistungsformen zusammen, es müs-

---

[217] Stüttgen (1999, 248) zitiert ähnliche Passagen zum Fehler aus den Leitbildern des Unternehmens IKEA und der Walt Disney Company.

sen dann je nach Aufgabenstellung beide Fehlerstrategien den einzelnen Abteilungen und Mitarbeitern flexibel verfügbar sein.

3.5.5 Fehleroffene Verfahren im Non-Profit-Bereich

Die bisher dargestellten teilweise dezidierten Fehlerkonzepte entstammen Wirtschaftsbereichen, in welchen Betriebe sich in einem konkurrenzorientierten globalisierten Marktgeschehen behaupten müssen. Ebenfalls zur Arbeitswelt zählt der wachsende Bereich von Non-Profit-Unternehmen, die öffentliche, soziale oder pflegerisch-medizinische Dienstleistungen erbringen und verwalten. In diesem Bereich finden sich bislang wenig eigene Forschungen oder Konzeptionen, die den Umgang mit Fehlleistungen fokussieren. Dies überrascht, da beispielsweise der in solchen Unternehmen besonders einflussreiche ‚Faktor Mensch' und die hohe Bedeutung von Kooperation und Kommunikation zwischen Mitarbeiter/innen es wahrscheinlich macht, dass sich nicht gerade selten Fehlleistungen ereignen, die sich störend auf das betriebliche Geschehen auswirken.

3.5.5.1 Fehler im Gesundheitswesen

In jüngster Zeit findet das Thema Fehler im Bereich der Medizin eine gewisse Beachtung. In einem 1999 viel beachteten Report des Institute of Medicine der US-amerikanischen National Academy of Sciences (Kohn et al. 2000) wurden die fehlerbedingten Todesfälle in den USA auf rund 50.000 bis 100.000 im Jahr geschätzt. Die US-Regierung legte darauf rasch einen Aktionsplan zur Fehlervermeidung in der Medizin vor. Seither „hat das Thema ‚Medizinische Risiken, Fehler und Patientensicherheit' im internationalen Schrifttum zunehmendes Interesse erlangt", meint Ollenschläger (2001, 1). Er verweist auf Untersuchungen, die zeigen, dass es bei durchschnittlich 2–8% der ärztlichen Behandlungen zu Gesundheitsschädigungen kommt, die durch Behandlungsfehler – besonders technische Fehler, Diagnose- und Therapieverzögerungen, fehlerhafte Pharmaka-Anwendungen oder Dosierungen – indiziert sind.[218] Dabei stimmen laut Ollenschläger (2001, 4) die internationalen Analysen „darin überein, dass medizinische Fehler vorrangig aus Systemfehlern – aus Organisationsmängeln in der Gesundheitsversorgung – resultieren."[219] Diese wirken sich wiederum in Fehlhandlungen des Personals aus. So belegen mehrere Studien bei starkem Schlafmangel beziehungsweise deutlich überhöhter Wochenarbeitszeit von Medizinern eine erhebliche Zunahme von Diagnose- und Handlungsfehlern (Henderson 2001, 48f).

Das bis vor kurzem vorherrschende Desinteresse der Medizin gegenüber fehlerorientierten Ansätzen anderer Wissenschaftsbereiche könnte damit zusammen hängen, dass

---

[218] US-amerikanischen Untersuchungen stellen dies für 3–4% der Behandlungen fest, in britischen Krankenhäusern lag die Rate bei 8%, in deutschen bei 2,5–5% (Ollenschläger 2001; Taxis et al. 1999).

[219] Vgl. die Homepage zum Informations- und Fortbildungsprogramm für Qualitätsmanagement in der Ambulanten Versorgung in Verbindung mit der Ärztlichen Zentralstelle Qualitätssicherung: http://www.q-m-a.de/qm2_6_fehlervermeid.htm.

182

1	Geschichte	Fakten und Entwicklung der Organisation
2	Diagnose	Datenerfassung (Probleme, Schwierigkeiten, Fehler und deren Management), Aufbau eines Meldesystems
3	Aufbau einer Organisationskultur	Klare Vorgaben bezüglich Leistungen und Durchführung, kommunikative Aspekte, Akzeptanz des Fehler-System-Models
4	Training	CRM-Training bezüglich der formalen und persönlichen Interaktionen der Arbeitsstätte
5	Feedback und Verstärkung	Ermöglicht den „Frontlinern" eine Rückmeldung bezüglich zwischenmenschlichen und technischen Aspekten ihrer Leistungen und belohnt effektive Teamleistung. Dazu sind moderne Assessment-Methoden notwendig.
6	Fortwährendes Training und Assessment von Personal und Organisation	Letztendlich Anwendung von modernen QMA-Methoden (PDCA-Kreis), da einmalige Anstrengungen bezüglich des Aufbaus einer Fehlerkultur zum Scheitern verurteilt sind.

Tab. 8: Sechs-Schritte-Programm zum Aufbau einer Fehler-Sicherheits-Kultur (Helmreich 2001)[220]

im medizinischen Bereich ein Bewusstsein der Beschäftigten für *eigene* Fehlleistungen teilweise noch unterentwickelt zu sein scheint. So zeigt die Vergleichsstudie von Sexton (2000, 745ff),[221] dass Mediziner wesentlich seltener als Piloten davon ausgehen, dass auch ihnen Fehler unterlaufen könnten: 30 % der Ärzte und Schwestern auf Intensivstationen verneinten die Frage, ob sie Fehler begehen würden. Der Aussage, „auch wenn ich übermüdet bin, bin ich in der Lage, in Notfallsituationen effektiv zu handeln" stimmten nur 26% der Piloten aber 70% der Chefärzte zu; von den Medizinern meinten auch 24%, „unerfahrene Teammitglieder sollten nicht die Entscheidungen der Erfahreneren in Frage stellen", während es unter den Piloten nur 2% waren (ebd.). Dies alles spricht für eine ‚perfektionistische Grundhaltung', wonach Fehler strikt vermeidbar und im eigenen Tun höchst unwahrscheinlich erscheinen, was einer gewissen Blindheit für eigene oder auch systemische Fehlleistungen u.U. eher noch Vorschub leistet. Helmreich (2001, 39) schlug unlängst auf einer internationalen Tagung in Australien stichwortartig ein Sechs-

---

[220] Nach der Darstellung bei Thomeczek 2001. Das Crew-Ressource-Management-Training (CRM) wurde Anfang der achtziger Jahre im Luftfahrtbereich entwickelt (vgl. Helmreich 2001, 32ff); es soll Cockpitbesatzungen die Limits menschlicher Leistungskraft in Erschöpfungs- und Stresssituationen nahe bringen. QMA ist eine Abkürzung für „Qualitätsmanagement in der Ambulanten Versorgung". PDCA bezeichnet den aus Qualitätsplanung (plan), -lenkung (do), -prüfung (check) und -förderung (act) bestehenden Zyklus als einer spezifischen Möglichkeit von Qualitätsmanagement.

[221] Sexton befragte 3000 Piloten und 1033 Ärzte und Krankenschwestern.

Schritte-Programm zum Aufbau einer Sicherheitskultur bzgl. Fehlereignissen im Gesundheitsbereich vor, die Thomeczek (2001) näher ausführt (siehe Tabelle 8).

Andere Unternehmen und Sektoren des Non-Profit-Bereichs wie etwa das staatliche Bildungswesen scheinen bislang noch stärker als der medizinische Bereich eine Distanz sowohl gegenüber dem Thema der eigenen Fehlleistungen als auch gegenüber den in anderen Bereichen der Arbeitswelt entwickelten Fehlerkonzepten aufzuweisen.

3.5.5.2 Fehlerbewusstsein in Verfahren zur Schulentwicklung? [222]

Schulentwicklungsansätze wurden in ihren Anfängen geprägt von Konzepten der Arbeits- und Wirtschaftswissenschaft im Bereich der Organisationsentwicklung und Qualitätssicherung, die oben bereits teilweise angesprochen wurden. Man erkannte zunehmend, dass auch die Schule, obgleich sie nicht auf Gewinnmaximierungausgerichtet ist, viele einem Unternehmen vergleichbare Merkmale aufweist.[223] Trotz der variierenden Strukturen einer öffentlich-rechtlichen Trägerschaft könnte man die Schule als einen durchorganisierten, zunehmend auch grenzüberschreitend vernetzten Bildungsdienstleister und, wenn man so will, als ‚das global größte Unternehmen' bezeichnen.

Mittlerweile einflussreich wurde auch im Schulbereich[224] das 1990 vorgelegte Konzept Peter Senges, der Unternehmen auffordert ‚learning organizations' zu werden. In einer Analyse insbesondere bereits früher vorgelegter systemischer Studien kommt er zu dem Schluss, dass nur eine Organisation mit hoher selbstorganisierter Lernfähigkeit im Wettbewerb Schritt halten könnte, und formuliert elf ‚Gesetze', die sie dabei beachten sollte (siehe Tabelle 9).

Interessanterweise sind bei genauer Betrachtung weithin typische Fehlleistungen von Unternehmen die Ausgangspunkte dieser Maximen. Senge stellt heraus, welche Kardinalfehler die Unternehmensentwicklung häufig behinderten und legt den Finger auf diese wunden Punkte. Er empfiehlt also ein Lernen aus den Fehlern der Vergangenheit. Senges (1994, 154) Fehlerdefinition lautet: „A mistake is an event, the full benefit of which has

---

[222] Die folgenden Abschnitte erheben keinesfalls den Anspruch, dass sämtliche Einzelhinweise auf Fehleraspekte etwa in der mittlerweile höchst umfangreichen Schulentwicklungsliteratur erfasst seien, sondern spiegeln einige grundsätzliche Tendenzen.

[223] Folgende Merkmale verdeutlichen eine gewisse strukturelle Nähe des ‚Schulbetriebs' zu Unternehmen der Wirtschaft: Die Schule hat – im Auftrag lokaler oder stattlicher Träger – eine Dienstleistung an den heranwachsenden Kindern und Jugendlichen zu erbringen; insbesondere soll sie durch schulisch organisierte Lernprozesse auf Zugänge zu beruflichen Tätigkeiten und auf eine gelingende Lebensführung in der jeweiligen Gesellschaft vorbereiten; sie muss das Erreichen der vorgegebenen Bildungs- sprich Arbeitsziele etwa in Prüfungen erkennbar werden lassen; sie hat klar geordnete Organisations- und Arbeitsstrukturen; sie verfügt über jährliche Haushaltsmittel, die sie insbesondere durch ihren Personaleinsatz wirtschaftlich umzusetzen hat. Schulentwicklung bezieht sich auch auf diese Merkmale, die die Schule als Teil der Arbeitswelt charakterisieren. Es erscheint sachlich angemessen, Schulentwicklung als einen Prozess der ganzen Institution nicht im vorangehenden zweiten Kapitel, das sich nur auf Fehler in *unterrichtlichen* Lernprozessen bezieht, zu erörtern, sondern an dieser Stelle.

[224] Senge (1994, xi) stellt nach vier Jahren fest: "The learning organization has become one of the prominent management fads of the first half oft the 1990s". Obgleich das Wort ‚public education' im Buch nicht vorkomme, sei rund die Hälfte der Bücher an pädagogisch Tätige verkauft worden (ebd., xii).

1.	Today's problems come from yesterday's solutions.
2.	The harder you push, the harder the system pushes back.
3.	Behavior grows better before it grows worse.
4.	The easy way out usually leads back in.
5.	The cure can be worse than the disease.
6.	Faster is slower.
7.	Cause and effect are not closely related in time and space.
8.	Small changes can produce big results – but the areas of highest leverage are often the least obvious.
9.	You can have your cake and eat it too – but not at once.
10.	Dividing an elephant in half does not produce two small elephants.
11.	There is no blame.

Tab. 9: Elf Gesetze einer „learning organization" nach Senge (1994, 57-67)

not yet been turned to your advantage". Es geht ihm dabei um eine gezielte Überwindung der Strukturen, die uns zu Gefangenen unseres eigenen Denkens machen, denn „wir haben lange den Feind gesucht, nun haben wir ihn gefunden. Wir sind es selbst" (Senge 1996).

Trotz der vielen pädagogischen Leser von Senges Konzept finden sich in der Schulentwicklungsliteratur bislang jedoch verhältnismäßig wenig Auseinandersetzungen mit Fehlern, ihrer Unumgänglichkeit und Produktivität in den schulischen Entwicklungsprozessen. Gelegentlich finden sich Randbemerkungen wie „Fehler sind Freunde. Sie helfen mir, wenn ich mich mit ihnen intensiv nicht nur auseinander, sondern vor allem zusammensetze, dass ich sie das nächste Mal wahrscheinlich nicht gleich wieder mache"[225], die aber dann meist nicht weiter konkretisiert oder gar systematisiert werden. In der Regel werden Fehler wenn überhaupt dann als ‚Störungen' der Schulentwicklungsprozesse angesprochen und dabei fast stets negativ besetzt. Davon hebt sich etwa Hoster (1996, 5) ab, der mit der These arbeitet: „Manche Störungen in Entwicklungsprozessen sind nicht einfach vermeidbare Fehlentwicklungen, sondern geradezu Äußerungsformen des Entwicklungsprozesses."[226]

---

[225]http://help.bildung.hessen.de/rs-giessen/veranstaltungen/summer/articles/Gute_Schule/print_all(27.12.2001), Hessisches Landesinstitut für Pädagogik, Link: Die ‚gute Schule' aus pädagogischer Sicht.
[226] Vergleiche auch den Grundsatz Ruth Cohn (1975), Störungen in Beziehungen und Gruppenprozessen seien wichtige Hinweise auf nicht artikulierte und notwendig zu thematisierende Emotionen und ungeklärte Fragen.

Dass im Schulbereich die Blindheit für *prinzipielle* Fehler in der Unternehmens-
philosophie und -führung ein Grund für die – bundesweit und in der Fläche betrachtet –
nur sehr zögerlich und unbefriedigend verlaufenden Prozesse zur Schulentwicklung sein
könnten, wird deutlich, wenn wir die entsprechenden Erfahrungen mit Anpassungsprozessen in Wirtschaftsunternehmen betrachten. Sehr klar nimmt etwa Mansaray die in der
Praxis feststellbaren Fehler speziell von Führungskräften zum Ausgangspunkt seiner
Anstöße zu einer verbesserten Unternehmensentwicklung.[227] Er erörtert deren zwanzig
„gefährlichste Fehler", darunter die folgenden:

- Fehler Nr.1: Das Festhalten am Vertrauten

- Fehler Nr.2: Das „Ich-kenne-den-Markt"-Syndrom

- Fehler Nr.5: Die Illusion vom automatischen Wiedererstarken durch Umorganisation

- Fehler Nr.6: Das süße Gift der Nachahmungsmentalität

- Fehler Nr.8: Die führerlose Lokomotive

- Fehler Nr.9: Das Anciennitäts- und Senioritätsprinzip

- Fehler Nr.10: Die Illusion von der Vision

- Fehler Nr.11: Das lähmende Gift der Netzspinner

- Fehler Nr.12: Die Neidkultur der Fortschrittsverhinderer

- Fehler Nr.13: Das (Ver-) Führen durch „Arbeitsgreise"

- Fehler Nr.16: Die ziellose Zielfindung

Überhöhte Erwartungen bezüglich neuer Strukturbildungen im organisatorischen Makrobereich, eine gewisse Bequemlichkeit des Denkens und falsche Grundausrichtungen
lassen sich nach Mansaray summativ als die hauptsächlichen Fehlerschwerpunkte ausmachen. Solche Fehler reflektiert die Schulentwicklungsliteratur bislang jedoch allenfalls am Rande. Hier wird häufig noch auf die ausstrahlende Wirkung von Zielbildungs-
prozessen und autonomer innerer Umorganisation vertraut. ‚Heiße Eisen' wie etwa un-
günstige Grundhaltungen bei manchen Schulleitungs- und Lehrkräften oder fehlerhafte
innerschulische Prozessgestaltungen werden seltener behandelt.

Folgt man jedoch den Hinweisen der – leider noch immer in zu geringer Zahl vorliegenden – Dokumentationen von längerfristigen Schulentwicklungsverläufen, dann spielen die von Mansaray markierten neuralgischen Stellen und vor allem zwischenmenschliche Faktoren als Ursache für schulische Fehlentwicklungen durchaus eine gewichtige
Rolle. Sie spiegeln sich teilweise auch bei Rasch (1996) und Schär/Strittmatter (1996),
die von schwierigen und gescheiterten Anfangsbemühungen bei der Entwicklung von

---

[227] Die Tendenz zur Abkehr von immer neuen Theorien zugunsten eines Erfahrungslernens, das sich auf die
Analyse der geschehenen Fehler konzentriert, wird hier deutlich: „Mir geht es in diesem Buch nicht um die
Beweisführung einer neuen Lehre (wie es heute Mode geworden ist), sondern darum, dem interessierten Prak-
tiker die Quintessenz meiner beruflichen Führungs- und Beratungserfahrungen nachvollziehbar darzulegen"
(Mansaray 2000, 7).

Schulen berichten, ohne aber die Gründe der Fehlentwicklung dann näher zu erheben, zu beschreiben und zu analysieren. Durchaus typisch ist auch der Versuch von Hameyer (1999), der Störungs- und Fehlerereignisse nur eben als „Stolpersteine im Schulentwicklungsprozess" charakterisiert.

Solche Fehler sind aber oft eben nicht wie Steine geschickt zu umgehen, sondern indizieren tiefer liegende Probleme und sollten zunächst gründlich wahrgenommen und analysiert werden. So empfiehlt etwa Meyer (1997, 118) den Lehrerkollegien, Fehleranalysen durchzuführen, stellt aber hierbei erhebliche Barrieren fest:

> „Es gibt schließlich viele Kollegien, die seit Jahren und Jahrzehnten ein und denselben Fehler wiederholen, obwohl der eingetretene Schaden offensichtlich ist und auch lauthals beklagt wird. Das Sprichwort, dass ‚man' durch Schaden klug werde, wird tagtäglich in vielen Einzelfällen empirisch widerlegt. (..) Wir werden nicht durch Schaden klug, sondern dadurch, dass wir gemachte Fehler analysieren, ihre Ursachen ermitteln, die richtigen Schlüsse ziehen und diese in praktisches Handeln umsetzen."

So fassen etwa Altrichter/Salzgeber (1996, 104ff) die „mikropolitisch-machtstrategischen Prozesse in Schulen" als Teil der Konstituierung von schulischer Organisation analytisch näher ins Auge. Horster (1996) gar nimmt die Perspektive ein, den „schulinternen Entwicklungsprozess als Störpotential" zu betrachten. Er klassifiziert Interessenkonflikte und andere Störungen im Bereich der Wahrnehmung, der Rollen, der Teams sowie der Steuerungsstrukturen und gibt Hinweise zu deren Bearbeitung.[228]

Hinweise auf Faktoren einer faktischen oder drohenden Fehlentwicklung finden sich auch in den Dokumentationen schulischer Entwicklungsprozesse im Rahmen des Tübinger Projektes „Regionale Schulentwicklung in Baden-Württemberg durch Kooperation und Vernetzung" (Grunder/Schubert 2000).[229] In manchen Schulen des Projekts wirkten unterschwellig mitgeschleppte ‚Altlasten' im Beziehungsgeflecht von Schulleitung, Lehrkräften und Gruppierungen innerhalb des Kollegiums stark hemmend, besonders wenn es um *gemeinsame* Umstrukturierungen und Konsensbildungen ging. Eine der in ihrem Prozess erfolgreichen Schulen dagegen hatte „Fehlerfreundlichkeit" zur Bedingung ihres gemeinsamen Prozesses gemacht: „Fehler und Fehlversuche, Holzwege und Sackgassen, Eintagsfliegen und Strohfeuer-Aktionen waren erlaubt und einkalkuliert", so der Schulleiter, und die Betonung von Fehlerfreundlichkeit wurde am Ende in das

---

[228] Vgl. auch die Hinweise von Horster (2001) zu Fehlern in Schulentwicklungsprozessen.

[229] Der hier vorgestellte Ansatz einer ‚hermeneutischen Schulentwicklung' beschreibt die Schule als ein Handlungsfeld, in dem die innerschulischen Arbeitsbedingungen, innovativen Vorhaben und Lernprozesse von den Lehrkräften und anderen Beteiligten am wirksamsten vorangebracht werden, wenn der Beachtung von Einzelpersonen und Beziehungen sowie der Betonung von dialogischen Formen und Transparenz ein erkennbares Gewicht im Entwicklungsprozess gegeben wird. Dabei spielt das Wahrnehmen, Klären und die Form des Umgangs mit Fehlleistungen und Konfliktmomenten in den einzelnen Schulen eine erkennbare Rolle (vgl. Bohl 2000a, 42; Klein 2000, 17f; Loeben 2000, 9f.26f; Wenzel 2000, 34f.43–49; Weingardt 2000a, 22f.39f).

Leitbild der Schule aufgenommen (Kuhn/Stäbler/Weingardt 2001, 6.48).[230] An einer anderen Schule, außerhalb dieses Projekts, warb der Schulleiter bei den Eltern um Fehlertoleranz bei der Einführung einer weitreichenden Neuorganisation des Unterrichts: „Lassen Sie uns Zeit mit dem neuen System, wir werden sicher den einen oder anderen Fehler machen. Aber ohne Fehler gibt es kein Lernen und erst recht keine Weiterentwicklung."[231]

Fehlentwicklungen in Schulentwicklungsprozessen finden also durchaus statt und den Verantwortlichen vor Ort ist dies häufig bewusst. Fehlentwicklungen sind aber bislang noch zu selten Gegenstand eingehender wissenschaftlicher Forschungen geworden. Besonders die von der Politik oder Schulverwaltung empfohlenen Schulentwicklungsverfahren kalkulieren potenzielle Fehlentwicklungsvarianten in der Regel nicht ein. Die ‚Schulentwickler' entwerfen meist nur erfolgreiche Entwicklungsszenarien und scheinen auf die Wirksamkeit der ‚richtigen' Verfahrensschritte und Bausteine optimistisch zu vertrauen. Sie halten wenig vom Thematisieren eventuell drohender Fehlentwicklungsvarianten. Deren Beschreibung, die Analyse auslösender Fehlerursachen und entsprechender Möglichkeiten eines innerschulischen Umgangs hiermit entfallen dann verständlicherweise.

Entwürfe haben ihren Ort in der Zukunft, Fehler aber in der Vergangenheit, man nimmt sie meist erst im Rückblick wahr. Schulentwicklungsprozesse werden häufig ausgehend von einer Gegenwarts- und Zukunftsperspektive strukturiert, indem ein Ist-Zustand analytisch festgestellt und ein Soll-Zustand entworfen wird. Die dritte Zeitdimension, die Vergangenheit, wird gerne vernachlässigt, kommt dann aber den angestrebten Zukunftsentwürfen dennoch in die Quere, etwa wenn in den fast unausweichlichen Belastungssituationen eines solchen Entwicklungsprozesses die in den kollegialen Beziehungen schlummernden Konfliktpotenziale und andere alte Verwerfungen wieder wirksam werden.[232] Diese können zu unüberwindlichen Blockaden einer weiteren Konsensbildung geraten. Esslinger (2002, 32) stellte fest, dass 55,1% der von ihr befragten Lehrkräfte Kränkungen und Rechthaberei als massives Kooperationshindernis im Kollegium ansahen. Je weniger sich die Schulentwickler mit ihren Konzeptionen für die *Vergangenheit* der jeweiligen Schule interessieren, desto weniger können sie drohende Konfliktmomente und Fehlentwicklungen vorhersehen und strategisch berücksichtigen. Der Blick von Prozessmoderatoren auf frühere Fehlleistungen, Störungen und ggf. schwärende Konflikte erscheint für professionelle Schulentwicklungsprozesse unabdingbar.[233]

---

[230] Vgl. zu dieser Schule auch Weingardt 2000a, 32.68.117.

[231] Matthias Wagner-Uhl, Rektor der Grund- und Hauptschule Neuenstein, im Elternbrief vom 15.6.2001.

[232] Vgl. Weingardt 2000a, 90f und Weingardt 2002, 172f.

[233] Vgl. auch Kap. 6.3.3.

3.6 Fehler in der Datenverarbeitung als Schrittmacher

3.6.1 Informationstechnische Komplexität und Fehlertoleranzverfahren

Die Entwicklungen im informationstechnischen Sektor haben den Umgang mit Fehlern deutlich beeinflusst. In den letzen zwei Jahrzehnten stieg die Komplexität der Hard- und Software, der Vernetzungen der Datenströme im Bereich elektronischer Datenverarbeitung exponentiell an. Gleichzeitig ergab sich mit jeder Komplexitätssteigerung eine Erhöhung der Fehlerempfindlichkeit der Systeme, das heißt Fehleranfälligkeit und Fehlerfolgen stiegen an:

- Die Zunahme der Datendichte auf den Chips und der Verarbeitungsgeschwindigkeit der Rechner ermöglicht eine potenzielle Steigerung der von den Programmen zu verarbeitenden Datenmassen und der Komplexität der Vernetzungen. Dadurch wiederum steigt die Fehleranfälligkeit, d.h. die *Wahrscheinlichkeit* von Fehler- oder Störereignissen erhöht sich.

- Dabei kann bereits ein *kleines* Störereignis beziehungsweise eine einzelne fehlerhafte Rechenoperation des Systems dazu führen, dass *ganze Netzwerke in einem Unternehmen 'abstürzen'*, also vorübergehend zum Stillstand kommen. Die wirtschaftlichen Fehlerfolgen in Form von Ausfallkosten sind in diesem Fall erheblich. Als das Kernkraftwerk Phillipsburg im November 2001 störungsbedingt mehrere Wochen abgeschaltet werden musste, kostete dies den Betreiber Energie Baden-Württemberg täglich 500.000 Euro; wenn den Tradern einer Großbank die Rechner abstürzen, verliert sie im Minutentakt Millionen an der Börse.[234]

Folglich besteht ein vitales Interesse, mit diesen Fehlerereignissen so umgehen zu können, dass die negativen Folgen begrenzt werden können. Bei den zu diesem Zweck entwickelten technischen Strukturen geht es um ‚Fehlervermeidung' durch zunehmende Perfektionierung der Hard- und Software. Als zentraler Baustein dieser Perfektionierung der Funktionstüchtigkeit erwies sich aber etwas auf den ersten Blick Paradoxes: die Entwicklung von Fehlertoleranzverfahren. Wurde früher versucht, möglichst viele verschiedene Fehler zu antizipieren und durch technische Verbesserungen deren *Auftreten* zu verhindern, so liegt mittlerweile das Augenmerk darauf, die *Folgen* der in ihrer Fülle gar nicht umfassend vorhersehbaren, oft singulär auftretenden Fehler einzudämmen. Es geht um ‚Fehlertoleranz', also „das Prinzip, Systeme so zu konstruieren, dass sie nach Auftreten von Fehlern in einzelnen Komponenten als Ganzes noch funktionsfähig sind" (Echtle 1990, 1).

Allerdings wurde dieses Prinzip „nicht erst mit dem Aufkommen von Rechensystemen entdeckt, sondern erstreckt sich auf eine Vielzahl technischer, aber auch biologi-

---

[234] Vgl. Der Spiegel Nr.50, 10.12.2001, 94f.

scher Systeme" (ebd.). Mit dem generellen Vordringen der Automatisierung und Programmierung von Arbeitsabläufen rückten die rechnerbezogenen Fehlertoleranzverfahren jedoch in den Vordergrund, so dass „Fehlertoleranz" als Teilleistung eines Systems heute innerhalb der Wissenschaften in der Informatik besonders deutlich anerkannt und systematisiert ist.

Fehlertoleranzverfahren zielen darauf die „Zuverlässigkeit" (reliability, dependability) zu erhöhen, die hier definiert wird als „die Fähigkeit eines Systems, während einer vorgegebenen Zeitdauer bei zulässigen Betriebsbedingungen die spezifizierte Funktion zu erbringen" (ebd., 3). Nach der Zeitdauer des Auftretens wird zwischen intermittierenden und permanenten Fehlern unterschieden. Nach den Fehlerursachen werden hauptsächlich unterschieden (ebd., 6–9):

A. Hardwarefehler:
   - Produktionsfehler
   - Fehlzustände und Funktionsausfälle ganzer Komponenten

B. Softwarefehler:
   - Entwurfsfehler (Spezifikations-, Implementierungs-, Dokumentationsfehler)
   - Herstellungsfehler bei der Umsetzung des Entwurfs
   - Betriebsfehler (störungsbedingte und durch zufällige physikalische Einflüsse bedingte Fehler; Bedienungsfehler; Wartungs- und Verschleißfehler)

Die system*interne* Fehlerbearbeitung konzentriert sich auf folgende Teilfunktionen (Echtle 1990, 14f):

1) Fehlerdiagnose durch systematische Fehlereinkreisung

2) Fehlerbehandlung:
   - Fehlerausgrenzung: Ausschaltung fehlerhafter Komponenten
   - Fehlerbehebung: den fehlerfreien Zustand der Komponente wieder herstellen durch Rückwärts- oder Vorwärtsbehebung
   - Fehlerkompensierung: durch Fehlermaskierung, -korrektur sowie rechnerische Ersatzlösungen/-wege die negativen Fehlerfolgen reduzieren

Eine besondere Rolle spielt bei der Fehlerbehebung und -kompensierung, dass in hohem Maß *redundante* Strukturen in den Systemen bereits eingeplant sind. Bei der Selbstbearbeitung durch die programmierten Fehlertoleranzverfahren muss das System etwa beim Neuaufbau einer gestörten oder abgestürzten Funktion die beschädigte Einheit durch den Rückgriff auf gleichartige fehlerfreie Datensätze reparieren oder austauschen können. Ein anderer Weg besteht darin, dass ähnlich strukturierte Komponenten ‚einspringen' und die Ausfälle rechnerisch kompensieren, so dass dem Bediener zumindest grundlegende Zugriffsmöglichkeiten im laufenden Datenverarbeitungsprozess erhalten bleiben.

Als „bedeutende Anwendungsbereiche" für Fehlertoleranz-Verfahren beschreibt Echtle (1990, 2f):

- die Verkehrslenkung (besonders Straßen- und Luftfahrtbereich);
- die Energiegewinnung und -verteilung (Kraftwerke, Verteilnetze, Störfälle);
- die Kommunikation (alle öffentlichen und privaten Kommunikationssysteme, insbesondere Webserver, e-mail-Systeme);
- die Verwaltung (alle rechnergesteuerte Verwaltungsleistungen);
- das Bankwesen (Kontoführung, Börsenhandel).

Heute bedarf jedes Wirtschaftsunternehmen, die öffentliche Verwaltung und jede größere Organisation einer 24-Stunden-Verfügbarkeit der im Internet bereitgestellten Informations- und Kommunikationsmöglichkeiten (z.B. e-mail-Systeme) und eines 24-Stunden-Zugriffs auf elektronische Dienstleistungen, die über das elektronische Netz ausgelagert wurden (Server). Bezüglich dieser Funktionen sind Fehlertoleranzverfahren von allerhöchster Bedeutung für das Funktionieren des öffentlichen und wirtschaftlichen Lebens.

3.6.2 Computerarbeit, selbstorganisiertes Lernen und Fehlertraining

Der Arbeits- und Organisationspsychologe Siegfried Greif arbeitet seit den achtziger Jahren an Lernkonzepten, welche die Fehlerereignisse in den Mittelpunkt stellen und ihnen als Lernanlass und -gegenstand eine produktive Rolle zuweisen. Damit gestaltet er die Lernsituation bewusst realitätsnah. Bei der Bildschirmarbeit sind Fehlerereignisse in der Softwareanwendung für Angestellte und Betriebe insofern fatal, als sie die Weiterarbeit am Bildschirm oft komplett blockieren, u.U. durch die internen Netzwerke auch andere Arbeitsplätze betreffen und durch die Komplexität der Materie von den Betroffenen nicht umgehend behoben werden können. Bereits beim Einarbeiten erfahren die Mitarbeiter/innen neue EDV-Programme oft als eine Abfolge von unerwarteten Ereignissen, die als Barriere oder Fehlermeldung in Erscheinung treten. Zum effizienteren Erlernen neuer Programme und zur Lösung der Fehlersituationen entwickelten Greif und seine Mitarbeiter im Anschluss an die Vorschläge von Caroll und Mack (1983) seit 1986 nun ein Lernkonzept, das sechs Prinzipien umfasst (Greif/Janikowski 1987, 95; Greif 1996, 314ff):

(1) *Spielerischer Beginn* statt Verunsicherung durch gut gemeinte Einführungen gespickt mit Fachwörtern.

(2) *Leichter Anfang, schwieriges Ende*; dabei entscheiden die Lernenden selbst, welchen Schwierigkeitsgrad sie sich im Moment zumuten wollen.

(3) *Kurze fachliche Lehrgespräche* oder Vorträge im Anschluss an Versuche und Lernerfahrungen; sie enthalten orientierendes Basiswissen und Vorschläge zu weiteren Aufgaben.

(4) *Förderung des selbständigen Explorierens*: Es hilft meist wenig, wenn die Lehrperson helfend in die Tasten greift; allenfalls ein wenig Feedback und minimale Hinweise, wo Lösungswege zu finden sind, werden individuell gegeben und sollen „zum selbständigen Erkunden und freien Herumprobieren" ermuntern.

(5) *Bewältigung von Fehlerängsten*, Lernen aus Fehlern: Bereits zu Beginn die Unvermeidlichkeit und positive Bedeutung von Fehlern unterstreichen: „Machen sie deshalb möglichst viel Fehler im Seminar und lernen sie aus ihren Fehlern!"; im Plenum „besonders interessante Fehler" als allgemeines Problem positiv in den Mittelpunkt stellen.

(6) Förderung *gegenseitiger Hilfe* und Unterstützung zur Fehlerbewältigung: Seminarteilnehmer sollen Telefonnummern austauschen und „persönliche Hilfsnetzwerke" bilden, die auch im Praxisalltag beibehalten werden. Die räumliche Anordnung der Lernarbeitsplätze und gegenseitige Einsicht spielen für die Gruppendynamik eine wichtige Rolle.

Die Umpolung des Denkens über Fehler ist dabei ein Schlüssel in diesem Konzept. Nur wenn auch noch der zehnte Fehler nicht ‚peinlich' ist, funktioniert ein emotional entspanntes Explorieren und das Bilden von Netzwerken zur wechselseitigen Hilfe – die während des kursartigen Lernprozesses ebenso wichtig sind wie im anschließenden Arbeitsalltag. Tatsächlich ist dieses Umpolen möglich: „Wie wir beobachten konnten, reagieren die Personen, die einen ‚interessanten Fehler' gemacht haben, sichtbar selbstbewusster auf die so etikettierten Fehler. Sie freuen sich stolz über die allgemeine Beachtung und beteiligen sich aktiv an der Problemlösung" (Greif 1996, 315).

„Beim exploratorischen Lernen aus Fehlern übernehmen die Kursleiter/innen keine typische Lehrer-, sondern eine Beraterrolle" (ebd., 316). Nicht die kursartige Einführung, sondern eine offene Methode etwa nach der Devise ‚Probieren sie einfach mal' wird favorisiert. Eine Crux freilich ist, dass die anleitenden Fachkräfte, wenn sie mit ihrem Loben des interessanten Fehlers und dem Hinweis, dass hier jeder Fehler machen dürfe, glaubwürdig sein wollen, dann ebenfalls gelegentlich als ‚nicht fehlerfreie Könner' erfahrbar sein sollten. Andererseits könnten sie dadurch aber in den Augen mancher Mitarbeiter/innen oder Führungskräfte, die deren Expertenwissen als Dienstleistung einkaufen und dafür bezahlen, als nicht kompetent genug gelten.

Bei Vergleichsuntersuchungen hinsichtlich des Erlernens von Software-Anwendungen zeigte sich die Überlegenheit dieser fehleroffenen explorativen Strategien gegenüber instruktiv-sequentiellen Kursen etwa anhand von Tutorials beziehungsweise Handbüchern. Insbesondere bei komplexen Aufgaben mit Planungsanforderungen war die Gruppe signifikant leistungsstärker, die nach dem Prinzip eines „aktiven Lernens durch Fehlerexploration" (Greif/Janikowski 1987, 94) arbeitete. Das fehleroffen-explorative Lernverfahren zeigte sich allerdings schwächer beim „Erlernen konzentrationsfordernder oder langweiliger Routineaufgaben oder für die Perfektionierung sensomotorischer Routinefertigkeiten" (Greif 1994, 52), da aufgrund der Selbststeuerung diese uninteressanten beziehungsweise mühsamen Anteile gerne vermieden wurden. Deshalb werden „systematische Fehlerbewältigungsübungen" als flankierende Maßnahme teilweise für nötig erachtet (Greif/Janikowski 1987, 95).

Verfahren eines selbstständigen, eigenverantwortlichen und zugleich vernetzten Lernens werden heute in der Arbeitswelt und im Bildungsbereich verstärkt gefordert. Diese Lernkonzepte bedürfen aber einer grundlegenden Neubewertung des Fehlers als Lernereignis, -anlass und -chance. Dementsprechend wird der Fehler im „Handbuch Selbstorganisiertes Lernen" von Greif/Kurtz (1996) an vielen Stellen zum Thema. Zu überprüfen wäre speziell die Übertragbarkeit des explorativ-fehleroffenen Lernkonzepts auf andere Lerngegenstände. Denn es erscheint einfacher, mit eigenen und fremden Fehlern entspannt umzugehen, wenn viele gleichermaßen häufige Fehlereignisse erfahren, bei denen sie nicht weiterkommen, wie es etwa bei der *gemeinsamen* Softwareeinführung in einer Abteilung der Fall ist.

Als schwieriger erweist es sich, den Fehler dort zu thematisieren oder gar als Lernchance zu akzeptieren, wo er noch als der zu vermeidende Ausnahmefall gilt, etwa in der industriellen Produktion oder im Handwerk. So war es in der Lehrlingsausbildung eines Automobilwerks anfangs relativ schwer, den Ausbildern und Lernenden die Vorteile einer intensiven Auseinandersetzung mit der Fehlersituation einsichtig zu machen. Allerdings wurde nach dem Fehlerbearbeitungstraining von Ausbilderseite festgestellt, dass die Auszubildenden nicht mehr so ruppig miteinander umgingen (Meyer 1994; Greif 1996, 325f).

Ausgehend von Greif und eigenen Fehlerforschungen im Büro- und Computerbereich schlagen Irmer, Pfeffer und Frese (1991) ein ähnlich strukturiertes „*Fehlertraining*" vor. Sie verstehen darunter „ein Training, welches die Unvermeidbarkeit von Fehlern thematisiert und einen Schwerpunkt auf die Bewältigung von Fehlern und Problemsituationen legt (...) Fehlertraining in diesem Sinne ist zu unterscheiden von Trainingsformen zur Diagnose und Beseitigung von Fehlern und Störfällen" (ebd., 154). Die Lernprozesse in diesem Trainingskonzept orientieren sich an drei Prinzipien (Irmer et al.1991, 152f):

1. *Exploration:* Im Gegensatz zu rein instruktiven Lernprogrammen wird durch visuell-distanziertes Erkunden, Informationen Sammeln, manipulatives Erforschen, durch Trial-and-error-Verfahren der neue Lerninhalt erschlossen; „Exploration wird immer auch zu Fehlern führen", gilt dabei.

2. *Heuristische Denkstrategien:* Die Regeln des Denkens und Handelns sind nicht vollständig, sondern „weisen eher auf Lösungsprinzipien und Strategien hin und können immer auch fehlerhaft sein"; deshalb gilt es offen nach neuen Wegen zu suchen.

3. *Ganzheitlichkeit:* Sie entsteht durch die Verbindung von kognitiven Prozessen und praktischem Ausprobieren sowie durch die Verknüpfung der selbstgesteuerten heu-

ristisch-explorativen Verfahren mit instruktiven Anteilen und fehlerdiagnostischen Hilfen. Als besonders hilfreich erwiesen sich die sogenannten Orientierungsplakate, „strukturelle, aufgabenorientierte, piktografische Repräsentationen von Prozeduren (...), die helfen sollen, mentale Modelle über die Funktionsweisen von Systemen zu bilden, und die als externe Gedächtnisspeicher fungieren können."

Denk- und Urteilsfehler ebenso wie Gewohnheits-, Unterlassungs-, Erkennens- und Bewegungsfehler können bei dieser Vorgehensweise zunächst verstärkt ‚passieren', werden aber zugleich durch den mehrdimensional stimulierten individuellen Aufbau mentaler Modelle rasch ‚abtrainiert'.

3.7 Der nützliche Irrtum und die irrtumsfeindliche Technik des Menschen

Das labile Spannungsverhältnis zwischen der scheinbar stabilen und ‚narrensicher' technisierten Welt einerseits und den unerwarteten Stör- und Fehlereignissen, die sie völlig aus der Bahn werfen können – wie jüngst etwa das Flugzeugattentat vom 11. September 2001 auf World Trade Center und Pentagon – andererseits, wurde von Bernd Guggenberger bereits vor fünfzehn Jahren thematisiert. Für ihn war 1986 die Katastrophe von Tschernobyl[235] hierfür ein eindrückliches Exempel und ein Denkanstoß; ein Jahr später veröffentlichte er eine Schrift über das „Menschenrecht auf Irrtum" (1987).

Der Politologe und Sozialphilosoph sieht darin den Verlust der Irrtumsfähigkeit und einen wahnhaften Glauben an die Herstellbarkeit wissenschaftlich-technischer Vollkommenheiten als ein grundlegendes Defizit unserer Zivilisation. Er hält deshalb eine ‚Anleitung zur Unvollkommenheit' für notwendig. In seinem Essay fordert er ein Menschenrecht auf Irrtum, da nur „die Möglichkeit des Irrtums eine menschliche Welt garantiert" und hält seinen Lesern vor: „Die narrensichere Welt, die Ihr mit Eurer irrtumsfeindlichen Intelligenz errichten wollt, ist eine Welt für Narren" (Guggenberger 1987, 10f).

In einem weit gespannten Bogen zeigt Guggenberger, dass das Prinzip der Irrtumsfeindlichkeit wie ein subtiler roter Faden in der abendländischen Denktradition und heute in den verschiedenen gesellschaftlichen Feldern nachweisbar ist. Dabei verdanke sich unser enormes Wissen und Können der „Produktivkraft des Irrtums", er sei „der Motor der sich beschleunigenden industriezivilisatorischen Entwicklungsdynamik" (ebd., 11):

---

[235] Am 26. April 1986 ereignete sich im Kernkraftwerk Tschernobyl in der Ukraine der weltweit bislang folgenschwerste Reaktorunfall. Ursache war ein Testlauf, bei dem der betreffende Reaktor in Betrieb gehalten wurde, und eine anschließende Abfolge von unerwarteten Kettenreaktionen sowie Fehleinschätzungen und -reaktionen des Kontrollpersonals. Eine Wasserstoffexplosion zerstörte schließlich einen Reaktor. Durch den radioaktiven Fallout wurden Teile der Ukraine, Russlands und des übrigen Europa teilweise stark belastet.

„War der Mensch nicht immer dort am erfolgreichsten, wo er sich ‚ohne Rücksicht auf Verluste' ausprobieren durfte, sich irren, sich korrigieren und wieder sich irren? Und wo konnte er mehr ausprobieren und verwerfen, ungestrafter sich irren und dazulernen als in den selbstgeschaffenen ‚Miniaturwelten' des Mythos und der Kunst, der Religion und der Philosophie, in Sprache und Stein, in Bildern und Gedankenbildern?" (ebd., 60)

Dabei, so Guggenberger, hat sich der Mensch durch sein hohes Wissen und die daraus entstandene hochtechnisierte Welt heute in eine Situation manövriert, in der die Risiken[236] und ‚gattungsbedrohenden Schadensfolgen' von unplanmäßigen Ereignissen und Prozessen so groß geworden sind, dass er meint sich genau das nicht mehr erlauben zu können, was ihn so weit gebracht hat: die eigene Irrtums- und Fehleroffenheit. Das habe nun wiederum folgende Konsequenzen:

-   Es droht dadurch ein *Stillstand des Lernens* der Menschheit, des „Emporirrens", der sich darin äußert, dass nur noch Optimierungen des Vorhandenen angestrebt werden, aber keine wirklich *grundlegend* neuen Denkansätze und Gesellschaftsstrukturen gesucht, entwickelt oder angenommen werden (ebd., 12 u. 46). Verfahren von Versuch und Irrtum und von „learning by doing" durch eigene authentische Erfahrung werden zunehmend zum Risikofaktor (ebd., 77 u. 97).

-   Die *Freiheit* des Menschen ist bedroht, denn „die Freiheit ist ein Kind der Irrtumsfähigkeit, oder anders gefasst: Sie gedeiht nur in einer fehlerfreundlichen Umwelt" (ebd., 17).

-   Guggenberger sieht uns dadurch „auf einen – absehbaren – Punkt zusteuern, an dem der Mensch im technischen Universum *nur noch störend* wirkt, nur noch für Fehler, Irritationen und Unvollkommenheiten verantwortlich ist, aber eigentlich nicht mehr gebraucht wird (und) der technologische Prozeßprogreß den Menschen als ungezähmtes und unberechenbares Subjekt eigener Tathandlungen nicht mehr ‚erträgt'" (ebd., 61f).

Im Anschluss an Christine und Ernst von Weizsäcker (1984)[237] betont Guggenberger mehrfach die Notwendigkeit fehlerfreundlicher Strukturen und fordert

„Fehlerfreundlichkeit statt Kampf gegen den Fehler! (...) Im Ergebnis könnte eine Strategie der Fehlerfreundlichkeit eine ganze Reihe von Vorteilen bieten: Sie wäre prinzipiell sicherer; sie vermiede vor allem ultimative Risikonötigungen; sie böte Chancen der Verbesserung und Weiterentwicklung von Kenntnissen und Erfahrungen; und sie wäre erheblich kostengünstiger; und dies nicht nur unter Berücksichtigung hypothetischer Katastrophenkosten, sondern gerade auch im ‚Normalbetrieb',

---

[236] Vgl. dazu Becks (1986) Beschreibung der westlichen „Risikogesellschaft".
[237] Vgl. Kap. 5.3.2.

weil hier ja ein erheblicher Teil der aufwendigen Zuverlässigkeitstechnik wegfiele"
(ebd., 145).

An etlichen Stellen wirkt Guggenbergers Argumentation apodiktisch. So lässt sich strei-
ten, ob der Wegfall von Zuverlässigkeit fördernden Sicherheitstechniken tatsächlich
volkswirtschaftlich gesehen billiger käme als die Folgekosten, die sich bei Anwendung
einer weniger leistungsstarken aber dafür fehlertoleranteren Technik für die Gesellschaft
ergeben. Auch definiert er weder den Begriff des Irrtums noch des Fehlers, die er teilweise fast synonym verwendet.

Im Zentrum steht bei Guggenberger die These, dass die Fehler- und Irrtumsoffenheit,
die den Menschen und seine Entwicklungen charakterisiere, massiv bedroht sei. Begründet wird sie vor allem mit dem Verweis auf hochkomplexe und empfindliche Techniksysteme im öffentlichen Energieversorgungs- und Entsorgungsbereich sowie in der Arbeitswelt, die so hohe Schadensrisiken bergen, dass in ihnen der Mensch seinerseits zum
Risikofaktor wird. Es lässt sich ihm entgegenhalten, dass in anderen gesellschaftlichen
Feldern und vor allem in der persönlichen Lebensführung möglicherweise noch nie so
große Handlungs-, Freiheits- und damit auch Irrtumsspielräume für den Einzelnen be-
standen haben wie in der pluralisierten und individualisierten westlichen Gesellschaft;
und dass für nicht wenige hierzulande gerade die potenzielle Vielzahl der möglichen
Irrtümer, Fehlentscheidungen und -handlungen zum existenziellen Problem wird, weil
sie diese Fehler tatsächlich begehen und auch aufgrund ihrer *Vielzahl* nicht mehr produktiv verarbeiten können.

Guggenberger scheint es aber in dem essayistisch gehaltenen Text mehr um solche
Irrtümer zu gehen, die letzten Endes für die gesamte zivilisatorische Entwicklung von
Bedeutung sind. So geht es ihm etwa um die Freiheit, die denkerische Kreativität von
Wissenschaftlerinnen und Wissenschaftlern nicht nur in den Dienst einer Perfektionie-
rung der herrschenden technischen Strukturgebilde zu stellen, sondern sie auch *gegen* sie
gerichtet frei entfalten zu lassen. Oder um die Stärkung etwa von Kunst und Religion als
Kräfte, die neue Vorstellungen und Wahrnehmungen zu gebären vermögen, dabei alte
Irrtümer aufdecken und ablösen und die Menschheit lernen lassen. Und vor allem geht es
Guggenberger um eine humane Welt, die den unvollkommenen, fehlerhaften und irrenden Mensch nicht etwa zurückdrängt, sondern die so beschaffen ist, dass er in genau
dieser Verfasstheit gut in ihr leben kann und als Gestalter gebraucht wird.

3.8   Zusammenfassung

In psychologisch fundierten Fehlerforschungen der Arbeitswelt hat sich heute der Begriff des ‚Handlungsfehlers' als Bezeichnung für ‚inadäquate' oder ‚erfolglose' Handlungen etabliert. Fehlleistung und Fehlverhalten werden teilweise synonym verwendet.

Selbst Unfälle (‚accidents') werden im technischen Bereich zu den Fehlern gerechnet, obgleich sie als Widerfahrnisse gelten.

Von den *Gestalttheoretikern* wird bereits seit Anfang des 20. Jahrhunderts der ‚gute Fehler' hervorgehoben. Dieser diene dem Lernen, insbesondere dem schnelleren und besseren Finden von Lösungen bei Problemen sowie dem Überwinden von individuellen Handlungsgewohnheiten. Wichtig wird das Überwinden von Handlungsstabilitäten bei der Weiterentwicklung von betrieblichen Arbeitsstrukturen. Diese können sich durch wiederholte Fehlerereignisse als nicht mehr situationsadäquat erweisen, weshalb es sinnvoll ist, solche Fehler zuzulassen und dadurch individuelle und gemeinsame Arbeitsstrukturen einem permanenten Anpassungsimpuls auszusetzen.

Die *Kognitionspsychologie* unterscheidet weithin zwei Kategorien, die bewusst ausgeführten Urteils- und Planungsfehler (‚mistake') und die unabsichtlichen Ausführungsfehler (‚slips'). Vor allem die versehentlichen Patzer und ‚Ausrutscher' interessieren die Kognitionspsychologen, weil sie diese als aufschlussreiche Hinweise auf die Struktur kognitiver Organisations- und Verarbeitungsmuster sehen. Freud hingegen deutete sprachliche Schnitzer und plötzliche Erinnerungsausfälle als Hinweis auf Gefühls- und Verdrängungsvorgänge (‚Freudscher Versprecher').

Handlungstheoretische Modelle versuchen, den verschiedenen Phasen eines Handlungsaufbaus spezifische Fehlerarten wie etwa Zielsetzungs-, Zuordnungs-, Prognose-, Denk-, Merk-, Überwachungs- und Ausführungsfehler zuzuordnen. Auf unerwartete Fehler reagiert der Mensch laut Rasmussen durch den Rückgriff zunächst auf Routinen, dann auf Fall-Regel-Wissen und erst ganz zuletzt durch das anstrengendere kognitive Entwickeln neuer Problem-Lösungs-Einsichten.

In der *Sicherheits- und Unfallforschung* ist Fehler der Gegenbegriff zu Zuverlässigkeit. Man erforschte auch hier lange Zeit Fehlerursachen und erstellte Fehlertaxonomien, um Fehler effizienter bearbeiten und vermeiden zu können. Der Mensch als fehleranfälliges Glied etwa in Produktionsabläufen wurde durch eine zuverlässiger arbeitende und kontrollierende Technik unterstützt und zunehmend ersetzt. Nachdem in den achtziger Jahren nicht vorhersehbare Zufälle und Wechselwirkungen große Unglücke und riskante Ereignisse in hochsensiblen Techniksystemen verursachten, wurde deutlich, dass das zu weitreichende Ersetzen des fehleranfälligen Faktors Mensch durch technische Kontrollsysteme und Regelkreise einen noch größeren Fehler erzeugt: bei Störfällen konnte der Mensch kaum noch steuernd in die geschlossene Technik eingreifen. Der Mensch, so wurde deutlich, ist zwar fehleranfälliger aber zugleich flexibler in der Lage, auf völlig neuartige Komplexitäten zu reagieren. Deswegen sollte er nicht durch Techniksysteme ersetzt, sondern hinsichtlich potenzieller Fehlerereignisse trainiert werden, damit er sie ggf. kompetent und effizient bewältigen kann. Fehlerentdeckung, -analyse, -bearbeitung und -vermeidung werden als Teilkompetenzen des Fehlertrainings genannt.

Im Bereich der *Industrienormen* entwickelte sich der Fehlerbegriff von der ‚Nichtkonformität mit einer Norm' hin zur ‚Nichterfüllung einer spezifischen (Kunden-) Anforderung'. Der generelle Standard wich tendenziell dem situations- und partnerabhängig formulierten Soll-Wert. Die Qualitätsansprüche von Kunden etwa bei technischen Markenprodukten sorgen dafür, dass in Produktion und Dienstleistung oft eine Null-Fehler-Toleranz als Ziel formuliert wird. Effizientes ‚Fehlermanagement', das beispielsweise eine Fehlerfrüherkennung und effiziente Fehlerausmerzung garantiert, ist hierzu innerbetrieblich erforderlich.

Im diametralen Gegensatz zur Null-Fehler-Toleranz entdeckten Unternehmen der Konsum- und Invesitionsgüterindustrie, deren Geschäftserfolg von *hochdynamischen Produktinnovationen* abhängig ist, die Notwendigkeit innerbetrieblicher Fehleroffenheit und -toleranz. Sie erscheint hier als unabdingbare Voraussetzung für Kreativität und Risikobereitschaft der Mitarbeiterinnen und Mitarbeiter und damit für das langfristige Überleben am Markt, da nur der gute Gewinne macht, der als einer der Ersten neue Produkte entwickelt oder neue Verfahren implementiert. Eine gepflegte ‚*Fehlerkultur*' soll in diesen Unternehmensbereichen Einzug halten. Konstruktiv scheint diese Fehleroffenheit auch für das Gelingen von Prozessen der Unternehmens- bzw. Organisationsentwicklung zu sein.

Zur festen Systemgröße sind Formen der Fehlertoleranz und -bearbeitung dagegen in der *elektronischen Datenverarbeitung* geworden. Computersysteme ermöglichten auch die Entdeckung der Bedeutung kleinster Fehler in Iterationen, was wiederum die Entwicklung der mathematischen ‚Chaostheorie' und ihrer Derivate vorantrieb. Relativ elaboriert zeigen sich manche fehleroffen-explorative Verfahren der Software-Aneignung in ‚Fehlertrainings', die Fehler als Lernanlässe nutzen, Fehlerängste abbauen, Hilfsnetzwerke zur Fehlerbearbeitung anregen und eine Kultur des gelassen-offensiven Fehlerumgangs einüben.

Innerbetriebliche *Evaluationen* versuchen im Grunde Fehler – im Sinne von Diskrepanzen zwischen Soll- und Ist-Zuständen – aufzuspüren, auch wenn dies kaum explizit so benannt wird. Selbst der Non-Profit-Bereich, etwa der Gesundheits- und Bildungssektor, stellt sich seit einigen Jahren zunehmend solchen Qualitätsprüfungen und -forderungen. Allerdings scheint man dort von einem gelassenen, offenen und produktiven Umgang mit Fehlleistungen von Mitarbeiterinnen und Mitarbeitern sowie in den Betriebsstrukturen noch recht weit entfernt zu sein.

Insgesamt ist auffallend, dass in immer mehr unterschiedlichen Feldern und Dimensionen der Arbeitswelt ein reflektierter, variierender und vor allem kontextspezifischer Umgang mit Fehlern deutlich gefordert wird. Avantgardistische Unternehmen und deren Mitarbeiterinnen und Mitarbeiter dürften sich künftig durch eine ausdifferenzierte Fehlerkompetenz auszeichnen.

4 Analytische Zusammenschau zum Fehlerbegriff

Lassen sich in der wissenschaftlichen Fehlerforschung gemeinsame Merkmale oder de-finitorische Ansätze zum Fehlerbegriff erkennen? Der Durchgang durch die Fehlerfor-schungen verschiedener Disziplinen verdeutlichte unterschiedliche Begriffsverwendun-gen und keine auf den ersten Blick eindeutige Antwort auf diese Frage. Allerdings sind wiederkehrende Fragestellungen, Abgrenzungsversuche und Tendenzen feststellbar, die einer transdisziplinären Fehlerdefinition zur Orientierung dienen können. Die Zusam-menschau in diesem Kapitel verdichtet die Ergebnisse der Kapitel 2 und 3 – die nicht abermals im Einzelnen mit Quellen belegt werden –, indem die einzelnen vorgeschlage-nen Fehlermerkmale und Abgrenzungsversuche auf ihre begriffliche und logische Strin-genz und den Grad ihrer Verallgemeinerbarkeit hin überprüft werde. Dabei werden an wenigen Stellen weitere wichtige Anhaltspunkte zum Fehlerbegriff etwa aus dem Bereich der Philosophie und Biologie hinzugenommen

4.1 Das vorherrschende „schwammig-globale" Fehlerverständnis

In den vorangegangenen Kapiteln wurde die erhebliche Bandbreite unterschiedlicher Phänomene und Kategorien, Sprachverwendungen und Forschungszusammenhänge hinsichtlich des Begriffs „Fehler" erkennbar. Diese bildet den Ausgangspunkt für die nun anschließende Beantwortung unserer ersten Forschungsteilfrage, inwieweit sich An-haltspunkte zu einer transdisziplinär anwendbaren Fehlerdefinition und -theorie formu-lieren lassen. Sollte dies möglich werden, wäre dreierlei geleistet:

- Zum ersten Mal wäre aufgezeigt, dass die zunächst recht disparat scheinenden Ge-genstände und Näherungsweisen der diversen Fehlerforschungen tatsächlich ge-meinsame Merkmale aufweisen und es deshalb Sinn machen könnte, eine interdiszi-plinäre Verständigung in der Fehlerforschung verstärkt zu suchen.

- Diese Merkmale wären dann in der Verständigung eine Orientierung dafür, entlang welcher verbindender (Fehler-) Aspekte eine Verständigung ertragreich erscheint und wo deutliche Divergenzen der Merkmale es eher ungeraten erscheinen lassen.

- Ließen sich diese Basismerkmale schließlich in eine Definition des Fehlerbegriffs umsetzen, könnten in inter- wie intradisziplinärer Perspektive daran anknüpfend weitere Forschungsfragen und terminologische Anschlüsse entwickelt werden.

Doch lassen sich aus dieser Forschungsvielfalt tatsächlich solche Anhaltspunkte für eine *verbindende* Definition des gemeinsamen Kernbegriffs „Fehler" unmittelbar herausarbeiten? Nach Gemeinsamkeiten der disparaten Fehlerforschungsbeiträge suchten bereits 1988 Wehner und Ohrmann in einer interdisziplinär ausgerichteten Studie. Sie sollte zur Grundlegung eines Teilbereichs Fehlerforschung innerhalb der wissenschaftlichen Einheit „Handlung und Wahrnehmung" dienen, welche an der Universität Bremen in den Jahren 1985–1991 eingerichtet wurde. Sie versuchten insbesondere die formalklassifikatorischen Verwendungen des Fehlerbegriffs in der Wissenschaft herauszuarbeiten. Dabei bildeten die folgenden Kategorien, in sieben Gruppen geordnet, ihr Analyseraster:

„1. Ätiologie *oder* Theorie *oder* Methode

2. Definition *oder* Verallgemeinerung

3. Phänomenologischer *oder* empirischer Zugang *oder* keine Zuordnung

4. Klassifikation *oder* keine Klassifikation

5. Alltagsbegriff *oder* Fachbegriff *oder* psychologischer Begriff

6. Negierend-abgrenzend *oder* spezifizierend *oder* schwammig-global *oder* hypothetisch

7. Neutrale Aussage *oder* positive *oder* negative Wertung"
(Ohrmann/Wehner 1989, 5).

Die beiden Forscher überprüften damit in recht umfassender Weise deutsch- und englischsprachige Literaturbeiträge des 19. und 20. Jahrhunderts, die möglicherweise klassifikatorisch verwertbare Aussagen enthielten. Sie wurden fündig in den Disziplinen bzw. Teilbereichen Psychologie und Psychoanalyse, angewandte Fehlerforschung, Pädagogik und Fehlerkunde, Linguistik, Sprachforschung und -didaktik, Mathematikdidaktik und Evolutionstheorie. Sie isolierten nun in jedem Text möglichst mehrere Sequenzen von je ein bis zwei Sätzen Länge, die klassifikatorisch interessante Begriffsbestimmungen oder Hinweise enthielten. Diese Untersuchung war gewissermaßen eine ‚Pionierarbeit' und nach meinem Kenntnisstand die erste, die das Feld der Fehlerforschung sowohl in einer historischen Rückschau bis zum Ausgang des 19. Jahrhunderts als auch mit einer erheblichen transdisziplinären Breite zu erfassen versucht, wobei die psychologischen Forschungen verständlicherweise im Vordergrund standen.

Allerdings war ihrem Forschungsvorhaben wenig Erfolg beschieden. „Schauen wir uns im Nachhinein die Zielsetzungen dieser Arbeit an, so müssen wir leider feststellen, dass wir ihnen nicht ganz gerecht geworden sind.", meinen Ohrmann und Wehner (1989, 25). Das Ziel einer mehrere Disziplinen übergreifenden ansatzweisen Klärung von Phänomen und Begriff des Fehlers konnten sie nicht erreichen, da „der hohe Anteil an

schwammig-globalen Aussagen (44,6%)" und die höchst selten anzutreffende begriff-
lich-argumentative Bezugnahme auf andere wissenschaftliche Beiträge dies unmöglich
machten. Sie resümieren:

> „Schwebte uns zu Beginn dieser Arbeit eine umfassende Systematik der Argumen-
> tationsfiguren in den einzelnen Disziplinen und eine umfassende Geschichtsschrei-
> bung der Theoriebildung in der Fehlerforschung vor, stellte sich bald heraus, dass
> das Gelände der Fehlerforschung schwieriger als erwartet zu kartographieren ist.
> Vor allem die Frage argumentativer Wechselbeziehungen innerhalb der historischen
> Entwicklung einzelner Disziplinen ließ sich nur andeutungsweise ermitteln" (Ohr-
> mann/Wehner 1989, 25).

Obgleich in den neunziger Jahren die Diskussion und Forschung über Fehler in Pädagogik, Psychologie und den Wirtschaftswissenschaften eher zunahm, hat sich dieses Gesamtbild bis heute kaum geändert. Wehner stellt 1994 (410f) fest, dass immer noch nicht
auf eine konsensfähige Fehlerdefinition und sinnvolle Verbindungen zwischen den verschiedenen Klassifikationsversuchen zurückgegriffen werden könne.

Auch in unserer Analyse zeigt sich das Feld der Fehlerforschung als Schauplatz einer
eher isolierten Tätigkeit der einzelnen wissenschaftlichen Disziplinen. Innerhalb der
Disziplinen stellt die Fehlerthematik wiederum zumeist einen unbedeutenden Randas-
pekt dar, der lediglich in der Organisations- und Arbeitspsychologie in den letzten zwanzig Jahren einen eigenen Forschungsstrang begründete, sich aber ansonsten in einzelnen
unverbundenen Teilbeiträgen präsentiert. Hinsichtlich einer tiefergreifenden Theoriebildung im Zusammenhang der Fehlerforschung finden sich allenfalls Fragmente. Systematische theoretische Annäherungen an den Fehlerbegriff in genere versuchten selbst die
interdisziplinären Konferenzen zur Fehlerforschung nicht nachhaltig: „Its rather strange
that the participants in the conference proposes very little systematic theory in presenting
their ideas about error" (Senders/Moray 1991, 53).[238]

Hinsichtlich des Fehlerbegriffs wurde selten auf vorangegangene Verwendungen Bezug genommen. Die meisten Forscher arbeiteten mit einer völlig eigenständig entworfenen Vorstellung, was unter Fehler in ihrem Forschungszusammenhang und in ihrer
Sprachverwendung zu verstehen sei. Der Begriff wurde dabei erstaunlich selten eindeutig zu definieren versucht, der Sachgegenstand oft nur grob gegen benachbarte Phänomene abgegrenzt. Am ehesten finden sich innerhalb der Kognitions- und Handlungspsychologie Anläufe zu einer verbundenen Begriffsbildung (Senders/Moray 1991; Wehner
1997; Mehl 1996; Zapf et al. 1999). Ein Definitionsversuch, der sich für mehrere wissenschaftliche Disziplinen als tauglich erwiesen hätte, ist nicht erkennbar.

---

[238] Vgl. auch die Beiträge der Konferenz „Fehlerwelten" 1997 (in: Althof 1999). Osers Theorie des negativen
Wissens stellt einen solchen Anlauf im psychologisch-pädagogischen Bereich dar (siehe Kap. 2.4).

Die Auswirkung des terminologischen Defizits zeigte sich bei den erwähnten inter-disziplinären Konferenzen zu Fragen der Fehlerforschung:[239] Die Wissenschaftlerinnen und Wissenschaftler erkannten rasch, dass die Verständigung schwierig war, wenn man keinen klaren und gemeinsamen Fehlerbegriff zur Verfügung hatte. Sie diskutierten kurz dazu und stellten dann angesichts der sehr unterschiedlichen disziplinären Begriffs- und Zugriffsstrukturen die Klärung der Definitionsfrage einfach zurück. Die anschließenden – nun wiederum weithin disziplinär begrenzten! – Einzelforschungen verwiesen jedoch darauf, dass auf Dauer eine transdisziplinär anwendbare *Kern*definition des Fehlers un-abdingbar erscheint, wenn an gemeinsamen Fragestellungen interdisziplinär geforscht werden soll. Anderenfalls lassen sich die Ergebnisse disziplinärer Fehlerforschung nur schwer aufeinander beziehen und vergleichend diskutieren.

Fassen wir nun zusammen, so verdeutlicht die bisherige Forschung zum Fehler zu-nächst,

- dass noch keine Forschungsgeschichte und allgemeinere Theorie zum Fehler vor-liegt;

- dass fast keine zusammenhängenden Traditionen der Fehlerforschung innerhalb einzelner wissenschaftlicher Disziplinen begründet wurden;

- dass zwischen den verstreuten Einzelforschungen bis in die jüngste Zeit hinein nur wenig wechselseitige Bezugnahmen stattfinden;

- dass der Fehlerbegriff unklar, uneinheitlich und deshalb in interdisziplinärer Perspektive untauglich bleibt.

Allerdings lassen sich zum Fehlerbegriff wiederkehrende Versuche von Merkmalszu-schreibungen und Abgrenzungen, Konfliktstellen und Entwicklungstendenzen feststel-len, die im Folgenden bedacht werden sollen.

4.2   Grundfragen und -tendenzen zum Fehlerbegriff

4.2.1   Unglück, Fehler oder Boshaftigkeit?

Aristoteles unterscheidet in seiner Rhetorik (1374b 1–10; zit. n. Arieti 1983, 1) drei Sachverhalte: das Unglück, den Fehler und das schlechte Tun. Ein Unglück oder Unfall (griech. atuchêma) geschieht stets völlig überraschend und ohne böse Absicht. Ein Feh-ler (griech. hamartêma) ist zwar vorhersehbar, beruht aber ebenfalls nicht auf übler Ab-sicht. Ein böse Tat (griech. adikêma) dagegen ist vorhersehbar in ihren Folgen und ent-springt unguten Absichten. Aristoteles unterscheidet also den Fehler von den beiden

---

[239] Siehe Kap. 1.1.4.

anderen Sachverhalten, aber bildet schließlich doch keine klare Definition des Fehlers, indem er ihn etwa nach Gattung und Art noch näher zuordnet. In seiner Poetik gar verwendet Aristoteles hamartêma in einer von der obigen Differenzierung abweichenden Weise, was den Fehler bei ihm als einen eher beiläufig behandelten und nicht präzisen Terminus technicus ausweist (Lucas 1968, 302). Das ist bedauerlich, denn konkrete Fälle von Unglück und Fehler sind zwar anhand seiner zwei Merkmale relativ leicht zu scheiden, aber die Fehler und die bösen Handlungen weisen unscharfe Übergänge auf.

So weist beispielsweise Arieti (1983, 2) zu Recht darauf hin, dass nicht selten ein im aristotelischen Sinn absichtlich ungutes Handeln unterstellt wird, wenn man von jemandem sagt, er habe etwa in der Jugendzeit ‚Fehler‘ begangen. Arieti sieht aber nicht, dass bei seinem Beispiel und in vielen anderen Fällen das Problem dieser Scheidegrenze tatsächlich nicht in der Natur der Sache liegt, sondern in der *Intentionslage des Beurteilenden* begründet ist. Denn dieser möchte beispielsweise seine Jugendsünden ein wenig harmloser darstellen, indem er sie vom Stigma der üblen Absicht reinigt und sie rückblickend als ‚Fehler‘ bezeichnet.

4.2.2 Ist Unabsichtlichkeit ein Fehlermerkmal?

Insbesondere in der psychologischen Forschung wird gerne noch mit diesem seit Aristoteles tradierten Verständnis gearbeitet, dass Fehler unabsichtliche Handlungen seien. Innerhalb eines insgesamt zielorientierten Handelns stellen Fehler dann die *unabsichtlichen, zielverfehlenden* Handlungsschritte dar; die Unabsichtlichkeit wird somit häufig als grundlegendes Fehlermerkmal betrachtet (vgl. Mittelstraß 1989; Heckhausen 1987, 143; Reason 1994, 26; Wehner 1997, 468). Doch wurde hierbei zu wenig beachtet, dass es weniger einer sachlichen Gegenstandsbeschreibung dient, wenn jemand von einem selbst oder fremd verursachten Fehler zu sprechen beginnt, sondern dass dieser Begriff vor allem eine *zwischenmenschliche kommunikative Funktion* erfüllt. Wer eigene Denk- oder Handlungsweisen als Fehler bezeichnet, weist andere daraufhin, dass die Fehlerhaftigkeit jetzt erst erkannt und bedauert wird, und dass dies natürlich unbeabsichtigt war. Aus dieser Selbstaussage jedoch zu schließen, dass Fehlhandlungen stets unabsichtlich entstehen, wäre kurzschlüssig. Man vollzieht dann die sachbezogene Fehlinterpretation einer kommunikativen Absicht.

Sicher ist zunächst nur, dass derjenige der zugibt, einen Fehler gemacht zu haben, damit *jetzt* eine bestimmte kommunikative Absicht verfolgt. Die betreffende Person will andere Glauben machen, dass sie die jetzt erkennbaren Auswirkungen ihres Tuns bedauert und – hätte sie diese früher erkannt – sich natürlich von vorne herein anders verhalten hätte. Insofern ist die Rede von der Unabsichtlichkeit des eigenen Fehlers zunächst eine kommunikative, eine rhetorische Figur. Man verwahrt sich durch die Rede vom Fehler gezielt gegen den noch schlimmeren Verdacht, dass man bewusst andere habe schaden wollen. Die handlungstheoretisch interessierende Frage, ob zum Zeitpunkt des Tuns *tatsächlich* keine entsprechende böse Absicht vorlag, ist damit aber keinesfalls beantwortet. Ergo: Da sich die Unabsichtlichkeit des Fehlers auf eine Selbstaussage stützt, die als intrapersonaler Vorgang nicht empirisch überprüft werden kann, ist sie als generelles Merkmal für den Fehlerfall äußerst fragwürdig.

Doch schließen wir einmal den Fall aus, dass der den Fehler Eingestehende sein Gegenüber über seine tatsächlich bösen Absichten täuschen möchte. Auch jetzt kann die Selbstaussage ‚Ich habe eine Fehler gemacht' häufig nur besagen, dass das *im Nachhinein* erkennbare Gesamtbild der Folgen und ihrer Implikationen nicht beabsichtigt war, nicht aber, dass die fehlerhafte Handlung ohne Absicht erfolgt sei. In komplexeren Handlungskontexten ist vermutlich nicht selten genau jene Folge, die im Nachhinein das Fehlerurteil und damit die Distanzierung begründet, sogar als mögliche Folge *neben* anderen Wirkungen zwar durchaus erwartet worden, aber in ihrer Gewichtigkeit und in ihren impliziten Auswirkungen falsch eingeschätzt worden.

Die gedankliche oder praktische Operation, auf die sich das nachträgliche Fehlerurteil bezieht, war also in aller Regel absichtsvoll und der Fehler bestand oft nur in einer *unsachgemäßen Abschätzung* des Handlungskontexts und seiner gesamten Wirkungen. Dass dennoch weithin an der Unabsichtlichkeit des Fehlers festgehalten wird, hängt also einerseits mit dem besagten Legitimierungsbedürfnis des Fehlenden (‚*Das* wollte ich nicht!') zusammen, andererseits aber mit den spezifischen Gegenständen der psychologischen Fehlerforschung:

- Unabsichtliche Versprecher und andere Fehlleistungen beschäftigten seit 1895 Freud und begründeten 1901 seine Alltagspsychologie (vgl. Freud 1922).

- Die Sprach- und Kognitionspsychologie konzentrierte sich lange ebenfalls auf unabsichtliche Patzer und Schnitzer (engl. ‚slips') in annähernd automatisierten Handlungsabläufen, weil sie meinte, anhand dieser Fehlerarten am ehesten kognitiven Verarbeitungsmustern und Schemata auf die Spur zu kommen (vgl. Meringer/Meyer 1895; Bawden 1900; Ranschburg 1928; Stoll 1913; Norman 1981 u.a.).

- Mit versehentlichen Handlungsfehlern als Ursache von betrieblichen Stör- und Unfällen befasst sich bis heute der auf Zuverlässigkeit und Sicherheitsfragen ausgerichtete Strang der Arbeitspsychologie (vgl. Reason 1987c; Zimolong 1990; Wehner 1992 u. 1994).

Bei Versprechern und Verschreibungen, Schnitzern und Patzern, falschen Handgriffen und Unfällen konnte man relativ unbesehen und selbstverständlich von der Unabsichtlichkeit des geschehenen Fehlers ausgehen. Wenn wir aber über diese Fehlerfälle hinausdenken, ist das Merkmal weder hilfreich und nicht einmal durch den allgemeinen Sprachgebrauch abgedeckt. Wenn etwa in Lern- und Produktionsprozessen ein Fehler markiert und jemandem vorgehalten wird, so ist für das Fehlerurteil i.d.R. allein das Faktum der sachlichen Unrichtigkeit oder der negativen Folgen ausschlaggebend; hingegen erscheint unerheblich, in welchem Maß die Fehlerfolge beabsichtigt wurde. Dieses pragmatische Desinteresse gegenüber der (Un-) Absichtlichkeit hängt möglicherweise mit dem beschriebenen Grund zusammen, dass sich im Nachhinein meist weder nachweisen noch widerlegen, sondern nur behaupten lässt, dass (k)eine Absicht vorlag.

Dass die Unabsichtlichkeit als Fehlermerkmal nicht taugt, wird in manchen Forschungen angedeutet. Reason (1994) stellt gar fest, dass *absichtliche* Regelverletzungen (‚violations'), die i.d.R. als Fehler betrachtet werden, gelegentlich sogar nötig seien, um einen noch größeren Fehler zu verhindern. In anderen Bereichen der Wissenschaft und der Wirtschaft – etwa wenn es um Innovation, Kreativität, Problemlösen geht – wird mittlerweile der absichtliche Fehler oder zumindest eine risikobereite Fehleroffenheit sogar energisch eingefordert.

Fehler absichtlich zu begehen oder zuzulassen, empfahlen bereits Gestalttheoretiker wie Köhler (1913) und Duncker (1935). Sie sprechen von ‚guten Fehlern', die absichtlich herbeizuführen seien als Hilfsmittel auf dem Weg zur Lösung; Koffka (1925; 1935) wünscht sich Umwelten und Problem-Szenarien, die nicht direkt zur Lösung hinführen, sondern fehlerhafte Alternativbildungen evozieren. Fehler und andere unerwartete oder störende Geschehnisse werden in dieser wissenschaftlichen Tradition gewollt, weil es helfe, Denk- und Handlungsgewohnheiten zu durchbrechen. In Umlernprozessen seien Fehler wünschenswert, denn hier „fördern Abweichungen die Sicherheit im Sinne einer Erhöhung der Zuverlässigkeit, das jeweils Intendierte auch so, wie geplant zu realisieren" (Mehl 1996, 393).

4.2.3 Die Problematik der Unterscheidung von Irrtum und Fehler

Arieti versucht der Unschärfe der Rede von böser Absicht/Unabsichtlichkeit zu entgehen, indem er an Lucas anschließt, welcher das in Aristoteles' „Rhetorik" betonte Merkmal der Absicht zurücknimmt und stattdessen das verfügbare Wissen in den Vordergrund stellt. Lucas (1968, 302) versucht die aristotelische Begriffsverwendung so zu fassen: „The essence of hamartia is ignorance combined with the absence of wicked intent. Mere lack of knowledge is agnoia; hamartia is the lack of knowledge which is needed if right decisions are to be taken." Ausgehend davon unterscheidet Arieti (1983, 3) neben der Korrektheit die zwei Kategorien ‚mistake' und ‚wrong guess' (vgl.Tab. 10).

Bedingung	Beispiel	Bezeichnung
Wissen und ‚richtig liegen' *	4+4= 8	Korrektheit (correctness)
Nicht wissen und ‚falsch liegen'*	Die Hauptstadt von Obervolta ist Volta City.	Falsch Raten (wrong guess)
Wissen und dennoch falsch liegen	4+4=16	Fehler (mistake)

• Orig.: being right / being wrong

Tab. 10: Fehlerdifferenzierung nach Arieti (1983)

Arietis Kategorien wrong guess und mistake entspricht im deutschen Sprachgebrauch die Paarung Irrtum und Fehler. Diese beiden Kategorien werden in der deutschsprachigen Fehlerforschung seit Weimer verstärkt als grundlegende Unterscheidung verwendet und noch in jüngster Zeit bestätigt (vgl. Wehner 1994, 409; Mehl 1996, 389; Oser et al. 1999, 13). Demnach besteht ein Irrtum in einem Mangel an richtiger Information, während beim Fehler diese Information vorliegt, aber nicht adäquat umgesetzt wird: man ‚befindet sich im Irrtum', doch ‚den Fehler *macht* man' wider besseres Wissen und Können.

Die Fehlerforscher, die eine Differenzierung von Fehler und Irrtum vornehmen, geben in der Regel diese Unterscheidung wieder. Sie wird dabei meist nur durch die besagte Anlehnung an den Sprachgebrauch belegt und als scheinbare Selbstverständlichkeit vermittelt, ist aber selten gut begründet. Dagegen lassen sich etwa die folgenden Einwände erheben:

1. „Irrtum ist eine Bezeichnung für die mit der Überzeugung der Wahrheit verbundene falsche Behauptung", zitiert der Philosoph Mittelstraß (1989, 92) aus einer Enzyklopädie für Philosophie und Wissenschaftstheorie. Er führt aus, „dass Irrtum eine Eigenschaft dessen ist, der die Wahrheit sucht, sie aber verfehlt. (...) Sich irren und sich nicht irren (die Wahrheit finden) sind *Handlungen* – hier in Form von Behauptungen -, während Wahrheit und Falschheit, das Wahre und das Falsche, ‚Wahrheitswerte' von (wertdefiniten) Aussagen sind."[240] Der Irrtum scheint für Erkenntnistheoretiker bzw. Philosophen also eher ein *Ausführungsfehler*, nämlich ein Mangel bei der denkerischen Arbeit zu sein, der zu einer unzutreffenden Aussage führt: „Irrtümer haben nach all dem einen *pragmatischen*, das Wissen mit dem Handeln verbindenden Charakter. Dies wird insbesondere dadurch deutlich, dass sich die Rede vom Irrtum nicht nur auf Behauptungen, sondern auch auf andere Sprechakte wie Glauben und Beurteilen und darüber hinaus auf nicht-sprachliche Handlungen, z.B. auf das Einschlagen falscher Wege und das Öffnen falscher Türen, beziehen lässt, wobei den nicht-sprachlichen Fällen allerdings stets irrige Einschätzungen und Beurteilungen zugrunde liegen" (ebd., 93).

2. Was oben als Irrtum bezeichnet wurde, nämlich die Auffassung, in der man sich *befindet*, ist für Mittelstraß ‚Falschheit', während er den von einem Philosophen ‚*gemachten'* denkerischen Fehler' hier als Irrtum bezeichnen würde. Der ‚philosophische Irrtum' wäre demnach eine Teilmenge der (Handlungs-) Fehler.

3. Arieti (1983, 4) schließt sich, wie wir sahen, zunächst an die oben bezeichnete gängige Unterscheidung von Fehler und Irrtum an. Allerdings weist er darauf hin, dass sie im Grunde doch zu oberflächlich sei. Denn ein Mensch, der normalerweise weiß, dass 4+4=8 ergibt und dennoch 4+4=16 aufs Papier schreibt, der begehe diesen Fehler ja nur, weil er just in diesem Moment – etwa aufgrund einer Überlagerung der

---

[240] Ebd., 93; kursive Hervorhebung durch Mittelstraß.

Addition durch die multiplikatorische Operation – sich der Falschheit des Hinge-schriebenen *nicht bewusst* war: einen kurzen Augenblick lang meinte er das Rechte zu schreiben, befand sich dabei aber im Irrtum. Arieti folgert, dass jeder gedankliche Fehler eine *irrationale* Handlung darstelle, wenn die richtige, die rationale Informa-tion eigentlich schon vorlag, nur eben just im Augenblick nicht aktiviert wurde. Demnach wären viele Fehler nur momenthafte Irrtümer.

4. Dies erinnert an James Sully, der bereits 1881 unter dem Titel „Illusions" einen Überblick zum Feld des Irrtums vorgelegt hatte. Er schied zunächst Sinnestäu-schungen (illusions of sense) und andere Irrtümer oder Täuschungen (illusions) etwa im Bereich des Gedächtnisses, Glaubens, Denkens oder Verstehens aus. Innerhalb des Wissensbereichs unterschied er wieder primäre, intuitive Wissensgehalte re-spektive Illusionen von sekundären schlussfolgernden Wissensanteilen und Täu-schungen. Dabei sieht er die kaum klar entwirrbare Nähe zwischen *primärer und se-kundärer Täuschung* und mutmaßt, „eine gründliche psychologische Analyse des Fehlers kann hervorbringen, dass diese beiden Klassen einander im Grunde sehr ähnlich sind" (Sully, zit. n. Reason 1994, 41).

5. Wer im Alltag sagt, er habe sich geirrt, der möchte dem Gesprächspartner in der Regel verdeutlichen, dass eine falsche Aussage oder unerwünschte Handlung mit einem defizitären sachlichen Informationsstand oder einer versehentlichen falschen Schlussfolgerung zusammenhing – also nicht absichtlich vorgenommen wurde. Der Irrtum ist also die defizitäre Basis von Folgefehlern.

Allein diese wenigen Stimmen und Einwendungen belegen bereits einen recht unter-schiedlichen Gebrauch des Begriffs Irrtum. Die philosophische Differenzierung einer-seits des irrenden vs. sachlich angemessenen ‚denkerischen Handelns' und andererseits der falschen vs. richtigen Aussagen (Sätze), die sich daraus ergeben, ist insofern hilf-reich, als es deutlich macht, dass das ‚Voran-Irren' dem Auffinden der Wahrheit dienlich ist, also die Irrtümer der Wahrheit nahe stehen können und nicht etwa ihr Gegenteil verkörpern.[241] Die psychologische Betrachtungsweise bei Sully und anderen verdeutlicht hingegen, dass in pragmatischer Hinsicht das Fehlermachen vom Irren nicht so eindeutig kategorial zu unterscheiden ist, wie es der allgemeine Sprachgebrauch suggeriert. Die Übergänge sind vielmehr verwischt und voller Überlappungen.

Dies lässt sich besonders gut verdeutlichen, indem der Begriff der Information in un-sere abschließende Begriffsbestimmung eingebaut wird: Ein Irrtum ist *ein subjektiver Erkenntnisstand, der durch Defizite an aktuell richtigen und wichtigen Informationen*

---

[241] Das deutsche Substantiv ‚Irrtum' eignet sich allein schon durch das Suffix „-tum" kaum dazu, einen Prozess zu bezeichnen, wie Mittelstraß vorschlägt, sondern eher etwas Verfasstes, Gesetzes. Deshalb erscheint es sinnvoller zu sagen, dass ‚das Fehler-Machen im Handeln' – einschließlich des Irrens als der Teilmenge des ‚gedanklichen Handelns' – zu Falschheiten bzw. Irrtümern im Sinne bestimmter *Niveaus* einer angemessenen Aussagefähigkeit führen kann , allerdings auch zu unerwarteten neuen Wahrheiten!

und durch daraus resultierende unsachgemäße Urteilsbildungen und Folgehandlungen gekennzeichnet ist.

Mit diesem Begriff wollen wir nun die von Arieti nur begonnene Überlegung zur Fehlerentstehung konsequent zu Ende denken. Betrachtet man im Anschluss an die im dritten Kapitel beschriebenen Ergebnisse der psychologischen Forschung die kognitive Mikrostruktur jenes Moments, in welchem eine Fehlhandlung durch eine Fehlleistung des Denkens ausgelöst wird, so lässt sich erkennen, dass viele der Alltagsfehler oft mit kleinen ‚Sekundenirrtümern' oder anders gesagt: mit momenthaften Rückfällen auf *Niveaus von reduzierter Informationsdichte oder -repräsentanz* erklärbar sind. Der reduzierte Umfang von *bewussten* Informationen bzw. Kriterien führt zu falschen Schlüssen und Folgehandlungen oder zum Rückgriff auf schematagesteuertes bzw. gewohnheitsmäßiges Handeln. Allerdings ist dem Subjekt dieser kognitive Mangelzustand im entscheidenden Augenblick meist nicht bewusst. Diese Augenblicks-Rückfälle lassen sich je nach Situation beispielsweise mit einer abgelenkten Aufmerksamkeit, mit der Sekundenschnelle der Entscheidung, mit einer durch Erschöpfung reduzierten kognitiven Aktivität, mit emotionalen Blockaden oder schlicht mit Desinteresse und Denkfaulheit erklären.

Ein solches defizitäres Augenblicksurteilen oder -handeln ist zwar weniger rational, da weniger gut durch sachgemäße Informationen fundiert, doch Arietis generelle Bezeichnung „irrational" für Fehler wirkt irreführend. Die angemessene Schlussfolgerung heißt vielmehr: es besteht ein gleitender Übergang vom

- ‚*grundsätzlichen Irrtum*' als einem Mangel an sachgerechter Information, Korrelationseinsicht und Urteilsbildung zu grundlegenden Fragen über den

- ‚*situativ-kontextgebundenen Irrtum*' als Resultat fehlerhafter Einschätzungen und Beurteilungen einer bestimmten Sachlage bis hin zum

- ‚*Sekunden-Irrtum*' als einer momenthaften Defizitstruktur des aktivierten, repräsentierten Wissensstands und Urteilsvermögens, der die vielen alltäglichen Patzer und ‚Dummheiten' des Handelns verursacht.[242]

Viele Handlungsfehler entstehen also aus Irrtümern, ja sie bestehen geradezu in ihnen. Besonders bei den Sekundenirrtümern scheinen nämlich die Wechselwirkungen zwischen Informationsniveaus, Wahrnehmungs- und Urteilsvorgängen und anderen prakti-

---

[242] Eine qualitativ andere Fehlerkategorie dagegen stellen jene sachlich falschen Handlungen dar, die weitgehend *ohne* Beteiligung des Bewusstseins entstehen, etwa ein durch gedankliche Abwesenheit oder Unaufmerksamkeit entstehender Patzer oder Fehlgriff. Reason und Norman beschrieben solche ‚slips'. Sie entstehen durch Interferenzen zwischen zwei sich berührenden, *schematagebundenen* Denk- oder Handlungsabläufen, die weitgehend automatisiert sind und nicht durch Denken im Sinne von bewussten Urteilsprozessen gesteuert werden. Wenn jemand beim Stricken eine Masche verliert, dann sind die kettenartig verknüpften Handlungsschemata durch Ermüdungs- oder Ablenkungseffekte im fehlerlosen Ablauf gestört worden oder einfach noch ungenügend routinisiert. Hier von Informationsmangel zu sprechen, der ursächlich wirkt, wäre sachlich falsch.

schen Handlungen in rascher Folge und somit in fast unentflechtbarer Weise ineinander verwoben zu sein.

Als Fazit aus diesen Überlegungen – und eine Art Zwischenergebnis – schlussfolgere ich, dass folgende Klärung bzw. definitorische Festlegung der Begriffe Fehler und Irrtum ihrer Verwendung als Termini technici zuträglich wäre:

1. Die Begriffe Irrtum und Fehler bezeichnen nicht unterschiedliche Fälle von Handlungen, sondern unterschiedliche Komponenten innerhalb einzelner Handlungen. *In einem Handlungsablauf lassen sich dem Begriff ‚Fehler' die fehlerhaften Ausführungsvorgänge (Fehler = Beschreibung prozessualer Anteile) und dem Begriff ‚Irrtum' die jeweils feststellbaren defizitären Kenntnisstände (Irrtum = Beschreibung von Statusanteilen) zuweisen.*

2. Beide Komponenten, Fehler und Irrtümer, *interferieren* in einem Handlungsablauf u. U. in vielfältiger Weise: Defizitäre Kenntnisstände lösen falsche Denk-, Urteils- und Handlungsvorgänge aus und umgekehrt.

3. Hilfreich erscheint eine möglichst genaue Unterscheidung der Irrtums- *und* der Fehleranteile einer Handlung. Erforderlich ist hierfür eine *fall- und kontextspezifische Analyse* der inneren und äußeren Bedingungen für das Zustandekommen der jeweiligen situativ verfügbaren Kenntnisstände und deren Wechselwirkung mit Fehlleistungen besonders in Wahrnehmungs-, Urteilsbildungs- und Handlungsprozessen.

Exkurs:
Fehler und Irrtum in der Informationsgesellschaft

„Das Irrtümliche ist verantwortungsfrei; für das Fehlerhafte hat der Schüler einzustehen. Dieser Grundsatz gilt für die ganze Schulzeit, ja er gilt auch für Beruf und Leben", postuliert Hermann Weimer (1939, 284), der seit Anfang der Zwanziger Jahre einer wissenschaftlichen Fehlererforschung und -bearbeitung den Weg zu ebnen versuchte. Diese bis heute tradierte Meinung, zwischen Irrtum und Fehler bestehe grundsätzlich ein kategorialer und deshalb auch qualitativer Unterschied, führte zu *unangemessenen Schlussfolgerungen* hinsichtlich der gesellschaftlichen Sanktionierungen:

-   Der Irrtum gilt bis heute als verzeihlich, da er auf einer defizitären Informationslage beruht, für die man ja in aller Regel nicht verantwortlich sei.

- Beim Fehler hingegen handle man wider besseres Wissen falsch, sei folglich auch rechenschaftspflichtig.

Beide Urteile – die generelle Entschuldung des ‚im Irrtum Befindlichen' und die Anschuldigung des ‚einen Fehler Begehenden' – sind nicht nur psychologisch und philosophisch kaum begründbar, sondern entsprechen auch nicht mehr den Gegebenheiten unserer soziokulturellen Situation.

Erste Tendenzumkehr: Irrtümer, die auf Informationslücken beruhen, werden tendenziell rechenschaftspflichtig

Wer sein fehlerhaftes Tun damit erklärt, dass er ungenügend informiert wurde, scheint auch heute noch ein Anrecht darauf zu haben, dass er dafür nicht zur Verantwortung gezogen wird. Das gilt in Betrieben, im gesellschaftlichen Umgang und politisch Verantwortliche demonstrieren dies täglich. Einerseits erwartet die Öffentlichkeit von Politikern, dass sie keinen Fehler begehen, andererseits wird die Entschuldigung ‚Ich habe die entsprechenden Informationen nicht erhalten' in der Öffentlichkeit erstaunlich rasch als Entschuldigungsgrund hingenommen – was letztlich kontraproduktiv wirkt, weil es z.T. dazu führt, dass diese Verantwortlichen teilweise über bestimmte brisante Angelegenheiten gar nicht informiert werden *wollen*.

‚Nichts gewusst zu haben' war eine Hauptentschuldigung vieler Menschen in Deutschland sowie im Ausland, die 1933-45 nichts gegen die brutale Behandlung von politischen Gegnern, Juden, Sinti, Roma und Homosexuellen durch die nationalsozialistischen Machthaber unternommen hatten. Dabei ahnten auch damals viele von der Gewalt in Gefängnissen und Lagern immerhin so viel, dass sie sich durchaus hätten etwas kundiger machen können. Im Nichtwissen lebte es sich damals in Deutschland aber eindeutig unverdächtiger und ungefährlicher und auch heute ist das Nicht-genau-Bescheid-Wissen über Unrecht, Probleme und Not in der Welt den meisten Menschen eine angenehme Ausflucht. Spätestens seit dem Holocaust aber ist Nichtwissen ein zweifelhafter Entschuldigungsgrund.

Wie verwurzelt diese Ansicht, für Nicht-Wissen sei man nicht verantwortlich, selbst im Schulbereich noch sein dürfte, wird in frappierender Weise 1997 bei Memmert[243] deutlich. Dieser beschreibt zahlreiche ‚Kunstfehler' von Pädagogen zwar mahnend, meint jedoch, die Unkenntnis eines Lehrers „schränkt dessen Verantwortung ein. Hat man ihm in der Ausbildung nicht genau gesagt, was er tun soll, kann man ihm für konkretes Fehlverhalten – sollte es objektiv vorliegen – nicht so etwas wie Tateinsicht oder Schuld anlasten." So dürfe eine Lehrkraft beispielsweise nicht für Fehlleistungen verantwortlich gemacht werden, die damit zusammenhängen, dass in ihrem Studium „für sozialpsychologische Fragen wenig Raum blieb".

---

[243] Memmert 1997, 254f.

Das zugrunde gelegte Prinzip ist höchst bedenklich. Ein heute sechzigjähriger Lehrer könnte demnach seine Unfähigkeit zum Umgang mit Taschenrechner und Computer oder seine fehlerhafte Umsetzung der vereinfachten Ausgangsschrift damit rechtfertigen, dass ihm all dies in der Zeit seiner Lehramtsausbildung nicht vermittelt wurde! Das von Memmert vertretene Grundprinzip widerspricht völlig der dynamischen Lebens- und Berufswirklichkeit in unserer westlichen Gesellschaft, die eine ständige Aktualisierung des Wissens erforderlich macht. Es konterkariert zudem die heute den Heranwachsenden vermittelte Auffassung, dass jeder und jede zu ‚lebenslangem Lernen' und Umlernen beständig fähig und bereit sein müsse.

Etwas noch nicht gewusst zu haben ist in einer Gesellschaft, in welcher der Zugriff auf relevante Informationen durch wenige Institutionen kontrolliert und beschränkt wird, ein legitimer Entschuldigungsgrund für fehlerhaftes Handeln. Als Beispiel dafür mögen das europäische Mittelalter mit dem Bildungsmonopol der kirchlichen Einrichtungen oder totalitäre Regime der Neuzeit gelten. Heute herrscht aber eine weitreichende Zugriffsfreiheit auf Information. Seit deren Globalisierung durch Datenautobahnen, Satellitensysteme und drahtlose Datenübertragung aller Art sind Informationsbeschränkungen zwar nicht unmöglich, aber schwerer durchsetzbar, da staaatliche Kontrollen und Beschränkungen des Internet-Zugriffs den raschen Ausweichbewegungen des digitalisierten Informationsmarkts allzu leicht hinterherhinken. Suchmaschinen des Internets ermöglichen an jedem Ort der Welt einen sekundenschnellen Zugriff auf sachdienliche Informationen zu allen denkbaren Stichworten und Fragen. Der Zustand des Nichtwissens wird sich – sofern die Zugriffstechnik bereit steht und es möglich ist, sich die nötige Kompetenz zum individuellen Medienzugriffs zu erarbeiten – zunehmend als etwas darstellen, was man individuell zu verantworten hat.

In der westlichen Informationsgesellschaft geschieht die Informationsbeschaffung Erwachsener in zunehmendem Maß eigenständig und bestimmt bereits in enormem Umfang das Wirtschaftsleben in westlichen Gesellschaften: „1850 handelten nur vier Prozent der Amerikaner mit Informationen; heute tun es fast alle, und die Verarbeitung von Informationen (im Gegensatz zur Herstellung materieller Güter) erzeugt mehr als die Hälfte des amerikanischen Bruttosozialprodukts" (Shenk 1998, 28). Nur über die Demokratisierung und zunehmende Eigenverantwortlichkeit bei Informationsbeschaffung und ‚Irrtumsbeseitigung' ist auch der Differenziertheit des individualisierten Informationsbedarfs angesichts der in hohem Maß pluralisierten Lebenslagen sowie der Halbwertszeit relevanter Informationen noch Rechnung zu tragen. In dieser kulturellen Situation sind aber Nichtwissen, Irrtümer und daraus resultierendes Fehlverhalten nicht mehr grundsätzlich zu entschuldigen. Freilich gilt auch: wenn eine unüberschaubare Menge an individuell weitgehend irrelevanter Information vorliegt, und man nicht im Stande ist, aus dem „Datenmüll und Info-Smog" [244] die relevante Information gezielt herauszufiltern, ist Fehl-Information und Nicht-Wissen in wesentlichen Fragen die un-

---

[244] Vgl. Shenk (1998).

ausweichliche Folge. Die Schule wird zukünftig Heranwachsenden generelle Zugriffs-, Auswahl.-, Verarbeitungs- und Bewertungskompetenzen nachhaltig erschließen müssen.

Zweite Tendenzumkehr: Fehler, die auf Erinnerungsschwächen und misslungenen Anpassungsbemühungen beruhen, werden tendenziell verzeihlich

Wenn jemandem ein Fehler vorgehalten wird, so besteht der Vorwurf oft darin, dass die beschuldigte Person falsch handelte, weil sie eine Information, die ihr bereits irgendwann nachweislich gewärtig war, angemessener hätte berücksichtigen sollen. Man arbeitet also noch immer – bis in juristische Vorgänge hinein – mit der Annahme, dass eine irgendwann erworbene Kompetenz oder auch nur eine aufgenommene Information *jederzeit rasch reproduzierbar* ist, ja dass sie einem sogar von alleine ‚einfällt' in den entsprechenden Handlungszusammenhängen. Dieser Annahme zufolge dürfte dann böse Absicht oder geistige Schwäche, zumindest aber mangelnde Konzentration oder gedankliche Bequemlichkeit vorliegen, wenn jemand behauptet, im entscheidenden Moment sei ihm etwas nicht mehr bewusst gewesen.

Die heute potenzierte Informationsbeschaffung, -verarbeitung und -aktualisierung, die der Einzelne zu leisten hat, wird aber beinahe zwangsläufig mit gesteigerten Erinnerungsverlusten verbunden zu sein. Vereinfacht ausgedrückt: Nicht mehr oder sehr selten gebrauchte alte Informationen sind zwar möglicherweise noch im Gedächtnis abgelegt, aber der *rasche kognitive Zugriff* darauf bzw. der Vorgang, dass sie einem im entscheidenden Moment ‚von allein' in den Sinn kommen, ist durch sie überlagernde neue Informationskomplexe oft blockiert. Roehl (2002, 40) meint gar: „Die Wissensproduktion hat ein vitales Interesse an der Grundfunktion des Vergessens." Nur wenn wir alte Entscheidungskriterien etwa in einer Marktsituation nahezu vergessen, sei es möglich, anhand aktueller Kriterien rasch und sachgemäß die richtigen Entschlüsse zu fassen. Der Fehler des Nicht-Erinnerns wird dadurch zunehmend als nützlich, der des defizitären Reproduzierens von spezifischen Kenntnisständen als verzeihlich erkannt.

Im Gegensatz zu solchen grundlegenden Einsichten betreffend den Prozess des Vergessens und der Überlagerung der mentalen Repräsentanz von Informationen durch situative Einflüsse wird dieser allzu hohe Anspruch an die menschliche Erinnerungskraft heute im Umgang miteinander oft noch für angemessen gehalten, etwa in folgender Weise:

- Von Oberstufenschülern und -schülerinnen wird in der Fremdsprachklausur das Reproduzieren eines sehr selten verwendeten Wortes mit der Begründung gefordert, es sei nachweislich vor zwei Jahren bereits eingeführt worden.

- Mitarbeiter und Mitarbeiterinnen werden gerügt, weil sie nicht berücksichtigten, was vor zwei Jahren in einem betriebsinternen Rundschreiben klar und unmissverständlich mitgeteilt worden war.

- Nahezu absurd zeigt sich der Glaube an die stets gleichbleibende Repräsentanz jeglicher Information im Gehirn in manchen politischen Untersuchungsausschüssen, wenn ein Politiker etwa gefragt wird: „War vor zwanzig Jahren in ihrer Wohngemeinschaft einmal eine gewisse Rosa beim Frühstück anwesend? Und haben sie damals im Juli mit ihr telefoniert?"

Gleichzeitig erschwert die wachsende Dynamik, Komplexität und multidimensionale Vernetztheit der verschiedenen Lebens- und Handlungsbereiche heutzutage ein fehlerfreies Handeln enorm. Dies gilt für die individuelle Lebensgestaltung ebenso wie für die Durchführung eines Schulvormittags, das Agieren eines Unternehmers im Marktgeschehen und die Entscheidungen eines Politikers. Die Erfahrung des Fehlermachens wird allgegenwärtig. Eigene Entscheidungen zu revidieren kann heute ein Zeichen für waches Beobachten und angemessenes Reagieren auf veränderte Kontextbedingungen sein, wird aber noch immer als ‚Fehlereingeständnis' oder ‚mangelndes Stehvermögen' eher negativ bewertet.

Wer sich seine Fehler nicht eingestehen kann, wird zu starr agieren und nicht beweglich genug sein, um mit der allgemeinen Entwicklung Schritt halten zu können. Wer Fehler anderer nicht akzeptieren kann, ist nicht team- und nicht führungstauglich. Wer nicht bereit ist, aus Fehlern zu lernen, wird abgehängt. Anpassungsfehler werden bei allen Menschen alltäglicher, verzeihlicher, hinnehmbarer – und wichtiger als Potenzial des Umlernens. Wer keine Fehler zu machen scheint, ist künftig gezielt zu verdächtigen: der Untätigkeit, der Verschleierung, der Unterdrückung von Information, der mangelnden Lernbereitschaft, der defizitären Selbstwahrnehmung. Gesellschaften, Institutionen und Unternehmen mit einer einseitigen Fehlervermeidungskultur werden vermutlich ebenso hinter der allgemeinen Entwicklung zurück bleiben wie Institutionen und Individuen, die so zahlreiche Fehler produzieren, dass sie nicht mehr produktiv damit umgehen können. Beides hängt miteinander zusammen: eine überzogene Fehlervermeidungstendenz führt durch versäumte Anpassungsleistungen langfristig zu einer Häufung gravierender Fehlleistungen.

Die Vorzeichen von Irrtum und Fehler, von Nicht-Wissen und Fehlhandeln werden somit tendenziell vertauscht. Der Satz „Mir wurde das nicht mitgeteilt" wird künftig disqualifizieren. Den Kompetenten aber wird man erkennen an dem gelegentlichen undramatischen Satz: „Meine Damen und Herrn, ich glaube, ich habe da einen Fehler gemacht." An dem Tag, wo wir diese Worte von unserem Regierungschef in den Abendnachrichten hören, und viele beschließen, in trotz oder gerade wegen dieser Worte wieder zu wählen, werden wir in unserer Gesellschaft eine andere Fehlerkultur und gar keine schlechten Zukunftsaussichten haben *(Ende des Exkurses)*.

4.2.4   Ist der Fehler ein Abweichungsbegriff?

Hermann Weimer, in den zwanziger Jahren der Begründer einer ersten wissenschaftlichen Fehlerkunde, arbeitet mit dem Verständnis, der Fehler sei generell die Abweichung vom feststehenden Richtigen. Bei dem studierten Philologen erweist sich neben psychologischen Untersuchungen als maßgebliches Referenzsystem seiner Vorschläge zu einer Fehlertheorie und -behandlung die Sprachwissenschaft und -didaktik. Sprachen sieht er durch Normen festgelegt, sprachliche Fehler deshalb eindeutig beschreibbar und zudem dringend zu vermeiden. Dass die einheitliche Festlegung deutscher Sprachnormen erst zwei, drei Jahrzehnte zuvor vorgenommen worden war und Jahrhunderte lang anders gehandhabt wurde, problematisiert er nicht.

Dieses Verständnis, dass der Fehler die Abweichung von einer Norm darstellt, scheint unter Schulpädagogen bis heute weithin bestimmend zu sein (vgl. zuletzt Rollet 1999; Hammerer 2001; Engelbrecht 2000; Brügelmann 2001; Spitta 2001). Auch in Theorien des abweichenden Verhaltens wird dies teilweise so gesehen (vgl. Lamneck 1994, 79ff). In der Sprachwissenschaft dagegen war es nur bis in die sechziger Jahre Standard. Dann zeigte die Kommunikationsforschung auf, dass die Normabweichung als Kriterium dafür, wann ein Fehler vorliege, zumindest unzureichend ist. Der eigentliche sprachliche Fehler, so wurde von dieser Seite postuliert, bestehe vielmehr im Verfehlen der Kommunikationsabsicht und diese Fehlleistung sei zunächst relativ unabhängig von normgerechter oder defizitärer Anwendung der Sprachregelungen.

In einem weiteren Schritt wurde grundsätzlich der Sinn einer Festlegung und schulischen Vermittlung von fixierten Sprachnormen in Frage gestellt, wenn sich im gesellschaftlichen Umgang zunehmend situations-, partner- und medienspezifische Sprachformen ausprägen, die eine Pluralität von Sprachnormsystemen nahe legen und flexible Sprachhandhabung erforderlich machen. Bereits Nickel (1972, 18) stellt fest: „Früh schon muss dem Schüler klar gemacht werden, dass es sich bei einer Sprache um ein Inventar von ‚Anzügen' handelt, die verschiedenen Zwecken und Situationen gerecht werden sollen. Dabei gibt es sowohl gesellschaftliche als auch funktionale intentionsabhängige Varianten."

Forscherinnen und Forscher, die sich mit Rechenfehlern befassten, arbeiten teilweise bis heute mit diesem Abweichungsverständnis des Fehlers, da sie die *Mathematik* als ein System von Rechenoperationen ansehen, das durch Axiome und definierte Regelanwendungen eindeutig festgelegt ist. Die Mathematik der Schulpraxis arbeitet und zensiert noch heute weitgehend mit diesem Fehlerverständnis. Doch auch hier ist das norm- und abweichungsorientierte Leistungs- und Fehlerverständnis als *alleiniger* Maßstab angefragt und kaum noch haltbar. Die Auswertung der Daten der ‚Third International Mathematics and Science Study' (TIMSS) weist auf die japanischen Schülerinnen und Schüler hin, die im Mathematikunterricht einzeln und in Gruppen alternative Problemlösungen entwickeln, diskutieren und danach erst die angemessenste Lösung einüben.

Denn diese Schülerschaft zeigte deutlich bessere mathematische Leistungsniveaus als etwa die amerikanische oder deutsche, bei denen im Unterricht der richtige Lösungsweg i.d.R. vorab feststeht, von der Lehrkraft eingeführt oder nahegebracht und von den Schülerinnen und Schüler anschließend eingeübt wird (Baumert et al. 1997, 225f). Die eindimensionale Festlegung auf den *einen* regelgemäßen Lösungsweg und die Kennzeichnung der davon abweichenden Lösungsversuche als Fehler mag richtig im Sinne einer regelorientierten Schulmathematik sein, erscheint aber pädagogisch falsch im Sinne einer schulischen Berufs- und Lebensvorbereitung, da sich hier Denk- und Verfahrensflexibilität und versiertes Problemlöseverhalten zunehmend als entscheidende Kompetenzen erweisen.

Weiter verliert die normgerechte Anwendung von einfachen algorithmischen Rechenverfahren als Berufskompetenz durch die elektronische Abwicklung fast aller Rechenvorgänge der beruflichen Praxis tendenziell an Gewicht. Die Computer übernehmen die professionellen Rechentätigkeiten des Menschen fast vollständig. Wichtig wird eher ein ausdifferenziertes Kompetenzbündel, um die Technik gezielt zu den angemessenen Rechenoperationen zu veranlassen. Die Erforschung von Fraktalen schließlich würdigt die fehlerhafte Abweichung gar als unausweichliches, kreatives und konstitutives Element in komplexen natürlichen und mathematischen Vorgängen. Der Abweichungsbegriff wird so in der Mathematik und den Naturwissenschaft als Maßstab für die zu vermeidenden Fehler immer öfters relativiert, während das variantenbezogne und kontextuierte Fehlerurteil an Bedeutung gewinnt.

Im Bereich der Testpsychologie, der Leistungsmessungsverfahren und des Prüfungsrechts ist die Anwendung eines abweichungsorientierten Fehlerverständnisses noch gebräuchlich. Einen Grad der Abweichung von der erwarteten richtigen Lösung festzustellen und diesen arithmetisch in Verrechnungspunkte und Bewertungen umzusetzen, erscheint vielen als besonders objektiv und gerecht. Absolute und soziale Bezugsnormen lassen sich mit diesem Fehlerverständnis plausibel verknüpfen und vor allem kann das Zustandekommen der Noten bzw. Testergebnisse gegenüber Schülern, Eltern oder anderen Instanzen gut legitimiert werden. Allerdings mehren sich die Stimmen, wonach ein anderer Leistungs- und Fehlerbegriff, der auf die Vielfalt und innere Stringenz unterschiedlicher Lösungsvorschläge oder Verfahrensvarianten abhebt, ebenfalls teilweise Sinn macht und Akzeptanz finden könnte.

Im Zuge der Industrialisierung entstanden in der Arbeitswelt viele neue Fehlerbegriffe wie beispielsweise Material-, Mess- und Produktionsfehler, Fehlersuche und (Null-) Fehlertoleranz. Sie belegen i.d.R, dass der Fehler als die nicht mehr hingenommene Abweichung von einer vorgegebenen Zielgröße etwa bei bestimmten Produktmerkmalen verstanden wurde. Gemäß der Deutschen Industrienormen (DIN) galt der Fehler noch unlängst als Abweichung von einer möglichst allgemeingültig definierten Norm oder kurz als „Nichtkonformität". Die neueren DIN-Maßstäbe zur Qualitätssicherung bezeichnen den Fehler flexibler als spezifisch festzulegende „Nichterfüllung der Qualitätsanforderung durch ein materielles oder immaterielles Produkt" (DIN ISO 9004,

Pkt.6.3.2/1987). In der Arbeitswelt entwickelte sich der Fehlerbegriff so von der feststehenden Normabweichung hin zur Nicht-Erfüllung einer jeweils spezifisch definierten Erwartung. Kunde und Produzent vereinbaren, inwieweit bestimmte Abweichungen etwa in den Messwerten oder Qualitätsmerkmalen eines Produkts oder Prozesses tolerabel sind und ab wann sie als Fehler oder Mangel gelten. Grafische Unfeinheiten, die bei einem Prospekt zu einem teuren Qualitätsprodukt als Fehler beanstandet werden, sind bei der Postwurfsendung eines Supermarkts kein Problem.

Evaluatoren beispielsweise in der *Unternehmensberatung oder Organisationsentwicklung* brauchen eine definierte Zielvorstellung, um dann die Abweichungen eines empirisch erhobenen Status quo aufzeigen zu können. Allerdings ist die Zieldefinition höchst flexibel gestaltbar, also die Ausgangsnorm nicht feststehend. Das Abweichungsverständnis des Fehlers ist auch dort nur bedingt hilfreich, wo in betrieblichen Evaluationen mehrere Verfahrensvarianten als unterschiedliche Szenarien der Zielerreichung entworfen und beurteilt werden.

Für Unternehmen etwa der Konsumgüterproduktion, bei denen permanente *Innovationen* entscheidend sind für das Überleben am Markt, werden Mitarbeiterinnen und Mitarbeiter, die starke Abweichungen vom Gegebenen etwa bei der Produktpalette und den innerbetrieblichen Arbeitsformen grundsätzlich als einen Nonsens und Fehler ansehen, auf Dauer sogar schädlich. Mit diesen Personen sind allenfalls auf Perfektionierung zielende Verbesserungsinnovationen möglich, aber nicht die langfristig ebenfalls notwendigen Durchbruchsinnovationen, die völlig neue Ideen umsetzen. Letztere kommen von Menschen, die in der Lage sind, sich von vorgegebenen Strukturen völlig zu lösen und das gänzlich Abseitige und Neuartige zu denken und zu entwickeln.

Grundsätzlich als wenig hilfreich erwies sich das Abweichungsverständnis des Fehlers in folgenden disziplinären Bereichen: Psychoanalytiker und Kognitionspsychologen, die sich mit Versprechern und sonstigen kognitiven und sprachlichen Ausrutschern befassen, verstehen Fehler nicht als graduelle Abweichung, sondern als eigene Qualitäten. Sie sind das Ergebnis unterschiedlich ablaufender unbewusster beziehungsweise schematisierter Teilvorgänge und Wechselwirkungen (Freud 1922; Norman 1980). Eine mit logischen Schlussfolgerungen und gedanklichen ‚Ketten' arbeitende Philosophie kann mit einem Abweichungsbegriff ebenfalls kaum operieren. Ihr geht es eher um den Irrtum im Sinne einer unzutreffenden Annahme oder fehlerhaften Schlussziehung beim Aufbau eines Gedankengangs. Philosophisch produktiv kann ein Irrtum werden, wenn man beispielsweise mit einer scheinbaren Fehlannahme gedanklich zu arbeiten beginnt und letztlich doch zu neuen plausiblen Konstrukten findet (vgl. Prange 1981; Popper 1984; Mittelstraß 1989). Manche Moraltheologen und -psychologen tendieren dazu, das Fehlverhalten weniger als Abweichungsphänomen zu betrachten, sondern eher als einen antagonistischen Kontrast, anhand dessen das angemessene ‚gute' Verhalten individuell erarbeitet wird (vgl. Mieth 1977; Oser et al.1999).

Zusammenfassend lässt sich festhalten, dass recht lange explizit oder implizit mit einem Fehlerverständnis gearbeitet wurde, das den Fehler als *Abweichung* von den als

,richtig' vereinbarten Fakten, Vorgehens- und Verhaltensweisen beschreibt. In einem solchen Fehlerverständnis sahen auch die Fehlerforscher auf den interdisziplinären Konferenzen in Columbia Falls 1980 und Bellagio 1983 bei allen Divergenzen – so Senders und Moray (1991, 20) – noch am ehesten einen gemeinsamen Nenner: „We could (...) define an error as a human action that fails to meet an implicit or explicit standard." Dieses Abweichungsverständnis erweist sich jedoch in immer mehr Handlungsfeldern und Forschungszusammenhängen als untauglich oder nur begrenzt anwendbar.

Es wurde auch kaum problematisiert, dass eine abweichungsorientierte Fehlerdefinition, konsequent durchgehalten, eine enorme Reichweite hat. Sie wirkt selten präzisierend und eingrenzend, sondern weitet meist die Zahl der Fehlerfälle aus. So ragt bei diesem Definitionsansatz das Phänomen des Fehlers auch in Felder hinein, die bislang weitgehend ohne diesen Begriff auskamen, wie etwa in die Bereiche des Rechts, der Theologie oder der Sozialwissenschaften.

Allerdings kommen diese Disziplinen vermutlich deshalb so gut ohne den Begriff Fehler aus, weil sie eigene intradisziplinär entwickelte und tradierte Abweichungstermini verwenden wie beispielsweise Ordnungswidrigkeit und Delikt, Betrug und Verbrechen, Schuld und Sünde, Devianz und Verhaltensauffälligkeit. Denn Abweichungsbegriffe gibt es notwendigerweise überall dort wo sachlich Richtiges bezeichnet und festgelegt wird. In den drei benannten Feldern zeigt sich allerdings teilweise schon länger die Tendenz, die generellen normativen Festlegungen als Maßstab für sanktioniertes Fehlverhalten abzulösen oder durch individuelle, situations-, partner- und beziehungsorientierte Maßstäbe und ‚Maßnahmen' zu ergänzen, die hier nur vereinfacht angedeutet werden sollen:

- In der christlichen *Theologie* dominiert bereits vom jüdischen Ursprung her ein beziehungsorientiertes Verständnis der ‚Verfehlung': Konkrete Verhaltensfehler sind Ausdruck einer verfehlten Beziehung des Einzelnen zu Gott und Mitmenschen – und die wird Sünde genannt, weniger die einzelne Übertretung. *Beziehungsdienlichkeit oder -schädigung* ist hier das Kriterium für ein ‚gerechtes' oder ein schuld- und fehlerhaftes Verhalten.

- In den *Sozialwissenschaften* wird seit langem schon problematisiert, dass ‚normales' Verhalten als Maßstab zur Festlegung von Auffälligkeit, Störung oder Devianz genommen wird. Die Beachtung der Individualisierungstendenzen und spezifischer lebensweltlicher Kontexte legt es vielmehr nahe, ein unerwünschtes Fehlerereignis oder Fehlverhalten eher an seiner *Dysfunktionalität* für den konkreten Lebensvollzug und Umweltbezug als an einer Normabweichung festzumachen. Die makrosoziologische Sicht einer zunehmenden Multikulturalität sowie Werte- und Normenpluralität unserer westlichen Gesellschaften stützt diese Herangehensweise.

- Selbst in *Rechtsprechung und Strafvollzug* zeigt sich beispielsweise im Jugendstrafrecht eine individualisierende Tendenz bei der Festlegung von Strafmaß und -form. Einen beziehungs- statt normorientierten Ansatz spiegeln die bundesweit ausgebauten Täter-Opfer-Modelle (vgl. Dölling 2002) wider. Hier kommen pädagogisch-präventionsorientierte Prinzipien zur Geltung wie die Konfrontation mit den Folgen von Fehlverhalten, persönliche Wiedergutmachung und persönliche Entschuldigung für die ‚Fehler'. Sie werden für Strafmaß und -vollzug gewichtiger als der Grad der Normabweichung und -verletzung der Straftat.

Die Pluralisierung der Lebenskontexte sowie die Dynamisierung der Wissensproduktion und des Wandels in den westlichen Gesellschaften ist eine weitere globale Tendenz, die jenem Fehlerbegriff die Basis entzieht, der die Abweichung von gesellschaftlichen Festlegungen zum Maß nimmt. Das im Schulbereich gepflegte Fehlerverständnis, falsch und damit ein Fehler sei alles was nicht der Norm z.B. fachlich festgelegten Wissens- und Regelanwendungsbestände entspricht, erscheint mittlerweile zu undifferenziert und zu starr. Die Problematik, dass solche Normierungen von richtigen und wichtigen Tatsachen und Vorgehensweisen auf *historischen* Festlegungen beruhen, die sich jedoch immer rascher ändern und immer stärker situativ ausdifferenzieren, wird mittlerweile vermehrt unterstrichen. Gesprochen wird von einer Informationsgesellschaft mit verkürzten Halbwertszeiten des Wissens. Kornwachs (1999, 992) geht davon aus, dass das Schulwissen in zwanzig Jahren zur Hälfte aktualisiert und ersetzt werden muss, das Hochschulwissen in zehn, das berufliche Fachwissen in drei bis fünf und das schnelllebige EDV-Wissen in einem Jahr. Es wird also vieles morgen ein Fehler sein, was heute als richtig und nützlich gilt – und teilweise auch umgekehrt. Erworbenes (Schul-) Wissen gerät demnach im Biographieverlauf teilweise zum fehlerhaften oder unwichtigen Ballast. Im Gegenzug werden sich Vorgehensweisen als brauchbar erweisen, die zuvor als unwichtig und untauglich, als Fehler angesehen wurden.

Bislang machte sich die schulbezogene, fachdidaktische Fehlerforschung gerne an exakt umrissenen Fehlerklassen und -taxonomien als dem negativen Äquivalent zu den *aktuellen* Normierungen von Fertigkeiten und Richtigkeiten fest. Wenn die Fähigkeit zum fehleroffenen Umdenken und Umlernen aber wichtiger wird als das Trainieren von fehlerfrei angewandten Algorithmen und Sprachregeln, dann wird die Sachdienlichkeit einer solchen Fehlerforschung fraglich, und ihre zeitliche Reichweite wird immer begrenzter ausfallen, wenn die Halbwertszeit von Wissen und normativen Festlegungen sinkt.

4.2.5   Zielorientierung oder Komplexitätswahrnehmung?

Bei vielen Fehlerforschungen der Kognitions- und Arbeitspsychologie ist der entscheidende Bezugspunkt nicht die von *außen* etwa als Norm herangetragene Erwartung, sondern der zielorientierte *innere* Zusammenhang von Handlungen oder gedanklichen Operationen, welcher im Fehlerfall einen anderen Verlauf zeigt als wünschenswert erscheint. Die Wissenschaftler in diesen Forschungssträngen interessieren sich etwa für die Ursachen verschiedener Klassen und Arten von Fehlern in den einzelnen Phasen eines Handlungsablaufs.

Die Absicht, den Fehler gegen andere unerwünschte Ereignisse und Verhaltensweisen zunächst definitorisch abzugrenzen, führt gelegentlich zu differenzierten Definitionsversuchen wie jenen von Reason (1994, 28f.), die jedoch meist keine exakte Abgrenzung des Fehlers gegen andere Fälle von unerwünschten Verhaltensweisen oder Abläufen leisten.[245] Diese Schwierigkeit umgehen Zapf, Frese und Brodbeck, indem sie nicht den sauber abgrenzenden Rand, sondern einige zentrale Ausgangspunkte des Fehlerbegriffs zu markieren versuchen. Sie schlagen drei „Bestimmungsstücke einer Definition von Fehlern" vor:

„1. Fehler treten nur bei zielorientiertem Verhalten auf.

2. Ein Fehler bedeutet das Nichterreichen eines Ziels oder Teilziels.

3. Man spricht nur dann von einem Fehler, wenn er potentiell vermeidbar gewesen ist" (Zapf et al.1999, 398).

Diese Definition bleibt insofern unbefriedigend als sie abermals nicht direkt aussagt, was ein Fehler denn nun sei, sondern nur in welchen Zusammenhängen er auftritt. Wie andere Fehlerforscher legen sich Zapf, Frese und Brodbeck hier darauf fest, dass nur bei *zielorientiertem* Verhalten ein Fehler möglich sei, welcher tendenziell die Verfehlung des Ziels zur Folge habe. Diese Zielverfehlung könne sich in verschiedenen Phasen einer Handlung etwa als Zielsetzungs-, Zuordnungs-, Prognose-, Denk-, Merk- oder Urteilsfehler manifestieren (Zapf et al. 1999, 402). Die Anbindung des Fehlers an die Zielverfehlung ist also ein wiederkehrendes Kriterium, das mit handlungstheoretischen Grundlagen zusammenhängt, die kurz skizziert und kritisch diskutiert werden sollen.

Die Definition von Zapf, Frese und Brodbeck geht vom Begriff des Verhaltens aus, andere Fehlerforschungen von dem der Handlung, so etwa Hacker (1998), der im Zuge der Handlungsregulationstheorie zwischen Handlungsfehler und Fehlhandlungen unterscheidet.[246] Die Unterscheidung von Verhalten und Handeln ist in den Sozialwissenschaften bis heute ein kontrovers diskutiertes Thema. Verhalten gilt als der weitere Begriff, der die Aktivität des Menschen und anderer Lebewesen umfasst, während Handeln eine Teilmenge allein des menschlichen Verhaltens darstellt, deren klare Abgrenzung jedoch Mühe macht. Biologische, psychologische und soziologische Handlungstheorien finden dafür unterschiedliche Kriterien. Auch innerhalb etwa der psychologischen Disziplinen besteht kein einheitliches Verständnis, worin Handeln besteht.[247] Werbik versucht in seiner Darstellung zu den Handlungstheorien zu subsumieren:

---

[245] Vgl. Kap. 3.4.1.

[246] Vgl. Kap. 3.4.3.

[247] „Der Handlungsbegriff ist eigenartig unbestimmt. Auch die Abgrenzung von Handeln und Verhalten bereitet Probleme. (...) Es gibt keinen einheitlichen Theorieentwurf mit einheitlich anerkannten Kernannahmen. Als Lösung werden unterschiedliche Klassen von Handlungen postuliert" (Edelmann 1996, 289).

„Handlungstheorien betrachten Verhaltensweisen nur insofern, als sie als ‚Handlungen' d.h. als von der Person wählbare, willkürliche und als Mittel für ein Ziel interpretierbare Verhaltensweisen angesehen werden können" (Werbik 1978, 11).

Bewusstheit, Wählbarkeit und Zielorientiertheit des Verhaltens heben demnach Handlungen aus der Menge der menschlichen Verhaltensweisen heraus. Besonders das Kriterium der Zielorientiertheit oder Intentionalität wurde in der Folgezeit als Charakteristikum von Handlungen in maßgeblichen Forschungen und Theoriebildungen beibehalten (vgl. auch Heckhausen et al. 1987, VI; Hacker 1998; Aebli 1980, 37). [248] Handlungsfehler sind demzufolge im Zusammenhang der absichtsvoll gestalteten Handlungen diejenigen Aktivitäten, die unabsichtlich geschehen beziehungsweise dem Handlungsziel zuwider laufen.

Allerdings erscheint die Intentionalität als Abgrenzungskriterium für Handlungen so problematisch wie die Unabsichtlichkeit als Kriterium für den Fehler. Das Problem liegt in der inneren Differenzierung der Begriffe Handeln und Ziel bzw. Intention. Leontjew (1977) etwa unterscheidet in hierarchischer Weise zwischen der Tätigkeit als einem umfassenden Handlungskomplex, der sich in einzelne Handlungen zerlegen lässt, welche sich wiederum in konkrete Teiloperationen realisieren. Die Intentions- oder Zielbildung geschieht dabei nun auf einer höheren Ebene, während die kleinsten operativen Teilschritte eher schemata-gesteuert und damit als einzelne Einheit tendenziell ‚unabsichtlich' d.h. automatisiert oder unbewusst ablaufen.

Dass bedeutet, dass bei der ganz überwiegenden Zahl menschlicher Verhaltensweisen auf einer obersten bewusst gesteuerten Ebene eine Motiv- und Zielbildung oder zumindest eine gewisse spontane Bedürfnisäußerung – sprich eine mehr oder weniger stark bewusst vollzogene Art von Intentionalität – das Verhalten *auslöst*, aber in der operativen Umsetzung die kleinsten Aktivitätsschritte fast immer eher unbewusst gesteuert werden und ohne eigenständig formierte Absichtsbildung ablaufen. [249] Das Verhältnis von Aktivitätsniveau und intentionaler Steuerung ließe sich also analog darstellen (siehe Abbildung 4).

Das Kriterium der Zielorientiertheit scheidet demnach i.d.R. nicht verschiedene Klassen von Tätigkeiten, sondern die Makro- von der Mikroebene bei der analytischen Zerlegung von Tätigkeiten in kleinere und allerkleinste Teilschritte. Wer nun meint, die (absichtsverfehlenden) Fehler ließen sich nur dort machen, wo ein zielorientiertes absichtsvolles Verhalten vorliege, der schließt im Grund fast keine Arten von Tätigkeit aus, sondern allenfalls bestimmte Niveaus der Auflösung in Teilschritte im Zuge einer analytischen Zerlegung. Denn von welcher Kategorie eines relevanten menschlichen Verhal-

---

[248] Gemäß dieser Differenzierung könnten Zapf et al. in ihrer Fehlerdefinition anstelle von ‚zielorientiertem Verhalten' auch von ‚Handlungen' sprechen.

[249] Entscheidend ist folglich eher die mehrschrittige Reichweite, Dominanz und Nachhaltigkeit der jeweiligen Intention.

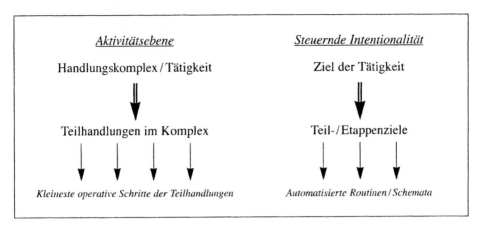

Abb. 4: Aktivitätsniveaus und intentionale Steuerung

tens kann mit hoher Sicherheit angenommen werden, dass es durch keinerlei Intentions-, Motiv- oder Bedürfnisbildung ausgelöst worden wäre?

Was demzufolge an ‚unabsichtlichen' Verhaltenseinheiten übrig bleibt, das sind allenfalls jene kleinsten schematisierten beziehungsweise automatisierten kognitiven oder operativen Aktivitäten, aus den sich wieder die einzelnen Handlungen zusammensetzen. Gerade diese Mikroprozesse des Verhaltens stehen bei Fehlerforschern im Bereich der Unfallverhütung, der Sicherheitstechnik und vor allem in der Kognitionspsychologie im Mittelpunkt des Interesses. Diese Fehlerforschung fragt oft nach jenen Fehlern, die im Zusammenhang mit *kaum* intentional gesteuerten, eher nebenbei ablaufenden Verhaltensweisen auftreten, und gerade deshalb, weil sie so wenig bewusst sind, nicht kalkulierte Gefahrenmomente enthalten. Die Analysen der (Beinahe-) Katastrophen von Three Miles Island, Bhopal, Tschernobyl und der Challenger-Explosion „ließen zunehmend erkennen, dass latente Fehler für die Sicherheit eines komplexen Systems die stärkste Bedrohung darstellen", so Reason (1994, 216), womit er meint, dass diese Fehler zu lange unabsichtlich und verborgen mitliefen.

Fehlersuche muss sich aus der Sicht dieser Fehlerforscher gerade *nicht* auf die Bereiche des zielorientierten Verhaltens konzentrieren, sondern auf jene Verhaltensweisen, die einer nicht oder zuwenig bewussten intentionalen Steuerung unterworfen sind. Es ist also selbst innerhalb der Arbeits- und Organisationspsychologie, für die dieser Fehlerbegriff formuliert wird, nicht konsensfähig, wenn Zapf et al. (1999, 398f) feststellen,

„bei nichtintentionalem Verhalten, z.B. bei unwillkürlichen Bewegungen, würde man nicht von einem Fehler sprechen."[250]

Das Merkmal der Zielorientiertheit taugt also nicht generell zur Einkreisung einer Teilmenge von Verhaltensweisen, in deren Zusammenhang von Fehlern gesprochen werden kann, sondern allenfalls in begrenzten disziplinären Teilbereichen. Doch gilt nicht wenigstens, dass stets eine Verhaltensweise oder -folge nur deshalb als Fehler bezeichnet wird, weil sie das Erreichen des letztlich angestrebten Handlungsziels zu erschweren scheint? Besteht also ein Fehler nicht trotzdem stets in einer Zielverfehlung?

Hintergrund dieser Fehlervorstellung sind Modelle, die Handlungsabläufe vom Erreichen *eines* bestimmten definierten Ziels her konstruiert sehen. Dies ist in vielen Abläufen etwa der industriellen Produktion zutreffend und deshalb sind die Modelle dort hilfreich. Doch auch in der Arbeitswelt wird die eindimensionale Zielfestsetzung in zunehmend mehr Situationen durch eine *vielschichtige Intentionalität* ersetzt, die es zu beachten gilt. Selbst bei einem Handwerker genügt es nicht mehr, dass er etwa seinen Reparaturauftrag schnell und gut zu erledigen versucht. Er muss gleichzeitig beachten, dass er möglichst keinen Schmutz oder Schaden verursacht und außerdem ein offenes Ohr und Gesprächsbereitschaft bei Fragen und Wünschen seiner Kundschaft zeigt, die er ja nicht verlieren möchte. ‚Kundenfreundliche Gesprächsbereitschaft' als Teilziel kollidiert aber tendenziell mit dem ‚Effizienzziel', wonach man ebenfalls im Kundeninteresse möglichst zügig und damit kostengünstig die Arbeit zu Ende zu bringen sollte. Ob also Wortkargheit ein Fehler sei oder nicht, lässt sich in diesem Exempel je nach Teilziel, das dabei in den Vordergrund gerückt wird, unterschiedlich beurteilen. Die mehrschichtige Intentionalität von Handlungssträngen und mögliche Überkreuzungen von absichtlich/unabsichtlich und zielerreichend/nicht zielereichend sind also in solchen Handlungsmodellen, die von *einem* Ziel ausgehen, nur ungenügend erfasst.

Die Komplexität von Zielerreichung oder -verfehlung reicht aber noch weiter. Nicht nur verschiedene Teilziele *innerhalb* eines Handlungskomplexes kollidieren miteinander. Auch *äußere* Rahmenbedingungen wirken ziel- bzw. fehlerbildend herein. So kann ein Handeln zwar zielerreichend sein und dennoch ein gravierendes Fehlverhalten darstellen, etwa wenn jemand bei einem wichtigen Geschäftstermin pünktlich sein möchte, indem er mit deutlich überhöhter Geschwindigkeit zum Zielort fährt. Oder kann ein scheinbarer Handlungsfehler die Zielerreichung zunächst aufhalten – der Raser hat einen Unfall, der Termin platzt! –, aber letztlich doch optimieren: in der ungewollt entstandenen Zeitspanne bis zum erneut anberaumten Ersatztermin ändert sich die Situation oder wird das Gesprächsziel noch einmal gründlich überdacht und optimiert. Der ‚Fehler' des zunächst geplatzten Termins war nun – selbst in der ‚Binnenperspektive' – rückblickend gesehen doch keiner.

---

[250] Die Alltagssprache – von der Zapf et al. (1999, 398) meinen, sie habe einen „intuitiv verständlichen" Begriff des Fehlers – bezeichnet aber auch unabsichtlich oder unbewusst entstandene Patzer und Fehltritte in bestimmten Situationen ebenfalls als 'Fehler', die einem u.U. vorgehalten werden.

Das Beispiel verdeutlicht: mehrere Ziel- und Handlungsebenen überlagern sich oft in ihrer Wirksamkeit und widersprechen sich darin, ob ein und dasselbe Ereignis respektive Verhalten nun als Fehler zu beurteilen sei oder nicht. Es zeigt weiter, dass die strikte Bindung des Fehlerurteils an das Kriterium der Zielerreichung oder -verfehlung wenig sachdienlich erscheint, wenn die scheinbare Rationalität eines im vereinfachenden Modell idealtypisch entworfenen Handlungsablaufs untauglich gemacht wird durch die *in der Realität oft weit höhere Komplexität* eines Gesamtgeschehens, das von nicht vorausgesehenen Situationsänderungen mit geformt wird (vgl. Dörner et al.1983, 16ff). Ist also ein stark veränderlicher Kontext des Handelns gegeben – etwa im Marketing-Bereich eines Unternehmens oder im dynamischen Beziehungsgeschehen einer Hauptschulklasse im Zuge eines Vormittags –, dann sind Ziel-, Handlungs- und Fehlerabwägungen vielmehr in einen beständigen Prozess des Überprüfens hineingenommen, der eine zielorientierte und in Phasen strategisch geplante Fehlervermeidung oft fast unmöglich macht. In extremer Form spiegelt dies etwa der Wertpapierhandel an der Börse, wo Fehlerurteile und -vermeidungsstrategien von den Händlern bei neuen Informationslagen und Kursentwicklungen u.U. sogar im Minutentakt revidiert werden müssen.

Das systematisch-analytische Messen von Fehlverhalten und Fehlfunktionen anhand von Zielen macht also dann Sinn, wenn Prozess- und Handlungsketten eindimensional und stereotyp ablaufen, das heißt von unerwünschten Nebenzielen und Umfeldeinflüssen gut *abschirmbar, verlässlich steuerbar* und *vorhersagbar sind*. Das mag beispielsweise der Fall sein in der Fließbandproduktion oder bei Fertigungsstraßen (vgl. Zimolong 1990; Wehner 1992; Hacker 1998), bei Steuerungs- und Kontrollabläufen technischer Anlagen (vgl. Rasmussen 1982; Reason 1987) oder in der Büroanwendung von EDV (vgl. Greif 1990; Frese 1991). Deshalb wurde in der Vergangenheit häufig von dementsprechenden Wirtschaftsunternehmen eine arbeitspsychologisch ausgerichtete Fehlererforschung in Auftrag gegeben. Dieser Umstand aber prägte wiederum die Prämissen des psychologisch eingeführten zielbezogenen Fehlerbegriffs und berücksichtigte zu wenig den Tatbestand, dass zunehmend weniger Handlungsabläufe in Arbeitswelt, Schule und Gesellschaft so eindimensional und standardisiert ablaufen, wie es manche Modelle annehmen. Deshalb weisen diese Fehleranalysen und -vermeidungsstrategien sowie der Fehlerbegriff, der sich am Verfehlen des vorgesteckten Handlungsziels fest macht, heute nur noch eine begrenzte sachliche Reichweite auf.

In Schule und Unterricht ist eine gewisse Lösung von standardisierten Arbeits- und Lernprozessen und schematischen Unterrichtsartikulationen ebenfalls feststellbar. So meint Baumert, es bestehe heute folgender weitgehender Konsens hinsichtlich des Lernens:

„Verständnisvolles Lernen erfolgt trotz aller Systematik stets auch situiert und kontextuiert. Wissen wird unvermeidlich in sozialen Situationen erworben und (...) in dieser situierten Bedeutungszuschreibung liegt eine strukturelle Begrenzung der Anwendung erworbenen Wissens. Um den Anwendungsbereich zu erweitern, ist eine Variation der Erwerbs- und Anwendungskontexte notwendig" (Baumert et al. 2000, 274).

Damit wird dann auch das negative Komplement, der Fehler, in schulischen Arbeits- und Lernprozessen zu einer situierten und kontextuierten und nicht länger einer feststehenden Größe. Auch in der Erziehung wird Fehlverhalten i.d.R. dann gerügt, wenn es hinsichtlich einer spezifischen *momentanen* Situation als äußerst unangebracht oder störend erscheint. Das ist oft selbst dann der Fall, wenn es in irreführender Weise mit der Abweichung von einer festen Regelung – ‚Man schreit nicht so laut herum!'; ‚Wie oft muss ich dir noch sagen, dass du nicht herumrennen sollst?' – begründet wird.

Resümierend lässt sich feststellen:

1. Das lange tradierte Kriterium der (vorhandenen bzw. fehlenden) Zielorientiertheit ist ungeeignet, um generell bestimmte Klassen von Verhaltensweisen bzw. Handlungen auszuschließen, in deren Zusammenhang Fehler *nicht* auftreten können.

2. Das Verständnis ‚Fehler = Zielverfehlung' ist allenfalls begrenzt anwendbar, da eine durch verschiedene Teilziele und Kontexteinflüsse erhöhte Komplexität zunehmend mehr Handlungssituationen kennzeichnet.

Eine Abkehr von der Festlegung des (Fehl-) Handlungsbegriffs auf Intentionalität spiegelt sich auch bei v.Cranach (1994, 71f.85), der es für unangebracht hält, dass bislang die „Handlungspsychologie weitgehend eine Psychologie des zielgerichteten Handelns" darstellt und der fordert, neben zielorientierten auch eher absichtslose Formen des Handelns anzuerkennen und zu erforschen; in diesem Fall beruht dann auch der Handlungsfehler auf anderen Kriterien. Edelmann (1996, 293) spricht von Verhalten dann, „wenn die Tätigkeit im Wesentlichen von den tatsächlich auftretenden oder antizipierten *Konsequenzen* gesteuert wird (Außensteuerung) und von Handeln soll die Rede sein, wenn eine Entscheidung zwischen *Handlungsalternativen* oder die Entwicklung eines *antizipatorisch flexiblen Handlungskonzeptes* im Vordergrund stehen (Innensteuerung)."[251]
Er konstituiert den Aspekt der Entscheidung angesichts einer Alternative als Voraussetzung für eine Handlung. Indirekt weist auch das dritte Fehlermerkmal in der Fehlerdefinition von Zapf et al. in diese Richtung. Demnach lässt sich eine Handlung nur dann als Fehler bezeichnen, wenn der Fehler vermeidbar war, sprich eine *Alternative* vorlag. Dieser Aspekt wird bislang erstaunlich selten beachtet innerhalb der Fehlerforschungen.

4.2.6 Die Bedeutung des Standpunkts für das Fehlerurteil

Wehner (1997, 468) deutet ein weiteres wichtiges Charakteristikum des Fehlers an, wenn er feststellt: „Die Bezeichnung von Fehlereignissen ist ein sozialer Akt und wird von einem *Beobachterstandpunkt* aus vorgenommen; richtig und falsch sind keine sys-

---

[251] Hervorhebungen durch Edelmann.

temeigenen, keine wesensimmanenten Kategorien." Ähnlich meinen Senders und Moray (1991, 53): „The definition of an error depends on the point of view of the observer, the latter will affect the theoretical approach." Der Nebensatz deutet an, dass es ihnen vor allem um die von Disziplin zu Disziplin unterschiedliche Sicht- und Zugriffsweise auf den Fehlergegenstand geht. Wehner dagegen sieht selbst das Urteil, *ob* ein Fehler vorliegt, grundsätzlich dem subjektiven Standpunkt unterworfen, ohne jedoch diesen Aspekt weiter zu vertiefen.

Nur selten wird in der Fehlerforschung die Einsicht formuliert, dass die Benennung eines Fehlers zunächst ein subjektives Urteil darstellt, dem oft die gegenteilige Beurteilung entgegen gehalten werden kann: ‚Nein, es ist *meiner* Meinung nach kein Fehler!' Dieses Absehen vom Standpunkt des Urteilenden überrascht, hat aber – wie deutlich wurde – eine lange wissenschaftliche Tradition. Die Fehlerforschung des 20. Jahrhunderts hat diesen Aspekt möglicherweise deshalb oft übersehen, weil sie dabei von Fällen ausging, in denen ein bestimmtes Ereignis – ein Versprecher, ein Rechenfehler, ein Unfall, ein wirtschaftlicher Misserfolg usw. – als unerwünschtes Ereignis bereits ganz unstrittig festgestellt wurde und deshalb nicht mehr diskutiert zu werden brauchte.

Tatsächlich aber wurden die meisten intentionalen Handlungen, die im Nachhinein als Fehler gesehen werden, zum Zeitpunkt ihrer Initiierung vermutlich anders beurteilt: der Handelnde hielt sie damals für die *richtige* und nicht etwa die fehlerhafte Handlungsvariante und hat sich gerade deshalb dazu entschlossen. Das gilt für den Rechtschreibfehler in der Nachschrift ebenso wie für die falsche Marktstrategie eines Unternehmers oder die politische Entscheidung eines Regierungschefs. Das bedeutet: *Der Fehler ist nicht mit der Handlung oder den Handlungsfolgen selbst unmittelbar verknüpft, sondern hängt an der veränderten Beurteilung derselben.* Dies kann etwa mit der plötzlichen Vergegenwärtigung unerwarteter Schwierigkeiten und Effekte des einst beschlossenen Handelns zusammenhängen. Ein erweiterter oder in seine Bezugspunkten veränderter Kontext kann zu einer Revision des Urteils führen und plötzlich erscheint dann als ein Fehler, was zuvor als Lösung oder als richtig galt.

Wenn *verschiedene* Personen zum selben Zeitpunkt ein konträres Urteil dazu abgeben, ob eine bestimmte Entscheidung oder Handlungsweise einen Fehler darstelle oder nicht, so resultiert dies aus unterschiedlichen Sichtweisen des weiteren Handlungskontextes. Diese Bedeutung des Urteils deutet bereits 1980 eine interdisziplinäre Arbeitsdefinition zur Fehlerforschung an: „Wenn es eine generelle Übereinstimmung gibt, dass ein Akteur Z sich anders hätte verhalten sollen als es Z tat, dann hat Z einen Fehler begangen" (Senders/Moray 1991, 8; Übersetzung M.W.). Als Ausgangspunkt eines Urteils, das die Fehlerbezeichnung begründet, wird also auch hier nicht länger die absolute Norm, sondern etwas vorsichtiger das ‚general agreement' genannt.

Viele der rückblickend als falscher Entschluss beurteilten Fehlhandlungen im beruflichen, schulischen oder privaten Bereich erklären sich bei näherer Betrachtung mit einer Urteilsmodifikation aufgrund eines veränderten oder verändert wahrgenommenen Kontexts. Damit hängen beispielsweise viele Fehler, die Politiker und andere Verantwortungsträger öffentlich einräumen müssen, zusammen. Was gestern noch desinteressiert hingenommen oder toleriert wurde – eine Schadstoffbelastung im Obstbau, eine undurchsichtige Parteispendenpraxis oder eine Nachlässigkeit von Betreibern eines Kernkraftwerks – kann heute schon im ‚general agreement' der über die Medien vermittelten öffentlichen Meinung als gravierender Fehler fokussiert und gebrandmarkt werden.

Besonders bedeutsam wird die Rolle des Urteilenden bei der Fehlerindizierung bei all jenen Fehlerfällen, wo das (Fehler-) Urteil entweder aufgrund dynamischer Kontexte oder aufgrund starker Betrachtungsunterschiede der Urteilenden – hinsichtlich ihrer Interessen und Intentionen, Werte und Prinzipien, Erwartungen und Handlungsgewohnheiten u.a.m. – äußerst unterschiedlich ausfallen kann. Eben diese Fehlerfälle aber scheinen erstens in unserer westlichen Gesellschaft zuzunehmen und zweitens im Lebensvollzug oft von gravierenderer Wirkung zu sein als etwa der (einfacher strukturierte) Fall eines Fehlgriffs oder Rechtschreibfehlers, welche bislang in Fehlerforschungen bevorzugt untersucht wurden. Die Fälle mit einer komplex-dynamischen Ausformung des Fehlerurteils dürfen deshalb in der wissenschaftlichen Fehlerforschung und bei der Fassung der Fehlerdefinition, die diesen zugrunde liegt, nicht länger vernachlässigt werden.

4.2.7 Menschliche und systemische Fehler

Bislang entwickelte Definitionsversuche allgemeinerer Art berücksichtigen selten, dass die Trennlinie von menschlichen zu systemischen Fehlerereignissen in anderen Wissenschaftsfeldern, deren Gegenstandsbereiche an die Humanwissenschaften angrenzen, mittlerweile überschritten wurde. Psychologen und Pädagogen beschäftigen sich mit Menschen und machen so gerne den Fehlerbegriff an personalen Handlungen fest, deren Bedingungen, Ursachen, Korrelationen, Strukturen und Wirkungen sie untersuchen. Für sie lässt sich i.d.R. nur ein menschliches Verhalten mit der Bezeichnung Fehler belegen. Jüngere Fehlerforschungen anderer Disziplinen widersprechen dieser Eingrenzung:

- *Automatisierungstechnik:* Wo ganze Handlungsketten von automatisierten Produktionsstraßen übernommen werden, spricht man von Fehlern, obgleich sie sich vom einzelnen menschlichen Akteur lösen: Steuerungs-, Produktions-, Mess-, System- oder Umsetzungsfehler.

- Im Bereich der *Organisations- und Unternehmensberatung* ist ebenfalls die Tendenz erkennbar, nicht nur das Verhalten einzelner Akteure, sondern Dysfunktionen und negative Wirkungen eines gesamten Systems mit der Bezeichnung Fehler zu belegen. Man spricht dann beispielsweise von komplexeren Steuerungs-, Management-, Organisations- oder Systemfehlern. Zwar lassen sich diese zwar auch als Resultat vieler menschlicher Teilhandlungen deuten, aber zur Problemlösung trägt diese Rückführung auf den einzelnen Akteur dennoch wenig bei. Denn es sind gerade die von der Einzelperson gelösten, systemisch gewordenen Merkmale und Muster, die den *Funktionsfehler* ausmachen und deshalb hilft die Fokussierung des Blicks auf den Einzelnen hier wenig. Der Fehlerbegriff bewegt sich hier deutlich weg von der ausschließlichen Anbindung an Individuen und hin zur Anwendung auf suprapersonale Mensch-Technik-Organisations-Komplexe.

- Im Bereich der *Informatik* hat sich eine Forschung etabliert, die Fehler im Sinne von Fehlzuständen oder Funktionsausfällen untersucht, welche von Rechnersystemen ausgelöst, transportiert und mittlerweile sogar eigenständig behoben werden. Die Entwicklung von Fehlertoleranzverfahren in der Computertechnik (vgl. Echtle 1990) zielt auf eine Selbstverwaltung unerwarteter elektronischer Fehlereignisse durch intelligente Systeme, die letztlich die Fehler*folgen* für den menschlichen Anwender reduzieren sollen. Zuverlässigkeit und Sicherheit werden durch sie hergestellt. Wir finden also Maschinen in der Rolle des Fehlerverursachers, -trägers und -vermeiders, welche bislang dem Menschen vorbehalten schien.

Ergänzend sei hier auf die *evolutionsbiologischen* Forschungen von Christine und Ernst von Weizsäcker (1984) hingewiesen, die den Fehlerbegriff ebenfalls von der ausschließlichen Anbindung an das Handeln des Individuums lösten. Sie bezeichnen etwa Störungen, auf die das Immunsystem reagiert, oder wachstumsbegrenzende Barrieren als (nützliche) Fehler. Sicherungsstrukturen wie die Duplizität der Sinnesorgane oder der Doppelhelix werden als fehlertolerante Sicherung gegen unfallartige Fehlerereignisse gesehen. Auch im Genpool einer Population haben weniger tüchtige Merkmalsausprägungen, sozusagen Fehlervarianten, eine wichtige überindividuelle Funktion. Sie werden nicht eliminiert, sondern als rezessive Gene mittransportiert, um so in einer drastisch veränderten Umweltsituation als schlummernde Genreserve möglicherweise durch neue Merkmalsausprägungen das Überleben der Population oder gar der Art zu gewährleisten. Weizsäcker/Weizsäcker prägten den seither selbst in den Wirtschaftswissenschaften und der Mathematikdidaktik adaptierten Begriff der „Fehlerfreundlichkeit" als einem Grundprinzip der organischen Natur. Die Anwendbarkeit des Fehlerbegriffs wird also von ihnen zudem auf die Mikroebene organischer Teilfunktionen und die Markroebene der Evolution ganzer Population ausgedehnt.

Es lässt sich also feststellen, dass manche technische, elektronische, organisatorische oder natürliche Systeme mittlerweile als Aktivitätsfelder betrachtet werden, die einen eigenständigen Umgang mit als „Fehler" bezeichneten Ereignissen realisieren, der sich von den Handlungen einzelner menschlicher Subjekte weitgehend absetzt.

Die systematische Ausweitung des Fehlerbegriffs wird klar erkennbar in der Informationstechnik. Für die Fehlertaxonomie in der Mensch-Computer-Interaktion werden von Prümper (1991, 118; 1994, V) beispielsweise drei Klassen betont:

1. *Interaktionsprobleme* bzw. -fehler, die in der Interaktion zwischen Personen begründet sind;

2. *Nutzungsprobleme* bzw. -fehler als ‚mis-match' zwischen Benutzer und Computer;

3. *Funktionsprobleme* bzw. -fehler als ‚mis-match' zwischen Computer und Arbeitsaufgabe.

Interessant erscheint vor allem die dritte Klasse von Fehlern, da Prümper hier den Fehlerbegriff definitiv von seiner Anbindung an menschliches Handeln löst. An die Stelle
des Menschen tritt bei ihm die künstliche Intelligenz. Es mehren sich also die Verwendungen des Fehlerbegriffs, wonach Fehler nicht nur von Personen, sondern auch von
technischen Systemen, biologischen oder organisatorischen Strukturen ‚begangen' und
bearbeitet werden können.

Is diesem Zusammenhang wurde ein weiterer Fehleraspekt relevant. Im Bereich der
elektronischen Datenverarbeitung setzte sich die Erkenntnis durch, dass ohne gezielt
hergestellte *systemische „Fehlertoleranzen"* die Funktionsfähigkeit komplexer EDV-
Systeme und Netzwerke schlechterdings nicht vorstellbar ist (vgl. Echtle 1990, 2f). Fehlertoleranz zielt insbesondere darauf, die Folgen unerwarteter Fehlerereignisse als ganzes
System ertragen, in definierten Grenzen halten und die Funktionsstörung rasch kompensieren zu können. Da die informationstechnische Steuerung mittlerweile fast alle Bereiche der Wirtschaft und des gesellschaftlichen Lebens erfasst und oft sogar maßgeblich
bestimmt, erweist sich Fehlertoleranz oder auch Fehleroffenheit zunehmend als ein gemeinsames Thema verschiedener systemischer Betrachtungsweisen.

4.3   Zusammenfassung

Das Verständnis, dass der Fehler eine *Abweichung* von einer *feststehenden Zielgröße* wie
etwa einem Produkt, einer Regelanwendung, einem Wert zu verstehen sei, erweist sich
in immer weniger Handlungsfeldern als sinnvoller Fehlerbegriff. Die fortschreitende
Pluralisierung der Lebenslagen und die hochkomplexe Ausdifferenzierung der Hand-
lungszusammenhänge lässt an die Stelle der absoluten Fehlernormen zunehmend relativierte Normen treten. Die steigende gesellschaftliche Dynamik unterwirft selbst diese relativen Normen fortwährenden Transformationen.

Der situative Kontext und die subjektive Betrachtung und Beurteilung desselben entscheiden in immer mehr Fällen das *Fehlerurteil*. Selbst fachliche Wissensbestände und
Sprachregeln bleiben davon nicht verschont. Was falsch und richtig ist und vor allem
welche Fehler gewichtig und strikt zu vermeiden sind, lässt sich immer weniger übereinstimmend und damit allgemeingültig beantworten.

Die Rede vom Fehler ist nur sinnvoll, wenn eine *Alternative* mit einem günstiger beurteilten ‚Fall' gegeben ist. Das Abwägen von verschiedenen Kriterien führt zur Bestimmung der günstigen und erwünschten und der ungünstigen, fehlerhaften Varianten.

Im Mikrobereich isolierbarer Routinehandlungen wie etwa bei einer alltäglichen Reparatur oder beim Abarbeiten eines Algorithmus in der Mathematik sind Fehler noch
relativ eindeutig feststellbar. Anders verhält es sich im Makrobereich: In immer mehr

Handlungsbereichen, angefangen bei der individuellen Lebensführung bis hin zur strategischen Planung in Großunternehmen erweist sich eine konvergente und eindimensional-zielorientierte Sichtweise als wenig sinnvoll und die Hinwendung zu einer divergenten und mehrdimensional-folgenorientierten Wahrnehmung von komplexen Kontexten und Wechselwirkungen als erfolgversprechender. Der Fehlerfall lässt sich hier nicht mehr einfach als falsche *Zielbildung* oder für die Zielerreichung ungünstiges Ausführungsverhalten festlegen. Er ist vielmehr Ergebnis einer ständig aktualisierten komplexen Analyse vieler verschiedener Einflüsse, Folgen und Korrelationen.

Dass im *allgemeinen* Sprachgebrauch und in mancher wissenschaftlichen Darstellung noch heute der Fehler (als Mangel in der Handlungsausführung) vom Irrtum (als defizitärer Informationslage oder falscher Schlussfolgerung) prinzipiell abgesetzt wird, erweist sich als problematisch. Bereits der philosophisch-erkenntnistheoretische Irrtum, der auf einer fehlerhaften Anwendung etwa von logischen Regeln basiert, ist im Grunde ein operativer oder ‚Handlungsfehler‛ insofern, als er ‚einen Mangel in der Ausführung eines Gedankengangs‛ darstellt. Andererseits beruhen viele Ausführungsfehler auf mangelhafter *aktueller* Repräsentation bereits verarbeiteter und ‚gewusster‛ Informationen, also auf einem ‚momenthaften Nicht-Wissen‛, das durch mangelnde Reflexionszeit, begrenzte Aufmerksamkeit, Ermüdung und viele andere Ursachen bedingt sein kann. Viele (Handlungs-) Fehler nehmen ihren Anfang bei ‚Sekunden-Irrtümern‛ (im Sinne von aktuellen Defiziten in der Informationsrepräsentanz) und erzeugen wiederum Irrtümer im Sinne fehlerhafter Wissenszustände.

Die althergebrachte Unterscheidung zwischen Fehlern, für die man verantwortlich gemacht werden kann, und Irrtümern, für die man generell entschuldigt ist, ist aber nicht nur kognitionspsychologisch kaum haltbar. Sie scheint auch unzeitgemäß, wenn wir uns den derzeitigen Übergang von der Industrie- in die Informationsgesellschaft vergegenwärtigen. Durch die Zunahme der Informationsflut in der westlichen Gesellschaft, die der Einzelne ständig zu bewältigen hat, erscheinen solche Verarbeitungsfehler, sowie Fehlleistungen in Lern- und Anpassungsprozessen und Gedächtnisverluste unvermeidlich. Gleichzeitig entsteht eine individuelle Verpflichtung, Irrtümer, die durch veraltete oder nicht beschaffte aktuelle Informationen entstehen, durch eigenständige Aktivität (Recherchieren, Dazu- und Umlernen) abzubauen, wenn man sich dazu veranlasst sieht. Auf Nicht-Wissen beruhende Irrtümer müssen zunehmend verantwortet werden, Fehlleistungen dagegen wird man eher tolerieren – also gerade das *Gegenteil* dessen, was in unserer Kultur und in unserem Bildungswesen noch tradiert wird, erscheint zeitgemäß.

Weiter erweist sich die Bindung des Fehlerfalles an die *Unabsichtlichkeit* des entsprechenden Tuns als wenig hilfreiches Merkmal. Es ist anwendbar auf eigene Fehler, über die in der Vergangenheitsform gesprochen wird. Der in die Zukunft gerichtete Satz: „Ich glaube, es wäre ein Fehler, wenn ich dies oder jenes täte!" etwa lässt sich nicht mit dem Merkmal der Unabsichtlichkeit verbinden. Selbst wo rückblickend in der Verständigung darauf abgehoben wird, dass eine bestimmte Denk- oder Handlungsweise ein Fehler und folglich unbeabsichtigt gewesen sei, bringt dies nur zum Ausdruck, dass eine bestimmte Fehler*folge* nicht recht gesehen und nicht gewollt wurde. Das ändert aber nichts an dem Tatbestand, dass das als Fehler bezeichnete Urteilen und Tun dennoch zumeist bewusst und absichtsvoll verlaufen war. Die Betonung der Unabsichtlichkeit des Fehlers erklärt sich also mit einem Urteilswechsel und einer kommunikativen Intention. Sie ist in Denk- und Handlungsabläufen aber nicht empirisch nachweisbar.

In jüngster Zeit wird von Fehlern zunehmend auch in systemischen Zusammenhängen gesprochen. Genpools, Organisationen und Computersysteme erzeugen und bearbeiten, tolerieren und eliminieren Fehler. Wenn sich der Fehlerfall aber löst vom einzelnen menschlichen Handlungssubjekt, wird Unabsichtlichkeit als generalisierbares Fehlermerkmal endgültig untauglich und auch jenes der Zielverfehlung oft problematisch.

Zusammenfassend lässt sich festhalten, dass eine auf interdisziplinäre Verständigung angelegte Definition des Fehlers demnach versuchen sollte, den folgenden Grundeinsichten und Anforderungen zu genügen:

(1) Die *Unabsichtlichkeit* eines fehlerhaften Tuns beruht auf einer subjektiven Behauptung, die als intrapersonales Geschehen empirisch nicht überprüfbar ist, und somit als Merkmal für Fehler folglich untauglich.

(2) Das Verständnis, ein Fehler bestehe in einer *Zielverfehlung*, erscheint nur in bestimmten Handlungsabläufen zutreffend; sobald mit einem Reflexions- oder Handlungsstrang gleichzeitig mehrere Ziele verfolgt werden oder sich der Bewertungskontext als sehr komplex erweist, wird das Urteil, wann eine Zielverfehlung bzw. ein Fehler vorliegt, uneindeutig und als Kriterium für fehlerhaftes Denken und Tun unbrauchbar.

(3) Der *abweichungsorientierte* Fehlerbegriff genügt nicht länger, er muss vielmehr zu einem kontextbezogenen Fehlerbegriff ausgeweitet werden.

(4) ‚Fehler' ist keine auch nur annäherungsweise ‚objektiv' feststellbare Eigenschaft des mit diesem Begriff belegten Gegenstands (z.B. eine Handlungsweise, ein Ereignis), sondern zunächst Ausdruck eines subjektiven *Urteils* zu diesem.

(5) Nur wo eine *Alternative* gegeben ist, ist die Fehlerbezeichnung möglich. In komplexen Zusammenhängen ist das Denken in Varianten folglich konstitutiv für das Fehlerurteil.

(6) Der Fehlerbegriff wird heute in der Wissenschaft nicht nur auf menschliches Verhalten, sondern auch auf weitere Formen systemischer Aktivität angewendet.

5 Neuansatz zu einer transdisziplinären Rahmendefinition und -theorie des Fehlers

Im Anschluss an die im vierten Kapitel deutlich gewordenen Grundanforderungen an den Fehlerbegriff wird eine rahmenartige Fehlerdefinition mit vier Merkmalen vorgeschlagen, begründet und näher erläutert. Die Analyse verdeutlichte weiter die Möglichkeit zu einer ebenfalls transdisziplinär fundierten Hypothese, „Fehlerparadoxon" genannt, die Fehlervermeidung und -offenheit spezifisch verknüpft. Sie bezieht sich besonders auf Gegenstandsbereiche, die sich durch eine dynamische Komplexität auszeichnen. Fehlerdefinition und -paradoxon formieren eine Rahmentheorie des Fehlers, die in Sätzen gefasst und versuchsweise auch formelartig dargestellt wird. Drei Dimensionen von Fehleroffenheit bzw. -produktivität werden herausgearbeitet. Die bislang dargestellten Fehlerforschungsergebnisse ermöglichen die Bündelung von Teilkonzepten der operativen Umsetzung eines produktiven Fehlerumgangs in Schulen, Wirtschaftsunternehmen und anderen Organisationen. Um die Transdisziplinarität zu wahren, wird keine einseitige wissenschaftstheoretische Zuordnung vorgenommen. Es wird versucht, Begriffe und Zusammenhänge so zu fassen, dass eine Aneignung durch verschiedene erkenntnistheoretische Herangehensweisen denkbar erscheint. Details hinsichtlich der Vielzahl denkbarer Herangehensweisen zu überprüfen, würde den durch die Fragestellung abgesteckten Rahmen der Arbeit sprengen Dies soll den erwünschten interdisziplinären Verständigungen vorbehalten bleiben.[252]

5.1 Fehlerbegriff

5.1.1 Rahmendefinition statt exakter Fehlerbestimmung

Eine Fehlerdefinition erscheint dann tauglich, wenn sie den wissenschaftlichen Zugriff auf den Sachgegenstand zu strukturieren hilft und die Verständigung darüber erleichtert, ohne dabei die sachlichen Zusammenhänge etwa durch zu starke Vereinfachungen zu verfälschen. Diese Anwendbarkeit sollte eine Definition besonders in interdisziplinärer Perspektive aufweisen. Das bedeutet nicht, dass sie spezifische disziplinäre Fehlerdefini-

---

[252] Vgl. dazu die Ausführungen in den Kap. 1.2, 5.3.2 und 6.2.

tionen und -taxonomien obsolet machen möchte. Notwendig ist sie vielmehr als eine Art Rahmenkonstruktion oder ‚frame', die Anschlussmöglichkeiten für spezifische disziplinäre Fehlerbestimmungen und -begriffe bietet und dadurch als eine Art von Brücke für die interdisziplinäre Verständigung in der Fehlerthematik dienen kann.

Deshalb unterscheidet sich die entworfene Rahmendefinition von anderen Fehlerdefinitionsversuchen insofern, als sie nicht eine Klasse von Gegenständen oder Vorgängen abgrenzt, indem sie deren Merkmale näher zu bestimmen versucht. Solche Abgrenzungsversuche erfolgten bislang innerhalb einzelner Disziplinen, doch selbst hier sind sie oft unzureichend und ohne breite intradisziplinäre Akzeptanz geblieben.

Oft konnte nur jene spezifische Klasse von Fehlerfällen halbwegs befriedigend charakterisiert und eingegrenzt werden, auf die das jeweilige Forschungsinteresse zielte, so zum Beispiel Sprachanwendungsfehler, Unfälle, Produktionsfehler, EDV-Fehler, Wahrnehmungs- und Kontrollfehler, schulfachbezogene Lernfehler, didaktische Fehler, Erziehungsfehler, Verhaltensabweichungen u.a.m. Diese Fehlerklassifizierungen begünstigen gelegentlich die intradisziplinäre, fast nie aber die interdisziplinäre Verständigung. So stellen Senders und Moray (1991, 82) nach zwei interdisziplinären Konferenzen zum Fehler und anschließenden Forschungen resümierend fest:

„There is no such generally accepted taxonomy, and furthermore, it seems unlikely that there will be one. There may be almost as many taxonomic schemes as there are people interested in the study of error!"

Gleichzeitig halten sie es aber für unabdingbar, dass bereichsspezifische Bestimmungen und Taxonomien von Fehlern entworfen werden. Denn nur so wird in einer theoretischen und anwendungsorientierten Perspektive ein strukturierter Zugriff auf diese immer wichtiger werdenden Fehlerphänomene möglich.

Notwendig ist folglich nicht eine Definition oder Taxonomie, die versucht, diese anderen Anläufe zu ersetzen oder gar all die diversen disziplinären Zugriffe mit abzubilden. Eine solche Definition würde in einer abgehobenen Abstraktion artifizieller Kernbegriffe enden, die sie wieder wenig nützlich für die differenzierten disziplinären Zugriffe machen würde. Hilfreich dürfte allerdings eine ‚Rahmendefinition' des Fehlers sein, die Folgendes leistet:

a) Sie bestimmt den Fehlerbegriff *nicht* durch Eigenschaften von spezifischen Gegenstandsbereichen und die Bildung von Fehlerkategorien näher, sondern überlässt dies bereichsspezifischen Taxonomien.

b) Sie rückt auf einer *Metaebene* den stets von Alternativen geprägten Urteilsprozess in den Vordergrund, welcher die Rede von einem Fehler überhaupt erst gestattet.

c) Sie führt die *Kontextbezogenheit* als allgemeines Merkmal von Fehlerurteil und -behandlung ein, da dies erstens in einer von hoher Dynamik, Komplexität und Normenpluralität geprägten kulturellen Situation zunehmend zum globalen Charakteristikum wird, und zweitens definitorisch auch jene Fälle zu umfassen vermag, bei denen noch ein relativ stabiler Kontext (etwa ein ‚general agreement') das Fehlerurteil annähernd kontext- und subjektunabhängig gleich gestaltet.

d) Sie soll als *Rahmen* die hilfreich erscheinende interdisziplinäre Verständigung über Ansätze und Ergebnisse von Fehlerforschungen, Fehlertheoriebildungen und anwendungsorientierten Fehlerkonzeptionen erleichtern.

5.1.2   Definitorische Sätze und Merkmale

Im vierten Kapitel wurden die Anforderungen an einen übergreifenden Fehlerbegriff erkennbar, der

- dem Stand der aktuellen Fehlerforschungen und -diskussionen entspricht,

- einer interdisziplinären Verständigung dienen kann und

- für Fehlerforschungen in möglichst vielen Teildisziplinen tauglich erscheint.

Diese Anforderungen können in vier definitorische Sätze umgesetzt werden, die sich an vier Voraussetzungen für das Fehlerurteil – Subjektivität, Alternative, Kontext, Verantwortung – festmachen und die gemeinsam eine Rahmendefinition des Fehlers formieren:

I.   Subjektivität: Die Bezeichnung Fehler ist ein sachbezogenes *Urteil*, das von einem *Subjekt* bzw. einer Gemeinschaft als Ergebnis eines Wahrnehmungs-, Analyse- und Bewertungsvorgangs abgegeben wird.

II.   Alternative: Die Bezeichnung Fehler setzt voraus, dass eine *Alternative* mit mindestens einer günstiger beurteilten Variante vorhanden ist, die anstrebbar ist; eine ungünstigere (suboptimale) Variante wird dann als Fehler bezeichnet, wenn sie *zugleich* als unerwünscht (nicht tolerabel) bewertet wird.

III.   Kontext: Ausschlaggebend für das Fehlerurteil ist weiter ein jeweils vom Urteilenden zu umreißender spezifischer *Kontext*, der Faktoren und Merkmale aufweist, die mit den zur Wahl stehenden Varianten korrelativ verbunden sind: Die Korrelationsunterschiede werden dann *vergleichend* betrachtet, gewichtet und bewertet, und begründen so das Urteil, dass eine Variante ein Fehler sei; ein wesentlicher Bezugspunkt des Fehlerurteils im jeweiligen Kontext ist dabei die Beachtung der diversen *Auswirkungen* einer Variante in diesen natürlichen, zwischenmenschlichen oder systemischen Kontextbezügen (mögliche Kontexte: der Gesamtorganismus eines Einzellebewesens, eine Biozönose, eine Gruppe, eine Population, eine Gesellschaft, eine Organisation, eine Institution, ein Wirtschaftsunternehmen, ein Techniksystem u.a.m.).

IV.   Verantwortlichkeit: Ist ein *Mensch* am Zustandekommen einer ungünstigeren Fehlervariante beteiligt, so kann man Anteile oder Folgen seines Handelns als einen Fehler von ihm bezeichnen, für die er Verantwortung trägt; für einen Fehler kann ein Mensch jedoch nur insoweit *verantwortlich* gemacht werden, als eine innere und äußere Situation bestand, die ihn dazu veranlasste und es ihm ermöglichte, *jene* andere Variante zu wählen oder ihr aktiv zuzuarbeiten, die von dem beurteilenden Subjekt, welches sagt „Das war ein Fehler", als die erwünschte, als die weniger fehlerhafte betrachtet wird.

Urteil, Alternative und Kontext sind die Aspekte, von denen ein allgemeiner Fehlerbegriff auszugehen hat. Die Sätze I – III umreißen als Kerndefinition sämtliche Fälle von personalen und systemischen Fehlern. Das Kriterium der Verantwortung im vierten Satz kann nur angewendet werden, wenn das Urteil Fehler auf *einzelne* Menschen bezogen werden soll. Die Kriterien der individuellen Entscheidungs- und Einwirkungsmöglichkeit zielen erstens darauf, von einer vorschnellen Verantwortungszuweisung Abstand zu nehmen und dienen zweitens einer Abgrenzung von Fehlern gegenüber anderen Formen eines falschen Handelns (z.B. eine Zwangshandlung; die Ausführung einer falsch gefassten Gebrauchsanweisung) oder einer unerwünschten Aktivität (z.B. ein Missgeschick).

Die Rahmendefinition lässt sich gemäß der drei ersten Merkmale in folgende *Kurzform* fassen:

Als Fehler bezeichnet ein Subjekt angesichts einer Alternative jene Variante, die von ihm – bezogen auf einen damit korrelierenden Kontext und ein spezifisches Interesse – als so ungünstig beurteilt wird, dass sie unerwünscht erscheint.

Drei weitere sprachliche bzw. kategoriale Aspekte wurden in die Definition nicht integriert, um deren sprachliche Aufblähung zu vermeiden. Sie sollen aber der Vollständigkeit halber noch angesprochen werden:

- Fehler können in allen drei *Zeiten* ausgesprochen werden: als rückblickende, gegenwartsbezogene oder prognostische Beurteilung („Das war..."/„Das ist..."/„Das wäre ein Fehler").

- Verschiedene gesellschaftliche und wissenschaftliche Handlungsfelder haben in ihren Fachsprachen *Spezialbegriffe* für bestimmte *Kategorien von Fehlhandlungen* entwickelt wie beispielsweise Sünde oder Schuld (Theologie), Ordnungswidrigkeit, Vergehen oder Verbrechen (Strafrecht), Normabweichung, Devianz, Regelverstoß (Ethik, Sozialpädagogik), Irrtum, Fehlannahme, Fehlinterpretation oder Systemfehler (Philosophie, Wissenschaft, Technik), Mangel, Versagen, Störung oder Unfall (Naturwissenschaft, Technik, Wirtschaft) u.a.m. Solche Fälle sind, sofern sie den drei bzw. vier Merkmalen genügen, in den vorgelegten Fehlerbegriff integrierbar.

- Es gibt unerwünschte Ereignisse oder Gegebenheiten wie etwa eine Naturkatastrophe oder ein Unglück, die nicht unter die Kategorie der Fehler zu subsumieren sind, da hier kein Handlungssubjekt bzw. keine systemische Struktur gegeben ist, die in einer Alternative mit wahlweise anstrebbaren Varianten *eine* dezidiert bevorzugen würde.

Einzelne in der Definition verwendete *Begriffe* wie Verhalten und Handeln, Ziel und Interesse werden in der Fachterminologie verschiedener Disziplinen mit spezifischen Bedeutungen belegt, die interdisziplinär meist nicht harmonisiert sind. Solche Differenzen können bei einem transdisziplinären Definitionsversuch nur teilweise berücksichtigt werden.

In einem relativ breit gehaltenen Verständnis wird mit *‚Handeln'* deshalb ein bewusst vollzogenes menschliches Tun bezeichnet, das auch rein geistige Operationen wie Wahrnehmen, Urteilen und Entscheiden umfassen kann; zur Erleichterung für den Leser wird an vielen Stellen dennoch explizierend von „Denk- und Handlungsweisen" gesprochen. *‚Verhalten'* als der noch breitere Begriff umfasst neben dem Handeln auch die unbewusst vollzogenen sowie nicht-menschlichen Aktivitäten.

Ein *‚Ziel'* ist der angestrebte Zweck oder Endpunkt einer planmäßigen Aktivität und stellt oft die konkretisierende Zuspitzung von grundsätzlichen Intentionen dar. Bewusst wird hier stattdessen der Begriff *‚Interesse'* gewählt und spezifisch belegt: Er ist in der Lage, neben den rational-dezidierten ‚Zielen' auch vagere Absichten und Motive, grundlegende Bedürfnisse und eher langfristige Vorteile eines Individuums, einer Gruppe oder eines Systems zu umfassen. Dieser breit angelegte Begriff ‚Interesse' schließt dabei an Verwendungen des allgemeinen Sprachgebrauchs an, die beispielsweise in den Formulierungen ‚in meinem Interesse', ‚im allgemeinen Interesse' oder ‚im öffentlichen Interesse' deutlich werden.[253]

5.1.3   Erläuterung der Fehlerdefinition

In sechs Schritten soll erklärt, begründet und näher erläutert werden, was diese Merkmale in ihrer komprimierten Form implizieren.

5.1.3.1   Der Fehler als Urteil

Der *erste* Satz der Definition hebt darauf ab, dass die Benennung ‚Fehler' keine feststehende Eigenschaft bestimmter Gegenstände spiegelt, sondern ein *Urteil* über deren Wirksamkeit (bei prozessualen Elementen) oder deren Wertigkeit (bei den Prozessresultaten) in einer bestimmten Situation. Die Subjektivität des Fehlerurteils wird durch dieses Merkmal bewusst gemacht. Wie alle Urteile sollte deshalb auch das Urteil, dass etwas ein Fehler sei, – besonders dann wenn die Folgen gravierend sind! – nicht rasch und leichtfertig ausgesprochen werden, sondern erst nach sorgfältiger Analyse der rele-

---

[253] Sofern im Folgenden nicht anders kenntlich gemacht, wird die Bedeutung weiterer verwendeter Begriffe am allgemeinen Sprachgebrauch festgemacht, wie ihn etwa der Duden wiedergibt.

vanten Gesichtspunkte, die oft auch eine (normative) Bewertung im Sinne einer subjektiven Gewichtung konkurrierender Kriterien enthält.

Wichtig ist, dass in der Regel zunächst zwei verschiedene Subjekte im Spiel sind. Diejenige Person, die als erstes ein Tun als Fehler beurteilt und davon zu sprechen beginnt, ist meist nicht identisch mit jener, die ihn begeht: denn wäre jene sich eines Fehlers bewusst, würde sie ihn ja gar nicht vollziehen. Es gibt also fast immer mindestens zwei, oft noch weitere konträre Urteilsstandpunkte hinsichtlich der Richtigkeit oder Fehlerhaftigkeit eines Sachverhalts oder Tuns. Die unterschiedlichen Ausgangs- und Gesichtspunkte der Urteilenden bestimmen dabei das Variieren ihrer Sicht auf den Kontext des beurteilten Aspekts und damit ihr unterschiedliches Fehlerurteil. Genau diese Problematik unterschlugen bislang jedoch die meisten Fehlerforscherinnen und -forscher, wenn sie ohne weitere Umstände davon ausgingen, dass bei ihren Untersuchungsgegenständen der Fehlerfall unzweifelhaft feststehe, oder zumindest diese Divergenz in keiner Weise thematisierten.

Gerade bei den *bewusst vollzogenen* Denk-, Urteils- und Entscheidungsvorgängen im Lebens- und Berufsalltag, die zu solchen negativen Konsequenzen in der Folgezeit führen, dass sie im Nachhinein als Fehler erscheinen, müssen zwei Ebenen von Urteilsprozessen unterschieden werden:

–   Da ist zum einen der *primäre Beurteilungs- und Entscheidungsprozess* desjenigen, der den Fehler begeht. Dieser Prozess, der im einen Fall sekundenschnell und in einem anderen Fall über lange Zeit verlaufen kann, führt zur Favorisierung einer zunächst für erstrebenswert gehaltenen Variante, die sich nachgerade jedoch als Fehler entpuppt.

–   Daneben steht der *sekundäre Beurteilungsvorgang* meist durch *andere* Personen oder – als Urteilsrevision zu einem späteren Zeitpunkt – durch den Fehlenden selbst.

In jenen Fällen, wo das Urteil des den Fehler Begehenden und der daneben stehenden Beobachter sofort *identisch* ausfällt – etwa bei Wissens-, Mess-, Schreib- oder technischen Anwendungsfehlern – verschwindet der Aspekt der Subjektivität dieser Urteilsbildung. Wo solche scheinbar ‚objektiven' Fehlerfälle dominieren – etwa in der Schule oder in technischen Handlungsfeldern – verliert sich bei den Akteuren leicht die Einsicht, dass ein Fehler grundsätzlich *kein* personenunabhängiger Tatbestand ist, sondern meist ein subjektiv geformtes und gefärbtes Urteil darstellt.

Je stärker jedoch eine dynamische Komplexität der sachlichen Rahmenbedingungen und der kontextuellen Einflussfaktoren das Fehlerurteil bestimmt, desto wichtiger ist der Prozess einer differenziert abwägenden und ggf. von subjektiven Gewichtungen mitbestimmten Urteilsbildung. Dass aber unsere gesellschaftliche und die individuelle Situation durch eine deutliche Zunahme dieser – oft individuell zu bewältigenden! – komplexen Situationen gekennzeichnet ist, das ist ein mittlerweile breit bestätigter[254] und deshalb hier nicht im Einzelnen noch zu beschreibender und zu belegender Sachverhalt.

5.1.3.2 Der Fehler als Variante einer Alternative

Der *zweite* Satz der Rahmendefinition betont, dass es in diesem Urteilsprozess zunächst um ein Abwägen zwischen *Varianten einer Alternative* geht. Der Begriff Alternative bezeichnet eine Situation, in der zwischen (mindestens) zwei Möglichkeiten zu wählen ist. Eine Alternative umfasst jeweils neben einer oder mehreren als unerwünscht beurteilten (Fehler-) Varianten mindestens eine deutlich günstiger beurteilte und deshalb präferierte (Lösungs-) Variante. Variante bezeichnet im allgemeinen Sprachgebrauch eine abgewandelte Form, etwa eine Spielart oder abweichende Lesart. Bewusst wurde dieser disziplinär selten benutzte und damit kaum festgelegte Terminus ,Variante' gewählt, da es je nach Sachlage um ein Beurteilen so unterschiedlicher Gegenstände wie Handlungen oder Abläufe, physikalisch fassbare Dinge mit ihren Eigenschaften, spezifische Ausformungen einzelner abstrakter Elemente oder die Funktionen und Wirkungen ganzer Systeme gehen kann.[255] Die hierbei als unerwünscht beurteilten Varianten werden zur Vereinfachung „Fehlervarianten" oder „Fehlvarianten" genannt, die bevorzugten und erwünschten dagegen „Lösungsvarianten".

Seit Aristoteles ist ein Kriterium für eine sinnvolle Definition, dass sie den Begriff durch die nächste ihn überspannende Gattung und den durch Merkmalszuweisungen entstehenden Artunterschied näher bestimmt (vgl. etwa Eberhard 1987, 20f). Dieser Anspruch wird durch die Bezugnahme auf erwünschte und unerwünschte Varianten und die beide umfassende Alternative im zweiten Satz der Rahmendefinition eingelöst, allerdings notwendiger Weise auf einer sehr abstrakten Ebene, da es sich um eine Rahmendefinition handelt, die auf viele Gegenstandsbereiche anwendbar sein soll.

Der Verweis auf die Notwendigkeit einer Alternative verdeutlicht einen weiteren entscheidenden Gesichtspunkt. Es ist aus begriffslogischen Gründen nicht statthaft, einen Fehler festzustellen oder gar vorzuwerfen, wenn keine alternativ denkbare Variante plausibel dargestellt und begründet werden kann. Eben dies wird aber gerne getan. Oft wird Politikern eine Fehlentscheidung etwa bei Sparbeschlüssen aufgrund einer angespannten Haushaltslage vorgeworfen, ohne jedoch Finanzierungsalternativen klar zu benennen.

Eine gewisse Alternativenausarbeitung beim Urteilenden muss gemäß der beschriebenen immanenten Logik des Fehlerbegriffs folglich zwingend bei allen sekundären, sinnvoller Weise aber auch bei den primären Urteilsprozessen der (Fehl-)Urteilsbildung vorausgehen. Im beruflichen, privaten und öffentlichen Umgang zeichnen sich jedoch viele vorschnelle Fehlerurteile und -vorwürfe dadurch aus, dass die Betreffenden sich

---

[254] Vgl. Kap. 2.6 u. 3.5 – 3.7. Insbesondere Dörner (1987; 1992) betont diesen Tatbestand bereits seit langem.

[255] In vergleichbarer Weise wird Variante in der Biologie beispielsweise im Zusammenhang mit genetischen und evolutionären Aspekten gebraucht (vgl. Weizsäcker/Weizsäcker 1984).

eben *nicht* die Mühe machen, die Alternative und deren Wirkungen zu durchdenken, sondern nur auf die unerwünschten Wirkungen der *einen* momentan betrachteten Variante abheben. Drei etwas ausführlichere Beispiele sollen diese Behauptung illustrieren:

- In Deutschland wird es Spitzenpolitikern (vgl. Rita Süßmuth, Ex-Verteidigungsminister Rudolf Scharping) seit einigen Jahren als schwerer Fehler angerechnet, wenn sie dienstliche Angelegenheiten, für die sie die Flugbereitschaft der Bundeswehr nutzen dürfen, mit privaten Terminen verbinden. Einerseits erzeugt diese Terminverknüpfung natürlich einen geldwerten Vorteil. Andererseits optimiert es die möglichst optimale ,Bewirtschaftung' und Nutzung der definitiv begrenzten Ressource von wöchentlich 168 Stunden Privat- und Arbeitszeit eines Spitzenpolitikers, was nicht weniger im öffentlichen Interesse sein müsste. Die alternativ geforderte Variante einer strikten Trennung von Dienst- und Privatterminen hat zur Folge, dass sich die für den Dienst verfügbare Zeit durch mehr Wegezeiten verringert und die öffentliche Präsenz und Arbeitsleistung der Politiker folglich tendenziell darunter leidet. Dieser Qualitätsverlust dürfte aber im Grunde noch weniger im Interesse der Bevölkerung sein, die mit Argusaugen die ministeriellen Flüge überwacht. Festgelegt auf das Prinzip ausnahmsloser Fehlervermeidung wird aber gar nicht erwogen, dass durch die penible Vermeidung des Fehlers, die Flugbereitschaft ungerechtfertigt in Anspruch zu nehmen, möglicherweise ein noch größerer Fehler, sprich Schaden für das öffentliche Interesse entstehen könnte. Die Alternativen werden nicht gegeneinander abgewogen.

- Von vielen Berufstätigen wird die Abschaffung der Ladenschlusszeiten, die sie als unnötige Einschränkung ihres Konsumverhaltens ansehen, gewünscht. Kaum problematisiert wurden in der zeitweise lebhaften Medienberichterstattung hierzu jedoch die Folgen der geforderten neuen Öffnungszeitenvariante etwa
  - für die Arbeitszeiten der zahlreichen Beschäftigten des Einzelhandels und für die Reduzierung der gemeinsam gestalteten Familienzeit, wenn Eltern nun bis abends acht Uhr noch beim Einkaufen sein können;
  - für die Konkurrenzfähigkeit der kleinen Unternehmen des Einzelhandels: deren Kosten steigen bei längeren Öffnungszeiten durch einen erhöhten Arbeitskräftebedarf ohne dass der Umsatz dadurch in gleichem Maß zu steigern wäre; bleiben Ladengeschäfte aber aus Kostengründen bei den bisherigen Öffnungszeiten, so verlieren sie Kundschaft an die Großkaufhäuser, was noch mehr Umsatzeinbußen und Ladenschließungen zur Folge hat;
  - für das hierdurch sinkende Steueraufkommen, für eine steigende Arbeitslosigkeit, für gekürzte Sozialausgaben u.a.m.
  Ohne in einem umfassenden alternativen Abwägen von Vor- und Nachteilen verschiedener Varianten sein Urteil zu Fehler- und Lösungsvariante zu begründen, vergegenwärtigt sich auch in dieser Frage der Einzelne meist nur die (individuellen) Vorteile der neuen Variante und die Nachteile der bisher praktizierten Form be-

grenzter Ladenöffnungszeiten. Dadurch kommt man rasch zu dem Schluss, dass letzteres die unerwünschte Variante, die Fehlervariante sei. Auch von den Medien werden in ihrer Urteilsbildung nur selten die angesprochenen sozialen und ökonomischen Negativfolgen der favorisierten neuen Öffnungszeitenvariante angesprochen.

Schulleiter und Schulleiterinnen sehen es nicht selten noch als einen äußerst störenden und unbedingt zu vermeidenden Fehler an, wenn während der Unterrichtszeit durch Schülerinnen und Schüler auf dem Schulhof oder in den Fluren ein gewisser Geräuschpegel entsteht. Dabei wägen sie dann u.U. nicht ab, ob bei der von ihnen priorisierten Handlungsvariante ‚Im Schulhaus ist während der Unterrichtszeit strikte Ruhe zu wahren' die negativen pädagogischen Folgen möglicherweise gravierender ausfallen als es bei der gelegentlichen Entstehung eines störenden Lärmpegels der Fall wäre. Denn
- das schulische Lernen wird dadurch rigoros ins Klassenzimmer eingesperrt;
- angesichts der räumlich meist beengten Klassenzimmer ist Gruppenarbeit etwa im Zuge handlungsorientierter Projekte oder im Sinne einer inneren Differenzierung oft nur möglich, indem man einzelne Gruppen auch im Flurbereich arbeiten lassen kann; ist dies untersagt, so wird Gruppenarbeit stark behindert und damit auch die Ausbildung von Schlüsselkompetenzen wie Kooperations- und Teamfähigkeit;
- auf Schüler wirkt ein gelegentliches Arbeiten außerhalb des Klassenzimmers etwa auf dem Schulhof oder in den Fluren meist per se recht motivierend und diese Motivationsmöglichkeit entfällt;
- eigenständiges praktisches Agieren der Schüler etwa ein Recherchieren in der Mediothek der Schule, ein kreatives Arbeiten mit Plakaten oder ein konstruierendes Zusammenbauen von sperrigem Material wird eingeschränkt.
Solche Folgen des ‚eingesperrten Lernens' werden leider selten erwogen ehe man störenden Lärm als einen grundsätzlichen Fehler, also die innerschulisch stets unerwünschte Variante festlegt.

Je konsequenter eingeübt wird, anhand einer umfassenden Alternativenbewertung die Fehlerfrage zu entscheiden, desto sachgemäßer wird gesellschaftliches, berufliches und privates Handeln ausfallen. Dies unterstreicht Wehner (1997, 470):

„Fehler, vor allem solche, die zu Unfällen führen, treten also nicht vorrangig ein, weil inadäquate Handlungsalternativen gewählt werden, sondern sie ereignen sich häufiger, weil es eben nicht zum Abwägen zwischen Handlungsalternativen kommt. Erst das nicht-intendierte Handlungsresultat macht auf notwendige Alternativen aufmerksam und erweitert damit – falls die Handlungsfehler reflektiert und nicht bloß korrigiert werden – das vorhandene Handlungsrepertoire."[256]

---

[256] Grundlage dieser Schlussziehung Wehners ist unter anderem die Ursachenanalyse von 900 Zweirad- und 146 Straßenbahnunfällen. Vgl.auch Wehner/Stadler 1996, 811.

5.1.3.3 Die Integration der Abweichungsfehler

Das Abheben auf die Voraussetzung einer Alternative umschließt letzten Endes auch jene Fälle, in denen der Urteilsprozess stark *abgekürzt* werden kann, weil das Fehlerurteil fast immer und für jeden gleich ausfällt und sozusagen in Sekundenschnelle feststeht: Einen Messfehler, das falsche Addieren zweier Summanden oder einen peinlichen Versprecher wird man so gut wie immer übereinstimmend als unerwünschte Variante, sprich als Fehler bezeichnen. Solche Fälle sind meist durch eine sehr *geringe Komplexität* gekennzeichnet, die in folgenden Merkmalen gründet:

1. Die Alternative und ihr Kontext ist äußerst *einfach strukturiert* und rasch durchschaubar, deshalb ist nur eine Verhaltensvariante eindeutig richtig:
   - ohne Schlüssel komme ich nicht in mein Haus ⇒ ihn nicht mitzunehmen ist stets ein Fehler;
   - durch ein spielendes Kind auf der Straße entsteht akute Unfallgefahr ⇒ abbremsen ist stets richtig;
   - beim Spaziergang beginnt es zu regnen ⇒ ich spanne meinen Regenschirm auf.

2. Das Fehlerurteil lässt sich durch *abweichende Kontexte* nur selten erschüttern:
   - in der Regel ist es ein Fehler, den Ratschlag seines Arztes zu missachten;
   - in der Regel ist es ein Fehler, die Wasserrechnung nicht zu bezahlen.

3. Das Fehlerurteil beruht auf *gemeinschaftlichen Vereinbarungen*:
   - Gesetzesverstoß; Nichteinhaltung einer vertraglichen Vereinbarung; Übertreten der Schulordnung;
   - falsche Ausführung von Rechen- und Sprachregeln oder logischen Regeln;
   - Abweichung von Industrienormen; Überschreiten technischer Toleranzwerte;
   - Nichtbeachtung von allgemein gültigen Umgangsformen und Anstandsregeln.

Die entworfene Rahmendefinition integriert folglich auch das in verschiedenen Gegenstandsbereichen durchaus angemessene Verständnis, dass der Fehler eine Abweichung von einer allgemein als ‚richtig' angesehenen *Norm* sei, ohne jedoch den Fehlerbegriff darauf festzulegen. Standardisierte beziehungsweise normierte Zeichenfolgen und Verfahrensweisen, wie wir sie etwa in den Kulturtechniken der Sprache, Mathematik oder Informatik vorfinden, stellen zunächst auch nur Varianten möglichen Handelns dar. Die Erwünschtheit und Angemessenheit dieser Varianten steht jedoch durch die übereinstimmende Beurteilung einer breiten Mehrheit in der Gesellschaft dominierend und klar im Raum und muss deshalb nicht situativ ermittelt werden. Denn soweit diese Kulturtechniken tatsächlich die aktuell angewendeten gesellschaftlichen Zeichen und Praktiken abbilden, hat es nicht unerhebliche individuelle Nachteile im Kommunizieren und Kooperieren mit den anderen Gesellschaftsmitgliedern zur Folge, wenn ein Einzelner sich gegen diese Varianten mit ihren allgemein anerkannten Grad der ‚Richtigkeit' entscheidet.

Allerdings lösen sich solche Standards in multikulturellen und dynamischen Gesellschaften zunehmend auf. So weist etwa die Sprachdidaktik[257] darauf hin, dass die Sprache mittlerweile sehr viele unterschiedliche Ausformungsmöglichkeiten zeigt, so dass eine zunehmende Variantenfülle gegeben ist. Weithin muss der Einzelne *kontextbezogen entscheiden*, was in einer bestimmten Situation die unangebrachte und somit fehlerhafte Sprachform darstellen würde. Und dieses alltägliche situative Entscheiden hätte dann die schulische Spracherziehung und -bildung ebenfalls einzuüben – und keinesfalls nur das Reproduzieren einer einzigen als ‚richtig' angesehenen Sprech- oder Schreibweise.

Das oben ebenfalls erwähnte Beispiel der Umgangsformen und Anstandsregeln ist in der westlichen Gesellschaft ebenfalls fraglich geworden. Solche Regeln sind in einer ethnisch durchmischten Gesellschaft, die zudem durch pluralisierte Lebensformen und -lagen gekennzeichnet ist, kaum noch als gemeinschaftliche Vereinbarung breiter Mehrheiten oder gar aller auszumachen.

5.1.3.4 Der Fehler als suboptimale und unerwünschte Variante

Der zweite definitorische Satz hebt auf eine weitere wichtige Unterscheidung ab: nicht jede ungünstigere Variante muss zugleich als *unerwünscht* gelten. Unerwünscht würde bedeuten, dass die Variante für den Urteilenden so ungünstig ausfällt, dass er es für sinnvoll hält, Energie darauf zu verwenden, um sie als Fehler tendenziell zu vermeiden. Zunächst besteht aber meist ein unterschiedlich weit festlegbarer *Toleranzbereich* für andere Varianten, die zwar suboptimal bleiben, aber deswegen dennoch nicht strikt vermieden werden müssen. Die eben angesprochenen Bereiche der Sprache und der Umgangsformen weisen diese Toleranzen für suboptimale Formen auf. Begrüßungsformen und Kleidungsstile bei bestimmten offiziellen Anlässen werden heute großzügiger gehandhabt als noch vor wenigen Jahrzehnten. Im technischen Bereich werden seit langem Fehlertoleranzen bei Messungen oder beim Fräsen eines Werkstücks festgelegt, die in funktionaler Hinsicht noch akzeptabel erscheinen. Auch hinsichtlich des Arbeitstempos von Belegschaftsangehörigen werden gewisse Toleranzen gewährt, ein älterer Mitarbeiter muss u.U. nicht ganz so zügig arbeiten wie ein jüngerer. Weiter lässt sich etwa eine bestimmte Aussage mit unterschiedlichen Satzbauvarianten formulieren, die sprachlich wohl nicht alle gleich optimal sind, aber erst ab einem gewissen Grad der Verfälschung des sachlichen Gehalts etwa von einem bei der Aufsatzkorrektur oder von einer Verlagslektorin beim Redigieren als Fehler markiert werden.

Das immer noch recht gängige *polarisierende* Verständnis, entweder sei etwas richtig oder es sei falsch, bildet die Realität mit ihren vielfältigen Übergängen zwischen richtig und falsch, gut und böse meist nur verzerrt ab. Nur ein Perfektionist hält stets eine Lösung für richtig und alle anderen Ansätze für falsch. Es gibt vielmehr fast immer Abstufungen günstigerer und ungünstigerer Varianten und wer das Fehlerurteil fällt, muss die

---

[257] Siehe Kap. 2.6.6.

Grenze in diesem Feld festlegen und begründen: folglich gibt es optimale, suboptimale und unerwünschte Varianten (Grafik 2 versucht dies bildlich umzusetzen).

Das Urteil der Unerwünschtheit beispielsweise einer bestimmten Handlungsweise basiert oft auf einer Bewertung der unterschiedlichen Vorbedingungen und Wirkungen einer Variante, die daraufhin als potenzieller Fehler abgelehnt wird. Allerdings entdeckten Wissenschaftler im Bereich der Gestaltpsychologie und -theorie schon früh, dass eine als Ziel- oder Dauerzustand unerwünschte Variante als Hilfsmittel auf dem Weg zum Herausfinden oder Umsetzen der Lösungsvariante durchaus tauglich und relevant sein kann.[258] Dabei kann es sich freilich auch ergeben, dass man durch die Realisierung der Fehlervariante den Kontext in anderer Weise wahrnimmt, seine Interessen und Ziele anders gewichtet und so die bisherige Fehlervariante plötzlich als eine mögliche Lösungsvariante akzeptieren kann.

5.1.3.5 Die Kontextabhängigkeit des Fehlerurteils

Der *dritte* definitorische Satz verdeutlicht, dass Fehler nur als Element einer *dreigliederigen Konstellation* angegeben werden können. Der Fehler ist Teil einer Alternative mit

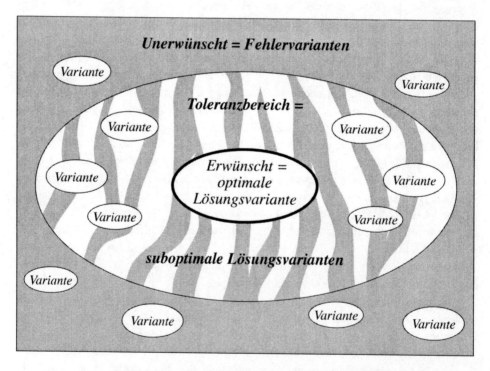

Grafik 2: Fehlervarianten, suboptimale und optimale Lösungen

---

[258] Vgl. Kap. 3.2.

mindestens einer weiteren Variante und diese Alternative ist eingebettet in einen gemeinsamen Kontext von Faktoren, dessen Bezüge das Fehlerurteil erst ermöglichen. Dabei wird bewusst offen gelassen, welcher Art die Faktoren sind, die als Bezugspunkte für das Fehlerurteil als relevant erachtet werden, da sich dies je nach Gegenstandsbereich ändert. Das können beispielsweise notwendige Voraussetzungen, Rahmenbedingungen, Zielsituationen, Haupt- und Nebenwirkungen der jeweiligen Variante sein. Diese können durch Merkmalsunterschiede näher differenziert werden, die sich dann als unterschiedliche sachliche Bezüge beschreiben lassen. Die Gesamtschau der verschiedenen Bezüge hinsichtlich eines spezifischen Kontexts entscheidet darüber, welche Varianten als vergleichsweise günstig und welche als unerwünscht und damit als Fehler beurteilt werden.

Feste Faktoren oder wechselnde Variablen im Kontext eines Fehlerurteils bzw. -ereignisses können beispielsweise sein:

- situative Veränderungen bei *internalen* Variablen wie konkurrierende Antriebsgründe, Interessen oder normative Haltungen, deren Gewichtung sich verschieben kann;
- wechselnde momentane Rahmenbedingungen einer *Kommunikations-, Arbeits- oder Lernsituation*;
- Änderungen in Zusammensetzung und Erwartungshaltung der *Kommunikations- und Kooperationspartner*;
- die Einwirkung *external* gesteuerter Faktoren wie etwa Einkommensverluste oder familiäre Veränderungen, Personalwechsel oder die wirtschaftliche Gesamtentwicklung, Wahlergebnisse oder Mediendarstellungen;
- unerwartete oder unerwünschte *Folgen*, deren Ausmaß sich erst im Handlungsvollzug klar zeigt.

Auch im Bereich der Psychologie und Pädagogik ist die ‚Kontextualität des Lernens' heute ein zentrales Thema. Edelmann (2000, 286) nennt im Anschluss an Weinert die Entwicklung „von der Systematik zum situativen Kontext" einen von „insgesamt sechs Aspekten zur Kennzeichnung der aktuellen Diskussion" in der Lehr-Lern-Forschung. Ralle (2000, 131) meint: „Es gibt wohl kaum einen Begriff, der im Zusammenhang mit der Neuentwicklung von Curriculumstrukturen und Lehrplänen häufiger verwendet wird als dieser: ‚Lernen im Kontext'." Er zitiert als einen Experten der Pädagogischen Psychologie D.C.Berliner: „Effektives Lernen heißt, Geschichten einzubeziehen sowie einen bedeutungsstiftenden Kontext und die Situiertheit von Kognitionen zu thematisieren, denn Wissen ist kontextualisiert, es ist situiert und eingebettet in Netze von Beziehungen" (ebd.). Den Begriff „Kontext" definiert Ralle, ein Didaktiker des Faches Chemie, folgendermaßen: „Kontexte sind in in dieser neuen Unterrichtskonzeption die (komplexen, fachübergreifend angelegten) aktuellen, lebensweltbezogenen Fragestellungen, innerhalb derer die sinnstiftenden Beiträge dieser Wissenschaftsdisziplin einsichtig werden und sich Sachstrukturen erschließen lassen" (Parchmann/Ralle/Demuth 2000, 133).

5.1.3.6 Das Fehlerurteil als Ergebnis einer Wirkungs- statt einer Zielanalyse

Im dritten definitorischen Satz wird der Faktor der Orientierung an einer Intention oder einem Ziel, wie er in vielen handlungstheoretischen Modellen den Ausgangspunkt bildet, durch den breiter angelegten Begriff der Analyse möglicher Wirkungen oder Folgen ersetzt. Es geht also um eine *breitere* Wahrnehmung der vielfältigen (Neben-) Wirkungen, die von einer Variante ausgehen, wobei das Erreichen oder Nichterreichen eines bestimmten Ziels, das oft den Prozess des abwägenden Nachdenkens auslöst, als mögliche Hauptwirkung mitintegriert sein soll.

Die Ausrichtung auf ein eng gefasstes Ziel führt tendenziell zu einer verengenden Fokussierung des Blicks beim Beurteilenden. Ob eine Variante günstig oder ungünstig sei, wird dann nur anhand des Erreichens dieses einen Ziels entschieden, während wesentliche Nebenwirkungen leicht aus dem Blick geraten. Einige praktische Beispiele mögen veranschaulichen, inwiefern eine breitere Wirkungsanalyse in der Berufs- und Lebenspraxis maßgeblich werden kann:

- Ein Vorstandsvorsitzender strebt für seine Aktionäre das Ziel einer kurzfristigen Steigerung von Mitarbeiterproduktivität und Gewinn an, und ignoriert, dass der damit verbundene Druck zur massiven Verschlechterung der Arbeitsbedingungen führt, die sich in immer schlechterer Kooperation und Koordination der Abteilungen und im Abgang der besten Kräfte niederschlägt, was bereits mittelfristig dem Unternehmen wieder deutlich schadet.

- Ein neu bestellter Schulleiter möchte rasch ein bestimmtes Schulprofil anstreben. Nachdem ihm der Dialog mit dem Kollegium in der Sache zu langsam geht, versucht er es gewissermaßen ‚mit der Brechstange' durchzusetzen. Er bedenkt dabei die Nebenwirkung seines Sympathieverlusts, schwindender Motivation oder einer negativ gefärbten Arbeits- und Lernatmosphäre nicht – und unter diesen Folgen haben dann sowohl er, das Kollegium, die Schülerinnen und Schüler und Eltern noch jahrelang zu leiden.

- Ein junges Paar fasst das Ziel eines gemeinsamen Hausbaus ins Auge und zwar auf der Basis eines Finanzierungsplans, der vorsieht, dass beide fünfzehn Jahre sehr gut verdienen. Die gegenseitige Entfremdung durch die starke berufliche Beanspruchung beider oder die eventuelle Nachwirkung ihres zu lange hinausgeschobenen Wunsches nach Kindern wird dabei nicht bedacht. Nach zehn Jahren droht eine Scheidung, die letztlich auch das gemeinsame Hauptziel ad absurdum führt, selbst wenn es erreicht wurde.

- Ein Neuntklässler der Hauptschule bewirbt sich breit gestreut bei verschiedenen Ausbildungsbetrieben. Ein Autohaus stellt ihm eine Lehrstelle in Aussicht, stellt aber keinen Vorvertrag aus. Da er unbedingt Kfz-Mechaniker werden möchte, ist er überglücklich und beschließt, alle anderen Bewerbungen zurückzuziehen. Etliche

Monate später sagt ihm das Autohaus doch noch ab und für andere Neubewerbungen ist es nun zu spät. Ein ganzes Jahr ist für ihn verloren. Völlig fixiert auf das erwünschte Ziel hatte er diese mögliche Wendung (Variante) und ihre negative Auswirkung verdrängt und deshalb hinsichtlich des Bewerbungsverhaltens die falsche Handlungsweise gewählt.

Die vier Beispiele stellen Fälle dar, in denen die Folgen nicht bedachter Wendungen und Nebenwirkungen auf den Akteur selbst zurückfallen. Sie zeigen, wie irrational eine rein zielorientierte Entscheidung von Fehler- und Wunschvariante ausfallen kann. Die Exempel ließen sich durch solche ergänzen, in denen die Nebenwirkungen einer einseitigen Zielfokussierung zwar nicht den Akteur selbst unmittelbar schädigen, aber sein natürliches oder soziales Umfeld. Aus deren Perspektive erscheint diese Fokussierung möglicherweise schädlich, unmoralisch und folglich als Fehler.

Viele in unserer Leistungsgesellschaft wählen beispielsweise berufliche Wege, die die Zeitreserven und Kräfte des Partners, der Familie und vor allem die der eigenen Person enorm belasten und oft überfordern. Die negativen Nebenwirkungen eines solchen Berufswegs und des jahrelangen Dauerstresses hinsichtlich

-   der eigenen physischen und psychischen Verfassung,
-   dem Gelingen der Partnerschaft und der Kindererziehung,
-   der sozialen Kontakte und Netzwerke und
-   der faktischen Reaktionsspielräume bei unvorhergesehen Vorkommnissen wie z.B. bei einem Unfall oder bei der schweren Erkrankung eines Kindes

werden häufig nicht angemessen eingeschätzt. So wird dann u.U. das persönliche Karriereziel erreicht, aber das restliche Lebenskonstrukt bricht an vielen Stellen ein: frühe chronische Erkrankungen, selbst verursachte soziale Isolierung, Scheidung, Hausverkauf u.a.m. sind dann unerwartete Nebenwirkungen. Doch ein systematisches Durchspielen solcher möglicher Verläufe und das realistische Abschätzen eventueller unerwünschter Fehlerfolgen und -ereignisse lernt man im Zuge des Heranwachsens meist weder in der Familie noch in der Schule und auch nicht in Berufsausbildung oder Studium.

Mit den unerwünschten erzieherischen Folgen beschäftigte sich Spranger, der vom „Gesetz der ungewollten Nebenwirkungen in der Erziehung" sprach. Für Spranger (1969, 360) hat „jeder Plan, den der Erzieher aufstellt, ungewollte Nebenwirkungen zur Folge". Diese habe man ebenso zu gewärtigen wie die positive Wirkung, die man mit der gewählten erzieherischen Handlung oder Form zu erreichen versucht. So zeitigt etwa ein koedukativer Unterricht neben seinen Vorteilen auch ungewollte negative Folgen, doch ebenso verhalte es sich bei eingeschlechtlichen Schulklassen. Insofern sind ungewollte Nebenwirkungen oft unumgänglich, aber beim Entscheiden dennoch zu berücksichtigen, damit nicht etwa der Schaden der ungewollten negativen Nebenwirkungen erheblicher wird als der als Hauptwirkung angestrebte erzieherische Erfolg. Reich (2001, 561) vermutet nun, dass „ungewollte Nebenfolgen unseres Handelns (...) ein Signum unserer zunehmend komplizierter werdenden Welt" geworden sein könnten. Deshalb zeichne die von Spranger angeregte „Einsicht in das Wesen von ungewollten Nebenwirkungen in der Erziehung beziehungsweise das Lernen aus Misserfolgen" (ebd.) heute die Reflexionsfähigkeit eines Pädagogen aus. Kaufmann (1974, 153) bezeichnet es als „den Kern der Verantwortungslosigkeit, wenn man die möglichen Folgen seiner Entscheidungen nicht berücksichtigt." Ähnlich betont Dörner, man müsse in der heutigen systemisch-komplexen Vernetztheit unseres Lebens dezidiert „darauf achten, dass durch die Maßnahmen zur Erreichung des einen Ziels nicht andere Ziele gefährdet werden. Daraus ergibt sich die Anforderung der Nebenwirkungsanalyse" (Dörner et al. 1983, 36f).

Diese Nebenwirkungen geraten nämlich allzu leicht aus dem Blick. Gestaltpsychologen erklären dieses Phänomen damit, dass Ziele innerhalb eines Handlungsfeldes als Attraktoren wirken, die andere Wahrnehmungs- und Handlungsschemata unterdrücken. In der unmittelbaren Umgebung des Hauptziels werden die attrahierenden Feldkräfte so stark, dass Unterziele und Nebenwirkungen nicht mehr wahrgenommen und deshalb grobe Fehler begangen werden (vgl. Wehner/Stadler 1996, 806f). Eine stark zielbezogene Blickverengung, die in unserer Wirtschaftsordnung gerne noch propagiert wird, erhöht also die Wahrscheinlichkeit, Fehler zu begehen. Fragt man sich dagegen bewusst, welche Nebenwirkungen eine bestimmte Variante auslösen könnte, lassen sich diese Verengungen und Fehler eher vermeiden. Es entsteht die Möglichkeit, Haupt- und Nebenwirkungen bezüglich unterschiedlicher Zielgruppen oder Funktionsbereiche zu überdenken und anschließend kompetenter zu entscheiden, welches die Fehlervariante sei (siehe Grafik 3).

Fehler werden zumeist rückblickend festgestellt, da man *erst jetzt* unerwünschte Nebenwirkungen wahrnimmt, die man zuvor aufgrund der zielbezogenen Blickverengung entweder nicht sah oder vernachlässigte und deshalb die sachlich falsche Verfahrens- oder Handlungsvarianten realisierte. „Erst das nicht-intendierte Handlungsresultat macht auf notwendige Alternativen aufmerksam und erweitert damit – falls die Handlungsfehler reflektiert und nicht bloß korrigiert werden – das vorhandene Handlungsrepertoire" (Wehner 1997, 470).

So ist etwa in Wirtschaftsbetrieben das persönliche Interesse einzelner Angestellter nur teilweise identisch mit dem Ziel des Unternehmens, in dem er oder sie arbeitet. Und dieses Ziel kollidiert u.U. auch wieder mit den Interessen des gesellschaftlichen Umfelds, wenn durch bestimmte Produktionsweisen die Umwelt geschädigt wird. Konkret:

- Dass alle Betriebsangehörigen noch mehr (bezahlte) Überstunden zu leisten haben mag beispielsweise der Leitung eines Unternehmens angesichts der Marktsituation strikt erforderlich erscheinen, dem einen Mitarbeiter wünschenswert, weil er sein Eigenheim noch abzahlen muss, seinem Kollegen dagegen unerträglich, weil er nicht noch weniger Zeit mit seiner Familie verbringen möchte, und die Gewerkschaft schließlich lehnt es möglicherweise aus betriebs- oder arbeitsmarktpolitischen Gründen prinzipiell ab.

- Bereits die Interessen unterschiedlicher Abteilungen in einer großen Organisation oder einem Großunternehmen sind oft disparat und so auch deren Votum, welches in einer betrieblichen Entscheidung die Fehler- und was die Lösungsvariante sei.

- Ähnlich folgen in einer Schule u.U. Schulträger, Schulleitung, Lehrkräfte, Schüler- und Elternschaft in den diversen Fragen recht unterschiedlichen Interessen.

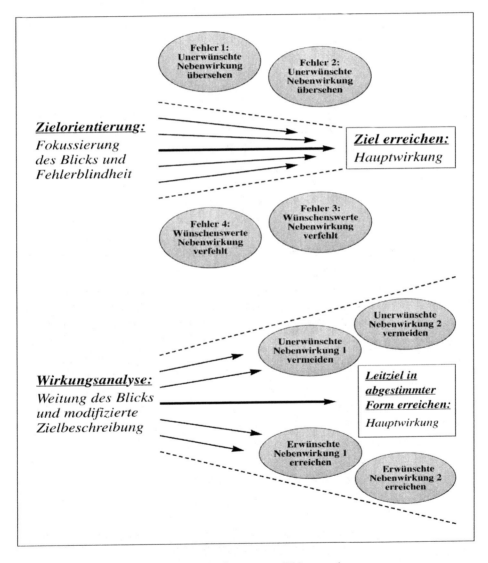

Grafik 3: Zielorientierung versus Wirkungsanalyse

Dieselben Tatbestände, Ziele oder Folgen werden also je nach Interessenlage betrachtet:

- als gravierende und unerwünschte (Fehler-) Variante,
- als unerhebliche (tolerable) Angelegenheit oder
- als anzustrebende (Lösungs-) Variante.

Wessen Interesse und Fehlerurteil wird nun wie stark gewichtet in der Bündelung der Faktoren- und Wirkungsanalyse? Je stärker ein gesamtverantwortliches Denken bei jedem Urteilenden – etwa Verantwortungsträgern, Mitarbeiterinnen und Mitarbeitern, sozialem Umfeld – ausgeprägt ist, desto stärker kann das Interesse der anderen und die komplexe Mehrdimensionalität von verschiedenen Wirkungen wahrgenommen und so in einem Ausgleichsprozess letzten Endes das Fehlerurteil daran ausgerichtet werden.[259]

5.1.3.7 Voraussetzungen für Fehlerverantwortung

Der vierte definitorische Satz klärt die Frage, ob Menschen für ‚Fehler' stets verantwortlich gemacht werden können. Die historische Entwicklung des Fehlerbegriffs führte dazu, dass heute im zwischenmenschlichen Bereich eine als unerwünscht beurteilte Handlung i.d.R. dann als Fehler bezeichnet wird, wenn man dem Handelnden einerseits zwar zugute hält, dass sie unabsichtlich geschehen sei, aber ihn andererseits doch für die Auswirkungen verantwortlich macht.[260] Analog sieht v. Cranach den Handlungsbegriff grundsätzlich mit Verantwortlichkeit gepaart. Als allgemeine Handlungsdefinition schlägt er vor: „Eine Handlung ist, was eine gegebene Gesellschaft dafür hält und wofür sie ihre Mitglieder verantwortlich macht; wobei der Grad der Verantwortlichkeit je nach Art der Handlung verschieden groß sein kann" (v. Cranach 1994, 85).

Mit dieser Definition deutet v. Cranach aber zugleich an, dass die Verantwortlichkeit für Handeln und damit auch für fehlerhaftes Handeln nur bedingt gelten kann. Deshalb präzisiert der vierte definitorische Satz: Wer für einen Fehler Verantwortung übernehmen soll, muss die Freiheit gehabt haben, die alternativ gebotene günstigere Handlungsweise zu realisieren. Die ‚rechenschaftspflichtige Fehlerfähigkeit' des Menschen hängt von seinem Entscheidungs-, Einwirkungs- und Verantwortungsspielraum ab.

Fehler machen zu können ist das Attribut der Freiheit. Ein instinktgesteuertes Tier kann keine Fehler machen. Fast ebenso wenig kann dies ein Mensch, der gefangen gehalten oder unterdrückt wird. Wo der Entscheidungs- oder Einwirkungsspielraum eines Einzelnen klein gehalten wird, kann ihm schwerlich ein Fehler vorgehalten werden. Ein Mitarbeiter oder eine Mitarbeiterin mit geringsten Entscheidungsspielräumen trägt deshalb meist wenig Verantwortung für Fehlentwicklungen. Vier Voraussetzungen

---

[259] Letzteres mag etwas idealistisch klingen. Entscheidend ist aber nicht, ob eine solche Reinform erreicht wird, sondern ob möglichst viele Beteiligte *tendenziell* diese umsichtig-folgenorientierte und verantwortungsvolle Perspektive übernehmen wollen.

[260] Dies ergab eine sprachgeschichtliche Analyse des Fehlerbegriffs (Typoskript von M. Weingardt 2002).

sollten gegeben sein, wenn ein Mensch für eventuelle Fehler verantwortlich gemacht wird:

(1) Fehlererwartung und -sensibilisierung: man muss mit einem Fehler *rechnen,* diesen wahrnehmen und eigenständig darauf reagieren können.

(2) Innere Entscheidungsspielräume: man muss entscheiden *können,* also fähig sein, verschiedene Varianten zu entwerfen, in ihrer Kontextbedingtheit und ihren Auswirkungen zu durchdenken, zu beurteilen und somit kompetent zu entscheiden.

(3) Äußere Entscheidungsspielräume: man muss entscheiden *dürfen.*

(4) Äußere Handlungsspielräume: man muss die Möglichkeit haben, die Lösungsvariante, für die man sich entscheidet, in einem nennenswerten Umfang *in die Tat umsetzen* bzw. die Fehlervariante zu unterbinden.

Die Prüfung, ob Verantwortlichkeit für ein unerwünschtes Handeln vorliegt, kann nun rückschreitend von (4) nach (1) durchgeführt werden:

- Äußere Bedingungen etwa bei einem zu hoch angesetzten Akkord am Fließband oder einer permanenten Arbeitsüberlastung können so beschaffen sein, dass Fehler unvermeidbar werden. Der Handlungsspielraum für die Lösungsvariante, lieber sorgfältig, langsam und korrekt zu arbeiten, ist dann faktisch nicht gegeben. Wenn keine Handlungsspielräume (4) zur Umsetzung einer selbst entschiedenen Handlungsweise gegeben sind, kann einem schwerlich vorgeworfen werden, dass man sich nicht gegen die Fehlervariante entschied (3).

- „Du hast keine Chance, aber nutze sie" – Jugendliche ohne Schul- und Berufsabschluss, die nach vielen vergeblichen Anläufen ihre Lebenssituation so empfinden, kann ein falsches oder tatenloses Entscheidungsverhalten nur noch bedingt vorgehalten werden.

- Wer über äußere Handlungs- und Entscheidungsspielräume (3+4) verfügt, kann dann verantwortlich gemacht werden, wenn er die Chance hatte, die unter (2) genannten inneren Voraussetzungen für eine kompetente Entscheidung zu erwerben. Denn solche komplexen Denk- und Urteilsvorgänge müssen erlernt und eingeübt werden. Wer etwa in der Familie, der Schule oder am Arbeitsplatz nur selten äußere Entscheidungsspielräume erfährt, wird hierin ungeübt bleiben.

- Wer die äußeren und inneren Voraussetzungen (2–4) aufweist, muss weiter auch veranlasst gewesen sein, mit einem Fehler zu rechnen (1). Wenn man der Gebrauchsanweisung eines Geräts folgt, muss man nicht davon ausgehen, dass sie falsch sein könnte; wenn man dabei dennoch das Gerät beschädigt, trägt man keine Verantwortung. Wenn in einer Prüfung Themen zu bearbeiten sind, auf die einen der Lehrerin oder der Ausbilder nicht vorbereitete, darf man für Fehlleistungen nicht verantwortlich gemacht werden.

Das letzte Beispiel deutet die Brisanz der vier Voraussetzungen an. Denn tatsächlich wird für Fehler ja noch stets ausnahmslos der Prüfling über die Notengebung ‚verantwortlich' gemacht und nicht die Lehrkraft; und dies obgleich man ja nicht erwarten kann, dass ein Schüler misstrauisch von Fehlleistungen seiner Lehrkräfte ausgeht und sich durch eigenständige Erkundigungen absichert. Verantwortlich für die Fehler eines Lernenden ist also auch, wer verhindert, dass die Voraussetzungen für eine Fehlervermeidung entstehen können.

5.1.3.8 Modifizierte Herangehensweise an Fehler

Die Erläuterung der Definition und ihrer vier Merkmale verdeutlicht eine andere Perspektive auf den Fehler, welche die Herangehensweise an die Fehlerfrage grundlegend ändert. War bislang die bereits unstrittig gegebene Fehlerfeststellung der Ausgangspunkt, an den sich die Frage nach Strategien des Vermeidens oder Bearbeitens unmittelbar anschloss, so werden nun drei gedankliche und ggfs. auch kommunikative Schritte vorgeschaltet:

1. *Wer* spricht das Urteil: "Das ist ein Fehler!" aus? Gibt es weitere, dem widersprechende Beurteilungen?

2. Welche weiteren *Varianten* werden benannt, die an die Stelle des Fehlers treten könnten?

3. Auf welchen *Kontext* wird das Urteil gegen den Fehler und für eine günstigere Variante bezogen? Wie werden einzelne Faktoren des Kontextes beschrieben, in Beziehungen gesetzt und gewichtet? Hinsichtlich welcher Auswirkungen wird das Fehlerurteil ausgesprochen? Gibt es andere Wirkungen oder Interessen, die eine andere Beurteilung nahe legen würden? Wurde zu einem früheren Zeitpunkt deshalb ein anderes Urteil gefällt, weil der situative Kontext anders gestaltet war oder gesehen wurde?

Daran schließt sich dann bei Menschen, die für einen Fehler verantwortlich gemacht werden, noch an:

4. Inwieweit kann eine Entscheidungs- oder Handlungsmöglichkeit zugunsten einer günstigeren Handlungsvariante angenommen werden? Ist die internale (kognitive, psychische, physische) Verfasstheit so gestaltet, dass eine hinreichende Entscheidungsfähigkeit vorausgesetzt werden kann? Sind externale Zwänge vorhanden, die das individuelle Entscheiden oder Einwirken klar beschränken?

Erst danach sind weitere Anschlussfragen sinnvoll, etwa nach tiefergehenden ursächlichen Zusammenhängen und dem Hinweischarakter eines Fehlers, nach seinen destruktiven und konstruktiven Potenzialen, nach dem Umgang mit ihm und ggf. nach den Strategien zur Vermeidung desselben und zum Umgang mit Fehlerfolgen. Diese werden je nach Sachgegenstand und je nach Interesse der Beurteilenden unterschiedlich formuliert und ausgestaltet.

Wie bereits angedeutet können bei einfach strukturierten Fällen diese Schritte stark abgekürzt werden. Das ist dann der Fall, wenn von verschiedenen Beurteilern *kontextunabhängig* die erwünschte und die unerwünschte Variante einheitlich feststellbar ist. Beispiele dafür sind

- die versehentliche Weitergabe einer sachlich falschen Information;

- die ungenaue Durchführung einer Messung;

- die mangelhafte Ausführung einer Reparatur;

- die korrekte Anwendung einer binomischen Formel;

- die Buchstabenfolge beim Schreiben eines Namens.

5.2   Fehlerparadoxon

5.2.1   Die Notwendigkeit von Fehlern

Der bisher entfaltete Gedankengang zu der hier vorgeschlagenen Rahmendefinition verdeutlicht eine Akzentverlagerung in der Fehlerbetrachtung. Lange fanden Fehlertheorien und -forschungen ihren Brennpunkt bei der Frage, wie die identifizierten Fehler besser zu *vermeiden* seien. Zu diesem Zweck wurde dann insbesondere der Frage nach den Entstehungszusammenhängen und Ursachen nachgegangen. Bei der Umsetzung dieser kausalen Erkenntnisse in technologische Maßnahmen wurden dann oft verschiedene Fehlerklassen gebildet, denen spezifische Strukturen der Fehlervorbeugung oder -bearbeitung zugeordnet wurden.

Die Analyse neuerer Forschungen führt jedoch zum Hinterfragen der bisherigen doppelten Grundannahme, wonach erstens der Fehlerfall unstrittig *gegeben* erscheint und deshalb als Bewertung gar nicht erst überprüft werden muss und zweitens Fehler stets so gut wie möglich zu vermeiden seien.

Der erste Akzent hängt damit zusammen, dass es in immer weniger Entscheidungsfällen möglich ist, beim Fehlerurteil auf gesellschaftlich feststehende und generell gültige Bezugssysteme zurückzugreifen. Die zeitliche Beständigkeit und die sachliche Breite der Anwendbarkeit von normativen Festlegungen aller Art reduziert sich zunehmend durch gesellschaftliche Prozesse, die anhand der drei Begriffe

- Pluralisierung von Wertsystemen und Lebenslagen

- Dynamisierung der Veränderungen

- Komplexitätssteigerung

bereits an mehreren Stellen dieser Analyse erörtert wurde. Immer öfters, so scheint es, kann erst durch eine sorgfältige Kontextualisierung der jeweiligen Lage entschieden werden, welche Varianten ‚richtiger' erscheinen und welche eher als Fehler. Dadurch rückt die Fehlerbetrachtung in eine gewisse Nähe zu grundlegenden Fragen der Urteils- und Entscheidungsbildung, zumal die heutige Anwendungsbreite des Fehlerbegriffs jeden allgemeinen Definitionsversuch auf basale Polaritäten wie falsch und richtig, funktional und dysfunktional u.a.m. zurückverweist. Auch aus Gründen der interdisziplinären Anschlussfähigkeit wurde hier jedoch bewusst darauf verzichtet, die Frage nach dem Fehlerurteil letztlich bis auf Begriffe und Strukturen diverser erkenntnistheoretischer oder philosophischer Richtungen zurück zu führen.

Der zweite neuere Akzent in der Fehlerforschung, dass Fehler als produktives Potenzial oder zumindest als polyvalente Größe angesehen werden, hängt dabei nicht stets damit zusammen, dass die Forscherinnen und Forscher sich vom Anspruch der Fehlervermeidung abwandten, sondern damit, dass sie den Fehler gründlicher durchdrangen. Gemäß der hier vorgelegten Analyse ergeben sich in Fehlerforschungen verschiedener Disziplinen Hinweise darauf, dass Fehlervermeidung und Fehleroffenheit sich nicht widersprechen, sondern teilweise bedingen:[261]

- Freud sieht die unbeabsichtigte sprachliche Fehlleistung, den sprichwörtlich gewordenen Freudschen Versprecher, als eine vom Unterbewussten ausgelöste fehlerhafte Handlung, die Hinweise gibt und hilft, den größeren Fehler einer psychisch schädlichen Verdrängung von Wünschen und Unterdrückung von Affekten zu bearbeiten.

- Gestalttheoretiker weisen darauf hin, dass der Fehler eine Feldkraft darstellt, die in der Lage ist, das Wissen über die erwünschten Strukturen des Denkens und Handelns zu evozieren und zu vertiefen. Der Einzelne sollte Fehlhandlungen geschehen und wirken lassen, selbst wenn er sie letzten Endes vermeiden möchte (Köhler, Koffka, Duncker, Wehner).

- Sprach- und Kognitionspsychologen betrachteten als wissenschaftliche Beobachter die versehentlichen ‚Patzer' und ‚Schnitzer' als Resultate von Teilfehlern im Ablauf von kognitiven Mustern und neurologischen Mikroprozessen. Die gelingenden ‚richtigen' Abläufe allein ermöglichen diese Erkenntnisse nicht. Oft geben erst die fehlerhaften Abläufe durch ihre Analogien und Abweichungen dem Forscher die entscheidenden Hinweise (Meringer, Ranschburg, Norman).

- Ganz ähnlich betrachten Sprachwissenschaftler und -didaktiker Schülerfehler etwa in Lese- und Schreiblernprozessen als ‚Fenster' auf die individuell unterschiedliche kognitive Organisation von Wissens- und Regelbeständen. Wenn Lehrerinnen und

---

[261] Nur neue Aspekte sind genau belegt, bei wiederholten Angaben finden sich die Quellenangaben in Kap. 2.4.

Lehrer hartnäckige sprachliche Fehler vermeiden wollen, sollten sie diese bei den Lernern zunächst zulassen, genau analysieren und die empfohlenen Lernstrategien dann auf die individuellen Muster auslegen. Wer die Fehler bereits im Entstehen zu unterdrücken versucht, wird sie schlechter bearbeiten und damit weniger gut dauerhaft vermeiden können.

- Dörner stellt fest, das sich viele Menschen in ihrem strategischen Verhalten ,ballistisch' wie eine abgeschossene Kugel verhalten. Sie zeigen sich nicht offen für die Denkmöglichkeit, dass sie zu einem früheren Zeitpunkt eine Fehlentscheidung getroffen haben könnten. Je länger sie vor ihrer Fehlentscheidung die Augen verschließen, desto gewaltiger geraten die Fehlerfolgen. Der große Fehler eines fatalen Endes und Scheiterns lässt sich deshalb besser vermeiden, wenn frühzeitig eine Offenheit entsteht, eventuelle eigene Entscheidungsfehler zu erkennen, einzugestehen und strategisch zu korrigieren.

- Der Arbeitszeitverlust durch Fehler in der Computeranwendung im Bürobereich lässt sich besser minimieren, wenn man Fehlerereignisse nicht von vornherein durch ,programmiertes Lernen' zu vermeiden versucht, sondern zunächst zulässt, und dann die Mitarbeiterinnen oder Mitarbeiter exploratorisch-heuristische Strategien zur Fehlerbehebung finden lässt (Greif, Irmer, Janikowski).

- Das Ziel einer annähernden Null-Fehler-Produktion lässt sich in Planungs- und technischen Fertigungsprozessen nur dann erreichen, wenn ständig mit Fehlern gerechnet wird und eine Atmosphäre der Fehlertoleranz herrscht. Diese ermöglicht, dass Betriebsangehörige auf übersehene oder unterlaufene Fehler frühzeitig hinweisen können, ohne negative Konsequenzen befürchten zu müssen. Eine entspannte Fehlerkultur des Betriebs ist unverzichtbar für ein auf bestmögliche Vermeidung von Fehlerfolgen zielendes Fehlermanagement (Greif, Imai, Frese).

- Der größte anzunehmende Fehler für viele Unternehmen am Markt ist, dass die angebotenen Produkte oder Dienstleistungen beständig in ihrem Innovationsgrad hinter den Angeboten der Konkurrenz zurückbleiben und deshalb keine Käuferschicht finden. Insbesondere Durchbruchsinnovationen sind aber nur möglich, wo Kreativität stark ausgeprägt ist. Ein strikt fehlervermeidendes Sicherheits- und Qualitätsdenken aber begrenzt die Mitarbeiterkreativität auf ein völlig unproduktives geringes Maß (Peters, Kahl).

- Wer ein angestrebtes Hauptziel oder Interesse mit einem vertretbaren Aufwand und zügig erreichen möchte, muss im Handlungsvollzug gegenüber kleineren Fehlerereignissen oder in Nebenbereichen Fehlertoleranz zeigen. In diese Richtung weist die sogenannte Pareto-Regel, die u.a. besagt, dass man bei einer auf Perfektionierung zielenden Arbeitsweise rund 20% der Arbeitszeit benötigt, um 80% eines Arbeitsvorhabens zu erreichen, für das letzte perfektionistisch-fehlerausmerzende Fünftel jedoch rund 80% der Zeit. Nur bei Fehlertoleranz lasse sich deshalb zeitökonomisch arbeiten.

- Im Sicherheitsbereich strebte man lange eine absolute Fehlerverhütung an, indem man das fehleranfällige menschliche Handeln weitestgehend durch technische Systeme ersetzte. Die Analyse größerer Katastrophen machte jedoch deutlich, dass dies der falsche Weg war. Wer den Fehler eines gravierenden Unfalls verhindern möchte, muss immer wieder auftretende kleinere Fehlereignisse zulassen. Denn sie fordern das reagierende Handeln und die Flexibilität der Mitarbeiterinnen und Mitarbeiter wie in einem beständigen Training, das sich dann bei größeren unerwarteten Zwischenfällen in einer deutlich höheren Reaktionsstärke und Handlungskompetenz auszahlt (Reason, Frese).

- Nach de Bono (1996, 47) ist Kreativität nur möglich, wenn in einer Anfangsphase in lateralen Denkprozessen absichtlich „Fehlern, Anomalien und Pannen" der Weg geebnet wird, sodass sie zur ernsthaft weitergesponnenen Idee werden können. Erst in der Schlussphase des kreativen Prozesses werden die entwickelten Ideen wieder so gründlich auf „mögliche Fehler und Unzulänglichkeiten" hin überprüft (de Bono 1996, 309), wodurch gewährleistet ist, dass sie tatsächlich fehler- und störungsfrei funktionieren können.

- Der Sozialphilosoph Guggenberger betont die Produktivkraft des Denkfehlers, des Irrtums, für die Vermeidung von Fehlentwicklungen etwa im technischen und zivilisatorischen Bereich. Das Verfehlen des Ziels führt oft dazu, dass man es umso sicherer ins Auge fassen kann. Ein ‚Vorwärtsirren an der Hand des Irrtums' ist für ihn die beste Irrtumsprävention (Guggenberger 1987, 11.24.46; vgl. auch Voltaire, Mittelstraß 1989, Prange 1981).

5.2.2   Die These des Fehlerparadoxons

Trotz der deutlichen Unterschiede bei den Akzenten und der wissenschaftlichen Provenienz der Fehlerforschungsbeiträge wird ein wiederkehrendes Korrelationsmuster erkennbar. Ich nenne es *Fehlerparadoxon*, weil es sich in den folgenden widersprüchlich scheinenden Satz fassen lässt:

In dynamisch-komplexen Strukturen lässt sich der Kardinalfehler,
dass ein nachhaltig verfolgtes Interesse oder Leitziel verfehlt wird,
am ehesten dann vermeiden, wenn Fehleroffenheit ermöglicht wird.

Man könnte es noch knapper formulieren: *In dynamischen Komplexitäten bedarf Fehlervermeidung der Fehleroffenheit.* Die längere Formulierung bildet jedoch den Prozesscharakter besser mit ab.

254

Der Ausgangspunkt ist ein ‚nachhaltig verfolgtes *Interesse*'. Man kann synonym auch von Kernintention oder Leitziel sprechen. Mit der ungewohnt wirkenden Begriffswahl ‚Interesse' soll für den bereits zu stark besetzten Begriff des Ziels Ersatz gefunden werden. Denn inhaltlich und zeitlich meist *eng* mensurierte Teilziele lassen sich gelegentlich auch ohne Fehleroffenheit gut erreichen. Der Begriff des Interesses oder auch Gesamtinteresses, so wie er hier eingeführt ist[262], ergibt sich eher aus einer divergenten Wirkungsanalyse, ist also deutlich breiter gefasst als ein eng geführtes Teilziel. Neben einer gewissen *sachlichen* Breite deuten die weiteren Attribute ‚nachhaltig' und ‚verfolgt' außerdem die *zeitliche* Länge des Prozesses an, der nötig ist, ehe man dort anlangt, wo man hin möchte. Eine grundsätzliche Intention, die nicht rasch, sondern erst nach einem längeren Zeitraum erreichbar ist, diese bedarf der prozessualen Fehleroffenheit, meint das Paradoxon. Ein solches ‚nachhaltig verfolgtes Interesse' oder Leitziel könnte sein:

- für einen Jugendlichen, dass er ein bestimmtes Handlungsziel erreicht: einen guten Schulabschluss, die erwünschte Lehrstelle oder eine Festanstellung in seinem Beruf;
- für ein Computernetzwerk, dass es in seinen basalen Funktionen nicht zusammenbrechen kann;
- für ein Ehepaar, dass die Partnerschaft sich entfaltet und nicht in die Brüche geht;
- für ein Unternehmen, dass es innovativ bleibt und am Markt nicht verdrängt wird;
- für eine Schule, dass viele Schülerinnen und Schüler gute Lernerfolge erzielen;
- für die Menschheit, dass die natürlichen Lebensgrundlagen auf der Erde für künftige Generationen erhalten bleiben.

Das deutliche Verfehlen einer solchen zentralen Interessenlage wird hier in einer weiteren Begriffsbildung „*Kardinalfehler*" genannt, um es von anderen begrenzteren Fehlerfällen im Prozess zu unterscheiden. Solche Kardinalfehler lassen sich dann am wahrscheinlichsten verhindern, wenn ausdrücklich eine Fehleroffenheit hergestellt und gepflegt wird, die bei jedem Gegenstandsbereich in eigener Weise auszuprägen ist. Das sagt die dem Paradoxon zugrunde liegende These aus.

Mit *Fehleroffenheit* ist im Kern etwas anderes gemeint als nur eine gewisse großzügige Hinnahme kleinerer Patzer und unerwünschter Störereignisse. Eine ‚gepflegte Fehleroffenheit' zeichnet sich vielmehr aus durch eine neugierige Aufmerksamkeit für eigentlich unerwünschte Varianten, für eventuelle Fehlannahmen und -verläufe, für unerwartete Fehlerereignisse und -ergebnisse, die genau betrachtet, bewertet und produktiv genutzt werden. Fehleroffenheit umfasst weiter, dass Teilziele möglicherweise nicht erreicht werden und der Plan revidiert werden muss.[263] In der kompakt bündelnden Paradoxon-Formulierung können also verschiedene Teilkonzepte von Fehleroffenheit integ-

---

[262] Siehe Kap. 5.1.3.
[263] Vgl. Kap. 5.3.1.

riert sein, wie sie etwa den in Kapitel 5.2.1 aufgeführten Forschungsbeiträgen entnommen werden können:

(1) Kleine patzerartige Fehler können *Indikatoren* für andere, weit größere unerkannte Fehler sein, die es wahrzunehmen gilt.

(2) Um einen Fehler recht wahrnehmen, *verstehen* und wirksam bearbeiten zu können, muss er sich zunächst richtig entfalten und voll in Erscheinung treten können.

(3) Um den großen Fehler effizient zu vermeiden, müssen viele kleine Unvollkommenheiten *tolerant* hingenommen werden.

(4) Tatsächlich geschehende Fehlerereignisse sind *höchst effektive* Ausgangspunkte für individuelle *Lernprozesse*; das teilweise Zulassen von Fehlern führt langfristig zur wirksameren Fehlerbewältigung als eine strikte Fehlervermeidungsstrategie.

(5) Geschehende Fehler *trainieren* uns: sie halten die Fehlerbewältigungs- und *Fehlervermeidungskompetenz* geschmeidig.

(6) Fehler sind unverzichtbare *Impulse* für menschliche, technische, theoretische und systemische Veränderungen, die den *Entwicklungsstillstand* verhindern, der in vielen systemischen Zusammenhängen als der Kardinalfehler angesehen werden kann.

Der Paradoxon-Satz beschreibt eine These, die auf der dargestellten Analyse der Ergebnisse der Fehlerforschung basiert. Sie ist durch zwei Zusätze gegen Missverständnisse abzusichern:

1. Die Hypothese will nicht sagen, dass eine *generelle* Fehleroffenheit nötig ist, also dass Fehler gleich welcher Art und welchen Umfangs zugelassen werden müssen. Es ist vielmehr meist eine *spezifisch ausgerichtete* Fehleroffenheit in mehrere Richtungen notwendig, die jeweils vom Sachgegenstand abhängt.

2. In dem Maß wie die *Komplexität* des Kontextes eines Gegenstands zunimmt, scheint die Gewichtigkeit des in der These formulierten Zusammenhangs zuzunehmen. Bei geringer Komplexität des Kontextes sinkt sie auf ein geringes, gelegentlich sogar gänzlich zu vernachlässigendes Maß ab.

Da eine sprachliche Einarbeitung dieser beiden wichtigen Einschränkungen die These sprachlich aufgebläht hätte, wurde der Form solcher Zusatzhinweise der Vorzug gegeben. Denn es erscheint wichtig, dass die *Prägnanz* des Kernzusammenhangs unverstellt erkennbar bleibt.

Dazu noch ein ergänzender Hinweis. Die im Fehlerparadoxon gewählte Formulierung mag für manchen auf den ersten Blick kompliziert oder bemüht wirken. Warum den Zusammenhang nicht einfach so formulieren: ‚Wer in komplex-dynamischen Situationen sein Hauptinteresse oder -ziel bestmöglich erreichen will, muss sich sehr fehleroffen verhalten!' Tatsächlich wäre dies ein denkbares Äquivalent des Fehlerparadoxons. Die Formulierung des Paradoxons will aber auf den Punkt bringen:

Die entscheidenden großen Fehler in Arbeitswelt und Lebensführung lassen sich gerade nicht dadurch vermeiden, dass akribisch die vielen kleinen denkbaren Fehler vermieden werden. Denn die Summe der vielen kleinen Fehlervermeidungen ergibt eben nicht die Fehlervermeidung im Großen, sondern auf die Dauer gesehen paradoxerweise oft sein Gegenteil: je intensiver man dem Fehlervermeidungsprinzip huldigt, desto größer wird langfristig die Wahrscheinlichkeit, dass sich massive Kardinalfehler in den diversen Lebens- beziehungsweise Handlungsvollzügen ereignen.

Bewusst wurde in diesem theoretischen fünften Kapitel vieles mit Beispielen illustriert. Sie deuten an, wie sich dieser paradoxe Zusammenhang möglicherweise erklären lässt. Wer das Fehlervermeidungsprinzip, das u.a. die Schule bislang durchgängig nahe legt, zu sehr internalisiert, in dem entsteht tendenziell

- die tief verwurzelte *Neigung* zu einer strikten *Fehlervermeidung in allen Lebensbelangen*;

- die damit zusammenhängende häufige *Fixierung des Blicks auf die eine fehlerfreie Lösung* und die daraus resultierende Blickverengung, die verhindert, dass die Qualitäten anderer Varianten oder unerwartet eintretender neuer Tatbestände offen wahrgenommen, möglichst vorurteilsfrei bewertet und zur Neuausrichtung des eigenen Handelns genutzt werden;

- die daraus letztlich ergebende zunehmende *Unfähigkeit zu Anpassungs-, Lern- und Entwicklungsleistungen,* die in einem komplex-dynamischen Kontext unweigerlich zum langfristigen Misserfolg hinsichtlich leitender Interessenlagen führen: man kann das Neuartige nicht mehr für sich erschließen und im Beruf, in der Familie, in anderen Gesellungsformen wird einen die Erstarrung auch sozial zunehmend isolieren.

Es lässt sich also folgender Zusammenhang postulieren: *Je ausgeprägter die Grundhaltung der Fehlervermeidung ist, desto geringer ist die Bereitschaft zum Aufnehmen von Ungewohntem und bislang Verworfenem, zum Umlernen und Anpassen an neue Situationen.* Dies gilt vermutlich nicht nur für Individuen, sondern auch für Gruppen und Institutionen, Wirtschaftsunternehmen und ganze Gesellschaften.

Eine überstarke Betonung des Fehlervermeidungsprinzips hängt möglicherweise mit kulturellen Grundlagen unseres Denkens und Handelns zusammen. Tausende von Jahren wirkten im Abendland dualistische Denktraditionen, die sich in unserer „Messerschneidenlogik" (de Bono 1990) und in vielfältigen binären Codes unserer Kultur etwa in der Theologie oder im Strafrecht niederschlugen. Diese führten zu einer *polarisierenden Gegenüberstellung* von richtig und falsch, Lösung und Fehler, Schuld und Schuldlosigkeit u.v.m. Dies mag zwar bereits lange schon philosophisch überwunden sein, nicht aber in den gesellschaftlichen Praxisfeldern und in vielen Köpfen. Darauf weisen die vielen genannten Forschungsergebnisse und Fallbeispiele aus Schule, Arbeitswelt, Politik und anderen Bereichen unserer Kultur und Gesellschaft hin.

Besonders stark scheint die staatliche Schule noch von solchen dualistischen Denktraditionen geprägt zu sein. Weithin geleitet von einem strikt binären Denken werden besonders in der Sekundarstufe die Lerninhalte vermittelt und die Schülerhandlungen und -leistungen sortiert. Sachverhalte und Regelungen sind entweder eindeutig und generell richtig oder ganz eindeutig und generell falsch. Übergänge dazwischen werden selten verhandelt. Uneindeutige Gegenstände und Fälle mit *wechselnder* Wertigkeit werden tendenziell vermieden. Des weiteren wird auch das fehlerhafte Schülerhandeln zwar als unabänderliche Erscheinung bei Lernprozessen hingenommen, aber i.d.R. nicht als eine für dieses Lernen hilfreiche oder gar nötige Bedingung betrachtet, geschweige denn in didaktischen Konstruktionen systematisch verortet. Genau solche Strategien aber könnte die im Paradoxon formulierte These anregen.[264]

Zur Vermeidung von falschen Schlussfolgerungen sei jedoch an dieser Stelle bereits angemerkt: Sowohl in schulischen als auch in anderen Handlungsfeldern wird es freilich nicht um eine Verkehrung der bisherigen Fehlervermeidungskultur in ihr Gegenteil gehen. Eine überzogene Fehlertoleranz und Fehlerhaftigkeit wird ähnlich destruktiv wirken wie die krampfhafte Fehlervermeidung. Denn wer eine deutlich *unter*entwickelte Fehlervermeidungskompetenz zeigt, dürfte ebenso in der Gefahr stehen, nötige Umlern- und Anpassungsprozesse nicht leisten zu können. In diesem Fall dann nicht, weil man erstarrt im Tradierten, sondern weil einen die Fülle des Misslingenden rundum im eigenen Handeln beeinträchtigen wird. Eine solche erdrückende Fülle von Fehlleistungen aber – wie sie eingangs etwa in der Momentaufnahme zu dem Hauptschüler Rico deutlich wurde – raubt den gedanklichen Freiraum und die psychischen Kräfte, die für ein aufmerksames und sorgfältiges Nutzen von einzelnen Fehlern im Sinne eines sukzessiven Umlernens notwendig erscheinen.

5.2.3 Dynamische Komplexität des Kontexts

Mittlerweile ist der regelmäßige Hinweis auf Komplexitäten ein quer durch die Disziplinen reichendes Phänomen. „Es ist fast schon eine triviale Floskel, wenn man sagt, dass wir in einer Welt leben, die immer komplexer wird. Bereiche, die früher isoliert voneinander waren, verflechten sich miteinander und sind nicht mehr voneinander separierbar", meint Dörner (Dörner et al.1983, 16). Er beschreibt unsere westliche Gesellschaft als ein hochgradig vernetztes System. Die Komplexität der Wechselwirkungen zwischen den verschiedenen Teilsystemen mache es unmöglich, weiterhin mit isolierten Problemlösungsansätzen zu arbeiten, wie es die Fachliteratur bis heute noch teilweise nahe legt.

---

[264] Vgl. dazu Kap. 6.

Dörner nun versuchte in Simulationen Anhaltspunkte dafür zu gewinnen, „wie sich Menschen in *komplexen*, teilweise *unbekannten*, *vernetzten*, *eigendynamischen* Realitätsausschnitten bewegen, wenn sie *polytelisch* handeln müssen und der zu erreichende Zielzustand *offen* ist" (ebd., 23; Kursivsetzungen durch Dörner). Er ist sich dabei unsicher, ob der homo sapiens in der Lage ist, die Polytelie, Eigendynamik und Komplexität unserer Lebensrealität, die ein rationales Planungs- und Entscheidungshandeln des einzelnen Menschen enorm erschwert, noch angemessen zu bewältigen.

Gleichwohl ist der komplex-dynamische Kontext des Handelns entscheidend für eine Anwendbarkeit des Fehlerparadoxons. Doch lässt sich der *Begriff „komplex"* präzisieren? Die wissenschaftlichen Definitionsversuche für Komplexität fallen ähnlich wie beim Fehlerbegriff entweder sehr gegenstandsspezifisch aus oder bleiben in unbefriedigender Weise ‚schwammig'. Stüttgen (1999, 18ff) stellt die Bandbreite der Begriffsbestimmungen in den Naturwissenschaften, der Soziologie und Psychologie, Volks- und Betriebswirtschaft, Kybernetik und Systemtheorie dar. Laut Wörterbuch bedeutet „komplex"[265], dass der damit bezeichnete Gegenstand „vielschichtig, viele verschiedene Dinge umfassend" sei und dass die vorliegende „Verknüpfung von verschiedenen Teilen zu einem Ganzen (...) ineinandergreifend, nicht auflösbar" erscheint.[266]

In Stüttgens eigener Arbeitsdefinition, mit der er die Komplexitätsbewältigung in Unternehmen beschreibt, erweist sich die Unterscheidung von einfachen, komplizierten und komplexen Systemen als hilfreich:

„Komplexe System können typologisch von einfachen und komplizierten Systemen abgegrenzt werden:
1. Einfache Systeme bestehen aus wenigen Elementen, die kaum miteinander verknüpft sind.
2. Komplizierte Systeme sind durch viele, relativ stark miteinander verknüpfte Elemente charakterisiert. Die Dynamik der Struktur ist allerdings gering.
3. Bei komplexen Systemen verändert sich die Interaktion zwischen den vielen verschiedenen, stark verknüpften Elementen und Beziehungen laufend. Sie zeichnen sich durch eine hohe Eigendynamik und ständig wechselnde Muster und Konstellationen aus" (Stüttgen 1999, 22).

Die Beweglichkeit im Gefüge der Bauelemente und Einflussfaktoren ist demnach die entscheidende Differenz gegenüber rein komplizierten Strukturen. Auch hinsichtlich der Fehlerthematik erwies sich die *Dynamik* als so wichtig wie die Kompliziertheit, denn gemeinsam erst bewirken sie, dass im dazu gehörenden prozessualen Geschehen eine umfassende Kalkulierbarkeit, Prognostizierbarkeit und damit Zuverlässigkeit des Verlaufs unmöglich gemacht wird. Die Dynamik im Gefüge erzeugt neue Ereignisse sowie

---

[265] Komplex wird abgeleitet von lat. complecti, complexus = umschlingen, umfassen.
[266] Zitate aus: Brockhaus-Enzyklopädie, Bd. 12, Leipzig u. Mannheim, 1996, 249 und Duden, Das große Wörterbuch, Bd.4, Mannheim u.a., 1978, 1527.

unerwünschte Korrelationsveränderungen zwischen Elementen und Faktoren des Kontextes und dementsprechende unerwartete Entwicklungen und gänzlich neue Urteilsbildungen. Stüttgen integriert die Dynamik der Faktoren bereits in seinen Komplexitätsbegriff, was jedoch in anderen Disziplinen nicht unternommen wird. Aus diesem Grund – und auch um den Faktor der Beweglichkeit deutlicher zu betonen – möchte ich weiterhin explizit von ‚dynamisch-komplexen Kontexten' der Fehler sprechen.

In hochdynamischen Kontexten wird eine nur auf die statischen Elemente abhebende Betrachtung und Beschreibung dem jeweiligen Gegenstand nicht gerecht. Der Faktor *Zeit* und mit ihm der Prozesscharakter rücken in den Vordergrund. Dies gilt auch für das Fehlerparadoxon. Es beschreibt einen Zusammenhang von Fehlervermeidung und -offenheit, der nur innerhalb eines dynamisch-komplexen *Prozesses* beobachtbar ist. Bei einer empirischen Überprüfung müssten folglich mehrere Zeitpunkte der umfassenden Beobachtung des Geschehens und seines Kontextes gewählt werden. Erst der Vergleich dieser Augenblicksaufnahmen ermöglicht dann die empirische Überprüfung, ob die Korrelation bestätigt oder widerlegt werden kann. Bei einer kontinuierlichen Längsschnittbeobachtung des Fließens eines Kontextes wird die Beobachtung dieses Gegenstandes vermutlich noch qualifizierter möglich, denn eine messbare Quantifizierung von Kontextkomplexität und Korrelationsstärken ist bei den meisten Gegenstandsbereichen der Fehlerforschung nicht vorstellbar.

Es gibt kein absolutes *Maß für Komplexität*, sie „bezeichnet einen Bereich am oberen Ende einer als kontinuierlich gedachten Skala, deren zweiter Pol durch den Bereich der Einfachheit gekennzeichnet ist. Komplexität ist ein Gradbegriff" (Stüttgen 1999, 22). Die Beschreibung der Komplexität eines Gegenstandes unterscheidet sich zudem intersubjektiv von Beobachter zu Beobachter, je nach dem wie viele und welche zu berücksichtigende Faktoren, Korrelationen und Korrelationsstärken innerhalb eines Kontextes gesehen werden:

> „Die Komplexität eines Systems ist nicht eine objektiv gegebene Eigenschaft eines Systems. Komplexität ist im wesentlichen ein Produkt
> a) der Beziehung des Systems zum Beobachter,
> b) des Auflösungsgrades und der Sprache, die ein Beobachter wählt, um das System zu erfassen" (Stüttgen 1999, 22).

In Kapitel 5.1.3 wurden Faktoren und Variablen des Kontextes angedeutet, der das Fehlerurteil jeweils bestimmt. In einem komplexen System nun lassen sich unterschiedliche Fehler-Kontexte darstellen, je nachdem welche Frage im Moment bearbeitet wird und in welcher Breite der jeweilige Beobachter und Beurteiler Kontextfaktoren einzubeziehen versucht. Grafik 4 versucht dies zu visualisieren.

Solche Faktoren können sich etwa im Marktgeschehen rasch verändern, die Faktoren treten also eher als wechselnde Variablen in Erscheinung, wodurch dann die *dynamische* Komplexität des Kontextes entsteht. Diese wirkt sich auf zwei Ebenen aus:

1. Die Bildung des *Fehlerurteils* gestaltet sich mit zunehmender Zahl der zu berück-
sichtigenden Faktoren schwieriger. Da jede Faktorenänderung zu einer Revision
beispielsweise der Beurteilung einer Handlungsweise als Fehlhandlung führen kann,

   erhöht sich mit der Zahl beweglicher Faktoren im Kontext die Wahrscheinlichkeit
   einer späteren Revision des einmal gefällten Fehlerurteils.

2. Die Wahrscheinlichkeit des Eintretens *unerwarteter Fehlerfälle bzw. -varianten* (unerwünschte Ereignisse, Einzelfälle, Handlungen, Zustände, Einflussfaktoren), auf
die reagiert werden muss, erhöht sich.

Daraus resultiert definitorisch: Fehleroffenheit besteht darin, dass man a) die starke Veränderlichkeit von Variablen und Kontexten beachtet, b) individuell oder als System
vielfältige Reaktionsmöglichkeiten versiert entwickelt, die ein rasches und wirksames
Eingehen darauf ermöglichen, und c) dass dadurch ein produktiver Umgang mit unerwarteten Fehlerereignissen, -varianten und entsprechenden Abänderungen von Fehlerur-
teilen möglich wird (vgl. Kap. 6.2.2.).

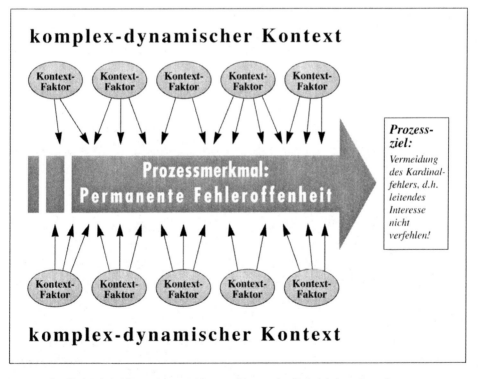

Grafik 4: Das Fehlerparadoxon: Fehlervermeidung und -offenheit in komplexen Prozessen

5.3   Die Rahmentheorie des Fehlers

Die hier vorgenommene Bestimmung des Fehlerbegriffs stellt eine Rahmendefinition dar, die vor allem das Zustandekommen des Fehlerurteils und damit des jeweiligen Gegenstandsbereichs einer disziplinären (Teil-) Fehlerforschung klärt. Dementsprechend kann eine daraus hervorgehende Fehlertheorie ebenfalls nur eine Rahmentheorie sein, das heißt sie stellt einen Rahmen für spezifisch disziplinäre (Teil-) Fehlertheorien dar.

Eine solche *Rahmentheorie des Fehlers*, die für ein möglichst großes transdisziplinäres „Basisgebiet" (Leinfellner 1980, 101) anwendbar und gültig sein soll, kann verständlicherweise nur wenige grundlegende Aussagen umfassen. Fehlerdefinition und Fehlerparadoxon und die ihnen zugrunde liegenden Annahmen lassen sich, hierarchisch aufeinander fußend, zu einer solchen Rahmentheorie unmittelbar zusammenfügen. Beide sind bereits ausführlich dargestellt und begründet, deshalb wird die Theorie ohne weitere Ausführungen in den folgenden Sätzen zusammen gefasst.

5.3.1   Sätze der Theorie

I.   *Rahmendefinition des Fehlers: Als Fehler bezeichnet ein Subjekt angesichts einer Alternative jene Variante, die von ihm – bezogen auf einen damit korrelierenden Kontext und ein spezifisches Interesse – als so ungünstig beurteilt wird, dass sie unerwünscht erscheint.*

    A.   *Urteil*: Die Bezeichnung „Fehler" stellt ein Urteil dar, das eine unerwünschte Variante abhebt von einer erwünschten (etwa bezüglich einer biologischen oder physikalischen Struktur, eines Prozesses, eines Handlungsresultats).

    B.   *Kontext*: Der Beurteilende bezieht die Fehlervarianten ebenso wie die erwünschten Lösungsvarianten auf den selben Kontext von Faktoren, die korrelativ mit diesen Varianten verbunden sind (etwa Materialeigenschaften, Organisationsstrukturen, Einflussgrößen, Auswirkungen, Ziele, Werte, u.a.m.).

    C.   *Komplexität und Dynamik*: Je komplexer und beweglicher die Korrelationen im Kontext dieser Urteilsbildung sind, desto wahrscheinlicher wird, dass bei wechselnden Stand- und Zeitpunkten verschiedene Beurteiler zu einer widersprüchlichen Kennzeichnung erwünschter und unerwünschter Varianten kommen, und desto untauglicher wird eine feststehende, normative Fehlerbeschreibung.

II.   *Fehlerparadoxon: In komplex-dynamischen Strukturen lässt sich der Kardinalfehler, ein nachhaltig verfolgtes Interesse nicht zu erreichen, am ehesten vermeiden, wenn Fehleroffenheit hergestellt wird: Fehlervermeidung in der Zieldimension wird nur durch Fehleroffenheit auf dem Weg zum Ziel möglich.*

A. *Fehleroffenheit I: Fehlertoleranz.* In komplex-dynamischen Prozessen sind unerwartete und unerwünschte Ereignisse, Wirkungen und Kontextveränderungen unvermeidbar. Ein in den Mittelpunkt eines Prozesses gerücktes leitendes Interesse ist am ehesten erreichbar, wenn Fehleroffenheit insofern ermöglicht wird, dass durch bewusst geschaffene Strukturen unerwartete Fehler (etwa plötzliche Störereignisse; Fehlannahmen, -entscheidungen, -handlungen, -verläufe; Struktur- und Ergebnisfehler) *geschehen dürfen,* weil sie toleriert, d.h. in ihren Wirkungen hingenommen, eingegrenzt oder rasch und effektiv kompensiert werden können.

B. *Fehleroffenheit II: Fehlernutzung.* In komplex-dynamischen Prozessen wird ein nachhaltig verfolgtes Interesse am besten dann erreicht, wenn durch einen *produktiven* Umgang mit Fehlern, die sich ereignen, diese für das bessere Erreichen der Lösungsvariante genutzt werden können.

C. *Fehleroffenheit III: Fehlerneubeurteilung.* In komplex-dynamischen Prozessen wird eine *fixierende* Fehlerkennzeichnung selbst zum potenziellen Fehler. Angemessen ist hier eine Offenheit dafür, dass sich durch zeitliche Prozesse und die in ihnen gewandelten Kontexte die angestrebte Lösungsvariante unerwartet als Fehler und eine bislang als ungünstig und unerwünscht beurteilte Fehlervariante als anzustrebende Lösung darstellen kann. Die Überprüfung des Lösung-Fehler-Urteils wird hier zu einer in bestimmten Abständen wiederkehrenden Routine des Denkens.

5.3.2 Die Begriffe Fehleroffenheit, Produktivität und Transdisziplinarität

In der Rahmentheorie wird der Begriff ‚Fehleroffenheit' neu gebildet und damit den in der wissenschaftlichen Literatur bereits vorfindlichen Termini Fehlertoleranz und Fehlerfreundlichkeit vorgezogen. Da es hierbei bereits um einen Grundbegriff der Rahmentheorie geht, soll diese Begriffswahl begründet werden.

- *Fehlertoleranz* ist im technischen Bereich ein gebräuchlicher Begriff. Er bezeichnet das noch tolerable Maß der Abweichung von einer normierten Zielgröße. Beim Fräsen von Werkstücken, bei statistischen Erhebungen und Messungen oder bei standardisierten Arbeitsabläufen werden solche Toleranzgrenzen definiert. Der oben vorgelegte transdisziplinäre Fehlerbegriff überschreitet aber genau dieses tradierte Verständnis, der Fehler sei stets eine Normabweichung. Außerdem wird ein produktives Potenzial des Fehlers mit dem Begriff Fehlertoleranz in keiner Weise angesprochen. Letzteres gilt auch für die gelegentliche Begriffsverwendung in Texten außerhalb der technologischen Anwendungsbereiche. Fehlertoleranz als klar besetzter Begriff ist also untauglich für unseren wissenschaftlichen Verwendungszusammenhang.

- *Fehlerfreundlichkeit* ist ein von Christine von Weizsäcker 1976 in die wissenschaftliche Diskussion eingeführter Begriff. Von ihr und ihrem Mann Ernst-Ulrich von Weizsäcker wurde er 1984 in einem Forschungsbeitrag auf evolutionäre Vorgänge in der Natur bezogen und dort mit einigen ausgewählten Prinzipien eng verbunden (Erstmaligkeit, Redundanz, Rezessivität, Barrieren u.a.m.).[267] Der Begriff Fehlerfreundlichkeit zielt dort auf eine pointiert positive Wertung des Fehlers und die Aufforderung, man solle – so wie die Natur in vielen Zusammenhängen – tendenziell ‚freundlich' mit den vordergründig als Fehler betrachteten Störereignissen und Tatbeständen umgehen.[268] Der Begriff Fehlerfreundlichkeit enthält also eine bewusst normative Tendenz. Er wird mittlerweile in der Literatur gelegentlich verwendet, dabei dann oft in einer vereinfachenden Weise, die ihn mit Fehlertoleranz im Sinne eines großzügigen Hinnehmens unerwünschter Ereignisse und Abweichungsphänomene gleichsetzt.

In der Rahmentheorie soll es aber zum einen um eine nicht-normative Positionierung gehen und zum anderen um sachlich weiter gespannte Dimensionen der Produktivität von Fehlern. Tatsächlich kann ein Fehler auch dann produktiv werden, wenn er als unerfreuliches Ereignis erlebt wird. Eine einschneidende und nachhaltige Veränderungsbereitschaft entsteht bei Individuen und in Gemeinschaften ja oft erst dann, wenn die erfahrenen oder unmittelbar drohenden Folgen des fehlerhaften Wegs Frustration, Angst oder Leidensdruck auslösen – ein Vorgang, der etwa in Politik und Gesellschaft schon häufig wichtige Entwicklungen auf den Weg brachte. Die Wirkungsgeschichte selbst mancher Katastrophe wie etwa jener von Tschernobyl als Impulsgeber für die Risiko- und Fehlerforschung unterstreicht diesen Zusammenhang.

Im Gegensatz zu Fehlerfreundlichkeit stellt *Fehleroffenheit* also einen nicht-normativen Begriff dar, der auch den Nutzen von zunächst höchst unerfreulich wirksam werdenden Fehlern umfasst. Er ist zudem geeigneter, die oben mit ‚Fehleroffenheit III' bezeichnete Dimension der Neufassung des Lösung-Fehler-Urteils und weiterer Teilkonzepte der Fehlerforschung, die sich von dem evolutionär ausgerichteten Ansatz der Weizsäckers abheben, zu integrieren.[269]

Ein weiterer in dieser Arbeit wiederholt verwendeter Begriff ist die *‚Produktivität'* von Fehlern. Bereits im 16. Jahrhundert lassen sich die beiden Begriffe ‚Produkt' und ‚Produzent' nachweisen. Der erste bedeutet laut Duden[270] heute ‚Erzeugnis, Ertrag', der

---

[267] Vgl. die Arbeiten von Christine und Ernst-Ulrich von Weizsäcker von 1976, 1984 und 1986. Deren interessanter Fehlerforschungsbeitrag konnte aufgrund der thematischen Einschränkung dieser Arbeit auf Fehlerforschungen bezüglich Arbeitswelt und Schulunterricht nicht ausführlich dargestellt werden. Eine knappe Zusammenfassung findet sich in Kap. 2.4.7.

[268] Der Begriff ‚Fehlerfreundlichkeit' wurde in technischen und wirtschaftlichen Zusammenhängen und jüngst auch in der Mathematikdidaktik aufgenommen (vgl. Kap. 2.7.4; Guggenberger 1987, 145; Stüttgen 1999, 213).

[269] Vgl. die in Kap. 5.4 dargestellten dreißig Teilkonzepte von Fehleroffenheit in ihrer Gesamtheit.

[270] Der Duden in zwölf Bänden, Bd.7, Das Herkunftswörterbuch. Etymologie der deutschen Sprache, Mannheim u.a. 1997, 552.

zweite bezeichnet dessen ‚Hersteller, Erzeuger'. Beide entstanden als Partizipformen des lateinischen pro-ducere, das ‚vorwärts führen, hervorbringen, vorführen' beinhaltet, und dem die heutige Bedeutung des Verbs ‚produzieren' im Sinne von ‚hervorbringen, erzeugen, schaffen' entspricht. Die Begriffe produzieren, Produkt, Produktion, Produzent werden heute vor allem in wirtschaftlichen Zusammenhängen verwendet, ebenso in weiteren Ableitungen wie produktiv und Produktivität, letztere als Bezeichnung für die Ergiebigkeit etwa bei der Güterherstellung. Allerdings sind auch nicht-ökonomische Verwendungen lebendiggeblieben, etwa wenn der Mathematiker von einem Produkt spricht oder wenn man von einer Person sagt, dass sie ‚sich produziert'.

Ein besonders vielseitiger Sprachgebrauch konnte sich beim Adjektiv ‚*produktiv*' mit der Bedeutung „viel hervorbringend, ergiebig, fruchtbar, schöpferisch"[271] erhalten. So wird es heute gerne benutzt, um eine Situation oder Person, einen interaktiven Vorgang oder Sachverhalt zu bezeichnen, dessen kreatives Potenzial eine unerwartete Qualität oder Fülle etwa neuer Erkenntnisse, Kunstwerke oder Handlungsbereitschaften hervorbringt oder -brachte. In diesem *weiteren* Sinne erscheint auch der von ‚produktiv' abgeleitete Begriff ‚Produktivität' höchst geeignet, die vielseitigen Potenziale von Fehlern zu bezeichnen: Fehler können, bei angemessenem Umgang mit ihnen, produktiv sein, also: viel hervorbringend, aufschlussreich, ergiebig, lernwirksam, schöpferisch. In diesem Sinne soll von der Produktivität der Fehler gesprochen werden.

Diese Produktivität schien bereits bei der Darstellung der diversen Fehlerforschungen im zweiten und dritten Kapitel auf. Mit ihr verbindet sich die Forderung nach mehr Fehleroffenheit insbesondere in dynamisch-komplexen Wirkungs- und Handlungszusammenhängen, welche im Fehlerparadoxon implizit enthalten ist. Im anschließenden Kapitel zeichnet sie sich in der Bündelung von Teilkonzepten klarer ab.[272]

Warum werden Fehlerbegriff, -paradoxon und Rahmentheorie ‚*transdisziplinär*' genannt? Damit verbindet sich nicht ein besonders hoher Anspruch dieser Theorie, sondern der Wunsch nach sprachlicher Exaktheit. Mit *inter*disziplinär wird etwas *zwischen* den Disziplinen Stehendes oder Geschehendes bezeichnet, etwa eine wissenschaftliche Verständigung oder eine Forschungskooperation. Dieser Begriff ist allerdings sprachlich ungeeignet, um die übergreifenden Kontexte verbindender Fragestellungen, gemeinsame methodische Herangehensweisen oder gar theoretische Konstrukte zu bezeichnen, die *überspannend* als ein Forschungshintergrund oder -ausgangspunkt für mehrere Disziplinen angesehen werden wie beispielsweise die hier entwickelte Rahmentheorie. In diesem Fall ist *trans*disziplinär der treffendere Begriff, der auch wissenschaftliche Verwendung findet (vgl. etwa Stüttgen 1999). Tatsächlich ist vieles, das heute mit interdisziplinär bezeichnet wird, tasächlich eher ein transdisziplinärer Gehalt. Mittelstraß (1986, 1054) meint:

---

[271] Ebd.
[272] Vgl dazu die Hinweise zum Ziel der Arbeit in Kap. 1.2.1.

„Interdisziplinarität im recht verstandenen Sinne geht nicht zwischen den Disziplinen hin und her oder schwebt, dem absoluten Geist nahe, über den Disziplinen. Interdisziplinarität ist vielmehr in Wahrheit Transdisziplinarität."[273]

Marquard (1998) beschreibt als Ergebnis einer langen Debatte über Interdisziplinarität, die von ihm mit der ‚Kompensationshypothese' zum Verhältnis von Geistes- und Naturwissenschaften 1985 mit angestoßen worden war, fünf zentrale Funktionen des Interdisziplinären. Er sieht sie als „Emigration" aus der intradisziplinären Überlast in einen Raum mit Zeit, als Gelegenheit zu „anspruchsvoller fachübergreifender Arbeit", als „Vorphase für Forschungsspitzenleistungen, die selber nicht interdisziplinär, sondern individuell erbracht werden" und als „Unternehmen zur fachübergreifenden Erarbeitung eines Sozialprodukts an Theorie", das aus Fragen oder aus Antworten bestehen kann (Marquard 1998, 617). Voraussetzung sei freilich, dass keine überzogenen Erwartungen etwa hinsichtlich der wissenschaftstheoretischen Einheitlichkeit und Exaktheit des Interdisziplinären erhoben würden:

> „Es gibt bei den interdisziplinären Aktivitäten den Enttäuschungseffekt durch Verständigungsperfektionismus. Jeder kennt die Sprachbarrieren zwischen den Fächern, die Verständigung angeblich erschweren oder verhindern. Aber diese Verständigungsverhinderungen werden in der Regel durch verständigungsperfektionistische Sollforderung erzeugt: etwa durch wissenschaftstheoretische Verordnung unsinnig hoher Präzisionsstandards oder durch diskurstheoretische Etablierung unsinnig weitgehender Konsenserwartungen" (Marquard 1998, 617f).

Die vorgelegte Theorie präsentiert deshalb mit gutem Grund eine *Terminologie*, die sich aus Begriffen – wie Variante, Alternative, Urteil, Kontext, Dynamik, Komplexität, Offenheit – zusammensetzt, die nicht in spezifischer oder gar von nur einer Disziplin beanspruchbaren Weise hochgradig besetzt sind in der wissenschaftlichen Landschaft, sondern eher Allgemeingut darstellen. Diese werden, wo es nötig erscheint, soweit präzisiert, dass ein sachgemäßes Verständnis der Aussagen möglich ist. Eine weitergehende Einbettung in einen spezifischen erkenntnistheoretischen oder disziplinären Theoriezusammenhang würde die transdisziplinäre Überprüfbarkeit und Anwendbarkeit dieses Theorieangebots wieder vorab einschränken.

5.3.3 Formel zum Zusammenhang von Fehlervermeidung, -offenheit und Komplexität?

Eine Rahmentheorie, die den Anspruch erhebt, transdiszisplinär fundiert und anwendbar zu sein, sollte für unterschiedliche Wissenschaftsbereiche kommunizierbar sein. Die zunächst vorgestellten Formulierungen dürften diversen Disziplinen etwa des erzie-

---

[273] Vgl dazu Kap. 6.2.

hungs-, verhaltens-, sozial- und wirtschaftswissenschaftlichen Bereichs gut zugänglich sein. Deren Zugriff auf die Theorie erscheint auch besonders wichtig, weil in den Praxisfeldern, die diesen Disziplinen jeweils zuzuordnen sind, die Betrachtung komplexdynamischer Strukturen eine besonders hohe Relevanz aufweist. Auf die Notwendigkeit fehleroffener Prozesse bei solchen komplex-dynamischen Rahmenstrukturen hebt aber das Fehlerparadoxon ab.

Zugleich könnte man den Versuch unternehmen, diese Korrelationen auch in der mathematischen Formelsprache zu beschreiben. Dies könnte etwa für naturwissenschaftliche oder technisch-ingenieurwissenschaftliche Disziplinen die Kompatibilität und Nutzbarkeit der Theorie erhöhen. Wäre dies möglich, würde es den Anwendungsradius der Theorie und vor allem die damit verbundene Spannweite der interdisziplinären Verständigung in der Fehlerforschung ausweiten.

Darüber hinaus ist aber eine solche Darstellungsweise auch für die zunächst genannten geistes- und sozialwissenschaftlichen Disziplinen nicht unerheblich. Denn die *quantifizierende* Zugriffsweise der mathematischen Zeichen ermöglicht es, die beschriebene Korrelation von Fehleroffenheit und -vermeidung auch als eine Frage der Maße zu charakterisieren und so die Theorie gegen Fehldeutungen abzusichern. Denn wie bereits weiter oben erwähnt, wird ein *Übermaß* an Fehleroffenheit und damit auch an Fehlerhaftigkeit eines Prozesses für die intendierte Vermeidung des Kardinalfehlers höchstwahrscheinlich so wenig förderlich sein wie ein zu geringes Maß. Es geht also im Fehlerparadoxon auch um *austarierte* Maße bei der Korrelation von Komplexität, Fehleroffenheit und Fehlervermeidung. Die mit – je nach Gegenstandsbereich völlig unterschiedlichen – Messwerten oder Maßzahlen konkretisierbare Formelschreibweise könnte diese Abhängigkeit des behaupteten Zusammenhangs von den jeweiligen Maßen *veranschaulichen*, vielleicht sogar im Einzelfall berechenbar machen.

Noch einmal möchte ich aber unterstreichen, dass trotz dieser Erwägungen die nun folgenden Anläufe zu formelartigen Darstellungen der beschriebenen Zusammenhänge der Rahmentheorie nicht wirklich relevant für die Beantwortung unserer Forschungsfrage sind, sondern eher nebenbei vorgenommene heuristische Versuche darstellen, deren Brauchbarkeit letztlich nur von den Experten und Expertinnen der einzelnen Disziplinen anhand konkreter komplex-dynamischer Gegenstandsbereiche beurteilt werden kann.

Ausgangspunkt dieser Versuche ist, dass das Fehlerparadoxon einen Zusammenhang zwischen drei Größen herstellt:

- der Notwendigkeit, ein bestimmtes Interesse oder Gesamtziel zu erreichen beziehungsweise den Kardinalfehler zu vermeiden, dass es nicht (bzw. unvollständig oder zu spät) realisiert wird,

- der dynamischen Komplexität des Kontexts der jeweiligen Aktivität und

- dem damit zusammenhängenden Grad der möglichen bzw. notwendigen Fehleroffenheit auf dem Weg zum Erreichen des Hauptinteresses bzw. Gesamtziels.

Die Interdependenzen der Gewichte dieser drei Größen lassen sich als Formel fassen:[274]

$$Offenheit\ für\ Fehler = \frac{Grad\ der\ Komplexität\ des\ Fehlerkontextes}{Notwendigkeit\ der\ Vermeidung\ des\ Kardinalfehlers}$$

Kurz: $O_F = \dfrac{K_{Fk}}{V_{KaF}}$

Die Komplexität erhöht sich mit der Zahl der beeinflussenden Variablen im Kontext einer Urteilsbildung bzw. eines Geschehens, allerdings nicht rein additiv. Jede der veränderlichen, unabhängigen und polyvalenten Einflussgrößen kann die anderen Variablen manipulieren und multipliziert somit die Komplexität. Es wäre also zu formulieren:

Komplexitätsgrad des Fehlerkontextes = Variable 1 × Variable 2 × ... × Variable n

Kurz: $K_{Fk} = v_1 \times v_2 \times v_3 \times ... \times v_n$

Wo jedoch *feststehende* Einflussgrößen bestehen, die situations- und fallunabhängig das Fehlerurteil tendenziell stets gleich ausfallen lassen, reduzieren diese die dynamische Komplexität des Kontextes eher wieder. Diese wären also wieder zu subtrahieren:

$$K_{Fk} = (v_1 \times v_2 \times v_3 \times ... \times v_n) - (f_1 + f_2 + f_3 + ... + f_n)$$

Die Notwendigkeit der Vermeidung von Fehlern erhöht sich mit jeder *negativen* Auswirkung, die von einem Fehlerereignis ausgeht:

Vermeidungsnotwendigkeit $V_{KaF} = n_1 + n_2 + n_3 + ... + n_n$,

Soweit Fehler auch *positive* (Neben-)Wirkungen haben, wären diese positiven Fehlerfolgen wiederum zu subtrahieren. In diesem Fall müsste die Formel noch weiter ausdifferenziert werden:

Vermeidungsnotwendigkeit $V_{KaF} = (n_1 + n_2 + n_3 + ... + n_n) - (p_1 + p_2 + p_3 + ... + p_n)$

Setzt man diese Differenzierungen ein, ergibt sich folgende Formeldarstellung:

$$O_F = \frac{K_{Fk}}{V_{KaF}} = \frac{(v_1 \times v_2 \times v_3 \times ... \times v_n) - (f_1 + f_2 + f_3 + ... + f_n)}{(n_1 + n_2 + n_3 + ... + n_n) - (p_1 + p_2 + p_3 + ... + p_n)}$$

Denkbar erscheint des weiteren eine Umformung der Gleichung. Wenn man etwa die beiden Ausgangsgrößen der situativen Komplexität des Fehlerkontextes und der individuellen oder systemischen Fehleroffenheit als gegeben annimmt, lässt sich als abhängige dritte Größe ermitteln, wie notwendig die Vermeidung des (Kardinal-) Fehlers erscheint:

$$V_{KaF} = \frac{K_{Fk}}{O_F}$$

---

[274] Die fett gesetzten Anfangsbuchstaben im Text verweisen auf die entsprechenden Buchstabenkürzel in den Formelschreibweisen.

Diese Formeldarstellung sagt aus: Ist die Komplexität K_{Fk} eines Gegenstands sehr hoch und gleichzeitig die denkbare Fehleroffenheit O_F äußerst gering, so ergibt sich ein hoher Wert V_{KaF}, das heißt die negativen Fehlerfolgen fallen deutlich höher aus als die positiven und die Notwendigkeit der Fehlervermeidung ist erheblich. Fallbeispiel dafür wäre ein Kernkraftwerk, das durch eine hohe technische Komplexität gekennzeichnet ist, gleichzeitig aber von einem reibungslosen Ablauf ausgehen möchte und dementsprechend kaum fehleroffene, also fehlertolerante und -verarbeitende Strukturen aufweist. Ein solches System muss hoch riskante Fehler und Störungen um jeden Preis vermeiden. Verbindet sich dieses komplexe System jedoch mit fehleroffenen Strategien und Techniken, so sinkt die Notwendigkeit einer Fehlervermeidung um jeden Preis.

Die Formelschreibweise der Theorie dient ihrer Verallgemeinerbarkeit und mag auch ihre Anwendbarkeit in technisch-naturwissenschaftlichen Gegenstandsbereichen erhöhen. Die mathematische Ausdrucksweise verdeutlicht weiter die Möglichkeit, den im Paradoxon formulierten Zusammenhang teilweise auch mathematisch zu fassen. Nur wenn bestimmten Variablen und Faktoren eines Kontextes sowie absehbaren negativen und positiven Wirkungen durch Messung oder Festlegung spezifische *Zahlenwerte* zugewiesen werden können, lässt sich eine Berechnung durchführen. Vermutlich aber wird eine stringente Quantifizierung einzelner Elemente aufgrund der schwierigen Fassbarkeit vieler Gegenstandsbereiche und der Komplexität wechselnder Korrelationsgefüge in vielen Fällen nicht konkret durchführbar sein.

Weit wichtiger aber als eine exakte Berechnungsmöglichkeit anhand der aufgestellten Formeln ist, dass die formale Schreibweise grundlegende Zusammenhänge teilweise präziser verdeutlicht und *Ableitungen* etwa der folgenden Art denkbar erscheinen:

01. Ab einem Wert von $O_F > 1$ kann von einer großen Fehleroffenheit gesprochen und ausgegangen werden, von einer geringen Fehleroffenheit, wenn $O_F < 1$ gegeben ist. Oder anders gesagt: bei $O_F > 1$ ist eine hohe Fehleroffenheit das Adäquate, d..h. möglich bzw. erforderlich.

02. $O_F > 1$ ergibt sich, wenn K_{Fk} größer ist als V_{KaF}. Ist also die dynamische Komplexität des Kontextes höher einzuschätzen als das Gewicht möglicher negativer Folgen des Kardinalfehlers – was wiederum die Relevanz der Vermeidung des Kardinalfehlers bestimmt! –, so wäre Fehleroffenheit die angemessene Haltung bzw. Reaktion.

02.1 Ist hierbei ein jeweils relativ niedriger Wert sowohl von V_{KaF} als auch K_{Fk} gegeben, so ist erhöhte Fehleroffenheit möglich, aber nicht dringend geboten (z.B. hat es geringe Folgen, wenn man bei einem strategieorientierten Brettspiel Fehler macht, Fehleroffenheit ist hier möglich).

02.2 Ist hierbei ein hohes Niveau sowohl von V_{KaF}, aber ein noch deutlich höheres von K_{Fk} gegeben, so ist eine gezielte, strukturell gesicherte Fehleroffenheit dringend erfoderlich (z.B. bei der strategischen Planung der

Markteinführung eines völlig neuen Produktes, in das hohe Entwicklungskosten investiert wurden, ist Fehleroffenheit im Sinne eines frühzeitigen Wahrnehmens und effektiven Regierens auf unerwartete Störereignisse und Fehlentwicklungen unabdingbar).

03. $O_F < 1$ ergibt sich, wenn V_{KaF} größer ist als K_{Fk}. Sind die Fehlerfolgen recht gewichtig bei geringer dynamischer Komplexität der Kontextfaktoren, die das Fehlerurteil oder den dazu gehörigen Prozess verändern können, so erscheint Fehleroffenheit als wenig angebracht (z.B. bei den meisten mathematischen Rechenprozessen oder technischen Messungen).

03.1 Ist dabei ein relativ niedriges Niveau sowohl von V_{KaF} als auch K_{Fk} gegeben, so ist eine eingeschränkte Fehleroffenheit – und im Umkehrschluss die Forderung der Fehlervermeidung! – *möglich*, aber nicht dringend erforderlich (z.B. wenn man berechnet, wieviel Gramm Grassamen man zum Einsäen eines Areals benötigt, ist es relativ unerheblich, wenn man dabei die Menge ein klein wenig zu niedrig berechnet).

03.2 Ist dabei ein gewisses Niveau von K_{Fk}, aber zugleich ein deutlich höheres der eventuellen Folgen des Kardinalfehlers und damit der Vermeidungsnotwendigkeit V_{KaF} gegeben, so ist eine nur begrenzte Fehleroffenheit bzw. verstärkte Strategie der Fehlervermeidung dringend geboten (z.B. beim Personenschutz oder in anderen Sicherheitsfragen).

04. Umkehrschluss: Ab einem Wert von $V_{KaF} > 1$ kann von einer hohen Notwendigkeit der Fehlervermeidung gesprochen und ausgegangen werden sowie von einer geringen Notwendigkeit der Fehlervermeidung, wenn $V_{KaF} < 1$ gegeben ist. Das heißt: ab $V_{KaF} > 1$ erscheint zunächst eine hohe Beachtung der Fehlervermeidung naheliegend.

04.1 $V_{KaF} > 1$ ergibt sich, wenn K_{Fk} größer ist als O_F. Bei hoher Komplexität und nur gering denkbarer Fehleroffenheit eines Gegenstandes steigt die Notwendigkeit der strikten Fehlervermeidung (z.B. ist im internationalen Krisenfall die Möglichkeit eines unkontrollierten Zugriffs auf biologische Kampfstoffe unter allen Umständen zu vermeiden)

04.2 Wird dagegen die Fehlertoleranz eines komplexen Gegenstands etwa eines technischen oder sozialen Systems erhöht, sinkt die Bedrohlichkeit der Negativfolgen eventueller Fehlerereignisse und damit die Notwendigkeit der strikten Fehlervermeidung (z.B. wenn durch technische Sicherungen unmöglich gemacht wird, dass mit einer entwendeten Kreditkarte großer Schaden zugefügt werden kann, muss man im Urlaub nicht stets ängstlich darauf achten, dass dieser Fall unter keinen Umständen eintritt, sondern kann hierbei sorgloser bzw. ‚fehlertoleranter' sein).

Die bewusst einfach gehaltene Ausgangsformel ist mit solchen Sätzen freilich nur mit Vorbehalt ausdeutbar. Vor allem kann man – wie der letzte Punkt 04.2 zeigt – nicht stets *alle drei* Ebenen der Fehleroffenheit zur Anwendung bringen. So ist beispielsweise das unter Fehleroffenheit II ausgewiesene Nutzungspotenzial von Fehlern etwa bei der Lösung mathematischer Aufgaben in schulischen Lernprozessen durchaus gegeben, was in dieser Situation eine gewisse Fehleroffenheit nahe legen würde. Die Aussage 03. dagegen empfiehlt in diesem Fall tendenziell eine geringe Fehleroffenheit. Es erscheint folglich in jedem Fall notwendig, diese Ableitungen *gegenstandsspezifisch* einer kritischen Überprüfung und Modifikation zu unterziehen.

Bereichsspezifische Abwandlungen der Formelschreibweise und vor allem Differenzierungen hinsichtlich der drei Formen von Fehleroffenheit dürften allemal erforderlich sein, sofern Ableitungen ähnlicher Art in spezifischen disziplinären Fehlerbereichen denkbar erscheinen. Weiter erscheint dann eine Unterscheidung zwischen den erwarteten Folgen beim Eintreten des Kardinalfehlers und den Folgen der unerwarteten störenden Fehler anderer Art bei manchen Gegenstandsbereichen sinnvoll.

Insgesamt führen die Versuche formelartiger Darstellungen, wie deutlich wurde, zu Sätzen mit hypothetischem Charakter. Darin erweist sich die möglicherweise eine weitere Chance der Formelschreibweise. Die Umwandlung und Ausdifferenzierung der Formel eröffnet immer wieder neue denkbare und quantifizierbare Zusammenhänge. Diese könnten zum Ausgangspunkt von Hypothesenbildungen bzw. von gegenstandsspezifischen konfirmativen oder explorativen Fehlerforschungen einzelner Disziplinen werden.

Zusammenfassend lässt sich eine Nützlichkeit dieser ‚heuristisch-fehleroffen' vorgenommenen Formeldarstellungen und -deutungen – vorausgesetzt, dass sie der jeweiligen Disziplin sachlich angemessen erscheinen! – auf drei Ebenen suchen:

1. Sie verdeutlichen die Bedeutung der *Maße* von Komplexität, Fehleroffenheit und Fehlervermeidung für die Stimmigkeit der in der Theorie beschriebenen Korrelationen.

2. Sie ermöglichen *Hypothesenbildungen* als Grundlage weiterer Forschungen.

3. Sie erhöhen eventuell die *Kompatibilität* der Rahmentheorie für naturwissenschaftliche oder technische Fehlerforschungsfelder.

5.4 Teilkonzepte zur Produktivität des Fehlers

Die in der Rahmentheorie differenzierten drei Dimensionen von Fehleroffenheit verweisen auf drei Grundvoraussetzungen dafür, dass in komplex-dynamischen Gegenstandsbereichen Fehler produktiv und nützlich werden können:

a. Zunächst sorgen verschiedene Mechanismen der Fehlertoleranz dafür, dass einerseits stark negative Fehlerfolgen begrenzt oder kompensiert werden können und dass andererseits (auch dadurch) die Möglichkeit entsteht, dass sich das System gewisse Fehler als kontrollierbare Größe leisten oder gar gezielt erhalten kann und sie nicht radikal vermeiden oder stets ausmerzen muss.

b. Diverse Konzepte der Fehlernutzung dienen anschließend dazu, das Potenzial dieser Fehler auszuschöpfen.

c. Die größtmögliche Nutzung des Potenzials eines Fehlers besteht schließlich darin, dass Teilkonzepte zur Überprüfung des Lösung-Fehler-Urteils dazu führen, dass ggf. eine Fehlervariante an die Stelle der bisher verfolgten Lösung rücken kann.

Die zweite Teilfrage dieser Forschungsarbeit nun zielt darauf, inwieweit sich konkrete Teilkonzepte zu den drei Dimensionen der Fehleroffenheit finden und beschreiben lassen. Tatsächlich wurden solche Teilkonzepte zur produktiven Nutzung von Fehlern im Rahmen der in Kapitel 2–3 geleisteten Darstellung und Analyse bisheriger Fehlerforschungen erkennbar. In einer Zusammenschau sollen sie hier noch einmal gebündelt werden.

Es geht also vor allem um erste *konkrete Anhaltspunkte* für eine praktische Anwendung des Prinzips der Fehleroffenheit und weniger um ein systematisches Strukturieren des Feldes. Deshalb werden Überlappungsbereiche zwischen einzelnen Teilkonzepten und daraus resultierende gelegentliche Redundanzen bewusst zugelassen. Aus diesem Grund wird der Begriff des Konzepts hier weit gefasst[275], manche der Konzepte könnten etwa auch als Methode bezeichnet werden. Die Darstellung erhebt nicht den Anspruch auf Vollständigkeit und die vorgenommene Zuordnung zu einer der drei Kategorien von Fehleroffenheit ist nicht stets zwingend. Die kurzen Erläuterungen berücksichtigen besonders die Handlungsbereiche Sprache, Arbeitswelt und Pädagogik.[276]

5.4.1 Fehleroffenheit I: Fehlertoleranz

(1) Gezielte *Barrierenbildung*: Störungsabwehr in Bereichen mit hohen negativen Folgen bzw. geringer Produktivität des Fehlers; Ausbreitung von Fehlerfolgen unterbinden; Sicherung der Konzentration durch Reiz-Abschirmung.

(2) *Toleranzbereiche* gegenstandsspezifisch definieren: tolerable Ausführungsfehler; Schadenslimit; Zeitverlust-Limits.

---

[275] Der hier verwendete Konzeptbegriff folgt Kron (1999, 78), der R.L.Atkinson mit den Worten zitiert „Konzepte sind unsere gedanklichen Werkzeuge, mit deren Hilfe wir in der Welt sinnfällig handeln können" und dann weiter meint: „Der Begriff Konzept wird (...) als eine Art Handlungsentwurf betrachtet, den sich Menschen von allen kulturellen Dingen, Prozessen und Beziehungen machen, ja geradezu machen müssen, um erfolgreich agieren und interagieren zu können".

[276] Auf Einzelverweise, welchen Forschungen und Beiträgen die Teilkonzepte jeweils entnommen sind, wird in diesem subsummierenden Unterkapitel verzichtet. Die Quellen finden sich in den Kapiteln 2–5 und 8–10. Hinweise geben auch die jeweiligen Kapitelzusammenfassungen.

(3) *Bewahrung* der aktuell unerwünschten Varianten: in der Erinnerung, in Unterlagen, in Gesprächsroutinen, im ‚think-tank' der Wissensgemeinschaft; Querköpfe im Personalbereich zulassen; Mittragen momentan geschwächter oder ‚nutzlos' scheinender Individuen.

(4) Kontroverse Varianten *parallel zulassen*: aushalten, dass man erst am Ende eines Prozesses erfährt, ob bzw. welche Variante eine Lösung und welche Fehlversuche waren; nicht stets meinen, die Fehlerhaftigkeit und den Misserfolg sicher absehen zu können.

(5) *Redundante* Strukturen gezielt pflegen: problemlose Kompensation bei Ausfall einer Voraussetzung, technischen Komponente, Person oder Funktion ermöglichen.

(6) Effiziente *Fehlerbehebung*: rasche Störungsbehebung; wirkungsvoller Zugriff auf Ressourcen zur Reparatur; personelle Kompetenzen ausweiten.

(7) *Persönliche* affektive Annahme/Akzeptanz von Fehlern, Defiziten und Schwächen: Zulassen im Selbstbild und im Bild, das andere von mir haben; kein Verdrängen von Fehlleistungen; ‚blinde Flecken' verhindern; etwas riskieren.

(8) *Institutionelle* Annahme von Risiken und Fehlern: Integration von Fehlerereignissen in Leitbild und Unternehmenskultur; partielle Fehlleistungen nach innen und außen vertreten können; zugunsten wichtiger Ziele unvermeidliche Risiken eingehen.

(9) *Kulturelle* Annahme von Risiken, Defiziten und anderen Fehlleistungen: jedem zugestehen, dass ihm/ihr auch einmal Fehler unterlaufen; Persönlichkeiten und Institutionen des öffentlichen Lebens nicht bereits wegen geringer Versäumnisse und Fehlleistungen in Medien und Diskussionen ‚anprangern'; unerwünschte negative Entwicklungen etwa des allgemeinen oder persönlichen Wohlstandsniveaus hinnehmen können.

Die neun Teilkonzepte machen deutlich, dass Fehlertoleranz nicht bedeutet, dass man Fehler möglichst großzügig übersieht oder achselzuckend hinnimmt. Fehlertoleranz bedeutet, dass ein Mensch oder ein System auf störende Ereignisse und unerwünschte Entwicklungen verschiedener Art eingestellt ist und mit ihnen in differenzierter Weise so umgehen kann, dass maßgeblichen Ziele und Funktionen möglichst wenig beeinträchtigt werden.

Fehlertoleranz besteht folglich nicht in weniger, sondern in qualifizierterer Aufmerksamkeit für Fehlervarianten. Sie äußert sich in systematisch hergestellten Arbeitsstrukturen, die dazu verhelfen, unerwartete und unerwünschte Ereignisse und Verläufe hinnehmen und auszuhalten zu können, sie in ihrer Schadenswirkung zu begrenzen und den dadurch verursachten Funktionsausfall rasch und effektiv zu kompensieren.

Das beinhaltet allerdings öfters auch eine großzügigere Hinnahme *kleinerer* Fehlleistungen, da deren perfektionistische Vermeidung, mühsame Verschleierung oder akribische Nachbearbeitung Human-Ressourcen verbraucht, die an anderer Stelle dringend benötigt werden und das zügige Erreichen des Hauptinteresses eines Menschen, einer Institution oder eines Systems eher behindern. Genau darin, im qualitativ schlechteren oder verspäteten Erreichen des Hauptinteresses oder -ziels, besteht dann aber meist der Kardinalfehler, den es zu vermeiden gilt.

5.4.2   Fehleroffenheit II: Fehlernutzung

(10) Fehlerfolgen als *Frustration* erfahrbar machen: oft ist dies ein notwendiger Vorgang, um nachhaltige Lernbereitschaft (gründliches Durchdenken; Konzentrieren; Üben; Umdenken; Umstrukturieren; konsequentes Durchführen) bei Einzelpersonen, Gruppen und Institutionen im erforderlichen Maß auszulösen; Schadenspotenziale nicht stets sozialisieren, sondern individuell erlebbar machen; Leidensdruck z.T. zulassen.

(11) Fehler als *Lernanlass*: Indiz dafür, dass der derzeitige Status ungenügend und eine Verbesserung z.B. persönlicher Wissens-, Denk- und Handlungskompetenz anzustreben ist.

(12) Fehler als *operativ-analytischer Helfer*: Problemeinkreisung und Lösungssuche werden durch Fehlvarianten und anschließende Ausschlüsse unterstützt; ‚try and error'.

(13) Fehler als *Fenster*: gründliche Fehleranalysen als Schlüssel für *unerkannte* Strukturen etwa der kindlichen Denkabläufe oder einer subtilen Störung in Betriebsabläufen und Gruppenprozessen.

(14) Fehler als *Kontrastmittel*: zu erkennen, wie etwas *nicht* ist oder funktioniert, hilft gründlich zu verstehen und mnemotechnisch abzusichern, wie es tatsächlich ist oder geht.

(15) Fehler als ‚*Maßgeber*': als Hilfe, um eine realistische Einschätzung der momentanen Gegebenheiten (z.B. realistisch erreichbare Ziele, Maß der Planungssicherheit) oder der potenziellen Möglichkeiten und Grenzen einer Person (z.B. Durchhaltevermögen, Leistungsfähigkeit) bzw. einer Institution zu entwickeln.

(16) Fehler als ‚*Sparring-Partner*': Fehler-Feedback als Schrittmacher beim Erwerb einer fachlichen Kompetenz, sportlichen oder musischen Fähigkeit.

(17) Fehlerereignisse als ‚Trainer' *menschlicher Qualitäten*: Frustrationstoleranz; Geduld; Ausdauer; lernen, Probleme anzusprechen; selbstkritisches Denken und Reden einüben.

(18) *Streitkultur pflegen*: ‚Schärfung' von Varianten durch engagiertes Herausarbeiten konträrer Sichtweisen und Argumentationen zu alternativ diskutierten Lösungs- und Fehlervarianten.

(19) Fehler- bzw. Ideenproduktion durch *unorthodoxe Methoden*: Vitalisierung der Variantenbildung durch ‚gedankliche Ausflüge' in den ‚Fehlerkontext' einer bislang als Lösung behandelten Variante; in Gruppen, Unternehmen und Institutionen kreativitätsfördernde Techniken praktizieren, die auch scheinbar abstrusen Ideen Raum geben (z.B. ‚Spinnerrunden').

(20) Fehler- bzw. Ideenproduktion durch *Gruppenheterogenität und Menschen mit ‚Fremdheitspotenzial'*: Förderung neuer Varianten durch vieldimensionale Heterogenität in einer Lern- oder Arbeitsgruppe, durch Außenseiter-Persönlichkeiten, durch fachliche Quereinsteiger, durch Personen aus fremden Kulturkreisen oder Denk- und Glaubenstraditionen.

(21) Fehler als *Solidarisierungsanlass*: Verständigung über das Problem und seine Lösung; Hilfestellung erbitten und annehmen; ‚trouble-shooting'-Netzwerke bilden; erst durch Fehlerereignisse (Notlagen) den Nutzen solidarischer Verbundenheit und zwischenmenschlicher Gemeinschaft erfahren und soziales Handeln einüben können.

Diese Teilkonzepte zur Fehlernutzung verdeutlichen, dass Fehler ein erstaunlich vielfältiges Potenzial enthalten, das in Schule und Arbeitswelt, Privatbereich und Gesellschaft noch zu wenig gesehen und systematisch ausgeschöpft wird. Mit diesen Konzepten stehen für Lernvorgänge des Privat-, Berufs- und Schulbereichs noch eine ganze Reihe von ‚Lernhelfern' bereit, die bislang nicht oder schlecht genutzt und eingebunden wurden in Lernprozessen.

Manche dieser Konzepte scheinen nur für bestimmte Gegenstandsbereiche tauglich, andere beinahe generell nützlich. Dabei reicht die Bandbreite der Anwendbarkeit von der Mikroebene des individuellen Tuns bis zur Makroebene gesamtgesellschaftlicher Entwicklungen. Ihnen gemeinsam ist, dass sie darauf verweisen, in welcher Weise unerwünschte Ereignis- und Verlaufsvarianten, also Fehler, in positiver Weise produktiv werden können für das Erreichen grundlegender Interessen oder maßgeblicher Ziele.

5.4.3   Fehleroffenheit III: Fehlerneubeurteilung

(22) Betonung der *Flexibilitätsnorm*: was heute richtig ist, kann morgen falsch sein – und umgekehrt.

(23) Regelmäßige *Erfolgskontrolle*: Tauglichkeit der gewählten Lösungsvariante prüfen. Zwischenbilanzen; Mitarbeiter- oder Zielgruppenbefragung; Risiken und drohende Fehlentwicklungen entdecken.

(24) Beobachtung von *Kontextveränderungen*: Auswirkungen auf das derzeit bestehende Lösung-Fehler-Urteil; ‚Was-wäre-wenn'-Szenarien durchspielen.

(25) Alternative Varianten und Szenarien immer wieder neu *generieren*: die präferierte Lösung daran messen; Abwandlungen (‚Mutanten') der Lösung durchdenken und beurteilen.

(26) *Varietät* der Sichtweisen sicherstellen: heterogene Gremien; Diskurskultur pflegen.

(27) *Fürsprecher des Fehlers*: Einzelne beauftragen, für die verworfenen Varianten und gegen die präferierte Lösung zu argumentieren (‚Avocatus diaboli').

(28) *Beurteilerwechsel*: gruppen- oder organisationsinterne Querbeurteilung ermöglichen; den Rat anderer einholen; externe Fachleute einspielen.

(29) *Selbstkritisches Denken* fördern: Führungspersonen müssen dies vorleben; subtile institutionelle Ideologien im eigenen Bereich erkennen und kritisch bearbeiten.

(30) *Entscheiderwechsel*: eine zu starke emotionale oder am eigenen Image orientierte Bindung an einmal gefasste (Fehl-) Urteile verhindern.

Je komplexer und dynamischer der Kontext einer Fehlervariante ist, desto bedeutsamer wird diese dritte Dimension der Fehleroffenheit. Ohne turnusmäßige Revision, also Überprüfung der Lösung-Fehler-Urteilsbildung, wächst die Gefahr, dass man zu lange Lösungen anstrebt, die längst keine mehr sind, und Varianten ausblendet, die mittlerweile erfolgversprechend sein könnten. Wie lange ein gefälltes Lösung-Fehler-Urteil beibehalten werden kann, ehe man es überprüfen und ggf. revidieren muss, unterscheidet sich je nach Gegenstand:

- bei der Lösung eines Textverarbeitungsproblems am Computer erweist es sich in Sekundenbruchteilen, wenn die favorisierte Befehlsabfolge Fehler enthielt und deshalb zu keiner ‚Lösung' führte;

- ein Broker wird innerhalb weniger Tage oder auch Minuten seine Kaufentscheidungen an der Börse überprüfen – und ggf. revidieren;

- ein neu eingeführtes schulisches Lernverfahren entfaltet meist erst nach mehreren Durchgängen sein ganzes (Lern-) Potenzial und kann zuvor nicht abschließend evaluiert und (neu) beurteilt werden;

- auch bei der Umgestaltung eines Unternehmens bedarf es u.U. mehrerer Jahre, ehe unterscheidbar wird, welches vorübergehende Negativeffekte der Strukturanpassung waren und wo tatsächlich prinzipielle Einschätzungs- und Urteilsfehler vorliegen.

Fehlermanagementkonzepte, die auf eine *beständige* Überprüfung gefasster Urteile über Lösungen und Fehlervarianten zielen, finden ihre Grenze dort, wo die Kontrollvorgänge die Entschluss-, Durchsetzungs- und Handlungsfähigkeit so behindern, dass der Folgeschaden einer etwas zu lange beibehaltenen Fehlentscheidung das kleinere Übel wäre.

5.5 Rahmentheorie und Fehleroffenheit einer Institution – das Beispiel der Schule

Die Fragestellung dieser Forschungsarbeit zielt darauf, allgemeine Grundlagen zu einer Theorie des Fehlers stringent zu entwickeln. Deren Nützlichkeit und Anwendbarkeit nachzuweisen, gehört bereits nicht mehr zur gestellten Aufgabe, obgleich dies in pragmatischer wie theoretischer Hinsicht nicht unerheblich erscheint, weshalb im letzten Kapitel dazu noch weitergehende Überlegungen angestellt werden. Hier im Unterkapitel 5.5. möchte ich gewissermaßen einen gedanklichen Ausflug zur Seite unternehmen, der für die Beantwortung der *Forschungsfrage* nicht relevant ist und deshalb auch nicht denselben methodischen Ansprüchen genügen muss. Deshalb legte sich zunächst die Ausgliederung in Form eines Exkurses nahe. Aufgrund einer starken Verkettung mit vorangegangenen und nachfolgenden Ausführungen habe ich mich dennoch für die Einbettung in einem Unterkapitel entschieden, dessen Sondercharakter ich hiermit jedoch markiere.

Zuletzt wurde deutlich, dass sich die in der Rahmentheorie zentral gewordene Kategorie der Fehleroffenheit in drei Dimensionen gliedern lässt, denen je 9-12 Teilkonzepte als Derivate diverser Fehlerforschungsbeiträge zugeordnet wurden. Dieser ‚30-Punkte-Katalog' der Fehleroffenheit legt nun eine weitere Überlegung nahe: Ist es eventuell möglich, anhand dieses theorie- und forschungsbasierten Kriterienrasters einen raschen analytischen Zugriff auf den Zustand der Fehleroffenheit einer Institution oder eines Handlungsfeldes zu gewinnen? Die drei Dimensionen und dreißig Teilkonzepte könnten dabei die Fragen strukturieren und ein relativ zügiges Analysieren der Fehleroffenheit bzw. -kultur etwa einer einzelnen Schule oder eines Wirtschaftsunternehmens begünstigen. Wenn dies möglich wäre, würde die Rahmentheorie und das Konstrukt der Fehleroffenheit in einer weiteren praktischen Hinsicht nützlich erscheinen.

Eine sorgfältige und stringente Überprüfung einer solchen analytisch-instrumentellen Anwendbarkeit der Theorie und des Konzepte-Katalogs muss Folgestudien vorbehalten bleiben, die dann etwa einen Betrieb, eine Organisation oder eine Einzelschule damit zu analysieren versuchen. Ich möchte jedoch bereits hier einen eher explorativ-heuristischen Anlauf oder Versuch unternehmen, der dazu erste Orientierungen geben könnte. Anhand der zahlreichen Anhaltspunkte zur Fehlerkultur in Schule und Unterricht im Zusammenhang mit den Analysen des zweiten und dritten Kapitels[277] und teilweise ergänzt durch einzelne Rückgriffe auf allgemein geläufige und als zutreffend bekannte Merkmale der deutschen Schule(n) werde ich versuchen, deren Fehlerkultur und Fehleroffenheit in groben Strichen zu umreißen.[278] Damit nehme ich dann en passant eine der Ausgangsüberlegungen dieser Forschungsarbeit, ob und inwiefern der unterrichtliche

---

[277] Vgl. zum Begriff Fehlerkultur Kap. 3.5.4.

[278] Um Redundanzen zu vermeiden wird auf abermalige Hinweise auf Bezugspunkte in Kapitel 2ff jedoch verzichtet.

Fehlerumgang und die Fehlerkultur der Schule noch gründlicher überdacht und aktuellen Anforderungen angepasst werden sollten, noch einmal auf. Der Versuch umfasst zwei Zugriffsweisen:

- Der erste Anlauf orientiert sich an *grundlegenden Kategorien der Schule* als Handlungsfeld und gesellschaftlicher Institution, wie etwa Bildungsziele, Lernprozesse, Leistungsmessung, Schulentwicklung u.a.m. Es geht um eine zügige, pointierte Darstellung, die auf Grundlegendes hinweist, das die Fehlerkultur der Schule zu kennzeichnen scheint.

- Der zweite Anlauf in Kapitel 5.5.2 orientiert sich an den *Parametern der vorgelegten Fehlertheorie.* Zunächst wird bedacht, ob und inwieweit sich in der Schule komplex-dynamische Kontexte feststellen lassen, die eine Anwendung von Fehlertheorie und -paradoxon nahe legen. Dann wird entlang der Dimensionen und Teilkonzepte der Fehleroffenheit gefragt: Finden sich in der Schule Strukturen, die eine Umsetzung der jeweiligen Teilkonzepte von Fehleroffenheit widerspiegeln?

Als ‚gedanklicher Ausflug zur Seite' muss der Umfang dieser Darstellung deutlich begrenzt sein. Sie wird sich auf entscheidende Aspekte konzentrieren. Dadurch mag sich gelegentlich der Eindruck des Tendenziösen erheben, zumal ich mir bei diesem seitab erfolgten ‚Parforceritt durch das Handlungsfeld Schule' auch eine gewisse Engagiertheit im Sprachductus erlaube. Notwendigerweise werden etwaige Unschärfen und der Verzicht auf Differenzierungen in Kauf genommen, da es hier um das Generelle und nicht das Spezielle geht.[279] Denn bei beiden Anläufen gilt als Ziel, dass in Umrissen ein *Gesamteindruck* zur schulischen Fehlerkultur und -offenheit entsteht, nachdem in den bisherigen Kapiteln Einzelnes und Einzelheiten im Vordergrund standen. Das Ganze ist oft mehr als die Summe der Teile, erkannten die Gestalttheoretiker, und so ist auch das Ganze einer schulischen Fehlerkultur mehr als das Summieren detaillierter Fehlleistungen oder einzelner Fehlkonzepte einer Institution.

Auf der Basis dieses Gesamteindrucks – und von der Annahme ausgehend, dass er weitgehend stimmig sei – kann dann die im Fehlerparadoxon angesprochene Korrelation überdacht werden: Welche Prognose legt die beschriebene Einschätzung der Fehleroffenheit der Schule nahe für das Erreichen oder Verfehlen ihrer kardinalen (Bildungs-) Ziele? Weiter mögen die einzelnen ‚Striche' dieser beiden Skizzen erste Hinweise zur präziseren Bestimmung schulischer Fehlerkultur und ihrer Bedingungen geben.

---

[279] Aufgrund des subsummierend-exkursartigen Charakters des hier Dargestellten stellt es methodisch kein Problem dar, dass in beiden Zugriffen einzelne Aussagen nicht streng empirisch abgesichert werden und deshalb genau genommen Behauptungen darstellen. Deren Stimmigkeit bzw. Plausibilität dürfte aber für Kenner der Schule i.d.R. nachvollziehbar sein bzw. auf der Hand liegen.

5.5.1 Umrisse der schulischen Fehlerkultur

Der Fehlerbegriff der Schule

Viele Sprachdidaktikerinnen und -didaktiker plädieren seit den sechziger Jahren für eine stärkere Loslösung des Fehlerurteils von den (nur scheinbar) feststehenden Sprachnormen. Sie wünschen eine stärkere Anbindung des Fehlerurteils an die konkrete Anforderung der jeweiligen Sprech- oder Schreibsituation. Auch die Mathematikdidaktik rät seit einigen Jahren verstärkt zum Denken in unterschiedlichen Varianten der Problemlösung und zu mehr fehlerfreundlichen Lernprozessen.

Die unterrichtliche *Praxis* der Schule scheint aber noch immer weitestgehend bestimmt von einem generalisierenden Unterscheiden des eindeutig und ausnahmslos Richtigen vom ebenso eindeutig Fehlerhaften. Sie folgt so bis heute ungebrochen einem in fast allen Fächern angewandten normativen Fehlerbegriff, der einem dichotomischen Falsch-Richtig-Schema folgt, das die realitätsnahen Kategorien ‚manchmal richtig' oder ‚teilweise richtig' äußerst selten zulässt. Selbst neuere schulnahe Fehlerforschungen (Oser) und einschlägige Aufsätze halten an dieser tradierten normativen Engführung des schulischen Fehlerbegriffs fest. Normeinhaltung und fehlerfreie Reproduktion von normierten Verfahren und Wissensbeständen, so Adrion 1999, kennzeichnen in der schulischen Praxis weithin die Realität des Unterrichts.

Bildungsziel ‚Lebensvorbereitung'

Ein maßgebliches Bildungsziel der Schule besteht darin, Kinder und Jugendliche auf ein mündiges und gelingendes Leben in Arbeitswelt, Gesellschaft und Privatleben vorzubereiten. Die Schule versucht dieses Ziel seit Jahrhunderten u.a. dadurch zu erreichen, dass sie die Komplexität der Welt didaktisch reduziert, um sie so leichter fassbar zu machen. Die Schule suggeriert dadurch aber auch, dass bei konzentrierter sachlicher Betrachtung fast alles klar und einfach sei: die Wissensbestände statisch, die Kompetenzen mit etwas Begabung und Fleiß fehlerfrei beherrschbar und die Lösungsregeln stets schon vorliegend und in stereotyper Weise anwendbar. Sie präsentiert die Wirklichkeit als eine fehlerlose, einfach zu durchdringende, zu bewältigende und relativ statische Struktur.

Die *Lebensrealität* weist aber ein zunehmendes Maß an hoher Komplexität und Dynamik auf. „Wir lernten, die Welt sei rund, aber ihre Geschichten sind eckig", schrieb bereits Ödön von Horvath. Der Alltag vieler Kinder und Jugendlicher ist erfüllt von familiären und sozialen Verwerfungen, hereinragenden gesellschaftlichen Problemlagen und vielfältigen individuellen Fehlleistungen, mit denen sie umgehen haben. Die Herangehensweise der Schule hilft hierbei wenig. Differenzierte Konzepte der Fehleroffenheit und -bearbeitung kennen zu lernen wäre notwendig.

Die didaktisch begründete Komplexitätsreduzierung der Schule verleitet so zu einer falschen Wirklichkeitsauffassung, wonach meist personen- und kontextunabhängig festgelegt sei, welches die Lösungs- und welches die Fehlervariante sei. Sie leitet selten dazu an, den *situativen Kontext* genau zu beachten und Urteile dementsprechend zu bilden oder zu überprüfen. Sie lehrt auch nicht, dass Fehlleistungen oder gar Krisen für einen Biographieverlauf wichtig und hilfreich sein können, weil man gerade durch diese Ereignisse umdenken, dazulernen und sich weiterentwickeln kann – vorausgesetzt man konnte zuvor erlernen, *wie* man mit solchen Fehlern produktiv umgeht.

Bildungsziel Berufsvorbereitung

In zunehmend mehr Bereichen der Arbeitswelt gewinnt neben der Fehlervermeidung die Fähigkeit, Fehler rasch zu erkennen, mit ihnen produktiv umzugehen und ggf. auch zu ihnen zu stehen an Bedeutung. Besonders in neuen Dienstleistungsberufen und in den Entwicklungsabteilungen großer Firmen bedarf es der differenzierten Anwendung von fehlervermeidenden und fehlerproduzierenden, fehlertoleranten und fehlerbearbeitenden, fehlernutzenden oder fehlerrevidierenden Strategien. Eine Schule, die weitestgehend nur die fehlervermeidende Strategie nahe legt und trainiert, bereitet schlecht auf die künftige Berufstätigkeit vor.

Bei den *unteren* Bildungs- und Einkommensschichten sind die Berufsbiographien zunehmend von Brüchen und Krisen gekennzeichnet.[280] Un- und angelernte Arbeiter werden in Rezensionsjahren rascher entlassen und somit öfters in ihrem Leben arbeitslos. Umorientierungen und Anpassungsprozesse auf dem Arbeitsmarkt sowie in ihrer Wohn- und Familiensituation werden ihnen stärker abgenötigt als Akademikern. Was heute beruflich das richtige Ziel sein mag, kann morgen schon auf dem regionalen Arbeitsmarkt eine Fehlausrichtung darstellen. Umlernen ist dann nötig und das flexible Erkennen der potenziellen Lösungsansätze im Umfeld oder Kern eines solchen ‚Fehlerereignisses' wäre dann eine hilfreiche Kompetenz. Die unerwünschte und unerwartet sich einstellende Fehlervariante gehört zum Alltag dieser Bevölkerungsgruppe. Ihr beruflicher und biographischer Werdegang erfordert in hohem Maß die Kompetenz des Fehlermanagements. Die Schule bereitet darauf nicht vor.

Selektion und Leistungsmessung

Die schulische Grundfunktion der Selektion basiert auf regelmäßigen Leistungsfeststellungen und -bewertungen. Die überwiegende Zahl der Leistungsmessungsverfahren der Schule zielt darauf ab, Defizite und Fehler zu markieren und zu zählen. Dies ist i.d.R. auch dann der Fall, wenn vordergründig nicht Fehler gezählt, sondern ‚Punkte' vergeben werden. Denn in der Regel bestimmt auch in diesem Fall ein vorher definiertes Erwartungsprofil die Punktevergabe der Lehrkraft und folglich schlagen alle Lücken (Fehler) des Schülers mit einer Verweigerung von Punkten negativ zu Buche. Offenere Formen der Leistungsfeststellung, die das individuell Hervorgebrachte als Ganzes betrachten und zunächst nicht auf Verfehltes und Fehlendes hin abklopfen, sind selten.

---

[280] Vgl. dazu Hiller 1989 und 1997.

280

Fachleute in Erziehungswissenschaft und Fachdidaktik, die im Zuge der *Lern*prozesse den Fehler neuerdings oft als Lernhilfe gewürdigt sehen wollen, plädieren dennoch weithin dafür, den Fehler in der notenrelevanten Ernstsituation, also bei der *Leistungs*feststellung, prinzipiell negativ zu sanktionieren. Folglich stellt ein Fehler letzten Endes doch fast nie ein ‚gesellschaftlich verwertbares' Potenzial dar. Damit stabilisiert die Schule in den Schülerköpfen nach wie vor die dreifache Grundauffassung:

- Letzten Endes erfährt nur der eine gute Beurteilung, der Fehlleistungen *vermeiden* (oder gut kaschieren) kann.

- Ein Fehler ist, was von einem definierten Wissensstandard oder einer normierten Regel oder Verfahrensweise *abweicht*.

- Wer *solche* Fehler vermeidet, hat die besten Schul-, Berufs- und Lebenschancen.

Lernprozesse und Unterricht

Die meisten Lerntheorien und mit ihnen die Lehrkräfte gehen davon aus, dass vorab festgelegt wird, worin das Ziel des jeweiligen Lernprozesses besteht. Dieses sachliche Ziel gilt es dann durch Gestaltung der Lernprozesse und ihrer Rahmenbedingungen direkt anzusteuern. Was von der möglichst geraden Verbindungslinie zwischen Ausgangspunkt und Lernziel abweicht, gilt gerne als unnötiger Umweg und damit tendenziell als Fehlform eines Lernprozesses. Formen entdeckenden und problemlösenden Lernens, bei denen zunächst ‚herumprobiert' wird oder selbst für die Lehrenden noch offen wäre, was die Lösung sei und welches die Fehlervarianten, bei denen Umwege hilfreich und mehrere Wege zum Ziel denkbar erscheinen, sind seit langem etwa von Bruner und Aebli vorgeschlagen, haben sich aber in der Breite des Unterrichts bislang nicht durchgesetzt.

Unterricht erweist sich zugleich – besonders stark in Grund-, Haupt- und Sonderschulen – als *hochkomplexes und dynamisches* Geschehen. Nach der didaktischen Lehre zeichnet sich guter Unterricht durch das (gleichzeitige) Beachten von heterogenen Kultur- und Lernvoraussetzungen, von individuellen Lernwegen und Entfaltungen, von unerwarteten Störungen, von mitlaufenden Erziehungszielen, von sozialen Prozessen, von institutionellen Kontexten u.a.m. aus – und dies alles nach Möglichkeit in Planung und Vollzug jeder einzelnen Unterrichtseinheit. Mehrere tausend große, kleine und kleinste Teilentscheidungen trifft dementsprechend eine engagierte Lehrperson im Zuge eines Schulvormittags, wurde unlängst ermittelt. Guter schülerorientierter Unterricht dürfte so anstrengend sein, weil die Lehrperson neben der (Durch-) Führung des geplanten Lernprogramms in der Klasse fortwährend in großer Breite die zahlreichen Phänomene und Rückmeldungen, Störungen und unerwarteten Fehlentwicklungen im Mikrobereich des Klassengeschehens und der individuellen Lernprozesse wahrnehmen, bewerten und sekundenschnell in eigenes pädagogisches oder didaktisches Reagieren umsetzen muss. Dabei sind zweifelsohne viele Fehlentscheidungen unvermeidbar. Fortbildungsangebote zum Umgang der Lehrkräfte mit fremdverursachten und eigenen Fehlleistungen im Unterricht aber sind nach wie vor Mangelware.

Die Fehlleistungen der Lehrenden sind außerdem kaum Gegenstand von wissenschaftlichen Untersuchungen und Lehrerhandbüchern. Vergeblich sucht man weiter didaktische Theorien oder pädagogische Konzepte, die im Sinne von Fehleroffenheit die Möglichkeit des Auftretens von Fehlern – also unerwarteten und unerwünschten Ereignissen, Defiziten und Lernverläufen – in ihren Planungsschritten und Artikulationsschemata *systematisch integrieren* und so den Lehrenden zu gezielter Fehlertoleranz oder produktiver Integration von Fehlern im Unterrichtsverlauf Hilfestellung geben.

Schulentwicklung[281]

Es hat gelegentlich den Anschein, dass erwartet wird, die Entwicklungs- und Lernprozesse der ebenfalls sehr komplexen Institution *Schule als Ganzes* sollten reibungs- und fehlerfrei verlaufen. In Fachzeitschriften wird fast nur erfolgreich verlaufener Unterricht dargestellt, Fehlgeschlagenes dagegen wird totgeschwiegen. Dabei könnten andere Schulen durch das offene Kommunizieren von Fehlentwicklungen und Gefahrenstellen gewarnt werden und aus den Fehlversuchen anderer lernen. So aber wiederholen sich die selben Fehler an vielen Schulen. Und: der Mut zur Fehleroffenheit wird nicht gefördert.

Selbst innerhalb der einzelnen Schule scheinen Fehlleistungen oft nur zur Suche nach den ‚Schuldigen' und selten zu entkrampften und produktiven gemeinsamen Erörterungen im Kollegium oder in einer Schülerversammlung zu führen. Lernchancen für das Kollegium und die Schule werden so vertan. Die Schule ermuntert die Lernenden, aus eigenen Fehlern zu lernen, beherzigt dies als *Institution* jedoch meist selbst nicht.

Die Schulentwicklungsliteratur widmet sich gelegentlich dem Aspekt eventueller Prozessstörungen, fast nie aber rechnet sie damit, dass der empfohlene Prozess gänzlich zum Fehlschlag werden könnte. Was dann zu tun sei, bleibt offen. Dieser Fall ist theoretisch nicht vorgesehen, scheint aber in der Praxis gar nicht so selten zu sein. Das Reflektieren und Planen vieler Schulexperten scheint gefangen vom optimistischen Blick auf das Gelingen. Das eventuelle Misslingen empfohlener Strategien und Verfahrensweisen wird kaum angedacht, geschweige denn konzeptionell integriert.

Schule im öffentlichen Kontext

Dass schulische Fehlleistungen unterschlagen werden, mag auch mit überhöhten Erwartungen der Gesellschaft an die Schule zusammenhängen. Als Indiz hierfür nenne ich drei Aspekte, die in regelmäßigen Abständen in den Medien thematisiert werden:

- In jedem Wirtschaftsbetrieb fallen Arbeitskräfte wegen Krankheit oder Bildungsmaßnahmen tageweise aus – *Unterrichtsausfälle* im Schulbetrieb aber werden mittlerweile akribisch gezählt und führen zu entrüsteten Reaktionen bei Eltern.

- In der Mehrzahl deutscher Unternehmen gibt es immer weniger über fünfzig Jahre alte Arbeitskräfte. Die meisten Arbeitnehmer gehen vorzeitig in Rente, Männer

---

[281] Vgl. Kap.3.5.5.2.

durchschnittlich im Alter von 60,2 Jahren und Frauen sieben Monate später (Keller 2002), Berufssoldaten schon mit 55 Jahren – doch dass die meisten Lehrkräfte vor 65 und viele vor 60 in *Pension* gehen, gilt als unerhört und ist eine Meldung wert.

- Schulen seien hochgradig reformbedürftig und Lehrkräfte fachlich und pädagogisch nicht auf dem Stand der Zeit, wird immer wieder unterstrichen. Sie sollen sich energisch weiter entwickeln. Kommt es jedoch im Zusammenhang mit der Einführung *neuer Arbeits- und Lernformen* wie etwa Frei- oder Projektarbeit zu veränderten Eckzeiten des Vormittagsunterrichts oder gar einem vorübergehenden Leistungsabfall in den Kernfächern, neigen Eltern nicht selten dazu, eine Rückkehr zu mehr ‚altbewährtem Unterrichtsstil‘, um nicht zusagen ‚Unterrichtsdrill‘ zu fordern.

Schulen, die sich nur wenige Fehlleistungen erlauben dürfen, weil sie sonst von Eltern, Medien oder Schulverwaltung kritisch angegangen werden, können sich kaum unbeschwert, risikofreudig und fehleroffen entwickeln. Sie werden beim Althergebrachten verharren, das sich bereits routiniert und relativ störungsfrei eingespielt hat. Möglicherweise sind auch deshalb nicht wenige Schulleiterinnen und Schulleiter samt ihren Kollegien nur begrenzt experimentierfreudig und fehleroffen.[282]

Lehrerinnen und Lehrer

Im Lehrerbild spiegelt sich eine doppelbödige Erwartung der Öffentlichkeit. Nicht wenige Eltern, Politiker oder Wirtschaftsvertreter reden über den Fleiß, die Fachkompetenz und die Eignung der Lehrkräfte etwas abschätziger als sie es bei anderen Berufsgruppen tun. Gleichzeitig sollen Lehrerinnen und Lehrer in ihren Augen das darstellen, was Eltern von keinem Ausbilder, keinem Vorgesetzten und meist auch nicht von sich selbst erwarten: sie sollen ein möglichst *fehlerfreies Vorbild* für Kinder und Jugendliche sein. Dann sind sie aber kein Modell, das zeigt, dass ihm auch Fehler unterlaufen und wie es damit offen und produktiv umgeht. Das aber wäre wirklich hilfreich für Schülerinnen und Schüler angesichts ihrer oben beschriebenen außerschulischen Alltagskomplexität.

Viele Lehrkräfte internalisieren den überhöhten Erwartungsdruck von außen und gestehen etwa ein, sie hätten „Angst zuzugeben, etwas nicht perfekt zu machen" (Esslinger 2002a, 78). Dies hält auch davon ab, eigenen Fehlern auf den Grund zu gehen, meint Hilbert Meyer, der sich das von ihm beobachtete Ausweichen vieler Erwachsener und auch Lehrerkollegien vor dem Analysieren eigener Fehler folgendermaßen erklärt:

> „Offensichtlich fällt es uns Erwachsenen sehr viel schwerer als den lernenden Kindern und Jugendlichen, die Suche von Fehlern und Fehlerursachen von der Fahndung nach dem Schuldigen zu trennen. So wird die Fehleranalyse allzu leicht zu einem hochnotpeinlichen Verhör – und das kann den Lernprozess nur erschweren!"
> (Meyer 1997, 118)

---

[282] Vgl. dazu die weitergehenden Überlegungen in Kap. 6.3.3.

Dazu passt, dass die meisten deutschen Lehrkräfte noch immer vorziehen, als *Einzel-kämpfer'* hinter geschlossener Klassenzimmertür zu arbeiten. Ein Vorteil ist, dass so didaktisch-pädagogische Fehlleistungen weniger auffallen. Dadurch verschärfen sie zu-gleich den Tatbestand, dass sie fast nie von kompetenter Seite eine kritisch-konstruktive Rückmeldung zu ihrer professionellen Kompetenz bekommen, also ihren erzieherischen und didaktischen Stärken sowie Fehlleistungen und Schwachstellen. Mit jedem Berufs-jahr wächst die Gefahr, für eigene Fehler zu erblinden. Sie können so weder ihre indivi-duellen Potentiale entfalten noch ihre Fehler 'ausbeuten', weil sie beides nicht klar wahr-nehmen. Sie vergeuden Ressourcen der eigenen Lern- und Entwicklungsfähigkeit.

5.5.2   Überprüfung anhand der Kategorien der Rahmentheorie

Das Handlungsfeld Schule zeigt sich in dreifacher Hinsicht als komplex-dynamischer Gegenstandsbereich. Da ist zunächst die Einbettung der Institution in einen dynamischen und komplexen öffentlichen Erwartungskontext, sodann die komplexe innere Funktiona-lität und Struktur insbesondere mehrzügiger großer Schulen und zuletzt die sehr viel-schichtig-komplexe Dynamik des Unterrichtens einzelner Lehrkräfte in ihren Klassen.

Die Anwendung der Rahmentheorie des Fehlers und besonders des Fehlerparadoxons legt sich also mehrfach nahe. Wenn das Kernziel oder -interesse einer guten Schule und eines guten Unterrichts erreicht werden soll, wären demnach fehleroffene Strukturen unbedingt erforderlich. Wie aber verhält es sich mit den *drei Dimensionen der Fehlerof-fenheit* im Einzelnen? Wir überprüfen im zweiten Anlauf die Fehleroffenheit der Schule entlang der Kategorien I – III und der Teilkonzepte (1) – (30).

Fehleroffenheit I: Fehlertoleranz.

Es lassen sich kaum systematische Fehlertoleranzstrukturen erkennen. Lediglich das Mittel einer Barrierenbildung zu Eindämmung der Fehlerfolgen – Teilkonzept (1) – scheint häufig Anwendung zu finden, seltener auch die Konzepte (4) – (6). Besonders auffällig scheint ein weitgehender Ausfall der unter (7) – (9) beschriebenen Teilkonzep-te. Die grundsätzliche Annahme von teilweiser *Fehlerhaftigkeit als unvermeidlicher Begleiterscheinung* eines persönlichen bzw. systemischen Handelns in solchen komplex-dynamischen Kontexten ist sachlich zweifelsohne geboten. Diese Fehlertoleranz wird aber tendenziell verwehrt

- seitens der Eltern und der Öffentlichkeit: den Schulen und Lehrkräften ihrer Kinder;

- seitens der Schulverwaltung: den einzelnen Schulen in der öffentlichen Wahrneh-mung;

- seitens vieler Schulleiterinnen und Schulleiter: den Lehrkräften;

- seitens so mancher Lehrkräfte: ihren Schülerinnen und Schülern im Verhaltensbe-reich, aber auch Kolleginnen und Kollegen und nicht zuletzt sich selbst;

- seitens der Sekundarschülerinnen und -schüler: denjenigen Lehrkräften, die fachliche Schwächen zeigen oder die sich pädagogisch unklug verhalten.

Auch die Verfahren der *Leistungsmessungen* markieren i.d.R. direkt oder indirekt die Fehlleistungen und belohnen absolute Fehlerfreiheit mit den besten Noten. Sie weisen nur selten klar definierte Fehlertoleranzen aus. Eine Ausnahme ist etwa die Vorgabe, bei Legasthenikern Rechtschreibfehler nicht zu berücksichtigen. Für eine systematische Entwicklung von Fehlertoleranzstrukturen des Lehrpersonals etwa bezüglich unpassender Schülerimpulse, plötzlicher Störungen oder unerwarteter Lernverläufe im Unterricht werden bislang in der Literatur kaum Kriterien, Entscheidungs- und Handlungsmuster oder gar Trainingseinheiten angeboten.

Fehleroffenheit II: Fehlernutzung.

Das Lernen aus Fehlern in der Weise, dass Fehlerfolgen als Frustration spürbar werden, scheint in der Schule als einziges Teilkonzept (10) der Fehlernutzung bislang äußerst stark verbreitet zu sein. Es genießt im *Unterricht* und bei der Leistungsfeststellung eine weitgehende Monopolstellung, die seine Bedeutung überhöht. Dabei wird dieses Fehler-Lern-Konzept von der Schule darüber hinaus insofern ‚denaturiert', als die Fehlerfolgen nicht aus der Sache selbst hervorgehen so wie beispielsweise eine Erkältung als die Folge von zu leichter Bekleidung erfahren werden kann. Die unzureichende erworbene Kompetenz führt in der Schule nicht zu der Erfahrung, dass man eine *reale* Situation deswegen nicht meistert. Sie wird vielmehr mit der eher zeichenhaften Folge einer schlechten Zensur künstlich verkoppelt. Lernmotivation kann also nicht aus Einsicht in einen *sachlichen* Zusammenhang zwischen einer Fehlentscheidung (Nachlässigkeit beim Lernen) und lebenspraktischer Fehlerfolge (Scheitern in einer Handlungssituation) entstehen, sondern läuft als instrumentelle Konditionierung von Reiz (Schülerfehler) und Reaktion (Lehrersanktion; Zensur). Lebensnahes Lernen aus Fehlerfolgen ist also nur bedingt möglich.

Eher selten findet sich eine Anwendung der Teilkonzepte (11) – (13), die bereits seit längerem die sprach- und seit einigen Jahren auch die mathematikdidaktische Literatur empfiehlt. Die weiteren Konzepte (14) – (21), die großenteils aus Fehlerforschungen außerhalb des Bildungsbereichs resultieren, sucht man in aller Regel vergeblich sowohl im Unterricht als auch im Schulbetrieb oder in Schulentwicklungsprozessen.

Die noch verbreitete Einzelkämpferstruktur des *Lehrerberufs* behindert ein regelmäßiges Feed-back zu eigenen Fehlleistungen und erschwert es Lehrkräften, ihre Fehler zu erkennen und strategisch für das eigene professionelle Lernen nutzbar zu machen – sofern sie dies überhaupt anstreben. Vergleichbar ergeht es den Schulleiterinnen und Schulleitern, die in ihrer Funktion als Vorgesetzte in einer ähnlichen Einzelkämpferposition ohne adäquate Rückmeldroutinen zur Qualität ihrer Führungstätigkeit stehen.

Ähnliches gilt für die *Institution* Schule. Erwartungsdruck und Fehlermarkierungen, die von außen an die Schule herangetragen werden, sind oft überzogen und führen leicht zu einer Abwehrhaltung seitens einzelner Schulen und Lehrkräfte, zum Verschließen der Augen vor tatsächlichen permanenten Fehlleistungen und zu einem Mangel an Selbstkritik und Fehlernutzung etwa in kollegialen Prozessen.

Fehleroffenheit III: Fehlerneubeurteilung

In den vergangenen Jahren wurden die in der Arbeitswelt verbreiteten Verfahren der internen und externen Evaluation, die mit den Teilkonzepten (23) und (28) korrespondieren, zunehmend auch im Schulbereich empfohlen. Die Überprüfung eventueller Fehlleistungen einer *Schule* bezieht sich dabei vor allem auf die Beurteilung der Leistungsfähigkeit von Lernprozessen und sonstigen schulischen Arbeitsstrukturen. Die in den Bildungsplänen als Lösungs- und Fehlervariante, als richtig oder falsch, wesentlich oder unwesentlich vorgegebenen Bildungsziele und -inhalte jedoch, die ebenfalls eine Urteilsstruktur widerspiegeln, werden in einzelnen Schulen fast nie einer Überprüfung unterzogen – wie es das Teilkonzept (22) nahe legt –, da sie in der Regel bildungspolitisch vorgegeben sind. Statische Schulleitungsverhältnisse verhindern die Anwendung des Konzepts (30).

Die *Schülerinnen und Schüler* erleben fast nie, dass sie in der Schule aufgefordert werden, angenommene Richtigkeiten oder Fehler eigenverantwortlich anhand von Kontextfaktoren zu überprüfen und situativ oder auch generell anders zu bewerten, wozu die Konzepte (24) – (29) in verschiedener Weise ermutigen. Sie verlassen die Schule weithin ohne die Kompetenz, in dynamischen Kontexten einzelne Faktoren und ihre Korrelationen sorgfältig wahrzunehmen und zu gewichten. Da ihre Lehrkräfte stets bereits wissen und letzten Endes auch vorgeben, was der Fehler sei und welches die Lösung, erwerben Jugendliche kaum eine Einschätzungs-, Urteils- und Entscheidungskompetenz, die sie jedoch benötigen, um ihr Leben in komplex-dynamischen Gesellschaftskontexten und Berufsfeldern eigenständig und erfolgreich führen zu können.

Etwa im Bereich multikulturellen Lernens böte sich im *Unterricht* reichlich Gelegenheit, die Kontextbedingtheit von Lösung-Fehler-Urteilen zu erfassen und etwa die Teilkonzepte (26) – (29) zur Anwendung zu bringen. Auch eine elaborierte Streitkultur, wie sie die Konzepte (18) – (21) nahelegen, würde dem Vorschub leisten, scheint aber bislang eher selten der Fall zu sein.

5.5.3   Prognostizierbarer Misserfolg schulischer Arbeit?

Das Fehlerparadoxon lautet: In dynamisch-komplexen Strukturen lässt sich der Kardinalfehler, dass ein nachhaltig verfolgtes Hauptinteresse oder Leitziel verfehlt wird, am ehesten dann vermeiden, wenn Fehleroffenheit ermöglicht wird. In der Analyse ließ sich nun feststellen:

1. Die Arbeit im Handlungsfeld Schule ist in mehrfacher Hinsicht eingebettet in komplex-dynamische Kontexte. Besonders im Klassenunterricht treffen die einzelnen

Lehrkräfte auf eine Situation, die in erheblichem Maß dynamisch und komplex erscheint.

2. Das Hauptinteresse oder -ziel der Schule ist, einen guten Unterricht zu leisten, in dem einzelne Schülerinnen und Schüler intensiv und nachhaltig lernen und ihre Handlungsfähigkeit ausweiten können.

3. Insgesamt verdeutlichen viele einzelne Hinweise eine äußerst schwach ausgeprägte Fehleroffenheit der deutschen Schulen, und zwar in in allen drei Dimensionen: hinsichtlich Fehlertoleranz, -nutzung und -neubeurteilung.

4. Gemäß dem Paradoxon ist zu erwarten, dass der Kardinalfehler häufig eintritt und der Erfolg der schulischen Erziehungs- und Lernmaßnahmen eher bescheiden ausfällt. Das Hauptziel kann demnach kaum erreicht werden ohne eine stärker und systematischer ausgeprägte Fehleroffenheit in allen drei Dimensionen.

Hinweise darauf, dass dieser Misserfolg der schulischen Arbeit tatsächlich Fakt sein könnte, finden sich nicht nur in der bereits seit vielen Jahren vorgetragenen vielstimmigen Kritik von Schulexperten und -expertinnen, sondern auch in den unlängst vorgestellten internationalen Studien wie TIMSS und PISA (siehe Baumert et al. 1997 und 2001). Demnach erreichen die Schulen in Deutschland zentrale Bildungsziele vergleichsweise schlecht und scheinen bei rund einem Viertel der Schülerschaft gar in ganz eklatanter Weise zu versagen. Mit der Terminologie dieser Theorie gesprochen: der Kardinalfehler tritt im Schulwesen derzeit teilweise nachweislich ein.

Wenn die These des Fehlerparadoxons zutreffend ist, wovon wir nach Abschluss der Analysen dieser Studie zunächst ausgehen, dann hängt dieser Kardinalfehler des Versagens der Schulen bei ihrem Hauptziel nicht ausschließlich aber auch mit einer höchst mangelhaft ausgeprägten Fehleroffenheit der Schule zusammen. Das Paradoxon sagt nicht, dass mangelnde Fehleroffenheit der ausschließliche Grund hierfür sein müsse. Weitere Rahmenbedingungen und Arbeitsstrukturen der Schule können dafür ebenfalls verantwortlich gemacht werden. Doch sagt das Paradoxon: *ohne* eine deutlich stärkere Fehleroffenheit etwa im Sinne der dreißig Teilkonzepte können auch andere Struktur- und Entwicklungsmaßnahmen allein nicht ermöglichen, dass der Kardinalfehler des nicht erreichten Erziehungs- und Bildungsziels künftig vermieden wird. Fehleroffenheit ist also keine hinreichende, aber eine notwendige Voraussetzung für den Erfolg schulischer Arbeit angesichts ihrer Einbettung in komplex-dynamische Kontexte. Überprüft werden könnte diese Behauptung, wenn sorgfältig analysiert würde, ob Schulen, die in ihren Entwicklungsprozessen erfolgreich sind, tatsächlich stärker als andere Schulen implizit oder explizit mehr Teilkonzepte von Fehleroffenheit in Unterricht und Schulbetrieb umsetzen.[283]

---

[283] Entsprechende Hinweise ergaben sich im Tübinger Forschungsprojekt "Regionale Schulentwicklung durch Kooperation und Vernetzung" (vgl. Weingardt 2002 sowie Kap. 3.5.5).

Zugleich ergaben sich aus der in diesem Kapitel vorgenommenen skizzenhaften Analyse Hinweise, an welchen Stellen eine Verbesserung der schulischen Fehleroffenheit und damit der innerschulischen Lern- und Entwicklungsprozesse anzusetzen habe, etwa

- bei den widersprüchlichen öffentlichen Erwartungen an die Institution Schule;

- bei den (schul-) betriebsinternen Organisations- und Arbeitsstrukturen;

- bei der angemesseneren Vorbereitung auf die vielfältigen Problemlöse- und Fehlerstrategien, die im Lebens- und Berufsalltag erforderlich sind und über das in der Schule allgegenwärtige Prinzip der Fehlervermeidung weit hinausgehen;

- bei den professionellen Handlungskompetenzen von Lehrkräften besonders hinsichtlich der Ausgestaltung von Lern- und Leistungsfeststellungsprozessen, der persönlichen Bereitschaft und Fähigkeit aus eigenen Fehlern zu lernen und der Erwartung einer störungs- bzw. fehlerarmen Arbeitsweise von Kolleginnen und Kollegen.

Dies legt Ausbildungs-, Fortbildungs- und Schulentwicklungsmaßnahmen mit neuen Akzenten nahe, die an dieser Stelle nicht näher ausgeführt werden können.

5.5.4   Bemerkungen zur Vorgehensweise

Abschließend soll nicht das schulbezogene Ergebnis, sondern die methodische Vorgehensweise kurz reflektiert werden. Der erste Durchgang entlang der Kategorien der ausgewählten Institution scheint mir rückblickend ein wenig die Gefahr zu spiegeln, dass die Wahrnehmung unvermittelt einer gewissen Einseitigkeit erliegen kann, etwa wenn ein allzu negatives Detail der Fehlerkultur unvermittelt beherrschend in den Vordergrund rückt. Der zweite Durchgang hingegen schien mir durch das systematisch abarbeitende Überprüfen, inwiefern die einzelnen Teilkonzepte realisiert werden, insgesamt diszipliuierter zu verlaufen. Dies wirkt sich auf die Sachlichkeit positiv aus.

Insgesamt erhebt sich der Eindruck, dass die erste Analyse entlang der Kategorien der Institution eher geeignet sein könnte, *emotional oder atmosphärisch* brisante Einzelheiten der institutionellen Fehlerkultur und ihrer Defizite ans Licht zu heben, während der zweite Durchgang entlang der Kategorien und Konzepte der Rahmentheorie stärker die *sachlich* gegebenen Arbeitsstrukturen im Detail verdeutlicht. Beide Analysedurchgänge zusammen genommen könnten also auch bei anderen Institutionen – etwa bei der Analyse der Fehleroffenheit einer Firma oder Einzelschule – ein sich ergänzendes Gesamtbild ergeben. Demnach könnte eine systematisierte Vorgehensweise so aussehen:

1. Es werden einzelne *Kategorien ausgewählt*, die für die zu untersuchende Institution grundlegend oder leitend in ihrer Arbeit erscheinen. Bei der Schule waren dies etwa die Kategorien „Bildungziel Berufsvorbereitung" oder „Unterrichtliche Lernprozesse" oder „Lehrerprofessionalität und Lehrerbild". Bei einer Firma könnten dies Kategorien wie „Produktentwicklung", „Umgang mit Störungen in Arbeitsabläu-

fen", „Reagieren bei Reklamationen", „Karriereförderliche Verhaltensweisen" oder „Betriebsklima" sein. Entscheidend ist bei einer solchen Analyse nicht, dass *sämtliche* wichtigen Kategorien einbezogen werden, sondern dass die Auswahl der Kategorien die wesentlichen Dimensionen der Institution repräsentiert.

2. Diese Dimensionen werden nun anhand des Expertenwissens und Erfahrungsschatzes, das dem analysierenden Experten und seinen Gesprächspartnern aus der Institution ad hoc zur Verfügung steht, im Einzelnen *befragt*: wie treten hier Fehler hinsichtlich ihrer Form und Wertigkeit sowie des Umgangs mit ihnen in Erscheinung?

3. In einem zweiten Durchgang werden die Dimensionen der Rahmentheorie einzeln überprüft: An welchen Stellen werden Strukturen der Fehlertoleranz (der Fehlernutzung; der Fehlerneubeurteilung) erkennbar bzw. wo fehlen sie in eklatanter Weise? Konkret wird gefragt, ob und wie die jeweils neun bis zwölf Teilkonzepte dieser drei Dimensionen von Fehleroffenheit in der Institution in Erscheinung treten.

4. Gesamtergebnis: Überprüfung, ob beide Analysedurchgänge Widersprüchlichkeiten aufweisen oder konsistent sind. Es entsteht ein Gesamtbild der atmosphärisch-emotionalen Bedingungen und der sachlichen Arbeitsstrukturen innerhalb der Fehlerkultur und -offenheit der Institution. Dies ermöglicht wiederum laut Fehlerparadoxon Aussagen hinsichtlich des (langfristigen) Erfolgs der Institution bzw. des Betriebs und zu wichtigen Ansatzpunkten für Verbesserungsmaßnahmen.

Grundsätzlich müsste dieses Vorgehen in vier Schritten noch an weiteren Institutionen erprobt, bewährt und methodisch verfeinert werden. Insgesamt lässt sich aber festhalten, dass in dieser Weise eine instrumentelle Anwendbarkeit der Kategorien der Rahmentheorie zum Zwecke eines analytisch-diagnostischen Erstzugriffs auf eine Institution durchaus vorstellbar erscheint.

5.6   Zusammenfassung

Die Analysen der Kapitel 2 – 4 ermöglichen im fünften Kapitel die Neuformierung eines Fehlerbegriffs, der transdisziplinär tauglich erscheint. Diese Fehlerdefinition zeichnet sich durch vier Merkmale aus und lässt sich in einem Satz zusammenfassen. Die darin enthaltenen Unterbegriffe und Korrelationsaussagen werden näher erläutert. Während das vierte Kapitel aufzeigte, wie sich dieser Begriff aus den vorliegenden Ansätzen von Fehlerforschungen schlüssig ermitteln lässt, verdeutlichen die Erläuterungen zur Fehlerdefinition nun einige weitere Aspekte hinsichtlich der Kompatibilität des Begriffs mit verschiedenen disziplinären Gegenstandsbereichen von Fehlerforschung und weiterer aktuellen Anforderungen in der wissenschaftlichen Arbeit.

Neben dem Fehlerbegriff ließ sich mit dem Fehlerparadoxon eine Korrelationsaussage aus der Analyse der verschiedenen Fehlerforschungen extrahieren. Gemeinsam formieren sie eine transdisziplinäre Rahmentheorie des Fehlers. Sie bezieht sich allerdings nur auf jene Gegenstandsbereiche, die eine deutliche Komplexität der Wechselwirkungen und eine hohe Dynamik in ihrer strukturellen Entwicklung aufweisen. Diese beiden Merkmale weisen in unserer dynamischen westlichen Gesellschaft mit ihren komplex strukturierten Arbeits- und Privatwelten freilich heutzutage sehr viele jener Gegenstandsbereiche auf, in denen Fehler bedeutsam werden und Fehlerforschung deshalb ansetzte.

In solchen komplex-dynamischen Kontexten ist die Voraussetzung für die Vermeidung entscheidender kardinaler Fehler – wie etwa das Verfehlen des Bildungs- oder Unternehmenserfolgs – eine permanenete Fehleroffenheit in dreifacher Hinsicht: Fehlertoleranz, -nutzung und -neubeurteilung ist fortlaufend zu leisten. So angegangen können Fehler im Prozess zu produktiven Kräften für die Bildung von neuen Kompetenzen, für die Anpassung an neue Kontexte und damit die Nutzung von Chancen und die Bewältigung von Risiken werden. Der Begriff des Hauptinteresses und analog auch der des Kardinalfehlers bleibt in der generellen theoretischen Formulierung bewusst unscharf. Je konkreter allerdings im einzelnen Fall diese Begriffe gefüllt werden, desto klarer lassen sich vermutlich in einer Anschlussüberlegung auch die besonders angemessen erscheinenden Kategorien von Fehleroffenheit ermitteln.

Vorgeschlagen wurde eine formelsprachliche Darstellung dieser Korrelation, deren Nützlichkeit bei manchen Gegenstandsbereichen möglich erscheint, aber noch zu überprüfen wäre. Diese annäherungsweise Umsetzung des Fehlerparadoxons in Maßeinheiten möchte zugleich auf ein nicht generell, sondern nur gegenstandsspezifisch zu lösendes Problem hinweisen: Der im Fehlerparadoxon formulierte Zusammenhang von Fehleroffenheit und -vermeidung bedarf jeweils der Konkretisierung: welche spezifischen Qualitäten und welche Quantitäten von Fehleroffenheit in einem komplex-dynamisch kontextuierten Prozess erscheinen günstig, um ein bestimmtes Interesse zu erreichen bzw. den Kardinalfehler zu vermeiden? Denn die analysierten Fehlerforschungen legen auch nahe, dass eine allseitige und unbegrenzte Fehleroffenheit erstens kaum leistbar und zweitens so wenig erfolgversprechend sein dürfte wie eine allseitige und rigide Fehlervermeidungstendenz.

Weiter wurde am Rande untersucht, ob sich das Theoriekonstrukt dafür eignet, anhand der drei Dimensionen für Fehleroffenheit und der darin enthaltenen dreißig Teilkonzepte relativ rasch einen Überblick über die bestehende Fehlerkultur einer Organisation oder eines Unternehmens zu gewinnen. Diese Analyse würde sowohl Aussagen über den vorstellbaren Erfolg (Vermeidung des Kardinalfehlers) einer Institution als auch zu möglichen Ansatzpunkten bei der Verbesserung von deren Fehleroffenheit erlauben. Am Fallbeispiel der Schule wurde eine solche Diagnose ansatzweise erprobt. Das bisherige Ergebnis schließt diese Möglichkeit bei einer näheren Präzisierung der analytischen Herangehensweise nicht aus. Das praktizierte Verfahren in vier Schritten könnte auch hinsichtlich anderer Bildungsinstitutionen oder Unternehmen nützlich sein.

6 Diskussion und Ausblick

Abschließend wird die Beantwortung der Forschungsfrage in Kürze dargelegt. Gefragt wird nach der wissenschaftlichen Überprüfbarkeit und Nützlichkeit der entworfenen Theorie sowie welche offenen Fragen für Arbeitswelt und Schule aus der Analyse der Fehlerforschungen resultieren. Zuletzt wird bedacht, welche wissenschaftlichen Schritte und Anschlussforschungen sich nahe legen und welche perspektivische Reichweite das in dieser Weise erschlossene Fehlerthema besonders in erziehungswissenschaftlicher Hinsicht haben könnte.

6.1 Zum Ergebnis der Untersuchung

Die Forschungsarbeit ging der Frage nach: Lassen sich begriffliche und theoretische Grundlagen ermitteln, die eine interdisziplinäre Verständigung über Fehler stringent begründen und einer schulbezogenen Fehlerforschung und -theorie zu Grunde gelegt werden können? Die Fragestellung ließ sich zuspitzen zu zwei Teilfragen:

1. Lässt sich eine Fehlerdefinition und -theorie formulieren, die transdisziplinär anwendbar erscheint?

2. Finden sich Hinweise auf Teilkonzepte der Produktivität von Fehlern, die in wissenschaftlicher und pragmatischer Hinsicht relevant werden könnten?

Abschließend lässt sich feststellen:

(1) Grundlagen zur Klärung des *Fehlerbegriffs* fanden sich, wenngleich oft nur rudimentär und nicht besonders präzise formuliert. Die ermittelten Vorschläge zur Bestimmung des Fehlerbegriffs wurden in der Zusammenschau kritisch diskutiert. Es ergaben sich als Substrat nützliche Grundlagen zur Neuformierung eines Fehlerbegriffs, der bewusst transdisziplinär breit anwendbar sein soll.

(2) *Fehlertheoretische* Grundlagen fanden sich wenige, allerdings variierende Denkansätze dazu. Die hier vorgelegte ‚transdisziplinäre Rahmentheorie des Fehlers' (vgl. Abbildung 5) versucht eine theoretische Lücke in der Fehlerforschung zu schließen, denn ein vergleichbarer (transdisziplinärer) Versuch ist bislang nicht bekannt.

Rahmentheorie des Fehlers

1. *Rahmendefinition des Fehlers:* Als Fehler bezeichnet ein Subjekt angesichts einer Alternative jene Variante, die von ihm – bezogen auf einen damit korrelierenden Kontext und ein spezifisches Interesse – als so ungünstig beurteilt wird, dass sie unerwünscht erscheint.

1.1 *Urteil:* Die Bezeichnung „Fehler" stellt ein Urteil dar, das eine unerwünschte Variante abhebt von einer erwünschten (etwa bezüglich einer biologischen oder physikalischen Struktur, eines Prozesses, eines Handlungsresultats).

1.2 *Kontext:* Der Beurteilende bezieht die Fehlervarianten ebenso wie die erwünschten Lösungsvarianten auf denselben Kontext von Faktoren (etwa Materialeigenschaften, Organisationsstrukturen, Einflussgrößen, Auswirkungen, Ziele, Werte, u.a.m.), die korrelativ mit diesen Varianten verbunden sind.

1.3 *Komplexität und Dynamik:* Je komplexer und beweglicher die Korrelationen im Kontext dieser Urteilsbildung sind, desto wahrscheinlicher wird, dass bei wechselnden Stand- und Zeitpunkten verschiedene Beurteiler zu einer widersprüchlichen Kennzeichnung erwünschter und unerwünschter Varianten kommen, und desto untauglicher wird eine feststehende, normative Fehlerbeschreibung.

2 *Fehlerparadoxon:* In komplex-dynamischen Strukturen lässt sich der Kardinalfehler, ein nachhaltig verfolgtes Interesse nicht zu erreichen, am ehesten vermeiden, wenn Fehleroffenheit hergestellt wird: Fehlervermeidung in der Zieldimension wird nur durch Fehleroffenheit auf dem Weg zum Ziel möglich.

2.1 *Fehleroffenheit I: Fehlertoleranz.* In komplex-dynamischen Prozessen sind unerwartete und unerwünschte Ereignisse, Wirkungen und Kontextveränderungen unvermeidbar. Ein in den Mittelpunkt eines Prozesses gerücktes leitendes Interesse ist am ehesten erreichbar, wenn Fehleroffenheit insofern ermöglicht wird, dass durch bewusst geschaffene Strukturen unerwartete Fehler (etwa Störereignisse; Fehlannahmen, -entscheidungen, -handlungen, -verläufe; Struktur- und Ergebnisfehler) geschehen dürfen, weil sie toleriert, d.h. in ihren Wirkungen hingenommen, eingegrenzt oder rasch und effektiv kompensiert werden können.

2.2 *Fehleroffenheit II: Fehlernutzung.* In komplex-dynamischen Prozessen wird ein nachhaltig verfolgtes Interesse am besten erreicht, indem durch einen produktiven Umgang mit Fehlern, die sich ereignen, diese für das Erreichen der Lösungsvariante genutzt werden können.

2.3 *Fehleroffenheit III: Fehlerneubeurteilung.* In komplex-dynamischen Prozessen wird eine fixierende Fehlerkennzeichnung ihrerseits zum potenziellen Fehler. Angemessen ist hier eine Offenheit dafür, dass sich durch die in Prozessen gewandelten Kontexte die angestrebte Lösungsvariante unerwartet als Fehler und eine bislang als ungünstig und unerwünscht beurteilte Fehlervariante als Lösung darstellen kann. Die Überprüfung des Lösung-Fehler-Urteils wird hier zu einer in bestimmten Abständen wiederkehrenden Routine des Denkens.

Abb. 5: Rahmendefinition des Fehlers

(3) Es ergaben sich überraschend viele Einzelhinweise auf *Teilkonzepte zur Produktivität* von Fehlern. Unter dem Begriff der Fehleroffenheit wurden dreißig von diesen zusammengefasst und in drei Kategorien geordnet. Ihre pragmatische und wissenschaftliche Relevanz ergibt sich u.a. aus dem Kontext der einzelnen disziplinären Fehlerforschungen, denen sie entnommen sind.

(4) Fehlerbegriff und Rahmentheorie ermöglichen eine *interdisziplinäre Verständigung* in der Fehlerforschung. Dadurch wird es der Erziehungswissenschaft erleichtert, bereits vorliegende Fehlerforschungsergebnisse anderer Disziplinen zu überprüfen und teilweise aufzunehmen. Teilweise wurde dies bereits im Zuge dieser Arbeit deutlich.

(5) Durch diese vierfache Grundlage ist eine fundierte *Fehlerforschung und Formulierung einer Fehlertheorie (auch) in der Erziehungswissenschaft* möglich.

Die Antwort auf die Forschungsfrage lautet also: Es lassen sich begriffliche und theoretische Grundlagen, die eine transdisziplinäre Verständigung über Fehler und eine erziehungswissenschaftliche Fehlerforschung begründen, zwar nicht *explizit* feststellen, aber anhand verschiedener Ergebnisse und Anhaltspunkte der zahlreichen Fehlerforschungen anderer Disziplinen stringent entwickeln und formulieren.

Die näheren Einzelheiten hinsichtlich der Grundlegung des Fehlerbegriffs und der Fehlertheorie lassen sich insbesondere den Zusammenfassungen der Kapitel 2 – 5 entnehmen und sollen hier nicht wiederholt werden. Einige wissenschaftliche und anwendungsbezogene Fragen, die durch diese Ergebnisse aufgeworfen werden, erörtern die folgenden Unterkapitel.

6.2 Diskussion ausgewählter Aspekte der Theoriebildung

6.2.1 Reichweite und Überprüfbarkeit der Theorie

Die hier entworfene Rahmentheorie erhebt den Anspruch, transdisziplinär anwendbar zu sein. Sie meint allerdings nicht, über dem Thema des Fehlers disparate wissenschaftstheoretische Positionen harmonistisch vereinen zu können. Die theoretischen Differenzen – die bereits bei den Analysen im Kapitel 2-4 immer wieder erkennbar wurden, auch wenn sie nicht stets explizit kontrastiert wurden – bleiben als Problemstellen bestehen. Das zeigte sich etwa bei dem im vierten Kapitel diskutierten unterschiedlichen Fehler- und Irrtumsbegriff von Psychologen, Pädagogen und Philosophen.

Von philosophischer Seite plädiert Mittelstraß trotz der wissenschaftstheoretischen Differenzen und entsprechender Vermittlungsprobleme für mehr Inter- bzw. Transdisziplinarität. Ein solches *transdisziplinär verbindende Nachdenken und Formulieren* dürfe nicht, wie so oft, erst dann einsetzen, wenn Probleme begännen über das intradisziplinär zu bewältigende Maß hinauszuwachsen:

> „Interdisziplinarität dient vielmehr, recht verstanden, auch der Rückgewinnung wissenschaftlicher Wahrnehmungsfähigkeiten, die nicht zuletzt auch Probleme und Problementwicklungen erkennbar machen, bevor sie da sind, bevor sie uns auf den Nägeln zu brennen beginnen. (...) Sie lässt die disziplinären Dinge nicht einfach wie sie sind, sondern stellt, und sei es auch nur in bestimmten Problemlösezusammenhängen, die ursprüngliche Einheit der Wissenschaft – hier als Einheit der wissenschaftliche Rationalität, nicht der wissenschaftlichen Systeme verstanden – wieder her" (Mittelstraß 1986, 1045).

In diesem Sinne versteht sich auch diese Rahmentheorie: als Beitrag zur Herstellung eines Stücks gemeinsamer wissenschaftlicher Wahrnehmung und Rationalität. Verständigung, Disput und ggf. Dissens schließen sich dann durchaus sinnvoll an. „Es gibt Dinge, über die man sich einigen kann, und wichtige Dinge", zitiert Reichenbach (2000, 795) ein Max Planck zugeschriebenes Bonmot. Er vertrat in der Erziehungswissenschaft jüngst die These, dass es „weniger der gelingende, in einer Konsenslösung endende Diskurs ist, der pädagogisch bedeutsam ist, als vielmehr der gescheiterte oder teilweise gescheiterte Diskurs, an dessen Ende die Teilnehmer und Teilnehmerinnen in wesentlichen Fragen im Dissens bleiben" (ebd.). Oder mit der Terminologie der Rahmentheorie des Fehlers formuliert: der scheinbare Fehler misslungener Konsensbildung kann eine gedankliche Produktivität auslösen, die am Ende geistig mehr erbringt, als es ein Konsens vermocht hätte. Also ist auch die Rahmentheorie ihrem eigenen Anspruch zu unterwerfen: eingebettet in wissenschaftliche Komplexität ist sie als ‚fehleroffenes' Konstrukt zu betrachten, dass zur Auseinandersetzung einlädt.

Die *gegenstandsbezogene Reichweite* der ebenfalls als eine Rahmendefinition vorgenommenen Bestimmung des Fehlerbegriffs wird dabei zunächst nicht eingegrenzt. Die Reichweite des im Fehlerparadoxon behaupteten Zusammenhangs zwischen Fehlervermeidung und Fehleroffenheit dagegen bleibt als generalisierbare Aussage begrenzt auf Gegenstandsbereiche, bei denen Fehler einen dynamisch-komplexen Kontext aufweisen. Die Theorie sagt: je größer diese Kontextkomplexität und -dynamik ausgebildet sind, desto wahrscheinlicher und notwendiger sei dieser Zusammenhang anzunehmen, je geringer sie ausfällt, desto schwächer und in pragmatischer Hinsicht irrelevanter erscheint er. Die Rahmentheorie als Ganzes ist folglich sinnvoll für Gegenstandsbereiche mit hohen dynamisch-komplexen Handlungs- oder Wirkungszusammenhängen. Freilich wird allein mit diesem einen Kriterium der dynamischen Komplexität dennoch ein recht umfangreicher und vor allem relevanter Ausschnitt unserer Wirklichkeiten erfasst.

Eine wissenschaftliche Theorie muss einer logischen Überprüfung ihrer Begriffe und Hypothesen, sowie eventueller Tautologien und innerer Widersprüche zugänglich sein und standhalten. Diese innere Überprüfung wurde im fünften Kapitel bereits an verschiedenen Stellen vorgenommen. Die Terminologie und Abstraktion der Theorie ist so gehalten, dass sie weiteren Überprüfungen durch Wissenschaftler anderer Disziplinen zugänglich erscheint. Weiter ist es sinnvoll, wenn eine Theorie eine wissenschaftssprachliche Formulierung von Hypothesen bzw. Korrelationen ermöglicht, meint Eberhard (1987, 36ff). Er denkt dabei auch an formelartige Darstellungsweisen, wie sie in Kapitel 5.3.3 versucht wurden.

Die Teilaussagen bzw. -thesen dieser Theorie ermöglichen also eine Überprüfung durch empirische Untersuchungen, was nach Popper (1984) eine gute wissenschaftliche Theorie auszuzeichnen hat. Die Möglichkeit zu Bestätigung oder Widerlegung ist gegeben und dies wäre meines Erachtens auch der nächste notwendige Schritt, um die Tauglichkeit der Theorie zu erweisen. Allerdings erscheint es angesichts der erkennbar gewordenen transdisziplinär breiten Absicherung der Rahmentheorie durch Fehlerforschungen unterschiedlichster Disziplinen unangemessen, wenn man davon ausgehen würde, dass bereits eine einzige empirische Untersuchung, die für einen disziplinären Gegenstandsbereich die Anwendbarkeit des Fehlerbegriffs oder -paradoxons widerlegt, zur Falsifikation der ganzen Theorie genügen dürfte. Solche Ergebnisse wären vielmehr eher geeignet, die disziplinäre Reichweite dieses transdisziplinär gedachten Entwurfs zunächst einzugrenzen. Bei einer sich wiederholenden Nichtbewährung in verschiedenen Disziplinen wäre freilich eine grundsätzliche Überprüfung etwa nach den Kriterien des methodischen Falsifikationismus nach Lakatos (1974)[284] und ggf. die Falsifikation der Theorie naheliegend.

Die Hinweise auf eine wissenschaftstheoretische Überprüfung etwa gemäß den Kriterien des kritischen Rationalismus nach Popper oder Lakatos sind exemplarisch zu verstehen. Da es sich um ein transdisziplinäres, rahmenartiges Theorieangebot handelt, kann nicht nur diese eine wissenschaftstheoretische Herangehensweise der Überprüfung dienen. Andere induktiv-empiristische oder hermeneutische Verfahren sind ebenso denkbar. Wie bereits erwähnt sind die Begriffe und Grundlagen der Theoriebildung weitgehend so beschaffen, dass sie nicht a priori maßgebliche erkenntnistheoretische Wege ausschließen. Wenn hier von Sichtweise und Urteilsbildung, Alternative und Varianten, Kontext und Komplexität in allgemeiner Weise die Rede ist, dann sind dies basale Begriffe, die in der Breite für recht disparate wissenschaftstheoretische Zugriffsweisen erschließbar und anwendbar sein dürften – obgleich oder gerade weil sie keinem „Verständigungsperfektionismus" (Marquard 1998, 617)[285] frönen. Dies wieder erscheint als Vorrausetzung für den Anspruch, dass diese transdisziplinäre Rahmentheorie einer *inter*disziplinären Verständigung zur Fehlerforschung an verschiedenen ‚interdisziplinären Nahtstellen' dienen möge.

---

[284] Gemäß Lakatos (1974, 113ff) ist etwa nach mehreren gegenläufigen Überprüfungsergebnissen eine bewährte Theorie T erst dann widerlegt, wenn an ihre Stelle eine neue Theorie T' tritt, die gegenüber T einen „Gehaltsüberschuss" hat, d.h. sie 1.) nicht-widerlegte Gehalte von T umfassen kann, 2.) neuartige Tatsachen voraussagbar macht und 3.) in ihrem Gehaltsüberschuss bereits teilweise bewährt werden konnte.

[285] Vgl. Kap. 5.3.2.

6.2.2 Verbindung von Rahmentheorie und disziplinären Fehlertheorien

Im Mittelpunkt der meisten bisherigen Fehlerforschungsbeiträge einzelner Disziplinen stand ein Erkenntnisinteresse, das auf Fehlerphänomene und -ursachen ausgerichtet war. Gefragt wurde etwa:

- Was sind verschiedene Klassen und Arten, Formen und Typen von Fehlern?

- Wodurch werden sie verursacht und ausgelöst, bedingt und vermieden?

Die Rahmentheorie äußert sich zu diesen Fragestellungen nicht, sondern überlässt sie bewusst weiterhin den Fehlertypologien und -taxonomien der *einzelnen* Disziplinen. Sie folgt vielmehr einem eher *aktionalen*[286] Erkenntnisinteresse und beleuchtet grundlegende prozedurale Vorgänge:

- Wie kommt das Urteil, welches ein Fehler sei, zustande und wie wird es revidierbar?

- Welchen Zusammenhang zeigen Fehlervermeidung und Fehleroffenheit in den Prozessen dynamisch-komplexer Gegenstandsbereiche bzw. Fehlerkontexte?

- Welcher produktive Nutzen kann von Fehlern ausgehen?

Dabei geht die erste Frage einer intradisziplinären Theoriebildung voraus, die beiden folgenden führen in sie hinein. In zunächst jeder disziplinäre Fehlerforschung und -theoriebildung zu Gegenstandsbereichen mit dynamisch-komplexen Kontexten von Fehlervarianten erscheint es grundsätzlich sinnvoll, den im Fehlerparadoxon formulierten Zusammenhang zu berücksichtigen oder zu überprüfen. Insbesondere Fehlertoleranz und -nutzung (Fehleroffenheit I und II) scheinen wichtige Formen des Umgangs mit Fehlern darzustellen. Die mit Fehleroffenheit III bezeichnete Notwendigkeit der Überprüfung des Fehlerurteils führt u.a. zur Kontrolle der Ausgangsvoraussetzungen: zählt ein spezifischer ‚Fehlerfall' oder eine bestimmte Kategorie von Fällen tatsächlich stets zum Gegenstandsbereich dieser partialen Fehlertheorie? Handelt es sich bei näherer Betrachtung gar nicht um unerwünschte Varianten, also Fehler, sondern eher um wünschenswerte Lösungen? Das prozedural verbundene Ineinandergreifen zwischen der Rahmentheorie und partialen disziplinären Theoriebildungen zum Fehler wird so erkennbar. Grafik 5 versucht diesen zirkulären Erkenntnis- und Strukturierungsprozess zu visualisieren.

---

[286] Vgl. zur Unterscheidung von phänomenalem, kausalem und aktionalem Erkenntnisinteresse Eberhard 1987.

6.2.3   Zur Nützlichkeit der Rahmentheorie

Die Tauglichkeit einer Theorie erkennt man am Grad der Verallgemeinerbarkeit ihrer Aussagen. Eine Theorie sollte *nicht zu eng und nicht zu weit* gespannt formuliert sein. Der Fehlerbegriff selbst zeigt nun zunächst einen recht hohen Grad der Abstraktion und

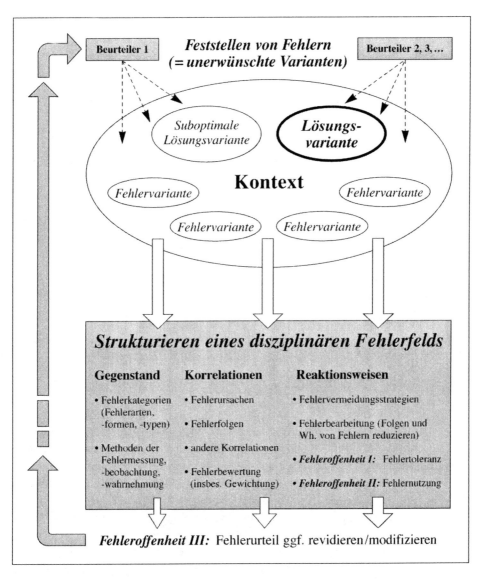

Grafik 5: Das Strukturieren von Fehlerbereichen als ein zirkulärer Prozess zwischen der Rahmentheorie und disziplinären Fehlertheorien

Generalisierung. Das zweite Element dieser Rahmentheorie, das Fehlerparadoxon, grenzt das dadurch eröffnete weite Feld denkbarer Fehlerfälle jedoch wieder ein durch die Konzentration auf jene Gegenstandsbereiche, die durch dynamisch-komplexe Kontexte gekennzeichnet sind. So entsteht durch die Fehlerdefinition eine hohe Reichweite, die dem interdisziplinären Diskurs dienlich ist, durch das Fehlerparadoxon jedoch eine mittlere sachliche Reichweite und eine deutliche erkennbare Konkretisierbarkeit.

Die Tauglichkeit einer Theorie erweist sich weiter in ihrer Nützlichkeit. Bezüglich der Rahmentheorie lassen sich dabei drei mögliche Ebenen beschreiben, die in den folgenden kurzen Unterkapiteln umrissen werden.

6.2.3.1 Wissenschaftlicher Nutzen

Ein potenzieller Nutzen der Rahmentheorie für die weitergehende wissenschaftliche Fehlerforschung und -theoriebildung besteht in dreierlei Hinsicht:

(1) Durch die transdisziplinäre rahmenartige Klärung des Basisbegriffs ‚Fehler' wird eine Grundlage für eine fundierte trans- oder auch intradisziplinäre *Terminologie* der Fehlerforschung angeboten.

(2) Daran anschließend lassen sich *gegenstandsspezifische Fehlertheorien* in einzelnen wissenschaftlichen Disziplinen entwickeln, z.B. in den Erziehungs- oder Arbeitswissenschaften.

(3) Durch verbindende begriffliche Grundlagen lassen sich *interdisziplinäre Verständigungen* über die Ergebnisse disparater Fehlerforschungen und -theoriebildungen sowie Forschungskooperationen vereinfachen und begünstigen.

Ob sich die interdisziplinäre Verständigung und Forschungskooperation mit Hilfe der Rahmentheorie intensivieren lässt, kann allein die Zukunft zeigen.

6.2.3.2 Praktische Umsetzung der Teilkonzepte

In praktischer Hinsicht erweist sich die Nützlichkeit einer Theorie auch in ihrem Potenzial, bestimmte Tatbestände und Verläufe *vorhersagbar* zu machen, und der damit zusammenhängenden Möglichkeit, technologische Ableitungen zu gewinnen.[287] Fehlerdefinition und -paradoxon enthalten diese Möglichkeiten zur Ableitung praktisch anwendbarer Teilkonzepte. Dies verdeutlichte die Darstellung der Rahmentheorie im fünften Kapitel mit Konkretionen, die an dieser Stelle nicht wiederholt werden müssen.

Auch eine *formelartige* Darstellung dieses Zusammenhangs und eventuelle Berechnnungsmöglichkeiten wurde dort vorgestellt und erläutert. Demnach lässt sich die Angemessenheit von Fehleroffenheit aus dem spezifischen Verhältnis von – dort mathematisch dargestellten, saldierten negativen und positiven – Fehlerfolgen einerseits und der

---

[287] Vgl. dazu etwa Popper 1973.

298

Kontextkomplexität und -dynamik andererseits ableiten. Inwieweit diese technologische Ableitung tragfähig ist, kann nur durch gezielte Anwendung auf spezifische Gegenstandsbereiche festgestellt werden.

Bei den obigen *Teilkonzepten* der Fehleroffenheit scheint die Nützlichkeit der Theorie unmittelbar auf. Jedes einzelne dieser dreißig und evtl. noch weiterer Teilkonzepte lässt sich als System- oder Handlungsstrategie spezifisch verfeinern und in konkrete Strukturen umsetzen, um somit die notwendige Fehleroffenheit in einem komplex-dynamischen Aktivitätsfeld systematisch herzustellen. Freilich werden dann nicht bei jedem Gegenstandsbereich sämtliche Teilkonzepte gleichermaßen anwendbar und nützlich sein.

Eine praktische Anwendung der Teilkonzepte von Fehleroffenheit drängt sich in dreierlei Hinsicht geradezu auf:

1. In den schulischen Erziehungs- und Lernprozessen.

2. In dynamisch-komplexen Entwicklungsprozessen von Unternehmen, Organisationen und Institutionen wie etwa Einzelschulen.

3. Hinsichtlich der Entwicklung einer stimmigen Kultur des Umgangs mit Fehlern in Organisationen, Gemeinschaften und dem öffentlichen Leben einer Gesellschaft.

6.2.3.3 Die Rahmentheorie als Hilfe zur Analyse

Die drei Kategorien und dreißig Teilkonzepte lassen sich zur Analyse der Fehleroffenheit in einer Organisation, einem Wirtschaftsunternehmen oder einem anderen eingrenzbaren Aktivitätsfeld verwenden. Diese Möglichkeit der instrumentellen Anwendung der Rahmentheorie wurde in Kapitel 5.5 verdeutlicht, indem exemplarisch das Handlungsfeld Schule damit analysiert wurde. Dabei wurde die Schule in zwei Anläufen hinsichtlich ihrer Fehlerkultur und -offenheit betrachtet. Zunächst strukturierten einige grundlegende Kategorien des Handlungsfelds den Zugriff, dann die drei Dimensionen der Fehleroffenheit und ihre dreißig Teilkonzepte.

Dabei wurde deutlich, dass ein erster *analytischer Zugang zur* Fehlerkultur und -offenheit einer Organisation grundsätzlich in vier Schritten denkbar erscheint (siehe Tabelle 11). Wenn es auf diese Weise möglich sein sollte, die Ausprägung der Fehleroffenheit einer komplex-dynamischen Organisation relativ rasch umrisshaft zu erfassen, lassen sich damit begründete Arbeitshypothesen bilden, etwa entlang folgender Fragen:

- Wie groß ist die Wahrscheinlichkeit, dass der Kardinalfehler vermieden werden kann?

- Wo finden sich hauptsächliche Defizite: bei Strukturen der Fehlertoleranz, der Fehlernutzung oder der flexiblen Neubewertung von Lösungs- und Fehlervarianten?

- Wo liegen starke Hemmnisse für eine Kultur der Fehleroffenheit?

- Welche der dreißig Teilkonzepte sollten möglicherweise implementiert bzw. verstärkt werden, um die Fehleroffenheit des spezifischen Handlungsfelds nachhaltig zu verbessern?

Diese Anregung eines analytischen Erstzugriffs in vier Schritten ist freilich nur ein Nebenprodukt dieser Forschungsarbeit, also kein gut abgesichertes Ergebnis, sondern ein Vorschlag, der noch methodisch präzisiert, begründet und überprüft werden muss.

1. Schritt: Wahl der institutionellen Kategorien	▪ Kategorien auswählen, die für die zu untersuchende Institution grundlegend oder leitend erscheinen. ▪ Entscheidend ist nicht, dass alle wichtigen Kategorien einbezogen werden, sondern dass die wesentlichen Dimensionen der Institution repräsentiert werden.
2. Schritt: Erste Analyse anhand der Kategorien der Institution	▪ Zu den Kategorien befragen: wie treten hier Fehler hinsichtlich ihrer Form und Wertigkeit sowie des Umgangs mit ihnen in Erscheinung? ▪ Die Orientierung an den drei Dimensionen Fehlertoleranz, -nutzung und -neubeurteilung kann helfen, die Antwort rasch auf den Punkt zu bringen. ▪ Basis: ad hoc abrufbares Überblickswissen und Erfahrungsschatz der beteiligten Gesprächspartner aus der Institution und des analysierenden Experten.
3. Schritt: Zweite Analyse anhand der Kategorien der Rahmentheorie	▪ Zu den Kategorien der Fehlerrahmentheorie erfragen: an welchen Stellen werden Strukturen der Fehlertoleranz (der Fehlernutzung; der Fehlerneubeurteilung) sichtbar bzw. wo fehlen sie in eklatanter Weise? ▪ Entlang der jeweils 9-12 Teilkonzepte der drei Dimensionen von Fehleroffenheit prüfen: gibt es Stellen, an denen sie in dieser Institution in Erscheinung treten? ▪ Basis: wie beim 2. Schritt.
4. Schritt: Abgleich und Gesamtbefund	▪ Abgleich der Befunde des 2. und 3. Schritts: Übereinstimmung, Widersprüche, wechselseitige Ergänzungen (sachliche Arbeitsstrukturen, atmosphärische Fehlerkultur) ? ▪ Gesamtergebnis: Schlussfolgerungen bezüglich des potenziellen Erfolgs der Institution und erste Vermutungen zu Ansatzpunkten einer Verbesserung der Fehleroffenheit.

Tab. 11: Analytischer Erstzugriff zur Fehlerkultur und -offenheit einer Institution

6.3   Anschlussfragen

Die relativ ausführlichen Analysen des zweiten und dritten Kapitels dienten dazu, Fehlerbegriff und Rahmentheorie stringent zu begründen. Gleichzeitig ergaben sich dabei gewissermaßen en passant interessante Hinweise und Einsichten zu einigen relevanten Anschlussfragen, die den Umgang mit Fehlern in Schule und Arbeitswelt betreffen. Als Nebenprodukte dieser Forschungsarbeit sollen hier im Diskussions- und Schlussteil diese Einsichten zu vier dieser für die Praxis nicht unwichtigen Fragen in groben Zügen dargestellt werden. Sie wollen zu weitergehender fachlicher Reflexion und Diskussion anregen. Obgleich aus diesem Grund an manchen Stellen der Charakter des Statements und eine pointierte Ausdrucksweise die sprachliche Form bestimmen, verstehen sich die folgenden Ausführungen keineswegs als umfassende oder endgültige Antworten, sondern als Verbindung von – im Vorgenannten begründeten - Aussagen und Anregungen. In den Überschriften wird deshalb auch die Form der noch offenen Frage bewusst beibehalten und nicht durch einen Aussagesatz ersetzt.

6.3.1   Behindern widersprüchliche Konzepte
die Fehlerproduktivität in der Arbeitswelt?

Die Arbeitswelt spiegelt mittlerweile eine erstaunliche Vielfalt unterschiedlicher Formen des Umgangs mit Fehlern, die als unerwünschte Ereignisse und Ergebnisse, Veränderungen der Rahmenbedingungen und unvorhergesehene Prozessverläufe in Erscheinung treten. Je nach Branche, Wertschöpfungsstufe und Funktionsbereich werden selbst innerhalb eines Wirtschaftsunternehmens oder einer anderen Institution völlig disparate Fehlerstrategien praktiziert oder zumindest unterschiedliche Praxisempfehlungen gegeben.

In der industriellen Fertigung, etwa im Automobilbereich, wird das Prinzip der Fehlervermeidung mit der Zielvorgabe der ‚Null-Fehler-Toleranz' teilweise auf die Spitze getrieben. Fehlersammelkarten und andere Instrumente identifizieren Ursache und Verantwortlichkeit hinsichtlich der Fehlerentstehung und -behebung. Gleichzeitig wurde den Verantwortlichen deutlich, dass die kostengünstige *Früh*erkennung und -korrektur von Fehlern nur möglich wird, wenn durch eine relativ hohe Fehlertoleranz den Beschäftigten vermittelt wird, dass Fehler dazugehören und ‚jedem/r passieren können', wenn sie also nicht zu negativen Sanktionen führen. In einer solchen innerbetrieblichen Fehlerkultur erst werden Mitarbeiter und Mitarbeiterinnen bereit, eventuelle eigene Fehler zu suchen, wahrzunehmen und freiwillig zu artikulieren.

In Bereichen, in denen Produkt-, Prozess- und Marketinginnovationen den entscheidenden Vorsprung vor der Konkurrenz und damit den Unternehmenserfolg sichern, wird Fehlerfreundlichkeit sogar unabdingbar. Fehlerfreundliche Kreativität und Risikobereitschaft werden hier zu Qualitäten von Spitzenkräften. Nur so entstehen neben hundert

‚Flops' auch die zwei bis drei genialen Durchbruchsinnovationen, die den gewinnträchtigen Vorsprung vor der Konkurrenz sichern. Die Kundschaft freilich erwartet neben dem höchstem Innovationsgrad häufig auch eine größtmögliche Qualität, das heißt Verlässlichkeit und strikte Fehlervermeidung bei der Herstellung der neuen Produkte oder der Ausführung der Dienstleistungen.

Es werden also oft antagonistische Fehlerstrategien im Unternehmen gefordert, die sich nur bedingt harmonisieren lassen. Große Organisationen und Betriebe können diese inneren Brüche an manchen Stellen vermeiden, indem sie Funktionsbereiche, in denen Kreativität, Fehleroffenheit und -toleranz notwendig sind, organisatorisch und personell von jenen scheiden, wo Fehlervermeidung das oberste Gebot ist. Selbst in Großunternehmen sollen aber oft dieselben Personen verschiedene Fehlerstrategien zugleich realisieren. Unabdingbar wird eben dies in Mittel- und Kleinbetrieben, in denen ein einziger Verantwortungsträger für mehrere Funktionsebenen wie Produktinnovation, PR-Strategien, Qualitätssicherung und Kundenkontakte zuständig ist und deshalb variierende Fehlerstrategien selbst praktizieren muss. Auch ein Vorgesetzter müsste dann sehr disparate Fehlertoleranzen seinen Mitarbeitern und Mitarbeiterinnen gegenüber zum Ausdruck bringen, je nach dem in welcher Funktion sie tätig sind. Bei der kreativen Produktinnovation sollten kreative Unordnung und formale Versäumnisse, Fehlversuche und Fehlschläge für ihn kein Problem darstellen, in der technischen Herstellung dagegen müsste er u.U. selbst bei kleinsten Nachlässigkeiten und Fehlleistungen rasch und deutlich reagieren. Ob Vorgesetzten dieses mentale Umschalten stets gelingt, wenn sie für unterschiedliche Fehlerstrategien nicht sensibilisiert werden, scheint fraglich. Auch bei Untergebenen dürften Toleranzunterschiede in der Wahrnehmung und Beanstandung von Fehlleistungen innerbetrieblich eher auf Unverständnis stoßen, wenn das Bewusstsein für funktions- und situationsspezifisch unterschiedliche Fehlerstrategien nicht aufgebaut wurde. Geradezu widersprüchlich wird es, wenn Vorgesetzte von den Beschäftigten

- einerseits eine hohe Bereitschaft erwarten, im Nachhinein erkannte eigene Fehlleistungen etwa im Planungs- und Konstruktionsbereich zu benennen, damit rasch eine Schadensminimierung eingeleitet werden kann,

- andererseits karriereschädliche Einschätzungen der Mitarbeiterkompetenz entstehen, da man von förderungswürdigen Spitzenkräften eben letztlich doch erwartet, dass bei ihnen Fehler möglichst selten vorkommen.

Die Fachliteratur zur Arbeitswelt thematisiert solche inneren Widersprüche und Strukturprobleme bislang kaum. Je nach Sparte, wissenschaftlicher Teildisziplin oder Autor wird entweder nur der Fehlervermeidung oder tendenziell nur der Fehlertoleranz das Wort geredet. Am ehesten verbinden Fachleute in der Entwicklung und Anwendung von Produkten der elektronischen Datenverarbeitung heute antagonistische Fehlerstrategien. In den anderen Bereichen der Arbeitswelt werden Formen von Fehleroffenheit zwar gelegentlich in Außendarstellungen oder in Konzepten zur Corporate Identity benannt, aber innerbetrieblich selten konsequent in systemische Arbeitsstrukturen umgesetzt. Dies scheint aber unabdingbar, wenn für eine solche Fehleroffenheit und -produktivität – entgegen dem kulturell bedingten allseitigen Erwartungsdruck einer strikten Fehlervermeidung – Schutzräume entstehen sollen. Aus diesem Grund scheint das produktive Potenzial von Fehlern in der Arbeitswelt bislang kaum wirklich genutzt zu werden. Wirtschaftlich betrachtet stellt dies eine verlorene Gelegenheit der alltäglichen ‚Wertschöpfung' dar.

Die Herausforderung für die Arbeitswelt wäre an drei Stellen zu sehen:

1. *Variierende Fehlerstrategien*, die für ein Unternehmen bzw. eine Organisation wichtig erscheinen, müssen funktions-, situations-, aufgaben- und personenspezifisch identifiziert werden.

2. *Mitarbeiter/innen und Vorgesetzte* müssen das Bewusstsein für diese unterschiedlichen Fehlerstrategien und die Umsetzungskompetenz hierfür zunächst erwerben.

3. *Strukturen* in Organisation und Betriebskultur, die deren differenzierte Verwirklichung sichern, sollten entwickelt, implementiert und regelmäßig evaluiert werden.

Zukunftsfähige Unternehmen dürften sich bald schon durch Unternehmenskulturen sowie Mitarbeiterinnen und Mitarbeiter mit einer professionell verwirklichten ‚Fehlerkompetenz' auszeichnen. Diese Fehlerkompetenz bestünde dann darin, dass ein Bündel von Fehlerstrategien zur Verfügung steht, das funktions- und kontextspezifisch gezielt eingesetzt wird, und bei dem die Fähigkeit zur Freisetzung und ‚Wertschöpfung' des positiven Fehlerpotenzials im Mittelpunkt steht. Gerade diese produktiven Fehlerstrategien haben wiederum erheblich mit lerntheoretischen Ansätzen und Verfahren, Gruppen- und Bildungsprozessen zu tun. Eine Zusammenarbeit von Expertinnen und Experten aus den Unternehmensleitungen und Mitarbeitervertretungen, aus Arbeits- und Erziehungswissenschaft dürfte an diesem Punkt erfolgversprechend sein.[288]

6.3.2 Bereitet die Schule auf einen angemessenen Fehlerumgang im Beruf und in der persönlicher Lebensführung vor?

Die Schulen in Deutschland – das bestätigten unlängst die TIMS- sowie die PISA-Studie aufs Neue – konzentrieren sich auf Wissensvermittlung und -reproduktion sowie die Einübung algorithmischer Fähigkeiten. Beim tiefergehenden Verständnis von Zusammenhängen, bei Transferleistungen und eigenständigem Problemlöseverhalten zeigen sich dagegen Defizite. Mit dieser Schwerpunktsetzung der deutschen Schulen verbindet sich noch immer das Prinzip der Fehlervermeidung, das in der Leistungsfeststellung der

---

[288] Das Instrument zur Erstanalyse der Fehlerkultur und -offenheit kann dabei unterstützen (vgl. Tabelle 11).

meisten Schulfächer durchgängig angewandt wird und selbst in den Lernphasen über weite Strecken beherrschend zu sein scheint.

In dieser Einseitigkeit ihrer auf Fehlervermeidung und -minimierung ausgelegten Fehlerstrategien[289] spiegeln die allgemeinbildenden und beruflichen Schulen weithin, dass sie einem nicht mehr aktuellen Bild von der Arbeitswelt verhaftet sind. Sie arbeiten zwar traditionellen Berufen unseres Wirtschaftssystem zu, verfehlen aber die mit der Entwicklung hin zur Informations-, Innovations- und Dienstleistungsgesellschaft verbundenen neuen Anforderungsbereiche. Vereinfacht gesagt: Auf Arbeitsstellen im produzierenden oder administrativen Bereich, bei denen stark normierte Abläufe vorherrschend sind und deshalb die Einübung strikter Fehlervermeidung durchaus Sinn machen kann, bereitet die Schule gut vor. Schlecht präpariert gehen die Schulabgänger hingegen in Berufe mit hohen Anteilen an diskontinuierlichen, bewegten und situativ wechselnden Gegenstandsbereichen, die etwa kommunikative, sondierende, kreative oder flexibel-selbstkritische Kompetenzen und mit diesen auch ein hohes Maß an Fehleroffenheit im dreifachen Sinne von Fehlertoleranz, -nutzung und reflexiver Fehlerneubeurteilung erfordern.

Die Lernverfahren und -gegenstände scheinen bislang kaum darauf ausgelegt zu sein, diese Kompetenzen heranzubilden. Neue Lernmethoden, die Jugendlichen u.a. mehr Gestaltungsspielräume und Fehleroffenheit ermöglichen, wie etwa Projektunterricht oder Wochenplanarbeit werden – wie Bohl (2000, 219) jüngst im baden-württembergischen Realschulbereich aufzeigen konnte –, von über 90% der befragten Lehrkräfte weniger als eine Stunde pro Woche praktiziert, das heißt in maximal 4% ihrer Unterrichtszeit.

Einzelne Schulkritiker markieren diese Defizite und fordern ein Ende der ‚Fehlerjagd' sowie mehr teamorientierte und kreativ-fehleroffene Verfahren. Sie übersehen ihrerseits, dass die allgemeinbildende Schule *allen* Anforderungsbereichen der Arbeitswelt zuarbeiten muss, also etwa auf die sorgfältige und qualitätsorientierte Arbeitsweise ebenso wie auf die kreative und innovationsorientierte vorzubereiten hat. Deshalb sollte sie eigentlichverschiedene Fehlerstrategien nahe bringen, fehlervermeidende, fehlerbearbeitende, fehlertolerierende, fehlernutzende usw.

Sollen Heranwachsende auf den spezifischen Fehlerumgang in den diversen Arbeitsfeldern adäquat vorbereitet werden, müssten noch deutlicher jedoch berufliche Schulen und Hochschulen differenziert vorgehen. Während etwa Verwaltungsfachleute und Handwerker durchaus wie bislang schwerpunktmäßig auf fehlervermeidendes Arbeiten vorbereitet werden dürften, müssten Maschinenbauingenieure, vor allem aber Marketing- oder Kommunikationsfachleute mehr als bisher auch kreativ-fehleroffene Verfahren einüben. Angehende Sozialarbeiter/innen dürften möglicherweise über spezifische Strukturen und Maße der Fehlertoleranz sowohl in der Lebenswelt ihrer Klienten als auch im eigenen professionellen Umgang mit denselben nachdenken.

---

[289] Vgl. Kap. 2.8.1 – 2.8.4.

Variierende Fehlerstrategien nützen den aus der Schule entlassenen jungen Menschen auch in ihrer privaten Lebenspraxis. Bereits die Führung eines Privathaushalts mit allen vertraglich geregelten Ver- und Entsorgungsstrukturen und weiteren rechtlich definierten Pflichten weist heute eine hohe Komplexität und Veränderlichkeit auf. Dies führt besonders bei weniger gebildeten oder schlechter organisierten Menschen zu regelmäßigen Fehlleistungen. In der Schule müsste deren Vermeidung aber auch das strategische und findige ‚Managen' von neuen Problemstellungen – etwa durch die Wahrnehmung und Pflege von sozialen Unterstützungsstrukturen – gelernt werden. Alltagsmanagement ist heute gefordert, das oft schlicht ein Fehlermanagement darstellt: ein unerwarteter und unerwünschter Tatbestand muss effektiv bearbeitet werden.

Die Dynamik und Wechselfälle der wirtschaftlichen Entwicklung bekommen die unteren Lohngruppen der un- und angelernten Arbeitskräfte oft als erste zu spüren. Arbeitsplatzverlust aufgrund konjunktureller, betrieblicher oder persönlicher Probleme haben sie oft mehrmals im Zuge ihrer Erwerbsbiographie als höchst unerwünschte und einschneidende (Fehler-) Ereignisse zu bewältigen. Öffentliche Unterstützungen zur finanziellen Überbrückung der Zeiten von Arbeitslosigkeit und zur Wiedereingliederung in den Arbeitsmarkt zu erhalten, ist heute an komplexe Vorgänge gebunden. Erforderlich ist hierbei die durchaus widersprüchliche, zumindest ambivalente Grundhaltung, einerseits auch mit unverschuldeten Fehlerereignissen offensiv und zupackend umzugehen und andererseits Fehler als Teil des eigenen Lebens und der eigenen Person gelassen hinnehmen zu können. Wann aber das Hinnehmen und wann das Dagegen-Angehen erfolgversprechender erscheint, ist aber bereits nicht immer einfach zu entscheiden. In diesem anspruchsvollen – und deshalb der individuellen Beratung und Begleitung bedürftigen – Balanceakt sind Teilkonzepte der Fehlervermeidung, -toleranz, -nutzung und vor allem der Neubeurteilung etwa von eigenen Verhaltensgewohnheiten oder von bislang verworfenen Varianten einer möglichen Erwerbstätigkeit zu entwickeln.

Weder allgemeinbildende Schulen noch berufsbezogene Aus- und Fortbildungseinrichtungen praktizieren oder thematisieren solche unterschiedlichen Fehlerstrategien in einem nennenswerten Umfang. Das Problembewusstsein scheint äußerst rudimentär ausgebildet und allein das einseitige Fehlervermeidungskonzept zieht sich wie ein roter Faden durch die Schullandschaft. Doch dieses Fehlerkonzept, mit dem die Schüler/innen und Studierenden dann die Ausbildungsstätten verlassen, greift nur bei einem kleiner werdenden Anteil der alltäglichen Anforderungen. In Problemstellungen mit großer Offenheit und Dynamik wird es äußerst kontraproduktiv sein, mit dem schulisch erworbenen Konzept des kleinkrämerischen Fehlervermeidens und -zählens zu arbeiten. Es kann den beruflichen Aufstieg ebenso blockieren wie die Bewältigung von Partnerschafts- oder Erziehungskrisen, wenn erbsenzählerisch wechselseitig unterlaufene Fehler aufgerechnet werden, statt zum eigentlichen Kern des Problems vorzudringen sowie gezielte Fehlertoleranzen und -bearbeitungen zu vereinbaren. Die Berufswelt und die private Lebenswirklichkeit erfordern heute in vielerlei Hinsicht mehr Bereitschaft zum persönlichen Fehlermanagement und eine flexibel-variierende Fehlerkompetenz.

6.3.3 Ist der Mangel an Fehleroffenheit ein Hemmschuh der Schulentwicklung?

Die Kritik, dass Schulen zu den nötigen Evaluations-, Prozess- und Anpassungsleistungen wenig in der Lage seien, ist vielstimmig, wenn auch nicht unbedingt neu. Versuchte man lange die Schulbehörden als ‚Bremser' der Innovation auszumachen, so konzentriert sich – seit die ‚innere Schulentwicklung' partei- und bundeslandübergreifend propagiert wird – die Kritik eher auf die Lehrkräfte und die Einzelschule. Die Gründe für diesen Mangel an schulischer Bewegung sind ohne Zweifel komplex. Zu nennen wäre etwa ein gewisse Selbstzufriedenheit, gedankliche Unbeweglichkeit und Bequemlichkeit mancher Mitarbeiter/innen, wie sie in allen Sektoren der Arbeitswelt anzutreffen ist, so gelegentlich auch im ‚Betrieb' Schule. Speziell der Schulbetrieb jedoch scheint unabhängig davon mit besonderen Erschwernisse für eine *fehleroffene* Schulentwicklungs- und Lernpraxis konfrontiert zu sein, die u.a. mit den gesellschaftlichen Funktionen und Außenbeziehungen der Schule zusammenhängen und noch näher präzisiert werden sollen.

Innovation und damit auch Schulentwicklung bedeutet zunächst sehr vereinfacht ausgedrückt: künftig wird etwas anders gemacht als bisher. Meist umfasst dieses Anders-Machen sowohl einen neuen inneren Gehalt (z.B. Ziele, Lerngegenstände) und eine verändert äußere Form (z.B. Organisationsstrukturen, Unterrichtsformen), gleich ob es sich nun um eine Neuerung in Unterricht oder Schulleben, Schulbetrieb oder Kollegiumskultur handelt. Die Änderung der äußeren Form verbindet sich häufig mit einer partialen schulischen Umorganisation und damit einer teilweise neuen Ordnung. Neue Ordnungen aber erzeugen zunächst Widerstände, Umstellungskonflikte und Fehlleistungen, in der Schule nicht weniger als in einem anderen Betrieb. Und nicht selten sind auch hier die alten (Denk-) Strukturen am Ende doch stärker als die neuen Anläufe und Ideen, die sich oft nicht nachhaltig verankern in den Köpfen und Arbeitsabläufen, sondern wieder verlieren, wenn der innovative Drang oder Druck allzu früh wieder nachlässt beziehungsweise durch neuerliche Innovationen überlagert wird.

Innovationen anstreben heißt folglich alte Ordnungen des Handelns relativieren sowie neue anbahnen und installieren. So wundert es wenig, dass der Wirtschaftswissenschaftler Peters (1988, 293) meint: „Aktiv und öffentlich muß dazu aufgefordert werden, Regeln, die Sie wahrscheinlich ursprünglich selbst aufgestellt haben, zu brechen", das sei das „Gebot, das noch mehr Mut erfordert als die Aufforderung, schnelle Fehler zu unterstützen." Ordnungen und Regeln aller Art markieren auch in der Institution Schule das erwünschte ‚richtige' Handeln und scheiden es von unerwünschten Fehlhandlungen. Wer Ordnungsbrüche zulässt oder begeht, stellt diese Demarkationslinie und das damit zusammenhängende Fehlerurteil in Frage. Eben dieses ‚anarchische' Verhalten charakterisierte jedoch die von der Bertelsmann-Stiftung 1996 als besonders innovativ ausgezeichneten deutschen Schulen. Der Bildungsforscher Brockmeyer stellte damals fest: „Alle diese innovativen Schulen sind bereit, sich über Ordnungsstrukturen hinwegzusetzen, wenn es notwendig ist" (Kahl 1996, 44).

Innere Schulentwicklung ist also mit Fehlerproduktivität und -toleranz im Sinne von ordnungsüberschreitendem *Denken* gekoppelt. Diese Beobachtung korreliert mit kybernetischen Denkansätzen und Ergebnissen der Systemforschung. Nach Vester (1997, 464) „geraten ab einer bestimmten Zeitgrenze mechanische Abläufe mit den sich verändernden komplexen Systemen, insbesondere den biologischen, unweigerlich in Kollision und verlangen eine Korrektur." Für ein Individuum ebenso wie für eine Institution bedeutet dies zweierlei. Erstens, dass man den ‚Fehler' im Sinn des Regelbruchs auf der Ebene des Denkens, der Lernverfahren und der organisatorischen Rahmenbedingungen nicht nur zulassen, sondern geradezu evozieren muss, wenn man Schritt halten möchte mit der gesellschaftlichen Entwicklung. Zweitens dass man es akzeptiert und nach außen vertritt, wenn etwas, das in den zurückliegenden Jahren als das Angemessene und Richtige vertreten und praktiziert werden konnte, heute als Fehler markiert werden muss. Mit beidem tun sich die Schulen offenbar schwer.

Dazu kommt, dass jedes Durchbrechen von tradierten Organisations- und Ordnungsstrukturen zunächst einen fehlerfreien Ablauf des Schulbetriebs erschwert und die Fehlerrate im System erhöht. Wer in einem Klassenprojekt handlungsorientiert und epochal mehrere Tage am Stück arbeiten möchte, erzeugt i.d.R. organisatorische Abweichungen. Diese werden dann vom Hausmeister, von Kollegen und Eltern möglicherweise als eine unnötige Störung erlebt, die ihnen unangenehme Umstellungen oder gar Zeitressourcen abnötigt. Wer etwa mit seiner Grundschulklasse vormittags einen Lerngang unternimmt, von dem er mit öffentlichen Verkehrsmitteln erst gegen 14 Uhr zurück sein kann, fordert von den Eltern an diesem Tag eine Anpassung ihres Tagesablaufs.

Gerade aber bei Unterrichtsausfall und Abweichungen des täglichen Unterrichtsbeginns und -endes scheinen zunehmend mehr Eltern wenig fehlertolerant zu sein, besonders wenn beide Elternteile durch Berufstätigkeit ihrerseits feste Tagesstrukturen aufweisen. Ausnahmslose Verlässlichkeit der Unterrichtszeiten wird dann erwartet. Dass dieses abweichungs- und fehlerfeindliche Ordnungsdenken auf Kosten der außerschulischen, außergewöhnlichen und realitätsnahen Erfahrungen und Lernprozesse gehen kann – welche dann u.U. dieselben Eltern einfordern – möchte man in diesem Zusammenhang nicht hören. Wo aber das Lernen realitätsnah werden soll, muss man die Schule öfters hinter sich lassen und fremde Handlungs- und Erfahrungsfelder aufsuchen können. Doch dadurch werden die verlässlichen Eckzeiten des Unterrichts gefährdet, etwa wenn eine Kollegin mehrere Tage mit ihrer Klasse ein Projekt im Wald durchführt und nicht jede Stunde, die sie derweil in anderen Klassen zu unterrichten hätte, vertreten werden kann.

Eine geringe schulische Fehlertoleranz belegt so auch das Beispiel des Unterrichtsausfalls. Große Unternehmen rechnen mit einem permanenten durchschnittlichen Personalausfall aufgrund von Krankheit oder Schulungen im Umfang von 5-10% der Belegschaft. Im Schulbetrieb wird die meist deutlich geringere Quote des Unterrichtsausfalls hingegen als ein unerhörter Zustand angeprangert und teilweise gar ein

‚Null-Ausfall' bzw. ein totaler Ersatz durch Vertretungskräfte eingefordert, der im Kontext der Normalitäten der Arbeitswelt eher absonderlich erscheint.

Generell scheinen die Schulen als eine öffentliche Einrichtung also genauer beobachtet und mit geringerer Fehlertoleranz beurteilt zu werden als es in anderen Bereichen der Gesellschaft üblich ist. Wurde etwa ein Kind auf dem Schulhof geschlagen oder auf dem Schulweg erpresst, wird dies u.U. in der lokalen Presse ausgebreitet und die Schule zu sofortigen Maßnahmen aufgefordert; geschieht dasselbe hingegen täglich auf dem städtischen Busbahnhof, ist es meist nicht einmal eine kleine Presemeldung wert. Eine solche öffentliche Observation kann besonders schwächere Lehrkräfte übervorsichtig machen. Wer sich in der Sekundarstufe nicht sicher ist, dass er alle Schülerinnen und Schüler einer Klasse stets unter Kontrolle halten kann, wird dazu tendieren, lieber nichts zu riskieren und die Lernprozesse eben im Klassenzimmer ‚einsperren'.

Eltern und Politiker/innen können folglich nicht zeitgemäße beweglich-lebensnahe Lernformen erwarten *und* zugleich fixierte und fehlerfrei durchgeführte Organisationsformen einfordern. Gerade die heute geforderten projektartigen, differenzierenden und individualisierten Lernprozesse gehen nämlich mit einer fehleranfälligen und fehlerproduzierenden Lernorganisation einher. Wo nicht mehr alles im Gleichschritt lernt, kann leicht der eine oder andere in eine selbst angesteuerte Sackgasse des Lernens oder an der Peripherie des Aufsichtsradius der Lehrkraft auf andere Abwege geraten.

Fehlertoleranz ist weiter nötig, wenn durch zusätzliche Lern-, Arbeits- und Sitzgelegenheiten im Innen- und Außenbereich die Schule zum ‚Lebensraum' ausgestaltet wird. Denn nehmen die Jugendlichen diesen Lebensraum dann tatsächlich an und halten sich auch nachmittags und gegen Abend auf dem Schulgelände auf, entstehen oft Konflikte mit dem Hausmeister, der Schulleitung und bei Sachschäden mit dem Schulträger. Deren Fehlerfreundlichkeit hat dann meist bald ein Ende und damit auch die Möglichkeit zur Aneignung und Nutzung des offerierten neuen Lern- und Lebensraums.

Maßgeblich dürfte die Einstellung der Schulleiter/innen sein. Sind sie konfliktscheu, sicherheitsorientiert oder auf Vorbildlichkeit ihrer Schule bedacht, dann werden sie innovationsbedingte Fehlleistungen im Schulbetrieb und kollegiale Störungen kaum akzeptieren. Unterläuft einer Lehrerin, die sich in Neuland wagt, ein echter Lapsus, meint ein solcher Schulleiter u.U., dass das „künftig aber nicht mehr vorkommen sollte". An einer solchen Schule wird sich dann vermutlich nicht viel frei entfalten und bewegen.

Selbst zwischen den Lehrkräften zeigt sich teilweise eine geringe wechselseitige Fehlertoleranz. Wer wiederholt den ‚Fehler' begeht, mit seinem Projekt auf dem Schulhof einen Kollegen im Unterricht zu stören, wegen eines wichtigen Klassengesprächs seine Unterrichtsstunde zu überziehen oder wegen eines Lerngangs die Schüler zu spät in der Folgestunde der Kollegin erscheinen zu lassen, der bzw. die riskiert Konflikte mit Kollegium und Schulleitung – selbst wenn er oder sie jeweils pädagogisch argumentieren kann.

Innovation kennzeichnet aber nicht nur das Alte als Fehler, sondern lässt auch das angestrebte Neue zunächst nur in recht fehlerhafter Gestalt erscheinen. Es ist noch lückenhaft, noch nicht allen Gegebenheiten genügend angepasst, noch nicht methodisch elaboriert, bei den Beteiligten noch nicht genügend routinisiert. Zudem produzieren auch an den Schulen Veränderungsprozesse an *völlig unerwarteten* Stellen unangenehme Nebenwirkungen, Lücken und Patzer.

Zusammenfassend lässt sich feststellen: Schulentwicklung erzeugt auf drei Ebenen Fehlerereignisse:

1. Das bislang gültige Alte wird *jetzt* als ungenügend und fehlerhaft betrachtet.

2. Das angestrebte Neue ist *noch* unausgereift und fehlerhaft.

3. Die Umstellungsprozesse erzeugen *zusätzlich* unerwartete Nebenwirkungen und Fehlerereignisse auf weiteren schulischen Ebenen.

Das Weiter- und Umlernen der Institution als Ganzes hängt folglich von der hochgradigen Bereitschaft aller in Lehrer-, Schüler- und Elternschaft ab, in einer Umstellungszeit zahlreiche Fehler bei sich und anderen zu tolerieren *und* produktiv damit umzugehen.

In der Schulentwicklungsliteratur sucht man solche Hinweise meist vergeblich. Viele scheinen durchaus zu meinen, Schulentwicklung sei auch ohne vorübergehende Fehlleistungen realisierbar. Auch die Schulverwaltung zieht es selbstverständlich vor zu hören, dass alles fehlerfrei läuft und dass die Sondermittel und Freiräume, die sie einer bestimmten Schule zur Weiterentwicklung gewährte, zu rundum guten Ergebnisse führte. Fehlleistungen und Misserfolge haben da wenig Platz, führen u.U. zur Einschränkung der künftig zusätzlich gewährten Ressourcen. Folglich werden fehlgeschlagene Versuche nach außen eher verschwiegen und Leistungsbilanzen der Schule tendenziell geschönt. Dies untergräbt aber letztlich nicht sowohl die Reaktions- und Steuerungsfähigkeit der Administration als auch das Lernen einzelner Schulen aus den Fehlern der anderen Schulen.

Von Schulen wird also erwartet was niemand kann: lernen ohne Fehler zu machen. Wer aber keine Fehler macht, hat einen Lernvorgang bereits abgeschlossen – oder noch gar nicht begonnen. Besonders langwierig und fehlerhaft gerät das Lernen, wo nicht nur Einzelne, sondern ganze Gruppen (Klassen, Kollegien, Schulen) gemeinsam umlernen sollen. Schulentwicklung ist nichts anderes als ein solches komplexes Um- und Dazulernen. Wer eine Schulentwicklung ohne Fehler wünscht, verleugnet Grundlegendes in der Natur des Lernens:

- Wo nichts schief gehen darf, kann auch nichts Neues entwickelt werden; wo keine Fehlleistung toleriert wird, wird auch keine neue Leistungsform generiert.

- Je einschneidender die Veränderungen ausfallen, desto höher wird die Störungs-, Konflikt- und Fehlerquote einer Klasse oder Schule in der Umstellungszeit sein.

- Ohne Fehlertoleranz werden Neuentwicklungen zum riskanten Unterfangen und innovative Lehrkräfte u.U. ‚abgestraft'. Lehrkräfte hingegen, die nichts Neues wagen, sind dann ‚auf der sicheren Seite'. Es werden folglich die Falschen belohnt.

Die Fehlertoleranz der verschiedenen Kontrollebenen neben und über der Schule entscheidet über deren Fehleroffenheit und Schulentwicklungsintensität:

- Schul- und Unterrichtsinnovation ist in dem Maß möglich, wie eine Schule als Ganzes fehleroffen wird.

- Fehleroffen kann eine Schule werden, wenn ein gewisses Maß an Fehlleistungen von Kollegen, Eltern und Schulaufsicht toleriert wird.

- Fehlerfreundlich kann die Schulaufsicht sein, wenn die Bildungspolitik dies zulässt.

- Die Fehlertoleranz der Politik hängt wiederum von einer höheren Fehlertoleranz der gesellschaftlichen Kräfte – Oppositionsparteien, Elternvertretungen, Wirtschaftsvertreter, Massenmedien – gegenüber der Praxis der (innovativen) Schulen ab.

Eine Schule kann eine fehlertolerante und -offene Haltung folglich nur dann entwickeln, wenn ihr jeweiliges gesellschaftliches Umfeld, von dem sie vielfältig in die Pflicht genommen und beobachtet wird, dies auch tut. Es ließe sich die Frage stellen: Lernen die Schulen in Deutschland vielleicht auch deshalb so schwer um, weil wir Deutschen – bekannt für unsere Betonung von technischer Perfektion, organisatorischer Exaktheit, Verlässlichkeit, Pünktlichkeit usw. – eine besonders geringe wechselseitige Fehlertoleranz im wirtschaftlichen, gesellschaftlichen und zwischenmenschlichen Umgang an den Tag legen?

6.3.4 Sind die vielfältigen Fehlererfahrungen und -strategien von Hauptschülerinnen und Hauptschülern ein Lernpotenzial?

Wenn die Institution der öffentlichen Schule – und in besonderem Maß die deutsche Schule – aufgrund ihrer gesellschaftlichen Funktionen und Kontexte erhebliche Mühe damit haben muss, fehleroffene Strukturen zu entwickeln, dann ist es nicht weiter erstaunlich, dass ihre Lern- und Leistungskultur sich auch vom ausschließlich verfolgten Prinzip der Fehlervermeidung bislang kaum zu lösen vermag.

Besonders fatal ist dieser Umstand für jene Kinder und Jugendlichen, die zu besonders vielen Fehlleistungen neigen, wenn von ihnen eine exakt festgelegte Reproduktionsleistung erwartet wird. Denn diese reproduktive Grundform der Leistungsfeststellung scheint in deutschen Klassenzimmern noch immer zu dominieren. Wer hierbei durch viele Fehler wiederholt auffällig wird, wird im deutschen Schulsystem vergleichsweise rasch ,nach unten' in jene Bildungsgänge weitergereicht, die dann nur zu einem Haupt- oder Sonderschulabschluss führen. Weitergehende Bildungs- und damit Lebenschancen werden so aufgrund eines bestimmten Leistungsmessungs- und Fehlerprinzips verwehrt oder behindert.

Im Hauptschulbildungsgang angelangt wird den Schülerinnen und Schülern, die bei dieser Form des ,Reproduzierens mit Fehlerzählung' also nachweislich schwach sind, in

310

den Kernfächern, die wiederum für die beruflichen Anschlusskarrieren entscheidend sind, nun aber nur selten eine alternative, ein *andersartige* Form der Leistungsdarstellung ermöglicht. Fächer wie Kunst, Sport oder Religion, in denen weniger fehlerbezogene Leistungsdarstellungsformen in den Vordergrund rücken können, spielen auch im Hauptschulbereich nur eine marginale Rolle für den weiteren beruflichen Werdegang. Breitere Formen der Leistungsfeststellung, die nicht ausschließlich über das Prinzip des Reproduzierens und Fehlerzählens strukturiert sind, wären deshalb wohl ein zentrales Stück der Chancenverbesserung und eines schülergerechten Arbeitens in den Hauptschulen.

Doch ein zweiter Aspekt dürfte nicht weniger prekär sein. Wie bereits mehrfach im Zuge der bisherigen Darstellung deutlich wurde, weist die auf die Schulzeit folgende Berufs- und Lebenswirklichkeit in immer geringerem Umfang Situationen auf, die allein durch den Rückgriff auf Normen, Konventionen oder sonstige Regeln und eine dementsprechende Vermeidung von Regelverletzungen erfolgreich bewältigt werden können – das aber scheint noch immer *die* zentrale Handlungs- und Problemlösestrategie, die die Schule vermittelt. Je dynamischer und komplexer das Gefüge ist, innerhalb dessen sich der jeweilige Akteur zu bewegen hat – sei es am Arbeitsplatz, in der Familie oder unter Freunden in der Freizeit – desto wichtiger wird es laut Fehlerparadoxon jedoch, dass

- er oder sie Fehler anderer hinnehmen kann und nicht gar so ‚tragisch' nimmt;

- die eigene Aktivität nicht darauf zielt, dass jeder Fehler krampfhaft vermieden wird, sondern dass wirksame Toleranzstrukturen bestehen, die helfen, die Fehlerfolgen auf ein wenig schädliches Maß zu begrenzen;

- man mit anderen über eingetretene Fehlerfälle reden und nachdenken kann und sie nicht beschämt verdrängen, verheimlichen oder abstreiten muss;

- man sich darauf einstellen kann, dass der Fehler als unerwarteter und eventuell nicht mehr korrigierbarer neuer Tatbestand möglicherweise auch Chancen enthält, Potenziale, die man mit etwas Flexibilität und Geschick nutzen kann in eigener Sache;

- der zunächst unerwünschte Fehler sich so am Ende als eine suboptimale Lösung erweist, mit der sich recht gut leben lässt, sofern man sich darauf rasch, positiv und offensiv einzulassen vermag.

Die Aufzählung ließe sich fortsetzen. Tatsächlich hatte ich in meiner eigenen schulischen Praxis als Hauptschullehrer den Eindruck, dass den Kindern und Jugendlichen, die vor mir saßen, genau solche Strategien im Grunde nicht unbekannt waren. Viele wiesen eine familiäre Hintergrundsituation auf, die an Dynamik und verworrener Komplexität kaum zu überbieten war. Viele mussten täglich einüben, wie sie unerwartete fremde Fehlleistungen hinnehmen und möglichst rasch kompensieren können, etwa wenn die Mutter nach ihrer Nachtschicht morgens verschläft, ihr Kind folglich nicht weckt und dieses nicht pünktlich zur Schule kommt; oder wenn am Nachmittag keine Gelegenheit besteht, das am nächsten Tag benötigte Schulheft zu kaufen - und man es ‚irgendwie' eben doch zu organisieren hat. Es gäbe bei vielen Hauptschülern und Hauptschülerinnen vermutlich reichhaltige Vorerfahrungen und geeignete ‚Andock'-Stellen für das differenzierte Einüben von Problem- und Krisenmanagement und von ungewöhnlichen Fehlerstrategien. Ein solches lebensnahes Lernen würde diese Jugendlichen in ihrem gegenwärtigen Alltagsmanagement unterstützen und sie zugleich für die künftige eigenständige Lebensführung fit machen.

Aber diese sich förmlich aufdrängenden alltagsnahen Lernanlässe nehmen die Bildungspläne und Lehrkräfte der Hauptschulbildungsgänge selten auf. Die weitgehend der Mittelschicht und dem Bildungsbürgertum angehörenden Lehrkräfte scheinen häufig wenig Wahrnehmung oder Phantasie für solche lebensweltlich bedingten Fehlerereignisse und Lerngelegenheiten etwa in einer Familie mit Migrationshintergrund zu haben. Und die Hauptschule als Institution hat Mühe, mit ihren Formen des Lernens und der Leistungsdarstellung nicht völlig ‚im Kielwasser' der Real- und Berufsschule zu fahren, zu denen sie anschlussfähig bleiben möchte.

Vielleicht hilft es weiter, etwas zu tun, was ganz zu Beginn in der Einleitung dieser Arbeit auch unternommen wurde: Versuchen wir uns einmal vorzustellen, wie die Fehlerthematik möglicherweise aus der Sicht dieser Hauptschülerinnen und Hauptschüler zu betrachten wäre. Vielleicht so:

- Viele Hauptschülerinnen und Hauptschüler haben familiär und lebensweltlich bedingt eine große Nähe zu *vielfältigen Strategien* des Umgangs mit (alltäglichen) eigenen und fremden Fehlleistungen, die über das Fehlervermeidungsprinzip deutlich hinausgehen; sie sind als Anknüpfungspunkt und Potenzial für ihre Lernprozesse zu begreifen (auch wenn natürlich nicht alle dieser alltäglich angewandten Strategien wirklich empfehlenswert sind, sondern eher kritisch zu problematisieren wären);

- möglicherweise erschwert ihnen dieser Erfahrungshintergrund, sich auf die bereits von der Grundschule in den Kernfächern fast ausschließlich geforderte Form der *Reproduktion unter strikter Fehlervermeidung* mit der erforderlichen Rückhaltlosigkeit einzulassen, denn immerhin steht sie im Gegensatz zu ihren alltäglich realisierten familiär-lebensweltlichen Toleranz-, Problemlöse- und Fehlerstrategien;

- die Schule sanktioniert die hohe Fehlerquote dieser Kinder bei den reproduktiven Leistungserhebungen durch Zuweisung ins *untere Segment* des Bildungswesens;

- dort werden sie paradoxer Weise *weiterhin* mit dem System der fehlervermeidend-reproduktiven Leistungsdarstellung und entsprechenden Misserfolgserlebnissen konfrontiert; auch ihre Eltern halten ihnen u.U. die Fehlleistungen vor, schämen sich für das Kind, zeigen sich resigniert; die Jugendlichen beginnen ihre Fehler zu fürchten oder – um ihr in der Pubertät noch mehr schwankendes Selbstwertgefühl zu retten – sie zu kaschieren oder scheinbar gleichgültig zu ignorieren; sie verlernen so,

mit Fehlleistungen offensiv und produktiv umzugehen und erst recht, für ihr Alltagsmanagement und ihre Kompetenzbildung deren Potenzial zu nutzen;

- am Ende der Hauptschulzeit werden die meisten wieder entlassen in ihre unverän-
dert komplex-dynamische Lebenswelt, deren Fehler- und Bewältigungsstrategien sie
aber entfremdet wurden, wenn sie sich schulisch stark prägen ließen; zumindest aber
sind sie diesbezüglich keinesfalls gestärkt, sondern eher irritiert und geschwächt.

Diese Imagination fokussiert und vereinfacht die Dinge unter dem Blickwinkel des Fehlerumgangs, aber ist sie wirklich absurd? Sie mag bei uns innere Abwehr auslösen, möglicherweise weil sie gewisse Grundsätze unseres Bildungsgedankens und -systems ele-
mentar anfragt. Denn wenn dem so wäre, dass bei der Schülerschaft hier im unteren
Viertel des Bildungswesens ein lebensweltlich und schulisch erzeugtes Fehlerpotenzial[290]
vorläge, das sich für Lernprozesse gut nutzen ließe, das zudem den aktuellen Anforderungen in unserer zunehmend komplex-dynamischen Gesellschaft durchaus entgegen
kommen würde, aber von einem nicht zeitgemäß arbeitenden Schulsystem missachtet
und mehrfach gebrochen wird, dann, ja dann wäre da einerseits die Erkenntnis eines
gravierenden pädagogischen Systemfehlers, aus dem andererseits aber – wie bei jedem
recht genutzten Fehler – die Exploration völlig neuer Lernwege mit den Hauptschülerinnen und Hauptschülern produktiv entstehen könnte.

6.4   Weitergehende Perspektiven

6.4.1   Interdisziplinäre Verständigungen

Interdisziplinäre Forschung, so Marquard (1998, 617), ist „ein Unternehmen zur fachübergreifenden Erarbeitung eines Sozialproduktes an Theorie", das aus Fragen oder
Antworten besteht, und wiederum disziplinären Teilforschungen als „Entbornierungs-
und Anregungsdurchlauf" diene. Die gelegentlich weiten Ausgriffe auf den letzten Seiten verdeutlichten am Exempel der Schule bereits, welche intradisziplinäre Reichweite
die Fehlerthematik in einem einzelnen Handlungsfeld möglicherweise entfalten kann.
Sie mahnen aber zugleich, der Notwendigkeit verstärkter Fehleroffenheit nicht etwa in
euphorischem Überschwang zu huldigen, sondern vielmehr mit den geschaffenen theoretischen Grundlagen sachlich, gründlich und schrittweise – so wie es auch in dieser Arbeit
versucht wurde – weiterzuarbeiten:

- Hilfreich wäre, wenn *von anderer disziplinärer Seite* – etwa der Psychologie, den
Natur- oder Wirtschaftswissenschaften – eine Prüfung der entworfenen Theorie und
ggf. eine kritische Erwiderung stattfände.

---

[290] Hinzu kommt das Potenzial der zahlreichen Fehler, die in den fachunterrichtlichen Lernprozessen entstehen.

- Die *Verträglichkeit* mit weiteren Fehlerforschungsergebnissen und -modellen könnte vergleichend untersucht werden.

- Die transdisziplinären *Reichweiten* der Rahmentheorie und der im Fehlerparadoxon ausgesagten Korrelation wären gegebenenfalls zu begrenzen.

- Die mit der *Formeldarstellung*[291] angebotene Operationalisierung wäre zu erproben: Bei welchen Gegenständen erscheint sie sinnvoll anwendbar, wo keinesfalls?

- Zu überprüfen wäre weiter, ob die vorgeschlagene operative *Verbindung* von transdisziplinärer Rahmentheorie und disziplinärer Teiltheorie[292] sich bewähren lässt.

- Der ebenfalls nur als Rahmendefinition verstandene *Fehlerbegriff* könnte in spezifisch disziplinärer Perspektive mit weiteren Merkmalen zugespitzt werden.

- Vor allem wären anhand der Rahmentheorie und der dreißig aufgezeigten Teilkonzepte der Fehleroffenheit konkrete *Praxismodule* zu formieren. Diese könnten dann in spezifischen Teilbereichen der Pädagogik, der Arbeitswelt oder anderer gesellschaftlicher Handlungsfelder auf ihre Tauglichkeit in der Praxis hin erprobt werden.

- Die Teilkonzepte könnten möglicherweise auch Impulse dafür bieten, bereits vorliegende intradisziplinäre Fehler-Teiltheorien mit *technologischen Ableitungen* weiter auszubauen.

Recht interessant erschiene mir ein weiterer Anlauf: die Überprüfung, ob die Umkehrung des im Fehlerparadoxon ausgesprochenen Zusammenhangs nicht unter bestimmten Voraussetzungen ähnlich zutreffend sei. Also, ob eine *spezifische* Fehlervermeidung nicht wiederum häufig eine *Voraussetzung* für die Produktivität von systematischer Fehleroffenheit darstellt? Wäre dies der Fall, so ließen sich Fehleroffenheit und -vermeidung als komplementäre Größen bezeichnen.

6.4.2   Anschlussforschungen im Schulbereich

Die Schule erweist sich als Handlungsfeld, das vom Prinzip der Fehlervermeidung völlig dominiert wird. Nur rudimentäre Ansätze zur produktiven Nutzung von Fehlern in den komplexen Prozessen des Wechselspiels von Öffentlichkeit und Schulbetriebs, der Schulentwicklung und des Unterrichts sind bislang erkennbar.

Ein erster Schritt bestünde wohl darin, die äußerst befremdliche jahrhundertlange Abwendung der Pädagogik von einer gründlichen Bearbeitung der Fehlerthematik zu beenden. Die Rahmentheorie und insbesondere die dreißig Teilkonzepte einer produktiven Fehleroffenheit haben dazu ein ganze Reihe von Ansatzpunkten für praktische Kon-

---

[291] Vgl. Kap. 5.3.3.
[292] Vgl. Kap. 6.2.2.

zeptionsbildungen sowie für Fragestellungen weiterer Anschlussforschungen eröffnet wie etwa die folgenden:

- Inwieweit ist in der Schule als einer ‚Anstalt', die ihre Aufgaben im Rahmen eines *öffentlich-rechtlichen Rechtsverhältnisses* erfüllt, Fehleroffenheit vorstellbar?

- Wie sind Fehlertoleranz, -nutzung und -neubeurteilung in Schulentwicklungs-prozessen *gezielt* zu implementieren?

- Ist die Fehlertheorie tatsächlich anwendbar zur *Diagnose* des Stands der Fehlerof-fenheit in einer Schule?

- Welche Rolle spielen fehleroffene Strukturen im Rahmen der Aufgaben der *Schul-leitung* und der *Professionalität* von Lehrkräften?

- Lässt sich Fehleroffenheit in die von der *Lernpsychologie, der Allgemeinen Didaktik und den Fachdidaktiken* entworfenen Theorien und Konzeptionen des schulischen Lernens systematisch integrieren?

- Wie kann seitens der Lehrerinnen und Lehrer bei einem *mehrschichtig-komplexen Unterrichtsprozess* Fehleroffenheit strukturiert und beachtet werden?

- Welche Auswirkung hat bei besonders schwachen Schülerinnen und Schülern die beständige Erfahrung gravierender eigener Fehlleistungen im Lernbereich und in sozialen Prozessen auf ihr *Selbstbild, auf ihre Lern- und Problemlösestrategien*?

- Welche Chancen entstehen speziell für die Schülerinnen und Schülern der Haupt-schule, wenn deren *Alltagserfahrungen* mit Fehlleistungen und Fehlerstrategien zum Ausgangspunkt von unterrichtlichen Lern- und Leistungsfeststellungsprozessen werden?

- Wie könnten methodische Bausteine aussehen, die geeignete Teilkonzepte von Fehleroffenheit für die *Unterrichtspraxis* umsetzen und so konkret anwendbar machen für Lehrerinnen und Lehrer?

Außerdem dürfte die im zweiten Kapitel geleistete Darstellung zur Fehlerthematik in unterrichtlichen Lernprozessen sowohl in historischer als auch sachlicher Hinsicht aus-geweitet präzisiert, fundiert und komplettiert werden. Das erste Kapitel nannte dazu bereits wesentliche weitere Fehlerkategorien.

6.4.3 Die Lösung vom Fehler aus betrachten

„Jeder zeitliche Prozess lebt von seine Irrtümern", notierte einmal Oelkers. Vielleicht ist einer unser gegenwärtigen Irrtümer das beständige Kreisen um die eine richtige Lösung, welches den unbefangenen wertungsfreien Blick auf zunächst Befremdliches und andere Varianten verdirbt, die dann allzu rasch abgetan werden als fehlerhaft, nutzlos und unerwünscht. Wo diese Haltung vorherrscht, unterbleiben viele kreative und explorative Versuche und manche Entwicklungspotenziale werden dadurch verloren gehen. Vielleicht müssten wir öfters den Standpunkt des Betrachters grundlegend wechseln und nicht von der festgelegten Lösung aus die sie umgebenden Fehlervarianten betrachten und bewerten, sondern vom Standpunkt der Fehler aus die scheinbare Lösung.

Vielleicht würden wir durch solche Perspektivwechsel, die stets auch die Kontextwahrnehmung verändern, manches mal erkennen, wie gerade in den wesentlichen Fragen nach den Zielen und Foremen unseres Handelns der scheinbare Fehlweg unerwartet als gute Lösung erscheint und die scheinbare Lösung als im Grunde wenig ertragreich oder nicht mehr wünschenswert. Vielleicht würden wir dann manches mal ähnlich wie einst Kopernikus erstaunt entdecken, dass nicht die Erde, sondern die Sonne – nicht die scheinbar eindeutige Lösung, sondern die vorschnell verworfene (Fehler-) Variante – den Bezugspunkt darstellt, um den die Dinge sinnvoll in Kreisen anzuordnen sind.

6.4.4 Fehlerwahrnehmung als Ausgangspunkt von Lernprozessen

Illich war es, der einmal von einer ‚Grammatik des Schweigens' sprach, die mehr sage als die der Worte. Das Schweigen sei die Schnur, die Worte nur die Knoten in ihr; ohne die verbindende Schnur aber seien die Knoten nichts. So erscheinen auch die so fälschlicherweise missachteten Fehler als wichtiger Antrieb menschlicher Entwicklungen. Denn durch die Erfahrung eines Fehlers, eines unerwünschten Tatbestands, den man durch eine andere günstigere Handlungsvariante meint überwinden zu können, werden viele unserer natürlichen Lernprozesse ausgelöst. Wir entwickeln uns in die Richtung, wohin Mängel und andere Fehler, die wir plötzlich wahrnehmen und an denen wir uns zu stoßen beginnen, hintreiben. Ein Zusammenhang, den Gadamer an der Schwelle zum 21. Jahrhundert so formulierte: „Wer hat denn wirklich gelernt, wenn er nicht an seinen eigenen Fehlern lernt?" Es dürfte wohl an der Zeit sein, nicht nur eine Fehlertheorie, sondern auch die ‚Logik eines Lernens aus Fehlern' noch näher zu entdecken und zu beschreiben.

6.4.5 Fehler zeichnen uns aus

Descartes' Losung ‚Cogito ergo sum' wurde zum Leitgedanke nicht nur einer erkenntnistheoretischen Herangehensweise, die unsere heutige westliche Kultur maßgeblich prägte, sondern auch einer Grundauffassung dessen, worin die besondere und herausragende Leistungsfähigkeit des Wesens Mensch bestehe. Als denkendes Subjekt erschließt sich der Mensch die Zusammenhänge der Wirklichkeit und die Kräfte der Natur. Doch ein Weiteres kann einzig der Mensch, was kein Tier und keine Maschine vermag. Er kann auf einer *Metaebene* die eigenen bisherigen Erkenntnisse, die Parameter des eigenen Tuns, als Irrtümer und Fehler bewerten und seine Sicht- und Handlungsweisen dementsprechend verändern. „Si fallor sum", schrieb Augustinus: Wenn ich irre, wenn ich fehlgehe, dann bin ich.

Ein leistungsfähiges Computersystem kann auf nachgeordneten Ebenen viele Fehler entdecken und beheben. Aber eine letzte Ebene der Fehlererkennung bzw. Irrtumsfähigkeit bleibt ihm verwehrt, die nur dem Mensch zugänglich ist: Die basalen Programmierungen, die parameterartigen Einstellungen seines Funktionierens, die grundlegendsten Zeichen und die Festlegung ihrer Wertigkeit, diese primären Fundamente können Computer und virtuelle Expertensysteme nicht in Frage stellen und überwinden – dies kann allein sein Konstrukteur, der Mensch. Das Besondere des Menschen schien lange sein Vorsprung im Erzeugen von *Lösungen* und im Beherrschen von technischen Mitteln zu liegen. In einer technisierten Welt mag dies seine Kreation, die künstliche Intelligenz, in immer mehr der algorithmisch abzuarbeitenden Funktionen und Problemlösungen verlässlicher, präziser und leistungsfähiger erledigen als er selbst. Der nicht einholbare Vorsprung des Menschen jedoch besteht im Begehen vieler unerwarteter Fehler, im Identifizieren basaler Fehler und im grundlegenden Neudefinieren von Fehler und Lösung, von Paradigmen des Denkens und Handelns. Anders als einem Tier oder einer Maschine steht dem Mensch bereits quantitativ eine weit größere Zahl wählbarer und realisierbarer Verhaltensvarianten und damit auch vieler Fehler offen, und auch qualitativ ist es allein dem Mensch möglich, auf *allen* Ebenen der Konkretion und der Abstraktion einen Fehler nicht nur zu begehen, sondern auch zu identifizieren und zu definieren.

Diese Chance zum Ausbrechen aus Instinktsteuerung und anderen Verhaltensfestlegungen, aus den technischen Programmierungen und Paradigmen, die Freiheit zum Begehen und plötzlichen Erkennen von Fehlern begründet die herausragende Vitalität und Kreativität des Menschen, die ihn von anderen Lebewesen und seinen eigenen Kreationen unterscheidet. Diese Freiheit schafft die kulturellen Bewegungen, die wir dann Fortschritt oder auch Rückschritt nennen. Ist das individuelle Fehlermachen und -nutzen also ein kulturelles, ein zutiefst humanes Potenzial, dessen vergessene Kraft es wieder zu erkennen und in unseren Bildungsbemühungen den kommenden Generationen zugänglich zu machen gilt? Wäre es also auf dem Hintergrund einer immer stärker von Maschinen operativ beherrschten Welt mittlerweile nicht sinnvoll, dem ‚cogito ergo sum' ein ‚erro ergo sum' als ein besonderes und durchaus gewichtiges Qualitätsmerkmal des Menschen zur Seite zu stellen?

Die Frage dieser Forschungsarbeit nach der Bedeutung und Produktivität der Fehler führt uns so in ihrer weitesten Konsequenz zur anthropologischen Perspektive, die bereits in den Worten der siebzehnjährigen Katharina, die wir eingangs im Internet aufgespürt hatten, einfach und doch fein doppeldeutig anklingt: „Fehler zeichnen uns aus."

7 Verwendete Literatur

Die teilweise in einer zweiten eckigen Klammer genannte Jahreszahl bezeichnet das Jahr der Erstveröffentlichung des Textes. Bei Periodika bezeichnen die anschließenden Ziffern – wenn nicht anders angegeben – ggf. den Jahrgang, danach die Heftnummer und zuletzt die betreffenden Seiten.

Adrion, Dieter (1999): „...der mängel freundtlich berichten". Die Rechtschreibreform und die Besinnung auf Freinet – Anlässe über unseren Umgang mit Fehlern nachzudenken, in: ders./M.Lukawec/E.Schäfer/ K.Schneider (Hrsg.), Besinnen und beginnen. Anstöße aus dem Freinet-Jahr, Ludwigsburg.

Adrion, Dieter/Schneider, Karl (1991): Schul-Anfang im Herzogtum Württemberg. Die frühen Schulordnungen des 16. und 17. Jahrhunderts. Mit einem Geleitwort von Hansmartin Decker-Hauff, Ludwigsburg.

Aebli, Hans (1980/): Denken. Das Ordnen des Tuns, Bd.1., Stuttgart.

Aebli, Hans (1994): Zwölf Grundformen des Lehrens. Eine allgemeine Didaktik auf psychologischer Grundlage, 8. Auflage, Stuttgart.

Althof, Wolfgang (1999) (Hrsg.): Fehlerwelten. Vom Fehlermachen und Lernen aus Fehlern, Opladen.

Althoff, Heinz (2001): Prüfungsaufgaben – Analysieren, Interpretieren und Argumentieren, in: Mathematik lehren, 107, 47–51.

Altrichter, Herbert/Salzgeber, Stefan (1996): Zur Mikropolitik schulischer Innovation, in: H.Altrichter/P.Bosch (Hrsg.), Mikropolitik der Schulentwicklung. Förderliche und hemmende Bedingungen für Innovationen in der Schule, Innsbruck-Wien, 96-169.

Anthes, Otto (1912): Der papierne Drache, Leipzig.

Arieti, James A. (1983): History, Hamartia, Herodotus, in: D.V.Stump et al. (eds.), Hamartia, New York, 1–25.

Arvold, Bridget (2001): Prozessorientierte Leistungsbewertung. Leistungen bewerten nach den NCTM-Standards in den USA, in: Mathematik lehren, 107, 19–22.

Baecker, Dirk (1992): Fehldiagnose „Überkomplexität" – Komplexität ist die Lösung, nicht das Problem, in: gdi-impulse, H. 4/1992, 55–62.

Bainbridge, Lisanne (1983): Ironies of automation, in: Automatica, 19, 775–779.

Balhorn, Heiko (1985): Fehleranalysen – Ein versuch, ausschnitte des regelbildungsprozesses, in dem lerner das ortografische system re-konstruieren, zu konstruieren, in: G.Augst, Graphematik und Orthographie, Frankfurt u.a., 206–243.

Balhorn, Heiko/Brügelmann, Hans (1987): Welten der Schrift in der Erfahrung der Kinder, Faude.

Balhorn, Heiko/Rossa, Dagmar (1995): Vom Schriftspracherwerb und dem Händewaschen. Es gibt didaktische Kunstfehler. Ein Vorschlag, in: Brügelmann et al. 1995, 306–312.

Balhorn, Heiko/Rossa, Dagmar (1995a): Anmerkungen zu Brügelmanns ,Kunst des Fehlers', in: Brügelmann et al. 1995, 317–320.

Bandura, Albert (1976): Lernen am Modell. Ansätze zu einer sozialkognitiven Lerntheorie, Stuttgart.

Bartlett, Frederic C. (1932): Remembering. A study in experimental and social psychology, Cambridge.

Baruk, Stella (1977): Fabrice ou l'ecole des mathematiques, Paris.

Baruk, Stella (1989): Wie alt ist der Kapitän? Über den Irrtum in der Mathematik [1985]. Aus dem Französischen von G.Herrgott, Basel.

Basedow, Johann Bernhard (1965): Das in Dessau errichtete Philantropinum, eine Schule der Menschenfreundschaft [1774], in: Ausgewählte pädagogische Schriften, hg. v. A.Reble, Paderborn, 215–220.

Baumeister, Roy F./Heatherton, Todd F./Tice, Dianne M. (1994): Loosing control. How and why people fail at self regulation, San Diego.

Baumert, Jürgen (1993): Lernstrategien, motivationale Orientierung und Selbstwirksamkeitsüberzeugungen im Kontext schulischen Lernens, in: Unterrichtswissenschaft, 21, 327–354.

Baumert, Jürgen (1997): Ansprüche an den Unterricht in heutiger Zeit, in: MSWWF, Schule in NRW, Nr. 9020: ‚Fächerübergreifendes Arbeiten' – Bilanz und Perspektiven, Frechen, 29–41.

Baumert, Jürgen/Lehmann, R./Lehrke, M./Schmitz, B./Clausen, M./Hosenfeld, I./Köller, O./Neubrand, J. (1997): TIMSS – Mathematisch-naturwissenschaftlicher Unterricht im internationalen Vergleich. Deskriptive Befunde, Opladen.

Baumert, Jürgen/Bos, Wilfried/Lehmann, Rainer (2000): TIMSS/III. Dritte Internationale Mathematik- und Naturwissenschaftsstudie. Mathematisch-naturwissenschaftliche Bildung am Ende der Schullaufbahn, Bd.2: Mathematische und physikalische Kompetenzen am Ende der gymnasialen Oberstufe, Opladen.

Baumert, Jürgen/Klieme, Eckhard/Neubrand, Michael/Prenzel, Manfred/Schiefele, Ulrich/Schneider, Wolfgang/Stanat, Petra/Tillmann, Klaus-Jürgen/Weiß, Manfred (2001) (Hrsg.): PISA 2000. Basiskompetenzen von Schülerinnen und Schülern im internationalen Vergleich, Deutsches PISA-Konsortium, Opladen.

Bausch, Karl-Richard/Christ, Herbert/Krumm, Hans-Jürgen (1995) (Hrsg.): Handbuch Fremdsprachenunterricht, Tübingen-Basel.

Bawden, H.Heath (1900): A study of lapses. Psychological review, Monograph Supplements 3, 1–122.

Beck, Ulrich (1986): Risikogesellschaft. Auf dem Weg in eine andere Moderne, Frankfurt a.M.

Becker, Jerry P./Shimada, Shigeru (eds.) (1997): The open-ended approach. A new proposal for teaching mathematics, Reston/Va.

Benesch, Hellmuth (1999): Lernen und Denken, in: F.A.Brockhaus (Hrsg.), Mensch-Natur-Technik, Bd.2: Der Mensch, Leipzig-Mannheim, 340–429.

Berg, Antje (2002): Viel packt die große Langeweile. Der Lehrplan ist vollgestopft mit Dingen, die keiner wissen will, in: Südwestpresse, 108. Jhg., Ausgabe 64 (16. 3.2002), S.4.

Berg, Horst Klaus (2001): „Mein Freund, der Fehler" – Der Beitrag der Montessori-Pädagogik zu einer humanen Leistungskontrolle und Fehlerkultur, in: H.Ludwig/C.Fischer/R.Fischer (Hrsg.), Leistungserziehung und Montessori-Pädagogik, Münster 2001, 65-91.

Berger, Dieter (1982): Duden. Fehlerfreies Deutsch, 2. neu bearbeitete Auflage, Mannheim.

Berth, Rolf (1993): Erfolg, Düsseldorf.

Beutel, Silvia-Iris/Vollstädt, Witlof (2000) (Hrsg.): Leistung ermitteln und bewerten, Hamburg.

Binnig, Gerd (1989): Aus dem Nichts. Über die Kreativität von Natur und Mensch, München.

Bobrow, Daniel G./Norman, Donald A. (1975): Some principles of memory schemata, in: D.Bobrow/A.Collins, (eds.), Representation and understanding. Studies in cognitive science, New York, 30-44.

Böhmer, Annette (2000): Variationen einer Textaufgabe, in: Mathematik lehren, H.100, 15–16.

Bohl, Thorsten (2000): Unterrichtsmethoden in der Realschule. Eine empirische Untersuchung zum Gebrauch ausgewählter Unterrichtsmethoden an staatlichen Realschulen in Baden-Württemberg, Bad Heilbrunn.

Bohl, Thorsten (2000a): Schulentwicklungsprozesse an der Wilhelm-Hauff-Realschule Pfullingen, in: Grunder/Schubert 2000, Text I–5.

Bono, Edward de (1971): Laterales Denken, Reinbek.

Bono, Edward de (1990): I am right –You are wrong, London.

Bono, Edward de (1996): Serious creativity. Die Entwicklung neuer Ideen durch die Kraft lateralen Denkens, Stuttgart.

Born, Carl (1912): Über Fehler und Fehlerquellen. Ein Beitrag zur psychologischen Pädagogik. Beilage zum Jahresbericht der Realschule zu Calbe/S., 1–42.

Bosenius, Petra/Meyer, Meinert A. (2001): Diagnose und Bewertung von Schülerleistungen im Englischunterricht, in: Pädagogik, 53, 6, 46–51.

Bourdieu, Pierre (1982): Die feinen Unterschiede [frz. Orig.: La distinction, 1979], Frankfurt a.M.

Boyer, Ludwig (2001): Das Wirkungsfeld der neuen Rechtschreibung in der Grundschule (Arbeitsgruppe Grundschule; Bundesministerium für Bildung, Wissenschaft und Kultur),http://www.bmuk.gv.at/pbildg/ bildute/bildanli/rechtsrf/berichte.htm, 20.12.2001 (13 S.).

Brandenburg, Birgit (2001): Keine Fehler mehr, Lichtenau.

Bruder, Regina (2000): Mit Aufgaben arbeiten. Ein ganzheitliches Konzept für eine andere Aufgabenkultur, in: Mathematik lehren, H.101, 12–17.

Bruder, Regina/Weigand, Hans-Georg (2001): Leistungen bewerten – natürlich! Aber wie? In: Mathematik lehren, H.107, 4–8.

Brueckner, L. J. (1935): Diagnosis in arithmetic, in: The yearbook of the National Society for the Study of Education, 34, 269–302.

Brügelmann, Hans (1995): Kunstfehler oder: die Kunst des Fehlers, in: Brügelmann et al. 1995, 313–316

Brügelmann, Hans (1995a): Statt eines Schlußworts: offene Fragen, in: Brügelmann et al. 1995, 321.

Brügelmann, Hans (2001): Fehlertoleranz, in: Die Grundschulzeitschrift, 15, 141, 56–57.

Brügelmann, Hans/Balhorn, Heiko/Füssenich, Iris (1995) (Hrsg.): Am Rande der Schrift. Zwischen Sprachenvielfalt und Analphabetismus, Lengwil.

Bruner, Jerome S. (1970): Der Prozeß der Erziehung, übersetzt von A.Hartung, Berlin.

Bucher, Anton A. (1999): Unfehlbar sein: Dogma oder Teufelswerk? Anmerkungen zum Fehlermachen in Theologie und Kirche, in: Althof 1999, 153–168.

Buhren, Claus G./Rolff, Hans-Günter (1996) (Hrsg.): Fallstudien zur Schulentwicklung. Zum Verhältnis von innerer Schulentwicklung und externer Beratung, Weinheim-München.

Bund-Länder-Kommission (1997) (Hrsg.): Gutachten zur Vorbereitung des Programms ‚Steigerung der Effizienz des mathematisch-naturwissenschaftlichen Unterrichts' (Heft 60 der Materialien der Bund-Länder-Kommission für Bildungsplanung und Forschungsförderung), Bonn.

Burge, L. (1932): Types of errors and questionable habits of work in multiplication. In: The Elementary School Journal, 32, 185-194.

Campe, Joachim Heinrich (1998): Ueber das Zweckmäßige und Unzweckmäßige in den Belohnungen und Strafen [1788], Heinsberg.

Caroll, J.M./Mack, R.L. (1983): Actively learning to use a word processor, in: W.E.Cooper (ed.), Cognitive aspects of skilled typewriting, Berlin, 259–282.

Chott, Peter O. (1999): Ansätze zur Entwicklung einer "Fehlerkultur" in der Schule. Lernförderung in der Schule durch Fehlerprophylaxe und Fehlermanagement, in: Pädagogisches Forum, 27, 3, 238–248.

Cherubim, Dieter (1980) Fehlerlinguistik. Beiträge zum Problem der sprachlichen Abweichung, Tübingen.

Cohn, Ruth C. (1975): Von der Psychoanalyse zur themenzentrierten Interaktion, Stuttgart.

Comenius, Jan Amos (1965): Pampaedia [1650]. Latein. Text und dt. Übersetzung, hg. v. D.Tschizewskij u.a., 2. Auflage, Heidelberg.

Corder, Stephen Pit (1967): The significance of learners errors, in: International Review off Applied Linguistics in Language teaching, 5, 161–170.

Corder, Stephen Pit (1972): Die Rolle der Interpretation bei der Untersuchung von Schülerfehlern, in: Nickel 1972, 38–50.

v.Cranach, Mario (1994): Die Unterscheidung von Handlungstypen – Ein Vorschlag zur Weiterentwicklung der Handlungspsychologie, in: B.Bergmann/P.Richter (Hrsg.), Die Handlungsregulationstheorie. Von der Praxis einer Theorie, Göttingen u.a., 69–88.

Czeschlik, Dieter (1987) (Hrsg.): Irrtümer in der Wissenschaft, Berlin u.a..

Damasio, Antonio R. (1994): Descartes' Irrtum. Fühlen, Denken und das menschliche Gehirn, München.

Davis, R.D. (1958): Human errors and transport accidents, in: Ergonomics, 2, 24–33.

Dehn, Mechthild (2001): Leistungsbewertung und -zensierung im Fach Deutsch, in: Pädagogik, 7–8, 74–79.

Deimel, Theodor (1961): Zur Korrektur und Bewertung neusprachlicher Arbeiten, Dortmund.

Descomps, Daniel (1999): La dynamique de l'erreur dans les apprentissages, Paris.

Diefenbacher, Ingrid (1999): Das BLK-Programm ‚Steigerung der Effizienz des mathematisch-naturwissen-schaftlichen Unterrichts', Referat auf der Akademietagung ‚Weiterentwicklung der Unterrichtskultur im Fach Mathematik und ihre Prüfungsrelevanz', 22.-24.11.1999 in Donaueschingen (unveröff. Tagungsskript).

Dölling, Dieter (2002): Täter-Opfer-Ausgleich in Deutschland. Bestandsaufnahme und Perspektiven, Bad Godesberg.

Dörner, Dietrich (1974): Die kognitive Organisation beim Problemlösen, Bern.

Dörner, Dietrich (1987): On the difficulties people have in dealing with complexity, in: Rasmussen et al. 1987, 97–110.

Dörner, Dietrich (1991): The Investigation of action regulation in uncertain and complex situations, in: Rasmussen et al. 1991, 349–354.

Dörner, Dietrich (1992): Die Logik des Mißlingens. Strategisches Denken in komplexen Situationen, Reinbek bei Hamburg.

Dörner, Dietrich/Kreuzig, Heinz W./Reither, Franz/Stäudel, Thea (1983) (Hrsg.): Lohhausen. Vom Umgang mit Unbestimmtheit und Komplexität, Bern u.a..

Dolch, Josef (1965): Grundbegriffe der pädagogischen Fachsprache, München.

Downs, Anthony (1967): Inside bureaucracy, Boston.

Dreher, Thomas (1999): Weiterentwicklung der Aufgabenkultur, Referat auf der Akademietagung ‚Weiterent-wicklung der Unterrichtskultur im Fach Mathematik und ihre Prüfungsrelevanz', 22.-24.11.1999 in Donau-eschingen (unveröff. Tagungsskript).

Dretzke, Burkhard (1985): Fehlerbewertung im Aussprachebereich: Objektive Fehlerbeurteilung versus subjek-tive Fehlerbewertung, Hamburg.

Duden, Konrad (1908): Rechtschreibung, in: Encyclopädisches Handbuch der Pädagogik, hg. v. W.Rein, 2. Auflage, Bd. VII, Langensalza, 321–338.

Duncker, Karl (1935): Zur Psychologie des produktiven Denkens, Berlin.

Dutke, Stephan (1987): Lernen an einem Textkommunikationsgerät. Wissenserwerb und Handlungsfehler, in: Zeitschrift für Arbeits- und Organisationspsychologie, 31, 100–107.

Eberhard, Kurt (1987): Einführung in die Erkenntnis- und Wissenschaftstheorie: Geschichte und Praxis der konkurrierenden Erkenntniswege, Stuttgart u.a.

Echtle, Klaus (1990): Fehlertoleranzverfahren. Heidelberg u.a..

Edelmann, Walter (1996): Lernpsychologie, 5. Auflage, Weinheim.

Edelmann, Walter (2000): Lernpsychologie, 6. vollständig überarbeitete Auflage, Weinheim.

Edelstein, Wolfgang (1999): Aus Fehlern wird man klug. Zur Ontologie der Fehlertypen, in: Althof 1999, 111–127.

Edge, Julian (1989): Mistakes and correction, New York 1990.

Edmondson, Willis J. (1986): Some ways in which the teacher brings errors into being, in: G.Kasper (ed.), Learning, Teaching and Communication in the Foreign Language Classroom, Aarhus, 111–124.

Edmondson, Willis J. (1993): Warum haben Lehrerkorrekturen manchmal negative Auswirkungen? in Fremd-sprachen lehren und lernen, 22, 57–75.

Ehrlich, Carl Gotthilf (1839): Methodischer Leitfaden zu Übungen im schriftlichen Ausdruck in der Elementar-schule, Leipzig.

Eigen, Manfred/Winkler-Oswatisch, Ruthild (1975): Das Spiel, München.

Engelbrecht, Alexander (2000): Dürfen Pädagogen Fehler machen?, in: Grundschule, 32, 3, 56.

Erichson, Christa (1987): Aus Fehlern soll man klug werden? in Balhorn/Brügelmann 1987, 148–157.

Erichson, Christa (1999): „Ich habe alles abgelitten!" Vom Mut, ungeübte Wörter zu schreiben, in: Lernchan-cen, 2, 11, 45–48.

Esslinger, Ilona (2002): Schulentwicklung als Berufsaufgabe?, in: Lehren und Lernen, 28, 2, 30-37.

322

Esslinger, Ilona (2002a): Berufsverständnis und Schulentwicklung. Eine repräsentative Untersuchung schulentwicklungsrelevanter Berufsauffassungen von Lehrerinnen und Lehrern, Bad Heilbrunn.

Ferreiro, Emilia/Teberosky, Ana (1982): Literacy before schooling, Portsmouth.

Festinger, Leon (1957): A theory of cognitive dissonance, Stanford.

Fichte, Johann Gottlieb (1944): Reden an die deutsche Nation [1808]. Mit einem Geleitwort von E.Spranger, Leipzig.

Fischer, Aloys (1926): Besprechung zu A.Kießling ‚Die Bedingungen der Fehlsamkeit‘, in: Zeitschrift für Pädagogische Psychologie, 27, 252–254.

Fischer, Hermann (1908): Schwäbisches Wörterbuch, II. Band, Tübingen.

Flitner, Wilhelm/Kudritzki, Gerhard (1961) (Hrsg.): Die deutsche Reformpädagogik. Die Pioniere der Pädagogischen Bewegung, Düsseldorf/München.

Freese, Holger (1992): Englisch. Vorsicht Fehler. 200 typische Englisch-Fehler erkennen und vermeiden.

Frese, Michael (1991): Fehlermanagement. Konzeptionelle Überlegungen, in: Frese/Zapf 1991, 139–150.

Frese, Michael/Zapf, Dieter (1991) (Hrsg.): Fehler bei der Arbeit mit dem Computer. Ergebnisse von Bebachtungen und Befragungen im Bürobereich, Bern.

Frese, Michael/Brodbeck, F.C./Heinbokel, C./Mooser, C./Schleifenbaum, E./Thiemann, P. (1991): Errors in training computer skills: On the positive function of errors, in: Human Computer Interaction, 6, 77–93.

Freud, Sigmund (1922): Zur Psychopathologie des Alltagslebens. Über Vergessen, Versprechen, Vergreifen, Aberglaube und Irrtum [1901], Leipzig u.a..

Fromkin, Victoria A. (1973): Speech errors as linguistic evidence, Mouton.

Fromkin, Victoria A. (1980) (ed.): Errors in linguistic performance: Slips of the tongue, ear, pen and hand, New York.

Frost, Marianne/Maslow, Phyllis (1978): Lernprobleme in der Schule, Stuttgart.

Fuchs, Jürgen (1992): Das biokybernetische Modell – Unternehmen als Organismus, Wiesbaden.

Fullan, Michael (1993): Change forces. Probing des depths of educational reform, London u.a.

Furdek, Attila (2001): Fehler-Beschwörer. Typische Fehler beim Lösen von Mathematikaufgaben, Achern.

Gabelentz, Georg von der (1969): Die Sprachwissenschaft, ihre Aufgaben, Methoden und bisherigen Ergebnisse [1891], Tübingen.

Gadamer, Hans-Georg (2000): Erziehung ist sich erziehen, Heidelberg.

Gallin, Peter/Ruf, Urs (1990): Sprache und Mathematik in der Schule. Auf eigenen Wegen zur Fachkompetenz, Zürich.

Gallin, Peter/Ruf, Urs (1993): Sprache und Mathematik in der Schule. Ein Bericht aus der Praxis, in: Journal für Mathematikdidaktik, 14, 1, 3–33.

Gallin, Peter/Ruf, Urs (1995): Ich mache das so! Wie machst du es? Das machen wir ab, Zürich.

Gansberg, Fritz (1909): Schaffensfreude, 3. Auflage, Leipzig.

Gaudig, Hugo (1930): Die Schule im Dienst der werdenden Persönlichkeit [1917], 3. Auflage, Leipzig.

Gehlen, Arnold (1963): Zur Systematik der Anthropologie, in: ders., Studien zur Anthropologie und Soziologie, Neuwied-Berlin, 11–63.

Gerster, Hans-Dieter (1982): Schülerfehler bei schriftlichen Rechenverfahren – Diagnose und Therapie, Freiburg.

Gerster, Hans-Dieter (1989): Die Null als Fehlerquelle bei den schriftlichen Rechenverfahren, in: Mathematikunterricht, 21, 12, 26–29.

Ginsburg, Herbert (1977): Children's arithmetic: the learning process, New York.

Ginsburg, Herbert (1977a): The psychology of arithmetic thinking, in: The Journal of Children's Mathematical Behaviour, 1, 4, 1–89.

Glänzel, Angela/Schütte, Sybille (1994): Sich mit dem Denken der Kinder verbünden, in: Die Grundschulzeitschrift 72, 42-43.

Gleick, James (1987): Chaos. Making a new science, New York.

Glinz, Elly (1975): Der Sprachunterricht im 2.Schuljahr. Lehrerband zum Sprachbuch 2, Braunschweig.

Gloy, Klaus (1987): Fehler in normentheoretischer Sicht, in: Englisch Amerikanische Studien, 9, H.2, 190-204.

Glück, Gerhard (1971): Rechenleistung und Rechenfehler. Untersuchungen am 2.Grundschuljahr, Tübingen (Diss.).

Glück, Gerhard (1999): Zeitgeist und Fehlertheorie (1921–39). Meister Weimer und sein Schüler Kießling, in: Althof 1999, 169–188.

Gnutzmann, Claus (1992): Reflexion über „Fehler". Zur Förderung des Sprachbewusstseins im Fremdsprachen-unterricht, in: Der fremdsprachliche Unterricht, 26, 8, 16–21.

Gnutzmann, Claus/Kiffe, Marion (1993): Mündliche Fehler und Fehlerkorrekturen im Hochschulbereich. Zur Einstellung der Studierenden der Anglistik, in: Fremdsprache Lehren und Lernen, 22, 91–108.

Goodman, Kenneth S. (1976): Die psycholinguistische Natur des Leseprozesses, in: Hofer 1976, 139–151.

v.Goethe, Johann Wolfgang (1949): Hör-, Schreib und Druckfehler [1820], in: Gedenkausgabe der Werke, Briefe und Gespräche, Bd.14, Schriften zur Literatur, Zürich, 299–303..

v.Goethe, Johann Wolfgang (1990): Goethes Werke, hg. v. der Großherzogin Sophie v. Sachsen in 143 Bänden, Weimar 1887–1919, neu hg. v. P.Raabe, München 1990.

Görke, Winfried (1989): Fehlertolerante Rechensysteme, München.

Gollwitzer, Peter M. (1991): Abwägen und Planen, Göttingen.

Gomez, Peter/Probst, Gilbert J.B. (1997): Die Praxis des ganzheitlichen Problemlösens. Vernetzt denken, unternehmerisch handeln, persönlich überzeugen, 2. Auflage, Bern u.a.

Greif, Siegfried (1990): Exploratorisches Lernen in der Mensch-Computer-Interaktion, in: F.Frei/I.Udris, Das Bild der Arbeit, Bern, 143–157.

Greif, Siegfried (1994): Fehlertraining und Komplexität beim Softwaredesign, in: Zeitschrift für Arbeitswissen-schaft, 48, 1, 44–53.

Greif, Siegfried (1994a): Gegenstand und Aufgabenfelder der Arbeits- und Organisationspsychologie, in: S.Greif/E.Blumberg (Hrsg.), Die Arbeits- und Organisationspsychologie. Gegenstand und Aufgabenfelder, Lehre und Forschung, Fort- und Weiterbildung (im Auftrag der Fachgruppe Arbeits- und Organisationspsy-chologie der DGP), Göttingen, 17–72.

Greif, Siegfried (1996): Lernen aus Fehlern, in: S.Greif/H.-J.Kurtz (Hrsg.), Handbuch selbstorganisiertes Ler-nen, Göttingen, 313–328.

Greif, Siegfried/Holling, Heinz/Nicholson, Nigel (1989) (Hrsg.): Arbeits- und Organisationspsychologie. Inter-nationales Handbuch in Schlüsselbegriffen, München.

Greif, Siegfried/Janikowski, Andreas (1987): Aktives Lernen durch systematische Fehlerexploration oder programmiertes Lernen durch Tutorials? in Zeitschrift für Arbeits- und Organisationspsychologie, 31, 94–99.

Griese, Hartmut M. (1976): Soziologische Anthropologie und Sozialisationstheorie, Weinheim-Basel.

Grewe, Werner (1994): Die psychologische Erklärung menschlicher Handlungen, Bern u.a..

Grimm, Jacob und Wilhelm (1862): Deutsches Wörterbuch, Dritter Band, Leipzig.

Gropengießer, Harald (1996): Die Bilder im Kopf. Von den Vorstellungen der Lernenden ausgehen, in: Fried-rich Jahresheft, 11–13.

Grunder, Hans-Ulrich (1998) (Hrsg.): Sozialisiert und diszipliniert. Die Erziehung "wilder Kinder", Balt-mannsweiler.

Grunder, Hans-Ulrich (1999) (Hrsg.): „Der Kerl ist verrückt!" Das Bild des Lehrers und der Lehrerin in der Literatur und in der Pädagogik, Zürich.

Grunder, Hans-Ulrich/Schubert, Gerd (2000) (Hrsg.): Forschungsprojekt 'Regionale Schulenwicklung in Ba-den-Württemberg durch Kooperation und Vernetzung' der Forschungsstelle für Schulpädagogik der Univer-sität Tübingen im Auftrag des Kultusministeriums Baden-Württemberg, Tübingen (unveröff. Forschungsbe-richt).

Guggenberger, Bernd (1986): Für einen ökologischen Humanismus. Die Erhaltung einer fehlerfreundlichen Umwelt als zukunftsethischer Imperativ, in: T.Meyer/S.Miller (Hrsg.), Zukunftsethik und Industriegesellschaft, München, 52–58.

Guggenberger, Bernd (1987): Das Menschenrecht auf Irrtum. Anleitung zur Unvollkommenheit, München.

Guggenberger, Bernd (1987a): Das Menschenrecht auf Irrtum, in: Universitas, 42, 4, 307–317.

Guggenberger, Bernd (1994): Fehlerfreundliche Strukturen, in: Universitas, 49, 4, 343–355.

Gurlitt, Ludwig (1906): Der Deutsche und seine Schule, 2. Auflage, Berlin.

Hacker, Winfried (1998): Fehlhandlungen und Handlungsfehler, in: ders., Allgemeine Arbeitspsychologie. Psychologische Regulation von Arbeitstätigkeiten, Bern u.a., 665–720.

Haeberlin, Paul (1921): Kinderfehler, Basel.

Haeberlin, Urs (1999): Reflexionen zur Bedeutung des heilpädagogischen Leitsatzes ‚Nicht gegen den Fehler sondern für Fehlendes erziehen', in: Althof 1999, 89–99.

Hagemeister, Carmen (1994): Individuelle Fehlerneigung beim konzentrierten Arbeiten, Berlin.

Hagstedt, Herbert (1994): „Der Sand hat keine gerade Oberfläche, da hab ich's mit Wasser versucht", in: Die Grundschulzeitschrift, 74, 30–32.

Hahl, Manfred (2001): Pädagogische Positionen. Zur Diskussion über Ziele, Inhalte und Organisation schulischen Lernens, in: Lehren und Lernen, 4, 3–18.

Hamel, G./Prahalad, C.K. (1995): Wettlauf um die Zukunft. Wie sie mit bahnbrechenden Strategien die Kontrolle über ihre Branche gewinnen und die Märkte von morgen schaffen, Wien.

Hameyer, Uwe (1999): Stolpersteine im Schulentwicklungsprozess. Aus Denkfehlern lernen, in: Schulprogramm – Mode oder Chance?, hg. v. Dt. Kommunalverlag, Kronach, 34-36.

Hammerer, Franz (2001): Der Fehler – eine pädagogische Schlüsselsituation und Herausforderung, in: Erziehung und Unterricht, 151, 1–2, 37–50.

Hawkins, Eric W. (1984): Awareness of Language: An introduction, Cambridge.

Hecht, Karlheinz/Green, Peter S. (1993): Muttersprachliche Interferenz beim Erwerb der Zielsprache Englisch in Schülerproduktionen aus Deutschland, Frankreich, Italien, Schweden und Ungarn, in: Fremdsprachen lehren und lernen, 22, 47–56.

Heckhausen, Heinz (1974): Leistung und Chancengleichheit. Göttingen.

Heckhausen, Heinz (1975): Fear of failure as a self-reinforcing motive system, in: J.G. Sarason/C.Spielberger (ed.), Stress and anxiety, Vol. II, Washington D.C., 117–128.

Heckhausen, Heinz/Gollwitzer, Peter M./Weinert, Franz E. (1987) (Hrsg.): Jenseits des Rubikon. Der Wille in den Humanwissenschaften, Berlin u.a.

Heckhausen, Heinz (1987): Intentionsgeleitetes Handeln und seine Fehler, in: Heckhausen et al.1987, 143–175.

Heckhausen, Heinz (1989): Motivation und Handeln. 2. Auflage, Berlin, Springer.

Heckhausen, Heinz/Beckmann, J. (1990): Intentional action and action slips, in: Psychological Review, 97, 36–48.

Heckt, Dietlinde Hedwig/Krichbaum, Gabriele (1991): Vom Fehlerprofil zum Rechtschreibprofil, in: Grundschule, 11, 8–9.

Heckt, Dietlinde Hedwig (1999): Walther von der Vogelweide, Klopstock und wir. Wie die Deutschen schrieben und schreiben, in: Praxis Schule 5–10, 2, 12–15.

Hegel, Georg Wilhelm Friedrich (1952): Phänomenologie des Geistes [1807], Hamburg.

Hegel, Georg Wilhelm Friedrich (1969): Wissenschaft der Logik [1816], Bd. II, Hamburg.

Hegel, Georg Wilhelm Friedrich (1980): Werke in zwanzig Bänden, Red. E.Moldenhauer u. K.M.Michel, Frankfurt.

Heid, Helmut (1999): Autorität – Über die Verwandlung von Fehlern in Verfehlung, in: Althof 1999, 129–136.

Heid, Helmut (2000): Die Messbarkeit menschlichen Handelns. Evaluation – ein Begriff und dessen Bedeutung, in: Neue Zürcher Zeitung, Nr. 216, 16./17. 9.2000, Beilage, S.101–102.

Hell, Wolfgang (1993) (Hrsg.): Kognitive Täuschungen: Fehl-Leistungen und Mechanismen des Urteilens, Denkens und Erinnerns, Heidelberg.

Helmke, Andreas (1983): Schulische Leistungsangst. Erscheinungsformen und Entstehungsbedingungen, Frankfurt/M.

Helmke, Andreas (1983a): Prüfungsangst. Ein Überblick über neuere theoretische Entwicklungen und empirische Ergebnisse, in: Psychologische Rundschau, 34, 193–211.

Helmreich, Robert L. (2000): On error management: lessons learnt from aviation, in: British Medical Journal, 320, 781–785.

Helmreich, Robert L. (2001): Threat and error in aviation and medicine: similar and different, in: Henderson/Associates 2001, 31–44.

Henderson, Alexander/Associates (2001): Report on the special medical seminar lessons in health care: Applied human factors research 22. November 2000: Prepared for the Australian Council for Safety and Quality in health Care/NSW Ministerial Council for Quality in health Care, South Yarra, http://www.safetyandquality.org/publications.html.

Henn, Hans-Wolfgang (1999) (Hrsg.): Mathematikunterricht im Aufbruch, Hannover.

Henn, Hans-Wolfgang (2001): Kreativität einer neuen Unterrichtskultur. Erfahrungen beim baden-württembergischen BLK-Modellversuch, in: Mathematik lehren, 106, 14–19.

v.Hentig, Hartmut (1976): Eine Schule für heutige Menschenkinder, in: Betrifft:Erziehung, H.8, S.32–40.

Herbart, Johann Friedrich (1986): Johann Friedrich Herbart: Systematische Pädagogik. Eingeleitet, ausgewählt und interpretiert von Dietrich Benner, Stuttgart.

Herget, Wilfried (1996): Die etwas andere Mathe-Aufgabe. Der Lösungsvielfalt gerecht werden, in: Friedrich Jahresheft 1996, Seelze, 53–55.

Herget, Winfried (2000): Rechnen können reicht...eben nicht! In: Mathematik lehren, 100, 4–10.

Herget, Winfried (2001): Fehlerteufel, Zeitungsenten und Mathe-Muggets, in: Mathematik lehren, 103, 66–67.

Herget, Winfried/Jahnke, Thomas/Kroll, Wolfgang (2000): Produktive Aufgaben für den Mathematikunterricht in der Sekundarstufe I, Berlin.

Heringer, Hans-Jürgen (2001): Fehlerlexikon. Deutsch als Fremdsprache. Aus Fehlern lernen – Beispiele und Diagnosen, Berlin.

Hermann, Ingo (1967): Fehlleistungen. Vom Recht des Kindes auf seine Fehler, in: R.Hörl, Die Zukunft unserer Kinder, Freiburg, 90–97.

Herrndobler, Ilse/Freund, Barbara (1976): Uli der Fehlerteufel – Arbeitsmappe, München.

Heske, Henning (2001): Lerntagebücher. Eine Unterrichtsmethode, die das Selbstlernen im Mathematikunterricht fördert, in: Mathematik lehren, 104, 14–17.

Hiller, Gotthilf G. (1989): Ausbruch aus dem Bildungskeller. Pädagogische Provokationen, Langenau-Ulm.

Hiller, Gotthilf G.(1997): (Aus-)Bildungsmäßig wenig erfolgreiche junge Menschen – Ihre Situation und daraus resultierende Anforderungen an eine zielgruppenorientierte Jugendberufshilfe, in: W.Stark/T.Fitzner/C. Schubert (Hrsg.), Jugendberufshilfe im Kontext von Arbeitsgesellschaft und Berufsbildungspolitik, Stuttgart u.a., 25-40.

Hofer, Adolf (1976) (Hrsg.): Lesenlernen. Theorie und Unterricht, Düsseldorf.

Hopfenbeck, Waldemar (1998): Allgemeine Betriebswirtschafts- und Managementlehre. Das Unternehmen im Spannungsfeld zwischen ökonomischen, sozialen und ökologischen Interessen, 12. durchgesehene Auflage, Landesberg/Lech.

Horster, Leonhard (1996): Störungen bearbeiten. Der schulinterne Entwicklungsprozess als Störpotential, Soest.

Horster, Leonhard (2001): Zwölf häufige Fehler bei der Entwicklung von Schule und Unterricht, in: Schulverwaltung. Ausg. Schleswig-Holstein, Hamburg und Bremen, 4, 2, 40–43.

Hoyos, Carl Graf (1980): Psychologische Unfall- und Sicherheitsforschung, Stuttgart.

Hoyos, Carl Graf (1994): Entstehung der Fachgruppe, in: S.Greif/E.Blumberg (Hrsg.): Die Arbeits- und Organisationspsychologie. Gegenstand und Aufgabenfelder – Lehre und Forschung – Fort- und Weiterbildung, (im Auftrag der Fachgruppe Arbeits- und Organisationspsychologie der DGP), Göttingen u.a., 12–14.

Hutcherson, L.R. (1975): Errors in problem solving in sixth-grade mathematics, University of Texas, in: Dissertations Abstracts International, 36A, 6459–6460.

Huizinga, Johan (1981): Homo ludens [1938], Hamburg.

Hylla, Erich (1916): Analyse der Rechenfehler, in: Zeitschrift für Pädagogische Psychologie, 17, 319–325 u. 368–379.

Ingenkamp, Karlheinz (1985): Erfassung und Rückmeldung des Lernerfolgs, in: Enzyklopädie Erziehungswissenschaft, Bd.4: Methoden und Medien der Erziehung und des Unterrichts, hg. v. G.Otto u. W.Schulz, Stuttgart, 173–205.

Ingenkamp, Karlheinz (1985a): Lehrbuch der pädagogischen Diagnostik, Weinheim-Basel

Illich, Ivan (1972): Schulen helfen nicht: über das mythenbildende Ritual der Industriegesellschaft, Reinbek bei Hamburg.

Imai, Masaaki (1992): Kaizen. Der Schlüssel zum Erfolg der Japaner im Wettbewerb, 2. Auflage, München.

Irmer, Caren/Pfeffer, Stefan/Frese, Michael (1991): Konsequenzen von Fehleranalysen für das Training: Das Fehlertraining, in: Frese/Zapf 1991, 151–165.

Jahnke, Hans N./Mies, Thomas/Otte, Michael/Schubring, Gerd (1974): Zu einigen Hauptaspekten der Mathematikdidaktik (Schriftenreihe des Instituts für Didaktik der Mathematik der Univ. Bielefeld, 1), Bielefeld.

James, William (1891): The principles of psychology, Vol. I. u. II, London.

Jastrow, Joseph (1905): The lapses of Consciousness. The Popular Science Monthly, 67, 481–502.

Jost, Dominik/Erni, Jacob/Schmassmann, Margret (1992): Mit Fehlern muss gerechnet werden: mathematischer Lernprozess, Fehleranalyse, Beispiele und Übungen, Zürich.

Jürgens, Eiko (1999): Brauchen wir ein pädagogischeres Leistungsverständnis? In: Pädagogik, 1/1999, 47–51.

Jürgens, Eiko/Sacher, Werner (2000): Leistungserziehung und Leistungsbeurteilung: schulpädagogische Grundlegung und Anregungen für die Praxis, Neuwied, Luchterhand.

Kagan, Jerome S./Kogan, Nathan (1970): Individuality and Cognitive Performance, in: P.Mussen (ed.), Carmichael's Manual of Child Psychology, 3rd ed., New York.

Kahl, Reinhard (1993/1994): Fernsehdokumentation ‚Lob des Fehlers'. Vier Filme, je 45 Minuten (einschließlich Textbuch zu Film 1–4), Autor und Regisseur R.Kahl, NDR.

Kahl, Reinhard (1993a): Querköpfe gesucht. (1.Folge der Reihe „Expeditionen zu Übergängen von der belehrten zur lernenden Gesellschaft"), in: Pädagogik, 10/1993, 51–53.

Kahl, Reinhard (1993b): Der Chef wird Coach. (2. Folge der Reihe „Expeditionen zu Übergängen von der belehrten zur lernenden Gesellschaft"), in: Pädagogik, 11/1993, 50–53.

Kahl, Reinhard (1993c): Abschied vom ‚Automath'. (3. Folge der Reihe „Expeditionen zu Übergängen von der belehrten zur lernenden Gesellschaft"), in: Pädagogik, 12/1993, 44–48.

Kahl, Reinhard (1995): Lob des Fehlers, in: Brügelmann et al. 1995, 14–24.

Kahl, Reinhard (1996): „Problems are our Friends", in: Pädagogik, 2/1996, 39–44.

Kahl, Reinhard (1998): Triff eine Unterscheidung. Begegnungen mit Heinz von Foerster, in: Pädagogik, 7-8/1998, 65–68.

Kaufmann, Walter (1974): Jenseits von Schuld und Gerechtigkeit, Hamburg.

Kautter, Hansjörg (1975): Zur Klassifikation und schulischen Plazierung von Lernbehinderten, in: Zeitschrift für Heilpädagogik, 26, 5, 222–238.

Kebeck, Günther (1991): Fehleranalyse als Methode der Gedächtnisforschung, Wiesbaden.

Keller, Dieter (2002): Rente - das deutsche System sieht alt aus, in: Südwestpresse, 174 .Jg., Nr.263, Ulm/D.

Keller, Rudi (1980): Zum Begriff des Fehlers im muttersprachlichen Unterricht, in: Cherubim 1980, 24–42.

Keller, Wilhelm (1975): Philosophische Anthropologie – Psychologie –Transzendenz, in: H.G. Gadamer/P.Vogler, Philosophische Anthropologie, Band 6, Erster Teil, Stuttgart, 3–43.

Kern, Arthur (1935): Neue Wege im Rechtschreiben. Für den Praktiker dargestellt und wissenschaftlich begründet, Freiburg/Breisgau.

Kern, Arthur (1954): Kleine Fehlerkunde: ein Hilfsmittel für die Durchführung des ganzheitlichen Rechtschreibweges, Freiburg.

327

Kersten, G. (1993): FMEA – Schlüsselmethode für präventives Qualitätsmanagement, in: Qualitätsmanagement in der Rezession: Chancen, Vorgehen, Ergebnisse; Tagung Bonn 22./23.Juni 1993, Düsseldorf.

Kersten, G (1994): Fehlermöglichkeits- und -einflußanalyse (FMEA), in: Masing (Hrsg.), Handbuch Qualitätsmanagement, 3. erweiterte Auflage, München-Wien.

Key, Ellen (1991): Das Jahrhundert des Kindes [1902], Weinheim–Basel.

Kießling, Arthur (1925): Die Bedingungen der Fehlsamkeit, Leipzig.

Kießling, Arthur (1930): Fehlerkunde (Leistungsfehler), in: J.Spieler (Hrsg.), Lexikon der Pädagogik der Gegenwart, Freiburg, Bd. 1, 1930, Sp. 756–758.

Kieweg, Werner (1999): Klassenarbeiten: Überprüfung der grammatikalischen Kompetenz und Performanz, in: Der fremdsprachliche Unterricht Englisch, 1/1999, 18–25.

Killmann, Max (1890) (Hrsg.): Die Direktoren-Versammlungen des Königreichs Preußen von 1860 bis 1889. Die Meinungsäußerungen, Wünsche, Anträge und Beschlüsse der Mehrheiten nebst einzelnen Berichten und Verhandlungen in Auszügen oder wörtlicher Wiedergabe, Berlin.

Klafki, Wolfgang (1974): Sinn und Unsinn des Leistungsprinzips in der Erziehung, in: ders. (Hrsg.), Sinn und Unsinn des Leistungsprinzips. Ein Symposion, München, 73–110.

Klein, Günter (2000): Schulentwicklungsprozesse am Schickhardt-Gymnasium Herrenberg, in: Grunder/Schubert 2000, Text I–6.

Klemm, Uwe (1997): Thüringen meets Indiana: Ein E-Mail-Projekt über die Wende, in: R. Donath/I. Vollmer (Hrsg.), Das transatlantische Klassenzimmer: Tipps und Ideen für Online-Projekte in der Schule, Hamburg, 243–255.

Kleppin, Karin/Königs, Frank G. (1993): Grundelemente der mündlichen Fehlerkorrektur – Lernerurteile im (interkulturellen) Vergleich, in: Fremdsprachen lehren und Lernen, 22, 76–90.

Kobi, Emil E. (1977): Einweisungsdiagnostik – Förderdiagnostik: eine schematische Gegenüberstellung, in: Vierteljahresschrift für Heilpädagogik und ihre Nachbargebiete, 46, 115–123.

Kobi, Emil E. (1994): Fehler, in: Die neue Schulpraxis, 64, 2, 5–10.

Kochan, Barbara (1995): Kann Alex aus seinen Rechtschreibfehlern lernen?, in: H.Brügelmann/H.Balhorn , Schriftwelten im Klassenzimmer. Ideen und Erfahrungen aus der Praxis, Lengwil 1995, 42-52.

Köhler, Wolfgang (1913): Intelligenzprüfungen an Menschenaffen, Berlin.

Köhler, Wolfgang (1920): Die physischen Gestalten in Ruhe und im stationären Zustand, Braunschweig.

König, C.-D./Kirschstein, G./Walter, J. (1995): Arbeitssicherheit als Führungsaufgabe – ein praxisorientiertes Beratungskonzept, in: C.Graf Hoyos/G.Wenninger (Hrsg.), Arbeitssicherheit und Gesundheitsschutz in Organisationen, Göttingen, 179–195.

Königs, Frank G. (1995): Fehlerkorrektur, in: Bausch/Christ/Krumm 1995, 268–272.

Koffka, Kurt (1925): Die Grundlagen der psychischen Entwicklung. Eine Einführung in die Kinderpsychologie, Osterwieck.

Koffka, Kurt (1935): Principles of Gestalt Psychology, London.

Kohlberg, Lawrence (1981): Essays on moral development. Vol.1: The Philosophy of moral development: Moral stages and the idea of justice, San Francisco.

Kohlberg, Lawrence (1984): Essays on moral development. Vol.2: The Psychology of moral development: The nature and validity of moral stages, San Francisco.

Kohn, Linda T./Corrigan, J.M./Donaldson, M.S. (2000): To err is human. Building a safer health system, Washingteon D.C.

Kollarits, Jenö (1937): Beobachtungen über Dyspraxien (Fehlhandlungen). Vergleich mit Sprech-, Lese- und Schreibfehlern, in: Archiv für die Gesamte Psychologie, Vol. 99, 305–399.

Koll-Stobbe, Amei (1993): Falsch oder anders? Überlegungen zu Fehlerbewertungen im Fremdsprachenunterricht aus der Sicht der Sprachgebrauchslinguistik, in: Fremdsprachen lehren und lernen, 22, 175–188.

Kordes, Hagen (1993): Aus Fehlern lernen, in: Fremdsprachen lehren und lernen, 22, 15-34.

Korn, G. (1926): Über Rechenleistungen und Rechenfehler. Eine pädagogisch-psychologische Untersuchung, in: Zeitschrift für angewandte Psychologie, 25, 145f.

Kornwachs, Klaus (1984) (Hrsg.): Offenheit – Zeitlichkeit – Komplexität. Zur Theorie der Offenen Systeme, Frankfurt-New York.

Kornwachs, Klaus (1999): Wissen als Altlast, in: Universitas, 54, 640, 989–996.

Kornwachs, Klaus/v.Lucadou, Walter (1984): Komplexe Systeme, in: Kornwachs 1984, 110–165.

Knab, Doris (1988): ‚Schule im Rechtsstaat' – Bilanz nach einem Jahrzehnt: Pädagogische Aspekte, in: H.Schierholz: Pädagogische Freiheit und schulrechtliche Entwicklung (Loccumer Protokolle 72/87), Loccum, 24–28.

Krappmann, Lothar (1999): Risiko und Krise. Herausforderung und Entwicklung. Laudatio für Fritz Oser zum sechzigsten Geburtstag, in: Althof 1999, 259–267.

Kron, Friedrich W. (1999): Wissenschaftstheorie für Pädagogen, München-Basel.

Kruse, Peter/Stadler, Michael (1990): Stability and instability in cognitive systems, in: H.Haken/M.Stadler (eds.), Synergetics of Cognition, Berlin u.a., 201–215.

Kuhn, Martin/Stäbler, Eberhard/Weingardt, Martin (2001): Die Arbeit der Hauptschule an der Freien Evangelischen Schule, Sonderheft, FES-aktuell, hg. v. d. Freien Evang. Schule Reutlingen, Reutlingen.

Kuhn, Thomas S. (1999): Die Struktur wissenschaftlicher Revolutionen [Orig.: The structure of scientific revolutions, 1962], Frankfurt/Main.

Kunert, Kristian (1993): Die Person des Lehrers, in: ders. (Hrsg.), Schule im Kreuzfeuer. Auftrag – Aufgaben – Probleme, Baltmannsweiler.

Labov, William (1971): Die Logik des Nonstandard English, in: W.Klein/D.Wunderlich (Hrsg.), Aspekte der Soziolinguistik, Frankfurt/M., 80–97.

Lakatos, Imre (1974): Falsifikation und die Methodologie wissenschaftlicher Forschungsprogramme, in: I.Lakatos/A.Musgrave (Hrsg.), Kritik und Erkenntnisfortschritt, 81–190.

Lamneck, Siegfried (1994): Neue Theorien abweichenden Verhaltens, München.

Landesinstitut für Erziehung und Unterricht Stuttgart (2000): Weiterentwicklung der Unterrichtskultur im Fach Mathematik (WUM). Begleitlektüre zur Fortbildung/Gymnasium (Reihe Materialien Mathematik, M 48), Stuttgart.

Lange, Elmar (1997): Jugendkonsum im Wandel. Konsummuster, Freizeitverhalten, Lebensstile und Kaufsucht 1990 und 1996, Opladen.

Langer, Ellen J. (1975): The illusion of control, in: Journal of Personality and Social Psychology, 32, 311–328.

Legenhausen, Lienhard (1975): Fehleranalyse und Fehlerbewertung. Untersuchungen an englischen Reifeprüfungserzählungen, Berlin.

Legenhausen, Lienhard (1995): Abweichungsphänomene als Unterrichtsgegenstände. Zum systematisch-bewußten Umgang mit Grammatikfehlern und interimsprachlichen Regeln, in: C.Gnutzmann/F.G.Königs (Hrsg.), Perspektiven des Grammatikunterrichts, Tübingen, 285–302.

Legerlotz, Gustav (1900): Der deutsche Aufsatz auf der Oberstufe der höheren Lehranstalten, Berlin.

Leinfellner, Werner (1980): Einführung in die Erkenntnis- und Wissenschaftstheorie, 3. Auflage, Mannheim.

Leisi, Ernst (1972): Theoretische Grundlegung der Fehlerbewertung, in: Nickel 1972, 25-37.

Leitner, Sebastian (1993): So lernt man lernen, 18. Auflage, Freiburg.

Leontjew, Aleksey N. (1977): Tätigkeit, Bewußtsein, Persönlichkeit, Stuttgart.

Levine, M. (1966): Hypothesis behaviour by humans during discrimination learning, in: Journal of Experimental Psychology, 71, 331–338.

Lewin, Kurt (1926): Untersuchungen zur Handlungs- und Affektpsychologie, in: Psychologische Forschungen, 7, 294–329.

Lewin, Kurt (1951): Field theory in social science, New York.

Loeben, Barbara (2000): Schulentwicklungsprozesse an der Uhlandgrundschule Bühl/Tübingen, in: Grunder/Schubert 2000, Text I–1.

Logstrup, Knud Ejler (1981): Das singuläre Universale, in: Maurin et al., 1981, 284–298.

Lorenz, Edward N. (1963): Deterministic non-periodic flow, in: Journal of Atmospheric Sciences, 20, 130–141.

Lorenz, Jens H. (1985): Über einige pathologische Fälle von Rechenstörungen, in: Der Mathematikunterricht, 31, 6, 70–77.

Lorenz, Konrad (1973): Die acht Todsünden der zivilisierten Menschheit, München, Piper.

Lucas, Donald W. (1968): Aristotle Poetics, Oxford.

Luchins, Abraham S. (1942): Mechanization on problem solving: The effect of „Einstellung", in: Psychological Monographs, 54, Nr. 248.

Luhmann, Niklas/Schorr, Karl Eberhard (1990) (Hrsg.): Zwischen Anfang und Ende. Fragen an die Pädagogik, Frankfurt/Main.

Luther, Martin (1912ff): Werke. Kritische Gesamtausgabe, Weimar.

Lüttge, Ernst (1909): Der stilistische Anschauungsunterricht, 5. Auflage, Leipzig.

Maas, Utz (1992): Grundzüge der deutschen Orthographie, Tübingen.

Macharzina, Klaus (1999): Unternehmensführung: das internationale Managementwissen. Konzepte-Methoden-Praxis, 3. aktualisierte u. erweiterte Auflage, Wiesbaden.

Macht, Konrad (1992): Enkodierungsstrategien als Fehlerursachen, in: Der fremdsprachliche Unterricht, 26, 8, 22–25.

Mackay, Donald G. (1973): Complexity in output systems: Evidence from behavioral hybrids, in: American Journal of Psychology, 86, 785–806.

März, Fritz (1978): Problemgeschichte der Pädagogik, Band 1: Pädagogische Anthropologie, Bad Heilbrunn.

März, Fritz (2000): Personengeschichte der Pädagogik. Ideen – initiativen – Illusionen, Bad Heilbrunn.

Magyar, Kasimir M./Prange, Peter (1993): Zukunft im Kopf: Wege zum visionären Unternehmen, Freiburg.

Mansaray, Nabbie (2000): Wenn Führungskräfte irren. Die 20 gefährlichsten Manager-Fehler, Wiesbaden.

Marbe, Karl: (1926): Praktische Psychologie der Unfälle und Betriebsschäden, München.

Marquard, Odo (1998): Interdisziplinarität als Kompensation. Zum Dialog zwischen Natur- und Geisteswissenschaften, in: Universitas, 53, 1, 609–618.

Maturana, Humberto R./Varela, R. J. (1987): Der Baum der Erkenntnis, München.

Maurin, Krzysztof/Michalski, Krzysztof/Rudolph, Enno (1981) (Hrsg.): Offene Systeme II, Logik und Zeit, Stuttgart.

Mehl, Klaus (1993): Über einen funktionalen Aspekt von Handlungsfehlern: Was lernt man wie aus Fehlern?, Münster.

Mehl, Klaus (1996): Fehler und Fehlverhalten, in: G.Wenniger/C.Graf Hoyos (Hrsg.), Arbeits-, Gesundheits- und Umweltschutz, Heidelberg, 387–396.

Memmert, Wolfgang (1997): Kunstfehler beim Unterrichten, in: Schwarz/Prange 1997, 248–274.

Menzel, Wolfgang (1992): Modellbasierte Fehlerdiagnose im Sprachlernsystem, Tübingen.

Meringer, Rudolf (1908): Aus dem Leben der Sprache. Versprechen, Kindersprache, Nachahmungstrieb, Berlin.

Meringer, Rudolf/Meyer, Karl (1895): Versprechen und Verlesen. Eine psycholinguistische Studie, Stuttgart.

Metzger, Werner (1967): Stimmung und Leistung. Die affektiven Grundlagen des Lernerfolgs, 4. überarbeitete Auflage, Münster.

Meier-Rust, Kathrin (2002): Vom Nutzen der Schande beim Fehlermachen.. In: Neue Züricher Zeitung, NZZ am Sonntag, Ressort Wissen, Nr.2, S.97.

Meyer, Hilbert (1990): Unterrichtsmethoden, Teil 1: Theorieband, 3.Aufl., Franfurt/Main.

Meyer, Hilbert (1997): Schulpädagogik, Bd.2: Für Fortgeschrittene, Berlin.

Meyer, R. (1994): Lernen aus Fehlern. Fehleranalyse und Fehlermanagement in der Lehrlingsausbildung von Energieelektronikern (unveröff. Diplomarbeit am FB Psychologie der Univ. Osnabrück)

Meyer, Roswitha (1999): Entscheidungstheorie. Ein Lehr- und Arbeitsbuch, Wiesbaden.

Mieth, Dietmar (1977): Moral und Erfahrung. Beiträge zur theologisch-ethischen Hermeneutik, Freiburg.

Mieth, Dietmar (1984): Die neuen Tugenden. Ein ethischer Entwurf, Düsseldorf.

Miller, George A./Galanter, Eugene/Pribram, Karl H. (1991): Strategien des Handelns. Pläne und Strukturen des Verhaltens, Stuttgart.

Ministerium für Kultus, Jugend und Sport Baden-Württemberg (1999): Weiterentwicklung des mathematisch-naturwissenschaftlichen Unterrichts, Stuttgart.

Ministerium für Kultus, Jugend und Sport Baden-Württemberg (2001): Musteraufgaben für die Abiturprüfung in Mathematik ab 2004, veröffentlicht am 26.3.2001, Stuttgart.

Ministerium für Schule und Weiterbildung, Wissenschaft und Forschung des Landes Nordrhein Westfalen (1999) (Hrsg.): Richtlinien und Lehrpläne für die Sekundarstufe II – Gymnasium/Gesamtschule in Nordrhein-Westfalen, Frechen.

Mittelstraß, Jürgen (1986): Interdisziplinarität – mehr als bloß Ritual? Thesen zur Wissenschaftstheorie, in: Universitas, 41, 1052–1055.

Mittelstraß, Jürgen (1989): Die Wahrheit des Irrtums, in: ders., Der Flug der Eule. Von der Vernunft der Wissenschaft, Frankfurt, 91–119.

Montessori, Maria (1972): Das kreative Kind. Der absorbierende Geist, hg. v. P.Oswald u. G.Schulz-Benesch, Freiburg/Breisgau.

Montessori, Maria (2001): Der Fehler und seine Kontrolle, in: H.Ludwig/C.Fischer/R.Fischer (Hrsg.), Leistungserziehung und Montessori-Pädagogik, Münster 2001, 59-64.

Moor, Paul (1974): Kinderfehler – Erzieherfehler [1969], 2. unveränderte Auflage, Bern.

Morawietz, Holger (1997): Fehler kreativ nutzen, Stress verringern, Unterricht öffnen, in: Pädagogik und Schulalltag, 52, 2, 232–245.

Nickel, Gerhard (1972) (Hrsg.): Fehlerkunde. Beiträge zur Fehleranalyse, Fehlerbewertung und Fehlertherapie, Berlin.

Niehues, Norbert (1991): Stärker gerichtliche Kontrolle von Prüfungsentscheidungen, in: Neue juristische Wochenschrift, 32, 3001–3006.

Niehues, Norbert (2000): Schul- und Prüfungsrecht. Bd.1: Schulrecht. München, 3. neu bearbeitete Auflage.

Nipkow, Karl Ernst (1990): Bildung als Lebensbegleitung und Erneuerung. Kirchliche Bildungsverantwortung in Gemeinde, Schule und Gesellschaft, Gütersloh.

Nohl, Herman/Pallat, Luwig (1930) (Hrsg.): Handbuch der Pädagogik, Bd.3.: Allgemeine Didaktik und Erziehungslehre, Langensalza.

Norman, Donald A. (1973): Aufmerksamkeit und Gedächtnis. Eine Einführung in die menschliche Informationsverarbeitung, Weinheim-Basel.

Norman, Donald A. (1980): Fehlleistungen. Schaltfehler im Kopf, in: Psychologie heute, 8, 64–71.

Norman, Donald A. (1981): Categorization of action slips, in: Psychological Review, 88, 1–15.

Norman, Donald A. (1993): Things make us smart. Defending human attributes in the age of the machine, Reading/Mass.

Norman, Donald A./Rumelhart, David E. (1978): Strukturen des Wissens. Wege der Kognitionsforschung, Stuttgart.

Norman, Donald A./Shallice, T. (1980): Attention to action. Willed and automatic control of behaviour (CHIP 99), University of California, San Diego.

Nübel, Helga (1998): ‚Fehler sind Fenster auf den Lernprozess'. Schülertexte als Grundlage für individuelle Förderkonzepte, in: Grundschulmagazin, 13, 7/8, 15–18.

Oelkers, Jürgen (1990): Vollendung: Theologische Spuren im pädagogischen Denken, in: Luhmann/Schorr 1990, 24–72.

Oelkers, Jürgen (1999): Perfektion und Ambition. Einige historische Fehler der pädagogischen Anthropologie, in: Althof 1999, 137–152.

Offner, Max (1896): Die Entstehung der Schreibfehler, in: III. Internationaler Kongreß für Psychologie, München, 443–445.

Ogger, Günter (1992): Nieten in Nadelstreifen. Deutschlands Manager im Zwielicht, München.

Ohrmann, Raymund/Wehner, Theo (1989): Sinnprägnante Aussagen zur Fehlerforschung. Eine formalklassifikatorische und inhaltlich historische Darstellung aus Quellen verschiedener Einzeldisziplinen für den Zeitraum von 1820 bis 1988 (Bremer Beiträge zur Psychologie Nr.83), Bremen.

Ollenschläger, Günter (2001): Fehler, Risken und Patientensicherheit in der Medizin, http://www.q-m-a.de/qm2_5_fehler (11 S.)

O'Reilly, Charles A.III (1978): The intentional distortion of information in organizational communication: A laboratory and field investigation, in: Human Relations, 31, 173–193.

Oser, Fritz (1975): Das Gewissen lernen, Olten.

Oser, Fritz (1981): Moralisches Urteil in Gruppen, soziales Handeln, Verteilungsgerechtigkeit: Stufen der interaktiven Entwicklung und ihrer erzieherischen Stimulation, Frankfurt/Main.

Oser, Fritz (1994): Ist Fehlermachen erlaubt? Zu einer Theorie des gesteuerten Irrtums, in: H.Rothbucher/F.Wurst/R.Donnenberg (Hrsg.), Grenzen erfahren, Räume schaffen, Berichtsband der 42. Internationalen Pädagogischen Werktagung, Salzburg, 26–45.

Oser, Fritz (1997): Sozial-moralisches Lernen, in: F.E.Weinert (Hrsg.), Psychologie des Unterrichts und der Schule (Enzyklopädie der Psychologie: Themenbereich D, Serie I, Bd. 3), Göttingen, 461–501.

Oser. Fritz (1998): Negative Moralität und Entwicklung – ein undurchsichtiges Verhältnis, in: Ethik und Sozialwissenschaft, 9.Jhg., 8.Diskussionseinheit, 597–608.

Oser, Fritz (1998a): Negatives Wissen als Baumaterial zu einer persönlichen Gerechtigkeitsarchitektur (Replik), in: Ethik und Sozialwissenschaft, 9.Jhg., 4, 8.Disk.-einheit, 652–656.

Oser, Fritz (1999): Lernen Menschen aus Fehlern? Zur Entwicklung einer Fehlerkultur der Schule, Projektdarstellung in der Datenbank FORIS des Informationszentrums Sozialwissenschaften Bonn, Auskunft v. 6.11.1999, S.1–3.

Oser, Fritz/Althof, W. (1986): Der moralische Kontext als Sumpfbeet möglicher Entwicklung: Erziehung angesichts der Individuum-Umwelt-Verschränkung, in: H.Bertram (Hrsg.), Gesellschaftlicher Zwang und moralische Autonomie, Frankfurt/M..

Oser, Fritz/Hascher, Tina/Spychiger, Maria (1999): Lernen aus Fehlern. Zur Psychologie des ‚negativen' Wissens, in: Althof 1999, 11–42.

Oser, Fritz/Spychiger, Maria/Mahler, Fabienne/Reber, Simone (1999a): 3. Wissenschaftlicher Zwischenbericht zum Projekt ‚Lernen Menschen aus Fehlern?', in: www.unifr.ch/pedg/Fehler/NfZwischenbericht99.pdf (32 S.)

Parchmann, Ilka/Ralle, Bernd/Demuth, Reinhard (2000): Chemie im Kontext, in: Der mathematische und naturwissenschaftliche Unterricht, 53, 3, 132-137.

Paul, Hermann (1920): Prinzipien der Sprachgeschichte [1880], 5. Auflage, Halle.

Peak, David/Frame, Michael (1995): Komplexität – das gezähmte Chaos, Basel-Boston-Berlin.

Peitgen, Heinz Otto/Jürgens, Hartmut/Saupe, Dietmar (1992): Fractals for the classroom: strategic activities, New York u.a.

Peitgen, Heinz Otto/Jürgens, Hartmut/Saupe, Dietmar (1998): Bausteine des Chaos – Fraktale, Reinbek.

Peitgen, Heinz Otto/Richter, Peter H. (1986): The Beauty of Fractals Images of Complex Dynamical Systems, Berlin u.a..

Pekrun, Reinhard (1992): Kognition und Emotion in studienbezogenen Lern- und Leistungssituationen: Explorative Analysen, in: Unterrichtswissenschaft, 20, 308–324.

Perrow, Charles (1984): Normal accidents. Living with high-risk technologies, New York.

Peters, Tom (1988): Kreatives Chaos. Die neue Management-Praxis, [Engl.: Thriving on the Chaos, 1987], Hamburg.

Peters, Tom (1995): Der Wow!-Effekt. 200 Ideen für herausragende Erfolge, Frankfurt-New York.

Peters, Thomas J./Waterman, Robert H. (2000): Auf der Suche nach Spitzenleistungen. Was man von den bestgeführten US-Unternehmen lernen kann [Orig.: In search for excellence, 1982], 8. Auflage, Landsberg/Lech.

Pfeiffer, Wolfgang (1989) (Hrsg.): Etymologisches Wörterbuch der Deutschen, Bd.1, erarbeitet unter der Leitung v. W.Pfeiffer, Berlin.

Piaget, Jean (1972): Urteil und Denkprozeß des Kindes, Düsseldorf.

Piaget, Jean (1976): Autobiographie, in: N. Kindler (Hrsg.), Jean Piaget – Werk und Wirkung. Mit autobiographischen Aufzeichnungen, München, 15–59.

Piaget, Jean/Inhelder, B./Szeminska, Alina (1974): Die natürliche Geometrie des Kindes [Orig.: La géométrie spontanée chez l'enfant, 1948], Stuttgart.

Piaget, Jean/Szeminska, Alina (1972): Die Entwicklung des Zahlbegriffs beim Kinde [Orig.: La genèse du nombre chez l'enfant, 1941], Stuttgart.

Polya, György (1949): Schule des Denkens: vom Lösen mathematischer Probleme, München.

Popper, Karl Raimund (1973): Objektive Erkenntnis. Ein evolutionärer Entwurf, Hamburg, .

Popper, Karl Raimund (1984): Logik der Forschung [1934], 8., verbesserte u. vermehrte Auflage, Tübingen.

Prange, Klaus (1981): Pädagogik als Erfahrungsprozeß, Bd. 3: Die Pathologie der Erfahrung, Stuttgart.

Prümper, Jochen (1991): Handlungsfehler und Expertise, in: Frese/Zapf 1991, 118–130.

Prümper, Jochen (1994): Fehlerbeurteilungen in der Mensch-Computer-Interaktion. Reliabilitätsanalysen und Training einer handlungstheoretischen Fehlertaxonomie, Münster-New York.

Raabe, Horst (1980): Der Fehler beim Fremdsprachenerwerb und Fremdsprachengebrauch, in: Cherubim 1980, 61–93.

Radatz, Hendrik (1980): Fehleranalysen im Mathematikunterricht, Braunschweig.

Radatz, Hendrik/Schipper, Wilhelm (1983): Handbuch für den Mathematikunterricht an Grundschulen. Hannover.

Ralle, Bernd (2000): Das Lernen von Mathematik und Naturwissenschaften im Kontext, in: Der mathematische und naturwissenschaftliche Unterricht, 53, 3, 131.

Rampillon, Ute (1999): Englischlernen neu denken – und neu bewerten, in: Der fremdsprachliche Unterricht Englisch, 1, 26 u.35–39.

Ranschburg, Paul (1904): Über die Bedeutung der Ähnlichkeit für das Erlernen, Behalten und für die Reproduktion. Bericht über den I. Kongreß der Gesellschaft für experimentelle Psychologie, Leipzig.

Ranschburg, Paul (1928): Die Lese- und Schreibstörungen des Kindesalters, Halle.

Rasch, Johanna (1996): Vom scheitern und vom gelingen. Schulentwicklung als Lernprozeß, in: Buhren/Rolff 1996, 295-324.

Rasmussen, Jens (1982): Human errors: a taxonomy for describing human malfunction in industrial installations, in: Journal of Occupational Accidents, 4, 311–335.

Rasmussen, Jens (1987): The definition of human error and taxonomy for technical system design, in: Rasmussen et al.1987, 23–30.

Rasmussen, Jens/Duncan, Keith/Leplat, Jacques (1987) (eds.): New technology and human error, London.

Rasmussen, Jens/Brehmer, Berndt/Leplat, Jacques (1991) (eds.): Distributed decision making. Cognitive models for cooperative work, Baffins Lane/Chichester.

Rasmussen, Jens/Jensen, A. (1974): Mental Procedures in real-life tasks: A case study of electronic troubleshooting. Ergonomics, 17, 293–307.

Reason, James T. (1979): Actions not as planned. The price of automation, in: G.Underwood/R.Stevens (eds.), Aspects of Consciousness, London, 67–89.

Reason, James T. (1987): The chernobyl errors, in: Bulletin of the British Psychological Society, 40, 201–206.

Reason, James T. (1987a): A framework of classifying errors, in: Rasmussen et al. 1987, 5–14.

Reason, James T. (1987b): A preliminary classification of mistakes, in: Rasmussen et al. 1987, 15–22.

Reason, James T. (1987c): The psychology of mistakes: A brief review of planning failures, in: Rasmussen et al. 1987, 45–52.

Reason, James T. (1994): Menschliches Versagen. Psychologische Risikofaktoren und moderne Technologien. Heidelberg, Spektrum [Orig.: Human error, Cambridge 1992].

Reason, James T./Mycielska, Klara (1982): Absent-minded? The psychology of mental lapses and everyday errors, Englewood Cliffs/N.J.

Reich, Eberhard (2001): Über den Umgang mit ungewollten Nebenwirkungen und Mißerfolgen in der Erziehung, in: Pädagogische Rundschau, 55, 553–564.

Reich, Kersten (1997): Systemisch-konstruktivistische Pädagogik, 2. Auflage, Neuwied u.a.

Reichenbach, Roland (2000): ‚Es gibt Dinge, über die man sich einigen kann, und wichtige Dinge.' Zur pädagogischen Bedeutung des Dissenses, in: Zeitschrift für Pädagogik, 46, 6, 795-807.

Renn, Ortwin (1999): Technikfolgenabschätzung, in: Universitas, 54, 10, 926–939.

Rheinberg, Falko (1982) (Hrsg.): Bezugsnormen zur Leistungsbewertung. Analyse und Intervention (Jahrbuch für Empirische Erziehungswissenschaft), Düsseldorf.

Richter, Ingo (1988): ‚Schule im Rechtsstaat' – Bilanz nach einem Jahrzehnt, in: H.Schierholz: Pädagogische Freiheit und schulrechtliche Entwicklung (Loccumer Protokolle 72/87), Loccum, 15–23.

Richter, Ingo (1999): Die sieben Todsünden der Bildungspolitik, München-Wien.

Richter, Sigrun (2000): Der lange Abschied von einem Irrtum. Das Konstrukt ‚Legasthenie' und seine Folgen, in: Grundschule, 32, 1, 25–26.

Roehl, Heiko (2002): Organisation des Wissens, Stuttgart.

Rolff, Hans-Günter/Buhren, Claus G./Lindau-Bank, Detlev/Müller, Sabine (1998): Manual Schulentwicklung. Handlungskonzept zur pädagogischen Schulentwicklungsberatung, Weinheim und Basel.

Rollett, Brigitte (1999): Auf dem Weg zu einer Fehlerkultur. Anmerkungen zur Fehlertheorie von Fritz Oser, in: Althof 1999, 71–88.

Roß, Jan (2001): Ein Gespräch über die Freiheit, ein Fehler zu sein, in: Aktion Mensch – Das Magazin, 3, 20–27.

Rossipal, Hans (1973): Zur Struktur der sprachlichen Fehlleistung, in: Jan Svartvik (ed.), Errata. Papers in error analysis. Proceedings of the Lund symposium of error analysis, Lund, 60–89.

Rouse, William B. (1981): Models of human problem solving: Detection, diagnosis and compensation for system failures. Vorabdruck für Proceedings of IFAC Conference on Analysis, Design and Evaluation of Man-Machine-Systems, Baden-Baden.

Rousseau, Jean-Jacques (1993): Emil oder Über die Erziehung [1762], Paderborn u.a..

Rubinstejn, Sergej L. (1958): Grundlagen der Allgemeinen Psychologie, Berlin.

Rug, Wolfgang/Tomaszewski, Andreas (1996): Meine 199 liebsten Fehler. Ausgangssprache Englisch, Stuttgart.

Rutschky, Katharina (1997) (Hrsg.): Schwarze Pädagogik. Quellen zur Naturgeschichte der bürgerlichen Erziehung [1977], Berlin.

Sauer, Wolfgang (1988): Der ‚Duden': Geschichte und Aktualität eines „Volkswörterbuchs", Stuttgart.

Schär, Käthy/Strittmatter, Anton (1996): Auf dem steinigen Weg zur teilautonomen Schule, in: Buhren/Rolff 1996, 325-339.

Schaffrath, J.G. (1959): Gedanken zur Psychologie der Rechenfehler, in: Schweizer Erziehungsrundschau 32, 41–48 u. 66–70.

Scharrelmann, Heinrich (1910): Weg zur Kraft. Des ‚herzhaften Unterrichts' zweiter Teil, Hamburg.

Scheuerl, Hans (1992) (Hrsg.): Die Pädagogik der Moderne, München-Zürich.

Scheunpflug, Annette (1999): Evolutionäre Didaktik. Ein Didaktikentwurf aus system- und evolutionstheoretischer Sicht, in: H.-G.Holtappels/M.Horstkemper (Hrsg.), Neue Wege in der Didaktik? (Die Deutsche Schule, 5.Beiheft), 169–185.

Scheunpflug, Annette (2000): Unterricht als simulierte Evolution. Aspekte einer Unterrichts- und Schultheorie, in: Pädagogik, 6, 42–46.

Schlaefer, Michael (1980): Kommentierte Bibliographie zur deutschen Orthographietheorie und Orthographiegeschichte im 19. Jahrhundert, Heidelberg.

Scheibe, Wolfgang (1971): Reformpädagogik, in: Lexikon der Pädagogik, Bd. 3, Freiburg, 397–399.

Schleiermacher, Friedrich (1902): Pädagogische Schriften, hg. v. C.Platz, 3. Auflage, Langensalza.

Schmid, Karl A. (Hrsg.) (1876): Encyklopädie des gesamten Erziehungs- und Unterrichtswesens, bearbeitet von einer Anzahl von Schulmännern und Gelehrten (...), Gotha.

Schmidt, Siegfried J. (1986): Selbstorganisation – Wirklichkeit – Verantwortung. Der wissenschaftliche Konstruktivismus als Erkenntnistheorie und Lebensentwurf, Siegen.

Schmitt, Karl Heinz (1995): Kultur der Fehlerfreundlichkeit in einer Gesellschaft riskanter Freiheiten. Anmerklungen zur religionspädagogischen Situation, in: Katechetische Blätter, 120, 130–137.

Schubert, Gerd (2000): Forschungsansatz und Organisation, in: Grunder/Schubert 2000, Text 04.

Schütte, Sybille (1989): Anna und die Mathematik, in: Grundschule, 12, 25.

Schütz, Peter (1989): Forscherhefte und mathematische Konferenzen, in: Die Grundschulzeitschrift, 74, 20–22.

Schupp, Hans (2000): Thema mit Variationen, in: Mathematik lehren, 100, 11–14.

Schwarz, Bernd/Prange, Klaus (1997) (Hrsg.): Schlechte Lehrer/innen. Zu einem vernachlässigten Aspekt des Lehrberufs, Weinheim/Basel.

Schwarz, G. (1927): Über Rückfälligkeit bei Umgewöhnung, 1.Teil: Rückfalltendenz und Verwechslungsgefahr, in: Psychologische Forschung, 9, 86–158.

Schweizerische Konferenz der Kantonalen Erziehungsdirektoren (Hrsg.) (1991): Fehler! – Fehler?, Bericht zum 13. Schweizerischen Mathematikforum in Weinfelden 19.-21.November 1990, Berichterstatter G. Wieland (Schriftenreihe: Dossier/Schweizerische Konferenz der Kantonalen Erziehungsdirektoren, 17), Bern.

Seemann, Johann (1929): Untersuchungen über die Psychologie der Rechenfehler, Leipzig.

Seemann, Johann (1931): Die Rechenfehler. Ihre psychologischen Ursachen und ihre Verhütung. Langensalza.

Seemann, Johann (1949): Psychologie der Fehler und ihre Bekämpfung im Unterricht, Crailsheim.

Seidensticker, Peter/Gerling, Gerhard (1969): Hat das Gymnasium noch ein Chance? Fehler und Mängel der „Höheren Schule" – Möglichkeiten der Reform, Braunschweig.

Selinker, Larry (1972): Interlanguage, in: International Review of Applied Linguistics in Language Teaching, 10, 209–231.

Selz, Otto (1922): Zur Psychologie des produktiven Denkens und des Irrtums. Eine experimentelle Untersuchung, Bonn.

Senders, John W. (1980): Wer ist wirklich schuld am menschlichen Versagen? In: Psychologie heute, H.8/1980, 73–78.

Senders, John W./Moray, Neville P. (1991): Human error: cause, prediction and reduction, Hillsdale/New Jersey.

Senge, Peter M. (1994): The fifth discipline. The art and practice of the learning organization, New York.

Senge, Peter M. (1996): Die fünfte Disziplin – Kunst und Praxis der lernenden Organisation, Stuttgart..

Sennett, Richard (2000): Der flexible Mensch, Die Kultur des neuen Kapitalismus, Berlin.

Sexton, J. B./Thomas, E./Helmreich, R.L. (2000): Error, stress and teamwork in medicine and aviation: cross sectional surveys, BMJ, 320, 745–749.

Shannon, Claude E./Weaver, W. (1949): The mathematical theory of communication, Urbana/USA (dt.: Mathematische Grundlagen der Informationstheorie, München, 1976).

Shenk, David (1998): Datenmüll und Infosmog. Wege aus der Informationsflut, München.

Siegert, Gustav (1897): Kinderfehler, in: W.Rein (Hrsg.), Encyklopädisches Handbuch der Pädagogik, Langensalza, Bd.IV, 60–64.

Siegert, Gustav (1889): Problematische Kindesnaturen, Kreuznach-Leipzig.

Skinner, Burrhus F. (1974): Die Funktion der Verstärkung in der Verhaltenswissenschaft [Orig. Contingencies of Reinforcement, 1969], München.

Sommer, Norbert (1985): Die Erfassung von Unterrichtseffekten durch Fehleranalysen, in: der Mathematikunterricht, 31, 6, 38–47.

Spearman, Charles (1928): The origin of error, in: Journal of General Psychology, 1, 29–53.

Sperber, Hans (1914): Über den Affekt als Ursache der Sprachveränderung, Halle/Saale.

Spitta, Gudrun (2001): Vom Recht auf Fehler und vom Recht, daraus lernen zu können, in: Die Grundschulzeitschrift, 144, 6–8.

Spranger, Eduard (1969): Das Gesetz der ungewollten Nebenwirkungen in der Erziehung [1962], in: ders., Gesammelte Schriften, Bd.1: Geist der Erziehung, hg. v. O.F.Bollnow und G.Bräuer, Heidelberg, 349–398.

Spychiger, Maria/Mahler, F./Hascher, T./Oser, Fritz (1998): Fehlerkultur aus der Sicht von Schülerinnen und Schülern. Schriftenreihe zum Projekt 'Lernen Menschen aus Fehlern? Zur Entwicklung einer Fehlerkultur in der Schule', Nr.4, Univ. Freiburg/Schweiz.

Spychiger, Maria/Oser, Fritz/Hascher, Tina/Mahler, Fabienne (1999): Entwicklung einer Fehlerkultur in der Schule, in: Althof 1999, 43–70.

Städtler, Thomas (1998): Lexikon der Psychologie. Wörterbuch-Handbuch-Studienbuch, Stuttgart.

Stefanidou-Knappmann, Olga (1999): Zur Geschichte des Volksschullehrers, in: Grunder 1999, 131–141.

Steinig, Wolfgang (1980): Zur sozialen Bewertung sprachlicher Variation, in: Cherubim 1980, 106–123.

Stern, William (1921): Die differentielle Psychologie in ihren methodischen Grundlagen (1911), 3. unveränderte Auflage, Leipzig.

Sternberg, Robert J. (1999): Cognitive psychology, 2. Auflage, Philadelphia.

Stoll, Jakob (1913): Psychologie der Schreibfehler, in: K.Marbe (Hrsg.), Fortschritte der Psychologie und ihre Anwendungen, Leipzig, 1–133.

Strecker, Christian (1999): Aus Fehlern lernen und verwandte Themen, Text vom 10.3.1999, eingestellt in: http://blk.mat.uni-bayreuth.de/material/db/33/fehler.pdf (17 S.).

Struck, Peter (1997): Erziehung von gestern – Schüler von heute – Schule von morgen, München.

Stüttgen, Manfred (1999): Strategien der Komplexitätsbewältigung in Unternehmen. Ein transdisziplinärer Bezugsrahmen, Bern u.a.

Sully, James (1881): Illusions. A psychological study, London.

Taxis, K./Dean, B./Barber, N. (1999): Hospital drug distribution systems in the UK and Germany. A study of medication errors, in: Pharmacy World and Sciences, 21, 1, 25–31.

Taylor, Donald H. (1981): The hermeneutic of accident and safety, in: Ergonomics 24, 487–495.

Thomé, Günther (1999): Orthographieerwerb: qualitative Fehleranalysen zum Aufbau der orthographischen Kompetenz, Frankfurt/M. u.a..

Thomeczek, C. (2001): Über Fehler und Fehlervermeidung als integraler Teil des Qualitätsmanagement, http://www.q-m-a.de/qm2_6_fehlervermeid.htm, (11 S.).

Thorndike, Edward L. (1970): Psychologie der Erziehung [1913/1914], übersetzt u. hg. v. O. Bobertag, Nachdruck der 2. Auflage Jena 1930, Darmstadt.

Tillmann, Klaus-Jürgen/Vollstädt, Witlof (2000): Funktionen der Leistungsbewertung. Eine Bestandsaufnahme, in: Beutel/Vollstädt 2000, 27–37.

Timm, Johannes-Peter (1989): Fehlerkorrektur zwischen Handlungsorientierung und didaktischer Steuerung, in: G.Bach/J.P.Timm (Hrsg.), Englischunterricht. Grundlagen und Methoden einer handlungsorientierten Unterrichtspraxis, Tübingen, 161–186.

Timm, Johannes-Peter (1992): Fehler und Fehlerkorrektur im kommunikativen Englischunterricht, in: Der fremdsprachliche Unterricht, 26, 8, 4–10.

Toulmin, Stephen E. (1974): Die evolutionäre Entwicklung der Naturwissenschaft, in: W.Diederich (Hrsg.), Theorien der Wissenschaftsgeschichte, Frankfurt, 249–275.

Trapp, Ernst Christian (1977): Versuch einer Pädagogik [1780], hg, v. U.Hermann, Paderborn.

Trunk, Cornelia/Weth, Thomas (1999): Kreativer Geometrieunterricht, in: Mathematik in der Schule, 37, 3, 160–165.

Ulich, Eberhard (1998): Arbeitspsychologie, 4. neu überarbeitete u. erweiterte Auflage, Zürich.

Ulm, Dieter (1993): Abiturarbeiten und kein Ende? Ein Diskussionsbeitrag zur Bewertungsproblematik, in: Praxis des neusprachlichen Unterrichts, 40, 4, 419–423.

Universität Bremen (1988) (Hrsg.): Arbeitsbericht der Wissenschaftlichen Einheit ‚Handlung und Wahrnehmung im Studiengang Psychologie' des Fachbereich 9 ‚Human- und Sozialwissenschaften' der Universität Bremen für den Zeitraum Juni 1985 bis Mai 1988 (Bremer Beiträge zur Psychologie Nr.73), Bremen.

Vester, Frederic (1995): Phänomen Streß [1975], München.

Vester, Frederic (1997): Neuland des Denkens. Vom technokratischen zum kybernetischen Zeitalter, 10. Auflage, München.

Vester, Frederic (1998): Denken, Lernen, Vergessen [1978], München.

Vigil, N./Oller, J.W. (1976): Rule fossilization: A tentative model, in: Language Learning, 26, 281–295.

Voigt, Jörg (1994): Mathematische Unterrichtsgespräche: Von Ritual und Konvention zu Argument und Widerstreit, in: Die Grundschulzeitschrift, 72, 10–13.

Volkmann-Schluck, Sonja (2002): Talken mit mucho amusemento, in: FAZ, Sonntagsausgabe, Nr. 1, 6.1.2002.

Vollmer, G. (1980): Evolutionäre Erkenntnistheorie, Stuttgart.

Volpert, Walter (1980) (Hrsg.): Beiträge zur psychologischen Handlungstheorie, Bern.

Volpert, Walter (1994): Wider die Maschinenmodelle des Handelns: Aufsätze zur Handlungsregulationstheorie, Lengerich.

Voltaire (1982): L'Ingenu/Der Freimütige (frz./dt.) [1767], hg. v. P.Brockmeier, Stuttgart.

Voss, Kai-Jochen (1999): Das Bild der Schule und des Lehrers bei Thomas Mann, in: Grunder 1999, 54–62.

Wagenschein, Martin (1949): Vom Mut zur Stoffbeschränkung, Wiesbaden.

Wagenschein, Martin (1968): Verstehen lehren – genetisch, sokratisch, exemplarisch, Weinheim.

Wagenschein, Martin (1983): Erinnerung für morgen, Weinheim/Basel.

Walter, Ludwig/Kromer, Günter (1999): Aus Fehlern lernen, Referat auf der Akademietagung ‚Weiterentwicklung der Unterrichtskultur im Fach Mathematik und ihre Prüfungsrelevanz', 22.-24.11.1999 in Donaueschingen (unveröff. Tagungsskript).

Waterkamp, Dietmar (2000): Organisatorische Verfahren als Mittel der Gestaltung im Bildungswesen: ein Ansatz der Strukturierung aus der Sicht der vergleichenden Erziehungswissenschaft, Münster u.a.

Wehner, Theo (1992) (Hrsg.): Sicherheit als Fehlerfreundlichkeit: arbeits- und sozialpsychologische Befunde für eine kritische Technikbewertung, Opladen.

Wehner, Theo (1994): Arbeitssicherheit und Fehlerfreundlichkeit – ein Gegensatz? Konzeption und empirische Befunde zur psychologischen Fehlerforschung, in: N.Beckenbach/W.van Treeck (Hrsg.), Umbrüche gesellschaftlicher Arbeit (Soziale Welt, Sonderband 9), Göttingen, 409–428.

Wehner, Theo (1997): Fehler und Fehlhandlungen, in: H.Luczak/W.Volpert (Hrsg.), Handbuch Arbeitswissenschaft, Stuttgart, 468–472.

Wehner, Theo/Mehl, Klaus (1986): Über das Verhältnis von Handlungsteilen zum Handlungsganzen. Der Fehler als Indikator unterschiedlicher Bindungsstärken in ‚Automatismen', in: Zeitschrift für Psychologie, 194, 231–245.

Wehner, Theo/Stadler, Michael (1996): Gestaltpsychologische Beiträge zur Struktur und Dynamik fehlerhafter Handlungsabläufe [1990], in: J.Kuhl/H.Heckhausen (Hrsg.), Enzyklopädie der Psychologie, Themenbereich C, Serie IV, Bd.4, Göttingen, 795–815.

Weigl, Franz (1913): Fehler der Kinder, in: E.M. Roloff (Hrsg.), Lexikon der Pädagogik, Freiburg, Bd.1, 1246–1248.

Weimer, Hermann (1919): Schulzucht, Leipzig.

Weimer, Hermann (1924): Psychologie der Fehler, Leipzig.

Weimer, Hermann (1926): Fehlerbehandlung und Fehlerbewertung. Leipzig.

Weimer, Hermann (1929): Fehlerkunde (Leistungsfehler), in: H.Schwartz (Hrsg.), Pädagogisches Lexikon, Bielefeld/Leipzig, Bd.2, Sp.53–63.

Weimer, Hermann (1930): Fehlerbekämpfung, in: Nohl/Pallat 1930, 119–128.

Weimer, Hermann (1939): Fehlerverhütung und Fehlervermeidung, Düsseldorf.

Weimer, Hermann (1942): Die psychologische Erfassung und Einteilung der Leistungsfehler. Zeitschrift für Pädagogische Psychologie, 43, 47–55.

Weinert, Franz E. (1998): Guter Unterricht ist ein Unterricht, in dem mehr gelernt als gelehrt wird, in: J.Freund/H.Gruber/W.Weidinger (Hrsg.), Guter Unterricht – Was ist das?, 7–18.

Weinert, Franz E. (1999): Aus Fehlern lernen und Fehler vermeiden lernen, in: Althof 1999, 101–109.

Weinert, Franz E. (2001) (Hrsg.): Leistungsmessungen in Schulen, Weinheim-Basel.

Weingardt, Martin G. (1997): Vernetzung – Kooperation – Zusammenwirken. Ansätze der Verknüpfung von Jugendarbeit und Schule, in: Jugendarbeit und Schule – Chancen und Grenzen im Miteinander (aej-Studientexte 2/97), Hannover, 11–27.

Weingardt, Martin G. (2000): „Fehler übersehen sie nicht – bloß Menschen". Vom Lernen gegen Fehler oder mit ihnen, in: K.Finsterbusch/E.Holzwarth (Hrsg.), Lehren und lernen an evangelischen Schulen, Stuttgart, 106–109.

Weingardt, Martin G. (2000a): Schulentwicklungsprozesse an der Freien Evangelischen Schule Reutlingen, in: Grunder/Schubert 2000, Text I-4 (127 S.).

Weingardt, Martin (2002): Beziehungen in Entwicklungsprozessen von Schulen, in: Schulentwicklung durch Kooperation und Vernetzung, hg. v. H.-U.Grunder unter Mitarbeit von G. Schubert, Bad Heilbrunn, 169–188.

Weingardt, Martin/Böhm, Uwe/Willrett, Sabine/Stöffler, Friedemann (2000): Soziale Verantwortung lernen. Ein Schülermentorenprogramm von Jugendarbeit und Schule, Stuttgart.

v.Weizsäcker, Christine (1976): Vom Umgang mit der Gefahr, Manuskript und Vortrag bei der Evangelischen Studiengemeinschaft, Heidelberg.

v.Weizsäcker, Christine/v.Weizsäcker, Ernst Ulrich (1984): Fehlerfreundlichkeit, in: Kornwachs 1984, 167–201.

v.Weizsäcker, Christine/v.Weizsäcker, Ernst Ulrich (1986): Fehlerfreundlichkeit als Evolutionsprinzip und Kriterium der Technikbewertung, in: Universitas, 41, 8, 791–799.

v.Weizsäcker, Ernst Ulrich (1990): Geringere Risiken durch fehlerfreundliche Systeme, in: M.Schüz (Hrsg.), Risiko und Wagnis. Die Herausforderung der industriellen Welt, Erster Band, Pfullingen, 1990, 107–118.

Wenzel, Jörg (2000): Schulentwicklungsprozesse an der Martinsschule in Sindelfingen, in: Grunder/Schubert 2000, Text I-2.

Werbik, Hans (1978): Handlungstheorien, Stuttgart.

Werner, Reiner (1972): Das verhaltensgestörte Kind: Heilpädagogik psychischer Fehlhaltungen, 3. Auflage, Berlin.

Wertheimer, Max (1964): Produktives Denken [Orig.: Produktive thinking, 1945], Frankfurt/Main.

Westkämper, Engelbert (1996) (Hrsg.): Null-Fehler-Produktion in Prozessketten. Maßnahmen zur Fehlervermeidung und -kompensation, Berlin-New York.

Wiederrecht, Bernd (1999): Zur Situation des Mathematikunterrichts in Deutschland, Referat auf der Akademietagung „Weiterentwicklung der Unterrichtskultur im Fach Mathematik und ihre Prüfungsrelevanz", 22.-24.11.1999 in Donaueschingen (unveröff. Tagungsskript).

Wieland, Arthur (1944): Wenn Kinder Fehler machen, Stuttgart.

Wildt, Michael (1998): Ein konstruktivistischer Blick auf den Mathematikunterricht, in: Pädagogik, 7-8, 48–51.

Wimmer, Raimund (1993): Gibt es gerichtlich unkontrollierbare ‚prüfungsspezifische' Bewertungsspielräume?, in: B.Bender et al. (Hrsg.), Rechtsstaat zwischen Sozialgestaltung und Rechtsschutz, München, 531–542.

Winkel, Rainer (2000): Der Entweder-Oder-Mythos, in: Grundschule, 32, 1, 8–9.

Winter, Martin (2001): Leistungsmessung und Leistungsbeurteilung – im Fach Mathematik (k)ein Problem?, in: Pädagogik, 5, 46–50.

Wolf, Friedrich August (1835): Über Erziehung, Schule, Universität. Aus Wolfs literarischem Nachlasse hg. v. W.Körte, Quedlinburg-Leipzig.

Wurz, Konrad (2000): Gedanken zur Leistungsbeurteilung im Mathematikunterricht, in: Mathematik in der Schule, 38, 5, 265–269.

Zapf, Dieter/Frese, Michael/Brodbeck, Felix C. (1999): Fehler und Fehlermanagement, in: C.Graf Hoyos/ D.Frey (Hrsg.), Arbeits- und Organisationspsychologie, Weinheim, 398–411.

Ziegenspeck, Jörg W. (1999): Handbuch Zensuren und Zeugnis in der Schule. Historischer Rückblick, allgemeine Problematik, empirische Befunde und bildungspolitische Implikationen, Bad Heilbrunn.

Zifreund, Walther (1970): Fehlerbehandlung, in: Pädagogisches Lexikon, hg. v. W. Horney/J.P.Ruppert/W. Schultze, Bd.1, Gütersloh, Sp.877–878.

Zimolong, Bernhard (1990): Fehler und Zuverlässigkeit, in: C.F.Graumann et al. (Hrsg.), Enzyklopädie der Psychologie, Themenbereich D, Serie III, Bd.2: Ingenieurpsychologie, Göttingen u.a., 313–345.

8   Verzeichnis
der Abbildungen, Grafiken und Tabellen

Abbildungen

Grafiken

Tabellen